Jens Saadhoff

Germanistik in der DDR

STUDIEN ZUR WISSENSCHAFTS- UND UNIVERSITÄTSGESCHICHTE

Herausgegeben von

Holger Dainat
Michael Grüttner
Frank-Rutger Hausmann

Band 13

Jens Saadhoff

Germanistik in der DDR

Literaturwissenschaft zwischen »gesellschaftlichem Auftrag« und disziplinärer Eigenlogik

SYNCHRON
Wissenschaftsverlag der Autoren
Synchron Publishers
Heidelberg 2007

Die vorliegende Untersuchung wurde im Jahr 2006 vom Fachbereich 3: Sprach-, Literatur- und Medienwissenschaften der Universität Siegen als Dissertation angenommen und im Frühjahr 2007 mit dem Förderpreis der Universität Siegen, vergeben durch die Camilla-Dirlmeier-Gedächtnisstiftung, ausgezeichnet.

Gedruckt mit freundlicher Unterstützung
der Stiftung zur Aufarbeitung der SED-Diktatur.

Bibliografische Information der Deutschen Nationalbibliothek
Die Deutsche Nationalbibliothek verzeichnet diese Publikation in der Deutschen Nationalbibliografie; detaillierte bibliografische Daten sind im Internet über <http://dnb.ddb.de> abrufbar.

Synchron Publishers GmbH, Heidelberg
www.synchron-publishers.com

Umschlaggestaltung: Reinhard Baumann, München
unter Verwendung eines Fotos des Goethe-Schiller-Denkmals in Weimar
mit freundlicher Genehmigung der Klassik Stiftung Weimar, Fotothek

Satz: Marion Berner

Druck und Weiterverarbeitung:
Strauss GmbH, Mörlenbach
Printed in Germany

ISBN 978-3-939381-03-7

IN MEMORIAM
MILLY HUMPERT

Inhalt

Teil III Semantische Umbauten in der marxistisch-leninistischen germanistischen Literaturwissenschaft der DDR

Vorwort

Bei dieser Arbeit handelt es sich um die in weiten Teilen unveränderte Version meiner Doktorarbeit, die ich im Februar 2006 am Fachbereich für Sprach-, Literatur- und Medienwissenschaften der Universität Siegen eingereicht habe. Ohne mich der Alleinverantwortung für die nachfolgende Darstellung zu entziehen, möchte ich an dieser Stelle meinen Dank für die Kritik und die Unterstützung abstatten, die ich im Laufe ihrer Entstehung erfahren habe.

An erster Stelle sei hier mein Lehrer Prof. Georg Bollenbeck genannt, dem ich großen Dank schulde für die unzähligen lehrreichen Diskussionen und Gespräche während meiner sechs Studienjahre in Siegen, für sein unermüdliches Engagement bei der Betreuung dieser Dissertation, für seine beharrliche Unterstützung bei der Suche nach einem Förderstipendium sowie für die uneigennützige und wahrlich nicht selbstverständliche Bereitstellung eigener Forschungsressourcen. Danken möchte ich auch Prof. Clemens Knobloch, der zusammen mit Georg Bollenbeck das mehrjährige Projekt »Semantischer Umbau der Geisteswissenschaften« entwickelt und getragen hat, aus dem diese Arbeit hervorging.

In besonderem Maße zu Dank verpflichtet bin ich zudem meinem Freund Dr. Gerhard Kaiser, der mir während der Verfertigung dieser Arbeit stets mit hilfreichen Anregungen und Hinweisen zur Seite gestanden hat. Stellvertretend für alle Mitarbeiterinnen und Mitarbeiter von Georg Bollenbeck, die ihre Arbeitskraft in den letzten Jahren mitunter auch in den Dienst der DDR-Fachgeschichte gestellt haben, sei Aike Jürgensmann gedankt, der mich immer wieder bei der Literaturrecherche und -beschaffung unterstützt hat und der damit in besonderem Maße zum »Ermöglichungszusammenhang« dieser Arbeit gehört.

Für die Hilfe bei der Durchsicht des Manuskripts bin ich Gerhard und Claudia Kaiser, Kathleen Schröter, Marcel Sturm sowie dem Korrektorenkollektiv Saadhoff zu besonderem Dank verpflichtet. Dankbar bin ich vor allem auch meinen Eltern für ihre lebenslange Unterstützung sowie für die großzügige Bereitstellung materieller Ressourcen, die es mir ermöglichten, mich voll und ganz auf mein Studium zu konzentrieren, wertvolle Auslandserfahrungen zu sammeln und mein Dissertationsprojekt in überschaubarer Zeit abzuschließen. Für die materielle und ideelle Unterstützung meiner Forschungen im Jahre 2005 sowie für die Förderung der Drucklegung dieser Arbeit sei der Stiftung zur Aufarbeitung der SED-Diktatur und vor allem ihrem Referenten Dr. Ulrich Mählert herzlich gedankt.

Schließlich danke ich Kathleen Schröter für ihren liebevollen Beistand.

Dresden, im Juni 2007 | Jens Saadhoff

Einleitung

I. Die »Einheit von Politik und Wissenschaft«

> Jeder sozialistische Wissenschaftler fühlt sich als Mitglied der Partei oder als Staatsbürger der Deutschen Demokratischen Republik herausgefordert von der in letzter Zeit mehrfach vertretenen Ansicht, der Intellektuelle [...] sei zuerst und vor allem sich selbst verantwortlich, müsse sich wehren gegen eine Bevormundung durch Partei und Staat der Arbeiterklasse. [...][1]
>
> [Wer im Kampf gegen den Klassenfeind] Wissenschaftler oder Künstler und Partei oder genauer Parteiapparat einander gegenüberstellt, macht sich schuldig vor der historischen Aufgabe, die vor allen werktätigen Bürgern der DDR steht: verantwortungsvolle, unermüdliche Teilnahme am Aufbau der neuen Gesellschaft unter der Führung der Partei der Arbeiterklasse.
> Diese Aufgabe verlangt schöpferische Ideen, verlangt umfassendes Wissen und Verantwortungsbewußtsein. Sie verlangt von den Literaturwissenschaftlern und Germanisten, ihre wissenschaftlichen Erkenntnisse für die Lenkung und Leitung der Kulturentwicklung als Teil des gesamtgesellschaftlichen Aufbaus fruchtbar zu machen. Sie sind als Bürger des sozialistischen Staates Funktionäre dieses Staats. Ihre Tätigkeit darf sich also nicht neben den realen Problemen der gesellschaftlichen Praxis des sozialistischen Aufbaus, des ideologischen Klassenkampfes und speziell der real existierenden sozialistischen Literaturgesellschaft bestimmen. Hier Abstinenz üben, heißt Beruf und Berufung des Wissenschaftlers verkennen.[2]

Diese Passagen aus einem programmatischen Text der beiden marxistisch-leninistischen Literaturwissenschaftler Hans-Günther Thalheim und Dieter Schiller aus den *Weimarer Beiträgen* des Jahres 1966 bestätigen die in der marxistisch-leninistischen Identitätsphilosophie wurzelnde Doktrin von der »Einheit von Politik und Wissenschaft« im Sozialismus. Die Germanisten unterwerfen sich rhetorisch dem Primat der Politik und verpflichten ihre literaturwissenschaftlichen Forschungen auf die gesellschaftspolitischen »Forderungen des Tages«. Solche Aufgaben waren u.a., in Aneignungs- und Deutungskonkurrenz zum Westen ein umfassendes »marxistisches Literaturgeschichtsbild« zu entwerfen, zukünftige sozialistische Deutschlehrer, Verleger, Journalisten etc. auszubilden, Leitungswissen über kulturelle Prozesse zu akkumulieren oder zur sozialistischen Bewusstseins- und Traditionsbildung beizutragen. Die Anerkennung des Prinzips der »Parteilichkeit« für die literaturwissenschaftliche Forschung hatte weit reichende Folgen für das Wissenschaftsverständnis und das Handlungsbewusstsein einer marxistisch-leninistischen Wissenschaftselite. »Die Differenz zwischen Politik und Wissenschaft wurde damit nicht völlig geleugnet, aber minimiert«.[3] Aus der proklamierten

1 Thalheim/Schiller 1966, 3.
2 Ebd., 4.
3 Kocka 1998, 439. Vgl. dazu auch ausführlich Laitko 2002.

»Einheit von Politik und Wissenschaft« ließen sich von Seiten der Staats- und Parteiführung eine Reihe praktischer Folgerungen begründen:

> bei der Definition wissenschaftlicher Aufgaben; in bezug auf die institutionelle Ordnung und die Mechanismen der Planung und Steuerung von Wissenschaft; in bezug auf die Grenzen wissenschaftlicher Kritik; für die Rekrutierung und Plazierung des wissenschaftlichen Personals; und hinsichtlich der Kontrolle wissenschaftlicher Kommunikation.[4]

Durch die Vorstellung von der »Einheit und Reinheit« der marxistisch-leninistischen »Lehre«, die es in den Augen der Parteiführung gegen »Abweichungen« bzw. »Revisionismus« zu verteidigen galt, erschien »als das Wichtigste an der Wissenschaft nicht eine kreative und kritische Atmosphäre, in der eingefahrene Standpunkte immer wieder hinterfragt und zur Disposition gestellt werden, sondern vielmehr der Besitz gesicherter Wahrheiten, die es allgemein durchzusetzen galt«.[5]

Diese spezifischen Rahmenbedingungen der Wissensproduktion in der SBZ/DDR werfen die prinzipielle Frage nach der Autonomie bzw. der Heteronomie des literaturwissenschaftlichen »Feldes« auf.[6] Handelte es sich bei der literaturwissenschaftlichen Germanistik lediglich um eine »Verlautbarungswissenschaft«, die sich bruchlos den Forderungen des »gesellschaftlichen Auftraggebers« unterwarf und in der der politische Wille der Staats- und Parteiführung über fachliche Maßgaben triumphierte? Oder dienten Bekenntnisse wie die der Germanisten Thalheim und Schiller lediglich als resonanzsemantische Schutzgürtel für eine Wissenschaft, die sich letztlich allein disziplinären Eigenlogiken verpflichtet fühlte und sich erfolgreich gegen »Instrumentalisierungen« zu wehren verstand?

II. Die Unmöglichkeit einer kategorialen Trennung von wissenschaftlicher und nicht-wissenschaftlicher Praxis

In einem jüngst veröffentlichten Band zur Fachgeschichte der Sprach- und Literaturwissenschaften im 20. Jahrhundert ist das in der Frage nach der Autonomie bzw. Heteronomie der literaturwissenschaftlichen Germanistik in der SBZ/DDR mitschwingende dichotomisierende Deutungsmuster zu Recht als »ebenso suggestiv wie reduktionistisch« zurückgewiesen worden,[7] impliziert es doch die Möglichkeit einer *kategorialen* Trennung von wissenschaftlicher und außer-wissenschaftlicher Praxis. Gerade diese These von der Existenz sich selbst steuernder, allein den jeweiligen fachinternen Logiken verpflichteter Wissenschaften ist jedoch durch die neuere Wissenschaftshistoriographie bzw. -soziologie in Frage gestellt worden.[8] Demnach sind vor allem geisteswissenschaftliche Traditionsfächer – auch in pluralistischen Gesellschaftssystemen – keines-

---

4 Kocka 1998, 439.
5 Laitko 2002, 121.
6 Zum Feld-Begriff siehe Abschnitt IV dieser Einleitung.
7 Kaiser/Krell 2005, VII.

wegs allein der »Wahrheit« verpflichtet, und ihr Erfolg hängt nicht bloß von der kognitiven Dignität ihrer wissenschaftlichen Resultate ab:[9]

> Wenn ein Literaturwissenschaftler oder ein Historiker schreibt, dann behandelt er seinen Gegenstand zwar mit Blick auf die Fachöffentlichkeit, aber zugleich ist, als unsichtbarer Dritter gewissermaßen, die außerfachliche Öffentlichkeit mit ihren langlebigen Leitbegriffen und Deutungsmustern immer anwesend.[10]

Denn stärker als die Natur- und Technikwissenschaften, deren gesellschaftliche Zweckdienlichkeit gleichsam evident zu sein scheint, stehen gerade die Geisteswissenschaften unter einem erhöhten Legitimations- und Rückkopplungsdruck.[11] Permanent müssen sie ihre gesellschaftliche Relevanz unter Beweis stellen und »Leistungsangebote« an fachexterne Felder wie Politik, Wirtschaft, Kultur oder Erziehung unterbreiten. Ohne solche Leistungsangebote drohen Positionsverluste des jeweiligen Faches im innerwissenschaftlichen Kampf um die nötigen Forschungsressourcen, also um Geld und (institutionelle) Macht, aber auch um wissenschaftliche und soziale Reputation. Unter diktatorischen Bedingungen droht zudem der Einfluss politisierter Dilettanten zu steigen, die in den Geisteswissenschaften sehr viel leichter »untergebracht« werden können als in den spezialisierten »ideologiefernen« Natur- und Technikwissenschaften. Um ihre erfolgreiche Institutionalisierung dauerhaft sicherzustellen, sind daher besonders geisteswissenschaftliche Traditionsfächer in erhöhtem Maße gezwungen, sich auf Veränderungen in gesellschaftlichen und politischen Ressourcenkonstellationen[12] einzustellen.[13]

---

8 Siehe u.a. Bourdieu 1998; Latour 2000; Felt/Nowotny/Taschwer 1995; Mayntz 2000; Nowotny/Scott/Gibbons 2001. Ganz neu ist die These vom Einfluss gesellschaftlicher Ermöglichungszusammenhänge auf die Produktion wissenschaftlichen Wissens freilich nicht, auch wenn Felt/Nowotny/Taschwer in ihrer Einführung zur Wissenschaftsforschung erklären, dass »[j]ene Untersuchungen, die die ›Wahrheit‹ wissenschaftlichen Wissens relativieren und auf ihre gesellschaftliche Bedingtheit hinweisen, [...] erst in den letzten zwanzig Jahren entstanden [sind]« (Felt/Nowotny/Taschwer, 115). Bereits der Mediziner Ludwik Fleck betonte in seiner erstmals 1935 erschienenen wissenschaftstheoretischen Untersuchung *Entstehung und Entwicklung einer wissenschaftlichen Tatsache*, dass »[d]as Erkennen [...] die am stärksten sozialbedingte Tätigkeit des Menschen vor[stellt] und die Erkenntnis [...] das soziale Gebilde katexochen [ist]« (Fleck 1980, 58).

9 Vgl. Bollenbeck/Knobloch 2001, 5.

10 Ebd., 5. Ein Deutungsmuster, so Bollenbeck, »leitet Wahrnehmungen, interpretiert Erfahrenes und motiviert Verhalten« (Bollenbeck 1996, 19). Als psychologische Struktur, die »Weltdeutung mit möglicher Handlungsanbindung« verknüpft (ebd., 19), ist es keineswegs individuell geprägt: »[D]enn Deutungsmuster meint von außen angeeignete, vorgefertigte Relevanzstrukturen, die man nicht auswählt, sondern eher übernimmt. [...] Ein Deutungsmuster verfestigt sich kollektiv, ist ein Typus vorangegangener Erfahrung, dient als Bestimmungsrelation zur gegenwärtigen Zeit und kann mit seinen programmatischen Überschüssen auf zukünftige Möglichkeiten verweisen« (ebd., 19).

11 Siehe Dainat 1993, 66f.: »Nicht alle Wissenschaften sind im gleichen Maße zur Legitimation aufgerufen. Bei den Naturwissenschaften setzt man voraus, daß sie ihr Geld wert sind. Bei den Geisteswissenschaften ist man sich da nicht so sicher, und entsprechend heftig schwanken die Auskünfte über ihre Bedeutung zwischen Über- und Unterschätzung, zwischen Unentbehrlichkeit und Abschaffung.« Zum Legitimationsbedarf der Wissenschaften im Allgemeinen siehe Weingart 2001.

Da sich die Geschichte einer akademischen Disziplin aufgrund ihrer Ressourcen- und Legitimationsabhängigkeit offenbar nicht unabhängig von den jeweiligen fachexternen Resonanz- und Ressourcenkonstellationen entwickelt, muss eine *kategoriale* Distinktion zwischen Wissenschaft und Nicht-Wissenschaft notwendigerweise prekär bleiben. Eine analytische Unterscheidung zwischen wissenschaftlichen und nicht-wissenschaftlichen Praxen ist damit freilich keineswegs sinnlos. Diese Arbeit erhebt jedoch den Anspruch, mit den heuristischen Kategorien »Eigensinn« und »Resonanz« (s.u.) ein Distinktionsmodell zugrundezulegen, das weniger statisch ist und die komplexen wie interdependenten Transformationsbeziehungen zwischen wissenschaftlichen und außerwissenschaftlichen Teilbereichen berücksichtigen kann.

Die Mär eines politisch weitestgehend indifferenten »Kerns« der germanistischen Fächer ist von der »germanistischen Ideologiekritik«[14] seit den 60er Jahren vehement in Frage gestellt worden.[15] Doch zeigen die Ergebnisse der jüngeren, mehrfachperspektivierten Fachgeschichtsschreibung, die administrative, institutionelle, leistungsorientierte oder textsortenbezogene Aspekte der Fachentwicklung untersucht,[16] dass man sich gleichzeitig davor hüten muss, ein monokausales Abhängigkeitsverhältnis zwischen politischem und gesellschaftlichem Wandel auf der einen und fachgeschichtlichen Entwicklungen auf der anderen Seite zu postulieren.[17] Die Pauschaldegradierung der Literaturwissenschaft zur allzeit willfährigen »Magd der Politik«, die bruchlos umsetzte, was von Staat, Politik und Gesellschaft an sie herangetragen wurde, erweist sich bei näherem Hinsehen als unzulässig. Dies gilt auch für die literaturwissenschaftliche Germanistik in der DDR. Gewiss, die kulturpolitische Administration tauchte hier keineswegs lediglich als »unsichtbarer Dritter« auf, sondern setzte den wissenschaftlichen Diskursen mit zunehmender Machtfülle - je nach politischer »Großwetterlage« mal mehr, mal weniger deutlich - Grenzen und versuchte, die Wissenschaftsakteure mit Gängelungen, Repressionen und Zensur auf die Einhaltung bestimmter ideologisch-politischer Prämissen zu verpflichten. Die Planungs-, Steuerungs- und Lenkungsmechanismen der Staats- und Parteiführung waren dabei ungleich effizienter als im Nationalsozialismus, auch weil sie über einen mehr als dreimal so langen Zeitraum wirken

12 Der Begriff »Ressourcenkonstellation« meint in diesem Zusammenhang »das Zusammentreffen unterschiedlicher ›exoterischer Elemente‹, die über engere fach-wissenschaftlich ›esoterische‹ Reputationskriterien hinaus den Resonanzbedingungen der Fächer Appellwirkung und Verpflichtungsgehalt verleihen. Es sind die Elemente der ideologischen Sprachregelung des jeweiligen politischen Systems, dessen hochschulpolitische Steuerungsversuche und der Erwartungshorizont der kulturräsonierenden Öffentlichkeit« (Bollenbeck 2001, 26).

13 Vgl. Ash 1995. Zur besonderen Resonanzbedürftigkeit der Germanistik und zum Zusammenhang von quantitativer Größe und strukturellem Delegitimierungstrend siehe Bollenbeck 2001, 15f.

14 Siehe Peschken 1972.

15 Vgl. u.a. Conrady 1990; Hermand 1994; Lämmert u.a. 1968; Reiß (Hg.) 1973.

16 Fohrmann 1991; Höppner 1995.

17 Siehe dazu u.a. Adam/Dainat/Schandera (Hg.) 2003; Barner/König (Hg.) 1996; Boden/Dainat (Hg.) 1997; Boden/Rosenberg (Hg.) 1997; Bogdal/Müller (Hg.) 2005; Bollenbeck/Knobloch (Hg.) 2001; Bollenbeck/Knobloch (Hg.) 2004; Dainat/Voßkamp (Hg.) 1999; Dainat 2002; Fohrmann/Voßkamp (Hg.) 1991; Fohrmann/Voßkamp (Hg.) 1994; Gärtner 1997; Haß/König (Hg.) 2003; Kaiser/Krell (Hg.) 2005; G. Kaiser 2007; Rosenberg/Münz-Koenen/Boden (Hg.) 2000; Schönert (Hg.) 2000; Voßkamp 1985; Voßkamp 1990.

konnten. Zudem verfügte die sozialistische Führungselite im Gegensatz zur nationalsozialistischen Führung über ein geschlossenes Ideologiekonzept, auf dessen Grundlage sich eine kohärentere Kultur- und Wissenschaftspolitik konzipieren ließ.[18]

Dennoch kann von einer Mutation der Literaturwissenschaften zur reinen Ideologie oder zu bloßen »Bestätigungsinstanzen der SED-Beschlüsse«[19] nicht die Rede sein. Denn die Politik der Partei- und Staatsführung war

> als weitertreibendes Moment der gesetzmäßigen historisch-gesellschaftlichen Entwicklung wissenschaftlich begründet und zu ihrer Orientierung, Effektivierung, Konkretisierung und Aktualisierung auf Leistungen der Wissenschaft in Form von Forschung, Beratung, Lehre und anderen Anwendungen angewiesen.[20]

Dadurch ergab sich »ein vielfach vermitteltes symbiotisches Verhältnis gegenseitiger Beeinflussung und Durchdringung«.[21] Auch unter den erziehungsdiktatorischen Bedingungen in der SBZ/DDR lässt sich daher das Verhältnis von Politik und Wissenschaft nicht einseitig als »Missbrauch« oder »Instrumentalisierung« der akademischen Disziplinen durch das politische Feld begreifen, selbst wenn »die Engführung von Politik und Wissenschaft die Substanz der Wissenschaften mehr als den Inhalt der Politik beeinflußt hat und im [...] Spannungsfall die Politik letztlich immer am längeren Hebel saß«.[22] Politik und Wissenschaft fungierten – funktional gesehen – als »Ressourcen für einander«.[23] Während die Literaturwissenschaft der Politik einerseits als Instrument der Herrschaftslegitimation und -stabilisierung dienen und eine zentrale Rolle bei der »Entfaltung der Produktivkräfte« spielen sollte, ermöglichte andererseits die Anschlussfähigkeit der innerhalb des Faches produzierten Diskurse an politische Vorgaben und gesellschaftliche Bedürfnisse den wissenschaftlichen Akteuren den Zugang zu den nötigen Forschungsressourcen, erlaubte Karrieresprünge und sicherte Privilegien.

Zudem unterschätzt die Erzählung einer »willfährigen« bzw. politisch »missbrauchten« Wissenschaft das Fortleben älterer (Wissenschafts-)Traditionen und mentaler Prägungen, den wissenschaftlichen (bzw. möglicherweise auch individuellen) »Eigensinn« der jeweiligen Akteure,[24] die – u.a. aus der angespannten Personalsituation nach 1945 und den offenen Westgrenzen herrührenden – Schwierigkeiten der SED, ein sozialistisches Hochschulsystem zu errichten, oder das, was Pierre Bourdieu die »Übersetzungsmacht« bzw. »Brechungsstärke« einer akademischen Disziplin nennt: die Fähigkeit, auf fachexterne Anforderungen nach fachinternen Maßgaben zu reagieren und sie so, gleichsam »gebrochen«, in die Sprache des Faches zu »übersetzen«.[25] Auch sollte nicht übersehen werden, dass es für die Germanistik eine ressourcenstrategische Notwendigkeit gab, sich von anderen gesellschaftlichen Teilfeldern abzugrenzen und gewisse *fachspezifische* Standards (z.B. philologische Genauigkeit, Textnähe, differenzierte und kohä-

---

18 Vgl. Schandera 2001, 29f.
19 Mitter/Wolle 1994, 22.
20 Kocka 1998, 438f.
21 Ebd., 439.
22 Ebd., 439.
23 Ash 2002.
24 Zum Begriff des »Eigensinns« siehe Abschnitt IV dieser Einleitung.
25 Vgl. Bourdieu 1998, 19.

rente theoretische Argumentation usw.) einzuhalten, wollte sie nicht aufhören, eine Fachwissenschaft zu sein und als solche anerkannt zu werden.[26] Allein die fachspezifische Konturierung ermöglichte es dem Fach, disziplinspezifische Leistungsangebote an andere Felder (Politik, Erziehung, Kultur, Literatur etc.) zu unterbreiten und sich innerhalb des wissenschaftlichen Feldes als »praxisrelevante« marxistisch-leninistische Gesellschaftswissenschaft zu bewähren.[27] Besonders das Konkurrenzverhältnis zur westdeutschen Universitätsgermanistik verpflichtete das akademische Personal, allgemein anerkannte Wissenschaftsnormen einzuhalten: Wollte man der »bürgerlichen« Literaturwissenschaft auf allen Ebenen überzeugende Gegenentwürfe auf der Basis des Marxismus-Leninismus präsentieren, verlangte dies ein gewisses Professionalisierungs- und Ausdifferenzierungsniveau. Selbst die SED musste diese spezifischen Funktionsimperative des literaturwissenschaftlichen Teilbereiches - bei allen politisch gezogenen Grenzen - grundsätzlich anerkennen, hatte sie doch ein Interesse an der Leistungsfähigkeit und internationalen Wettbewerbsfähigkeit »ihrer« Germanistik. Allein die Entwicklung eines eigenständigen rezeptionstheoretischen Ansatzes in den 70er Jahren, der in seinem Entdogmatisierungspotential und seiner subversiven Wirkung auf das tradierte ästhetische Kategoriensystem gar nicht überschätzt werden kann,[28] zeigt, dass die Rede von der DDR-Germanistik als einer »blinden Wissenschaft«,[29] die ohne jegliche innovatorische Kraft lediglich die Anforderungen des »gesellschaftlichen Auftraggebers« erfüllte, der Fachentwicklung nicht gerecht wird. Es gilt daher in dieser Arbeit, um mit Bourdieu zu sprechen, »dieser scheinbaren Alternative zu entgehen, zwischen einer ›reinen‹, von der gesellschaftlichen Beimengung befreiten, und einer ›dienstfertigen Wissenschaft‹, die allen polit-ökonomischen Wünschen Folge leistet«.[30]

III. Das Erklärungsmodell der »semantischen Umbauten« und das erkenntnisleitende Interesse dieser Arbeit

Um allgemeine Zusammenhänge zwischen Fachgeschichte und Gesellschaftsgeschichte näher zu analysieren und das komplexe und historisch variable Spannungsfeld zwischen »Professionalisierung und Politisierung«,[31] (Selbst-)Anpassung und diktatorischem Zwang, Forschungslogik und politisch-gesellschaftlichen Logiken, »Resonanz und Eigensinn«[32] näher zu vermessen, ist in einem Projekt der Universität Siegen unter Leitung des Literatur- und Kulturwissenschaftlers Georg Bollenbeck sowie des Sprachwissenschaftlers Clemens Knobloch das Erklärungsmodell der »Semantischen Umbau-

26 Mit Blick auf die Geschichtswissenschaft formuliert dies Jürgen Kocka (1977, 265f.).
27 Zur Notwendigkeit einer fachspezifischen Konturierung siehe im Detail Kapitel 8.3.
28 Vgl. Rosenberg 2000, 175.
29 Lehmann 1995.
30 Bourdieu 1998, 19.
31 Maas 1988.
32 Kaiser/Krell (Hg.) 2005.

ten« entwickelt worden, dem diese Arbeit verpflichtet ist.[33] Während die bisherige Fachgeschichtsforschung die Kontinuitäten und Diskontinuitäten in der Entwicklung der germanistischen Literaturwissenschaft vornehmlich unter einer biographischen, institutionengeschichtlichen oder forschungsgeschichtlichen Perspektive untersucht hat, weist das Forschungsvorhaben »Semantischer Umbau« als erkenntnisleitendes Interesse eine andere Perspektive aus. Ausgehend von der oben skizzierten Annahme, dass wissenschaftliche Disziplinen nicht allein ihren jeweiligen Forschungslogiken verpflichtet sind, sondern sich aus legitimations- und ressourcenstrategischen Gründen auf gesellschaftliche und politische Veränderungen einstellen und Leistungsangebote an andere gesellschaftliche Teilbereiche adressieren müssen, nimmt der Forschungsansatz »Semantischer Umbau« die Redeweisen des Faches in den Blick.[34] »Redeweisen« meint in diesem Kontext die Argumentationsstrategien des Faches, seine Leistungsangebote, seine narrativen Strukturen, seine privilegierten Gegenstände, Theorien und Methoden, seine Epochen- und Autorenbilder oder sein theoretisches und gesellschaftlich-politisches Selbstverständnis. Diese Redeweisen bleiben zwar einerseits - mit unterschiedlicher Beharrlichkeit - der professionellen Eigenlogik des Faches verpflichtet, sind aber andererseits nicht gänzlich unbeeinflusst von fachexternen Anforderungen, den Leitbegriffen/Deutungsmustern der kulturräsonierenden und/oder politischen Öffentlichkeit sowie politischen bzw. gesellschaftlichen Veränderungen. Zumindest partiell sind disziplinäre Redeweisen auch auf außerfachliche Resonanzeffekte angelegt, um das Fach im Kampf um Forschungsressourcen öffentlichkeitswirksam »in Stellung« zu bringen.

Im Rahmen dieser Arbeit soll nach möglichen Umbauten in den Redeweisen des Faches gefragt werden. Solche semantischen Umbauten können sich u.a. manifestieren in einem veränderten Gebrauch der Grund- und Leitbegriffe, in einer Umakzentuierung des disziplinären Leistungsprofils, in einem gewandelten Handlungsbewusstsein der Akteure, in Umbenennungen bzw. Umwertungen bestimmter Epochen, Autoren oder Texte oder im stillen Themenwechsel. Die im Fach vorgenommenen semantischen Umbauten vermögen, indem sie im Zusammenhang mit fachexternen Ereignissen, Anforderungen, Förderungen oder gesellschaftlichen Leitbegriffen und Deutungsmustern analysiert werden, Aufschluss zu geben über die zeithistorische Dimension der Fachgeschichte, über das Verhältnis von Forschungslogiken und außerfachlichen Logiken, über die Ansprüche und Erwartungen gesellschaftlicher Machtzentren gegenüber dem Fach, über den Resonanz-, Legitimations- und Rückkopplungsbedarf des Faches zu einem spezifischen historischen Zeitpunkt.

---

33 Vgl. im Folgenden die im Kontext dieses Projektes entstandenen theoretischen und methodischen Ausführungen: Bollenbeck 2001; Knobloch 2001; Bollenbeck/Knobloch 2004; Kaiser/Krell 2005; G. Kaiser 2005.

34 Damit wird den Forderungen Gunter Schanderas entsprochen, der mit Blick auf die bisherigen Arbeiten zur Fachgeschichte in der DDR betont, dass »nach der Konzentration auf Personen und Institutionen die Texte und ihre Funktionsweisen stärker ins Bild kommen müssen« (Schandera 2001, 26). Für eine Analyse des Verhältnisses von Politik und Wissenschaft sei es nötig, Arbeiten vorzulegen, »die möglichst selten mit Selektionen des historischen Materials arbeiten, um Beteiligtenstandpunkte zu belegen, sondern die dieses Material in seiner historischen Semantik beobachtend strukturieren oder analytisch dekonstruieren oder auch beides zugleich leisten [...]« (ebd., 30).

Mit der Frage nach semantischen Umbauten sind gleichwohl keine festen Tatbestände *a priori* verbunden, etwa die Vorstellung, es habe in der Folge des politischen Systemwechsels von 1945 notwendigerweise fundamentale Veränderungen innerhalb des Faches gegeben. Wer nach semantischen Umbauten fragt, kann auch feststellen, dass solche Umbauten nicht stattgefunden haben. Insofern handelt es sich bei dem Begriff »semantische Umbauten« lediglich um einen »Suchbegriff«, der das Vetorecht der Quellen nicht außer Acht lässt. Ein Ausbleiben semantischer Umbauten im Kontext politischer und gesellschaftlicher Zäsuren ist derweil für die Untersuchung des Verhältnisses von fachinterner und fachexterner Öffentlichkeit ebenso aufschlussreich, stellt sich doch die Frage, ob die Kontinuitäten in den Redeweisen tatsächlich (allein) auf den disziplinären Eigensinn, die Macht der (Fach-)Traditionen, langfristige kollektive Deutungsmuster oder die »Brechungsmacht« des Faches zurückzuführen sind, oder ob nicht gerade bestimmte Forschungskontinuitäten unter der jeweiligen Ressourcenkonstellation (auch) besondere Resonanzeffekte versprechen. So lässt sich beispielsweise feststellen, dass vor allem die Reformulierung eines traditionellen bildungsbürgerlichen »Humanismuskanons« den Germanisten in der SBZ/DDR nach 1945 besondere Resonanz innerhalb der kulturräsonierenden bzw. der politischen Öffentlichkeit garantierte. Umgekehrt muss natürlich auch die Frage gestellt werden, ob semantische Umbauten innerhalb des Faches tatsächlich auf einen Bruch mit (Fach-)Traditionen oder auf gewandelte Mentalitäten verweisen. Auch wenn man beispielsweise die Produkte der literarischen Moderne nach 1945 im Namen der gnoseologischen Realismus- und Widerspiegelungstheorie der »offiziellen« marxistischen Ästhetik als »Verfallserscheinungen« abwertete, auf ihre mangelnde Eignung im Rahmen der »Volksfrontstrategie« von Kulturbund und SED hinwies und vor ihrer »zersetzenden« Wirkung für den sozialistischen Aufbau warnte, so zeigt sich in den verwendeten Abwertungsstereotypen und Begründungsmustern dennoch die Beharrungsmacht eines tradierten bildungsbürgerlichen Kunstverständnisses. Zwischen langfristigen mentalen Prägungen, stabilen (fach-)wissenschaftlichen Traditionen und »Denkstilen«[35] sowie eher kurzfristigen wandelbaren politisch-ideologischen Optionen muss unterschieden werden. In diesem Zusammenhang wäre mit Blick auf die SBZ/DDR auch zu unterscheiden zwischen (letztlich folgenlosen) rituellen Verbeugungen vor der politischen Führung (etwa durch das Einstreuen politischen Bekenntnisvokabulars in einen ansonsten von Forschungskontinuitäten geprägten Fachtext) und der begrifflich reflektierten Anerkennung des Marxismus-Leninismus als Axiomatik der Literaturwissenschaft. Schließlich sei betont, dass nicht einzelne »Begriffe« die Fülle eines politisch-sozialen Bedeutungszusammenhangs enthalten, sondern dass dieser sich erst innerhalb der gesellschaftlichen Kommunikation, also in der Verwendungsgeschichte der Begriffe erschließt. Durchgehaltene Wortkörper erlauben nicht den Schluss, man hätte es mit durchgehaltenen Bedeutungen zu tun. Wenn man sich beispielsweise in der SBZ/DDR auf die »deutsche Kunst« beruft, so geschieht dies mit einer anderen »semantischen Imprägnierung« als etwa im Nationalsozialismus.[36] »Konnotationsfallen« gilt es durch die Situierung der Begriffe in einem historischen Kontext zu entgehen.

---

35 Zum Begriff des »Denkstils« siehe Abschnitt IV dieser Einleitung.

36 Vgl. Bollenbeck/La Presti 2002, 10.

Aufgrund des Ziels, die Beziehungen zwischen der literaturwissenschaftlichen Germanistik und der außerfachlichen Öffentlichkeit in der SBZ/DDR herauszuarbeiten, sollen nicht nur die dominant esoterischen (d.h. fachinternen) Kommunikationsprozesse, sondern vor allem auch exoterische (d.h. die Grenzen des Fachs transzendierende) Kommunikationspraktiken untersucht werden. Im Zentrum des Interesses stehen dabei *veröffentlichte* Quellen, denen eine Orientierung an der fachinternen wie fachexternen Resonanz- und Ressourcenkonstellation unterstellt werden kann. Von dem jeweils Gesagten auf das tatsächlich Gedachte zu schließen, ist u.a. deshalb unzulässig.[37] Zudem liegt der Schwerpunkt vornehmlich auf den Texten derjenigen Akteure, die sich zu einem jeweiligen Zeitpunkt gleichsam »im Zentrum« des Faches befanden. Sie waren die entscheidenden »Bauleute« disziplinärer Transformationsprozesse und bestimmten als »Repräsentanten« des Faches seine Außenkommunikation. Wenn in dieser Arbeit auf disziplinäre Außenseiter wie beispielsweise Alfred Kantorowicz eingegangen wird, so dienen diese Verweise lediglich als negative Kontrastfolien, um die spezifischen Anforderungen für eine »erfolgreiche« Positionierung unter den je spezifischen Resonanz- und Ressourcenkonstellationen innerhalb und außerhalb des Faches zu verdeutlichen.

Bei der Analyse der *esoterischen* Kommunikation geht es um die Prozesse der Wissenskonstitution des Faches, also seine Binnenkommunikation auf der Theorien-, Methoden- und Gegenstandsebene. Rekonstruiert werden sollen Kontinuitäten und Diskontinuitäten hinsichtlich des theoretischen Selbstverständnisses, des Methodenarsenals sowie der Epochen- und Autorenbilder. Aus forschungspragmatischen Gründen richtet sich der Blick dabei vor allem auf die Phase des Neuaufbaus eines fachspezifischen Feldes im Zeichen des Marxismus-Leninismus zwischen der unmittelbaren Nachkriegszeit und dem Beginn der sechziger Jahre, auf die Umbauten in der Realismus- und Widerspiegelungstheorie bzw. die Debatten im Kontext der Etablierung eines rezeptionstheoretischen Ansatzes sowie auf den Klassik-, Romantik- und Moderne-Diskurs. Die Untersuchung der *exoterischen* Kommunikationspraktiken erweitert den traditionellen Horizont der Wissenschafts- und Institutionengeschichte insofern, als dass es hierbei um jene »verteilersprachlichen« Medien geht, die gleichsam als »Popularisierungsmedien« der Literaturwissenschaft fungieren. Damit gemeint sind literaturtheoretische Einführungen, Literaturgeschichten, Handbücher, Lexika, Beiträge in nichtwissenschaftlichen Zeitschriften und Zeitungen oder Festvorträge, die sich weniger an ausgewiesene Experten als vielmehr an die »breite Öffentlichkeit« wenden. Damit eignen sich diese Texte ideal für eine Untersuchung der Außenkommunikation des Faches. Es geht in diesem Zusammenhang um die Frage, mit welchen argumentativen Strategien sich die Disziplin selbst inszenierte und präsentierte. Die Analyse dieser Redeweisen verspricht Aufschluss über die Leistungsangebote, die das Fach der fachexternen Öffentlichkeit unterbreitete, über die Traditionen, in die es sich stellte, über typische, Problemlagen übergreifende (rhetorische oder argumentative) Muster, mit denen es seine Positionen legitimierte und vertrat, über das theoretische Selbstverständnis seiner Akteure, über Kontinuitäten und Diskontinuitäten in der Fachentwicklung.

Im Kontext der Analyse der Außenkommunikation der literaturwissenschaftlichen Germanistik in der SBZ/DDR zielt das Erkenntnisinteresse daher nicht so sehr auf die

37 Vgl. Bollenbeck 2001, 23f.

»neutralen« fachsprachlichen Elemente, sondern vielmehr auf die »Scharnierbegriffe« und »Scharniergeschichten« innerhalb der Fachkommunikation: diejenigen Redeweisen, Konzepte, Figuren und Argumentationsmuster, die einerseits im Fach Sinnbezüge bündeln, die aber gleichzeitig auch in der allgemeinen fachexternen Kommunikation verstanden wurden und Resonanzeffekte in der fachexternen Öffentlichkeit mobilisieren konnten.[38] Als eine solche »mehrfachadressierende« Scharniersemantik dienten in der SBZ/DDR z.B. die aus der bildungsbürgerlichen Kunstsemantik des 19. Jahrhunderts stammenden Wert- und Identifikationsbegriffe wie »(deutsche) Nation«, »Humanismus« oder »Bildung«, Termini aus der »Basissemantik« des sozialistischen Gesellschaftssystems (»Materialismus«, »Basis/Überbau«, »Klasse«, »Dialektik« etc.) oder die von Georg Lukács propagierte »große Erzählung« von »Fortschritt und Reaktion« in der deutschen Literaturgeschichte. Ein Ziel dieser Arbeit ist es, für die neuere deutsche Literaturwissenschaft nach 1945 in der SBZ/DDR anhand des untersuchten Quellenmaterials zentrale argumentative Strategien und rhetorische Muster herauszuarbeiten, die sich solcher Scharnierbegriffe und Scharniergeschichten bedienen.

IV. Eigensinn, Resonanz, Denkstil/-kollektiv und das wissenschaftliche »Feld«

Es sei wiederholt: Eine kategoriale Trennung zwischen (fach)interner, gleichsam »reiner« wissenschaftlicher Kommunikation und einer eindeutig davon abgrenzbaren außerwissenschaftlichen Kommunikation erweist sich nach den Ergebnissen der neueren Wissenschaftssoziologie und -theorie als eine methodologisch unzureichende Dichotomie. Um im Blick auf eine Theoretisierung des Verhältnisses Wissenschaft-Gesellschaft eine solch apriorische Trennung im Sinne einer starren »intern-extern«-Antithetik zu vermeiden, bedient sich diese Arbeit der heuristischen Kategorien »Eigensinn« und »Resonanz«, wie sie von Gerhard Kaiser jüngst expliziert worden sind,[39] sowie Ludwik Flecks wissenschaftssoziologischer Lehre vom »Denkstil und Denkkollektiv« und Pierre Bourdieus Theorieentwurf zum wissenschaftlichen »Feld«.

Eigensinn ist dabei nicht gleichzusetzen mit Autonomie und soll »nicht individualistisch und relational verstanden werden«.[40] Bezugsgröße des Eigensinns ist das »wissenschaftliche Feld«. Dieses Feld wird mit Bourdieu verstanden als ein »mit eigenen Gesetzen ausgestattete[r] Mikrokosmos«.[41] Dieser »ist zwar, wie der Makrokosmos, sozialen Gesetzen unterworfen, aber es sind nicht dieselben. Obwohl er sich nie ganz den Zwängen des Makrokosmos entziehen kann, verfügt er doch über eine mehr oder weniger ausgeprägte Autonomie«.[42] Daher muss »eine Form des Reduktionismus ausge-

38 Zur Scharniersemantik siehe grundlegend Knobloch 2001, 209–213.
39 Vgl. dazu im Detail G. Kaiser 2005.
40 Ebd., 4.
41 Bourdieu 1998, 18.
42 Ebd., 18.

schlossen [werden], die darin besteht, die Funktionsgesetze des Feldes auf externe soziale Gesetze zu verkürzen«.[43] Auch wenn die von Bourdieu als die »illusio« bezeichnete »Uneigennützigkeit« der Forschung, in der der spezifische Eigensinn des wissenschaftlichen Feldes bestehen soll, von den marxistisch-leninistischen Literaturwissenschaftlern als »bürgerliche Ideologie« abgetan wurde, so wirkten doch auch im literaturwissenschaftlichen Feld der DDR dessen soziale und diskursive Regeln, durch die es sich von anderen gesellschaftlichen Feldern unterschied. Wer sich innerhalb des literaturwissenschaftlichen Feldes erfolgreich positionieren wollte, konnte sich einer den fachspezifischen Anforderungen verpflichteten Argumentation und Terminologie nicht entschlagen, ohne mit innerfachlichen Sanktionierungen (z.B. Reputationsverlust) rechnen zu müssen. Wer also beispielsweise die Werke der offiziell verfemten »spätbürgerlichen« literarischen Moderne aufgrund ihrer »dekadenten« Ausdrucksformen pauschal als »Verfallserscheinungen« ablehnte, musste sich konsequenterweise die Frage stellen, warum dieselben Gestaltungsmittel in den Werken von literarischen »Autoritäten« wie Anna Seghers, Bertolt Brecht, Friedrich Wolf oder Johannes R. Becher »gestattet« sein sollten. Die Unmöglichkeit einer überzeugenden kategorialen Trennung zwischen »dekadenten« und »realistischen« Stilmitteln führte so letztlich zu einer zunehmenden Anerkennung einstmals als »dekadent« verurteilter Schreibweisen in der literaturwissenschaftlichen Germanistik der DDR. Äußere Zwänge waren damit immer »vermittelt durch die Logik des Feldes«,[44] sein implizites Set von Denk- und Sprachregelungen.

Um den je spezifischen Eigensinn in einem wissenschaftlichen Teilbereich zu erfassen, unterschiedliche wissenschaftliche Teilfelder voneinander abzugrenzen und den Eigensinn eines Faches in seiner historischen Entwicklung nachzuzeichnen, bietet sich die von Ludwik Fleck übernommene Lehre vom »Denkstil und Denkkollektiv« an. Ein »Denkstil« wird definiert

> *als gerichtetes Wahrnehmen, mit entsprechendem gedanklichen und sachlichen Verarbeiten des Wahrgenommenen* [...]. Ihn charakterisieren gemeinsame Merkmale der Probleme, die ein Denkkollektiv[45] interessieren; der Urteile, die es als evident betrachtet; der Methoden, die es als Erkenntnismittel anwendet. Ihn begleitet eventuell ein technischer und literarischer Stil des Wissenssystems.[46]

Was innerhalb eines wissenschaftlichen Feldes Geltung beanspruchen will, *»muß im Stil des Denkkollektivs ausgedrückt werden«*.[47] Der Denkstil legt fest, was in einer wissenschaft-

---

43 Ebd., 26.

44 Ebd., 19.

45 Das »Denkkollektiv« ist der gemeinschaftliche Träger des »Denkstiles«. »Dem Begriff des Denkkollektives [...] kommt nicht der Wert einer fixen Gruppe oder Gesellschaftsklasse zu. [...] Ein Denkkollektiv ist immer dann vorhanden, wenn zwei oder mehrere Menschen Gedanken austauschen: dies sind momentane, zufällige Denkkollektive, die jeden Augenblick entstehen und vergehen. [...] Außer solchen zufälligen und *momentanen* Denkkollektiven gibt es *stabile* oder verhältnismäßig stabile: sie bilden sich besonders um organisierte soziale Gruppen. Existiert eine größere Gruppe lange genug, so fixiert sich der Denkstil und bekommt formale Struktur« (Fleck 1980, 135. Hervorhebungen im Original).

46 Ebd., 130. Hervorhebungen im Original.

47 Ebd., 133. Hervorhebungen im Original.

lichen Gemeinschaft zu einem bestimmten historischen Zeitpunkt als wahrheitsfähig und kommunizierbar gelten kann, und mit ihm lässt sich die Beharrungsmacht von Fachtraditionen unter veränderten Resonanz- und Ressourcenkonstellationen erklären.

Der Begriff der Resonanz soll in dieser Arbeit sowohl Resonanzbedarf, Resonanzkalkül sowie Resonanzeffekte umfassen. Mit Blick auf den einzelnen Wissenschaftler bezieht er sich auf die Bezogenheit des Handelns dieses Akteurs auf das eigene wissenschaftliche Feld bzw. auf andere wissenschaftliche Teilfelder sowie auf die für den Akteur positiven oder negativen Effekte dieser Bezogenheit. Das wissenschaftliche Feld wird als ein Raum unterschiedlicher Herrschafts- und Kräfteverhältnisse verstanden, als ein »Spielfeld«, in dem es darum geht, sich möglichst erfolgreich zu positionieren.[48] Auch für den einzelnen Forscher gilt, dass seine Arbeit auf Ressourcen angewiesen ist. Gelder, Stellen, Berufungen in Fachgremien und Kommissionen, Einladungen zu Kongressen und Tagungen, die Aufmerksamkeit der Fachöffentlichkeit bezüglich der eigenen wissenschaftlichen Forschungen oder die Möglichkeit, in renommierten Verlagen und Zeitschriften zu veröffentlichen, werden denjenigen zuteil, deren Meinung innerhalb des Faches etwas »zählt«, die über »wissenschaftliches Kapital« verfügen. Die kognitive Dignität des Gedachten allein reicht dabei nicht aus, um innerhalb des Faches Positionsgewinne zu erzielen und die für die eigene Forschung nötigen Ressourcen zu mobilisieren, sondern wissenschaftliches Kapital beruht immer »auf der Anerkennung (oder dem Kredit) [...], den die Gesamtheit der gleichgesinnten Wettbewerber innerhalb des wissenschaftlichen Feldes gewährt«.[49] Um innerhalb des eigenen wissenschaftlichen Feldes wissenschaftliches Kapital zu akkumulieren oder zu verteidigen, bedarf es daher positiver Resonanzeffekte in der Fachöffentlichkeit. Insofern ist der Aspekt des Resonanzkalküls eine »stets mitzudenkende relativ konstante Bezugsgröße wissenschaftlicher Kommunikation«, die »keineswegs nur für Wissenschaften unter diktatorischen Bedingungen von Bedeutung ist«.[50]

---

48 Vgl. Bourdieu 1998, 20.

49 Ebd., 23. Bourdieu führt im Folgenden aus, »daß wissenschaftliche Felder der Ort zweier Arten von Macht sind, denen zwei Sorten wissenschaftlichen Kapitals entsprechen: auf der einen Seite eine Macht, die man weltlich (oder politisch) nennen könnte, eine institutionelle und institutionalisierte Macht, die verknüpft ist mit der Besetzung herausgehobener Stellen in wissenschaftlichen Institutionen, mit der Leitung von Forschungseinrichtungen und Abteilungen, der Mitgliedschaft in Kommissionen, mit Gutachtertätigkeiten und mit der dadurch eingeräumten Macht über Produktionsmittel (Verträge, Gelder, Posten usw.) und Reproduktionsmittel (die Macht, über Karrieren zu entscheiden oder Karrieren zu ›machen‹); auf der anderen Seite eine spezifische Macht, ein persönliches ›Prestige‹, das mehr oder weniger unabhängig von jener weltlichen Macht [...] ist, da es nahezu ausschließlich auf einer kaum oder schwach institutionalisierten Anerkennung durch die Gesamtheit der Gleichgesinnten oder der Angesehensten einer ihrer Fraktionen beruht« (ebd., 31). Dass diese Unterscheidung auch mit Blick auf die literaturwissenschaftliche Germanistik der DDR sinnvoll ist, zeigt das Beispiel von Gerhard Scholz, der als unpromovierter Germanist ohne Lehrstuhl über ein geringes institutionelles Kapital verfügte, jedoch durch sein Wissen und sein Charisma eine Reihe von marxistisch-leninistischen Literaturwissenschaftlern prägen konnte und – vermittelt über seine Schüler – großen Einfluss auf die fachgeschichtliche Entwicklung in der DDR hatte (siehe dazu im Detail Kapitel 3.4.6).

50 G. Kaiser 2005, 7.

Dies gilt auch für die Beziehung eines fachlichen Akteurs zur fachexternen Öffentlichkeit. Wer unter Schriftstellern, Lehrern, Zeitungsredakteuren, Unternehmern oder in der politischen Öffentlichkeit als »kompetenter«, »praxisnaher«, »moderner«, »auflagensteigernder« oder politisch »genehmer« Wissenschaftler gilt und gleichzeitig den disziplinspezifischen Ansprüchen genügt, kann auf Reputationsgewinne auch innerhalb des eigenen Faches hoffen und/oder durch »Beratertätigkeiten« oder Gremienmitgliedschaften institutionelles Kapital akkumulieren. Karrieresprünge konnten in der DDR beispielsweise diejenigen erwarten, die sich als marxistisch-leninistische Wissenschaftler ausweisen und mit Blick auf das politische Feld Ressourcenelemente aufbauen konnten. Dabei gilt es jedoch, fachliche und außerfachliche Resonanz sorgsam auszubalancieren. So kann der inflationäre Einsatz politischen Bekenntnisvokabulars oder das wissenschaftlich nicht unterfütterte »Aufspringen« auf die in der außerfachlichen Öffentlichkeit herrschenden »Trends« innerhalb des wissenschaftlichen Feldes als »Regelverstoß« sanktioniert werden und zu negativen Resonanzeffekten führen. Der Spott, den etablierte Fachvertreter den ewig plappernden Talkshow-Professoren oder den »Feuilletonisten« ihrer Zunft mitunter entgegenbringen, ist ein Indiz dafür. Insofern ist Resonanz keineswegs der unmittelbare Gegenpol von Eigensinn. Denkstilverletzungen, so sehr sie möglicherweise in der fachexternen Öffentlichkeit Resonanz*gewinne* verheißen, können gleichzeitig innerfachlich Reputations*verluste* mit sich bringen:

> Die Partizipation am Eigensinn eines Faches, d.h. das Sich-Einüben und das Mitspielen nach den jeweiligen denkstilspezifischen Regeln, ist für den einzelnen wissenschaftlichen Akteur, zumal wenn es sich um ›Feldnovizen‹ handelt, als Bedingung der Möglichkeit für innerfachliche Resonanz zunächst unerläßlich.[51]

Der Resonanz-Begriff kann sich jedoch nicht nur auf die Herrschaftsbeziehungen im literaturwissenschaftlichen Feld beziehen, sondern meint auch die Bezogenheit eines gesamten wissenschaftlichen Teilbereichs auf andere gesellschaftliche Teilbereiche wie Politik, Kultur, Erziehung, Ökonomie etc. Auf die Ressourcen- und Legitimationsabhängigkeit wissenschaftlicher Fächer wurde bereits hingewiesen: Was eine wissenschaftliche Disziplin an Leistungsangeboten unterbreiten kann, muss außerhalb des esoterischen Zirkels wahrgenommen und nachgefragt werden. Ohne öffentliche Resonanz gerät ein Fach unter Legitimationsdruck und muss einen Verlust an Forschungsressourcen befürchten. Insofern benötigen wissenschaftliche Fächer stets erfolgreiche »Wissenschaftsspieler« mit gutem »Platzierungssinn«,[52] die über Resonanzkapital verfügen und Strategien beherrschen, um in der fachexternen Öffentlichkeit Resonanzeffekte zu mobilisieren, ohne dabei den Anspruch auf Wissenschaftlichkeit aufzugeben.[53] Dass Resonanz und Eigensinn keineswegs Gegensätze sein müssen, zeigt sich auch in dieser

51 Ebd., 8.

52 »Diese Kunst des Erspürens von Tendenzen, die [...] es erlaubt, sich zur rechten Zeit des richtigen Gegenstandes zu bemächtigen, gute Veröffentlichungsorte [...] zu wählen, ist einer der Gründe für die deutlichsten Abweichungen verschiedener wissenschaftlicher Karrieren [...]. Dieser Spielsinn ist zuerst Sinn für die Geschichte des Spiels, ein Sinn für seine Zukunft. Wie ein Rugbyspieler weiß, wohin der Ball fliegen wird und sich bereits dort befindet, wenn er zu Boden fällt, ist derjenige ein guter Wissenschaftsspieler, der sich, ohne rechnen zu müssen oder berechnend zu sein, für das entscheidet, was sich auszahlt« (Bourdieu 1998, 24).

Bezogenheit des wissenschaftlichen Teilbereichs als Gesamtphänomen auf andere gesellschaftliche Felder. Als geisteswissenschaftliches Traditionsfach mit einer engen Bindung an die »Kulturnation« sieht sich die Germanistik beispielsweise selbst als gesellschaftliche Sinn- und Identitätsstiftungsinstanz: »Der Anspruch auf fachübergreifende Resonanz, so könnte man es paradox formulieren, ist zugleich ein wesentlicher Bestandteil des literaturwissenschaftlichen Eigensinns«.[54]

V. Hinweise und Ergänzungen

Hinsichtlich der diskurs- bzw. argumentationsgeschichtlichen Ansatzes dieser Arbeit und seiner Quellengrundlage seien drei Hinweise erlaubt:

a) Die Frage nach der »Wahrheit« oder »Falschheit« bestimmter literaturwissenschaftlicher Aussagen, nach der kognitiven Dignität der untersuchten Texte oder nach den forschungsgeschichtlichen Leistungen der DDR-Germanistik bleibt im Folgenden weitestgehend unberücksichtigt und soll der Theorien-, Methoden- und Forschungsgeschichte des Faches überlassen bleiben. Wenn in dieser Arbeit dennoch von einem Gewinn an »Brechungsstärke«, von »Professionalisierungsgewinnen« oder von einer zunehmenden Ausrichtung des Faches an disziplinären Eigenlogiken die Rede ist, so ist dies *keine* implizite Bewertung der Entwicklungsprozesse vom Stand der *gegenwärtigen* Fachentwicklung aus. Denn dies ließe die Tatsache unberücksichtigt, »daß eine andere Kultur- und Wissenschaftsordnung nach anderen Wahrheits- und Plausibilitätskriterien organisiert sein könnte als die eigene«.[55] Bei der Frage nach dem Verhältnis von Politisierung und Professionalisierung, von fachinternen Logiken und fachexternen Logiken, geht es daher allein um die historisch variablen *spezifischen* Funktionsimperative und die *disziplinspezifische* »Wissenschaftlichkeit« literaturwissenschaftlicher Kommunikationsakte in einer *marxistisch-leninistischen* Wissenschaft, die sich bis zuletzt bestimmten weltanschaulichen Prämissen verpflichtet fühlte. Allein so kann der Gefahr entgangen werden, das »in der aktuellen disziplinären Matrix noch Wahrheitsfähige als ›wissen-

---

53 »Im Einzelnen meint dies: Die Strategie der ›Engführung‹ (Scharnierbegriffe und Geschichten haben einen fachlichen und einen außerfachlichen Sinn); die Strategie der ›Polyphonie‹ (der Text adressiert verschiedene Segmente des Publikums); die Strategie des punktuellen ›vornehmen Einverständnisses‹ oder der ›indirekten Bezugnahme‹ (intertextuelle Anspielungspotentiale setzen den Fachtext zu einem semantischen Feld in Beziehung, das explizit nicht präsent ist); schließlich Strategien des offenen ›Mitspielens‹ an den Artikulationsformen des Regimes (z.B. das Einstreuen politischer, antisemitischer Bekenntnisvokabeln in ansonsten unauffälligen Fachtexten, die Berufung auf die Klassiker des Marxismus-Leninismus im Vorwort, Titelwahl etc.). Das sind selbstverständlich ›Idealtypen‹, die jeder reale Text vermischt enthalten kann. Aber gerade dieses Mischungsverhältnis ist ein Indikator für den Charakter des semantischen Umbaus, sagt doch die Gewichtung der Strategien im einzelnen Text etwas über dessen ›Wissenschaftlichkeit‹ und Affinität zum politischen System aus« (Bollenbeck 2001, 21f.).

54 G. Kaiser 2005, 9.

55 Sabrow 2001, 28.

schaftlich‹ und das nicht mehr Wahrheitsfähige als ›ideologisch‹ aufzufassen« und die Grenze zwischen Fach und Gesellschaft dort zu ziehen, »wo sie nach unserer gegenwärtigen Ansicht liegen müsste und nicht da, wo sie zur fraglichen Zeit tatsächlich gelegen haben könnte«.[56] Auf der kategorialen Trennung zwischen intellektuellem Verständnis und moralischer Akzeptanz fremder Wertordnungen muss dabei insistiert werden.

b) Die Trennung von Verstehen und Einverständnis ist auch für den zweiten Hinweis von Bedeutung.[57] Denn nicht nur die Frage nach dem kognitiven Rang der untersuchten Redeweisen, sondern auch die Frage nach der individuellen Verantwortung der Akteure, nach »Tätern« und »Opfern«, wird in dieser Arbeit zugunsten der Erhellung überpersönlicher Strukturen zurückgestellt. Die Forschungsperspektive »semantische Umbauten« versteht sich als eine Art »ideologisches Ernüchterungsprogramm«, mit dem den verbreiteten Mustern der Auseinandersetzung mit der Geschichte der literaturwissenschaftlichen Germanistik in der DDR entgangen werden soll, waren und sind diese Diskurse doch allzu oft geprägt von einer Vermengung der Beobachter- und der Teilnehmerperspektive sowie von Betroffenheit, Anklage oder Verteidigung.[58] Damit soll weder einem moralischen Indifferentismus das Wort geredet werden, noch darf aus dem Fehlen moralischer Werturteile auf eine implizite Übereinstimmung des Verfassers mit dem Dargestellten geschlossen werden. An dem moralischen Versagen einzelner Akteure, etwa im Zusammenhang mit der Marginalisierung, Verdrängung und Vertreibung »bürgerlicher« oder »politisch unzuverlässiger« Wissenschaftler in den 50er und frühen 60er Jahren, kann kein Zweifel bestehen. Daher geht es bei der Frage nach transindividuellen Ermöglichungszusammenhängen[59] wissenschaftlichen Agierens unter diktatorischen Bedingungen auch keineswegs darum, den jeweiligen Akteuren bequeme Exkulpationsargumente zu liefern. Das Handeln der Akteure soll nicht als ein in gleichsam unausweichliche diskursive Mechanismen eingebundenes Reagieren dargestellt und damit der moralischen Beurteilung entzogen werden. Gerade durch die Rekonstruktion der zeitspezifischen, feldrelevanten Ressourcenkonstellation wird deutlich, dass es sich bei den feldspezifischen Interaktionen keineswegs nur um strukturell determinierte Reaktionsmechanismen handelt, werden doch erst durch eine solche Darstellung der Ermöglichungszusammenhänge die potentiellen Resonanzräume wissenschaftlicher Kommunikation sowie die Handlungsoptionen der Feldakteure einer differenzierten Analyse zugänglich.

c) Auf die Einbeziehung von Archivmaterialien (Gutachten, »kollegiale« Kommunikation, MfS-Einschätzungen etc.) musste leider aus forschungspragmatischen Gründen

---

56 Knobloch 2001, 229.

57 Vgl. im Folgenden auch das Einleitungskapitel von G. Kaiser 2007.

58 Vgl. Schandera 2001, 26.

59 Der Begriff »Ermöglichungszusammenhang« meint etwas Ähnliches wie die »Dimension einer allgemeinen Geschichte« bei Michel Foucault. Diese »versucht jenes ganze Gebiet der Institutionen, ökonomischen Prozesse und gesellschaftlichen Beziehungen zu entdecken, über die sich eine diskursive Formation artikulieren kann; sie versucht zu zeigen, wie die Autonomie des Diskurses und seine Spezifität ihm dennoch kein Statut reiner Idealität und völliger historischer Unabhängigkeit geben; was sie ans Licht bringen will, ist die eigenartige Ebene, auf der die Geschichte begrenzte Diskurstypen verursachen kann, die ihren eigenen Typ von Historizität haben und mit einer Menge verschiedener Historizitäten in Beziehung stehen« (Foucault 1981, 235).

verzichtet werden.[60] Dies mag als problematisch erscheinen, verraten doch die veröffentlichten Produkte der DDR-Germanistik nichts über die Umstände ihrer Verfertigung, etwa über Eingriffe des Machtapparats, über bewusste Anpassungsstrategien der Autoren oder über Einwände von Kollegen, Verlegern oder Redaktionen aufgrund fachwissenschaftlicher oder ideologischer Bedenken. Was die veröffentlichten Texte »zwischen den Zeilen« preisgeben - unter Umständen gerade auch durch das Nicht-Gesagte -, verschließt sich bisweilen demjenigen, der die »nichtöffentliche Hinterbühne der Texte« (Clemens Knobloch) nicht kennt. Gerade einem westdeutschen Außenbeobachter, der mit den subtilen Sprachregelungen der marxistisch-leninistischen Literaturwissenschaft nicht völlig vertraut ist, mögen bestimmte rhetorische Strategien, mit denen etwa ein Dissens zu konkurrierenden Anschauungen signalisiert wird, entgehen. Zudem mag man kritisieren, dass sich diese Arbeit auch und vor allem auf jene Quellen stützt, die in besonderem Maße auf außerfachliche Resonanz und kommunikative Reichweite zielen, wogegen jene Texte, die sich durch vornehmlich oder ausschließlich »neutrale« fachsprachliche Elemente und fachspezifische Argumentationslogiken auszeichnen, die sich primär an die eingeweihte Fachöffentlichkeit wenden und die damit die vermeintlich »eigentliche« Fachkommunikation ausmachen, weniger intensiv betrachtet werden. Diese Einwände wären berechtigt, wenn es sich bei dieser Arbeit um eine Fach- und Forschungsgeschichte handelte, die in der Tat nicht an der publizistischen Außenhaut des Faches verharren könnte. Doch um es noch einmal zu wiederholen: Unter der gewählten Forschungsperspektive geht es »lediglich« um das Verhältnis von Fachkommunikation und außerfachlicher Kommunikation. Gerade das, was die Fach- und Forschungsgeschichte als »Sklavensprache«, »Bekenntnisrhetorik« oder »Nur für die Abteilung Wissenschaften beim ZK der SED geschrieben« abtun mag, ist unter dem argumentationsgeschichtlichen Blickwinkel dieser Arbeit interessant. Das Erkenntnisinteresse zielt darauf, immer wiederkehrende Leitbegriffe, Deutungsmuster und Argumentationsstrategien in der Fachkommunikation freizulegen, mögliche Umbauten in den Redeweisen der Germanisten nachzuzeichnen und diese Umbauten mit Blick auf die jeweils spezifischen fachexternen Ressourcenkonstellationen auf ihre Resonanz(fähigkeit) hin zu befragen.

Zudem gilt, dass die germanistische Literaturwissenschaft mit zunehmender Legitimationsbedürftigkeit, die u.a. aus dem »Aufstieg« der Naturwissenschaften zu eindrucksvollen wissenschaftsinternen Konkurrenten um Forschungsressourcen herrührt, »eine relativ autonome Logik des Aufspürens und Einverleibens potentiell resonanter Themen und Motive« entwickelt hat, um sich wieder »in Stellung« zu bringen.[61]

> So gesehen ist gerade die exoterische Publizistik kein Trug- und Scheinbild, das einfach zu entlarven wäre, wodurch dann die »hinter« ihm befindlichen ›eigentlichen‹ Wirkkräfte des Faches zum Vorschein kämen. Sie ist vielmehr die ›Membrane‹ zwischen der disziplinären Logik des Faches und der gesellschaftlichen Kommunikation. Sie ist der Platz, an welchem die Bedingungen der Durchlässigkeit und der ›Transformation‹ zwischen Fach und Gesellschaft bearbeitet und verändert werden. Die exoterische Publizistik prozessiert die Relevanzerklärungen des Faches gegenüber den gesellschaftlichen Kräften und die Erwartungen

60 Lediglich vereinzelt wird auf Archivmaterialien zurückgegriffen, sofern diese bereits von Kollegen ausgewertet worden sind.

61 Knobloch 2001, 231.

> dieser Kräfte an das Fach. Hier werden Veränderungen angestoßen und handfestere Ressourcen rekrutiert, hier spielt der Wettkampf der Fächer um Aufmerksamkeit, Reputation, Mittel und Stellen, hier wirbt das Fach seinen Nachwuchs und entfaltet das Bild, das es der Gesellschaft bieten möchte. Und hier entfalten sich auch die Ansprüche und Erwartungen gesellschaftlicher Machtzentren gegenüber dem Fach.[62]

Die Konzentration auf veröffentlichte Texte ist daher nicht nur legitim, sondern wohlbegründet. Dass diese Außenansicht der Ergänzung durch Innenansichten bedarf, bleibt unbestritten. Auch sei an dieser Stelle betont, dass sich das Erklärungsmodell der »Semantischen Umbauten« der »klassischen« Personen-, Institutionen- oder Forschungsgeschichte keineswegs überlegen dünkt und ohne den stetigen Rückbezug auf deren Resultate gar nicht denkbar wäre.

VI. Aufbau und Argumentationsgang

Diese Arbeit gliedert sich in drei Teile. Im ersten Teil soll es neben einer kurzen Rekonstruktion der institutionellen und personellen Umbauten in der SBZ/DDR nach 1945 um die Redeweisen jener Akteure gehen, die in den Jahren nach der Neueröffnung der Universitäten literaturwissenschaftliche Lehrstühle besetzen konnten oder, im Falle Gerhard Scholz', die Fachentwicklung durch außeruniversitäre Lehrveranstaltungen beeinflussten. Gefragt werden soll, ob und inwiefern die fachliche Kommunikation sich auf die öffentliche Kommunikation ausrichtete bzw. ausgerichtet wurde, welche Leistungsangebote das Fach unter den veränderten gesellschaftlichen und politischen Rahmenbedingungen unterbreiten konnte, welches Handlungsbewusstsein bzw. Wissenschaftsverständnis sich in den untersuchten Quellentexten ausdrückt, mit welchen Argumentationsstrategien und rhetorischen Mustern die Fachvertreter ihr disziplinäres Selbstverständnis, ihre Theorien, Gegenstände und Methoden gegenüber anderen gesellschaftlichen Teilbereichen legitimierten und vertraten, welcher scharniersemantischer Bestände sich die Akteure bedienten etc. Kontinuitäten und Diskontinuitäten in der Fachentwicklung gilt es auf ihren Zusammenhang mit fachspezifischen Denkstilen, langfristigen mentalen Einstellungen sowie personellen, institutionellen, gesellschaftlichen oder politischen Veränderungen zu befragen. Anhand der (unterschiedlich erfolgreichen) Karriereverläufe von disziplinären »Außenseitern« wie Hans Mayer, Alfred Kantorowicz, Joachim Müller oder Gerhard Scholz sollen die spezifischen Anforderungen für eine erfolgreiche Feld-Positionierung literaturwissenschaftlicher Akteure unter der zu skizzierenden fachinternen wie fachexternen Resonanz- und Ressourcenkonstellation der ersten beiden Nachkriegsdekaden nachgezeichnet werden.

Der zweite Teil der Arbeit handelt von den Redeweisen jener marxistisch-leninistischen Germanisten, die ihre akademische Sozialisation, politische Orientierung und

62 Ebd., 231.

kulturelle Prägung meist vollständig in der SBZ/DDR erfahren hatten, die eine strenge Kaderauswahl durchlaufen mussten und die ab ca. 1960 die disziplinären Diskurse zu dominieren begannen. Gefragt werden soll hier, mit welchen problemübergreifenden rhetorischen und argumentativen Mustern die Akteure ihre Positionen auf der Basis des Marxismus-Leninismus legitimierten und vertraten, mit welchen Strategien sie gegenüber »bürgerlichen« oder »politisch unzuverlässigen« Fachkollegen Positionsgewinne zu erzielen versuchten, welche spezifischen Leistungsangebote sie der fachexternen Öffentlichkeit als marxistisch-leninistische Gesellschaftswissenschaftler zu unterbreiten vermochten, ob und inwiefern sie ihre Gegenstände, Methoden oder Theorien an die Anforderungen des »gesellschaftlichen Auftraggebers« ausrichteten, oder ob sich Veränderungen in den semantischen Beständen des Fachs sowie im Handlungsbewusstsein und Wissenschaftsverständnis der Akteure gegenüber der Nachkriegsgeneration ausmachen lassen.

Im dritten Teil der Arbeit soll es schließlich darum gehen, konkrete semantische Umbauten in den Theorien, Methoden und Gegenständen der marxistisch-leninistischen Literaturwissenschaftler von den 50er bis zum Ende der 80er Jahre nachzuzeichnen, ihre fachinternen wie fachexternen Ermöglichungszusammenhänge zu rekonstruieren und die im Kontext dieser Umbauten auftauchenden rhetorischen und argumentativen Muster aufzudecken. Da eine vollständige Darstellung sämtlicher disziplinärer Umbauten und ihrer multifaktoriellen Ermöglichungszusammenhänge im Rahmen einer Monographie nicht leistbar ist, richtet sich der Blick vor allem auf die Veränderungen in der Realismus- und Widerspiegelungstheorie im Kontext der Hinwendung zu rezeptionstheoretischen Fragestellungen sowie die Umbauten im Klassik-, Romantik- und Avantgarde/Moderne-Diskurs (mit dem Schwerpunkt Kafka, der u.a. aufgrund der mittlerweile legendären Kafka-Konferenz in Liblice 1963 und der Ereignisse des »Prager Frühlings« zum Kristallisationspunkt der Debatten um »Dekadenz«, »Zersetzung« etc. wurde). Die Realismus- und Widerspiegelungstheorie bildete lange Zeit die zentrale Grundlage des theoretischen Selbstverständnisses der marxistisch-leninistischen Literaturwissenschaft, und die Entwicklung eines »kommunikativ-funktionalen Literaturmodells«, das die vor allem über die Lukács-Rezeption »importierte« genetische, gnoseologische, produktionsästhetisch fixierte Realismus- und Widerspiegelungstheorie aufweichte oder auflöste, wird rückblickend zu Recht als »kopernikanische Wende« (Robert Weimann) in den Literaturwissenschaften der DDR bezeichnet. Insofern kann sich eine Arbeit, die sich mit zentralen semantischen Umbauten in der Fachentwicklung der DDR-Germanistik beschäftigt, einer detaillierten Analyse der Debatten um Realismus, Widerspiegelung und Rezeption nicht entschlagen. Doch auch in den Debatten um Klassik, Romantik und Avantgarde/Moderne lassen sich zentrale Umbauten ausmachen, die für die Fragestellung dieser Arbeit aufschlussreich zu sein versprechen. Während das sakrale, museale, normativ geglättete und lange Jahre fachintern wie fachextern immens resonanzträchtige Klassik-Bild der Nachkriegsdekaden zunehmend unter Legitimationsdruck geriet und die Klassik ihren Rang als uneingeschränkter und unantastbarer Höhepunkt der deutschen Literaturgeschichte einbüßte, wurden die einstmals verfemten Literaturströmungen der »reaktionären« Romantik sowie der »dekadenten« Moderne in einem zähen, von Rückschlägen begleiteten Prozess allmählich aufgewertet. Insofern verspricht eine Analyse der Debatten um den Realismus- und Widerspiegelungsbegriff, um Klassik, Romantik und Moderne sowie die Rekonstruktion ihrer disziplinspezifischen und fachübergreifenden Ermöglichungszusammenhänge Aufschlüsse über fachinterne wie fachexterne Positionierungskämpfe, über verschiedene Leistungsangebote, die im Kontext der disziplinären Umbauten artikuliert wurden, über die Legitimations- und Argumentationsstrategien der Akteure, über die Scharniersemantik, derer sich das Fach im Laufe der Jahre bediente, über den Zusammenhang von fachinternen und fachexternen Logiken, über das Verhältnis von Eigensinn und Resonanz, über Kontinuitäten und Diskontinuitäten im theoretischen Selbstverständnis wie im Literaturgeschichtsbild.

Bei der Analyse der Debatten um den Realismus- und Widerspiegelungsbegriff, aber auch bei der Untersuchung allgemeiner programmatischer Aussagen hinsichtlich der Aufgaben oder Probleme literaturwissenschaftlicher Arbeit, dies sei an dieser Stelle abschließend erwähnt, sollen auch Beiträge von Nicht-Germanisten betrachtet werden. Diese Diskurse wurden fachübergreifend geführt; auch Kunstwissenschaftler, Ästhetiker sowie Akteure aus anderen Philologien beteiligten sich an den Debatten. Das am Zentralinstitut für Literaturgeschichte erarbeitete Werk *Gesellschaft - Literatur - Lesen*, mit dem ein umfassender Beitrag zu einer marxistisch-leninistisch fundierten Rezeptionstheorie vorgelegt wurde und das den entscheidenden Paradigmenwechsel in der Realismus- und Widerspiegelungstheorie einläutete, war ein interphilologisches Gemeinschaftswerk von Germanisten, Romanisten, Anglisten und Slawisten. Insofern lässt sich eine Ausgrenzung der Beiträge anderer Disziplinen vor allem in der Realismus- und Widerspiegelungsdebatte kaum rechtfertigen, wenn auch berücksichtigt werden muss, dass andere Disziplinen bisweilen je eigene Denkstile besaßen und damit mitunter aus jeweils anderen »Richtungen« argumentierten (verwiesen sei z.B. auf die Unterschiede zwischen der »Scholz-Schule« und der »Krauss-Schule«).

Teil I

Die erste Generation literaturwissenschaftlicher Germanisten in der SBZ/DDR

1. Personalsituation und institutionelle Veränderungen in der literaturwissenschaftlichen Germanistik nach 1945

Die neuere deutsche Literaturwissenschaft hat es nach 1945 in der SBZ/DDR mit einer gänzlich veränderten Ressourcenkonstellation zu tun. In stärkerem Maße als 1933 gehen mit der politischen Zäsur kognitiv-konzeptuelle, apparativ-institutionelle, personelle und rhetorische Brüche einher, die es trotz einer Reihe von Kontinuitäten rechtfertigen, von einem grundlegenden Umbau des fachspezifischen Feldes im Zeichen des Marxismus-Leninismus zu sprechen. Die konzeptionelle, institutionelle und personelle Umgestaltung der literaturwissenschaftlichen Germanistik nach 1945 erfolgt jedoch keineswegs »im Sturm«, sondern erweist sich als ein komplizierter, oftmals widersprüchlicher und langwieriger Prozess, der sich bis zum Ende der 50er, Anfang der 60er Jahre hinzieht. Erst jetzt hat sich unter den veränderten Rahmenbedingungen eine neue marxistisch-leninistische Literaturwissenschaftselite an den sechs Universitäten in Berlin, Greifswald, Halle, Jena, Leipzig und Rostock etabliert, die sich nicht nur personell, sondern auch in ihrem Handlungsbewusstsein, in ihrem Wissenschaftsverständnis sowie in ihren Theorien und Methoden von der Nachkriegsgeneration der DDR-Germanisten unterscheidet - von jenen Literaturwissenschaftlern also, die vor 1945 promoviert bzw. habilitiert haben, deren akademische Sozialisation von »bürgerlichen«, d.h. nicht-marxistischen Professoren geprägt wurde und deren professionelles Selbstverständnis sich aus Restbeständen der deutschen bildungsbürgerlichen Tradition der akademischen Berufe speist. Um die Redeweisen dieser ersten Generation von DDR-Germanisten soll es in Teil 1 dieser Arbeit gehen. Gefragt wird nach Kontinuitäten und Diskontinuitäten im Handlungsbewusstsein der Akteure, vor allem aber danach, mit welchen (unterschiedlichen) argumentativen Strategien sie sich auf die veränderte Resonanz- und Ressourcenkonstellation nach 1945 einzustellen versuchen. Um das professionelle Selbstverständnis und die Argumentationsstrategien jener ersten Generation von DDR-Germanisten herausarbeiten zu können, ist es in einem ersten Schritt vonnöten, sich die Personalsituation innerhalb der literaturwissenschaftlichen Germanistik nach 1945 sowie die von der KPD/SED vorgenommenen institutionellen Veränderungen an den Universitäten zu vergegenwärtigen, sind die beschriebenen Kontinuitäten und Diskontinuitäten in den Fachdiskursen doch nur vor diesem Hintergrund verständlich zu machen.

1.1 Die Personalsituation nach 1945

Der entscheidende Grund für die Schwierigkeiten beim Aufbau einer marxistisch-leninistischen Germanistik liegt in der desolaten Personalsituation begründet, mit der die neuen politischen Machthaber nach Kriegsende konfrontiert sind. An den meisten Universitäten der Sowjetischen Besatzungszone können in Folge der zunächst rigorosen Entnazifizierungspolitik[1] nicht einmal die personellen Mindestanforderungen zur Aufnahme des Lehrbetriebes gedeckt werden, die sich gemäß dem provisorischen Lehrplan für die Germanistik von 1946 auf die Besetzung je eines Ordinariats in der Abteilung für ältere Sprache und Literatur bzw. in der für neuere deutsche Literatur belaufen.[2] Kontinuierliche freiwillige Abwanderungen von Germanisten an Universitäten der westlichen Besatzungszonen sorgen für weitere erhebliche Personalverluste, die kaum kompensierbar sind. U.a. verlassen Alfred Kantorowicz (Berlin), Werner Schröder (Halle), Walter Johannes Schröder (Rostock), Karl Bischoff (Halle), Heinz Stolte (Jena/Berlin), Albert Malte Wagner (Jena), Martin Greiner (Leipzig/Jena), Hans-Friedrich Rosenfeld (Greifswald), Hildegard Emmel (Greifswald), Werner Simon (Berlin), Wilhelm Wissmann (Berlin), Hermann Kunisch (Berlin) oder, nach dem Mauerbau, Hans Mayer (Leipzig) die DDR, zumeist aufgrund von politischen Konflikten mit der Staatsmacht. Auf »linke« Germanisten mit ausreichend großem wissenschaftlichen Kapital, die beim Neuaufbau des Faches mitwirken könnten, kann man nicht zurückgreifen, da es sozialdemokratische oder gar sozialistische bzw. kommunistische Literaturwissenschaftler in der deutsch-völkisch geprägten Germanistik bereits in der Weimarer Republik kaum mehr gegeben hat.[3] Gleichzeitig kann man es sich nicht erlauben, durch die Berufung fachlich wenig qualifizierter »Genossen« hinter bestehende professionelle Standards zurückzufallen. Denn man weiß nur zu gut, dass ein Verlust wissenschaftlicher Kompetenz auf Seiten der Hochschullehrer jahrzehntelang negative Auswirkungen auf die Qualität von Forschung und Lehre und damit auf das Niveau der Ausbildung zukünftiger Studentengenerationen nach sich ziehen könnte und ein solcher Rückstand insbesondere gegenüber dem Westen nur schwerlich aufzuholen sein würde. Da man zudem darauf drängt, den universitären Lehrbetrieb schnellstmöglich wieder aufzunehmen, um den großen Bedarf an qualifizierten Deutschlehrern oder Verwaltungsangestellten decken zu können, ist man hinsichtlich der Zusammensetzung des wissenschaftlichen Personals zu deutlichen Kompromissen bereit. Den sowjetischen Hochschulpolitikern ist zunehmend klar, dass die angestrebte Auswechslung der alten politischen und sozialen Eliten mit ausgewiesenen Marxisten, die den Aufbau des Sozialismus aktiv vorantreiben, nur mittelfristig zu erreichen sein würde.[4] Entsprechend demonstriert man gegenüber den – so der Sprachgebrauch – »bürgerlichen« Germanisten Offenheit, zumal unter vielen Polit-Funktionären durchaus die Hoffnung besteht, die Wissenschaftler würden aufgrund der veränderten gesellschaftlichen Rahmenbedingungen im Sozialismus ihre »wahre Befreiung« erleben und könnten so für die Ideen des Marxismus-Leninismus gewonnen werden. Selbst das Ziel einer rückhalt-

---

1 Zur Entnazifizierungspolitik siehe u.a. Feige 1994, Rößler (Hg.) 1994, Vollnhals (Hg.) 1991, Wille 1993. Der »brain drain«, die »Zwangsevakuierung« von Hunderten von Wissenschaftlern durch die US-Armee, trifft die Germanistik dagegen anscheinend nicht. Vgl. dazu Feige 1991.

losen »Säuberung« des gesamten Erziehungs- und Bildungswesens von allen politisch belasteten Lehrern, Dozenten und Professoren wird im Interesse eines reibungslosen Funktionierens des akademischen Betriebes von Seiten der sowjetischen Militäradministration (SMAD) aufgegeben.[5] Die dringende Aufgabe der Lehrerausbildung, der hohe Bedarf an qualifizierten Verwaltungsangestellten sowie der zunehmende Konkurrenzdruck zwischen den Machtblöcken Ost und West sorgen in der Germanistik dafür, dass sich die sowjetische Führung nicht nur mit politisch unbelasteten »bürgerlichen«

---

2 Bei den Ausführungen zur Personalsituation referiere ich im Folgenden ausschließlich Boden 1997. Zu bio-bibliographischen Angaben zu den genannten Wissenschaftlern siehe darüber hinaus Gast 1997. In Rostock und Jena sind die Lehrstühle der neuen Abteilungen vakant, nachdem sich der nervenkranke Jenaer Ordinarius Arthur Witte aus Angst vor den Russen das Leben genommen hat und der Rostocker Professor Willi Flemming an eine Universität im westlichen Deutschland gewechselt ist, um als politisch belasteter Wissenschaftler seiner Entlassung zuvorzukommen. In Berlin sind alle vier Ordinarien aufgrund ihrer Mitgliedschaft in der NSDAP entweder entlassen worden (Hans Kuhn, Franz Koch, Hans Pyritz) oder haben sich nicht zurückgemeldet (Julius Schwietering), so dass sämtliche Lehrstühle vakant sind. In Greifswald gelten Hans-Friedrich Rosenfeld (alte Abteilung, NSDAP-Mitglied seit 1937) und Leopold Magon (neue Abteilung, 1940 Anwärter auf Parteimitgliedschaft) als politisch belastet, genauso wie der Altgermanist Georg Baesecke in Halle, der 1933 der nationalsozialistischen Partei beigetreten war. Die Entlastung von Magon und Baesecke in den anhängigen Entnazifierungsverfahren kommt jedoch beinahe umgehend; Magon wird am 13.6.1946 zum ordentlichen Professor für Germanistik an die Universität Greifswald berufen, und auch Baesecke ist bereits unmittelbar nach Wiedereröffnung der Universität im Amt. Allerdings hat der 1876 geborene Baesecke die Altersgrenze zum Emeritus erreicht, so dass auch für ihn mittelfristig ein Nachfolger gesucht werden muss. Rosenfeld wird erst 1955 auf einen Lehrstuhl nach Rostock berufen, stellt sich doch die Deutsche Zentralverwaltung für Volksbildung (DVV, später Staatssekretariat für Hochschulwesen) gegen die vorgesehenen Berufungen in Halle und Jena. Ferdinand Josef Schneider, der den Lehrstuhl für neuere deutsche Literatur in Halle seit 1921 innehat, wird zwar als politisch unbelastet eingestuft, hat allerdings wie Baesecke die Altersgrenze zum Emeritus erreicht und bietet daher ebenfalls keine langfristige Zukunftsperspektive mehr, selbst wenn er sein Einverständnis gibt, vorerst im Amt zu bleiben. Auch die als politisch unbelastet eingestuften renommierten Leipziger Gelehrten Theodor Frings (alte Abteilung seit 1927) und Hermann August Korff (neue Abteilung seit 1925) erklären sich trotz ihres Alters bereit, weiter zu lehren, so dass die Universität Leipzig die einzige ist, an der man keinen unmittelbaren Handlungsbedarf sieht. Eine Korrektur sei an dieser Stelle erlaubt: Boden (1997, 121) erklärt, bei Anwendung der Kriterien Altersgrenze und/oder politische Unbedenklichkeit sei nur der Lehrstuhl für neuere deutsche Literaturgeschichte in Rostock mit Hermann Teuchert unanfechtbar besetzt. Dazu zwei Anmerkungen: a) Teuchert ist seit 1920 Professor für niederdeutsche Philologie; die neue Abteilung in Rostock ist nach dem Weggang Willi Flemmings unbesetzt (siehe Rektor der Universität Rostock [Hg.] 1994, 117f., *Beiträge zur Geschichte der Wilhelm-Pieck-Universität Rostock*, 23); b) Teuchert wurde 1880 geboren und ist damit älter als Frings (1886–1968) und Korff (1882–1963) und nur ein Jahr jünger als Schneider (1879–1954). Auch er hat damit die Altersgrenze zum Emeritus eigentlich überschritten, selbst wenn er, ähnlich wie Frings oder Korff, noch lange Zeit in Lehre und Forschung wirkt und sogar noch im Alter von 72 Jahren die Leitung des neustrukturierten germanistischen Instituts in Rostock übernimmt (vgl. *Beiträge zur Geschichte der Wilhelm-Pieck-Universität Rostock*, 28). Zudem, dies bemerkt Boden selbst an anderer Stelle, gilt Teuchert als »großer Parteianhänger«, und seine Eignung für den Hochschullehrerberuf wird von der örtlichen Entnazifizierungskommission wegen rassistischer Äußerungen überprüft (Boden 2004, 439f.).

3 Vgl. Jessen 1999, 32.

Wissenschaftlern wie Korff oder Frings arrangiert, sondern selbst die braunen Flecken auf den Westen von renommierten Professoren wie Baesecke, Teuchert, Rosenfeld oder Magon ignoriert und auch bei Neuberufungen wie der von Joachim Müller[6] nicht mehr auf die politische »Unbedenklichkeit« der Kandidaten pocht. Obwohl der Bruch

---

4 Vgl. Feige 1994, 806. Damit entspricht man der allgemeinen bündnispolitischen Ausrichtung der politischen Führungsriege, in der die Überzeugung vorherrscht, ein umfassender antifaschistischer Wiederaufbau Deutschlands könne unabhängig von der konkreten Ausgestaltung der politischen Ordnung nur in einem Bündnis mit allen »demokratischen und fortschrittlichen Kräfte[n] des Volkes« (vgl. den Aufruf des ZK der SED vom 11. Juni 1945, 52) erreicht werden. Diese Vorstellungen haben in der Arbeiterbewegung eine lange Tradition: Bereits Clara Zetkin oder Lenin haben immer wieder ihre Überlegungen dargelegt, nach denen es nach der Machtergreifung der KP zwar darum gehen müsse, eine neue Intelligenz aufzubauen, die die kommunistischen Ideale bedingungslos teile, es aber notwendig sei, zunächst auf die Kompetenzen und Erfahrungen der alten Eliten zurückzugreifen (vgl. z.B. Lenin 1977 sowie Zetkin 1960). In dieser Tradition stand auch die 1935 auf der sogenannten »Brüsseler Konferenz«, dem VII. Weltkongress der Komintern beschlossene »Generallinie« der »Volksfrontstrategie«, d.h. die Aufgabe der Sozialfaschismusthese und die daraus resultierende Ausrichtung auf einen gemeinsamen antifaschistischen Kampf mit Sozialdemokraten und Gewerkschaftlern.

5 Befehl Nr. 201 des Obersten Chefs der SMAD vom August 1947 in Deutschland schwört die deutschen Entnazifizierungskommissionen auf eine großzügige Handhabung des Säuberungsprozesses ein. Wer kein »aktiver« Nationalsozialist, sondern »nur« nominell Mitglied der NSDAP gewesen ist, erhält »faktisch die vollen Bürgerrechte (einschließlich des passiven Wahlrechts)« zurück (vgl. Feige 1994, 805f.) und darf bei der Berufsausübung oder bei der Immatrikulation an einer Hochschuleinrichtung nicht weiter diskriminiert werden (vgl. ebd., 806). Programmatisch erläutern Wilhelm Pieck und Otto Grotewohl in einem Schreiben an die Landesvorsitzenden der SED zur Durchführung des Befehls Nr. 201 der SMAD einen Monat später: »Wir müssen uns bemühen, die ehemaligen nominellen Mitglieder der Nazipartei möglichst zu gewinnen und zu aktiven Mitarbeitern am demokratischen Aufbau zu erziehen« (BAP R - 2 959, Bl. 38. Unterstreichungen im Original. Zit. nach Ash 1995, 913). Im Februar 1948 erfolgt dann eine endgültige Auflösung der Entnazifizierungskommissionen. Die Wiedereinsetzung von NSDAP-Mitgliedern beschleunigt sich spätestens nach der Gründung der DDR im Jahre 1949. Während an den Universitäten und technischen Hochschulen der SBZ 1948 12% der Professoren ehemalige NSDAP-Mitglieder sind, so steigt dieser Anteil bis 1954 auf 28,4% - und ist damit genauso hoch wie der der SED-Mitglieder (28,7%) (vgl. Jessen 1994, 226). Ash betont in diesem Zusammenhang allerdings, dass der Anteil der ehemaligen NSDAP-Mitglieder in den Gesellschaftswissenschaften und der Philosophie wesentlich geringer ist, gelten diese Fächer doch als »Hort einer neuen Intelligenz«. Dagegen gelten die Natur- und Technikwissenschaften, die Medizin oder die Mathematik als »ideologiefern« und ein Einsatz ehemaliger Nationalsozialisten in diesen Fächern für unbedenklicher.
Pragmatische Kriterien haben gleichwohl bereits in der frühen Phase der Entnazifizierung eine Rolle gespielt, so z.B. in der Medizin oder um zu verhindern, dass ein Fach vom Lehrplan verschwindet (Ash 1995, 911). Auch gibt es wesentliche Unterschiede der Entnazifizierungspraxis in den einzelnen Ländern und Provinzen der sowjetischen Besatzungszone: »Wissenschaftler, die in Leipzig oder Dresden infolge ihrer Mitgliedschaft in der NSDAP gekündigt wurden, fanden in Rostock, Halle oder Jena problemlos neue Stellungen« (Feige 1992, 1172). Zentrale Weisungen des militärischen Apparates werden je nach den spezifischen örtlichen Verhältnissen unterschiedlich interpretiert und umgesetzt (vgl. ebd., 1172).

6 Der Lehrer Joachim Müller wird 1945 wegen seiner NSDAP-Mitgliedschaft aus dem Schuldienst entlassen, dann aber 1951 als Professor mit Lehrauftrag für neuere und neueste Literaturgeschichte nach Jena berufen.

von 1945 also einen erheblichen Personalverlust mit sich bringt, gibt es aufgrund der Dominanz »bürgerlicher« Literaturwissenschaftler, dies gilt es festzuhalten, »ein erhebliches Maß an Kontinuität in der Diskontinuität«.[7]

1.2 Institutionelle Brüche mit Humboldt'schen Universitätstraditionen

Schneller und radikaler als der personelle Austausch der alten Eliten verlaufen die institutionellen Brüche mit vielen Traditionen des deutschen Hochschulwesens.[8] Gerade die Universitäten gilt es aufgrund ihrer bewusstseinsbildenden Wirkung sowie ihrer tradierten Funktionsweise als Mechanismus der Selbstreproduktion des »intellektualistischen«, »volksabgewandten« Bildungsbürgertums radikal zu reformieren und für das Projekt einer umfassenden »Erneuerung des deutschen Volkes« nutzbar zu machen.[9] Mit der sich zuspitzenden Blockkonfrontation, der Gründung zweier deutscher Staaten und der Erkenntnis, dass ein vereinigtes Deutschland in weite Ferne gerückt ist, spätestens aber mit der Verkündigung des »Aufbaus des Sozialismus« 1951 verschärft die SED nach einer zunächst liberaleren Politik ihre Bemühungen, den Marxismus-Leninismus als Erziehungs- und Bildungsideal sowie als ein ideologisches Fundament beim Aufbau der sozialistischen Gesellschaft fest zu etablieren.

Bald nach 1945 beginnt die politische Führung mit dem Aufbau einer neuen marxistisch-leninistisch geschulten und »politisch zuverlässigen« Wissenschaftselite – häufig aus dem Arbeiter- und Bauernmilieu, um mit dem elitären Charakter der Hochschulen als Bildungsstätten der Besitzenden zu brechen.[10] Entsprechend versuchen die sozialistischen Gesellschaftsplaner, die Rekrutierung von Nachwuchs sowie die Macht über Karriereverläufe von den Professoren in den staatlichen und politischen Sektor zu verlagern. Hier handelt es sich um eine wissenschaftsgeschichtlich insofern neue Situation, als die von der Partei für die Kaderausbildung vorgesehenen Studenten in den außeruniversitären Seminaren und Lehrgängen nicht mehr von etablierten Wissenschaftlern mit gesichertem akademischen Prestige unterrichtet werden, sondern von akademischen Außenseitern wie dem Germanisten Gerhard Scholz, deren politische Loyalität entscheidend für ihre Lehrtätigkeit ist. Durch eine umfassende Politisierung

7 Jessen 1999, 278.

8 Zum aktuellen Forschungsstand bezüglich der Hochschul- und Wissenschaftspolitik der SBZ/DDR siehe die annotierte Bibliographie von Pasternack 1999. Siehe auch die neueren Publikationen vor allem von Burrichter/Diesener (Hg.) 2002, Connelly 2000, Connelly/Grüttner (Hg.) 2003, Heinemann (Hg.) 2000, Jessen 1999, Kowalczuk 2003, Pasternack (Hg.) 2001, Tandler 2000. Siehe in diesem Zusammenhang auch Arbeiten zur jeweiligen Universitätsgeschichte, u.a. Ammer 1990, John/Wahl/Arnold (Hg.) 1998, Jordan 2001, Neuhaus/Seidel (Hg.) 2002.

9 Zur sozialen Rekrutierung der Hochschullehrer und zum Milieu der Ordinarienuniversität vor 1945 siehe Jessen 1999, 36–42.

10 Siehe dazu Kapitel 5.

der Wissenschaften, also durch den Versuch der Steuerung und Leitung von Forschung und Lehre mit den erziehungsdiktatorischen Mitteln des SED-Staates, soll »die führende Rolle der Partei, die Bindung an den Marxismus-Leninismus, die Orientierung am sowjetischen Vorbild und die Ausrichtung auf die wirtschaftlichen Erfordernisse« gesichert werden.[11] Forschung wird jetzt entgegen Humboldt'scher Traditionen auf einen unmittelbaren gesellschaftlichen Nutzen verpflichtet[12] und soll - auf der Basis einer parteioffiziellen Interpretation der Theorie des Marxismus-Leninismus - Erkenntnisse bereitstellen, die unmittelbar dem Aufbau des Sozialismus dienen können. Von den Wissenschaften erwartet man in besonderem Maße die aktive Mithilfe bei der Herausbildung eines »sozialistischen Bewußtseins«.[13] Mit scholastischer Buchgelehrsamkeit gilt es in den Augen der SED zu brechen.[14] Immer deutlicher wird die Ausrichtung der Hochschulen am Bildungsmodell des »Großen Bruders«, was sich u.a. manifestiert in der Einführung des zehnmonatigen Studienjahres, in der Übernahme der »Aspirantur« zur Förderung sozialistischer Kader oder in der Entwicklung staatlicher Studienpläne, die Lehrstoffe- und Leistungsanforderungen für die Studierenden eindeutig fixieren sollen. Anders als in der Sowjetunion wird jedoch die Einheit von Forschung und Lehre nicht völlig aufgegeben. Allerdings werden Forschungen auch in der DDR im Laufe der Jahre zunehmend an die von der SED geschaffenen Parteiinstitute und besonders an die hochangesehene Akademie der Wissenschaften zu Berlin verlagert,[15] so dass sich die Universitätsgermanisten bisweilen in die bloße Rolle des Lehrerausbilders oder Spracherziehers gedrängt sehen.[16]

Mit Hilfe neuer Leitungs- und Lenkungsstrukturen versucht man, die Universitäten in das System der Planwirtschaft und der Fünfjahrespläne einzubeziehen und die Autonomie der Universitäten sowie die akademischen Freiheiten der Universitätsprofessoren weiter einzuschränken. Durch eine »Vorläufige Arbeitsordnung« vom Mai 1949 wird der staatliche Eingriff in die Universitätsautonomie systematisiert;[17] Universitäten und wissenschaftliche Hochschulen gelten nun als »staatliche Lehranstalten« und wer-

11 Baske 1998, 207.

12 So heißt es in der Erklärung des ZK der SED über »Die nächsten Aufgaben in den Universitäten und Hochschulen« vom 19. Januar 1951: »Wissenschaft treiben heißt, die Welt verändern wollen. Ohne dieses Ziel entartet jede Forschung zu bloßer Spielerei« (ZK der SED 1952, 355).

13 Hager 1953, 87.

14 Vgl. ZK der SED 1952, 358.

15 Zur Akademie der Wissenschaften und zu ihren forschungskoordinierenden Aufgaben siehe Jessen 1999, 158–174. Zur DAW siehe auch Dornhof 1997; Gläser/Meske 1996; Nötzold 1997; Scheler 2000; Schröder 1995; Walther 1997.

16 »Neben dem Forschungsimperium der Deutschen Akademie der Wissenschaften [ist] der Forschungsanspruch der Hochschulen zur Zweitrangigkeit verurteilt« (Jessen 1999, 162). Es sei an dieser Stelle darauf hingewiesen, dass der Anpassungsdruck an den Akademieinstituten weitaus geringer ist als an den Universitäten. Da man an den Akademien keine Lehrverpflichtungen zu erfüllen hat, also auch nicht die Gefahr besteht, dass zukünftige Lehrer oder Verwaltungsangestellte »bürgerlichen« oder »revisionistischen« Theorien ausgesetzt werden, verhält man sich von Seiten der SED gegenüber vielen Akademieinstituten zurückhaltender. Nicht selten werden politisch eigentlich »untragbare« Hochschullehrer mit großem wissenschaftlichen Kapital an der Akademie untergebracht (vgl. ebd., 165).

17 Vgl. »Vorläufige Arbeitsordnung der Universitäten und wissenschaftlichen Hochschulen der sowjetischen Besatzungszone Deutschlands« vom 23. Mai 1949.

den der obersten Dienstaufsicht der Deutschen Zentralverwaltung für Volksbildung (DVV) unterstellt.[18] Die traditionellen Selbstverwaltungsorgane werden zwar nicht abgeschafft, aber bürokratisiert, dekorporiert und marginalisiert.[19] Während die Universitäten 1945/46 häufig zumindest de facto an Traditionen akademischer Selbstverwaltung anknüpfen konnten,[20] hat die politische Führung mit dem Beginn der 50er Jahre - z.T. ähnlich wie die Nationalsozialisten[21] - mit der traditionellen deutschen Universitätsverfassung des 19. und frühen 20. Jahrhunderts, die die Autonomie von Professoren, Senat und Fakultät auf mehrfache Weise geschützt hatte, gebrochen.[22] Allerdings besitzen Ordinarien und Dekane mit großem wissenschaftlichen und institutionellen Kapital jenseits von Statuten und Verordnungen im Einzelfall durchaus noch große Handlungsspielräume. So bleibt beispielsweise der renommierte »bürgerliche« Germanist Theodor Frings, bis 1957 ordentlicher Professor für Germanistik und Direktor des Instituts für Deutsche Sprache und Germanistische Philologie an der Universität Leipzig, zudem von 1952 bis 1964 Direktor des Instituts für deutsche Sprache und Literatur an der Deutschen Akademie der Wissenschaft, bis zu seiner Emeritierung einer der mächtigsten und einflussreichsten Wissenschaftler der DDR. Dabei beugt er sich durchaus nicht schweigend allen politischen Zumutungen, auch wenn er offene Konflikte mit der Obrigkeit vermeidet.[23]

---

18 Vgl. Kowalczuk 2003, 132f.

19 Zu einzelnen Maßnahmen siehe Jessen 1999, 177ff.

20 Vgl. John 1998, 33.

21 Hinsichtlich der Berufskonstruktion des Hochschullehrers schreibt Jessen beispielsweise: »Gerade die Strukturveränderungen, die 1934 und 1939 die kritische Zone korporativer Autonomie in der Berufskonstruktion stillgelegt hatten, wurden ins Hochschulrecht der SBZ/DDR tradiert, nachträglich restauriert oder durch analoge Regelungen parallelisiert. Offensichtlich hatte die NS-Gesetzgebung auf Basis der nationalspezifischen Berufstradition für kritische Probleme wie die akademischen Prüfungen und den Berufszugang eine ›optimale‹ Balance zwischen dem funktionsnotwendigen Minimum wissenschaftlicher Autonomie und dem Maximum staatlicher Kontrollen gefunden, die von der Abteilung Wissenschaften beim ZK der SED nicht besser austariert werden konnte« (Jessen 1996, 99).

22 Vgl. Jessen 1999, 179. Siehe in diesem Zusammenhang auch A. Kluge 1958; Gerber 1965; vom Bruch 1993.

23 Zur Person von Frings siehe Große 2003 sowie die dort angegebenen Literaturhinweise. Siehe auch Boden/Böck 2004.

2. Herstellung von Kontinuität: Wissenschaftlichkeitsanspruch und das Streben nach der »Wahrheit«

2.1 Die Besetzung offener Stellen

Die literaturwissenschaftliche Germanistik reagiert auf die neue Ressourcenkonstellation nach 1945 zunächst einmal mit dem deutlichen Bestreben nach disziplinärem Selbsterhalt. Dies zeigt sich bereits in den Auseinandersetzungen um die Besetzung der offenen Stellen. Die im Amt verbliebenen Germanisten bemühen sich, den wissenschaftlichen Betrieb so schnell wie möglich wieder aufzunehmen und die für das Fach nötigen Ressourcenelemente zu produzieren, um nicht im »Spiel« um materielle Ausstattung und institutionelle Macht gegenüber anderen Disziplinen in Rückstand zu geraten. Personallücken will man vermeiden, auch um den Preis, dass man auf politisch belastete Literaturwissenschaftler zurückgreifen muss. Ein »strukturelles oder systematisches Interesse an der politischen Unbescholtenheit ihrer Akteure« hat die Germanistik nicht.[1] Den Fachvertretern geht es primär um die Aufrechterhaltung *fachspezifischer* Standards. Um die trotz der Weiterbeschäftigung »bürgerlicher« und politisch belasteter Wissenschaftler bestehenden Personallücken auf Dauer zu schließen, laufen daher Berufungsverhandlungen auf der Basis von Vorschlagslisten, die von fakultäts*internen* Kommissionen erstellt werden[2] und für die das wissenschaftliche Kapital der potentiellen Kandidaten ausschlaggebend ist:

> Die Fachvertreter selbst interessierten sich ausschließlich für den Nachwuchs, dessen akademische Qualifikation ihren eigenen Standards entsprach und dessen Werdegang für sie nachprüfbar war, also für diejenigen, die sich an deutschen Universitäten qualifiziert hatten.[3]

Die von der DVV unterbreiteten Vorschlagslisten mit Namen potentieller Remigranten aus dem germanistischen Betrieb, darunter z.B. Wolfgang Liepe oder Werner Richter, werden dagegen zumeist ignoriert.[4] Die Tatsache, dass es nicht selten der nationalsozialistischen Herrschaft geschuldet war, dass diese potentiellen Kandidaten ihre akademische Karriere nicht oder nur unter großen Schwierigkeiten hatten fortsetzen können, wird zwar mit vorsichtigem Bedauern zur Kenntnis genommen, ändert jedoch nichts an der Zurückhaltung der Fachvertreter bei der Beurteilung ihrer fachlichen Eignung.[5] Lieber strengt man Entnazifizierungsverfahren an, um die im Lande verbliebenen Literaturwissenschaftler politisch zu rehabilitieren. Wesentlicher Bestandteil dieser Verfahren sind Gutachten von Akteuren aus dem *wissenschaftlichen* Feld, die als Kriterium

1 Boden 1997, 127.
2 Vgl. ebd., 122.
3 Boden 2004, 440.
4 Vgl. dazu im Detail Boden 1997, 128; sowie Boden 2004, 433–436 und 439f.

zumeist das wissenschaftliche und institutionelle Kapital der Wissenschaftler sowie ihre vermeintlich »wahren« politischen Einstellungen im Blick haben.[6] Argumentiert wird häufig, dass die politischen Ergebenheitsadressen und die Mitgliedschaft in der NSDAP lediglich dazu gedient hätten, dem Fach Freiräume zu erhalten und *wissenschaftliche* Standards zu sichern.[7]

Mit dieser Inszenierung einer allein der Wissenschaftlichkeit und der Wahrheitssuche verpflichteten Disziplin werden allerdings nicht nur personelle Kontinuitäten legitimiert und (politisierte) Dilettanten ausgeschlossen. Die Mär von der »Reinheit« des Faches während des Nationalsozialismus dient gleichzeitig dem diskursiven Vergangenheitsmanagement des gesamten Faches und legitimiert neben den personellen auch theoretisch-methodisch-inhaltliche Kontinuitäten. Auseinandersetzungen mit der NS-Vergangenheit bleiben unter Berufung auf das Wahre, Gute und Schöne, dem die Germanistik stets verpflichtet geblieben sei, aus,[8] und auch die politische Führung geht schnell »zur Tagesordnung« über: Gemäß der neuen politischen Strategie der Integration »nomineller« NSDAP-Mitglieder wird keines der Entnazifizierungsverfahren *gegen* den jeweiligen Appellanten entschieden.[9]

Die Bedeutung von »Wissenschaftlichkeit« bzw. das Bemühen um die Einhaltung fachspezifischer Standards zur Herstellung von Kontinuität in der »bürgerlichen« Germanistik wird auch bei der Behandlung von akademischen Außenseitern wie Albert Malte Wagner (Jena), Joachim Müller (Jena), Alfred Kantorowicz (Berlin) sowie Hans Mayer (Leipzig) deutlich, die von politischer Seite gefördert werden, da die jeweiligen Universitäten keine eigenen Kandidaten aufzubieten vermögen, die auch bei der DVV bzw. dem Staatssekretariat für Hochschulwesen auf Zustimmung stoßen. Zunächst zu Wagner, Müller und Kantorowicz: Alle drei sind nicht habilitiert und verfügen aufgrund ihrer Randständigkeit im wissenschaftlichen Feld über kein oder nur ein geringes wissenschaftliches Kapital.[10] Entsprechend wird zunächst keiner der drei Kandidaten auf einen ordentlichen Lehrstuhl berufen. Müller und Kantorowicz müssen vorläufig mit Lehraufträgen vorlieb nehmen; Wagner bekommt vorerst lediglich einen Lehrstuhl für Kultursoziologie an der in Jena neu gegründeten Gesellschaftswissenschaftlichen Fakultät.[11] Grund für die Zurückhaltung der etablierten Germanisten bei der Lehrstuhlvergabe ist in allen Fällen die fehlende wissenschaftliche Qualifizierung der Kandidaten.[12] Eine etwas andere Situation liegt vor, wenn sich Akteure mit großem wissenschaftlichen und institutionellen Kapital für akademische Außenseiter stark machen. In diesem Fall scheint den akademischen Selbstverwaltungsorganen die wissenschaftliche

---

5 So heißt es etwa in einem Gutachten des Altgermanisten Theodor Frings über Werner Richter, der 1933 aufgrund des Gesetzes zur Wiederherstellung des Berufsbeamtentums in den Ruhestand versetzt wurde und in die USA emigrierte: »Es war wohl zu bedauern, dass die Entwicklung des Gelehrten gehemmt wurde durch seine opfer- und auch segensreiche Tätigkeit in der Universitätsverwaltung, dann durch sein persönliches Schicksal. [...] Es mag Schicksal, es mag auch Anlage sein, dass ein wirklich Eigenes und Bedeutsames nicht hat reifen können.« Zit. nach Boden 2004, 438.

6 Vgl. Boden 1997, 123.

7 Vgl. ebd., 127. Die gleiche Argumentationsfigur findet sich auch in der westdeutschen Literaturwissenschaft. Siehe dazu ausführlich Kaiser/Krell 2002.

8 Vgl. Boden 2004, 431.

9 Vgl. Boden 1997.

Eignung gesichert, selbst wenn in die Berufung auch politische Gründe hineinspielen. So verdankt der sich zum Marxismus bekennende Hans Mayer, der ebenfalls nicht habilitiert ist und - wie Kantorowicz - nicht einmal Germanistik, sondern Jura studiert hat, seine Karriere als einer der renommiertesten DDR-Germanisten der ersten zwei Nachkriegsdekaden auch dem Einfluss des Romanisten Werner Krauss,[13] der als Ordinarius und Mitglied der KPD bzw. SED innerhalb der Universität Leipzig über das nötige wissenschaftliche, institutionelle und politische Kapital verfügt, um »seinen« Kandidaten erfolgreich in den Wissenschaftsbetrieb zu integrieren.[14] Bezeichnend für die erheblichen Ressentiments der etablierten Fachvertreter gegenüber fachlich möglicherweise unqualifizierten disziplinären Außenseitern ist jedoch auch in diesem Fall die Tatsache, dass Mayer den begehrten Lehrstuhl für neuere deutsche Literaturgeschichte vorerst nicht erhält: Der »Feuilletonist« und »Scharlatan« Mayer (so angeblich der etablierte Leipziger Germanist Theodor Frings über seinen Kollegen)[15] wird als Dr. jur. von seinen »bürgerlichen« Kollegen nicht als Ebenbürtiger behandelt,[16] so dass er die Nachfolge Hermann August Korffs zunächst nicht antreten kann, obwohl dieser die Altersgrenze zum Emeritus bereits überschritten hat. Die Widerstände gegenüber den

---

10 Kantorowicz ist nicht einmal promovierter Germanist, sondern hat seinen Doktortitel mit einer völkerrechtlichen Arbeit erworben (Kantorowicz 1924). Als langjährigem Kulturredakteur sowie Literatur- und Theaterkritiker ist ihm die neueste deutsche Literatur, für die er in Berlin verantwortlich ist, zwar nicht unbekannt, eine wissenschaftliche Auseinandersetzung fällt Kantorowicz jedoch schwer (vgl. Kapitel 3.4.4). Bei Wagner kommt erschwerend hinzu, dass sein Habilitationsversuch gescheitert war (siehe dazu Pilger 2004, 97ff.), was ihn in den Augen der etablierten akademischen Elite disqualifiziert. Etwas bessere Startbedingungen hat Joachim Müller. Zwar war auch er vor 1945 nur ein Außenseiter im literaturwissenschaftlichen Feld - Müller arbeitete als Deutschlehrer in Leipzig und hatte lediglich 1942 einen Lehrauftrag zur Ausbildung verwundeter Studenten an der dortigen Universität. Doch konnte er nebenbei in so angesehenen Fachzeitschriften wie den *Germanisch-Romanischen Monatsheften*, dem *Euphorion* oder der *Deutschen Vierteljahrsschrift* publizieren und sich als Mitherausgeber der *Zeitschrift für Deutschkunde* sowie ab 1942 der *Zeitschrift für Deutschwissenschaft und Deutschunterricht* im wissenschaftlichen Feld bekannt machen. Zudem besitzt er als Korff-Schüler eine gewisse Lobby, auch wenn diese nicht ausreicht, um die direkte Berufung auf einen Lehrstuhl sicherzustellen. Zu Müller siehe vor allem Kapitel 3.4.3 dieser Arbeit.

11 Zum zunächst erfolgreichen Widerstand der Jenaer Germanistik gegenüber einer Berufung Wagners siehe Boden 2004, 451.

12 Aus diesem Grund werden Kandidaten zunächst oftmals selbst befristete Lehraufträge verwehrt, so z.B. an der Philosophischen Fakultät der Humboldt-Universität zu Berlin, wo sich die akademischen Außenseiter Märten und Schönebeck um Lehraufträge beworben haben (vgl. Stoye-Balk 1987, 850).

13 Zu Werner Krauss und seiner Personalpolitik in Leipzig siehe auch Seidel 2005, 39ff.

14 Mayer wird gleichzeitig zum Ordinarius an die Gesellschaftswissenschaftliche und an die Philosophische Fakultät der Universität Leipzig berufen. Seine erste germanistische Arbeit über »Georg Büchner und seine Zeit« (veröffentlicht in Wiesbaden 1946) wird 1948 als Habilitationsschrift an der Universität Leipzig angenommen. Im selben Jahr wird er dort Professor für die »Geschichte der Nationalliteraturen« (der Goethe'sche Begriff der »Weltliteratur« ist nach Mayers Erinnerungen für die national ausgerichtete Wissenschafts- und Kulturpolitik zu »kosmopolitisch«; siehe Mayer 1988, Bd. 1, 418) und 1950 Ordinarius für Kultursoziologie und Literaturgeschichte.

15 Vgl. Materialien, Streller, 10.

16 Vgl. Materialien, Träger, 144.

als Bedrohung fachlicher Standards empfundenen Versuchen des Feldneulings, das Fach kultursoziologisch zu fundieren und die nationalliterarische Perspektive aufzubrechen, sind unübersehbar.[17] Mayers Bemühungen, der »Beharrlichkeit« des greisen Ordinarius Korff bei der Ausübung seiner Lehr- und Forschungstätigkeit zu entgehen und in Berlin einen neugermanistischen Lehrstuhl zu erhalten, scheitern an der Opposition der dortigen Germanisten. So ist man an der Humboldt-Universität lediglich bereit, Mayer einen Lehrstuhl für Literatursoziologie oder Kultursoziologie zu geben, während man für den literaturgeschichtlichen Lehrstuhl jemanden sucht, »der aus der Tradition der philologisch-historischen Schule kommt«.[18] Auch in Leipzig sorgt man sich um die Einhaltung fachspezifischer Maßgaben und Traditionen und möchte Mayer mit seinen neuen Ansätzen tunlichst aus der etablierten germanistischen Literaturwissenschaft heraushalten. So heißt es in einem Brief des Direktors des germanistischen Instituts in Leipzig, dem angesehenen Altgermanisten Theodor Frings, an den Dekan: »Für die Entwicklung neuer Methoden scheint mir das selbständige Institut für Kulturgeschichte besonders geeignet, und es wäre dann zu fragen, wie der Unterricht der beiden Institute aufeinander abgestimmt und verbunden werden kann«.[19] Entsprechend groß sind die Widerstände der etablierten Leipziger Germanisten gegenüber der Berufung Mayers auf den zum 1. September 1954 durch die Emeritierung Korffs freigewordenen Lehrstuhl für neuere deutsche Literaturgeschichte. Erst nach einem zweijährigen zähen Ringen um Kompetenzen, Institutszuschneidungen und Kompromisse sowie nach einer Intervention des Staatssekretariats für das Hoch- und Fachschulwesen, das in Mayer einen Hoffnungsträger einer künftigen marxistisch-leninistischen Germanistik sieht,[20] kann dieser den begehrten neugermanistischen Lehrstuhl in Leipzig 1956 besetzen und sogar die Leitung des anstelle der Abteilung für Geschichte der Nationalliteratur und der neudeutschen Abteilung des germanistischen Instituts neugegründeten »Instituts für neuere deutsche Literaturgeschichte« übernehmen.[21]

---

17 Siehe in diesem Zusammenhang Kaim 1949: »Es wurde [...] deutlich, daß die Auseinandersetzung mit der Methode der Literaturwissenschaft, die versucht, die komplizierten Zusammenhänge der Literatur mit der Gesellschaft zu erkennen, noch ganz in den Anfängen steckt. Nur wenige Teilnehmer standen mit Prof. Hans Mayer positiv dieser soziologischen Betrachtungsweise, die Mehrzahl ihr ablehnend oder skeptisch gegenüber. [...] Auf das Referat von Prof. Mayer ›Neue Formen der literarischen Forschung‹ wurde zum Beispiel erwidert, schon der Nationalsozialismus habe das Formale nicht sehen wollen, ja, die Form zerstört. Prof. Mayer scheine ähnliches vorzuhaben, wenn er einseitig vom gesellschaftlichen Gehalt her vorgehe.« Die »soziologische Methode« hätte nach Aussagen der meisten Fachvertreter »noch nicht viel Brauchbares geliefert« und selbst wenn man die soziologische Betrachtungsweise in Zukunft stärker betonen solle, so müssten ihrer Meinung nach »die anderen Methoden« doch ebenfalls weiter »gepflegt« werden. Zwar handelt es sich bei Kaim um eine politisierte, sich als Marxistin verstehende Studentin, so dass ihre Polemik gegen die »bürgerlichen« Ressentiments, die gegen Mayer und seine »soziologische Betrachtungsweise« vorgebracht werden, möglicherweise besonders scharf ausfällt, die grundlegende »Richtung« der Vorwürfe gegenüber Mayer dürfte jedoch den Tatsache entsprechen.

18 Dekan an das Ministerium für Volksbildung, Berlin, vom 11.5.1950. In: UA Berlin (HUB), Personalakte Leopold Magon, Teil II, Bl. 11. Zit. nach Boden 2004, 454.

19 UA Leipzig, Phil. Fak. Nr. 90, Bl. 100. Zit. nach Boden 2004, 454.

20 Siehe dazu Kapitel 3.4.2.

21 Vgl. Boden 2004, 455–457.

Vor dem Hintergrund dieser Querelen ist es nicht verwunderlich, dass gerade Außenseiter wie Mayer oder Müller die rhetorische Trumpfkarte »(Fach-)Wissenschaftlichkeit« auszuspielen versuchen, um sich innerhalb des literaturwissenschaftlichen Feldes erfolgreich zu positionieren. Dazu gehört beispielsweise die besondere Betonung »philologischer Genauigkeit«, die Verwendung fachsprachlicher Elemente oder die Berufung auf einschlägige literaturwissenschaftliche Werke sowie lediglich im Fachdiskurs bekannte Schriftsteller, durch die man sich als »Insider« ausweisen kann. Typisch ist beispielsweise der Versuch Mayers, sich in seinem Artikel »Vom goldnen Überfluß und vom Papier« als »Fachmann« zu präsentieren, indem er sich selbst »germanistische Weisheit« zuspricht und Kritik übt an »junge[n] Leuten, denen einfach ein wirkliches Bild der deutschen Literatur in ihren Tag- und Nachtseiten noch fehlen muß«, sowie philologischen »Entgleisungen« bei Klassikerausgaben, die »einfach bei einer soliden Verlagsproduktion nicht möglich sein dürften«.[22] Zudem präsentiert er sich als ein ernsthaft um literarische Qualität bemühter Germanist, indem er einstimmt in das kulturkritische und bei den alteingesessenen Fachvertretern wohl durchaus zustimmend vernommene Klagelied über die »Verlagerung unseres literarischen Lebens vom wirklichen Buch auf die Zeitschrift«, von der »wirklich ernsthafte[n]« Werkausgabe zu »hübsch ausgestattet[en]« Bändchen, die lediglich für den »eichengeschnitzten Bücherschrank« oder das »Plüschsofa« bestimmt seien.[23] Den Ruf eines »strengen Wissenschaftlers« erlangt Mayer gleichwohl bei den »bürgerlichen« Fachkollegen in Ost und West nie. Bei allem Respekt, den man ihm aufgrund seiner kenntnisreichen Essays und seiner außerordentlichen rhetorischen Begabung zollt, weist man dem pausenlos publizierenden Mayer im feldinternen Spiel um Reputation und Macht lediglich den Rang eines Literaturkritikers und *homme de lettres* zu.

2.2 Einhaltung fachspezifischer Standards

Um die Einhaltung fachspezifischer Maßgaben sowie die Beibehaltung der akademischen Selbstverwaltung sorgt man sich derweil nicht nur bei Fragen der Stellenbesetzung. Die zunehmenden Eingriffe in Forschung, Lehre und die relative korporative Autonomie durch die Gemeinschaft der Fachvertreter rufen scharfe Proteste der Germanisten hervor. So wird der Modellstudienplan für die Germanistik, den Vertreter der Zentralverwaltung für Volksbildung und der SMAD zusammen mit den Germanisten Frings und Baesecke entworfen haben, als Angriff auf das »Wesen der wissenschaftlichen Arbeit« kritisiert.[24] Auch erheben Professoren wie Hermann Kunisch im Zusammenhang mit der Gründung der Pädagogischen Fakultät prinzipielle Einwände gegen jede auf einen bestimmten Zweck gerichtete Hochschulpolitik, welche die Freiheit der Wissenschaft und die Autonomie der Hochschulen einzuschränken und direkten politischen Interessen Tür und Tor zu öffnen droht.[25] Im Kontext des Streits um die

22 Mayer 1947.
23 Ebd.
24 Zit. nach Stoye-Balk 1987, 850.

Gründung der »Freien Universität« in Berlin erscheint in der Zeitung *Der Tag* ein Plädoyer Kunischs für den »Vorrang der Wahrheit«, in dem der Ordinarius an Humboldt'sche Universitätstraditionen anknüpft und sich gegen politisch-ökonomisch-praktische Aus- und Zurichtungen der Universitäten wehrt:

> Die Universität vermittelt nicht nur Ausbildung, sondern erstrebt *Bildung.* [...] *Das bedeutet aber, daß für eine Universität letztlich nicht Ausbildungspläne wichtig sind[,] sondern eine Bildungsidee.* [...] Unser Wunsch muß es sein [...] zu verhindern, daß wir aus dem Kreis der freien, aus dem lebendigen Geiste wirkenden und ihn bekennenden Universitäten ausscheiden. Das sind jene Universitäten, die nicht den für irgendwelche Zwecke ausgebildeten und geschulten Fachmann, sondern im Zusammenhange der alten abendländischen Überlieferung den Menschen an sich als Aufgabe wollen [...]. [26]

Nicht nach den »Wahrheiten der Einzelnen, einer Gesellschaft oder Rasse« solle der Wissenschaftler streben, nicht nach der »im Augenblick nützliche[n] oder einleuchtende[n] Wahrheit«, sondern nach der »Wahrheit schlechthin«.[27] Ähnlich plädiert sein Kollege Heinz Stolte, Ordinarius in Jena, vor der Ortsvereinigung des »Kulturbundes zur demokratischen Erneuerung Deutschlands« zu Gotha sowie vor dem »Deutsch-Russischen Kulturklub« in Weimar im Sommer 1946 für (tages-)politische Abstinenz und verpflichtet die Germanistik auf ein unpolitisch-asketisches Philologenethos:

> Soll der Literaturwissenschaftler, soll der Wissenschaftler überhaupt das politisch Aktuelle betreiben, soll er eine Tendenz in seinem Wirken befolgen, oder soll er nicht vielmehr unpolitisch und völlig tendenzlos sein, der absoluten Wahrheit hingegeben? Darauf ist eine klare Antwort zu geben. Wir lehnen es ab, die Fragen der Tagespolitik, der Parteiprogramme in die Geisteswissenschaft aus der Sphäre der Aktualität hineinzutragen, wir würden das als einen unsittlichen wissenschaftlichen Dilettantismus empfinden [...].[28]

Immer wieder finden sich Äußerungen von germanistischen Literaturwissenschaftlern, in denen im Namen fachspezifischer Maßgaben und vermeintlich »neutraler« und »objektiver« wissenschaftlicher Arbeit An- und Einsprüche fachexterner Stichwortgeber zurückgewiesen werden. So kritisiert etwa Joachim Müller die unzulässige Vereinfachung von Sachverhalten durch die Parteifunktionäre, die »nur noch schwarze und weiße Schafe« unterschieden,[29] die notwendigen wissenschaftlichen Differenzierungen vermissen ließen oder die »Eigenständigkeit« der literarhistorischen Entwicklung nicht berücksichtigten – die sich, so darf ergänzt werden, allein dem Fachwissenschaftler zu erschließen vermag. Politisch motivierter Kritik an seinen Schriften begegnet Müller mit dem dezidierten Hinweis auf wissenschafts- und fachspezifische Methoden und Vorgehensweisen, die er »so exakt wie möglich« eingehalten habe,[30] wobei er selbstverständ-

---

25 Zudem befürchtet man an der Philosophischen Fakultät in Berlin durch die Institutionalisierung der Pädagogik weitreichende Folgen für den Wissenschaftsanspruch der Universitäten und damit auch für die Germanistik: »Bei der Pädagogischen Fakultät liegt die Gefahr besonders nahe, daß sie pädagogisch geschulte Studienräte ohne wissenschaftliches Niveau beruft« und »der Charakter der Universität unter dieser Erscheinung [leidet]« (zit. nach ebd., 852).

26 Kunisch 1948. Hervorhebungen im Original.

27 Ebd.

28 Stolte 1947, 30.

29 Müller 1957, 282.

lich seine im Bemühen um »Objektivität den Gegenständen abgelesene[n] Beobachtungen« im »Forum der *wissenschaftlichen* Öffentlichkeit« zur Diskussion stelle.[31] Explizit betont Müller die Eigenständigkeit seiner Disziplin gegenüber politischen Interessen:

> Ich möchte [...] gewiß keinen diametralen Gegensatz zwischen Literaturwissenschaft und Literaturpolitik konstruieren und etwa das eine gegen das andere ausspielen, aber beide sind doch nicht identisch; es ist nicht das gleiche, ob man den politischen Funktionswert eines literarischen Werkes feststellt oder ob man sich um den literarhistorischen Positionswert müht [...].[32]

Gerade bei der Behandlung eines Autors von großer politischer Relevanz wie dem »Nationaldichter« Johannes R. Becher sieht sich Müller genötigt, noch einmal dezidiert auf die fachspezifischen Anforderungen an literaturwissenschaftliche Auseinandersetzungen hinzuweisen:

> Es kann, das bitte ich recht zu verstehen, nicht die Aufgabe der Wissenschaft sein, panegyrisch zu feiern oder Superlative zu gebrauchen, sondern es muß ihr darum gehen, in strenger sachlicher Arbeit ihr Material zu untersuchen. Solche ernsten wissenschaftlichen Bemühungen implizieren die Kritik im Sinne des Scheidens, Sichtens und Wertens. So wird unsere Veranstaltung vorwiegend historisch-kritischen wie induktiv-philologischen Charakters sein. Für die Wissenschaft von der Dichtung ist es wie für jede Wissenschaft, die das Kunstwerk zum Gegenstand hat, stets problematisch, die rechten Maßstäbe zu finden; und dem Lebenswerk eines Dichters historisch gerecht zu werden, ist dann nicht einfach, wenn wir noch keine zeitliche Distanz zu ihm haben. Dennoch müssen wir so unvoreingenommen wie möglich den Versuch wagen. Zwei Voraussetzungen scheinen mir dafür allerdings nötig zu sein: wir möchten doch das innere Interesse für das Werk des Dichters mitbringen [...] und wir sollten uns literaturwissenschaftlicher Exaktheit, philologischer Akribie befleißigen, wozu wir, denke ich, ebenfalls den besten Willen haben. [...] Eine kritische Auseinandersetzung, eine sachliche Begegnung mit dem Werk Johannes R. Bechers, wie sie in diesem Rahmen unternommen werden soll, erfordert die Geduld des Zuhörens und des Fragens, des Eindringens und Mitdenkens, es erfordert einen freimütigen Austausch, es erfordert auch den Geist der Toleranz, ohne den jede wissenschaftliche Arbeit müßig ist [...], eine Toleranz, die bei allem Eingehen auf den Partner doch den eigenen Standpunkt zu wahren weiß, ohne sich starr auf ihn zu verschanzen, wenn einleuchtende Argumente die Revision der einen oder anderen bisherigen Ansicht nahelegen.[33]

Das Pochen auf fachspezifische Standards und disziplinäre Eigenlogik dient derweil nicht allein der Abwehr politisierter Dilettanten und staatlicher Einsprüche. Ein weiterer Grund für den Versuch, fachwissenschaftliche Standards aufrechtzuerhalten bzw. neu zu etablieren, liegt in der innerwissenschaftlichen Konkurrenz zu anderen geisteswissenschaftlichen Fächern begründet.[34] Nur eine disziplinäre Konturierung erlaubt die Adressierung fachspezifischer Leistungsangebote an die außerfachliche Öffentlichkeit. Gerade »Wissenschaftlichkeit«, dies sei vorweggenommen, ist ein entscheidendes Ressourcenelement, das die germanistischen Literaturwissenschaftler im Kampf um

30 Müller 1957/58, 173.
31 Ebd., 174. Hervorhebung J.S.
32 Müller 1960/61.
33 Ebd.

Gelder, Macht und Aufmerksamkeit erfolgreich einzusetzen wissen.[35] Nicht vergessen werden sollte zudem, dass sich die Germanistik in den Nachkriegsjahren noch als gesamtdeutsch versteht und es auch aus karriere- oder zumindest - bei den älteren Germanisten - resonanzstrategischen Gründen vonnöten ist, in den westlichen Besatzungszonen anschluss- und berufungsfähig zu bleiben. Vor diesem Hintergrund dürfte es kaum verwundern, dass sich die »bürgerlichen« Fachwissenschaftler eines Gebrauchs der Basissemantik des marxistischen Gesellschaftssystems entschlagen, auf eindeutige politische Bekenntnisse verzichten und ihre Texte frei halten von expliziten Bezügen zu politischen Stichwortgebern wie Walter Ulbricht, Otto Grotewohl, Wilhelm Pieck oder Alexander Abusch, zu ZK-Beschlüssen oder Parteitagsreden.[36]

All die Äußerungen der »bürgerlichen« Ordinarien zeigen: Für die germanistische Literaturwissenschaft geht es gerade in den Zeiten des Neubeginns darum, an alte Fachtraditionen anzuknüpfen und das fachspezifische Feld unter Verweis auf vermeintlich apolitisch-neutrale, allein auf Wahrheitssuche ausgerichtete (fach-)wissenschaftliche Maßgaben (»literaturwissenschaftliche Exaktheit«, »philologische Akribie«, »Objektivität«, »absolute Wahrheit«) von anderen wissenschaftlichen Teilfeldern, vor allem jedoch vom politischen Feld, abzugrenzen. Dennoch ist die Selbststilisierung der Germanistik zu einer allein der Wahrheit verpflichteten Wissenschaft sowie das Beharren auf fachspezifischen Maßgaben mehr als bloße Abwehrrhetorik gegenüber politischen Eingriffen, mehr als der strategische Versuch disziplinärer Selbsterhaltung bzw. die Legitimation personeller, inhaltlicher oder theoretisch-methodischer Kontinuitäten unter veränderten Ressourcenkonstellationen, mehr als bloßes Resonanzkalkül im Kampf um Gelder, Macht und öffentliche Aufmerksamkeit. Was sich in den Redeweisen der »bürgerlichen« Ordinarien zeigt, ist auch die Hartnäckigkeit eines professoralen Handlungsbewusstseins, zu dessen Merkmalen u.a. »die Bindung des Berufszugangs an die Absolvierung eines langwierigen Ausbildungsgangs mit gestaffelten akademischen - nicht staatlichen - Prüfungen« sowie »die Wahrnehmung relativer korporativer Autonomie durch die Gemeinschaft der Hochschullehrer«[37] gehören. Trotz oder gerade wegen der Eingriffe der Nationalsozialisten in die Hochschulautonomie sucht man an eine Tradition anzuknüpfen, die die Universität als einen Raum des zweckfreien Forschens begreift und die zwar vom »Kulturstaat« ihre materiellen Ressourcen, keinesfalls aber ideologische Vorgaben erhalten solle. Es ist kein Zufall, dass Kunisch mit solcher

---

34 Dies zeigt sich beispielsweise bei Hermann Kunisch, der beklagt, dass selbst »im Gebiet unserer engeren Wissenschaft [...] wesentliche Aussagen über Dichtung und Sprache nicht nur von den Fachleuten im engeren Sinne gemacht werden, sondern von Außenseitern«, nämlich von Philosophen oder Theologen (Kunisch 1948). Diese Feststellung verbindet Kunisch mit einer Kritik an seinem Fach, wesentliche Fragen über den Zusammenhang von Literatur, »Geist« und »Wahrheit« vernachlässigt zu haben. Seine Aufforderung, sich als Literaturwissenschaft ebenfalls diesen für den geistigen Wiederaufbau notwendigen Problemen zuzuwenden, kann damit auch als Versuch verstanden werden, einen etwaigen Resonanz- und damit Ressourcenverlust gegenüber den wissenschaftlichen Konkurrenzdisziplinen abzuwehren und diese Themen als genuine Literaturwissenschaftler zu besetzen.

35 Siehe dazu Kapitel 3.1.

36 Zum »Sonderfall« Joachim Müller sowie den resonanzstrategischen Umbauten anderer »bürgerlicher« Literaturwissenschaftler siehe die Kapitel 3.3 und 3.4.3.

37 Jessen 1994, 219.

Emphase von der »bildenden« im Gegensatz zur »ausbildenden« Universität spricht und Humboldt'sche Ideale von einer zweckfreien Forschung und Lehre beschwört. Zudem ist das Handlungsbewusstsein der Literaturwissenschaftler auch durch ihre eigene Fachgeschichte geprägt, ist die Germanistik doch eine Disziplin, die seit dem 19. Jahrhundert darauf angewiesen ist, »Wissenschaftlichkeit« als Ressourcenelement zu produzieren, um sich überhaupt erst als disziplinäre Gemeinschaft auszuweisen und sich als Universitätsfach zu etablieren.[38]

Dieses Handlungsbewusstsein, das sich aus Restbeständen der deutschen bildungsbürgerlichen Tradition der akademischen Berufe speist und das Ideal von der Freiheit von Forschung und Lehre, von akademischer Selbstbestimmung, Selbstverwirklichung und einer strengen Auslese durch Leistung umschließt,[39] erklärt auch, warum selbst die linken Remigranten Hans Mayer, Alfred Kantorowicz und Gerhard Scholz zumindest in fachwissenschaftlichen Fragen keinesfalls bereit sind, die »führende Rolle der Partei« zu akzeptieren. Zwar bekennen sie sich grundsätzlich zur marxistisch-leninistischen Weltanschauung, doch bedeutet dies mitnichten eine Akzeptanz der dogmatischen Vorstellungen jener »belfernden Rabauken des Parteiapparats«[40] oder der politischen Eingriffe in den Kompetenzbereich der Germanisten. Öffentlich üben beispielsweise Kantorowicz oder Mayer Kritik an der unsachlichen SED-Kampagne gegen den »bürgerlichen Objektivismus«,[41] protestieren gegen Eingriffe in ihren Kompetenzbereich[42] oder prangern den »denkfaule[n] Schematismus, bürokratische[n] Schlendrian«[43] und Dogmatismus der gegenwärtigen Wissenschafts- und Kulturpolitik an. Akademisch geprägt von »bürgerlichen« Universitätstraditionen und Lehrern wie Friedrich Gundolf, Karl Jaspers, Julius Petersen, Eduard Spranger, Paul Merker oder Gustav Roethe (Gerhard Scholz), Ernst Bertram, Friedrich von der Leyen oder Max Scheler (Hans Mayer) sowie Fritz Strich, Artur Kutscher, Franz Muncker oder Philipp Witkopp (Alfred Kantorowicz) pochen auch die Remigranten auf die Eigenständigkeit ihrer wissenschaftlichen Arbeit und auf ihre persönlichen Freiheitsrechte.[44] Enttäuschungen ob der politischen Realitäten bleiben nicht aus; Kantorowicz und Mayer verlassen 1957 bzw. 1963 die DDR in Richtung Westen. Aufgrund der Eingriffe in die Hochschulautonomie sind die meisten ihrer »bürgerlichen« Kollegen diesen Weg zu diesem Zeitpunkt bereits gegangen.[45]

---

38 Vor diesem Hintergrund ist es bezeichnend, dass »bürgerliche« Wissenschaftler wie Hermann August Korff oder Karl Bischoff in ihren Nachrufen auf Ferdinand Josef Schneider dessen auf »gesichertem Boden« bleibende »exakte[] Detailforschung« lobend hervorheben (Bischoff 1956, Korff 1958, bes. 248).

39 Vgl. Jessen 2000, 114.

40 Kantorowicz 1978/79, Bd. 1, 460.

41 Vgl. ebd., Bd. 2, 148f.; siehe zu dieser Kampagne v.a. Feige 1995.

42 Vgl. Boden 1997, 133.

43 Kantorowicz 1949, 82.

44 Zum Handlungsbewusstsein, den Redeweisen und den Karrieren von Mayer, Kantorowicz und Scholz siehe Kapitel 3.4.

45 So legt beispielsweise Kunisch aufgrund der Eingriffe in die Hochschulautonomie, gegen die er mehrere Male vergeblich einzutreten versucht, am 1.11.1948 sein Amt nieder und wechselt an die »Freie Universität«; sein Kollege Stolte, als Nachfolger Kunischs von Jena nach Berlin gewechselt, stellt 1950 sein Amt aufgrund von Eingriffen in seine Lehrtätigkeit zur Verfügung und arbeitet die nächsten Jahre als Lehrer in Hamburg (vgl. Redaktion 2003, Häntzschel/Stolte-Batta 2003).

3. Leistungsangebote und Ressourcenelemente

Die Zurückweisung einer unmittelbaren Politisierung der Literaturwissenschaft als »Weltanschauungsgermanistik«, die Abwehr jeglicher Instrumentalisierung nach tagesaktuellen Erfordernissen, die Inszenierung eines allein der Wahrheitssuche und der disziplinären Eigenlogik verpflichteten Faches bedeutet jedoch auch für die Nachkriegsgeneration der germanistischen Literaturwissenschaft der DDR keineswegs den Rückzug in die Resonanzabstinenz des akademischen »Elfenbeinturms«. Es lassen sich für die erste Nachkriegsdekade insgesamt vier zentrale Strategien ausmachen, durch die Germanisten sich bemühen, die für sie und das Fach nötigen Ressourcenelemente zu produzieren, um ihre Teilhabe an Forschungsressourcen vorerst sicherzustellen. Das meint 1. die Berufung auf Wissenschaftlichkeit, durch die Leistungsangebote an die kulturräsonierende Öffentlichkeit unterbreitet werden können, 2. die Verwendung einer nationalkulturellen Semantik, die als Scharnier zwischen fachinterner und fachexterner Öffentlichkeit dient, 3. moderate semantische Umbauten in den Redeweisen »bürgerlicher« Literaturwissenschaftler, die einen Anschluss an die veränderte Resonanzkonstellation nach 1945 ermöglichen, und 4. die Verwendung eines politischen Bekenntnisvokabulars bzw. die Anknüpfung an Traditionen marxistisch-leninistischer Ästhetik, wodurch sich einige Wissenschaftler als Marxisten auszuweisen vermögen und durch ihr politisches Kapital in der Wissenschaftsadministration auch institutionelles Kapital akkumulieren können.

3.1 Wissenschaftlichkeit als Ressourcenelement

Die Berufung auf »Wissenschaftlichkeit« ist keinesfalls nur ein Argument, mit dem man Eingriffe in die fachliche Autonomie abzuwehren trachtet und die eigene Anschlussfähigkeit innerhalb des disziplinären Feldes sicherzustellen versucht, sondern »philologische Genauigkeit« oder »Objektivität« können ebenso als resonanzträchtige Ressourcenelemente dienen, mit denen den neuen politischen Machthabern Leistungsangebote unterbreitet werden können. Dies meint nicht allein das hohe Ansehen, das philologische Traditionen zu dieser Zeit international genießen[1] und von dem die politischen Machthaber zu profitieren hoffen. Fachexternen Akteuren an Textkenntnis sowie literarhistorischem, philologischem oder grammatikalischem Wissen weit überlegen, sind die etablierten »bürgerlichen« Germanisten die einzigen, die eine gute Ausbildung der dringend benötigten Deutschlehrer, Verlagsmitarbeiter oder Redakteure sicherstellen

1 Vgl. Boden/Böck 2004, 23, FN 33.

können. Auch im Bereich der Klassiker-Editionen, der Wörterbücher, der Literaturgeschichten und der wissenschaftlichen Lehrbücher erweisen sie sich als unersetzbar[2] und können so trotz streng philologischer Orientierung auf ihre unmittelbar praktische Relevanz verweisen. So verteidigt Theodor Frings im ersten Jahresbericht des Instituts für deutsche Sprache und Literatur der Deutschen Akademie der Wissenschaften zu Berlin von 1952 die rein philologische Orientierung der Forschungen gegenüber der Kritik eines mangelnden Praxisbezuges mit dem Hinweis auf die besondere gesellschaftliche Nützlichkeit der Wörterbücher, Grammatiken und Editionen:

> Das Wörterbuch der Gegenwartssprache und die Grammatik der Gegenwartssprache sollen stärker als das Grimmsche Wörterbuch dem Bedürfnis weitester Kreise dienen; auf ihrer Grundlage sollen Schul- und Lehrbücher entstehen. Ebenso sind die kleinen Texte zur deutschen Literaturgeschichte, die im kommenden Jahr anlaufen sollen, aus einem praktischen Bedürfnis der Hochschulen heraus entstanden.[3]

Auf wissenschaftlich fundierte Lehr- und Forschungsmaterialien sind nicht nur Schulen und Hochschulen in ihrer täglichen Arbeit dringend angewiesen, sondern auch die Kultur- und Wissenschaftspolitik. Dies ist zum einen auf den bewusstseinsbildenden Anspruch der SED zurückzuführen, der im folgenden Kapitel ausführlich behandelt wird. Hier sei nur so viel vorweggenommen: Die politische Führung glaubt an die humanisierende Funktion »der wahren deutschen Kulturwerte, wie sie mit den Namen von Goethe, Schiller, Lessing und zahlreichen Philosophen, Künstlern und Wissenschaftlern verbunden sind«.[4] Und es sind die »bürgerlichen« Professoren, die mit ihren spezifischen Fachkenntnissen dazu beitragen sollen, die humanistischen Ideale der deutschen Literatur zu verbreiten und zu vermitteln und so zu einer »geistigen Erneuerung« Deutschlands beizutragen. Zum anderen zwingt auch die Aneignungs- und Deutungskonkurrenz zwischen den Machtblöcken die Ulbricht-Führung dazu, nicht hinter die im wissenschaftlichen Feld etablierten professionellen Standards zurückzufallen, soll doch die Qualität wissenschaftlicher und kultureller Leistungen in Zeiten des Kalten Krieges die Überlegenheit des jeweiligen Systems beweisen.[5] Auch dies verschafft den erfahrenen und bislang noch unersetzbaren Wissenschaftlern öffentliche Anerkennung, eröffnet Zugriff auf materielle Ressourcen und schafft Freiräume für die wissenschaftliche Arbeit. So kann sich beispielsweise das Institut für deutsche Sprache

---

2 Vgl. in diesem Zusammenhang die Gliederung des Instituts für deutsche Sprache und Literatur unter der Leitung von Theodor Frings an der Deutschen Akademie der Wissenschaften und die daraus hervorgehende Dominanz »bürgerlicher« Literaturwissenschaftler bei der Betreuung der unterschiedlichen Forschungsprojekte bei Dornhof 1997, 181f. Siehe auch Boden/Böck 2004.

3 Zit. nach Dornhof 1997, 182. Auf die gesellschaftliche Relevanz vermeintlich ideologieferner Bereiche wie »Stilkritik« oder »Grammatik« verweist Frings noch 1964 in einem Brief an den Minister für Kultur. Durch stilkritische Übungen seien die Studenten nun besser in der Lage, Schwächen in Referaten und Zeitungsartikeln zu erkennen und nach wirksameren Formulierungen zu suchen, »mit denen der richtige Inhalt auch zweckentsprechend ausgedrückt werden kann« (Frings 1964, 56). Auch könnten sie nun in der Kulturarbeit wertvollere Dienste leisten, beispielsweise durch die Anleitung der »Zirkel schreibender Arbeiter« (ebd., 56f.). Zudem sei durch die weitere Erforschung grammatikalischer Grundlagen die Voraussetzung geschaffen worden, die Qualität des Deutschunterrichts zu erhöhen (vgl. ebd., 57).

4 Manifest des Kulturbundes zur demokratischen Erneuerung Deutschlands vom Juni 1945, 62.

und Literatur an der Deutschen Akademie der Wissenschaften, bis in die 60er Jahre vornehmlich mit lexikographischen, editorischen oder bibliographischen Projekten beschäftigt, den »Forderungen des Tages« durch den Verweis auf die für die Weiterentwicklung des Faches unverzichtbare germanistische »Grundlagenforschung« bis zum Beginn der Umgestaltung der DAW in eine sozialistische Akademie 1963 erfolgreich entziehen.[6] Selbst auf das wissenschaftliche Kapital eines politisch belasteten Germanisten wie Rosenfeld, der zunächst aus der Lehre entfernt wird, will man nicht verzichten und lässt ihn seine Arbeit am *Pommerschen Wörterbuch* an der Deutschen Akademie der Wissenschaften fortsetzen.[7]

Diese Resonanz- und Ressourcenkonstellation nach 1945 zahlt sich auch für die germanistische Literaturwissenschaft an den Universitäten aus: Gerade aufgrund ihrer soliden fachspezifischen Kenntnisse sind Gelehrte wie Frings, Magon, Schneider, Hadermann oder Korff allgemein geschätzte Germanisten - selbst bei marxistisch-leninistisch orientierten Studenten, die sich aufgrund weltanschaulicher Differenzen ansonsten kritisch gegenüber ihren »bürgerlichen« Lehrern äußern.[8] Die Besuche marxistisch-leninistischer Studenten in Korffs ideengeschichtlich ausgerichteten Veranstaltungen rechtfertigen die jungen Genossen nach den Erinnerungen Hans Posers mit der Devise: »Den Unterbau liefern wir selbst, den Überbau liefert Korff«.[9] Zwar mögen junge marxistisch-leninistische Nachwuchswissenschaftler wie Hedwig Voegt die Gefahr sehen, dass im marxistisch-leninistischen Denken »nicht gefestigt[e]« Studenten »dem falschen Glanz allzu betonter Objektivität erliegen, ohne gleich zu ahnen, wie tief sie in die idealistische Gedankenwelt abgleiten«.[10] Doch auch Voegt muss der »vorzügliche[n] Brillanz« Respekt zollen, mit der die »bürgerlichen« Dozenten ihr Fachwissen präsentieren.[11] Symptomatisch für die Stellung, die die »bürgerlichen« Wissenschaftler zu Beginn der 50er Jahre aufgrund ihrer fachlichen Qualifikation noch genießen, ist der Ausgang des Konflikts an der Universität Rostock zwischen der »bürgerlichen«

5 Wie der Konkurrenzgedanke in den 50er Jahren die Arbeit des Aufbau-Verlages bestimmt, schildert anschaulich Harich 2001, 239: »Die gesamte Produktion des Aufbau-Verlages wird durch Janka schon 1953 ganz auf den Zweck ausgerichtet, die geistig interessierten Menschen in Westdeutschland zu beeindrucken und so zu Verbündeten der DDR im Kampf für die Wiedervereinigung Deutschlands, gegen die EVG - später gegen die Pariser Verträge - zu machen. Was ›die Westdeutschen‹ zu unseren Büchern sagen werden [...], das ist für Janka immer das letztlich entscheidende Wertkriterium«. In diesem Sinne soll dann etwa Thomas Manns Gesamtausgabe »in zwölf Bänden mit Goldschnitt« erscheinen, »die halbe Auflage in Pergament, das Übrige in Leder«, damit »die Westdeutschen staunen!« (ebd., 239), und in der Keller-Ausgabe müsse man »einen solchen philologischen Apparat bringen, wie es ihn in noch keiner anderen Kellerausgabe gegeben hat« (ebd., 240).

6 Vgl. Dornhof 1997, 190. Erst im Rahmen der »ideologischen Offensive« der Partei nach dem Ungarn-Aufstand Ende 1956 wird erste Kritik an der »Theoriefeindlichkeit« der philologischen Projekte sowie an der mangelnden Orientierung auf die Bedürfnisse der gesellschaftlichen Praxis laut (vgl. ebd., 190f.).

7 Vgl. Boden 1997, 126.

8 Vgl. Materialien, Thalheim, 262f.; Materialien, Streller, 8; Materialien, Klein, 397; Materialien, Werner, 276; Hermsdorf 1995, 576.

9 Poser 1997, 240.

10 Voegt 1949, 30.

11 Ebd., 30.

Dozentin Hildegard Emmel und dem SED-Mitglied Walter Epping, der aufgrund der angespannten Personalsituation ohne Promotion und Habilitation nach Rostock berufen wird. Im fakultätsinternen Machtkampf kann Emmel sich 1953 gegenüber dem disziplinären Außenseiter durchsetzen, da die Parteifunktionäre vor Ort nach Emmels Erinnerungen die souveräne Vermittlung von Kenntnissen und wissenschaftlichen Arbeitsmethoden zu diesem Zeitpunkt noch für zentraler erachten als die konsequente Anwendung marxistisch-leninistischer Prinzipien in der Literaturwissenschaft.[12] Solange allein die ostdeutsche Binnennachfrage nach qualifizierten Hochschullehrern das Angebot um ein Vielfaches übertrifft[13] und die westdeutsche »Außennachfrage« nach Akademikern (besonders nach Naturwissenschaftlern, Medizinern und Technikern) bis 1961 zusätzlichen Druck auf den doppelten deutschen Arbeitsmarkt ausübt, können sich die Professoren gegenüber dem Staat in einer Position der Stärke fühlen, was sich bis zum Mauerbau auch in den vielen Privilegien und überdurchschnittlichen Gehältern zeigt.[14]

12 Vgl. Emmel 1991, 100–120, v.a. 118.

13 Insgesamt sind im Frühjahr 1951 die Stellen von 384 Professoren, 140 Dozenten, 42 Lektoren und 383 Assistenten unbesetzt; noch 1959 fehlen 156 Professoren, 176 Dozenten und 777 Assistenten (vgl. Jessen 1999, 48).

14 Vgl. ebd., 207–222. Im Verlauf der 50er Jahre ist die ostdeutsche Binnennachfrage nach qualifizierten Wissenschaftlern noch einmal gestiegen. Dies ist nicht nur auf eine Vielzahl von freiwilligen Abwanderungen zurückzuführen, sondern auch auf die Tatsache, dass die Gesamtzahl der Hochschuleinrichtungen in der DDR in den 50er Jahren um mehr als das Doppelte von 21 auf 44 steigt und sich die Zahl der Studierenden zwischen 1951 (31000) und 1960 (ca. 100000) mehr als verdreifacht (vgl. ebd., 43). Erst in den 1960er Jahren entspannt sich die Personalsituation, da jetzt die Nachkriegsgeneration für Berufungen zur Verfügung steht; jährlich habilitieren sich zwischen 200 und 300 Nachwuchskräfte, Ende der 60er Jahre sogar über 400 (vgl. ebd., 48). Zudem bleibt den Jungakademikern der zweite deutsche Arbeitsmarkt nach dem Mauerbau versperrt. Die Wechsel von Akademikern an westliche Universitäten ist zuvor ein massives Problem, da die DDR dem Westen im täglichen Buhlen um herausragende Wissenschaftler nicht gewachsen ist und die Konkurrenzsituation in der Regel zu Lasten der DDR geht. Die Möglichkeit, an einer renommierteren Universität oder einem besser ausgestatteten Institut zu arbeiten, die Chance, an der internationalen *scientific community* zu partizipieren, die Angst vor schlechteren Berufs- und Ausbildungschancen für sich und die eigenen Kinder aufgrund von »bürgerlicher« Herkunft oder fehlender Parteizugehörigkeit, die Flucht vor bürokratischen Gängelungen, politischen Anfeindungen und eingeschränkten Lebensverhältnissen – Gründe für Abwanderungen aus der »Ostzone« gibt es genügend (vgl. ebd., 45). Anders als russische Wissenschaftler, die sich dem zweiten Teil des Lenin'schen Diktums »Füttern und Kontrollieren« entziehen wollen, können ostdeutsche Wissenschaftler vor dem Mauerbau die einzigartige Möglichkeit nutzen, »sich bruchlos in ein nationales System einzugliedern, das auf der gleichen Sprache, den gleichen Traditionen und der gleichen Ausbildung [beruht]« (Tandler 2000, 14). Die Universitäten und die TH Dresden verlieren nach Jessen (1999, 46) zwischen 1952 und 1961 rundgerechnet mindestens 320 Professoren und Dozenten durch »Republikflucht«. Schon bis 1950 entgehen so renommierte Gelehrte wie Hans-Georg Gadamer, Theodor Litt, Eduard Spranger, Nicolai Hartmann, Max Bense oder Karl-Heinz Volkmann-Schluck der Erziehungsdiktatur durch eine Abwanderung nach Westberlin bzw. in die Bundesrepublik (vgl. Müller/Müller 1994, 70f.).

3.2 Die nationalkulturelle/ bildungsphilosophische Semantik

Doch fachexterne Resonanz erlangt die literaturwissenschaftliche Germanistik nicht nur durch den Ausweis wissenschaftlicher Kompetenzen. Die Germanisten der Nachkriegsgeneration beziehen ihr Vokabular vorrangig aus einer älteren bildungsbürgerlichen Tradition, genauer: aus der nationalkulturellen sowie der ihr eingelagerten bildungsphilosophischen Semantik. Und gerade diese bildungsbürgerliche Kunstsemantik kann als Scharniersemantik dienen, die zwischen fachinterner und fachexterner Öffentlichkeit vermittelt und wie bereits im 19. Jahrhundert für die programmatische Ausrichtung, die institutionelle Stabilisierung und die legitimatorische Außendarstellung des Faches grundlegend ist. Wie groß die mentalen Gemeinsamkeiten zwischen Germanisten und kulturräsonierender Öffentlichkeit sind, kann exemplarisch an den Reden, Artikeln, Kommentaren und Manifesten zu den Weimarer Klassikern, vor allem zu den Goethe- und Schiller-Gedenkjahren 1949 und 1955, gezeigt werden.

Die Goethe und Schiller-Ehrungen in der ersten Nachkriegsdekade sind kulturelle Großereignisse. Die Politprominenz verabschiedet Manifeste und Stellungnahmen, pilgert nach Weimar und legt Kränze in der Fürstengruft nieder. Funktionäre wie Alexander Abusch, Wilhelm Girnus, Johannes R. Becher, Otto Grotewohl oder der FDJ-Vorsitzende Erich Honecker preisen »ihre« Klassiker in huldvollen Festreden, mit Blumen auf der Bühne und Streichquartetten im Rahmenprogramm.[15] Einvernehmlich an ihrer Seite, zum Teil mit beratender Tätigkeit: »Bürgerliche« Literaturwissenschaftler wie Hermann August Korff und Joachim Müller oder der Marxist Hans Mayer.[16] Bei allen politisch-ideologischen Konflikten, die zwischen diesen Akteuren herrschen, weisen die Festreden doch überraschende Gemeinsamkeiten auf. Mit »Bildung«, »Kultur«, »Geist«, »Kunst«, »Volk«, »Dichtung« oder »Muttersprache«, oftmals charakterisiert durch das sinnstiftende Attribut »deutsch«, beschwören die Festredner jenes Ensemble interdiskursiver Wert- und Identifikationsbegriffe, das die kulturräsonierende Öffentlichkeit Deutschlands bereits seit dem frühen 19. Jahrhundert dominiert hat.[17] Und sowohl auf Seiten der Wissenschaftler als auch auf der der Politfunktionäre finden sich innerhalb der Redeweisen über die deutsche Kunst und Literatur jene drei typischen, von Georg Bollenbeck herausgearbeiteten Argumentationsfiguren der bildungsbürgerlichen Kunstsemantik, deren Orientierungs- und Wertungsschemata sich auf die Genese, den Charakter und die Funktion der deutschen Kunst beziehen. Demnach stammt die Kunst aus dem Volk und ist für das Volk da (Argumentationsfigur der »ursprungsmythologischen Genese«), sie bleibt der Sittlichkeit, der Wahrheit, der Freiheit und der

---

15 Aufschlussreich hinsichtlich des für das Goethe-Jubiläum betriebenen Aufwandes sind die in der SBZ/DDR erschienenen Publikationen: Goethe-Ausschuß (Hg.) 1949; Das Goethe-Jahr 1949; Goethe-Ausschuß des Landes Thüringen (Hg.) 1950. Vgl. in diesem Zusammenhang auch Schulmeister 1977, 278–282; sowie Haase u.a. 1986, 109–120.

16 Vgl. dazu die Erinnerungen Hans Mayers (1988, Bd. 2, 35f.); siehe auch die Festreden bzw. Gedenkbeiträge von Mayer, Korff und Müller: Mayer 1949; Mayer 1957a; Korff 1949; Müller 1955; Müller 1955a. Zum Goethe-Jahr siehe auch Cleve 1999 und Mandelkow 1989, 160–164.

17 Vgl. Bollenbeck 1999, 18–27.

Schönheit verpflichtet (Argumentationsfigur des »Schönen Scheins«), und sie bildet das Individuum und eint die Nation (Argumentationsfigur der »bildenden Funktion« von Kunst).[18]

Goethe erscheint so beispielsweise ganz in der bildungsbürgerlichen Argumentationsfigur der »ursprungsmythologischen Genese« als genuin »deutscher Dichter«, der in einem tiefen geistigen Verhältnis zur Gemeinschaft der Deutschen gestanden habe, dessen Werk aus der Tradition »deutsche[r] Art und Kunst« erwachsen und dessen »Geist« gebildet worden sei etwa durch die »deutsche Baukunst« oder die »großen Freiheitskämpfe der deutschen Geschichte«.[19]

> [Die] Entdeckungsfahrt nach der Quelle, von der Goethes Dichtung ihre tiefste Wahrheit hat, endet erst bei den beiden Begriffen: Volk und Zeit. Das nämlich [...] wird von dem großen Dichter vorgefühlt, was die Menschen auch nachzufühlen vermögen – deshalb nämlich, weil es aus der Tiefe ihres eigenen Wesens quillt, auf der Linie ihres eigenen Fühlens liegt, und weil es dem Geiste ihres Volkes entspricht. [...] [D]ie Wahrheit, die aus Goethes Dichtung spricht, und durch die sie erst zu einem wahren Liebewerke wird, ist keine abstrakte, in der Luft schwebende philosophische Wahrheit, sondern die zeugende Wahrheit der deutschen Seele, des deutschen Menschen, des deutschen Geistes und, wie wir nun sofort hinzufügen können, der deutschen Geschichte.
> Denn das ist die zweite Quelle der Wahrheit, aus der die Größe von Goethes Dichtung stammt: daß sie einen ganz bestimmten, nämlich den höchsten Augenblick der deutschen Geistesgeschichte repräsentiert und alles in sie eingegangen und in ihr aufgehoben ist, was zu der großen Bildungsgeschichte des deutschen Geistes gehört.[20]

Gleichzeitig sei Goethe jedoch ein »deutscher Nationaldichter« auch in dem Sinne gewesen, dass er »für sein Volk zu schaffen sucht[e]«:[21]

> Aus dem Leben selbst, aus der Forderung des Tages erwuchs [Goethe] die jeweilige Aufgabe. Es war eine deutsche Aufgabe. Ob der Dichter in seiner Jugend sein Ziel darin fand, den Geist deutscher Vergangenheit, deutscher Baukunst, deutscher Sprache den Brüdern zu vermitteln; ob er als Minister in Weimar das Musterbild eines humanen Gemeinwesens aufzurichten versuchte und voller Verzweiflung an der Enge seiner Umwelt scheiterte, so daß ihm nur noch die Flucht blieb nach Italien, wie vor ihm einem Winckelmann; ob Goethe als Theaterleiter darauf hinwirkte, dem deutschen Volk das Muster eines Nationaltheaters zu errichten und dort fortzufahren, wo vor ihm Lessing gescheitert war; oder ob er sich als Leiter des Bergbaus in einem kleinen Staat um die Erschließung neuer Bodenschätze zum Wohle des Gemeinwesens bemühte: stets ging es ihm um die Brüder, um das deutsche Volk.[22]

Noch immer konstituieren die Schriften der Weimarer Klassiker für die Germanisten ein Reich des »Schönen Scheins«, eine quasireligiöse Sphäre »überzeitliche[r] Gültigkeit«,[23] in der sich die Schönheit der Darstellung mit sittlichem Gehalt, mit Werten wie

18 Vgl. ebd., 51–84.
19 Mayer 1949, 27f., 33.
20 Korff 1949, 11f.
21 Mayer 1949, 13.
22 Ebd., 31.
23 Müller 1947, 605.

Pazifismus, Humanismus und Demokratie verbinde. So habe beispielsweise Schillers Dichtung es unternommen, »den von der schmerzlichen Wirklichkeit gepeinigten und niedergedrückten Zeitgenossen ein Idealbild künftiger Wirklichkeit vorzugestalten, [...] in der die Menschheit endlich vermenschlicht, der Mensch wahrhaft Mensch geworden sein wird«.[24] Die große »deutsche Dichtung« erscheint bei den Germanisten als ein Reich der Freiheit und Wahrheit, des Guten, Edlen und Göttlichen,[25] das gegen die Welt des Hässlichen und des »Abseitig-Kranken« in Stellung gebracht wird:[26] »[D]ie große Dichtung der Vergangenheit ist überall Dichtung der Echtheit und der Humanität«,[27] während die literarische Moderne nicht selten einer »unechte[n] Artistik« huldige und an die »Antihumanität« appelliere.[28]

Besonders jedoch die Argumentationsfigur der »bildenden Funktion« erweist sich in Zeiten des gesellschaftlichen Neubeginns als das entscheidende scharniersemantische Element, durch das sich die literaturwissenschaftliche Germanistik öffentlichkeitswirksam zu positionieren imstande ist. Resonanzkalkulierend vermögen die »bürgerlichen« Literaturwissenschaftler die Praxisrelevanz des eigenen Gegenstandes zu inszenieren, um sich als Sachwalter der deutschen Literatur in der kulturräsonierenden Öffentlichkeit aufzuwerten. »Dichtung« ist demnach

> unter allen Umständen eine menschenbildnerische Macht ersten Ranges, und ihre größte weltgeschichtliche Bedeutung hat sie zweifellos als eine der ganz großen Formen jeder nationalen und übernationalen Bildung. Der große Dichter gehört zu den entscheidenden Erziehern eines Volkes.[29]

Gerade die deutschen Klassiker als bislang unerreichter Höhepunkt der deutschen Kunstentwicklung[30] dienen mit ihren humanistischen Idealen »der großen Menschheitsaufgabe einer gesellschaftlich-sittlichen Erneuerung«.[31] Das »neuerlebte Kunstwerk [weist uns] einen neuen Weg ins Leben«;[32] die Humanität der klassischen Werke soll nach den Jahren des Nationalsozialismus die Gedanken der Völkerverständigung und der Menschlichkeit implementieren.[33] Als »eine ideale Gewähr unseres deutschen Menschentums«[34] sollen die Weimarer Klassiker wieder sichtbar werden lassen, »was und wieviel an gutem und bestem Deutschtum bei uns lebendig ist«,[35] »das Edle in denjenigen Seelen [...] wecken, in denen es noch schlummert«[36] und »unsere Phantasie mit vorbildlichen Gestalten [...] erfüllen, die den Eros in uns wecken, ihnen nachzustreben

---

24 Müller 1955a, 355.
25 Korff 1949, 12, 15, 18.
26 Mayer 1949, 14.
27 Mayer 1954a, 233.
28 Ebd., 233.
29 Korff 1949, 9. Der Bezug auf die »übernationale« Bildung ist, dies sei an dieser Stelle erwähnt, konstellationsspezifisch – das hätte es im NS *nicht* gegeben.
30 Vgl. ebd., 12.
31 Müller 1955b, 11.
32 Müller 1947, 602.
33 Vgl. ebd., 604.
34 Korff 1949, 28.
35 Mayer 1957a, 73.
36 Korff 1949, 9.

und uns von ihnen emporheben zu lassen«.[37] Voller Emphase kann Mayer erklären: »Unser Leben mit Schiller geht nicht zu Ende, sondern beginnt erst«.[38]

Zudem sollen die Weimarer Klassiker genauso wie im 19. Jahrhundert zum Garanten einer zukünftigen staatlichen Einheit werden. Es ist kein Zufall, dass Hans Mayer Goethe als »deutschen Dichter« präsentiert und sich massiv gegen die Lesart vom »Weltbürger« Goethe zur Wehr setzt.[39] In Zeiten der politischen Spaltung sollen vor allem die Weimarer Klassiker als geistiges Verbindungsglied zwischen Ost und West und als hoffnungsstiftendes Element auf ein vereinigtes Deutschland dienen. Müllers Beitrag zum Schiller-Jahr 1955 endet mit einer Erinnerung an Schillers Glauben an eine staatliche Einheit: »Daß der Tag der geeinten deutschen Nation, der Tag der freien Völker, der Tag der edlen Menschen endlich anbreche, dafür hat Friedrich Schiller gelebt.«[40] Die Synthese zwischen der menschlichen Forderung und der menschlichen Wirklichkeit sei nur möglich, so Mayer in seinem Beitrag über »Schiller und die Nation«, »wenn auch jene Aufgabe wieder erfüllt wird, der Schiller wie kaum ein anderer in seinem Wort und Werk zu dienen wußte: die Einheit und Einigkeit der Deutschen und die Erneuerung deutscher Nationalkultur«.[41]

Zugleich Medium der humanistischen Menschenerziehung und Bewahrerin einer gesamtdeutschen Kulturnation, kommt der deutschen Literatur damit eine entscheidende Rolle zu. Entsprechend sehen sich die germanistischen Ordinarien - ihrem Selbstverständnis nach die alleinigen Sachwalter dieser »Dichtung« - als unersetzbare Akteure im Bemühen um eine geistig-kulturelle Erneuerung Deutschlands. Man mag zwar im engeren Sinne »unpolitisch« sein, doch ganz in der Tradition Humboldts formuliert man ein metapolitisches, allgemeinmenschlich-humanistisches Bildungskonzept und erhebt so den resonanzträchtigen Anspruch, gerade durch die traditionelle literaturwissenschaftliche Arbeit mehr als jede andere Disziplin unmittelbar »praktisch« zu wirken. »[J]egliche Arbeit des Literarhistorikers«, so die typische Argumentation Heinz Stoltes, sei letztlich immer dasjenige, »was man pädagogische Politik nennt«.[42]

> Denn Dichtung ist eines der wichtigsten Mittel der menschlichen Kommunikation; Dichtungen sind Ausdrucksgebärden des menschlichen Geistes, die, weil sie auf Mitteilung seelischer Gehalte vom Einzelnen an die Gesamtheit ausgehen, auch immer die Tendenz haben, die Menschheit von den Ideen des Einzelnen her, in ihrem Lebensstile zu verwandeln.[43]

Für Stolte ergibt es sich daher, »daß die Dichtung ein ganz außerordentlich angemessenes Mittel darstellt«, um die »Aufgaben kulturpolitischer Erziehung« zu lösen, »denen sich unser Volk heute gegenüber gestellt sieht«: die »Wiederherstellung des deutschen Kulturbewußtseins auf den Grundlagen der Humanität«.[44] Dies gelte um so mehr, als

---

37 Ebd., 16.
38 Mayer 1961, 169
39 Vgl. Mayer 1949, 37.
40 Müller 1955a, 355.
41 Mayer 1954b, 122.
42 Stolte 1947, 30.
43 Ebd., 30.

das »deutsche Volk, insbesondere seine Jugend, keine Bereitwilligkeit mehr aufbringt, irgendeinem Schlagwort Glauben zu schenken« und man die humanistischen Ideale daher »auf nicht intellektuellem Wege«, nämlich durch die Literatur, zur Geltung bringen müsse.[45] »Niemals tat uns Dichtung so not wie heute; niemals lag auf der Dichtung so sehr das schwere Gewicht unserer nationalen Zukunft wie gerade jetzt«.[46] Und niemals, so versucht Stolte zu suggerieren, war damit auch der Literaturwissenschaftler wichtiger als gerade in diesen Zeiten, in der ein »[f]ieberhaftes Suchen nach den echten Werten der Kultur und Dichtung« auszumachen sei, in der es um »Sein und Nichtsein im Sinne *geistiger* Existenz« gehe.[47] Gerade die Bedeutung der *germanistischen* Literaturwissenschaft weiß Stolte in diesem Zusammenhang herauszustellen. Denn »die Geschichte der deutschen Dichtung [ist] zugleich die Geschichte des Gedankens der Humanität«.[48] Hinter seinen theoretischen Bemühungen um eine Auseinandersetzung mit der deutschen Literaturgeschichte stehe somit »ein dringendes praktisches Anliegen«.[49]

Die Argumentationsfiguren der bildungsbürgerlichen Kunstsemantik prägen damit auch nach 1945 das Handlungsbewusstsein der Akteure und lenken die Gegenstandskonstitution der Germanisten. Der legitimierende Sachwalteranspruch auf das literarische Kulturerbe und die Hoffnung auf eine »humanistische Renaissance« Deutschlands verleihen den Forschern motivationale Kraft; die Wertungs- und Ordnungsschemata der nationalkulturellen bzw. bildungsphilosophischen Semantik bieten Selektionskriterien, mit denen sich Autoren, Werke und Epochen beurteilen oder rekonstruieren lassen. Und gleichzeitig dienen sie als Scharnier, das zwischen fachinterner und fachexterner Öffentlichkeit vermitteln kann und den germanistischen Literaturwissenschaftlern weit über ihre Fachgrenzen hinaus Resonanz verschafft. Denn die Argumentationsfiguren der bildungsbürgerlichen Kunstsemantik erweisen sich als wirkmächtig in einer kulturräsonierenden Öffentlichkeit, in der nach Krieg und Tod, Vertreibung und Hunger die Humanitätsgesinnung des 18. und 19. Jahrhunderts als zukunftsweisendes und identitätsstiftendes Element allgegenwärtig ist, und die die Spaltung der deutschen Nation in zwei unabhängige deutsche Staaten als »nationalen Notstand« (Wilhelm Girnus) empfindet.[50]

44 Ebd., 18.
45 Ebd., 19.
46 Ebd., 19.
47 Ebd., 5.
48 Ebd., 31.
49 Ebd., 5.
50 Vgl. dazu auch die Schilderungen Wolfgang Harichs über die Bemühungen einflussreicher Kulturfunktionäre wie Johannes R. Becher oder Walter Janka, der Endgültigkeit der Spaltung Deutschlands entgegenzuwirken und in westdeutschen Intellektuellen einflussreiche Bündnispartner zu finden: Harich 2001, 238ff.

3.2.1 Gründe für die Resonanz der bildungsbürgerlichen Kunstsemantik in der fachexternen Öffentlichkeit

Die mentalen Gemeinsamkeiten zwischen Germanisten und der neuen politischen Herrschaftselite sind offensichtlich. Denn auch die sozialistische Führung legt die Kunst auf eine nationalkulturelle Funktion fest. Sie erscheint im kollektiven Bewusstsein als das Medium, das sich bereits im 19. Jahrhundert in seiner einheitsbildenden Funktion bewährt und kulturelle Identität gestiftet hat, indem es »das große und erhabene Bild einer einheitlichen Nation im Bewußtsein der Menschen erweckte und wach hielt«:[51] »Schon lange, bevor die deutsche Einheit durch Bismarcks Blut- und Eisenpolitik erzwungen wurde, war das Bild der deutschen Nation in den Werken seiner Künstler, seiner Dichter, seiner Maler und Musiker vorgezeichnet«.[52] In diesem Sinne soll auch jetzt die nationale Einheit diskursiv im Medium der Kultur wiederhergestellt werden. Die Werke der deutschen Kunst bezeugen »die Einheit der deutschen Kultur«.[53] Genauso wie Goethe »in einem zersplitterten und zerrissenen Deutschland die *deutsche Einheit* im Geistigen und Sprachlichen« verkörpert habe,[54] könne es »nicht zwei deutsche Schiller geben. Man kann Schiller nicht aufspalten. [...] Es gibt nur den *einen deutschen Schiller* [...]«.[55]

Wie in der Semantik des Bildungsbürgertums findet sich auch in den Redeweisen der sozialistischen Führungselite ein fast kunstreligiöses Vertrauen in die Wirkungsmacht der »wahren deutschen Kulturwerte«.[56] Man spricht ihnen nicht nur die nationalpädagogische Aufgabe zu, die politisch gespaltene Nation zu einen, sondern unterwirft sie auch einem überzogenen bewusstseinsbildenden Anspruch.[57] Im Bemühen um einen »antifaschistisch-demokratischen Neubeginn«, der nicht nur die Entfernung von NSDAP-Mitgliedern aus öffentlichen Ämtern, die Enteignung von Großkapitalisten und Großgrundbesitzern oder eine umfassende »Demokratisierung«[58] zum Ziel hat, sondern auf eine »Neugeburt des deutschen Geistes«[59] setzt, wird die Kunst Teil eines überparteilichen »Umerziehungskonzeptes« mit dem Ziel, das deutsche Volk »von allem reaktionären Unrat seiner Geschichte, wie er sich am krassesten in der Naziherrschaft offenbart hat«,[60] zu befreien und »dem deutschen Volke aus seiner eigenen Geschichte und aus der Geschichte anderer Völker alle die positiven Kräfte zuzuführen, die unser Volk als solches lebensfähig erhalten und es ein für allemal vor neuen imperialistischen Abenteuern zu bewahren imstande sind.«[61] Die Reformulierung des »Humanismuskanons« wird so zum Kernelement der kulturpolitischen Programmatik der SED und des von Johannes R. Becher gegründeten »Kulturbundes zur demokrati-

---

51 Grotewohl 1953.

52 Ebd.

53 Abusch 1955. Siehe auch Ackermann 1946, 36: »**Vor allem aber war und bleibt unsere klassische Literatur das Gemeingut des deutschen Volkes in seiner Gesamtheit.** Lessing, Fichte, Herder, Goethe und Schiller, die Brüder Grimm, Kleist, Herwegh, Freiligrath und Heine, sie alle waren Deutsche und müssen es bleiben, und es könnte ja auch gar nicht anders sein; denn ihre gemeinsame Mutter- und Dichtersprache war das Deutsch [sic], ihr Vaterland keine Provinz und kein deutscher Einzelstaat, sondern Deutschland. [...] **Wenn nun aber unsere Kultur eine nationale, eine deutsche Kultur ist, dann dürfen wir um keinen Preis an der kulturellen Einheit rütteln lassen!**« (Hervorhebungen im Original).

54 Parteivorstand der SED 1950, 333. Hervorhebungen im Original.

schen Erneuerung Deutschlands«: Bereits in dessen »Leitsätzen« vom Juli 1945 macht man sich die »Wiederentdeckung und Förderung der freiheitlichen humanistischen, wahrhaft nationalen Traditionen unseres Volkes« zur Aufgabe.[62] Die pompösen Gedenkfeiern der darauffolgenden Jahre, nicht nur zu Goethe und Schiller (1949, 1955, 1959), sondern auch zur 48er-Revolution, zum Jubiläum des *Kommunistischen Manifests* (1948), zu Johann Sebastian Bach (1951), Karl Marx (1953), Gotthold Ephraim Lessing (1954) oder Heinrich Heine (1956) sind Teil dieses Projektes einer nationalen Rekonstruktion. Die Literatur spielt in diesem Zusammenhang eine besondere Rolle, ist sie doch nach Überzeugung der sozialistischen Führungselite - in völliger Übereinstimmung mit den germanistischen Literaturwissenschaftlern und in der Tradition von

---

55 Abusch 1955a. Hervorhebungen im Original. Welche Bedeutung diese Verbindung von Klassikerkult und nationaler Einheit für Becher hat, zeigt seine »Programmerklärung zur Verteidigung der Einheit der deutschen Kultur«, die er 1954 nach seiner Ernennung zum Minister für Kultur veröffentlicht: »Wenn das deutsche Volk und seine Kulturschaffenden kühn und beharrlich die Forderung nach der Einheit unseres deutschen Staates und unserer Kultur erheben und rückhaltlos denjenigen entgegentreten, welche die Verständigung zu verhindern trachten, so kann keine Macht der Welt diese Forderung ignorieren und von der Tagesordnung absetzen« (»Programmerklärung des Ministeriums für Kultur der Deutschen Demokratischen Republik zur Verteidigung der Einheit der deutschen Kultur«, 4). Zu Bechers Forderungen zur Verteidigung der unteilbaren humanistischen deutschen Kultur gehören u.a. die freie Verbreitung humanistischer Werke in ganz Deutschland, gemeinsame Ausstellungen, die Möglichkeit zu ungehinderten Gastspielen in beiden deutschen Staaten und die Zusammenarbeit zwischen Akademien, Rundfunk, Hochschulen, Schriftstellerverbänden etc. Siehe auch die berüchtigte Entschließung des ZK der SED »Der Kampf gegen den Formalismus in Kunst und Literatur, für eine fortschrittliche deutsche Kultur« vom März 1951, in der es programmatisch heißt: »Es kommt vor allem darauf an, die gewaltige Bedeutung des klassischen Erbes zu erkennen, dieses zu studieren und unter neuen Bedingungen, d.h. vom Standpunkt des Kampfes für den Frieden und die demokratische Einheit Deutschlands, [...] weiterzuentwickeln, wobei eine tiefe und organische Verbundenheit mit dem Volke hergestellt werden muß« (Entschließung des ZK der SED 1972, 183). Dass zudem schon Marx und Engels die nationale Einheit forderten, um demokratische Entwicklungen zu befördern (vgl. Meuschel 1992, 101), mag ein Nebenaspekt sein; der Bezug auf diese marxistische Tradition spielt zumindest in den Redeweisen der kulturpolitischen Akteure - möglicherweise auch aus bündnisstrategischen Gründen - keine nennenswerte Rolle.

56 Manifest des Kulturbundes zur demokratischen Erneuerung Deutschlands vom Juni 1945, 62. Dieses Vertrauen in die Wirkungsmacht der Kunst hält sich im Osten länger als in der Bundesrepublik, wo es - auch durch massive Propaganda der Alliierten, bei der sich selbst die CIA als Kunstförderer betätigt und die künstlerische Moderne zu einem Ausdruck der persönlichen und gesellschaftlichen Freiheit stilisiert - zu einer »kulturellen Westbindung« kommt, die eine wachsende Akzeptanz der internationalen Höhen- und Massenkünste mit sich bringt. Siehe hierzu Bollenbeck 2002.

57 Vgl. Ehrlich 2002, 143.

58 Vgl. den Aufruf des ZK der SED vom 11. Juni 1945.

59 Leitsätze des Kulturbundes zur demokratischen Erneuerung Deutschlands vom 3. Juli 1945.

60 Becher 1978, 432.

61 Manifest des Kulturbundes zur demokratischen Erneuerung Deutschlands vom Juni 1945, 66. Zur Umerziehungskonzeption Bechers siehe auch Wehner 1992, Bd. 1, 84-129.

62 Leitsätze des Kulturbundes zur demokratischen Erneuerung Deutschlands vom 3. Juli 1945. Zum Kulturbund und seiner Geschichte siehe u.a. Dietrich 2002; Heider 1993; Mittenzwei 2001, 29-37; Wehner 1992, Bd. 1, 129-283. Zu Johannes R. Becher vgl. umfassend Dwars 1998.

Franz Mehring oder Clara Zetkin[63] - *das* entscheidende Medium zur Heranbildung eines »neuen deutschen Menschen«:

> Literatur ist das höchstentwickelte Organ eines Volkes zu seiner Selbstverständigung und Bewußtwerdung. [...] Die Literatur wendet sich an den ganzen Menschen, sie hat vor allem auch die Macht, den Menschen bis ins tiefste Innerste hinein, bis in die Regionen des Unbewußten und des Unterbewußtseins zu erschüttern und umzugestalten.[64]

Vor allem eine normativ überhöhte, entpolitisierte, enthistorisierte und harmonisch zugerichtete Weimarer Klassik - wie bei den »bürgerlichen« Germanisten »Höhepunkt der deutschen Kunstentwicklung«[65] - wird mit ihren vermeintlich überzeitlichen humanistischen Idealen der Inhumanität des »Dritten Reiches« entgegengestellt und zu einem unverzichtbaren Fundament einer neuen deutschen Nationalkultur erklärt.[66] Im Goethe-Jahr 1949 erscheint der Weimarer Klassiker als »Befreier« wahrer Menschlichkeit und als Begründer einer neuen Lehre vom Menschen[67] oder als »das Vorbild eines tätigen, schöpferischen Menschen«,[68] während Schiller im Gedenkjahr 1955 zum »humanistischen Kämpfer[] und Erzieher[] der Menschen zur Humanität«[69] stilisiert wird, der das deutsche Volk zu »großer nationaler Gesinnung und opferbereiter Tat wecken« soll[70] und dessen Hilfe beim »Neubau einer geistigen Existenz« sich die Deutschen nicht entschlagen können.[71] Diese Konstruktion einer konfliktfreien normativen Klassik bestimmt dabei nicht nur politische Festtagsreden und Dichterjubiläen. Die ihr zugeschriebenen Vor- und Leitbildfunktionen der Weimarer Klassik erweisen sich als wirkmächtig auch bei der Gründung einflussreicher Institutionen wie den »Nationalen Forschungs- und Gedenkstätten der klassischen deutschen Literatur« (NFG) in Weimar 1953[72] oder bei der massiven, die Bundesrepublik - gemessen an ihren finanziellen Möglichkeiten - in den Schatten stellenden Förderung von Theatern, Museen und Opernhäusern sowie populären Klassiker-Ausgaben wie der »Bibliothek deutscher Klas-

63 Vgl. Ehrlich 2002, 145.

64 Becher 1978, 586f.

65 Grotewohl 1954, 418.

66 Vgl. Ehrlich/Mai/Cleve 2000, 19. Siehe z.B. auch die »Leitgedanken für das Goethe-Jahr« des Goethe-Ausschusses, in dem die Deutsche Akademie der Wissenschaften zu Berlin, die Goethe-Gesellschaft, der Kulturbund zur demokratischen Erneuerung Deutschlands, die Deutsche Verwaltung für Volksbildung und die Regierung des Landes Thüringen vertreten sind: Eine »Forderung des Tages« sei es, »ein neues, der Wirklichkeit entsprechendes Goethebild zu schaffen und die Wiederkehr des 200jährigen Geburtstages Goethes vor allem dadurch zu feiern, daß wir, aus dem Vergangenen lernend, in einer lebendigen Nachfolge unseres Vorbildes die unvergängliche Tradition klassischen Erbes nutzbar machen für das Ziel einer geistig-sittlichen Erneuerung unseres Volkes« (Goethe-Ausschuß [Hg.] 1949, 6).

67 Becher 1979.

68 Abusch 1967, 128.

69 Abusch 1955a.

70 Grotewohl 1955, 5.

71 Ebd., 5. Siehe auch Alexander Abuschs Beitrag zum Schiller-Jahr vom 8. Mai 1955: »In dem gespaltenen Deutschland der Gegenwart erlebt unser Volk Friedrich Schiller als den volkstümlichen Dichter deutscher Freiheit, den Dichter der Nation« (Abusch 1972, 364).

72 Vgl. dazu Ehrlich (Hg.) 2005. Zur besonderen materiellen und personellen Ausstattung der Nationalen Forschungs- und Gedenkstätten in Weimar siehe Helmut Holtzhauer 1968.

siker« (BdK).[73] Auch bei den Ganzheitlichkeitspostulaten, wie sie in den kultur- und bildungspolitischen Konzepten von der »gebildeten Nation«, von der nicht entfremdet arbeitenden, »allseitig gebildeten sozialistischen Persönlichkeit« oder von der Versöhnung von Arbeit und Kultur lange Zeit zum Ausdruck kommen, spielen die klassischen Leitbilder ebenfalls eine entscheidende Rolle.[74]

Der doppelte nationalpädagogische »Auftrag« der Weimarer Klassik, also zum einen die Einheit der Nation zu garantieren bzw. herzustellen sowie zum anderen eine erzieherische und bewusstseinsverändernde Aufgabe für die sozialistische Gesellschaft zu erfüllen, scheitert letztlich. Dies ändert jedoch nichts daran, dass die Präsenz der drei Argumentationsfiguren der nationalkulturellen bzw. bildungsphilosophischen Semantik trotz der politischen Bekenntnisse zum Sozialismus eine überraschende mentale Kontinuität bei den (kultur-)politischen Akteuren offenbart. Eine »Kulturrevolution« gibt es nach 1945 in der DDR nicht.[75] Trotz unterschiedlicher politisch-ideologischer Weltanschauungen können sich konservative Germanisten wie Paul Raabe und Kommunisten wie Helmut Holtzhauer am deutschen Symbolort Weimar treffen, verbunden in der Vorstellung einer nationalkulturellen Einheit bzw. der Verehrung deutscher Klassiker.

Diese für die etablierte literaturwissenschaftliche Germanistik resonanzträchtige Präsenz bildungsbürgerlicher Deutungsmuster in der kulturräsonierenden Öffentlichkeit lässt sich durch zwei entscheidende Faktoren erklären: *erstens* durch die (bündnis-)strategischen Überlegungen der KPD/SED, vor allem und *zweitens* aber durch die Beharrungsmacht der bildungsbürgerlichen Kunstsemantik in der Arbeiterbewegung, die auch die sich etablierende marxistisch-leninistische Germanistik maßgeblich prägt und daher eine ausführlichere Betrachtung erfordert.

3.2.2 Nationalkulturelle Semantik und strategische Überlegungen der KPD/SED

Die Verwendung einer nationalkulturellen Kunstsemantik kommt den bündnispolitischen und -strategischen Überlegungen der KPD bzw. SED entgegen. Indem man den Sozialismus als ein System von Gerechtigkeit, Emanzipation und Humanismus charakterisiert, sich auf vermeintlich überindividuelle und überzeitliche Werte stützt, die Einheit der Nation zu einem Letztbegründungsbegriff stilisiert und das »klassische Erbe« als Begründungsinstanz eines »neuen Deutschland« vereinnahmt, versucht die SED für ihre erziehungsdiktatorische Transformation der Gesellschaft sowie für ihren Kurs einer einheitlichen deutschen Nation (wohlgemerkt unter sozialistischer Führung) innere und äußere Legitimation zu gewinnen. Gegner der Parteipolitik im In- und Ausland können so zu Feinden des deutschen Volkes und – aufgrund der antikapitalistischen Ressentiments innerhalb der deutschen Intelligenz besonders erfolgverspre-

73 Siehe dazu Marcus Gärtner 2001.

74 Zum Rang der Weimarer Klassik in der Ära Ulbricht siehe umfassend Ehrlich/Mai/Cleve (Hg.) 2000.

75 Vgl. dazu auch Jäger 2000.

chend[76] - zu Helfershelfern einer monopolkapitalistischen »Unkultur« erklärt werden. Ängsten auf Seiten der bürgerlichen Bündnispartner vor einer »Sowjetisierung« versucht die SED durch die Proklamation einer genuin »deutschen« Politik entgegenzuwirken.[77] Als vermeintlicher Retter und Bewahrer der deutschen Kultur hofft man, die gebildeten Schichten sowohl innerhalb der SBZ bzw. DDR als auch in den Westzonen bzw. der Bundesrepublik zu erreichen. Die Argumentationsfiguren der weitergereichten bildungsbürgerlichen Semantik können so als Integrationsangebot an die politisch und sozial verunsicherten, moralisch diskreditierten, kulturell desorientierten und materiell verarmten bürgerlichen Kreise dienen[78] und versprechen der DDR in Zeiten des Kalten Krieges Reputationsgewinne. Sich als »Kulturbewegung« stilisierend, inszeniert sich die SED als Gegenkultur zur kapitalistischen Moderne.[79] Goethe und Schiller werden - ganz in der Tradition Lassalles[80] - in Stellung gebracht gegen das »kosmopolitische Gewand« des Imperialismus, gegen die »geistige Marshallisierung« des Westens, gegen »Zivilisation« und »Besitzstreben«, gegen die westliche »Massenkultur« und vor allem gegen die von den Alliierten als Ausdruck freiheitlicher Gesinnung massiv propagierte künstlerische Moderne,[81] der weite Teile der westdeutschen Bildungsschichten noch immer ablehnend gegenüberstehen und die in der DDR bis weit in die 70er Jahre als »dekadent« verworfen wird.[82] Bevor es in den 50er Jahren in der Bundesrepublik zu einer massiven »kulturellen Westbindung« kommt, lässt sich unmittelbar nach dem Ende der Hitlertyrannei ein kurzfristiges »bildungsbürgerliches Revival«, »eine vulgäridealistische Reanimierung der autonomen, politikfernen Kunst und der gebildeten Persönlichkeit« ausmachen[83] - eine Ressource, die man von Seiten der KPD bzw. SED zu nutzen versucht.[84]

Durch die Berufung auf eine progressive Traditionslinie, die vom Bauernkrieg über das antifeudale Bürgertum bis hin zur Arbeiterbewegung reicht und die immer gegen

---

76 Im deutschen Bildungsbürgertum waren seit jeher starke antikapitalistische Vorbehalte präsent, die im Deutungsmuster Bildung und Kultur angelegt sind. Die Ökonomisierung aller Lebensbereiche, die profitorientierte Gleichgültigkeit des Kapitalismus gegenüber allen sittlichen und ästhetischen Werten ist unvereinbar mit dem Leitbild einer sich im Medium von Kunst und Wissenschaft harmonisch bildenden Persönlichkeit (vgl. Bollenbeck 1999, u.a. 169).

77 Vgl. Meuschel 1992, 104.

78 Vgl. Cleve 1999, 441.

79 Vgl. Dietrich 2000, 167f.

80 Vgl. Trommler 1976, 22.

81 Siehe in diesem Zusammenhang u.a. die Publikationen von Becher, Grotewohl und Abusch zu den Goethe- und Schiller-Feiern 1949 und 1955: Abusch 1949; Becher 1979; Grotewohl 1954; Grotewohl 1955; Abusch 1955; Abusch 1955a; Abusch 1955b; Abusch 1955c; sowie die Verlautbarung des Parteivorstandes der SED »Manifest zur Goethe-Feier der deutschen Nation« 1949 (Parteivorstand der SED 1950, bes. 333). Siehe in diesem Zusammenhang v.a. auch die Dokumente 21, 28, 31, 35, 40, 44, 46, 54, 59, 75 und 92 in Schubbe (Hg.) 1972.

82 Siehe dazu auch Kapitel 14.

83 Bollenbeck 1999, 347.

84 Bemühungen, die Berufung auf humanistische Traditionen, auf die Antike und das Abendland, auf die Renaissance und die Goethezeit in Zeiten des Kalten Krieges und des grassierenden Antikommunismus politisch zu instrumentalisieren, lassen sich auch im Westen beobachten. Der »Bolschewismus« wird zur Gefahr aller abendländischen Werte stilisiert und als Bedrohung nationaler Traditionen perhorresziert.

die »deutsche Misere« und den »Irrweg der Nation«[85] Widerstand zu leisten versucht habe, soll zudem ein Geschichtsbild implementiert werden, das die Gründung der DDR als logische und notwendige Konsequenz der deutschen Geschichte darstellt. Die sozialistische Gesellschaft der DDR erscheint als eine konsequente Vorwärtsentwicklung der deutschen Geschichte, nicht als künstlich erzwungenes System. In dem Zusammenhang mit dieser Geschichtskonzeption wird auch die Vorstellung artikuliert, dass es auf dem Weg zum Sozialismus zunächst gelte, eine bürgerliche Revolution zu verwirklichen, wie sie 1848 und 1918 letztlich gescheitert ist.[86] Eine Revolution in zwei Etappen sei notwendig, damit die Masse der Bevölkerung den Prozess historischen Fortschritts geistig nachvollziehen könne. Nach zwölf Jahren faschistischer Diktatur müssten die Menschen erst wieder lernen, »normal« zu denken.[87] Bevor man gerade junge Menschen mit Marx und Engels konfrontieren könne, gelte es, so Ulbricht im Juni 1945, »sie mit deutscher Literatur, mit Heine, Goethe, Schiller usw. vertraut zu machen«.[88] Da die Weimarer Klassik als Vorstufe des dialektisch-materialistischen Denkens begriffen und so in einen untrennbaren Zusammenhang mit der marxistisch-leninistischen Theorie und mit der sozialistischen Praxis gestellt wird,[89] bildet sie im Denken von Ulbricht und anderen die notwendige Grundlage der kollektiven Erziehung beim Aufbau der sozialistischen Gesellschaft.[90] Selbst wenn man sich auch an realistischen Autoren der zweiten Hälfte des 19. Jahrhunderts wie z.B. Honoré de Balzac orientiert oder Thomas Mann als Repräsentanten der progressiven bürgerlichen Literatur des 20. Jahrhunderts anerkennt, so bleibt die Weimarer Klassik doch zunächst unangefochten der nationale Kern des Literatur-Kanons.

3.2.3 Der Erbe- und Sachwalteranspruch der Arbeiterklasse

Doch die diskursive Präsenz bildungsbürgerlicher Deutungsmuster lediglich mit bündnis- und machtpolitischen Überlegungen zu erklären, würde bedeuten, die Beharrungsmacht bildungsbürgerlicher Mentalitäten auch in der politischen Führungselite zu

---

85 So der Titel eines im Exil entstandenen Buches von Alexander Abusch (Abusch 1946), das dann in der SBZ/DDR als Schulungsbuch verbreitet wird und in dem der Autor den Sieg der NSDAP auf das Versagen des deutschen Bürgertums und ihren »Verrat« an der Kultur der Weimarer Klassik zurückführt.

86 Vgl. Aufruf des ZK der SED vom 11. Juni 1945, 51.

87 Vgl. Ulbricht 1968, 244.

88 Ebd., 234.

89 »Der Marxismus ist der Erbe unserer großen klassischen Philosophie, Wissenschaft und Literatur. Er ist die Wiederbelebung und Weiterentwicklung der klassischen deutschen Tradition. *Der Geist des wissenschaftlichen Sozialismus, des streitbaren Humanismus wird Millionen deutscher Menschen wieder innere Kraft und seelischen Halt geben*« (Entschließung zur Kulturpolitik vom 7. Mai 1948, 304. Hervorhebungen im Original). In diesem Zusammenhang sei auch auf die oft zitierte Formel Walter Ulbrichts verwiesen, der 1958 auf einer Tagung des Nationalrates der Nationalen Front verkündet: »Wenn ihr wissen wollt, wie der Weg vorwärts geht, dann lest Goethes ›Faust‹ und Marx' Kommunistisches Manifest. Dann wißt ihr, wie es weitergeht« (Ulbricht 1964, 523). Siehe in diesem Zusammenhang auch Wehner 1992, Bd. 1, 89-96.

90 Vgl. Ehrlich/Mai/Cleve 2000, 7.

unterschätzen. Wenngleich die Diskrepanz zwischen Theorie und diktatorischer Praxis nicht übersehen werden darf: Die Berufung auf den »Humanismuskanon« ist mehr als propagandistisches Verlautbarungsgetöse. Die ursprüngliche Trägerschicht der nationalkulturellen Kunstsemantik mag sich zwar sozial aufgelöst haben, doch ihre Wertungs- und Ordnungsschemata sind als Diskurselemente seit dem späten 19. Jahrhundert in breiten Teilen der deutschen Öffentlichkeit weiterhin präsent. Die Gründe für die Stabilität und die große soziale Reichweite der Argumentationsfiguren sind von Georg Bollenbeck ausführlich dargelegt worden.[91] Als interdiskursiv verwendbare und politisch nicht festgelegte Elemente eines semantischen Archivs, aus dem konkrete Argumentationsweisen ihr Material beziehen, können die Argumentationsfiguren auch in sozialdemokratische, sozialistische oder gar kommunistische Diskurse einrücken. Gerade durch ihr »Teilnahmeangebot an alle«, durch das Versprechen, die Menschen nur nach Bildungswissen und »Geist«, nicht jedoch nach ihrer sozialen Herkunft zu bewerten, gehen die Konzepte der deutschen Bildungsphilosophie und die Vorstellungen von der Wirkungsmacht der Kunst in die Arbeiterbewegung ein und werden dort – etwa durch die Gründung von Arbeiterbildungsvereinen – nachhaltig bestätigt.[92] Bereits in den ersten größeren Ästhetikdebatten der deutschen Arbeiterbewegung, der zwischen 1891 und 1896 stattfindenden Auseinandersetzung um den Naturalismus, der Schiller-Debatte von 1905 oder der »Kunstlump«-Kontroverse von 1920 sind die Argumentationsfiguren der bildungsbürgerlichen Kunstsemantik präsent, genauso wie in den Debatten um den sozialistischen Realismus und den Expressionismus, die in den 30er Jahren in der Sowjetunion stattfinden.[93] Wie schon Marx und Engels[94] propagieren die Linken bei allen Unterschieden im Detail keinen Bruch mit dem »köstliche[n] Menschheitserbe«[95] der einstmals progressiven Bourgeoisie. Zwar will man dieses »Erbe«, Marx und Engels folgend, »vom Kopfe auf die Füße stellen«.[96] Doch wirkmächtig bleibt die Vorstellung, nach der das Proletariat als Sachwalter und »Vollstrecker« all jener humanistischen Ideale fungieren solle, die das Bürgertum nach der Niederlage von 1848 durch seine Anpassung an den Obrigkeitsstaat, seine antirepublikanischen Sympathien und durch ein zumindest partielles Einverständnis mit dem NS verraten habe. Diese Ideale gelte es nun gemäß der aktuellen »gesellschaftlichen Aufgabenstellung« weiterzuentwickeln.[97] In seiner Rede »Das große Bündnis« auf dem 1. Allunionskongress der Sowjetschriftsteller erklärt Johannes R. Becher 1934:

> [K]ünftig ist die Sache der klassischen deutschen Kultur, die Sache des klassischen Gedankens und der klassischen Dichtung, das edle Erbe der Jahrhunderte endgültig denen übergeben, die die Zukunft in ihren Händen tragen, den deutschen Arbeitern. [...] Wem die großen Namen und Werke der Vergangenheit teuer sind – Goethe, Lessing, Hegel,

---

91 Vgl. Bollenbeck 1999, 50ff.

92 Vgl. Bollenbeck 1996, 14f.

93 Zu diesen Debatten siehe La Presti 2000.

94 Engels fordert z.B. von der Arbeiterklasse, dass »dasjenige, was aus der geschichtlich überkommenen Bildung – Wissenschaft, Kunst, Umgangsformen usw. – wirklich wert ist, erhalten zu werden, nicht nur erhalten, sondern aus einem Monopol der herrschenden Klasse in ein Gemeingut der ganzen Gesellschaft verwandelt und weiter fortgebildet werde« (Engels 1964, 221).

95 Zetkin 1988, 247.

96 Ebd., 260.

97 Vgl. das Dokument aus dem Jahre 1949 »Unsere Aufgaben im Goethe-Jahr«, 231.

> Hölderlin, Schiller, Büchner, Heine und alle die andern, die Vorläufer und Mithelfer gewesen sind beim Bau der klassischen Kultur von den Zeiten der Renaissance bis zum letzten Jahrhundert - wem diese Namen und Werke teuer sind, wer das große Erbe retten und reinigen will von der faschistischen Beschmutzung, der wird sehen, daß der Sieg der Arbeiterrevolution das einzige Unterpfand ist für die Wiederherstellung und Weiterentwicklung des Besten aus dem kulturellen Erbe der Jahrhunderte.[98]

Einem proletkult-linksradikalen Konzept, einer klassenkämpferischen Kunst, die rigoros mit dem Vorbild der bürgerlichen Kultur brechen will, erteilt man dagegen Ende der 1920er Jahre eine Absage, auch weil man im Sinne der »Volksfrontstrategie« gegen den Faschismus nach »bürgerlichen« Verbündeten sucht. Die Weimarer Klassik wird zum Höhepunkt bürgerlicher Kunstentwicklung erklärt und ihre ästhetischen Formen werden verabsolutiert - Vorstellungen, die man auch durch die Arbeiten von Georg Lukács oder - auf bedeutend niedrigerem Niveau - von Franz Mehring bestätigt sieht.[99] Das Proletariat, so die These, die nach der russischen Oktoberrevolution vor allem durch Lenin massiv propagiert und entscheidend weiterentwickelt wird,[100] sei dazu bestimmt, die »höchsten Bürgertugenden«, die »erhabensten Menschheitsideale« zu beerben und somit »geistige und sittliche Kräfte« aus der klassischen deutschen Kunst für den Emanzipationskampf gegen das Bürgertum zu schöpfen.[101] Dieses Erbe- und Sachwalterverständnis prägt auch den Großteil der neuen politischen Führungsschicht. Keineswegs muss man sich die Achtung des kulturellen Erbes als Zugeständnis an die Intelligenz abringen. Im Gegenteil: Entweder man ist bereits mit der »Hochkultur« aufgewachsen und damit von Kindesbeinen an bildungsbürgerlich geprägt, oder man ist stolz darauf, sich als »Arbeiter« zu einem Kunstverständnis »emporgearbeitet« zu haben, das »klassische Schönheit« zu schätzen weiß.[102] Gemäß einem bildungsbürgerlichen »Kulturbringer-Konzept« sollen nun auch die außerhalb bildungsbürgerlicher Traditionen verbliebenen Volksmassen gleichsam aus den »Niederungen« zu den »Höhen« der Kultur geführt werden.[103]

Gerade bei den Kommunisten im Moskauer Exil erfährt das Erbe- und Sachwalterkonzept der Arbeiterbewegung unter dem Eindruck des faschistischen Terrors noch eine eindringliche Steigerung. Unter Rückgriff auf Vorstellungen von einem »wahren«, humanistischen Deutschland kann man es mit der Hoffnung auf ein neu zu errichtendes »Kulturland« im Zeichen einer sozialistischen Demokratie koppeln. Die Arbeiter »werden dieses Kulturerbe, das sie lieben, zu erforschen, umzuarbeiten, kritisch zu durchleuchten, ihren neuen größeren Klassenzielen dienstbar zu machen wissen und es einbauen in das Gebäude jener zukünftigen Kultur des Sozialismus«.[104] Voller Empha-

98 Becher 1974, 256.

99 Einflussreich in der Arbeiterbewegung ist vor allem Mehrings *Schiller. Ein Lebensbild für deutsche Arbeiter* (Mehring 1905). Zu Lukács siehe Kapitel 3.4.1.

100 Siehe z.B. Lenin 1972.

101 Zetkin 1988, 261.

102 Vgl. Dietrich 2000, 156.

103 Vgl. Ehrlich/Mai/Cleve 2000, 9f.

104 Becher 1974, 256.

se heißt es in dem vom Parteivorstand verabschiedeten Manifest zur Goethe-Feier 1949:

> Indem die deutsche Arbeiterklasse sich alles Wertvolle des Werkes von Johann Wolfgang Goethe aneignet, wird sie vieles von der Reife und Größe gewinnen, die sie befähigt, ihre historische Mission als Schöpfer des Sozialismus und damit einer neuen deutschen Kultur zu erfüllen.[105]

Die bildungsbürgerliche Kunstsemantik bietet den Exilanten angesichts einer radikalen Ablehnung des Nationalsozialismus die Möglichkeit, »die nationale Identität über ›Kultur‹ herzustellen - und von dieser Möglichkeit wird ähnlich wie zu Zeiten, als es noch keinen einheitlichen deutschen Staat gab, Gebrauch gemacht«.[106] Während man dem Hitler-Deutschland jegliche Legitimation abspricht, kann man sich selbst als Bewahrer des »wahren« deutschen Kerns trotz der Exilsituation zu den »eigentlichen« Deutschen erklären. Und aus diesem Selbstverständnis heraus setzt man sich für ein antifaschistisch-demokratisches Bündnis mit all denjenigen Gruppierungen ein, die sich ebenfalls weiterhin zu den humanistischen Werten deutscher Kultur bekennen. Nicht erst mit dem Ende des Krieges, sondern bereits seit dem VII. Weltkongress der Komintern 1935 sind »Humanismus« und »Aneignung des klassischen Erbes« damit die Kerninhalte »kultureller« Volksfrontangebote an die bürgerliche Intelligenz.[107] Vor allem Goethe wird dabei zu einer integrativen Leitfigur im »großen Bündnis« gegen den Faschismus und zum Symbol eines »besseren Deutschland« stilisiert.[108] Im russischen Exil werden diese Wertungs- und Ordnungsschemata durch die bildungsbürgerlich geprägte Oberschicht Sowjetrusslands genauso bestätigt wie durch jene sowjetischen Kulturoffiziere, die nach 1945 in der SBZ eine »kulturelle Erneuerung« organisieren sollen. Denn diese sind hochqualifizierte Intellektuelle, die fließend deutsch sprechen und sich mit der deutschen »Höhenkunst« oftmals besser auskennen als ihre deutschen Gesprächspartner.[109] Als Kinder der alten Bildungs- und Großbourgeoisie, in traditionellen Petersburger Bildungsinstitutionen sozialisiert und von den bürgerlichen Kultur-Dogmen geprägt, die sich auch in der Sowjetunion gegenüber proletarisch-revolutionären Traditionen durchgesetzt haben,[110] gehören bildungsbürgerliche Deutungsmuster zu ihrer mentalen »Grundausstattung«.[111] Damit tragen sie wesentlich dazu bei, dass bürgerliche Kulturstandards, Lese-, Seh- und Hörgewohnheiten in der SBZ/DDR »festgezurrt« werden[112] und der »Kulturbetrieb ein bürgerlicher in Gehalt und Form« bleibt.[113] In der DDR, an den Wirkungsstätten Goethes und Schillers, sieht man schließlich die Möglichkeit gegeben, die in der Klassik formulierten menschheitlichen Ideale tatsächlich zu verwirklichen. Eine Vorstellung mit großer Wirkungsmacht: Noch

---

105 Parteivorstand der SED 1950, 334.

106 La Presti 2000, 47.

107 Vgl. Wehner 1992, Bd. 1, 29-38 sowie 61-67.

108 Vgl. Ehrlich/Mai/Cleve 2000, 10

109 Schivelbusch 1995, 56.

110 Vgl. ebd., 57.

111 Sabine Ernst spricht in diesem Zusammenhang von einer »Geschmacks-Allianz« zwischen deutschen Parteifunktionären und der sowjetischen Besatzungsmacht (Ernst 1993, 18-22).

112 Vgl. Jäger 2000, 106.

113 Mai 2000, 38. Siehe in diesem Zusammenhang auch Schandera 2002.

1960 (Abusch) bzw. 1962 (Ulbricht) können führende SED-Funktionäre die DDR mit aller Ernsthaftigkeit zur »pädagogischen Provinz« erklären[114] und überzeugt verkünden, das deutsche Volk habe auf dem Boden der DDR begonnen, den 3. Teil des *Faust* zu schreiben.[115]

3.2.4 Bildungsbürgerliche Kunstsemantik und marxistisch-leninistische Theorien: ein Amalgam

Trotz der in den vorangegangenen Abschnitten dargelegten Gemeinsamkeiten zwischen den Wertungs- und Ordnungsschemata der »bürgerlichen« Germanisten und den Deutungsmustern der sozialistischen Funktionärselite der SBZ/DDR in den Redeweisen über die Künste wäre es jedoch falsch, von einer *bruchlosen* Kontinuität der bildungsbürgerlichen Kunstsemantik zu sprechen. Der von den Partei- und Kulturfunktionären artikulierte Erbe- und Sachwalteranspruch der Arbeiterbewegung, das Selbstverständnis, das »kulturelle Erbe« des Bürgertums nicht nur aufzunehmen, sondern auch im Sinne des Sozialismus weiterzuentwickeln, zeigt, dass traditionelle Vorstellungen von der Funktionsweise und dem Charakter der Künste mit Traditionen der Arbeiterbewegung und der marxistisch-leninistischen Theorie amalgamieren. Die kulturpolitische Programmatik der SED ist ein Nebeneinander von Kontinuitäten und Diskontinuitäten. Bei aller Beharrungsmacht bildungsbürgerlicher Traditionen geht es doch um die Befreiung der bildungsbürgerlichen Kunstsemantik aus der Umklammerung der radikalnationalistischen Argumentationsweise, wie sie im NS vorherrschend war. Rassistischen Stigmatisierungen, den Ausgrenzungen des Fremden und antisemitischen Feindbildstereotypen erteilt man im Namen der Emanzipation, der Freiheit und der Völkerverständigung eine Absage. Der Volksbegriff wird - bei einer gleichbleibend hohen Wertkonnotation - von seinem semantischen Exklusionspotential und aus dem rassenbiologischen Verwendungszusammenhang des NS befreit. Schon bevor er mehr und mehr durch den Klassenbegriff abgelöst wird, wird er durch die semantische Opposition zur »herrschenden Klasse« umdefiniert und in die Nähe einer produktiv schaffenden Arbeiterklasse gerückt, kann aber aufgrund seiner vagen Begriffsbestimmung als Parole zugleich klassenübergreifend wirken.[116] Die vermeintliche oder tat-

114 Abusch 1967, 196f.

115 Vgl. Ulbricht 1966. Diese Vorstellung hat Tradition. Bereits zum 5. Jahrestag der Maifeier des Proletariats 1894 wurde die Schlussvision des sterbenden Faust zitiert (vgl. Dietrich 2000, 169). 1949 verkündet selbst Georg Lukács: »Und die mehr als dreißigjährige sozialistische Praxis der Sowjetunion zeigt: ein jeder Mensch steht auf freiem Grund mit freiem Volke; ein jeder Mensch, indem er arbeitet, indem er die Arbeitserfahrungen der Menschheit bewußt in sich aufnimmt, indem er seine persönliche Entfaltung in seiner Arbeit zur Bereicherung der Erfahrungen der Menschheitsgattung ausnützt, indem seine Tätigkeit in ihm selbst und in jenen, die mit ihm zusammen arbeiten, die wahren Gattungskräfte erweckt, steht real dort, wirkt und entwickelt sich real dort, wohin Faust nach langen, schweren, tragischen Irrungen bloß in seinen Zukunftsvisionen gelangt. Die Befreiung von der Magie, von den magischen Ketten des Kapitalismus [...] ist hier bereits vollzogen. Der Große Oktober hat Mephistopheles samt seinen magischen Kräften von der Bühne der Geschichte gejagt« (Lukács 1955, 38).

sächliche künstlerische Parteinahme der Weimarer Klassiker für die Interessen der »kleinen Leute« gilt nun als vorbildliche »Volksverbundenheit« und wird so zum ästhetischen Wertkriterium.

Gleichzeitig will man grundlegend mit all jenen »reaktionär-bürgerlichen Ideologien« brechen, die in den Augen der Kommunisten zum Hitler-Faschismus, zu »Objektivismus«, »Subjektivismus« und »Kosmopolitismus« geführt haben. Daraus ergibt sich die Bereitschaft, das »bürgerliche Erbe« politisch-propagandistisch für den Aufbau des Sozialismus »zuzurichten« und zu instrumentalisieren. Wenn die Künste als »machtvolle Hebel zur Veränderung des Bewußtseins der Menschen« angesehen werden,[117] dann kommt ihnen in den Augen vieler kommunistischer Funktionäre nicht nur die Funktion einer allgemeinen »Humanisierung« der Menschen zu, sondern sie sollen als entscheidender Hebel für die gesamte sozialistische Entwicklung und - so Kurt Hager 1965 - als »Waffe im Klassenkampf« dienen.[118] Um gesellschaftliche Transformationen zu legitimieren, erklären führende Kommunisten den Humanismus der Weimarer Klassik zu einem wie auch immer definierten »sozialistischen Humanismus«, der letztlich auf ein Einmünden des Individuums in ein Kollektiv hinausläuft. Man redet von »Freiheit«, versteht darunter jedoch keine individualistischen Emanzipationsansprüche, sondern letztlich die freie Entfaltung des einzelnen im Dienste des »Volkes«.[119] Zudem erfolgen die Reformulierung des »Humanismuskanons«, der Anspruch, das »bürgerliche Erbe« von faschistischen Verzerrungen zu reinigen sowie die massive Förderung der Künste im Namen der Bildung und der Emanzipation, unter den Bedingungen einer Erziehungsdiktatur, die die Freiheit beschwört und sie gleichzeitig in einem widersprüchlichen Miteinander von Humanismusanspruch und stalinistischer Praxis unterdrückt. Die DDR bricht, dies hat auch der Abschnitt über die institutionellen Umbauten an den Universitäten gezeigt, mit bildungsbürgerlichen Autonomiekonzepten und der bürgerlich-liberalen Tradition des Kulturstaats, nach der der Staat Wissenschaften und Künste zwar finanziell zu fördern und institutionelle Rahmenbedingungen bereitzustellen hat, jedoch zu keinerlei Eingriffen in ihre Autonomie berechtigt ist. Dies schloss zwar in der kulturpolitischen Praxis auch vor 1933 keineswegs Zensurmaßnahmen des Staates aus, doch erfuhr der »kulturstaatliche Appell« (Helmut Schelsky), dem die Obrigkeit unterzogen wurde, noch bis zum Ende der Weimarer Republik in einer liberalen kulturräsonierenden Öffentlichkeit weitgehende Zustimmung. In der SBZ/DDR hingegen setzen bald nach dem Krieg kultur- und medienpolitische Lenkungsversuche ein, um die Kunstvorstellungen der neuen Führungselite mit allen Mitteln durchzusetzen. Die modifizierte bildungsbürgerliche Semantik wird so an eine repressionsbereite Administration angebunden, die diejenigen, die von der offiziellen Kunst- und Kulturpolitik abweichende Konzepte vertreten, zu gängeln versucht.[120]

Der »bürgerlichen« Germanistik garantiert die resonanzträchtige Berufung auf die bildungsbürgerliche Kunstsemantik und die besondere Hochschätzung der Weimarer Klassik und ihrer humanistischen Ideale, die an die (kultur-)politischen »Umerzie-

---

116 Vgl. Bollenbeck 2005, 78.

117 Holtzhauer 1972, 215.

118 Hager 1972.

119 Vgl. z.B. Ackermann 1946, bes. 44ff.

120 Vgl. Bollenbeck 2005, 79.

hungskonzepte«, die antifaschistische Ausrichtung der KPD/SED sowie die Erbe- und Sachwaltertradition der Arbeiterbewegung angekoppelt werden können, zunächst ein erhebliches Maß an disziplinärer Autonomie und schützt sie vor derlei Sanktionen. Ohne die professionelle Eigenlogik des Faches zu verletzen, den Anspruch auf Wissenschaftlichkeit aufzugeben oder sich dem Lenkungsanspruch der SED zu unterwerfen, können die »bürgerlichen« Ordinarien durch die Kontinuität bildungsbürgerlicher Deutungsmuster - sich durch den Gebrauch von Scharnierbegriffen wie Volk, deutsch, Bildung, Nation, Klassik, Humanismus, Kultur etc. »mehrfachadressierend« sowohl an Fachpublikum und kulturräsonierende Öffentlichkeit wendend - Resonanzgewinne verbuchen, die eine Teilhabe an den Forschungsressourcen erst einmal sicherstellen. Auch als Ausbilder von Lehrern des Faches Deutsch, das im Kanon der Fächer aufgrund seines »klassischen Gegenstandes« eine exponierte Stellung genießt und als wichtiger Bestandteil jener »geistigen Erneuerung« des deutschen Volkes gilt, erweisen sie sich als unverzichtbar.[121] Umfassendere Umbauten in Theorien und Methoden brauchen die etablierten Literaturwissenschaftler daher vorerst nicht vorzunehmen, zumal sie, wie bereits ausgeführt, auch durch ihre philologische Arbeit an Wörterbüchern, Lehrmaterialien und Klassiker-Editionen Leistungsangebote an die kulturräsonierende Öffentlichkeit unterbreiten können.

3.3 Vorsichtige Umbauten in der »bürgerlichen« germanistischen Literaturwissenschaft

Die nach 1945 zu beobachtenden Kontinuitäten im Handlungsbewusstsein sowie in der bildungsbürgerlichen Kunstsemantik bedeuten jedoch nicht, dass es nicht auch in den Nachkriegsjahren moderate Umbauten in der »bürgerlichen« germanistischen Literaturwissenschaft gegeben habe. Auch wenn sich Germanisten wie Korff, Magon oder Schneider der »illusio« hingeben mögen, sie seien allein der Wahrheit verpflichtet, so wirkt doch auch auf sie die Macht der fachinternen wie der außerfachlichen Öffentlichkeit. Exemplarisch sei dies am Fall von Hermann August Korff verdeutlicht, der vielleicht »wie kaum ein zweiter seines Fachs und seiner Generation [...] die Aufgipfelung bürgerlicher deutscher Literaturwissenschaft« repräsentiert.[122] Der alteingesessene Ordinarius beginnt nach 1945 zunächst einfach dort, wo er vor der vorübergehenden Schließung der Universitäten aufgehört hat. Die Kontinuität nationalkultureller Deutungsmuster, die »Volksfrontstrategie« von Kulturbund und SED, vor allem aber die Reformulierung des »Humanismuskanons« sorgen dafür, dass Korff in Leipzig seine alten Manuskripte verwenden kann, die gleichwohl nach Einschätzung von Claus Träger bereits vor 1945 »vergleichsweise frei von borniertem Nationalismus und einheimischer Schollenromantik und gänzlich von entgeistender Stoffhuberei« waren.[123]

121 Vgl. Czech 2001, 143.
122 Träger 1983, 91.

> Das Gesetz, unter dem er angetreten war, brachte es mit sich, daß er, unverdrossen der Idee der klassischen Humanität anhängend, unablässig mit der Literatur gegen die Zeit philosophieren mußte, daß er nie völlig (oder gar nicht) mit dem Geist - oder Ungeist - der Zeit übereinstimmte, der gerade herrschte. Das nicht zuletzt hat ihn in den Stand gesetzt, ein Gedankenwerk wortwörtlich weiter *vorzutragen* und zuende zu *schreiben*, als auch im Hörsaal die Zeit einen Geist heraufführte, der zwar nicht dem Grunde nach mit dem Korffs übereinstimmte, aber welcher der klassischen Humanität eine wesentliche Stelle in einer wirklichen Bewegung zusprach, deren humanistischer Konsequenz ein humanistisch denkender Kopf sich kaum entziehen konnte.[124]

Diese Kontinuitäten werden von Korff selbst resonanzkalkulierend thematisiert, sollen sie doch seine wissenschaftliche Unbescholtenheit während des NS bezeugen. Seine Vorlesung über Heinrich von Kleists *Hermannsschlacht* leitet er am 20. Februar 1948 »mit dem Hinweis ein, daß er dieses Kolleg bereits vor 1933 und nach 1933 so gelesen hätte und auch heute - 1948 - noch so lesen wolle«.[125] 1949 bemerkt er im Vorwort zur 2. Auflage des erstmals 1940 erschienenen dritten Bandes des *Geist der Goethezeit*: »Wenn dies ein fast wortgetreuer Abdruck der ersten Auflage ist, so hat das seinen Grund nicht darin, daß zu größeren Änderungen keine Zeit vorhanden gewesen wäre, sondern darin, daß der Verfasser keine Veranlassung gesehen hat, solche vorzunehmen.«[126] Korff mag sich zwar weiterhin im Bannkreis bürgerlich-idealistischen Denkens bewegen - sein vierbändiges Werk *Geist der Goethezeit* (1923-1953) ist Ideengeschichte »par excellence«[127] - doch da er »seinem Ideal, dem der ›klassischen Humanität‹, im Namen des Lebens« verpflichtet bleibt,[128] ist sein Ansatz mit den Deutungsmustern der kulturräsonierenden Öffentlichkeit in den Nachkriegsjahren kompatibel. In der besonderen Hochschätzung Goethes entspricht er der kulturpolitischen Linie der SED in den Jahren nach 1945, und er erweist sich als ein glaubhafter Verkünder humanistischer Werte: Seinen Schülern, so die Erinnerung von Gerhard Kluge, vermag er augenscheinlich in seinen den Klassikern gewidmeten Vorlesungen nicht nur geistige und ästhetische, sondern auch sittliche Maßstäbe zu vermitteln, »nämlich die Identität des Vortra-

---

123 Ebd., 87. Träger weiter: »Nur wenige Monate offenbar ist der [...] germanistische Ordinarius der Leipziger Universität von der Heraufkunft jener sich volkserzieherisch hochtönend spreizenden Revolte der Unbildung geblendet gewesen, deren hintergründige Urheberschaft er nicht durchschaute und von der er darum auch eine Erneuerung der Wissenschaft jenseits alles bloßen Pragmatismus, Historismus und Positivismus gewärtigte« (ebd., 89). Träger bezieht sich hier auf den Aufsatz »Die Forderung des Tages«, den Korff 1933 in der *Zeitschrift für Deutschkunde* veröffentlicht hatte (Korff 1933). Korffs Aufsatz »Schiller, ein Wahrzeichen deutscher Art« (Korff 1934) wird von Träger genauso unterschlagen wie etwa Korffs Widmung im 3. Band seines *Geist der Goethezeit* von 1940, »Den Helden unseres Freiheitskampfes«, die ab 1949 in »Der Unvergesslichen« umgebaut wird.

124 Träger 1983, 85.

125 Matke 1949, 104. Matkes Beschreibung der methodischen und inhaltlichen Kontinuitäten im germanistischen Seminar in Leipzig sind aufschlussreich, auch wenn es sich bei dem Text um die Polemik eines marxistisch orientierten Studenten handelt, der für eine literatursoziologische Betrachtungsweise plädiert und die ideengeschichtliche Herangehensweise »bürgerlicher« Professoren einer scharfen Kritik unterzieht.

126 Korff 1949a, zit. nach der 3. Aufl. von 1956, VIII.

127 Träger 1983, 88.

128 Ebd., 92.

genden mit seinem Stoff«.[129] Korffs Position im literaturwissenschaftlichen Feld wird zusätzlich durch das wissenschaftliche Kapital gestärkt, über das er in der internationalen Germanistik verfügt und das »eindeutig auf dem Konto der DDR verzinst wird«.[130] Ohne sich Strategien des »offenen Mitspielens« bedienen oder sich durch die Verwendung einer marxistisch-leninistischen Basissemantik, eines sozialistischen Aufbruchspathos[131] oder Bekenntnissen zum Sozialismus resonanzkalkulierend als »politisch zuverlässiger« Literaturwissenschaftler inszenieren zu müssen, kann Korff allein durch dieses wissenschaftliche Renommee innerhalb der literaturwissenschaftlichen Germanistik der DDR eine Sonderstellung einnehmen. Diese führt dazu, dass er, immerhin Jahrgang 1882, seinen Lehrstuhl für neuere deutsche Literaturgeschichte trotz seines fortgeschrittenen Alters und der gegen ihn sprechenden Emeritierungsregeln sowie verschiedener Absetzungsbemühungen (u.a. von Hans Mayer) bis 1954 behalten kann. Ja, er kann die Möglichkeit der Emeritierung 1950 gar als Druckmittel einsetzen, um SED-Studenten in die Schranken zu weisen, die in seinen Veranstaltungen öffentliche Bekenntnisse zur »Friedenspolitik« der DDR verlangen.[132] Das große Ansehen, das Korff in der DDR genießt, und die damit verbundene institutionelle Macht mögen Gründe dafür sein, warum sich Korff gegenüber der SED-Führung loyal verhält,[133] obwohl er dem sozialistischen System in der DDR insgesamt kritisch gegenübersteht.[134]

Aufgrund seiner vergleichsweise guten Position im wissenschaftlichen Feld ist Korff nicht gezwungen, spektakuläre Umbenennungen, Umwertungen oder Themenwechsel vorzunehmen. Doch spürt auch Korff den Druck einer nachwachsenden marxistisch-leninistisch orientierten Wissenschaftselite, die – durch Lukács'sche Schriften geschult – auf Basis des Marxismus-Leninismus neue Fragestellungen in die Germanistik hineinträgt. Seine konservative geistesgeschichtliche Ausrichtung, sein nach Meinung des Nachwuchses »völlig verinnerlichte[r], religiös gefärbte[r] Humanismus«, in der die »konkrete menschlich-gesellschaftliche Wirklichkeit, in der sich die Literatur der Zeit entfaltet[], bis zur Unkenntlichkeit« verschwindet,[135] ist im literaturwissenschaftlichen Feld der DDR zunehmend weniger resonanzträchtig. Dagegen kann Korff beobachten, wie erfolgreich sich selbst akademische Außenseiter wie Hans Mayer oder Joachim Müller im literaturwissenschaftlichen Feld etablieren können, indem sie den Forderungen der SED nach Anwendung des dialektischen Materialismus in der Literaturwissenschaft »entgegenarbeiten« und den Anspruch erheben, Philologie, Literaturgeschichte,

129 G. Kluge 1985, 198.

130 Boden 1997, 132.

131 In Korffs Texten dominiert im Gegenteil ein gewisser Pessimismus, so z.B., wenn er dem abendländischen Menschen aufgrund der Maßlosigkeit seines »faustischen Strebens« tiefe Demut gegenüber Goethes Humanismus anempfiehlt (vgl. Korff 1949, 28f.) und davor warnt, »sich mit Illusionen über die Schwere der Gegenwart hinwegzutäuschen« (ebd., 29).

132 Vgl. Pongs 1996, 131.

133 So die Einschätzungen von Claus Träger, Siegfried Steller sowie dem Dekan der Philosophischen Fakultät der Universität Leipzig (Träger 1983, 90; Materialien, Streller, 11; Universitätsarchiv der Universität Leipzig, Personalakte 92: Hermann August Korff. 180 Blatt, hier Blatt 135. Zit. nach Pongs 1996, Endnote 23, 146).

134 So Bauer 2003. Konsequenterweise lehnt Korff den Nationalpreis II. Klasse der DDR 1957 ab (vgl. ebd.).

135 Materialien, Thalheim, 263.

Geschichte und Soziologie auf neuartige Weise miteinander zu verknüpfen. Zwar sind die Entwürfe einer materialistischen Literaturgeschichtsschreibung mit Korffs vornehmlich ideengeschichtlich geprägten Denkstil nicht kompatibel. Auch ist er nicht bereit oder nicht in der Lage, zu einem umfassenderen Verständnis marxistisch-leninistischer Theorien vorzudringen (ein Seminar über »sozialistische Literaturwissenschaft« scheitert).[136] Und doch erweist er sich als ein anpassungsfähiger Wissenschaftler, der sich auf die veränderte Resonanzkonstellation nach 1945 einzustellen weiß.

Gewiss, bereits im vierten Band seines Goethezeit-Werkes zur »Hochromantik«[137] sowie in seinen Nachkriegsveranstaltungen zu Nietzsches *Zarathustra* oder dem naturalistischen Drama[138] demonstriert Korff eine größere methodische Vielfalt, indem er auf eine rein ideengeschichtliche Darstellung verzichtet und der Realgeschichte einen höheren Stellenwert einräumt. So erklärt Korff beispielsweise die »Verlagerung des Schwerpunktes vom religiösen auf den nationalen Wesensteil des romantischen Geistes« auch durch den

> großen *Umschwung der äußeren Verhältnisse*, durch den es überhaupt zu einem Erwachen des Nationalgefühls oder, allgemeiner gesprochen, zu einer vollkommenen Veränderung des geistigen Klimas gekommen ist. [...] [A]us der Französischen Revolution war der neue Timur emporgestiegen, der allen Blütenträumen der Goethezeit ihren realen Boden entzogen und den deutschen Idealismus gezwungen hatte, sich in eine höchst realistische Besinnung auf die politischen Grundlagen seiner Kultur umzusetzen. Und dieser Sturz in die Realität hatte mit der inneren Umrichtung des Geistes auch die Akzente von dem idealen Anliegen auf das realere, vom Himmel auf die Erde, *vom Religiösen zum Nationalen,* vom Weltbürgertum, das plötzlich als Drohung vor uns stand, zur Einkehr in das Deutschtum verschoben, das es vor diesem imperialen Weltbürgertum zunächst einmal zu retten galt. Insofern bezeichnet die Zeit um 1806 herum nicht nur den großen Umbruch der *politischen* Geschichte Deutschlands, sondern auch den inneren Wendepunkt der *Goethezeit.*[139]

Doch die ereignisgeschichtliche Begründung für diesen »inneren Wendepunkt« wird im gleichen Atemzug relativiert, wenn nicht gar zurückgenommen. Hat doch der Wendepunkt zwischen Früh- und Hochromantik nach Korff

> zuletzt rein *immanente* und viel tiefere Gründe [...] als den politischen Klimawechsel, so katastrophal dieser auch gewesen ist. Das heißt, er wäre im Prinzip auch so gekommen, ohne den Anstoß durch die äußere Geschichte. Denn letzten Grundes handelt es sich zweifellos um einen *dialektischen Umschlag des Geistes,* für den die Zeit am Ausgang der Frühromantik reif geworden war [...].[140]

Mit dieser Begründung verweigert sich Korff im Folgenden einer umfassenderen Einbeziehung realgeschichtlicher Ereignisse und soziologischer Fragestellungen zur Erhellung des literaturgeschichtlichen Konstellationswandels.

---

136 Vgl. ebd., 263; sowie Materialien, Streller, 6f.

137 Dieser Band erscheint zwar erst 1953, wurde aber nach Angaben Korffs im wesentlichen in den Jahren 1940–1943 geschrieben und bereits 1947 fertig gestellt (vgl. Korff 1955, VII).

138 Poser 1997, 241.

139 Korff 1955, 15. Hervorhebungen im Original.

140 Ebd., 16. Hervorhebungen im Original.

Erst in der Einleitung zur Neuauflage des ersten Bandes zum »Sturm und Drang« von 1954 durchbricht Korff die Grenzen seiner geisteshistorischen Methode und nähert sich Deutungsmustern materialistischer Literaturgeschichtsschreibung an. Während die alte Einleitung ihren Gegenstand, i.e. die Grundideen und die Entwicklung der »Goethezeit«, ausschließlich unter einem ideengeschichtlichen Gesichtspunkt behandelte, der, wie Korff nun eingesteht, »nur in Verbindung mit anderen zu einem vollen und richtigen Bilde zu führen vermag«,[141] sei die zusammenfassende Einleitung zur Neuauflage »sehr viel substantieller«. Allerdings habe sie ihm »große Schwierigkeiten« gemacht und lasse ihn nur unzufrieden zurück, ja, am liebsten hätte er den gesamten ersten Band noch einmal geschrieben.[142] Die Hinwendung zur Realgeschichte und zu soziologischen Fragestellungen ist deutlich: Während die Französische Revolution in der ersten Auflage des ersten Bandes des *Geist der Goethezeit* überhaupt nicht erwähnt und noch im vierten Band in ihrer Bedeutung für die deutsche Literaturgeschichte erheblich relativiert wird, charakterisiert Korff das ästhetische Projekt der Klassik nun als Antwort auf die in Terror und Gewalt ausgearteten Ereignisse in Frankreich, als dezidierten Versuch, die *Ziele* der Französischen Revolution *ohne* physischen Umsturz zu erreichen[143] - eine These, die vor allem der einflussreiche marxistische Philosoph Georg Lukács in seinen Schriften immer wieder herausgearbeitet hat und die unter Kulturfunktionären und marxistisch-leninistischen Literaturwissenschaftlern als *opinio communis* gelten kann.[144] Die »Goethezeit« erscheint nun bei Korff als die deutsche »*Gegenstimme* der Französischen Revolution«.[145]

Auch in anderer Hinsicht weiß Korff sich resonanzträchtig an die Deutungsmuster eines sozialistischen Klassikverständnisses anzukoppeln. Statt die Goethezeit aus dem »Widerspruch zu dem Geiste der Aufklärung« zu begreifen[146] - in Zeiten einer allgemeinen Aufwertung der Aufklärung und der Dominanz der Lukács'schen These von der Einheit von Aufklärung, Sturm und Drang und Klassik wenig resonanzträchtig -, lässt Korff sie nun aus der »Krankheit« der »Entfremdung« entspringen,[147] aus der Distanzie-

---

141 Korff 1954, VII.

142 Vgl. ebd., VII.

143 Vgl. ebd., 41f. Damit muss die Behauptung Hans Mayers, die Französische Revolution habe bei Korff überhaupt keine Rolle gespielt und sei in seinem Werk nicht vorgekommen, relativiert werden (vgl. Mayer 1988, Bd. 2, 110).

144 Zum metapolitischen Umwegkonzept der Klassik bei Lukács siehe z.B. »Zur Ästhetik Schillers« von 1935. Abgedruckt in: Lukács 1956, 16.

145 Korff 1954, 66. Hervorhebung im Original. Auch die Romantik wird realgeschichtlich angebunden, ohne dass es hier wie im 4. Band zu einer Relativierung oder Rücknahme der Bedeutung der Ereignisgeschichte kommen würde. »[S]o wie zur Klassik die Französische Revolution, gehört zur Romantik *Napoleon* und alles, was an grundstürzenden Begebenheiten und Veränderungen mit seinem Namen für Europa und ganz insbesondere für Deutschland verbunden ist: der politische Zusammenbruch nicht nur des alten Reichs, sondern auch der in seinem Rahmen entstandenen Staaten, im Anschluß daran aber die Versuche, sich aus diesem Zusammenbruch wieder zu erheben und nach dem Untergang des alten ein neues Staatsgebilde, ein humanromantisches zu schaffen, als dessen Subjekt nunmehr die *Nation* verstanden werden sollte, die sich mehr und immer mehr als solche fühlte und begriff« (ebd., 62. Hervorhebungen im Original).

146 Korff 1923, 9.

147 Korff 1954, 10.

rung des idealistischen Menschen von der bürgerlichen Kultur, »deren Sinn die Arbeit, deren wesentliche Methode das Prinzip der Arbeitsteilung und deren Resultat die Mechanisierung und Entmenschlichung des als eine Totalität gemeinten Menschen ist.«[148] Das in der Goethezeit vom deutschen Bürgertum geformte Ideal der Humanität erscheint nun als ein Ideal, »das aus dem Ungenügen, ja dem Leiden an der bürgerlichen Gesellschaft und also als ein *Gegenbild* zum Bürgertum entstanden ist«.[149] Der »Inhumanität der bürgerlichen Gesellschaft«, der »Versklavung durch den Mechanismus der Arbeitsteilung« sowie der Herabwürdigung des Menschen zum »Berufsmenschen« und zum »Gliede einer ungeheuren Maschine«[150] habe sich das bürgerliche Humanitätsideal »mit der leidenschaftlichen Forderung nach organischer Ausbildung des Menschen in seiner unverkümmerten Totalität« widersetzt.[151] Eine »ideale, humane Gesellschaft« habe die Klassik letztlich in einer überbürgerlichen Gesellschaft gesehen, »deren eigentlicher Sinn nicht mehr die Wirtschaft, sondern die Humanität ist, nicht mehr die Arbeit, sondern der Mensch«.[152] Indem Korff so die »bürgerliche Gesellschaft« bzw. den kapitalistischen Produktionsprozess mit Abwertungsbegriffen wie »Versklavung«, »Inhumanität«, »Verkümmerung der menschlichen Totalität« etc. verknüpft, koppelt er sich an den Antikapitalismus der sozialistischen Öffentlichkeit an, ohne sich explizit auf den Sozialismus zu beziehen. Seine Erklärung der literaturgeschichtlichen Entwicklungen als Reaktionen auf realgeschichtliche Prozesse entspricht dem marxistischen Deutungsmuster, nach der Literatur als Widerspiegelung gesellschaftlicher, politischer und ökonomischer Bedingungen zu begreifen ist. Zudem lässt sich die Korff'sche Lesart mit der politischen Vereinnahmung der Klassik als »antikapitalistische Bewegung« verknüpfen, die letztlich das Ideal einer sozialistischen Gesellschaft vorweggenommen habe, in der, so das Selbstverständnis, Humanität und Menschlichkeit den Primat von Wirtschaft und Arbeit überwinden. Korffs neue Einleitung muss in der kulturräsonierenden Öffentlichkeit damit als Bestätigung des Selbstverständnisses der sozialistischen Führungselite erscheinen, die einzig legitimen Sachwalter des »klassischen Erbes« zu sein und die humanistischen Ideale Goethes und Schillers in der DDR zu »vollstrecken«.

Neben diesen paratextuellen Umbauten in der Einleitung nimmt Korff auch Veränderungen in den Kapitelüberschriften vor, die er seinem ansonsten unverändert gelassenen Text voranstellt.[153] Die Dominanz des »Irrationalismus« wird gebrochen, ist dieses Wort doch ein Kampfbegriff in einer sozialistischen Öffentlichkeit, die sich im Besitz der »objektiven Wahrheit« glaubt und von der Existenz »objektiver Gesetzmäßigkeiten« auch in der Literaturentwicklung ausgeht.[154] Die Literaturprozesse der »Goethe-

148 Ebd., 31.

149 Ebd., 7. Hervorhebung im Original

150 Ebd., 31.

151 Ebd., 7. Die Rede vom »Organischen« zeigt die eigentlichen lebensphilosophischen Ursprünge von Korffs Antikapitalismus.

152 Ebd., 41.

153 Aus »Irrationalistische Kulturphilosophie« wird »Die Fragwürdigkeit der Kultur«, aus der »Weltanschauung des Irrationalismus« wird »Der Weg zum Pantheismus«, aus »Irrationalistische Kunstauffassung« wird »Die Revolution der Kunstanschauung«, aus »Irrationale Dichtung« wird nun »Irrationaler Dichtungsstil«, aus »Die dichterischen Symbole des Irrationalismus« wird »Das Ideal der natürlichen Humanität in der Dichtung«.

zeit« erscheinen in dieser Lesart daher keinesfalls auch nur im Ansatz als »irrationalistisch«, sondern als Widerspiegelung der »objektiven Entwicklungsgesetze« der Gesellschaft.

Indem Korff in der Neufassung der Einleitung zum 1. Band zudem den Generationenbegriff in den Vordergrund rückt und die Entwicklung zur Klassik als Reifeprozess jugendlicher »Stürmer und Dränger« charakterisiert, wird das Fortschreiten des »Geistes der Goethezeit« in stärkerem Maße materiell rückgebunden. Dies erlaubt Korff in der Folge zumindest in Ansätzen die von der marxistisch-leninistischen Literaturwissenschaft geforderten literatursoziologischen Differenzierungen (wie z.B. die Einbeziehung der unterschiedlichen sozialen Herkunft bzw. der Lebensumstände der Autoren zur Erklärung verschiedener literaturgeschichtlicher Phänomene). Ein positives Echo von Seiten der fachinternen bzw. fachexternen Öffentlichkeit der DDR kann sich Korff auch durch die in der Neuauflage hervorgehobene Stellung des Humanitätsbegriffes erhoffen, genauso wie durch seine resonanzträchtige Aufwertung »realistischer« Darstellungen[155] (»Realismus« gilt in der marxistisch-leninistischen Literaturwissenschaft als Hochwertbegriff)[156] bei gleichzeitiger Abwertung der extrem subjektivistischen Schattenseiten der in der DDR zu dieser Zeit als »reaktionär« und »irrationalistisch« verfemten Romantik.[157] Bei aller Ambivalenz wird die romantische Bewegung insgesamt jedoch positiv bewertet, wodurch Korff in deutliche Opposition gerät zu den Deutungsmustern marxistisch-leninistischer Literaturwissenschaftler.[158]

Dass Korff mit dem ereignisgeschichtlichen Bruch von 1945 auch eine Umwertung einzelner Autoren vornimmt, zeigt Ulrich Pongs am Beispiel des in der SBZ/DDR hochgeschätzten Heinrich Heine. Die Rehabilitierung Heines durch Korff, der über ihn im ersten Band von *Geist der Goethezeit* ein negatives Urteil fällt[159] und ihn in den Bänden II und III überhaupt nicht mehr erwähnt, wird höchstwahrscheinlich erst nach Ende des Krieges in den im wesentlichen vor 1945 entstandenen vierten Band integriert.[160] Jetzt wird der vor 1945 als Jude aus dem Kreis der deutschen Dichter ausgeschlossene Heine wieder als Teil der nationalen deutschen Literatur anerkannt und seine Lyrik zum integralen Element der Lyrik der Goethezeit erklärt.[161] Insofern ist der vierte Band von *Geist der Goethezeit* keineswegs »[v]on politischen und wissenschaftlichen Umstellungen unberührt«, wie Ralf Klausnitzer behauptet.[162]

154 Siehe dazu Kapitel 8.

155 Vgl. Korff 1954, 54 und 62.

156 Zum Realismusbegriff siehe vor allem Kapitel 11 dieser Arbeit.

157 Vgl. Korff 1954, 45. Zum Romantik-Bild der marxistisch-leninistischen Literaturwissenschaftler und seinen Veränderungen siehe Kapitel 13.

158 Der sich als Marxist verstehende Germanist Dieter Schiller kritisiert dann auch in anderem Zusammenhang die »prekäre[n] apologetische[n] Züge«, die Korffs Romantikkonzeption anhaften würden, auch wenn der Leipziger Ordinarius »kein platter Apologet der bürgerlich-imperialistischen Welt« sei (Schiller 1965, 1012).

159 »Maskiert, künstlich, hochgezüchtet kennzeichnen 1923 eine negative Haltung Korffs zu einer modernen lyrischen Produktion, die Ablehnung ihres höchsten Repräsentanten: Heinrich Heine. Unstreitig sah Hermann August Korff hier ausschließlich den Lyriker Heine, dessen Gedichte er ebenso offensichtlich sehr kritisch bewertete« (Pongs 1996, 136).

160 Vgl. ebd., 138.

161 Vgl. z.B. das 3. Kapitel »Lyrik der Deutsch-Romantik«.

Durch die von Korff zumeist im Paratext vorgenommenen Umbauten wird sein *Geist der Goethezeit* nicht nur auf den Erwartungshorizont der kulturräsonierenden Öffentlichkeit in der DDR beziehbar (Antibürgerlichkeit, Entfremdungs- und Kapitalismuskritik, Humanismus, Realismus etc.), sondern Korff kann auch hoffen, seinem Lebenswerk zum Abschied eine in der Fachwissenschaft zukunftsträchtigere Deutung und Einordnung gegeben zu haben, die seinen Büchern über den Tag hinaus Wirkung und Reichweite garantieren soll. Gleichwohl bedeuten diese Umbauten Korffs keinen völligen Bruch mit seinen bisherigen Forschungen. Letztlich bleibt er trotz seiner vorsichtigen Annäherungen an einige Deutungsmuster der marxistisch-leninistischen Literaturwissenschaft seiner ursprünglichen ideengeschichtlichen Konzeption verpflichtet. Statt die literarischen Phänomene der Goethezeit wie die marxistisch-leninistische Literaturwissenschaft konsequent historisch zu deuten und jede Lebensproblematik als eine genuin historische Problematik zu begreifen, steht bei Korff doch hinter der skizzierten

> Problematik des *bürgerlichen* Lebens in letzter Tiefe etwas sehr viel Allgemeineres, nämlich *die Problematik des Lebens überhaupt* [...], die Problematik des von idealistisch-romantischem Geist getriebenen Menschen, der nicht nur in keinem bürgerlichen, sondern im ganzen endlichen Leben kein Genüge findet und dessen Problem daher nicht bloß die Engigkeit des bürgerlichen Lebens ist (der man ja entrinnen kann), sondern die Engigkeit des Lebens überhaupt, aus der es kein Entrinnen gibt.[163]

Die bürgerliche Problematik des idealistischen Menschen mündet so ein in eine überbürgerliche, existentielle Problematik, »für die die bürgerliche nur noch stellvertretende, symbolische Bedeutung hat«[164] – eine ontologische Deutung, die mit dem Denkstil marxistisch-leninistisch ausgerichteter Literaturwissenschaftler nicht kompatibel ist. Auch die dem *Geist der Goethezeit* weiterhin zugrundeliegende These von einer – von der Aufklärung getrennten – geistesgeschichtlichen Einheit von Sturm und Drang, Klassik und Romantik widerspricht dem zu dieser Zeit bei marxistisch-leninistischen Literaturwissenschaftlern allgemein anerkannten Literaturgeschichtsbild, nach der gerade Aufklärung, Sturm und Drang und Klassik Stufen einer einheitlichen bürgerlichen Emanzipationsbewegung darstellen, während die Romantik mit Lukács als reaktionäre »Wendung in der deutschen Literatur«[165] und als Bruch mit der progressiven Aufklärungsbewegung abgewertet wird. Markante Differenzen zu marxistisch-leninistischen Auffassungen lassen sich zudem in vielen Einzelinterpretationen ausmachen, so z.B. in der Bewertung Richard Wagners, dem man in der DDR aufgrund des Missbrauchs durch den Nationalsozialismus lange Jahre mit Polemik und Ablehnung begegnet,[166] während er bei Korff ungeteilte Hochschätzung erfährt.[167]

Die moderaten semantischen Umbauten Korffs sind paradigmatisch für die etablierten »bürgerlichen« Literaturwissenschaftler nach 1945, die zwar zumeist weiterhin

162 Klausnitzer 2002, 179.
163 Korff 1954, 15. Hervorhebungen im Original.
164 Ebd., 15.
165 Lukács 1947.
166 Vgl. Haase u.a. 1986, 69f.
167 Vgl. Korff 1954, 58.

auf den ausgetretenen Pfaden der geisteshistorischen oder positivistischen Literaturbetrachtungsweise wandeln und sich als »überparteiliche« Wissenschaftler mit »wertbeständigen« Urteilen inszenieren, die sich aber dennoch bisweilen resonanzkalkulierend am »Zeitgeist« orientieren. Dies meint nicht allein die wohl kaum überraschende Entrümpelung der Texte von jenem völkischen oder antisemitischen semantischen Basisinventar, der militärischen Terminologie oder den expliziten Bekenntnissen zum Nationalsozialismus, die die früheren Publikationen »bürgerlicher« Literaturwissenschaftler wie Magon oder Schneider prägen.[168] Sondern dies meint auch eine Hinwendung zu sozialhistorischen Fragestellungen. So erweitert beispielsweise der Berliner Ordinarius Leopold Magon die alten Vorlesungsskripte aus seiner Greifswalder Zeit vor 1945 um das Kapitel »Die Lage des Bürgertums um 1770« und versucht so, seine Thesen historisch und soziologisch zu unterfüttern.[169] Auch Ferdinand Josef Schneider inszeniert im Paratext seines Bandes *Die deutsche Dichtung der Geniezeit* von 1952 eine Abkehr von seiner geistesgeschichtlichen Ausrichtung. So betont er noch in der 2. Auflage seines Aufklärungsbandes von 1948, er habe sich zwar »gehütet, Literaturgeschichte glattweg als Ideen- und Seelengeschichte aufzulösen und durch ein konstruierendes Verfahren Einheit dort zu *erzwingen*, wo in Wirklichkeit keine zu finden ist«, »[w]o sich aber führende Linien zwanglos durch die literarische Entwicklung ziehen ließen, war ich bemüht, sie diesmal bis zu größter Klarheit herauszuarbeiten«.[170] Nun aber distanziert er sich gänzlich von der Ideengeschichte, jener »wegen ihrer geringen Sachbezogenheit bereits gescholtenen Literaturbetrachtung, der ihr Gegenstand vielfach schon weit weniger Selbstzweck als bloßes Mittel zu geistiger Selbstbefriedigung ist [...]«.[171] Zu einem nennenswerten theoretischen Neubeginn ist er gleichwohl nicht willens oder nicht in der Lage: Die Einbeziehung einiger historischer »Fakten« kann nicht darüber hinwegtäuschen, dass Schneider bis in seine letzten Publikationen hinein einem ideengeschichtlichen Denkstil verpflichtet bleibt[172] und die Dichtung der »Geniezeit« beispielsweise als einen ideellen Widerspruch gegen die von der vorausgehenden Aufklärer-Generation verfochtene rationalistische Welt- und Lebensanschauung versteht.[173]

---

168 Vgl. z.B. Magon 1944; F.J. Schneider 1934. Zu Leopold Magons ambivalenter Rolle während des NS siehe die Greifswalder Diplomarbeit von Heike Tauch zur Geschichte der Greifswalder Germanistik im NS, darin das Kapitel »Leben und Wirken des Germanisten Leopold Magon« (Tauch 1988, 14–49). Zu Schneiders Grabbe-Publikation siehe Kopp 1986, 14: »Die Monographie ›Christian Dietrich Grabbe. Persönlichkeit und Werk‹, die bereits für das Jahr 1933 angekündigt war, erschien erst im darauffolgenden Jahr. Nicht allein diese Verzögerung läßt darauf schließen, daß Schneider das Manuskript im Jahr 1933 noch einmal überarbeitete, mehr noch die Tatsache, daß er ihm vom September 1933 datierte Vor- und Nachworte hinzufügte, die sein Grabbe-Buch in unmittelbaren Zusammenhang mit der ›Machtübernahme‹ durch die Nationalsozialisten stellten. Vergleicht man die vor 1933 erschienenen Teilveröffentlichungen mit den entsprechenden Passagen der Monographie, so wird die aktualisierende Überarbeitung des Manuskripts offensichtlich. Die terminologische und argumentative Radikalisierung Schneiders darf aber nicht nur als Ausdruck einer opportunistischen Selbstgleichschaltung verstanden werden. Schon die frühen Aufsätze lassen auf weltanschauliche und politische Auffassungen Schneiders schließen, die sein späteres explizites Bekenntnis zum Nationalsozialismus als wenig überraschend erscheinen lassen.«

169 Vgl. Hermsdorf 1995, 576.

170 F.J. Schneider 1948, 10.

171 F.J. Schneider 1952, VI.

Selten sind dagegen Bemühungen, umfassendere Umbauten im Gegenstandsbereich der Germanistik vorzunehmen. Dies ist kaum überraschend. Zum einen bemüht sich das Fach nach 1945 um eine Rückkehr zum »Bewährten« und um die Herstellung von Kontinuität, so dass grundlegende Neubewertungen literarischer Epochen und eine Hinwendung zu neuen Gegenständen fachintern kaum anschlussfähig erscheinen. Und zum anderen ist es doch gerade das Anknüpfen an anerkannte Traditionen, ist es gerade die Behandlung der allgemein als »große deutsche Dichter« geltenden Autoren, mit der sich unter den Rahmenbedingungen der Nachkriegsjahre in der kulturräsonierenden Öffentlichkeit ein positives Echo erzielen lässt. Vereinzelte resonanzstrategische Versuche, auch bislang vernachlässigte Gegenstandsbereiche in die Perspektive des Faches mit einzubeziehen, gibt es dennoch. So handelt der Jenaer Ordinarius Heinz Stolte 1946 in seinem Beitrag zur expressionistischen Lyrik über einen Gegenstand, den »man Jahre hindurch als ›entartete Kunst‹ verfemt hat« und den Stolte »heute wieder in den Kreis unserer Aufmerksamkeit zu heben« gedenke.[174] Doch nicht nur durch diesen demonstrativen Bruch mit dem Moderne-Verdikt des NS versucht Stolte vor den Mitgliedern des »Kulturbundes« in Gotha sowie des »Deutsch-Russischen Kulturclubs« in Weimar Resonanzeffekte zu erzielen und sich als »zukunftsfähiger« Germanist zu präsentieren.[175] Auch wenn er die Weltanschauung des Expressionismus als Versuch einer »Überwindung des Individualismus« interpretiert, als »Aufbruch in eine Lebensform des *Wir*«, ja sogar als »die geistigste Beschwörung des Sozialismus, den die deutsche Literaturgeschichte des 20. Jahrhunderts bisher erlebt hat«,[176] zielt Stolte auf den Erwartungshorizont eines Großteils seiner Zuhörer. Seine Abhandlung über den Expressionismus wird so implizit zu einem Beitrag zur Geschichte der sozialistischen Literatur erklärt. Besonders aber bei seiner Behandlung des Kommunisten und Kulturbundbegründers Johannes R. Becher kann sich Stolte der Zustimmung der sozialistischen Öffentlichkeit sicher sein. Während Stolte Franz Werfel als einen Autor beschreibt, der im »Reiche der weltanschaulichen Utopien« verbleibe, wird Becher als ein Schriftsteller präsentiert, der »mutig in das Feld der wirklichen politisch-machtmäßigen Auseinandersetzung« hinuntergestiegen sei:

> Er nimmt dabei alle Unvollkommenheiten tapfer auf sich, die nicht ausbleiben, wo ein Ideal Wirklichkeit werden soll, er macht bewußt und unter Einsatz seines ganzen Lebensschicksals dieses Experiment, das unter revolutionären Erschütterungen einer ganzen Welt sich vollzieht. [...]
> Bei Johannes R. Becher wird die Lyrik zum Instrument politischen Kampfes, Werkzeug der Tat, etwas, das sie noch niemals in einem solchen Maße gewesen war.[177]

---

172 Siehe auch Bischoff 1954/55, 127: »Bis in seine letzten Jahre hinein ist ihm Literaturgeschichte Geistesgeschichte geblieben, er hat sich sehr bestimmt von den zur Interpretation hindrängenden Richtungen abgesetzt [...].«

173 F.J. Schneider 1952, 4.

174 Stolte 1947, 30.

175 Dass die literarische Moderne nur wenige Jahre später erneut einem Verdikt zum Opfer fallen wird, kann Stolte in dieser Phase nicht unbedingt voraussehen. Das Bemühen, moderne Kunst nach den Verfemungen des NS wieder zu rehabilitieren, ist unmittelbar nach Kriegsende durchaus verbreitet, wie etwa das Beispiel der 1. Allgemeinen Deutschen Kunstausstellung in Dresden zeigt (vgl. Schröter 2006).

176 Stolte 1947, 32.

Im Exil habe Becher schließlich auf der Suche nach einer »kollektivistische[n] Form« seine expressionistischen Formexperimente überwunden, habe sich mit einer schlichten Form an die »Massen des Volkes« gewandt, habe die Themen »Heimat« und »Deutschland« in den Mittelpunkt seiner Lyrik gestellt und sei so »ein deutscher Volksdichter« geworden.[178]

Mut und Tapferkeit, Entbehrungen auf dem Weg vom Ideal zur Wirklichkeit, politischer Kampf, Literatur als »Werkzeug der Tat«, Becher als »Volksdichter« - Stolte weist der in der sozialistischen kulturräsonierenden Öffentlichkeit hoch geschätzten Identifikationsfigur Becher eine Reihe von Begriffen zu, die unter den russischen Kulturoffizieren und Remigranten in seinem Publikum ausnahmslos positiv besetzt sind und zudem ihrem Selbstverständnis als Kommunisten entsprechen dürften. Auffällig ist allerdings, dass Stolte es vermeidet, seinen Beitrag explizit als Auseinandersetzung mit der Geschichte sozialistischer Literatur zu präsentieren - auch Becher wird nirgends als »sozialistischer Dichter« bezeichnet -, und dass er sich zudem geschickt einer eindeutigen Bewertung Bechers enthält. Über die literarische Qualität der Becher'schen Lyrik, über ihren Rang in der Geschichte der deutschen Literatur, erfahren die Anwesenden nichts. Ob die Literaturkonzeption und die politischen Ideale Bechers Stoltes Zustimmung finden, bleibt ungewiss. Selbst der Begriff »Volksdichter« wird, da er stilistisch und thematisch gefasst wird, seines mitschwingenden Charakters als Qualitäts- und Hochwertbegriff entkleidet. Allein Respekt für Bechers trotz aller Widrigkeiten konsequentes Handeln ist Stoltes Worten zu entnehmen. Damit bleibt Stolte in den Deutungsgrenzen einer »bürgerlich« dominierten Disziplin, in der eine Erhebung Bechers in den Rang eines »großen deutschen Dichters« wohl kaum kommunizierbar wäre. Und er bleibt anschlussfähig auch bei denjenigen Zuhörern bzw. Lesern, die sich nicht zur sozialistischen Weltanschauung bekennen. Stoltes Argumentation kann so als »Strategie des vornehmen Einverständnisses« charakterisiert werden. Indem er seinen Fachtext zu einem allgemeinen Erwartungshorizont in Beziehung setzt, der explizit jedoch nicht bedient wird, kann er auf Resonanzeffekte in der fachexternen Öffentlichkeit hoffen, ohne innerhalb der eigenen Disziplin einer unprofessionellen Politisierung oder eines »Anbiederns« an die neuen Machthaber bezichtigt zu werden.

177 Ebd., 50.
178 Ebd., 51.

3.4 Gebrauch einer marxistisch-leninistischen Basissemantik und explizite Bekenntnisse zum neuen politischen System

Bei aller personellen Kontinuität bieten sich aufgrund der angespannten Personalsituation in den Nachkriegsjahren dennoch Chancen für disziplinäre Außenseiter, sich im literaturwissenschaftlichen Feld der DDR zu etablieren: für die Remigranten Hans Mayer, Alfred Kantorowicz, Albert Malte Wagner und Gerhard Scholz genauso wie für den Volksschullehrer Joachim Müller. Diese Außenseiter bedienen sich der Basissemantik des sozialistischen Gesellschaftssystems, koppeln sich an grundlegende Vorstellungen marxistisch-leninistischer Ästhetik an und/oder erklären sich explizit bereit, bei einem Umbau des Faches im Zeichen des Marxismus-Leninismus mitzuwirken. Damit sind sie in der Lage, Leistungsangebote an eine politische Führung zu adressieren, die mittelfristig den Aufbau einer genuin marxistisch-leninistischen Literaturwissenschaft anstrebt.

Um das Handlungsbewusstsein, die Argumentationsstrategien und die Karriereverläufe der disziplinären Außenseiter soll es im folgenden Kapitel gehen. Einige der in diesem Kapitel skizzierten Prozesse sind jedoch ohne ein Verständnis dessen, was lange Jahre als gleichsam »offizielle« Vorstellung einer marxistisch-leninistischen Ästhetik bzw. einer historisch-materialistischen Literaturgeschichte gilt, nur schwer verständlich. Daher soll es zunächst in einem Exkurs um die Rolle Georg Lukács' gehen, dessen Thesen in der sozialistischen Öffentlichkeit der DDR in den Nachkriegsjahren eine beinahe kanonische Stellung erhalten. Aufgrund der Tatsache, dass Lukács innerhalb weniger Jahre zum »Papst« jener marxistisch orientierten Nachwuchsgermanisten aufsteigt, die ab den frühen 60er Jahren die Fachdiskurse zu dominieren beginnen, und er so die literaturwissenschaftliche Germanistik der DDR nachhaltig prägt,[179] erscheint eine ausführlichere Darstellung der Lukács'schen Thesen bzw. eine Rekonstruktion des Ermöglichungszusammenhangs geboten, unter denen sie eine solch gewaltige Wirkungsmacht erhalten können.

3.4.1 Exkurs: Der Einfluss Georg Lukács' auf grundlegende ästhetische Positionen in der SBZ/DDR

Gleich nach 1945 beginnt der Aufbau-Verlag auf Initiative seines Begründers Johannes R. Becher mit der Publikation ausgewählter Schriften von Georg Lukács, darunter *Deutsche Literatur im Zeitalter des Imperialismus* und *Fortschritt und Reaktion in der deutschen Literatur.* Bis 1956 werden 18 Titel von Lukács veröffentlicht, davon 13 in mehreren Auflagen, allesamt im Umfang von zehntausenden Exemplaren.[180] Diese Publikationsoffensive ist ein entscheidender Grund, warum Lukács in den nächsten Jahren einen fast kanonischen Rang in der literaturwissenschaftlichen Germanistik der DDR er-

179 Siehe dazu Kapitel 9 dieser Arbeit
180 Vgl. Marquardt 2000, 371.

hält.[181] Denn seine Schriften füllen ein theoretisches Vakuum. Ausgearbeitete Vorstellungen, wie der programmatische Neubeginn einer marxistisch-leninistischen literaturwissenschaftlichen Germanistik aussehen könnte, gibt es nicht. Weder existieren eine umfassende literaturgeschichtliche Periodisierung im Sinne des historischen Materialismus oder Entwürfe für die wissenschaftliche Neubestimmung literarischer Epochen aus der Sicht aktueller Gegenwartsprobleme, noch können die jungen marxistisch-leninistischen Literaturwissenschaftler auf eine tradierte marxistische Ästhetik zurückgreifen, die als literatur- und kunsttheoretische Grundlage für Einzelforschungen dienen könnte. Die Äußerungen der Klassiker des Marxismus-Leninismus, Texte aus der Arbeiterbewegung, so z.B. von Clara Zetkin, Rosa Luxemburg oder Franz Mehring, oder Publikationen von Kulturfunktionären wie Johannes R. Becher, Alexander Abusch, Otto Grotewohl oder Wilhelm Girnus sowie Literaturkritikern wie Paul Rilla bieten zwar erste Anhaltspunkte für eine materialistische Literaturgeschichtsschreibung,[182] doch keine systematischen Auseinandersetzungen, die als Leitlinien für den Umbau der Germanistik in eine marxistisch-leninistische Gesellschaftswissenschaft infrage kämen. Die Exildebatten unter den Marxisten, in denen beispielsweise Bertolt Brecht, Ernst Bloch oder Hanns Eisler gänzlich andere Positionen als Lukács vertreten haben,[183] sind noch nicht publiziert, genauso wenig wie die Schriften von Autoren wie Michail Lifschitz oder Gertrud Alexander, die grundlegende konzeptionelle Vorstellungen mit Lukács teilen. Lukács hat damit in den ersten Jahren praktisch ein Theoriemonopol inne. Bei marxistisch orientierten Literaturwissenschaftlern wie Mayer, Kantorowicz oder Scholz, vor allem aber auch bei den »Genossen Nachwuchswissenschaftlern« sind die Lukács'schen Schriften aus diesem Grund von Beginn an präsent und können entsprechend großen Einfluss ausüben.[184]

Besondere Anziehungskraft erhalten die Lukács'schen Arbeiten jedoch vor allem deshalb, weil er seit dem Beginn der dreißiger Jahre als ein entscheidender Stichwortgeber in den sowjetischen Ästhetikdebatten fungieren kann, die nach Kriegsende von den Kulturoffizieren in die SBZ/DDR »importiert« werden. Es ist kein Zufall, wenn gerade die in dieser Zeit entstandenen Arbeiten Lukács' zur deutschen Literaturgeschichte und zum bürgerlichen Realismus des 19. Jahrhunderts im Aufbau-Verlag publiziert werden, ist Becher doch gerade von diesen Debatten entscheidend beeinflusst.[185] Wenn Lukács' Thesen auch häufig popularisiert oder gar vulgarisiert werden, so gibt es doch kaum einen Schriftsteller oder Kritiker, der sich seinen Denkbahnen ganz entziehen kann,[186] und es sind vor allem die von Lukács vorgetragenen Überlegungen zur Vorbildlichkeit der Weimarer Klassik, zum Realismus in der Literatur sowie seine Thesen zur Dekadenz und zur Avantgarde, die »in vergröberter Form lange Zeit richtungsweisend für die Kulturpolitik in der SBZ/DDR werden«.[187]

181 Zur Rolle von Georg Lukács in der SBZ/DDR siehe vor allem die Monographien von Gallée 1996; Glowka 1968; Marquardt 1996; Zacharias 1992.

182 Siehe dazu Marx/Engels/Lenin 1987; Raddatz (Hg.) 1969.

183 Vgl. dazu beispielsweise die Beiträge dieser Autoren in Raddatz (Hg.) 1969, Bd. 2.

3.4.1.1 Lukács' Positionen in den sowjetischen Ästhetikdebatten der 30er Jahre

Seit dem Beginn der 30er Jahre gewinnt in den Ästhetikdebatten der Sowjetunion immer mehr eine Denkrichtung an Einfluss, die »die wahrheitsgetreue und historisch konkrete künstlerische Darstellung«, verbunden mit der Aufgabe, »die werktätigen Menschen im Geiste des Sozialismus ideologisch umzuformen und zu erziehen«, zur Norm erhebt.[188] Im Namen des sogenannten sozialistischen Realismus wird eine Kunstdoktrin festgeschrieben, der eine erzieherische Funktion qua Vorbildwirkung zugeschrieben wird und die daher volkstümlich und volksverbunden sein muss, um auch für die breiten Massen rezipierbar zu sein. Aus diesem Grund kommt es auch zu

---

184 Hans Mayer hat die geistige Lage in der germanistischen Literaturwissenschaft, die Lukács für Marxisten in den Nachkriegsjahren so attraktiv macht, in seinem Geburtstagsessay für Lukács folgendermaßen beschrieben: »Es ging um nichts Geringeres als im unmittelbarsten Sinne um eine ›demokratische Erneuerung der deutschen Kultur‹. Dabei erwies sich Lukács mit seinem Gesamtwerk als überaus wichtiger Bundesgenosse. Für eine marxistische Literaturwissenschaft waren auf deutschem Boden nicht mehr als Ansätze vorhanden. Franz Mehrings Wirken und Werk schienen vergessen; eine Zusammenstellung der Arbeiten von Marx und Engels über Fragen der Kunst und Literatur fehlte im eigenen Vaterland eben dieser Marx und Engels; die vorhandenen Lehrbücher und Nachschlagewerke trugen nur allzu deutlich das Kainszeichen bürgerlicher Endzeit und des ideologischen Verfalls. Da gab es hohenzollerntreue Literaturhistoriographie und Nadlers imaginäre Literaturlandschaften im Zeichen von Blut und Boden; da waren die literarisch-politischen Götzen des George-Kreises und die ›verstehenden‹ Geisteswissenschaftler aus Diltheys Schule, deren Verstehen und ›Erlebnis‹ dann schon bei Dilthey auf einigen schnurrigen Umwegen in den Bereich der Hohenzollernlegende zurückgeführt hatte. Die Stürmer und Dränger waren, glaubte man weitverbreiteten Literaturgeschichten und Monographien, als bloße Pubertätsphase anzusehen gegenüber der späteren edlen Männlichkeit der Weimarer Klassik. [...] Es sei denn, man sah, umgekehrt, die deutsche Klassik als hilflos isolierte Experimentalphase einiger genialer, aber utopischer Rationalisten und Spätaufklärer: von Anfang an zum Scheitern verurteilt, abgetrennt von der Vergangenheit durch den ›Irrationalismus‹ und die ›Gefühlsrevolte‹ einer sturm- und dranghaften ›Präromantik‹, von aller Zukunft abgeschnitten durch die eigentliche Romantik. [...] Das war die Lage, die ein wissenschaftliches Neubeginnen wahrhaft gebieterisch erzwang. Hier mußte nun Lukács wirken, und hier hat er gewirkt« (Mayer 1955, 166–168).

185 Vgl. in diesem Zusammenhang Bechers in den 30er Jahren entstandenes Lobgedicht über Lukács, das er dem Aufbau-Verlag für dessen Festschrift zum 70. Geburtstag des »Literaturpapstes« zur Verfügung stellt: »Was Würde ist der Dichtung, ihre Ehre / Hast Du gelehrt und wieder eingesetzt / Du lehrtest uns Durch-Sicht und Über-Sicht.« Vielzitiert ist Bechers emphatischer Ausruf in der letzten Strophe seiner Hymne: »Wir wurden mündig erst in deiner Lehre« (Becher 1955). Das Lukács'sche Frühwerk, das vor seinem Eintritt in die Kommunistische Partei Ungarns entstanden ist, wird genauso wenig publiziert wie sein im marxistisch-leninistischen Lager höchst umstrittenes Buch *Geschichte und Klassenbewußtsein* (1923), da diese Publikationen sich nicht für die kulturpolitische Ausrichtung der SBZ bzw. frühen DDR instrumentalisieren lassen.

186 Vgl. Batt 1975, 244. In diesem Zusammenhang sei auf die verehrende Bewunderung hingewiesen, die Lukács noch 1955 zu seinem 70. Geburtstag entgegengebracht wird (*Georg Lukács zum siebzigsten Geburtstag*) – selbst von nicht-marxistischen Gratulanten wie Thomas Mann, Hans Iwand, Leopold Magon oder Paul F. Linke.

187 Erbe 1993, 46.

188 Shdanow 1974, 47.

der Erhebung eines Realismus-Begriffs, der die »Widerspiegelung des Lebens in den Formen des Lebens« beinhaltet.[189] Diese Postulate sieht man am ehesten in der vormodernen Kunst des 18. und 19. Jahrhunderts erfüllt, während die Kunst der Avantgarde als »elitäre«, für die Massen unverständliche und daher »verarmte«, »isolierte« Kunst abgelehnt wird. Von einer sozialistischen Kunst der Gegenwart erwartet man entsprechend, dass sie sich an der geschlossenen Form der Weimarer Klassik sowie an den realistischen Romanen des 19. Jahrhunderts orientiere, die Gegenwart in ihren objektiven Zusammenhängen widerspiegele und »optimistisch« und »parteilich« den Fortschritt der sozialistischen Gesellschaft repräsentiere.

In der sogenannten »Expressionismus-Debatte«, die seit September 1937 im *Wort* stattfindet, wird der Avantgardebewegung und speziell dem Expressionismus vorgeworfen, das »klassische Erbe« zu zersetzen und zu verhindern, dass »unsere deutsche antifaschistische Literatur [...] der Beginn einer großen, wieder an die eigentlichen Traditionen der nationalen und internationalen Geisteskultur anknüpfenden Kunst werden kann«.[190] Im antifaschistischen Kampf will man die Kunst und Kultur zudem »zu einer Waffe der Volksfront« machen.[191] Zu diesem Zweck eignet sich nach Meinung der Avantgarde-Verächter allein ein an der deutschen Klassik und der großen »realistischen« Erzählliteratur des 19. Jahrhunderts orientiertes Literaturmodell, da nur dieses die Kunstrezipienten für den »politischen Humanismus« und fortschrittliche, demokratische Traditionen sensibilisieren könne.[192]

Innerhalb dieser Exildebatten können die Schriften von Georg Lukács eine besondere Wirkungsmacht entfalten. Als Antwort auf nationalsozialistische Vereinnahmungen und Verfälschungen der deutschen Literatur sowie die pauschale, »sektiererische« Missachtung bürgerlicher Kunst in der Prolet-Kult Bewegung formuliert er seine Vorstellungen von einer »fortschrittlichen« und einer »reaktionären« Linie in der bürgerlichen Kultur. Dabei wird die klassische deutsche Literatur als Höhepunkt einer einheitlichen aufsteigenden Linie verstanden,[193] die in kritischen Realisten wie Honoré de Balzac, Leo Tolstoi oder Thomas Mann ihre modernen Erben hat, während die absteigende Linie von der »irrationalen« und »subjektivistischen« Romantik direkt zum Nationalsozialismus verläuft und sich im Künstlerischen durch den Niedergang realisti-

189 Rosenberg 1993, 100.

190 Ziegler [Kurella] 1973, 51.

191 Lukács 1973, 224.

192 Siehe z. B. ebd., 227: »Zu Cervantes und Shakespeare, zu Balzac und Tolstoi, zu Grimmelshausen und Gottfried Keller, zu Gorki, zu Thomas und Heinrich Mann hat der Leser aus den breiten Massen des Volkes von den verschiedensten Seiten seiner eigenen Lebenserfahrung her Zugang. Die breite und dauernde Wirkung des großen Realismus beruht ja gerade darauf, daß die Möglichkeit dieses Zugangs – man könnte sagen – durch unendlich viele Türen gegeben ist. Der Reichtum der Gestaltung, die tiefe und richtige Auffassung dauernder, typischer Erscheinungsweisen des menschlichen Lebens bringt die große progressive Wirkung dieser Meisterwerke hervor: ihre Leser klären im Prozeß des Aneignens ihre eigenen Erlebnisse und Lebenserfahrungen, erweitern ihren menschlichen und sozialen Horizont und werden durch einen lebendigen Humanismus dazu vorbereitet, die politischen Losungen der Volksfront in sich aufzunehmen und deren politischen Humanismus zu begreifen; durch das vom realistischen Kunstwerk vermittelte Verständnis der großen progressiven und demokratischen Entwicklungsepochen der Menschheit wird für die revolutionäre Demokratie neuen Typs, den die Volksfront vertritt, in der Seele der breiten Massen ein fruchtbarer Boden bereitet.«

scher Methoden und das Aufkommen der Dekadenz zeigt. Lukács' Ausführungen sind »eine großangelegte Ehrenrettung der humanistischen deutschen Tradition«[194] und der Versuch, anhand der »großen Werke« der Weimarer Klassik eine schlüssige Theorie literarischer Qualität zu entwickeln, die Maßstäbe bilden kann für die Gegenwartskunst. Gemäß der Forderung nach einer »bildenden Funktion« der Kunst fordert Lukács realistische Werke, die der »Schönheit« im Sinne einer Einheit von Form und Inhalt verpflichtet sind und die die Form nicht vom Leben scheiden, die im Volke wurzeln und so allgemein verständlich bleiben, und mit denen »*objektive Entwicklungstendenzen* der Gesellschaft«[195] gestaltet und Erkenntnisse über die Wirklichkeit vermittelt werden können. Kunst und Literatur werden so von Lukács als gleichsam wissenschaftliche Erkenntnismittel begriffen (gnoseologische Ästhetik), wobei sich die »Wahrheit« der Darstellung für ihn daran bemisst, inwieweit sie auf den Erkenntnissen der marxistisch-leninistischen Philosophie fußt und die »objektiven Entwicklungsgesetze« in der Wirklichkeit zu erklären in der Lage ist. Auf eine von ihm als »objektive Widerspiegelung der Wirklichkeit« bezeichnete Verfahrensweise zu verzichten, bedeutet für Lukács einen Ausdruck von Dekadenz.

Entsprechend lehnt Lukács die Avantgardebewegung und vor allem den Expressionismus ab, sieht er doch in dieser Literatur eine Verarmung des Inhalts, eine Überbetonung der Form sowie die Unfähigkeit, die Wirklichkeit in ihrer »Totalität« widerzuspiegeln und zu gestalten. Gleichzeitig wendet er sich unter Rückgriff auf die Marx-Engels'sche Kritik an Lassalles Sickingen-Drama[196] gegen die Tendenzliteratur, die den Inhalt überbetone und auf eine »künstlerische Gestaltung« der wahren - dialektischen - Objektivität verzichte. Mit ähnlichen Argumenten verurteilt Lukács die Romantik, die die Subjektivität zum Selbstzweck erhebe und von einer »reingehaltenen strengen Form« Abschied nehme, die »der konzentrierte Ausdruck des Allgemeinsten und Wahrsten am Stoffe« sei.[197] Die Romantik erscheint so als eine Verdunkelung des deutschen Geistes, als ein Weg in die Innerlichkeit, als ein Bruch mit der progressiven Aufklärungsbewegung, als Abkehr von der deutschen Klassik, als Zeichen von Obskurantismus, Dekadenz und Restauration und damit als Wegbereiter des Faschismus[198] - ein Deutungsmuster, das auch bei anderen Exilanten und späteren Kulturfunktionären vorherrschend ist und in der SBZ/DDR eine besondere Beharrungsmacht entfaltet.[199]

---

193 In Georg Lukács' bereits im Exil entstandenem Aufsatz »Fortschritt und Reaktion in der deutschen Literatur« erscheint die Klassik lediglich als eine etwa zehnjährige Periode zwischen 1794 und 1805; aus den kulturpolitischen Bedürfnissen der Nachkriegsjahre heraus propagiert Lukács gleichwohl einen umfassenderen Klassik-Begriff (vgl. z.B. Lukács 1955). Es ist jener weite Klassikbegriff, der die literaturgeschichtliche Forschung der DDR für die nächsten Jahrzehnte entscheidend prägt und die Ausrichtung der NFG unter ihrem Direktor Helmut Holtzhauer bestimmt (vgl. Ehrlich 1991, 396ff.). Zum Klassikverständnis Holtzhauers und der NFG siehe Holtzhauer 1965.

194 Marquardt 2000, 371.

195 Lukács 1973, 216. Hervorhebungen im Original.

196 Vgl. Marx/Engels/Lassalle 1969.

197 Lukács 1947a, 49.

198 Vgl. z.B. Lukács 1964, 66f. und 84f.; Lukács 1947, 53. Die rezeptionsgeschichtlich besonders zum Tragen gekommenen Aspekte im Lukács'schen Romantikverständnis hat Springer in 10 thesenartig wiedergegebenen Punkten aufgelistet: Springer 1995, 242f.

Die Kritik an der Romantik wird von Lukács als »eine höchst aktuelle Aufgabe der deutschen Literaturgeschichte« bezeichnet, die »niemals tiefschürfend und scharf genug sein kann«.[200] Ausgenommen von einer radikalen Verurteilung der Romantik werden lediglich die Schriftsteller E.T.A. Hoffmann und Joseph von Eichendorff, bei denen Lukács eine realistische Widerspiegelung ihrer Gesellschaft und eine Art »romantischen Antikapitalismus« ausmacht.[201] Ein Eichendorff-Essay wird gar in einen Band mit dem programmatischen Titel *Deutsche Realisten des 19. Jahrhunderts* aufgenommen.[202]

Da Widerspiegelung für Lukács auch immer das Aufzeigen einer »sozialistischen Perspektive« bedeutet, die die Möglichkeiten zur Gesellschaftsveränderung, genauer, zur Überwindung des Kapitalismus und zur Formierung einer sozialistischen Gesellschaft, in der Gegenwart verdeutlichen soll und damit in die Praxis hineinwirkt, wird schließlich selbst der Naturalismus als bloße Darstellung des Elends ohne optimistische Geschichtsperspektive abgelehnt, zumal Lukács hier eine Überbetonung des Stoffes ausmacht. Der sozialistische Realismus, so Lukács 1949, »erfordert gebieterisch die Stellungnahme für das Werdende und gegen das Absterbende«.[203]

3.4.1.2 Die Lukács'sche Ästhetik als Bestätigung eines traditionell bildungsbürgerlichen Kunstverständnisses

Diese Thesen Lukács' werden - wenngleich in vulgarisierter Form - nach 1945 nicht nur von den sowjetischen Kulturoffizieren, sondern auch von führenden Kulturfunktionären der SBZ/DDR bestätigt, so z.B. von Alexander Abusch, Johannes R. Becher, Alfred Kurella oder Wilhelm Girnus.[204] Dies ist nicht nur damit zu erklären, dass viele von ihnen als Exilanten direkte Beobachter der sowjetischen Debatten werden und eine Berufung auf Lukács aufgrund seines diskursiven Erfolges und seiner vor dem Hintergrund stalinistischer »Säuberungen« »relativ gesicherte[n] Stellung«[205] strategisch geboten und resonanzträchtig scheint. Ausschlaggebend für den Erfolg Lukács' ist vielmehr, dass der Bourgeois aus geadeltem Hause letzten Endes die bildungsbürgerlich geprägten mentalen Bestände der deutschen Kulturfunktionäre bestätigt. Und dies ist auch ein entscheidender Grund dafür, dass sich Lukács' ästhetische Vorstellungen auch noch nach seiner Beteiligung am Ungarn-Aufstand 1956 und dem darauffolgenden

---

199 Vgl. z.B. Abusch 1946; Kurella 1961, 174-202.

200 Lukács 1947, 69. Verständlich werden diese massiven Ressentiments vor dem Hintergrund der bisherigen Rezeptionsgeschichte der Romantik, die im 20. Jahrhundert als »Beglaubigung einer besonderen ›Weltmission‹ Deutschlands« und eines spezifisch »deutschen Wesens« galt (Klausnitzer 2002, 176; siehe auch Klausnitzer 1999 sowie G. Kaiser 2007). »Schon in der Weimarer Republik und stärker noch im Dritten Reich als literarische und künstlerische Beglaubigung eines deutschen Sonderweges gegen europäische Aufklärung und westliche ›Zivilisation‹ in Stellung gebracht, konnte das romantische Erbe auch für bestimmte politische Apologien eingesetzt und instrumentalisiert werden« (Klausnitzer 2002, 175).

201 Siehe z.B. Lukács 1947, 72; Lukács 1951, 50.

202 Lukács 1951.

203 Lukács 1972, 118.

»Lukács-Verdikt« in der Kulturpolitik sowie in der germanistischen Literaturwissenschaft als wirkmächtig erweisen.

Charakteristisch für die Ästhetikdebatten der Arbeiterbewegung ist nicht nur die Kontinuität einer bildungsbürgerlichen Wertschätzung der klassischen deutschen Literatur. Auch die Ausfälle gegen die Moderne sind keine »Erfindungen« von Sozialdemokraten und Kommunisten, sondern sie prägen insgesamt das intellektuelle Klima des Kaiserreichs und der Weimarer Republik.[206] Die bildungsbürgerlich geprägte Öffentlichkeit ist irritiert von den rasch sich ablösenden »Ismen«, den Ausdifferenzierungen einzelner Kunstrichtungen, den neuen Werken mit ihren Stoffen, Techniken und Medien und der Aufkündigung der traditionellen Rangfolge zwischen Höhen- und Massenkünsten.[207] Die Avantgarden und die Massenkünste gefährden die »kulturelle Hegemonie« des Bildungsbürgertums,[208] da sie mit den traditionellen Deutungsmustern der

---

204 Siehe in diesem Zusammenhang den Goethe-Essay »Der größte Realist deutscher Sprache« von Wilhelm Girnus, der ein paradigmatisches Beispiel für die Verknüpfung von Klassik-Verehrung und Formalismus- bzw. Romantik-Verdikt ist, wie sie in den kulturpolitischen Debatten der DDR immer wieder vollzogen wird. Goethe, »der eigentliche Höhepunkt der bürgerlichen Kultur in Deutschland« (Girnus 1953, 9), erscheint hier als ein vehementer Verfechter des Realismus, der allen Versuchen, die Form zu verabsolutieren, entgegengetreten sei und der bereits die »reaktionären Entartungserscheinungen der Romantik« abgelehnt habe (ebd., 87): »Die Ideenverwandtschaft der subjektivistischen Tendenz der Romantik mit den modernen Verfallserscheinungen der Kunst im Zeitalter des Imperialismus, mit dem Neoromantizismus, dem Symbolismus, dem Expressionismus, dem Surrealismus springt trotz aller grundsätzlichen Unterschiede in dem gesellschaftlichen Inhalt dieser Erscheinungen in die Augen. Es handelt sich um die Erhebung der formlosen Willkür einer für Fäulniserscheinungen exaltierten Phantasie zum Tyrannen des künstlerischen Schöpfertums. Dieser subjektiven Manier der romantischen Ästhetik stellt Goethe die objektive Methode des klassischen Realismus gegenüber, und er holt zum entscheidenden Schlag gegen sie aus, indem er die Beziehung dieser beiden gegensätzlichen, einander ausschließenden Methoden als den typischen ideologisch-künstlerischen Ausdruck des Gegensatzes zwischen Reaktion und Fortschritt charakterisiert« (ebd., 91). »Goethe sagt die Wahrheit, wenn er das Klassische als das Gesunde und das Romantische als das Kranke bezeichnete. Es ist daher nur logisch, daß Hitler die Romantik als *das* Vorbild hinstellte. Bei seiner Verteidigung der Klassik gegen die Romantik befand Goethe sich historisch also im Recht. Hätte sich die deutsche Literatur der Folgezeit dieses literarischen Alps durch eine gründliche Kritik entledigt, in der Goetheschen Richtung orientiert und sich auf diesem Wege schöpferisch weiterentwickelt, wäre sie im Weltmaßstab wettbewerbsfähig geblieben. Da sie es nicht tat, sank sie unter das Niveau anderer Nationalliteraturen, die sie während der Epoche Goethes zeitweilig überragt hatte. Der einzige Dichter, der nach der Klassik Weltgeltung errang, Heinrich Heine, erreichte das nicht zum geringsten deshalb, weil er diese kritische Abrechnung mit der Romantik an sich selbst vollzog« (ebd., 95). Mit der grundlegenden Abwertung der »kranken« idealistischen Ästhetik, die die gesellschaftliche Verantwortung der Kunst verneine, subjektivistisch und wirklichkeitsfeindlich sei und sich von der »objektiven Wahrheit« verabschiedet habe, habe Goethe »den entscheidenden Grundsatz für die Erkenntnis und Bewertung der Kunst überhaupt und den Kampf der verschiedenen Richtungen in ihr gefunden und ausgesprochen, ein Grundsatz, der auch heute seine volle Gültigkeit besitzt« (ebd., 87).

205 La Presti 2000, 50.

206 Vgl. Bollenbeck 1999.

207 Vgl. ebd., 30f.

208 Zur »kulturellen Hegemonie« des Bildungsbürgertums siehe ebd., 84–98.

bildungsbürgerlichen Kunstsemantik nicht mehr begreifbar sind. Als internationale Phänomene sind sie nicht mehr Ausdruck eines »deutschen Wesens«; sie werden in hohem Maße kommentierungsbedürftig und entziehen sich so ihrer »bildenden Funktion«, und sie brechen mit einer ästhetischen Vorstellung, die die »Schönheit« der Kunst sowie die Einheit von Form und Inhalt zur Norm erhebt. Mit den drei Argumentationsfiguren der bildungsbürgerlichen Kunstsemantik können die neuen Künste als »undeutsch«, »entartet«, »volksfremd«, »elitär«, »unverständlich«, »hässlich« oder als gesellschaftsgefährdender »Schmutz und Schund« verurteilt werden.[209] Auch die »drastischen« Darstellungen des Naturalismus und die »phantastische« Romantik werden z.T. bereits im 19. Jahrhundert im Namen eines »Idealrealismus« ausgegrenzt und abgewertet.[210]

Gewiss, die antimodernen Affekte des Bildungsbürgertums rücken in den Ästhetikdebatten der Arbeiterbewegung in einen neuen Zusammenhang ein. So bemängelt schon Mehring an der modernen Kunst ihre fehlende »sozialistische Perspektive« und ihren »Pessimismus«.[211] Auch in der SBZ/DDR erfolgt die Abwertung der Moderne nach dem »Re-Import« bildungsbürgerlicher Redeweisen über die Sowjetunion vor allem aufgrund ihrer mangelnden Eignung für den volkspädagogisch-humanistischen Auftrag der Künste und den antifaschistischen bzw. prosozialistischen Kampf sowie aufgrund der gnoseologischen Widerspiegelungstheorie des Marxismus-Leninismus. Doch letztlich werden durch Lukács und die offizielle Sowjetästhetik lediglich tradierte ästhetische Geschmacks(vor)urteile bestätigt.[212] Lukács bietet zwar eine Sichtweise, die als eine anspruchsvolle marxistisch-leninistische Alternative zu den »bürgerlichen« Ästhetik- und Literaturtheorien gelten kann, die aber gleichzeitig eine hohe Kompatibilität mit tradierten Denkstilen aufweist. Nicht nur, weil Lukács ein ausgewiesener Kenner der deutschen Philosophie- und Literaturgeschichte ist und ein großer Teil seiner Arbeiten auf diese Traditionen Bezug nimmt: Mit Lukács kann man sich als Marxist verstehen, »ohne aus dem Dunstkreis der Geistesgeschichte heraustreten zu müssen«, denn er bietet, geprägt vor allem von Hegel, »eine materialistische Ästhetik aus dem Geist des deutschen Idealismus.«[213] Vereinfacht ausgedrückt: Lukács liefert mit seiner Ästhetik »den Kulturpolitikern Gründe dafür nach, warum ihr ›Geschmack‹ in ästhetischen Fragen der richtige [ist] und wieso er mit ihrer marxistischen Weltanschauung übereinstimmt[].«[214] Zum Teil in bildungsbürgerlichem Umfeld aufgewachsen, an »klassischen« Kunstwerken geschult und in der Tradition einer philosophischen Ästhetik stehend, die die künstlerische Form als anschauliche Gestalt des Inhalt auffasst und die damit jegliche Verselbständigung der Form ablehnt, fehlt den Funktionären zumeist jegliches Verständnis für die radikalen, provokatorischen Künste der Avantgar-

209 Vgl. ebd., z.B. 24.

210 Vgl. ebd., 78ff.

211 Vgl. z.B. Mehring 1896/97, 129f.

212 Es ist daher nicht überraschend, dass sich überkommene Ablehnungsstereotype gegenüber der Moderne in den 50er und 60er Jahren auch noch in westdeutschen Debatten finden lassen, obgleich es dort im Gegensatz zur DDR die in den Dienst der Systemauseinandersetzung gestellte Moderne ist, die sich als besonders wirkmächtig erweist (vgl. Bollenbeck 2000, bes. 208f.; siehe auch das Kapitel »Konstanz der Deutungsmuster« in Gärtner 1997, 140–164).

213 Rosenberg 1997, 220. Vgl. in diesem Zusammenhang auch Jung 1989, 115f.

214 Jäger 1994, 21.

den und ihr Sichabstoßen von bisher erreichten künstlerischen Leistungen.[215] Dies gilt umso mehr, als man durch die Avantgarden die Bemühungen des besten Teils der Arbeiter diskreditiert sieht, »sich zu einem Kunstverständnis hinaufzuarbeiten, das klassische Schönheit zu verstehen und zu schätzen weiß.«[216]

Vor diesem Hintergrund ist es nicht weiter verwunderlich, wenn in der gegen Ende der 40er Jahre von Shdanow initiierten »Formalismus«-Kampagne immer wieder im Sinne der bildungsbürgerlichen Kunstsemantik argumentiert und die kulturelle Moderne unter dezidierter Berufung auf die Vorbildlichkeit der klassischen deutschen Kunst abgelehnt wird. Exemplarisch kann dies an den beiden zentralen kulturpolitischen Dokumenten dieser Kampagne gezeigt werden, dem mit dem Pseudonym »N. Orlow« unterzeichneten Zeitungsartikel »Wege und Irrwege der modernen Kunst« des Kulturoffiziers Wladimir S. Semjonow vom 20./21. Januar 1951[217] sowie der Entschließung des ZK der SED mit dem Titel »Der Kampf gegen den Formalismus in Kunst und Literatur, für eine fortschrittliche deutsche Kultur« vom 17. März 1951.[218] Unter Rück-

---

215 Es sei erwähnt, dass sich die Ablehnung der kulturellen Moderne nicht nur auf die Höhen-, sondern auch auf die Massenkünste wie den Film, den Jazz oder den Rock'n'roll bezieht. Diese Massenkünste werden ebenfalls als Bedrohung der klassischen deutschen Kunst und damit des »deutschen Volkes« empfunden und häufig mit jenen Abwertungs- und Ausgrenzungsbegriffen »Schmutz und Schund« abqualifiziert, mit denen die Bildungsbürger bereits seit dem 19. Jahrhundert ihre Ablehnung gegenüber der »Unkultur« zum Ausdruck gebracht haben. Siehe z.B. Johannes R. Bechers Diskussionsbeitrag auf dem III. Parteitag der SED im Juli 1950: »Unversöhnlicher Widerstand gegenüber dem Schund und dem Schmutz, mit dem unser Volk von den amerikanischen Geschäftemachern überschwemmt wird [...]« (Becher 1972, 152). Für Alexander Abusch sind der »dekadente Klamauk von ›Rock and Roll‹« sowie die »anderen modischen Exzesse[ ]« des Westens eine Ergänzung zur »bürgerlichen Bankrott-Philosophie des Nichts«, die »Kehrseite der gleichen Medaille: Beides sind Erscheinungen der kulturellen Fäulnis des Imperialismus« (Abusch 1967, 298). Zu den bildungsbürgerlichen Ressentiments hinsichtlich der Massenkünste schreibt Georg Bollenbeck: »[D]ie Massenkünste widersprechen sozusagen ›suis generis‹ den drei tradierten Argumentationsfiguren, und sie erweisen sich als resistent gegenüber den Einwänden der gebildeten ›Kulturträger‹. Deshalb sind sie mit den konträren Argumentationsweisen der Traditionalisten und der moderaten Modernen nicht zu ›fassen‹. Sie lassen sich ursprungsmythologisch schwerlich auf das Volk oder das im Volk ›wurzelnde‹ Genie zurückführen; sie wollen das Individuum nicht bilden, sondern unterhalten; die nationalkulturelle ›ideale Habe‹ interessiert sie nur als Stoffreservoir; sie fühlen sich nicht dem schönen Schein der tradierten Ästhetik verpflichtet, sondern der Spannung und Rührung des Publikums« (Bollenbeck 1999, 160). Zur Karriere der Begriffe »Schmutz und Schund« sowie den bildungsbürgerlichen Abwertungsstereotypen gegenüber den Massenkünsten siehe ebd., 159–164, 166–171.

216 Mittenzwei 1997, Bd. 2, 433. Dass man auch nach 1945 an der Vorstellung einer Teilhabe der Arbeiter an der bürgerlichen »Hochkultur« anknüpft, zeigt sich bereits im Februar 1946 auf der »I. Zentralen Kulturtagung« der KPD. Dezidiert wendet man sich gegen linksradikales Sektierertum und alle Versuche, eine »neue Kunst« speziell für Arbeiter zu schaffen. Dagegen soll der Zugang zur vorhandenen Höhenkunst erleichtert werden: »**Wir wünschen, daß den Arbeitern die Möglichkeit gegeben wird, die Staatsoper und die besten Theater zu besuchen.** Wir wünschen darüber hinaus, daß die besten Kunstausstellungen und Konzerte auch in den Arbeiterbezirken veranstaltet werden und somit den Werktätigen nicht eine gesonderte Kunst, ein Kunstersatz dargeboten wird, sondern das Beste, was künstlerische Schaffenskraft hervorzubringen vermag« (Ackermann 1946, 32. Hervorhebungen im Original).

217 Orlow 1972. Zu Semjonow und seiner Rolle in der SBZ/DDR siehe Mittenzwei 2001, 33f.

griff auf die drei tradierten Argumentationsfiguren der bildungsbürgerlichen Kunstsemantik wendet man sich gegen eine Kunst, die nicht organisch mit dem Volke verbunden sei, die den Menschen unverständlich bleibe und ihre »bildende Funktion« nicht erfülle und die ein für die bürgerliche Kunst charakteristischer Ausdruck einer »Krise des Häßlichen«[219] sei. Statt im Namen des Realismus das Schöne, Harmonische, Proportionierte, Optimistische darzustellen, das dem Aufbau einer neuen Gesellschaft dienen könne, huldige der »Formalismus«, unter den alle unliebsamen »Ismen« subsumiert werden können, dem »Kult des Häßlichen«[220] und verherrliche das Reaktionäre, Gemeine, Pornographische. Indem er »in dem Bestreben, unter dem Vorwand oder auch der irrigen Absicht, etwas ›vollkommen Neues‹ zu entwickeln, den völligen Bruch mit dem klassischen Kulturerbe« vollziehe, erfülle der »Formalismus« »in allen seinen Spielarten die Aufgabe, das Nationalbewußtsein der Völker zu unterhöhlen und zu zerstören«.[221] Damit erweise er sich als »echtes Kind des *Kosmopolitismus*«,[222] »dessen Ziel es ist, die deutsche Nation durch die amerikanischen Imperialisten zu versklaven«.[223] »Formalismus« und »Kosmopolitismus« werden so zum Verdikt, während die Wert- und Identifikationsbegriffe »Realismus« und »deutsche Nationalkultur« (in Varianten auch »nationales Erbe«, »nationale Kultur«, »klassisches Erbe« etc.) als »Allheilmittel« und Gegenstrategie zu all dem erscheinen, was pauschal abgelehnt wird.[224] Unter Rückgriff auf ein gnoseologisches Realismus- und Widerspiegelungsmodell wird somit in der DDR letztendlich der bürgerliche Literaturkanon - um die Romantik und einige politisch reaktionäre Autoren verkürzt und um revolutionsdemokratische Literatur erweitert - weitgehend aufrecht erhalten.[225]

Nach diesem zum Verständnis vieler Prozesse innerhalb der germanistischen Literaturwissenschaft notwendigen Exkurs zum Einfluss Georg Lukács', seiner Realismus- und Widerspiegelungstheorie und seinem Literaturgeschichtsbild sowie zu den Ästhetikdebatten in der SU der 30er Jahre bzw. in der SBZ/DDR der Nachkriegsjahre sollen nun die germanistischen Außenseiter, ihre Argumentationsweisen, ihr Handlungsbewusstsein und ihre Karriereverläufe näher untersucht werden.

---

218 Entschließung des ZK der SED 1972.

219 Orlow 1972, 165.

220 Vgl. ebd., 165.

221 Entschließung des ZK der SED 1972, 180.

222 Girnus 1972, 173.

223 Orlow 1972, 167.

224 Vgl. La Presti 2000, 50f. Vgl. auch D. Schlenstedt 2000, bes. 39f.

225 Vgl. Rosenberg 2000a, 187f. »Nur einmal - im Fall Nietzsches - wird der Versuch unternommen, einen bereits als eine Zentralgestalt der deutschen Literaturgeschichte anerkannten Autor aus dem Kanon gänzlich zu eliminieren. Ebenso einmalig ist das Bemühen, Marx und Engels und mit ihnen einen bisher fast völlig ignorierten Schriftsteller - Georg Weerth - in der ›Kernzone‹ des Kanons zu etablieren. [...] Die Hauptarbeit am Kanon wurde [...] auf dem Feld der Neuinterpretation und der Umwertung geleistet« (Rosenberg 1997, 228). Zur Weerth-Rezeption in der DDR siehe auch Rosenberg 2003.

3.4.2 Aufstieg und Fall eines »Star-Germanisten«: Hans Mayer

3.4.2.1 Gründe für Mayers Anschlussfähigkeit im literaturwissenschaftlichen Feld

Von den genannten Außenseitern gilt Hans Mayer als der zunächst erfolgreichste. Innerhalb von wenigen Jahren vermag er zu einer Art »Star-Germanist« im literaturwissenschaftlichen Feld der DDR aufzusteigen.[226] Denn wie kaum ein anderer ist er in der Lage, »mehrfachadressierend« Ressourcenelemente aufzubauen. Mit Blick auf die fachinterne Öffentlichkeit weiß er sich als Fachwissenschaftler zu inszenieren. Innerhalb des etablierten literaturwissenschaftlichen Feldes mag man Mayers kontinuitätsgefährdender soziologischer bzw. sozialhistorischer Herangehensweise zwar mit Ressentiments begegnen und den »Aufstieg« des Außenseiters beargwöhnen: Als »dilettantisch« lassen sich seine Publikationen - zumindest öffentlich - jedoch nicht bezeichnen, zumal Mayer sein politisches Bekenntnisvokabular lediglich verhalten einsetzt. Bei aller grundlegenden Zustimmung zum Marxismus fehlen rhetorische Verbeugungen gegenüber der SED/DDR oder enthusiastische Lobpreisungen Lenins oder Stalins. Seine »aus Distanz und Reserve, aber gewiß nicht ohne Leidenschaft geschriebenen«[227] Bücher und Aufsätze gelten als kenntnisreich und sind im Gegensatz zu vielen Publikationen der nachfolgenden marxistisch-leninistischen Wissenschaftlergeneration fast gänzlich frei von tagesaktueller Polemik gegenüber »bürgerlichen« Wissenschaftlern oder dem Westen, so dass sie auch von linksliberalen westdeutschen Rezensenten positiv besprochen werden können.[228] Aus Mayer spricht kein verbissener Ideologe, der politische Alltagskämpfe in die Wissenschaft hineinzutragen versucht. Vielen dogmatischen Verengungen der Parteiideologen steht er kritisch gegenüber. Zudem legt Mayer mit seiner im Exil entstandenen Untersuchung *Georg Büchner und seine Zeit* (1946) gleich nach Ende des Krieges eine umfangreiche Publikation vor, mit der er seine berechtigten Ansprüche auf Zugehörigkeit zum literaturwissenschaftlichen Feld artikuliert. Letztlich bleibt Mayer dem »bürgerlichen« Postulat der Wissenschaftlichkeit verpflichtet, das auf die Einhaltung fachspezifischer Maßgaben pocht, wissenschaftliche »Objektivität« und politische »Neutralität« einfordert und damit die Häufung von politischer Basissemantik als Verstoß gegen professionelle Standards begreift. Dies garantiert Mayer auch beim politischen Gegenüber zumindest bedingte Anschlussfähigkeit. So erinnert sich Benno von Wiese an Diskussionen, bei denen er, von Wiese, »nicht den geringsten Ärger« mit dem DDR-Germanisten gehabt habe, der europäisch orientiert und nicht gewillt gewesen sei, »als Propagandist der sozialistischen DDR aufzutreten«.[229] Letztlich sei es lediglich um den Gegensatz zwischen linksliberalen und rechtsliberalen Auffassungen gegangen.[230]

Auch beherrscht Mayer den innerhalb des Faches so resonanzträchtigen Einsatz der nationalkulturellen Semantik. Bürgerlicher Herkunft, von Kindesbeinen an konfron-

226 Vgl. Hermsdorf 1995, 577.
227 W. Jens 1977, 86.
228 Vgl. z.B. I. Jens (Hg.) 1977.
229 von Wiese 1982, 341.
230 Ebd.

tiert mit klassischem deutschen Bildungsgut, umfassend gebildet[231] und geprägt durch die Lukács'sche Ästhetik, die letztlich dem Geist des deutschen Idealismus verpflichtet ist, bleibt Mayer bildungsbürgerlichen Deutungs- und Wertungsschemata verhaftet. Bei aller prinzipiellen Aufgeschlossenheit gegenüber der in der etablierten Germanistik beargwöhnten literarischen Moderne ist Mayer ein Verfechter realistischer Literatur, der nicht ohne Pathos von den großen Leistungen der Weimarer Klassik schwärmt und ihre ästhetische und sittliche Vorbildlichkeit herausstellt.[232] In seinen Vorlesungen spricht Mayer nach den Erinnerungen von Gerhard Kluge »mit Vorliebe von den Traditionen bürgerlicher Aufklärung, immer wieder - durchaus im Sinne von Lukács - vom citoyen, weniger vom bourgeois, kaum vom Proletarier und so gut wie gar nicht vom sozialistischen Menschen«.[233] Selbstverständlich sind für ihn die Kontakte zu westdeutschen Literaturwissenschaftlern wie Fritz Martini, Wolfgang Kayser, Benno von Wiese, Friedrich Beißner oder Jost Trier, die er zum produktiven Gedankenaustausch z.T. auch nach Leipzig einlädt und vor seinen Studenten sprechen lässt. Auch wenn die politisch-ideologischen Differenzen unübersehbar sind, so bleibt die Verständigung mit seinen »bürgerlichen« Fachkollegen durch mentale und fach-wissenschaftliche Gemeinsamkeiten, wie z.B. die Hochschätzung der Weimarer Klassik, möglich.[234]

3.4.2.2 Gebrauch der politischen und ästhetischen Basissemantik des Marxismus-Leninismus

Neben dieser Verwendung der nationalkulturellen Scharniersemantik, die neben den fachinternen die bereits angesprochenen außerfachlichen Resonanzeffekte ermöglicht, vermag Mayer jedoch auch durch seine marxistische Gesinnung Ressourcen zu mobilisieren. Mayer kann daher der Gruppe der »Doppelstaatsbürger von Partei und Fach«[235] zugerechnet werden, also jenen Wissenschaftlern in der ersten Generation des ostdeutschen Professorats, die ihre Stellung nicht nur fachlicher Eignung und moralischer Integrität, sondern auch sozialistischer Gesinnung verdanken, ohne dabei jedoch zwangsläufig SED-Mitglied zu sein.[236] Dem langjährigen Kommunisten Mayer[237] gelingt es in den Nachkriegsjahren, sich als marxistisch-leninistischer Literaturwissenschaftler zu präsentieren, der ausgehend von Marx und Engels spezifisch neue Ansätze

---

231 Mayer erweist sich quasi als Inbegriff des »allseitig gebildeten« und ungemein belesenen Gelehrten, der nicht nur mit Publikationen zu den Weimarer Klassikern, so unterschiedlichen Autoren wie Thomas und Heinrich Mann, E.T.A. Hoffmann, Stephan Hermlin, Bertolt Brecht, Heinrich von Kleist, Arnold Zweig, Johannes R. Becher, Gerhart Hauptmann oder international renommierten Schriftstellern wie Henry Fielding, Gustave Flaubert, Victor Hugo, Leo Tolstoi, Honoré de Balzac, George Bernard Shaw, Edgar Allan Poe, Denis Diderot und Arthur Rimbaud Anerkennung erwirbt, sondern auch auf den Feldern Philosophie, Musik, Kunst oder Soziologie einschlägige Kenntnisse aufweist.

232 Vgl. z.B. Mayer 1949; Mayer 1949a; Mayer 1954b; Mayer 1957a.

233 G. Kluge 1985, 201.

234 Dieses Nebeneinander von bildungsbürgerlichen Mentalitäten und marxistischer Gesinnung spürt Kluge, wenn er ausführt, man habe Mayer damals in Leipzig »fast für einen Bürger auf der Suche nach der eigenen Identität halten können« (G. Kluge 1985, 201).

235 Konrád/Szelényi 1978, 292.

in das literaturwissenschaftliche Feld hineinzutragen versteht. Damit bedient er eine kulturpolitische Programmatik, die durch Kontinuitäten und Diskontinuitäten geprägt ist und bei allen bündnisstrategischen Überlegungen, der Beschwörung eines identitätsstiftenden Nationalismus und der Beharrungsmacht traditionell bildungsbürgerlicher Deutungsmuster doch den Anspruch erhebt, etwas gänzlich Neues aufzubauen, mit »bürgerlich-reaktionären« Strömungen zu brechen sowie das »kulturelle Erbe« im Sinne des Marxismus-Leninismus weiterzuentwickeln und es dem sozialistischen Fortschritt dienlich zu machen.

So sind Mayers Vortrag »Aufgabe der deutschen Literaturforschung in unserer Zeit« auf der germanistischen Fachkonferenz in Leipzig 1948 oder der im gleichen Jahr verfasste Aufsatz »Die deutsche Literatur und der Scheiterhaufen«[238] Angriffe auf die Methoden der »bürgerlichen« Literaturwissenschaft.[239] Während sämtlichen Richtungen der »bürgerlichen« Germanistik »das Substrat der politisch historischen Entwicklung«[240] fehle, plädiert Mayer für eine Herangehensweise, die literarische Werke gemäß marxistisch-leninistischen Prämissen als »Widerspiegelung« der Gesellschafts- und Klassenverhältnisse begreift und darüber hinaus »den Geschichtsablauf als einen gesetzlichen« versteht.[241] Mayer bekennt sich deutlich zur »Fruchtbarkeit der Lehren von Marx und Engels im Gebiete der Ästhetik und Literaturgeschichte«;[242] der marxistische Ansatzpunkt gilt ihm als »der richtige«.[243] In seinen literaturwissenschaftlichen Untersuchungen bemüht sich Mayer, »eine historisch-materialistische Analyse zu entwi-

---

236 Zu der Metapher von den »Doppelstaatsbürgern von Partei und Fach« schreibt Jessen (1999, 316): »Wenn man die Formulierung nicht zu eng auslegt, kann man sie zur Kennzeichnung dieser Gruppe übernehmen, da sie deren Besonderheiten prägnant erfaßt und sie zugleich von den beiden Gruppen mit ›einfacher Staatsbürgerschaft‹ abgrenzt: von der alten Professorenschaft, die ihre Position auf wissenschaftliche Kompetenz, Titel, Stelle und Milieuzugehörigkeit gründet, und von den noch vorzustellenden Parteikarrieristen, deren Universitätslaufbahn vorwiegend politisch fundiert war. Die ›Doppelstaatsbürger‹ in der Gründergeneration brachten beides mit: Sie konnten wissenschaftliche Ausbildung und Praxis vorweisen und zugleich als NS-Verfolgte, Emigranten oder frühe Mitglieder der KPD ihre politisch-moralische Reputation ins Spiel bringen. Die Mischungsverhältnisse beider Faktoren wechselten von Fall zu Fall und an den Rändern ergaben sich Überschneidungen mit den alten Gelehrten bzw. den Parteiberufenen, aber ein Minimum wissenschaftlichen *und* politischen ›Kapitals‹ [...] waren erforderlich, um dieser Gruppe anzugehören. Zugleich ergab sich aus der besonderen Konstellation der ersten Nachkriegsjahre, daß es sich tatsächlich oft nur um ein *Minimum* handelte und mancher ›Doppelstaatsbürger‹ in konfliktträchtige Distanz zu den beiden Reichen der Universität und der Politik geriet.«

237 Ein Parteibuch hat Mayer allerdings nicht. Es muss offen bleiben, ob es als selbstironisches Eingeständnis seiner bekanntermaßen recht großen Eitelkeit zu deuten ist, wenn er in seiner Autobiographie zu diesem Thema bemerkt: »Ich habe dann später alle Versuchungen abgewiesen, irgend etwas zu repräsentieren, eine Idee, eine Partei, einen Staat: etwas anderes darstellen zu wollen als mich selbst« (Mayer 1988, Bd. 2, 384).

238 Mayer 1957c, bes. 203.

239 Zu Mayers Erinnerungen an diese Tagung, in denen er sich zum einzigen innovativen DDR-Literaturwissenschaftler der Nachkriegszeit stilisiert, siehe Mayer 1988, Bd. 2, 98ff.

240 Jelenski 1948, 405.

241 Mayer 1957d, 415.

242 Mayer 1949b, 223.

243 Mayer 1955, 161.

ckeln«[244] und zu einer »wahrhaft dialektische[n] Betrachtung« von gesellschaftlichen und literarischen Wirkungen und Wechselwirkungen zu kommen.[245]

Auch den kulturpolitischen »Forderungen des Tages« weiß Mayer zu entsprechen. So bestätigt er in seinen Reden zum Goethe-Jahr 1949 voller Emphase den Erbe- und Sachwalteranspruch der Arbeiterbewegung:

> Ein *neues* Geschlecht ist heute aufgerufen, die Erbschaft Goethes zu verwalten, eine Menschheit, die nicht mehr bürgerlich sein kann in jenem engen klassenmäßigen Begriff – die *Welt arbeitender Menschen*, denen Goethe stets so freundlich zugetan war, und die in seinem Werk von nun an allen Reichtum der Schönheit, der Sprachgewalt, der tiefen menschlichen Erfahrung entdecken sollen. Bleiben wir zusammen, auch über diesen Tag und diese Stunde hinaus: als eine Gemeinschaft von Menschen, die nicht bloß zusammenfand, um einmal kurz und verlegen eines Mannes zu gedenken, der uns allen als Inbegriff großer deutscher Überlieferung wert sein muß. Bleiben wir zusammen als eine Gemeinschaft, die dieses Werk sich zu erschließen bestrebt ist, denn auch für dieses Erbe gilt das Wort:
>
> Was du ererbt von deinen Väter hast,
> erwirb es, um es zu besitzen.[246]

Dabei bekräftigt Mayer zudem den Willen der kommunistischen Gesellschaftsplaner, die Weimarer Klassiker von allen »spätbürgerlichen Verfälschungen« zu befreien.[247] Auch legitimiert er den Anspruch der politischen Führung, die humanistischen Ideale der deutschen Literaturgeschichte im sozialistischen Gesellschaftssystem in die Wirklichkeit zu überführen und damit wahrhaft zu »vollstrecken«. So heißt es in einem Essay über Heine, in jener Bewegung, in der »die Lehren von Marx und Engels durch Lenin und Stalin zur weltumspannenden Idee und zu einer Wirklichkeit gemacht wurden, die auf einem Sechstel der Erde bereits den Weg vom Sozialismus zum Kommunismus durchlief«, werde bereits heute »der tiefste Gehalt von Heinrich Heines Dichtung und Denken für alle Zeiten bewahrt«.[248]

Gegenüber dem »heute noch vom Imperialismus beherrscht[en]« Westen[249] macht sich Mayer zum Anwalt sozialistischer Autoren und weiß dies resonanzträchtig mit einer Kritik am bundesrepublikanischen Literaturbetrieb bzw. an der »bürgerlichen« Literaturentwicklung zu verbinden:

> Man hat sich in Westdeutschland im Zeitungsring der offiziellen Feuilletonisten die Flüsteraufgabe gestellt, Leute auf den Dichterthron der Gegenwart zu setzen, die nicht dorthin gehören, weil man von Thomas und Heinrich Mann, von Brecht und Anna Seghers nicht reden will. So hat man Ernst Jünger und Gottfried Benn als große Dichter und große Schriftsteller erfunden.[250]

---

244 Mayer 1957e, 206.
245 Ebd., 214.
246 Mayer 1949, 84.
247 Vgl. z.B. Mayer 1957a, 71.
248 Mayer 1951, 184.
249 Mayer 1957e, 214.
250 Mayer 1957f, 191.

Während jene Autoren, »die sich ausdrücklich oder auch nur indirekt weigern, in ihren Werken und Gedanken den Bereich der bürgerlichen Welt zu verlassen«, lange Jahre keine großen literarischen Werke mehr hervorgebracht hätten, seien durch Schriftsteller, »die das bürgerliche Weltbild und die bürgerliche Welt von Grund auf in Frage gestellt haben«, »einige der größten Leistungen des deutschen Schrifttums aus den letzten Jahrzehnten« entstanden.[251]

Durch ein Geschichtsbild, das von einem gesetzmäßigen Niedergang der bürgerlichen Gesellschaft und einem Sieg des Sozialismus ausgeht, durch moderate Bezüge zu Lenin, Marx und Engels oder durch die (wenn auch zurückhaltende) Verwendung von marxistischem Basisvokabular wie »Klassenkampf«, »Ausbeutung des Menschen durch den Menschen«, »bourgeoise Klassenherrschaft«, »Arbeiterklasse«, »Überlegenheit« der marxistisch-leninistischen Weltanschauung, »sozialistischer Humanismus«, »Basis und Überbau«, »Fetischcharakter der Ware«, »Produktionsverhältnisse« etc. weist sich Mayer als Marxist aus - ein Label, das zunächst von offiziellen Parteistellen bestätigt wird.[252] Dabei belässt es Mayer keineswegs dabei, seine Publikationen lediglich durch politisches Bekenntnisvokabular marxistisch »anzureichern«. Auch in seinen literaturgeschichtlichen Wertungen zeigt er sich marxistischen Deutungsmustern verpflichtet. Als theoretischer Stichwortgeber dient ihm dabei vornehmlich Georg Lukács, dessen Schriften er zur Grundlage jeglichen literaturwissenschaftlichen Arbeitens erklärt:

> [W]er in unseren Tagen zu Fragen der Literatur und Philosophie, der Gesellschaftswissenschaft und Kulturkritik Stellung nehmen möchte, am Werk des Georg Lukács aber vorübergeht, hat sich selbst damit das Urteil der Unfruchtbarkeit und der Irrmeinung gesprochen.[253]

Entsprechend beurteilt auch Mayer literarische Werke danach, inwiefern sie die gesellschaftliche Wirklichkeit in ihren »objektiven Entwicklungsgesetzen« widerspiegeln und Erkenntnisgewinne ermöglichen. Der »Grad des Realismus« wird zum entscheidenden Maßstab für den Rang eines Kunstwerkes. So erscheint etwa Schillers *Fiesko* als »Fehlkonstruktion«, da Schiller hier »einen Titelhelden wählt, welcher in gesellschaftlichem und ästhetischem Sinne nicht als typisch, im höheren Sinne als realistisch angesprochen werden kann«.[254] Dagegen habe Schiller mit *Kabale und Liebe* ein »großartiges«, weil »durch und durch realistisches Werk geschaffen. Bis in die Einzelheiten [...] haben wir es hier mit typischen deutschen Problemen zu tun. Mit Recht hat Friedrich Engels das Schauspiel als erstes großes politisches Tendenzdrama bezeichnet«.[255] Heine wird gefeiert als ein Dichter, der »echte und große Erkenntnisse in der klarsten und für das Volk prägnantesten Form zusammenfassen wollte«,[256] der sich als »ein leidenschaftli-

251 Ebd., 190.

252 Vgl. Boden 1997, 133.

253 Mayer 1949b, 224. Siehe auch Mayer 1955, 172: »Ich habe Georg Lukács unendlich viel zu verdanken und weiß nicht, wo ich heute stünde, wäre ich ihm und seinem Denken nicht begegnet.«

254 Mayer 1954b, 97.

255 Ebd., 97.

256 Mayer 1951, 178.

cher Gegner der weltflüchtigen Askese« erwiesen[257] und zu dessen »genialsten Einsichten« es gehört habe,

> die echte revolutionäre Spannkraft der dialektischen Methode als erster wenigstens geahnt und angedeutet zu haben, bis dann Marx und Engels den entscheidenden Schritt der ›Umstülpung‹ und Befreiung der Dialektik aus Hegels idealistischem System vollzogen.[258]

Die Beurteilung von Hesses *Glasperlenspiel* erscheint deshalb ambivalent, weil dem Autor einerseits »eine tiefe und wahrhaft kritische Einsicht in die Verfallssymptome der bürgerlichen Welt gelungen«[259] sei, er aber andererseits nicht in der Lage gewesen sei, »die Zusammenhänge zwischen der gesellschaftlichen Basis und ihrem literarisch-künstlerischen Überbau« zu erfassen: Mit der Konsequenz, dass Hesse keinen »Weg zur Überwindung solchen geistigen Verfalls zu zeigen« vermocht habe.[260] Mit Blick auf das ausgehende 19. Jahrhundert bezeichnet Mayer allein die Werke der »großen deutschen realistischen Erzähler« als »lebensvoll und künstlerisch legitim«,[261] da nur diese die »häßliche, kunstfeindliche Wirklichkeit« zur Kenntnis genommen und in ihren Werken verarbeitet hätten.[262]

In seinem Literaturgeschichtsbild bekennt sich Mayer ausdrücklich zur Lukács'schen Binäropposition von »Fortschritt und Reaktion«.[263] Es könne keine deutsche Tradition geben, in der etwa Goethe und Schiller neben Friedrich Nietzsche stünden: »Diese Gleichung wird nicht aufgehen: es wäre eine Gleichung aus Aufstieg und Abstieg, aus Anfang und Ende, Fortschritt und Rückschritt«.[264] Wie bei Lukács ist bei Mayer das Scheitern der bürgerlichen Revolution von 1848 der Scheidepunkt, an dem der »Verfall der deutschen Ästhetik und Literaturdeutung«, der »Niedergang deutscher Dramatik«, der »Verfall der deutschen Essayistik« eingesetzt habe.[265] Die Parallelen zwischen Lukács und Mayer sind unübersehbar: Auch Mayer postuliert die Einheitlichkeit der Aufklärungsbewegung mit den Weimarer Klassikern als ihrem Höhepunkt, auch er sieht in Theodor Fontane, Gottfried Keller, Wilhelm Raabe, Arnold Zweig oder Thomas und Heinrich Mann »[d]ie wirkliche Nachfolge der großen epischen Realisten aus dem goldenen Zeitalter der bürgerlichen Literatur«.[266] Da für Mayer wie für Lukács allein der Realismus das »Gesunde« ist,[267] drücken sich Ressentiments aus gegenüber einer weltabgewandten, experimentellen literarischen Moderne, die letztlich »der gesellschaftlichen Krankheit Vorschub« geleistet habe.[268] Entsprechend hebt Mayer in seinem Geburtstags-Essay über Lukács lobend hervor, dieser habe sich »durch keine formale Neuerung eines Joyce oder Dos Passos, durch keine Oh-Mensch-Tirade des

257 Ebd., 179.
258 Ebd., 181.
259 Mayer 1954a, 235.
260 Ebd., 234.
261 Mayer 1957b, 143.
262 Ebd., 143.
263 Mayer 1955, 166.
264 Mayer 1957a, 71.
265 Mayer 1949, 15.
266 Mayer 1955, 169.
267 Mayer 1949, 15.
268 Ebd., 16.

Expressionismus, durch keinen Avantgardismus literarischer Revoluzzer über die wirkliche geschichtliche Funktion dieses Neuerertums hinwegtäuschen« lassen.[269] In seinem Essay über »Deutsche Literatur und Weltliteratur« von 1954 bemerkt er, gegen Autoren wie Franz Kafka, Hugo von Hofmannsthal, André Gide, Marcel Proust, Knut Hamsun, James Joyce oder T.S. Eliot bzw. ihre wichtigeren Werke lägen »schwerstwiegende Einwände« auf der Hand.[270] Der expressionistischen Auffassung vom Menschen wirft Mayer vor, eine bloß »folgenlose und darum im Kern rückschrittliche« gewesen zu sein.[271] Dies ist zwar weit entfernt von jeglichem »Dekadenz-Geheul« bornierter Kulturpolitiker, entspricht aber der Tendenz nach doch den Werturteilen von Funktionären wie Abusch, Girnus oder Kurella.

Dies gilt zunächst auch für Mayers Romantikbild. So wird die »fortschrittliche« Linie Goethe - Schiller - Heine gegen die Romantik in Stellung gebracht, die »im Sinne traumhaft unernster Verstiegenheit der Wirklichkeitsflucht, unbewußter und meist sogar bewußter Rechtfertigung unwürdiger Lebensformen« gewirkt habe.[272] Ausgenommen wird hier wie bei Lukács lediglich jener Teil des Werkes E.T.A. Hoffmanns, der als »realistisch« gelten könne.[273] In Anlehnung an Goethes Gegenüberstellung von »kranker Romantik« und »gesunder Klassik« erscheint das Romantische bei Mayer als das »Abseitig-Kranke«, als ein Abwenden von Goethes Anliegen einer »Forderung des Tages«,[274] als »unpolitische Bedichterei höchst privater Leiden und Nöte«.[275] Heinrich Manns These, nach der das Lebensgefühl der deutschen Romantiker »das niedrigste [sei], das eine Literatur haben kann«, wird von Mayer vollauf bestätigt.[276] Letztlich sieht auch Mayer wie Lukács die Romantik als Teil jenes »Irrwegs der Nation«, der schließlich zum Faschismus geführt habe:

> Von der Romantik aus gab es keinen Weg; da aber die Romantik seit Goethes Tod in unserem geistigen Leben immer beherrschender wurde, erst recht in den ersten Jahrzehnten unseres Jahrhunderts das seelische Klima Deutschlands beeinflußte; da immer wieder in der Nachfolge Wilhelm Raabes und des frühen Hermann Hesse der Kult des ›einfachen

269 Mayer 1955, 169. Siehe auch Mayer 1949b, 221f.: »In einem großen [...] Aufsatz vom Jahre 1939 über des Expressionismus ›Größe und Verfall‹ wurde nachgewiesen, daß jene einstmals so modern, so fortschrittlich anmutende Stilrichtung nichts anderes darstellte als einen ästhetischen und daher auch politischen Irrweg: als eine Umdeutung der wirklich marxistischen Literaturtheorie ins Kleinbürgerlich-Unverbindliche, eng verbunden mit der politischen Funktion der einstigen ›unabhängigen‹ Sozialdemokratie der Jahre nach 1918. Georg Lukács versagte sich auch als Literaturkritiker allen Experimenten der Expressionisten, Surrealisten und scheinbaren Neuerer. Er stellte das künstlerische Problem des Realismus nicht bloß als ästhetische Forderung, sondern mit Nachdruck auch als Prinzip der geistigen Klarheit und politischen Richtigkeit. Realistisch waren die Kunsttheorie und die schriftstellerische Praxis Gottfried Kellers und Balzacs, der großen Franzosen und Russen des 19. Jahrhunderts. [...] An solchen Beispielen gemessen, mußte sich der Formalismus der Expressionisten und ihrer Nachzügler nicht bloß geistig unklar, sondern gerade auch künstlerisch ärmlich darstellen«.

270 Mayer 1957f, 190.

271 So Mayers Urteil über die »O-Mensch-Emphase« der Expressionisten: Mayer 1957b, 148.

272 Mayer 1957f, 180.

273 Ebd., 180.

274 Mayer 1949, 15.

275 Ebd., 25.

276 Vgl. ebd., 23.

Lebens‹, der Abkehr von gesellschaftlicher Verantwortlichkeit betrieben wurde, entstand schließlich eine Schriftstellergeneration, die wahrhaft schrieb wie die ›letzten Menschen‹. Herabgesunkenes Lebensgefühl der deutschen Künstler und Schriftsteller fand die dialektische Entsprechung in der Barbarei des öffentlichen Lebens.[277]

Mayer gelingt es wie keinem anderen DDR-Germanisten der Nachkriegsgeneration, mehrfachadressierend Resonanzeffekte zu mobilisieren: indem er sich fachspezifischen Maßgaben unterwirft (Wissenschaftlichkeit, disziplinäre Autonomie), bildungsbürgerliche Deutungsmuster des Faches sowie der nationalkulturellen Öffentlichkeit bestätigt, als politisch moderat auftretender Intellektueller ganz im Sinne der »Volksfrontstrategie« auch im Westen (zumindest bedingt) anschlussfähig bleibt, das Literaturgeschichtsbild sowie grundlegende ästhetische Vorstellungen mit der politischen Führung teilt und einer sich im Aufbau befindenden marxistisch-leninistischen Literaturwissenschaft zu einem stärkeren Profil verhilft. Dazu kommt Mayers Hartnäckigkeit bei den Bemühungen, seine institutionelle Macht zu vergrößern, was sich etwa an den Auseinandersetzungen mit Korff und Frings um die Besetzung des neugermanistischen Lehrstuhls oder die Kompetenzzuschneidungen im Rahmen der Institutsreform zeigt.[278] Seine Wirkung ist groß,[279] vor allem bei dem jungen marxistisch-leninistischen Nachwuchs, für den Mayer in der »bürgerlich-reaktionären« Germanistik der Nachkriegsjahre eine progressive Gegenposition repräsentiert.[280] Der Leipziger Ordinarius ist bereit, marxistisch-leninistisch orientierte Germanisten zu fördern, die von seinen »bürgerlichen« Kollegen nicht unterstützt werden (wollen), und er führt eine junge Generation von Wissenschaftlern an ein neues Verständnis von Literaturwissenschaft heran, die als eine dem gegenwärtigen Gesellschaftsprozess unmittelbar verpflichtete Disziplin herausgestellt wird.[281] Zu seinen Schülern zählen u.a. Walter Dietze, Dieter Schade, Klaus Kändler, Alfred Klein, Friedrich Albrecht, Kurt Batt, Helmut Richter oder Siegfried Streller.[282]

3.4.2.3 Mayer als »Doppelstaatsbürger« mit Eigensinn

Trotz der für Mayer zunächst vorteilhaften Ressourcenkonstellation kommt es immer wieder zu Konflikten zwischen ihm und der politischen Führung – vor allem, nachdem Mayer 1956 den angestrebten Lehrstuhl für neuere deutsche Literaturgeschichte von Korff übernimmt. Denn auch wenn er sich in seinem Handlungsbewusstsein insofern deutlich von seinen »bürgerlichen« Kollegen unterscheidet, als er als überzeugter Marxist und freiwillig in die SBZ zurückgekehrter Exilant[283] bereit ist, aktiv beim Aufbau einer sozialistischen Gesellschaft mitzuwirken, so liegen seine geistigen und politischen Intentionen trotz seines grundsätzlichen Bekenntnisses zum Sozialismus weit ab von

277 Ebd., 23.

278 Vgl. Boden 2004, 455–457.

279 Mayers regelmäßig überfüllte Vorlesungen rufen sogar die Baupolizei auf den Plan (vgl. Feige 1997, 164).

280 Vgl. Materialien, Thalheim, 264.

281 Vgl. Materialien, Streller, 9.

jedwedem Stalin'schen Marxismus-Leninismus oder den Verengungen der Wissenschafts- und Kulturpolitik. Ähnlich wie andere »Doppelstaatsbürger« wie der Leipziger Philosophie-Professor Ernst Bloch, der Historiker Walter Markov oder der Romanist Werner Krauss tritt auch Mayer für eine Revitalisierung marxistischer Denkansätze auf undogmatischer Grundlage ein und steht mit solch kritischer Intellektualität häufig konträr zur Parteiorthodoxie. Der kritische Ansatz, der das Werk von Marx und Engels auszeichnet, ihre kognitive Skepsis sowie ihre methodischen Zweifel sind bei ihm nicht wie bei der Funktionärsriege dem Glauben an eine »wahre Lehre« gewichen, die es mit allen Mitteln durchzusetzen gilt.

Mayer besteht daher weiterhin auf institutioneller Autonomie, disziplinärem Eigensinn und einer ernsthaften *wissenschaftlichen* Auseinandersetzung - mit dem politischen Gegner, durchaus aber auch mit führenden Genossen, deren Autorität er in fachwissenschaftlichen Fragen nicht zu akzeptieren bereit ist.[284] Energisch protestiert er gegen Eingriffe in seinen Kompetenzbereich.[285] Als Wissenschaftler ist ihm ein reger Austausch auch mit »bürgerlichen« westlichen Literaturwissenschaftlern und Autoren selbstverständlich, die - zum Teil ohne ausdrückliche Genehmigung der Partei - in seinem Hörsaal 40 in Leipzig aus- und eingehen (so z.B. Friedrich Beißner, Fritz Martini, der Holländer Herman Meyer oder Günter Grass). Er zitiert »reaktionäre« Wissenschaftler wie den Soziologen Max Weber oder den spanischen Geschichtsphilo-

---

282 Fraglich ist allerdings, ob Mayer ›schulbildend‹ im Sinne der Ausbildung und Entwicklung einer einheitlichen theoretischen Konzeption wirken kann. In den Interviews der »Materialien«-Reihe der *Zeitschrift für Germanistik* wird die Existenz einer solchen »Mayer-Schule« bestritten. Verantwortlich dafür ist nach Ansicht von Claus Träger (vgl. Materialien, Träger, 144) und Siegfried Streller (vgl. Materialien, Streller, 10) das Fehlen eines konsequent angewandten Instrumentariums. »[D]ie methodische Vielfalt derjenigen, die über ihn in die Wissenschaftslaufbahn gekommen sind, ist erheblich größer als bei den Schülern von Gerhard Scholz« (vgl. Materialien, Streller, 10). Bei solchen Aussagen ist zu bedenken, dass es vor allem nach Mayers »Republikflucht« durchaus im Interesse seiner ehemaligen Leipziger Studenten ist, nicht als Angehörige einer »Mayer-Schule« identifiziert zu werden, genauso wie es dem Selbstverständnis der marxistisch-leninistischen Literaturwissenschaft der DDR entgegenkommen muss, in Gerhard Scholz und nicht im »Revisionisten« Hans Mayer ihren entscheidenden »Gründervater« zu sehen. Werner Mittenzwei spricht in seinen nach 1990 erschienenen Erinnerungen von einer »Mayer-Schule« (siehe z.B. Mittenzwei 2004, 59), und auch Hans Kaufmann bemerkt, Mayer habe »schulebildend« wirken können (Kaufmann 2004, 146). Allerdings stimmen auch andere ehemalige Schüler Mayers (wie z.B. Hans Poser oder Gerhard Kluge) mit den marxistisch-leninistischen Literaturwissenschaftlern darin überein, dass Mayer »außer einem etwas vagen Basis - Überbau-Bezug und Hinweisen auf Lukács« (Poser 1997, 243) keine genuin marxistisch-leninistische Interpretation literarischer Werke vorgetragen habe und eine theoretische Fundierung seiner Thesen habe vermissen lassen.

283 Mayer hielt sich in Frankreich und der Schweiz auf.

284 Als Beispiel mag die Konferenz der Literaturwissenschaftler am 31. Mai 1956 dienen, wo Mayer sich sowohl gegen die von Walter Ulbricht aufgegriffene These Stalins vom Schriftsteller als »Ingenieur der menschlichen Seele« wendet als auch Bechers These in Frage stellt, nach der die Literatur der DDR aus der Literatur der Arbeiterklasse hervorgegangen sei. Siehe dazu Mayer 1988, Bd. 2, 132-136; sowie die Auszüge v. Mayers Rede (Mayer 1972). Vgl. auch Mayers Kritik an Alfred Kurella in seinem Aufsatz »Zur Gegenwartslage unserer Literatur« (Mayer 1977, 73).

285 Vgl. Boden 1997, 133.

sophen Ortega y Gasset, zu dessen *Aufstand der Massen* er – zum Verdruss der Parteiführung – sogar eine Diplomarbeit anfertigen lässt.[286] In seinen Vorlesungen setzt sich Mayer sachlich mit Vertretern der »dekadenten bürgerlichen Literatur« wie Kafka, Joyce, Proust oder Benn auseinander, denen er als »Lukács-Schüler« zwar nicht unkritisch gegenübersteht, die er jedoch auch nicht pauschal als »dekadent« oder »formalistisch« abzulehnen und aus den Universitäten zu verbannen bereit ist. Mayer geht es um kritische Auseinandersetzungen und wissenschaftliche Differenzierungen statt um Pauschalverdikte. Explizit grenzt er sich von jenen »Besserwissern« und »Sektierern« ab, die ihre Mitmenschen »entweder für unmündig oder für bösartig« halten, so dass sie ihnen nicht zutrauen, »die Bücher so vernünftig und kritisch zu lesen, wie das notwendig wäre«.[287] Die von der SED gleichsam »verordnete« Abwertung von Autoren wie Hermann Hesse oder Carl Zuckmayer als »wertlose« Schriftsteller wird von ihm in seinen Vorlesungen und Publikationen massiv kritisiert.[288] In seinem nach Korffs Emeritierung gegründeten »Institut für neuere deutsche Literaturgeschichte« wird »der Literatur der Moderne in der Lehre ein Platz eingeräumt, auf den sie an anderen Universitäten noch lange warten musste«.[289] Auch Mayers für die damalige Germanistik höchst innovativer und von der SED wegen des »Kosmopolitismus«-Verdachts argwöhnisch beäugter Plan einer Überwindung der nationalliterarischen Perspektive wird durch eine »Abteilung für außerdeutsche Literaturen« institutionell abgesichert.

Gegenüber den verengten Vorstellungen der Parteiideologen versucht Mayer, disziplinäre Eigenlogiken geltend zu machen. So warnt er beispielsweise im Mai 1956 auf der Konferenz der Literaturwissenschaftler in Berlin davor, die Grundprinzipien der politischen Geschichte schematisch auf die Literaturgeschichte zu übertragen. Es gehe darum, die »schöpferische Rolle des Überbaus« nicht zu übersehen und die Eigengesetzlichkeit der literarischen Entwicklungen anzuerkennen.[290] Auch sei nichts »falscher und ungerechter«, als sämtliche Werke sowjetischer Literaten

> unterschiedslos als Meisterwerke, als vorbildhaft, als typisch hinzustellen. [...] Die Sowjetliteratur umfaßt, wie es gar nicht anders sein kann, einige authentische Genies, viele sehr große Begabungen, einen imponierenden Leistungsdurchschnitt – und gar nicht so wenige schwache Begabungen und schwächere, mißglückte Werke.[291]

Die Vorstellungen vom kritischen oder sozialistischen Realismus müssten dringend überprüft werden, seien sie doch allzu oft unreflektiert aus den sowjetischen Ästhetikdebatten auf die deutsche Literaturgeschichte übertragen worden. Mit solchen »immer noch bei uns grassierenden schematischen Betrachtungsweisen«, so Mayer, werde man nicht imstande sein, »das besondere Wesen unserer nationalliterarischen Entwicklung eindeutig zu erfassen«.[292] Deutlich ist Mayers Weigerung, Werken des sozialistischen

286 Vgl. Feige 1997, 160.
287 Mayer 1977, 73.
288 Vgl. Feige 1997, 163.
289 Boden 2004, 456.
290 Vgl. Mayer 1972, 437f.
291 Mayer 1957e, 215f.
292 Ebd., 234.

Realismus allein deshalb das Prädikat »wertvoll« zuzugestehen, weil in ihnen die »richtige« Weltanschauung zum Ausdruck kommt.

Vor allem Mayers Kritik an der »Gegenwartslage unserer Literatur«, von der Partei zensiert, durch eine »Panne« dann aber doch im Dezember 1956 im *Sonntag* gedruckt, ist ein Dokument des akademischen Eigensinns, werden hier doch zahlreiche Glaubensgrundsätze der Partei im Namen einer wissenschaftlich-nüchternen Kritik zurückgewiesen. Die normative Ästhetik der SED, so Mayer, führe zu Sterilität und Stagnation in der gängigen DDR-Literatur. Statt sich »mit den Tendenzen und wichtigsten Erscheinungen der modernen Künstler und Schriftsteller«[293] auseinanderzusetzen und in einer sich verändernden Welt »nach neuen Formen und Methoden der Erkenntnis *und* der Umsetzung solcher Erkenntnis in neue künstlerische Wirklichkeit«[294] zu suchen, gebe es »gefällige Reimerei« und »rotangestrichene Gartenlauben«.[295] Im Versuch, den ästhetischen und inhaltlichen Vorgaben der Partei zu entsprechen und »realistisch«, »typisch«, »positiv«, »optimistisch« etc. zu schreiben, hätten die meisten Schriftsteller lediglich »eine schematische Darstellung unserer Wirklichkeit« geliefert,

> die auch dann nicht aufhört, schematisch zu sein, wenn sie geschwätzig von wissenschaftlichem Sozialismus und werktätigen Menschen spricht, vom Volk und angeblicher Volkstümlichkeit. [...] Will man immer noch nicht zur Kenntnis nehmen, daß sich seit [...] dem Vorabend des Ersten Weltkriegs[] in den modernen Vorstellungen vom Gedicht einiges geändert hat? Will man immer noch so tun, als habe Franz Kafka nie gelebt, als sei der *Ulysses* von James Joyce nie geschrieben worden, als sei das sogenannte ›epische Theater‹ bloß ein Hirngespinst des im übrigen recht achtbaren Bertolt Brecht?[296]

Unübersehbar verlässt Mayer in seinem Beitrag die Argumentationslinie Lukács' - und damit der Parteiideologen -, nach der die Form der »großen realistischen Meisterwerke« der Literaturgeschichte als Maßstab jeglichen künstlerischen Schaffens zu gelten habe. Explizit bezieht sich Mayer jetzt auf Brecht, einen der theoretischen »Gegner« Lukács' in den Auseinandersetzungen um den Realismus. Denn Brecht plädiert für die »Weite und Vielfalt realistischer Schreibweisen« und betrachtet das Formale immer im Zusammenhang mit der gesellschaftlichen Funktionsbestimmung. Wichtig ist ihm primär, ob Literatur in der Lage ist, gesellschaftliche Zusammenhänge aufzudecken, den Leser zu aktivieren oder sozialistische Impulse zu wecken, so dass veränderte gesellschaftliche Bedingungen literarische Innovationen verlangen können, um diese Funktionen zu erfüllen. Entsprechend plädiert nun auch Mayer dafür, »literarische Gattungen und Formen in den Geschichtsablauf« zu stellen und bestimmte Gestaltungsmittel nicht zu verabsolutieren.[297] Mayer fordert, das betont er nachdrücklich, keineswegs eine »Kafka-Renaissance oder gar eine Joyce-Imitation«.[298] Eine »Gegen-Norm« zum klassischen oder kritischen Realismus aufzustellen liege ihm fern:

---

293 Mayer 1977, 73.
294 Ebd., 71.
295 Ebd., 71.
296 Ebd., 71f.
297 Ebd., 71.
298 Ebd., 72.

> Aber moderne Literatur ist nicht möglich ohne Kenntnis der modernen Literatur. [...] Will man also bei uns etwas ändern, so muß die Auseinandersetzung mit der modernen Kunst und Literatur in weitestem Umfang endlich einmal beginnen. Es muß aufhören, daß Kafka bei uns ein Geheimtip bleibt, und daß das Interesse für Faulkner oder Thornton Wilder mit illegalem Treiben gleichgesetzt wird.[299]

Doch nicht nur in seiner Behandlung der literarischen Moderne bricht Mayer mit Lukács und der »offiziellen« kulturpolitischen Ausrichtung der Partei. Auch hinsichtlich der Romantik emanzipiert sich Mayer von seinem ungarischen »Lehrer« und dem von der politischen Führungsriege mehrheitlich vertretenen Literaturgeschichtsbild und bricht mit einigen jener Positionen, die er selbst in den Nachkriegsjahren vertreten hat. In seinem Eröffnungsvortrag zu der 1962 von der Universität Leipzig veranstalteten Tagung zu Fragen der Romantikforschung entsagt er explizit der pauschalen Gegenüberstellung von »gesunder«, »fortschrittlicher« Klassik und »kranker«, »reaktionärer« Romantik. Lukács habe nicht gesehen, *»daß bestimmte wissenschaftliche Prinzipien der Aufklärung, und damit der bürgerlichen Emanzipation, nicht durch die deutsche Klassik, sondern durch die erste romantische Schule weitergeführt wurden«*.[300] Also kein radikaler »Bruch mit der Aufklärung«,[301] kein bloßer »Irrweg der Nation«,[302] sondern die aus Sicht des vorherrschenden marxistisch-leninistischen Literaturgeschichtsbildes inakzeptable Behauptung einer partiellen Überlegenheit der Romantik gegenüber der Klassik. Mit grundlegenden Vorurteilen gegenüber der romantischen Schule versucht Mayer zu brechen: Weder sei die Romantik von Beginn an eine antirevolutionäre noch eine glaubenseifrige Bewegung gewesen. Gegenüber der Französischen Revolution habe sie zu Beginn sogar »eine im allgemeinen weit positivere Beziehung« offenbart als die Weimarer Klassik.[303] Damit wird die spätere Wandlung einiger Romantiker zu religiösen Schwärmern oder zu »Gehilfen Metternichs« nicht verschwiegen.[304] Indem Mayer jedoch auf die manifesten Widersprüche in der romantischen Bewegung verweist, versucht er, zu differenzierteren Beurteilungen zu kommen.

Legitimiert wird dieser Versuch einer differenzierteren Sicht auf die Romantik auf zweifache Weise. Zum einen bemüht sich Mayer um die Autorität von Marx bzw. von »[n]euere[n] sowjetische[n] Untersuchungen zur allgemeinen europäischen Literaturgeschichte und insbesondere auch zur deutschen Romantik«.[305] Bereits Marx habe gesehen, »daß die Romantiker gerade in der Entwicklung des historischen Denkens in Deutschland einen nicht unwesentlichen Fortschritt gegenüber den Aufklärungskategorien bedeutet haben«,[306] und auch die sowjetischen Literaturwissenschaftler seien gegenüber den Lukács'schen Pauschalisierungen mittlerweile »zu einer wesentlich differenzierteren und damit auch historisch gerechteren Beurteilung der romantischen Be-

299 Ebd., 72.
300 Mayer 1963, 293f. Hervorhebungen im Original.
301 Lukács 1947, 54.
302 Abusch 1946.
303 Vgl. Mayer 1963, 303.
304 Vgl. ebd., 304.
305 Ebd., 295.
306 Ebd., 293.

strebungen« gelangt.[307] Zum anderen stützt sich Mayer bei seiner Forderung nach einer erneuten, vorurteilsfreien Auseinandersetzung mit der Romantik auf fachspezifische Maßgaben. Um überhaupt zu einer wissenschaftlich abgesicherten Wertung dieser literarischen Strömung kommen zu können, müsse die Germanistik zunächst erst einmal daran gehen, ihre Textkenntnis zu erweitern. Denn bislang habe man innerhalb des Faches noch überhaupt keine adäquate Vorstellung von dem, »was die wichtigsten Romantiker nun wirklich im Verlaufe ihres Lebens geschrieben und gedacht haben«.[308] Forschung vor Urteil statt Vorurteil - eine Argumentation, der sich die Fachkollegen zumindest argumentativ kaum entziehen können.

Innerhalb der marxistisch-leninistischen (Fach-)Öffentlichkeit sind Mayers Thesen zu diesem Zeitpunkt jedoch noch nicht kommunizierbar. Sein Romantik-Vortrag bleibt in der DDR ungedruckt[309] und ruft eine geharnischte Kritik in den *Weimarer Beiträgen* hervor, in der jeglicher Versuch einer Aufwertung der Romantik massiv zurückgewiesen wird.[310] Ihre umfassende Rehabilitation erfährt die »romantische Schule« erst in den 70er Jahren. Dass hier schließlich ähnliche Argumente vorgebracht werden, wie sie Mayer bereits 1962 formuliert hat, wird dabei jedoch verschwiegen. Auf den »Revisionisten« und »Republikflüchtling« Mayer mag man sich nur ungern beziehen.

3.4.2.4 »Eine Lehrmeinung zuviel«

Spätestens nach dem Ungarn-Aufstand 1956 ist man in der Parteiführung nicht länger bereit, Mayers von der Parteilinie abweichende Positionen und sein eigensinniges Gebaren zu tolerieren.[311] Vor allem sein Beitrag »Zur Gegenwartslage unserer Literatur« löst einen Proteststurm aus. Im Rahmen der nach der ungarischen »Konterrevolution« einsetzenden »ideologischen Offensive« der Partei fordert die Abteilung Wissenschaften beim ZK, klare »Angriffsdiskussionen« gegen Mayer zu führen.[312] Gerade nach den Ereignissen in Ungarn fürchtet man eine Schwächung der ideologischen Front durch »revisionistische« Theoretiker mehr als den Einfluss »bürgerlich-idealistischer« Positionen. Da Mayer gemeinhin als *der* Vertreter einer materialistischen Literaturwissenschaft an den Universitäten der DDR gilt und daher bei nicht wenigen marxistisch-leninistisch orientierten Studierenden in Leipzig über einen erheblichen Einfluss verfügt, sieht man es als unerlässlich an, Mayers »Treiben« ein Ende zu setzen. Nicht länger könne man es dulden, dass seine Anschauungen, »die von den Prinzipien des Marxismus-Leninismus abweichen, unwidersprochen als marxistische Anschauungen« hingestellt würden.[313] Als bekennender Anhänger des »Konterrevolutionärs« Georg Lukács wird

307 Ebd., 295.

308 Ebd., 297.

309 Vgl. Klausnitzer 2002, 186.

310 Hammer/Poschmann/Schnuchel 1963, bes. 181f. Zum Romantik-Bild der marxistisch-leninistischen Germanistik in der DDR siehe Kapitel 13.

311 Vgl. in diesem Zusammenhang auch die Erinnerungen von Alfred Klein (1997).

312 Zusammenfassendes Protokoll über die am 24.9.1957 bei der Abteilung Wissenschaften durchgeführte Beratung mit Genossen Wissenschaftlern der Germanistik und Literaturwissenschaft. Zit. nach Boden 1997a, 204.

313 Vgl. Abusch 1967, 303.

Mayer nun zum entscheidenden Propagandisten der »revisionistischen« Konzeptionen des Ungarn und damit zu einem Sündenbock für die angeblich mangelnde politische »Zuverlässigkeit« der DDR-Germanistik erklärt. Laut Alexander Abusch, damals Kultur-Staatssekretär, habe Mayer die Position des Realismus verlassen und gebe »kritiklos den Tendenzen der bürgerlichen Dekadenz [nach]«[314] bzw. öffne

> den angeblichen Werten der bürgerlichen Dekadenz Tür und Tor [...] - und das steht gerade im Gegensatz zur sozialistischen Kulturrevolution, die bei uns seit 1945 durchgeführt wird, um den einfachen Geschmack des Volkes immer höher und vielseitiger zu entwickeln, nicht aber, um ihn durch Produkte der bürgerlichen Zersetzung zu korrumpieren.[315]

Indem der sozialistischen Literatur auf dem 32. Plenum des ZK der SED im Juli 1957 einmal mehr »eine große, aktive Rolle bei der Durchführung des sozialistischen Aufbaus, bei der Entwicklung neuer sozialistischer Beziehungen und der Umgestaltung des Bewußtseins«[316] zugesprochen wird, erscheint Mayers Angriff auf die Gegenwartsliteratur als gleichsam staatsfeindlicher Akt, dem man entsprechend mit äußerster Konsequenz entgegentreten muss.[317]

Trotz Mayers - in den Augen der SED eigentlich intolerabler - »Eskapaden« schreckt die Partei allerdings vor einer Entlassung, einem Berufsverbot oder gar einer Verhaftung zurück: nicht nur wegen Mayers Bekanntheitsgrad im Westen, seinen guten Pressekontakten oder der Tatsache, dass man ihn vorerst noch als Gegenpol zum mächtigen Leipziger Ordinarius Theodor Frings benötigt,[318] sondern vor allem aufgrund der skizzierten Personalsituation an den Universitäten der DDR und Mayers mittlerweile errungener Ausnahmestellung in der DDR-Germanistik. Geschlachtet werden derweil andere Sündenböcke.[319] Zähneknirschend muss die SED dem wissenschaftlichen und institutionellen Kapital Mayers Rechnung tragen.

Gewiss, angesichts der »ideologischen Offensive« der Partei ist auch Mayer zu vorübergehenden Konzessionen gezwungen. Seine Vorlesungen zur Gegenwartsliteratur stellt er unter dem immensen öffentlichen Druck ein und widmet sich in den nächsten Studienjahren nur den von der Partei anerkannten Epochen, Autoren und Werken der Literaturgeschichte wie der »Deutschen Literatur im Zeitalter der Französischen Revolution«, dem Spätwerk Thomas Manns oder Friedrich Schiller.[320] Von seinen Lehrmeinungen lässt sich Mayer trotz der massiven Angriffe auf seine Person jedoch nicht grundsätzlich abbringen. So versteht er es, seine Hörer weiterhin mit von

---

314 Ebd., 245.

315 Ebd., 303.

316 Hager 1972a, 480.

317 Zu den Reaktionen auf Mayers Vortrag siehe im Einzelnen auch Klein 1997, 37ff.

318 Vgl. Boden 1997, 134.

319 So z.B. der Berliner Philosophieprofessor Wolfgang Harich, der Leiter des Aufbau-Verlags, Walter Janka, oder der leitende Redakteur des *Sonntag*, Heinz Zöger, dem man bei seiner Verurteilung u.a. den Abdruck des kritischen Mayer-Textes »Zur Gegenwartslage unserer Literatur« vorwirft. Der greise Leipziger Philosoph Ernst Bloch kann nur durch ein Machtwort von Walter Ulbricht vor einer Verhaftung geschützt werden und wird »lediglich« zwangsemeritiert.

320 Feige 1997, 164.

der SED missbilligten Autoren wie Heinrich Böll, Franz Kafka, Günter Grass oder Gottfried Benn bekanntzumachen.[321] Von einer »Gleichschaltung« des von Mayer geleiteten Instituts für deutsche Literaturgeschichte auf Basis einer »reinen Lehre« des Marxismus-Leninismus kann auch nach der »ideologischen Offensive« der Partei keine Rede sein. Selbst zu Lukács kann sich der Leipziger Ordinarius nach 1956 noch öffentlich bekennen.[322]

Mayers Beispiel zeigt, wie viele Spielräume auch eigensinnige Wissenschaftler mit großem wissenschaftlichen und institutionellen Kapital bis zum Mauerbau noch besitzen können. Anders als Lukács wird Mayer nicht zu einer *persona non grata* erklärt, auch wenn er selbst rückblickend schreibt, man habe ihn in eine »Rumpelkammer« abgeschoben.[323] Ernsthafte Konsequenzen werden aus seinem abweichenden Verhalten von Seiten der Partei nicht gezogen. Noch genießt er Privilegien. Während man ihn öffentlich kritisiert, so Mayer, sei man ihm intern bei Auslandsreisen und Devisenumtausch entgegengekommen.[324] Alfred Kurella wirbt um ihn,[325] in Momenten der relativen ideologischen Entspannung auch Kurt Hager.[326] Mayer ist klug und eloquent, hat internationales Renommee, gute Westkontakte, einflussreiche Förderer in der Partei,[327] institutionelles Kapital und eine dezidiert antifaschistische Einstellung, und er bekennt sich deutlich zum historischen Materialismus - ungern möchte man auf einen solchen Wissenschaftler verzichten. Von Auslandsreisen kehrt Mayer zurück, zunächst selbst nach dem Bau der Mauer - ein Geschenk auch für die »Abteilung Propaganda«. Noch kann man hoffen, den Leipziger Ordinarius vollständig auf die »richtige« Seite zu ziehen.[328]

Doch selbst nach dem 13. August 1961 bleibt Mayer ein »Störfaktor«. In seinen im Westen erschienenen Essays über Pasternaks *Doktor Schiwago*, Kafka, Peter Hacks, Sartre oder Ionesco[329] macht man ein untragbares Defizit an »Parteilichkeit« aus.[330] Hohe Wellen schlägt auch jener bereits angesprochene Vortrag zu »Fragen der Romantikforschung«, in dem Mayer das Romantik-Verdikt der Partei in Frage stellt und für eine relative Aufwertung der bislang verfemten Epoche plädiert. In Leipzig beginnt unter der »Schirmherrschaft« des Leipziger Parteisekretärs Paul Fröhlich abermals eine Kampagne gegen Mayer.[331] Auf Studenten und Assistenten wird Druck ausgeübt, gegen

---

321 Vgl. ebd., 165.

322 Vgl. Gallée 1996, 188f.

323 Vgl. Mayer 1988, Bd. 2, 244.

324 Vgl. ebd., 215.

325 Vgl. ebd., 255.

326 Entsprechende Aussagen von Hager finden sich bei Boden 1997a, 210.

327 So ist beispielsweise der in der Zeit der »ideologischen Offensive« zuständige Staatssekretär für Hoch- und Fachschulwesen, Wilhelm Girnus, ein Mayer-Schüler (Promotion zum Dr. phil. über Goethes Ästhetik 1953), der als Fürsprecher seines ehemaligen Lehrers auftritt. Auch im Ministerium für Kultur kann Mayer sich nach eigener Aussage der Loyalität mächtiger Freunde gewiss sein (vgl. Mayer 1988, Bd. 2, 210).

328 Vgl. Boden 1997a, 210. Selbst nach seiner Flucht in den Westen gibt es nach Mayers Erinnerungen Bemühungen von der Parteispitze in Ostberlin, Mayer zurückzuholen; die Kampagnen und Intrigen in Leipzig würden missbilligt und werden als »Fehler untergeordneter Organe« bezeichnet (vgl. Mayer 1988, Bd. 2, 271).

329 Vgl. Mayer 1962.

330 Siehe in diesem Zusammenhang z.B. Dietze/Neubert 1963. Siehe auch Klein 1997, 135ff.

Mayer anzuschreiben. In einem Zeitungsartikel wird ihm mitgeteilt, in Leipzig gebe es »eine Lehrmeinung zu viel«[332] - seine. Die Parteileitung erklärt sich solidarisch mit dem Schreiberling, das Rektorat reagiert nicht auf Mayers Proteste. Eine weitere Zukunft am Institut ist damit für Mayer ausgeschlossen: Von einer Reise in die Bundesrepublik kehrt er im Sommer 1963 nicht mehr zurück.

3.4.3 Offener Mitspieler: Joachim Müller

Wie erfolgreich die resonanzträchtige Mischung aus fachlicher Qualifikation und marxistisch-leninistischem Basisvokabular in den Nachkriegsjahren ist, zeigt die Karriere des promovierten Lehrers Joachim Müller, der 1951 aufgrund der angespannten Personalsituation an den germanistischen Instituten der DDR auf Empfehlung seiner beiden renommierten Leipziger Professoren Frings und Korff als Nachfolger des beurlaubten Albert Malte Wagner nach Jena berufen wird. Zwar ist Müller in der literaturwissenschaftlichen Germanistik nicht unbekannt, publizierte er doch vor 1945 in angesehenen Fachzeitschriften wie den *Germanisch-Romanischen Monatsheften*, dem *Euphorion* oder der *Deutschen Vierteljahrsschrift für Literaturwissenschaft und Geistesgeschichte* und war Mitherausgeber der *Zeitschrift für Deutschkunde* sowie ab 1942 der *Zeitschrift für Deutschwissenschaft und Deutschunterricht*. Doch wegen seiner fehlenden Habilitation und seiner mangelnden Erfahrung im akademischen Leben einer Universität[333] ernennt man ihn in Jena zunächst nur zum Professor mit Lehrauftrag und hält ihn aus dem engeren Kreis der Fakultät fern. Ab 1953 kann Müller sein institutionelles Kapital jedoch durch seine Aufgaben als Fachrichtungsleiter bzw. mit seiner Ernennung zum ordentlichen Ordinarius für neuere und neueste deutsche Literaturgeschichte zum 1. Januar 1955 kontinuierlich vergrößern.

Dabei gilt Müller zunächst als politisch belastet. 1933 tritt er in die NSDAP ein und erweist sich in den darauffolgenden Jahren als Vertreter einer deutsch-völkischen Germanistik, der dem Hitler-Regime u.a. durch Bekenntnisse zur Blut-und-Boden-Ideologie, speziell zum »nordisch-germanische[n] Bluterbe«,[334] sowie durch antisemitische Äußerungen (z.B. gegen »die unerfreulichen Vertreter des jüdisch-intellektualistischen Literatentums«[335] wie Arthur Schnitzler sowie gegen jüdische Literaturwissenschaftler)[336] »entgegenarbeitet«. Nach 1945 bemüht sich Müller jedoch um baldige Rehabilitation und unterstreicht seine moralische Integrität, die er während der NS-Zeit gegenüber ausgegrenzten Kollegen wie beispielsweise Günther Müller bewahrt habe.[337] Mül-

331 Vgl. u.a. *Universitätszeitung* (Leipzig) vom 06.06. und 20.06. sowie vom 11.07.1963.

332 *Universitätszeitung* (Leipzig) vom 30.05.1963.

333 Nach seiner Promotion bei Hermann August Korff und Theodor Frings in Leipzig 1930 arbeitete Müller als Lehrer in Leipzig; lediglich im Jahre 1942 erhielt er einen Lehrauftrag zur Ausbildung verwundeter Studenten am Germanistischen Institut der dortigen Universität (vgl. U. Kaufmann 2003).

334 Vgl. Müller 1939. Siehe auch Müller 1934, 1.

335 Müller 1939a, 326.

336 Vgl. ebd., 321.

337 Vgl. Boden 1997a, 194f.

ler versteht es in den Jahren nach 1945 geschickt, einen umfassenden Gesinnungswandel zu inszenieren und sich resonanzkalkulierend an die Reformulierung des »Humanismuskanons« durch die SED anzukoppeln.[338] Die deutsche Klassik, die wie »jede Dichtung [...] im Boden einer bestimmten Nation [wurzelt]«,[339] erscheint auch bei Müller als Erfüllung der Humanitätsidee,[340] an die es »heute, da wir vor der Geschichte die furchtbare Schuld auszutragen haben, daß wir die Stimme der Menschlichkeit mit Gewalt zum Verstummen brachten«,[341] anzuknüpfen gelte. Immer wieder beschwört Müller die »großen Grundgedanken der Bürgerfreiheit, der nationalen Selbstbestimmung und der Wahrung der Menschenwürde«.[342] Sein Ziel sei es, der Welt die »humane Botschaft der deutschen Seele« zu vermitteln[343] und das deutsche Wesen nicht in einen aggressiven Chauvinismus zurückfallen zu lassen. Wie Becher artikuliert er die Überzeugung, dass die deutsche Klassik »einen erneuten Abfall in das Primitiv-Barbarische, das Unmenschliche und Widermenschliche verhüten« könne[344] und akzentuiert - ganz im Sinne des Kulturbundkonzeptes - die verbindende Funktion der deutschen Kunst.[345]

Methodisch scheint Müller in seinen Publikationen nach 1945 zunächst allein an das von ihm bereits in den vergangenen Jahren vehement vertretene »mitgehende Interpretieren« anzuknüpfen, durch das er versucht, das »innere Leben« des Kunstwerks »nachzuvollziehen« bzw. »mitzuvollziehen« und das Kunstwerk als eine »organische Einheit« zu begreifen, die es zu entschlüsseln gelte.[346] Auch wenn dieses textnahe Interpretieren nicht zwingend im Widerspruch zum dialektisch-materialistischen Denken stehen muss, so ist es doch nach 1945 vor allem im Westen anschlussfähig, wo eine rein textimmanente Interpretationspraxis, die soziale und politische Implikationen weitgehend ausblendet, besonders resonanzträchtig wird. Dass Müller versucht, Anschluss zu halten an die Wissenschaftsentwicklung in den westlichen Zonen bzw. der Bundesrepublik, wird zudem deutlich durch den expliziten Bezug auf »bürgerliche« Literaturwissenschaftler wie Emil Staiger, Heinz Otto Burger, Benno von Wiese, Gerhard Fricke, Fritz Strich oder Paul Kluckhohn.

Müller versteht es jedoch auch, auf die veränderte Ressourcenkonstellation in der DDR zu reagieren und neben seiner weiterhin verfolgten Methode des »mitgehenden Interpretierens« eine andere Tonart anzuschlagen. Das Ziel einer Berufung zum ordentlichen Professor vor Augen, beherrscht er die Strategie des »offenen Mitspielens«, die er bereits vor 1945 unter anderen politischen Vorzeichen praktiziert hat. 1950 wird er Mitglied in der Gesellschaft für Deutsch-Sowjetische Freundschaft sowie in der »Block-

338 Vgl. z.B. Müller 1947; Müller 1948.
339 Müller 1948, 10.
340 Vgl. ebd., 29.
341 Müller 1947, 604.
342 Müller 1955a, 342.
343 Müller 1948, 28.
344 Ebd., 67.
345 Vgl. ebd., 67.
346 Müller 1947, 600. Zu Müllers vor 1945 geäußerten Forderung nach einer Interpretationspraxis, die die »Dichtung« als organisch geschlossene Einheit versteht und das Werk nicht hinter stoffgeschichtliche oder geistesgeschichtliche Untersuchungen zurücktreten lässt, siehe Müller 1941, z.B. 3-5; Müller 1941a, 3; Müller 1939a, 322.

partei« NDPD (National-Demokratische Partei Deutschlands), die im Rahmen der SED-»Bündnispolitik« nach einem intern ausgehandelten Verteilerschlüssel zentrale Funktionen, Ämter und Positionen besetzen und damit als ein wichtiges Karrieresprungbrett dienen kann.[347] In einem Vortrag im Kulturbund Jena und Dresden zur Beziehung zwischen Marx und Heine räumt er dem Zusammentreffen zwischen »dem genialen Begründer des wissenschaftlichen Sozialismus und dem großen Dichter sozialrevolutionärer Themen« einen literaturgeschichtlich vergleichbaren Rang ein wie der Begegnung zwischen Schiller und Goethe.[348] Marx, dessen Werk in Müllers Augen »ein Werk für das Wohl der Menschheit war«,[349] wird von ihm als der deutsche Wissenschaftler gepriesen, »der die Grundgesetze des gesellschaftlichen Werdens und des politischen Handelns erkannte und vorbildlich anwandte«.[350] Und Heine wird resonanzkalkulierend gegen die in der DDR verfemte Romantik in Stellung gebracht, die der Dichter mit seinem Schritt hin »in die mit kritischer Schärfe gestaltete Zeitwirklichkeit« hinter sich gelassen habe.[351] In seinem Essayband mit dem öffentlichkeitswirksamen Titel *Wirklichkeit und Klassik* von 1955 bekennt sich Müller explizit zu den »Methoden der dialektisch-materialistischen Geschichtskritik«, die er »für literaturwissenschaftliche Fragestellungen fruchtbar zu machen« versuche.[352] Unter Verwendung von Begriffen aus der Basissemantik des sozialistischen Gesellschaftssystems (»Klasse«, »Klassengegensätze«, »Produktionsweise«, »Produktionsmittel«, »Produktionsverhältnisse«, »Geldwirtschaft«, »menschenunwürdige[] Arbeitsteilung«)[353] bemüht sich Müller, »geschichtliche Notwendigkeiten« und »unaufhaltsam aufsteigende[] Tendenzen der Geschichte«[354] in literarischen Werken herauszuarbeiten, die für ihn – gemäß den von Lukács geprägten »parteioffiziellen« Anschauungen – »eine besondere Weise der Widerspiegelung und Umwandlung der objektiven Realität« darstellen.[355] Deutlichen Bekenntnischarakter haben ebenso Passagen in Müllers Aufsatz zu Adalbert Stifters *Witiko*. Dort heißt es:

> ›Witiko‹ erschien im gleichen Jahre, als der erste Band des ›Kapitals‹ von Marx erschien: Hier scheiden sich die Geister und die Epochen. Während der spätbürgerliche Humanismus auch im historischen Stoff aus dem Glauben an die ethische Substanz der Menschheit und an die rechte Erziehung die humane Integrität zu wahren oder herzustellen hofft, vermag er die Entmenschlichung des kapitalistischen Zeitalters nicht aufzuhalten. Das Kommunistische Manifest hatte schon gesagt, wie allein die Vermenschlichung wiederher-

---

347 Zu den sogenannten »Blockparteien« siehe u.a. Lapp 1988; sowie Frölich (Hg.) 1995. Speziell zur NDPD siehe darin Gottberg 1995.

348 Müller 1953, 3.

349 Ebd., 6.

350 Ebd., 7.

351 Ebd., 7.

352 Müller 1955b, 12.

353 Siehe ebd., z.B. 10 und 150.

354 Ebd., 150.

355 Ebd., 7. Wie bemüht solche »marxistischen« Interpretationsversuche Müllers bisweilen sind, zeigt eine Passage zur *Faust*-Dichtung Goethes: »Wenn die heiratstolle Frau Marthe selbst den Teufel in die Enge treibt und in einem Atemzug ihren angeblich gestorbenen Mann beklagt und verwünscht, so ist darin die ganze Verlogenheit und Heuchelei der durch die fortschreitende Kapitalisierung demoralisierten bürgerlichen Gesellschaft enthüllt« (ebd., 288).

> gestellt werden könnte, und Marx analysiert im ›Kapital‹ die Situation, die den Kampf gegen die Entmenschlichung zur geschichtlichen Notwendigkeit macht. Hier zeigen sich die geschichtlichen Grenzen Stifters. Die bürgerliche Humanität, im ›Witiko‹ noch einmal eindrucksvoll künstlerisch fruchtbar geworden, wird im sozialistischen Humanismus aufgehoben.[356]

In seiner Habilitationsschrift *Das Weltbild Friedrich Hebbels*[357] wirft Müller Fragen nach dem Verhältnis des Hebbel'schen Weltbildes zum Marxismus auf und stilisiert Hebbel zu einem gleichsam vormarxistischen Denker. Sein Schüler Hans-Heinrich Reuter, sich selbst als Marxist verstehend, rezensiert die Arbeiten Müllers geradezu euphorisch und erklärt hinsichtlich der Habilitationsschrift, »daß alle künftige marxistische Hebbelforschung [...] auf den Erkenntnissen des Müllerschen Buches fußen wird« und man sich nur wünschen könne, »daß die Wissenschaft auch für andere Dichter Fundamente von ähnlicher Tragfähigkeit und Zuverlässigkeit schüfe«.[358] Müllers *Wirklichkeit und Klassik* ist zudem in entscheidenden Teilen von Lukács beeinflusst (so z.B. in den Passagen über Goethes *Faust*), auf den er sich regelmäßig affirmativ bezieht.[359]

Aufgrund seines »offenen Mitspielens« wird Müller von politischer Seite durchaus als möglicher Hoffnungsträger angesehen, der »den Marxismus studiert hat und in der Lage ist, ihn auf die Literaturwissenschaft anzuwenden«.[360] Nach einer frühen Einschätzung der SED biete er »die Gewähr, sich zu einem qualifizierten marxistischen Literaturwissenschaftler zu entwickeln, wenn er die Möglichkeit hat, mit den entsprechenden Wissenschaftlern zusammenzuarbeiten«.[361] Müller weiß zu überzeugen: Ein im Mai 1953 gehaltener Festvortrag hätte nach Meinung eines Partei-Gutachters von einem SED-Mitglied nicht anders gehalten werden können.[362] Bereitwillig fördert er marxistisch-leninistisch orientierte Studenten, darunter auch später prominente Germanisten wie Hans Jürgen Geerdts, Hans Richter, Hans-Günther Thalheim, Ursula Wertheim oder Edith Braemer.[363] In der Folge bescheinigt die Kaderabteilung der Universität dem NDPD-Mitglied die Anwendung des »Marxismus-Leninismus auf seinem Fachge-

---

356 Müller 1954, 267.
357 Müller 1955c.
358 Reuter 1957, 134. Siehe auch Reuter 1956.
359 Siehe z.B. Müller 1954, 268; Müller 1955b, 167; Müller 1956, 413f.
360 Gutachten über Joachim Müller. Zit. nach Boden 1997a, 196.
361 Vgl. ebd.
362 Vgl. ebd., 199.
363 Vgl. Schandera u.a. 1997, 267. Siehe dazu auch die Erinnerungen Ursula Wertheims und Hans Richters: »Professor Müller brachte großes Verständnis auf für die neuen Anforderungen an die Deutschlehrer-Ausbildung, und er zeigte sich auch von Anfang an aufgeschlossen gegenüber der neuen, auf der Basis des historischen Materialismus entwickelten und zu entwickelnden Literaturforschung«, wenngleich es durchaus weltanschauliche und methodologische Auseinandersetzungen mit ihm gegeben habe (Materialien, Wertheim, 16). »Was den Leistungswillen, die Liebe zur Literatur als Kunst, die Begeisterungsfähigkeit, den Sinn für bestimmte Erfordernisse der Schulpraxis betraf, konnte Joachim Müller sehr wohl als beispielgebend auch für den marxistischen Nachwuchs gelten« (Materialien, Hans Richter, 301).

biet« sowie seine fortschrittliche Gesinnung und unterstützt seine Ernennung zum ordentlichen Professor.[364]

Dass Müller durch sein resonanzkalkulierendes »Switchen« hin zur marxistisch-leninistischen Terminologie bei seinen zumeist »bürgerlichen« Kollegen Irritationen auslöst, ist ihm offenbar selbst bewusst.[365] Doch seine schwankende wissenschaftliche und politische Haltung stößt nicht nur bei der alten akademischen Elite auf Kritik, die marxistisch-leninistischen Ansätzen in der Literaturwissenschaft skeptisch gegenübersteht und Müllers Berufung auf basissemantische Bestände des SED-Staats als unwissenschaftliche Anpassungsleistungen ansehen muss, die die vermeintlich neutrale fachspezifische Ausrichtung des Faches gefährden. Auch die Parteibürokratie reagiert zunehmend misstrauisch. Je größer Müllers institutionelles Kapital wird, desto geringer erscheinen der SED Müllers Bemühungen, sich mit dem Marxismus-Leninismus auseinanderzusetzen und die eigene Forschung und Lehre selbstkritisch zu diskutieren.[366] Nach seiner Berufung auf einen Lehrstuhl bemüht sich Müller um die Rehabilitierung des nach damaligem »Erbeverständnis« indiskutablen Heinrich von Kleist[367] und setzt sich in seinem Beitrag »Zur Entwicklung der deutschen Literatur im 20. Jahrhundert« sogar wie Hans Mayer für eine moderate Öffnung gegenüber der offiziell verfemten literarischen Moderne ein.

Die vulgärmaterialistischen Simplifikationen der Parteiideologen, welche Realgeschichte und Literaturgeschichte schematisch parallelisieren, lehnt Müller ebenso wie sein Leipziger Kollege ab. Seiner Meinung nach dürfe der Literaturhistoriker die »besonderen Gesetze des literarischen Geschehens« nicht unberücksichtigt lassen, sondern er müsse »die Literaturgeschichte im allgemeinen weltgeschichtlichen Rahmen sehen und doch ihre Eigenständigkeit im Auge haben«.[368] Deutlich positioniert sich Müller auch gegenüber den simplifizierenden Binäroppositionen der Kulturfunktionäre, wenn er fordert, die »Vielstimmigkeit in der Dichtung unseres Jahrhunderts«[369] zu beachten und differenzierte Analysen zu erarbeiten jenseits von Begriffspaaren wie »Dekadenz und avantgardistische Aggression, Reaktion und Fortschritt, Nihilismus und Progression«, die »vorschnell und grob das geschichtlich Verzahnte auseinander[reißen]«.[370] Zwar bekennt sich auch Müller zur »Methode des Realismus«, doch lehnt er wie Mayer die normierenden Versuche der SED ab,

> einen kritischen Realismus als Maßstab über die Literatur der Epoche zu setzen und den sozialistischen Realismus als Leitziel deduktiv zu konstruieren und apodiktisch zu proklamieren. Der Realismus, nimmt man ihn als Methode des modernen Dichters, so viel wie möglich die Spannungen der Wirklichkeit einzufangen und die Motive unserer Lebensbewegung zu analysieren, hat so viel Modifikationen, wie es künstlerische Temperamente gibt.[371]

364 Vgl. Boden 1997a, 199.

365 Nach einem SED-Gutachten soll Müller vor besagtem Festvortrag gegenüber einem »bürgerlichen« Kollegen geäußert haben, er solle sich bitte ob des Vortrags nicht wundern (vgl. ebd., 199).

366 Vgl. ebd., 199f.

367 Müller 1956.

368 Müller 1957, 282.

369 Ebd., 291.

370 Ebd., 282.

Deutlich ist der Bruch mit der offiziösen Realismustheorie, wenn Müller Forderungen nach einer notwendigerweise »optimistischen« Literatur und »typischen« Charakteren zurückweist: Selbst »nihilistische« oder »subjektivistisch-verklärende« Darstellungen seien zu akzeptieren, wenn sie dazu beitrügen, die menschliche Existenz zulänglicher zu interpretieren. Und er macht deutlich:

> So wenig wir [...] in einem literarischen Versuch, das Wissen um Grauen und Schmerz, um Verhängnis und Abgründigkeit mit hineinzunehmen in die künstlerische Wirklichkeits- und Menschengestaltung, schon eine rückschrittliche Gesinnung argwöhnen dürfen, so wenig sollten wir auch in einem romantischen Klang gleich Weltfremdheit und Lebensferne, im Bemühen um vollendete Sprachgestalt einen volksfeindlichen Ästhetizismus wittern.[372]

Für Müller haben auch moderne Formen des Erzählens wie der »innere Monolog«, »Versreihen statt Gedichten« oder »Bilderfolgen statt Dramen« ihre Berechtigung,[373] vermöge der moderne Roman »doch gerade durch solche stilistische Intensivierung und durch die Pluralität der Perspektiven den modernen Menschen in seinen Ängsten und Nöten wie seinen Verpflichtungen und Hoffnungen zu erfassen«.[374] Explizit kommt es bei Müller zu einer Aufwertung offiziell als »dekadent« gebrandmarkter Autoren: Stefan George, Gottfried Benn, Georg Heym, Georg Trakl, Ernst Stadler, Ernst Toller, Josef Weinheber, Richard Billinger, Wilhelm Lehmann, Ingeborg Bachmann, Georg Maurer, Alfred Döblin, Heinrich Böll, Franz Kafka u.v.m. Die »deutsche dichterische Literatur des 20. Jahrhunderts« gehört nach Müller »zu unserem Lebensbesitz, zu unserer Existenzerhellung und zu unserem Zukunftsvermächtnis«.[375]

Doch Müller verstößt nicht allein mit dieser Aufwertung der literarischen Moderne gegen den »offiziellen« Literaturkanon der DDR. Denn sein Text endet mit einem Affront gegenüber den Produkten des sozialistischen Realismus. Auch wenn Müller diesen Terminus selbst vermeidet, so ist seine Klage über den »erschreckenden Qualitätsverlust in der gängigen Literatur«, die lediglich die »Gesinnungstrommel« rühre und von »deklarierende[n], deklamierende[n], doktrinär-dogmatische[n] Literat[en]« zur »Magd der Tagespolitik« oder zur »Dirne des Werbebüros erniedrigt« werde,[376] als harsche Kritik an der ostdeutschen Literaturentwicklung der Nachkriegsjahre zu verstehen. Entsprechend führt Müllers Vortrag zum Eklat. Im Rahmen der »ideologischen Offensive« der SED in den Jahren nach dem Ungarn-Aufstand wird Müller ebenso wie Mayer zum Ziel der »Angriffsdiskussionen« des marxistisch-leninistischen Nachwuchses, der sich gerade gegenüber vermeintlichen »Etikettenschwindlern« als Vertreter der »wahren Lehre« zu inszenieren versucht.[377] Auch führende Parteigenossen machen Front gegen den Direktor des Germanischen Instituts. So erklärt der Sekretär für

371 Ebd., 285.
372 Ebd., 285.
373 Ebd., 287.
374 Ebd., 288.
375 Ebd., 291.
376 Ebd., 291.
377 Vgl. dazu Kapitel 7.2.

Wissenschaft und Kultur des ZK der SED, Kurt Hager, in einer Rede im Juli 1957 mit Blick auf Müllers Vortrag:

> Hier wird der Klasseninhalt und die Parteilichkeit der Literatur geleugnet, die Dichtung in ein Abstraktum verwandelt, es wird indirekt bestritten, daß die Literatur unmittelbar eine erzieherisch-bildende Rolle bei der Lösung der sozialistischen Tagesaufgaben zu erfüllen hat.[378]

Und Wilhelm Girnus, Staatssekretär für das Hoch- und Fachschulwesen, stellt in *Das Hochschulwesen* fest: »Herr Prof. Müller erwärmt sich außerordentlich stark für eine Art geistiger Koexistenz zwischen Schriftstellern wie Benn und Brecht, zwischen Sozialismus und Nihilismus in der Literatur und schleudert seinen Bannfluch gegen das, was er ›Gesinnungskunst‹ nennt.«[379] Zu einem Widerruf oder einer »Selbstkritik« lässt sich Müller trotz massiven öffentlichen Drucks nicht bewegen. Unter Verweis auf so resonanzträchtige »Zeugen« wie Goethe, Th. Mann, Heine oder auch Becher und Engels insistiert Müller auch in den folgenden Jahren weiterhin auf seiner These, nach der dichterische Literatur einen Eigenwert besitze, der es verbiete, sie unmittelbar auf eine gesellschaftliche Wirkung zu verpflichten.[380] Deutlich ist jedoch das Bemühen Müllers, den Vorwurf ideologischer »Unzuverlässigkeit« zurückzuweisen und sich aus dem Lager der »Bürgerlichen« und »Idealisten« in das Lager der Marxisten gleichsam »hineinzuschreiben«. Explizite Distanzierungen von der »spätbürgerlichen Welt« sowie deutliche Bekenntnisse zur »sozialistischen Gesellschaftsentwicklung«[381] und zur Literatur des sozialistischen Realismus[382] sollen dazu genauso beitragen wie der massive Einsatz der politischen Basissemantik des sozialistischen Gesellschaftssystems bzw. der Termini der »offiziellen« sozialistischen Ästhetik.[383]

---

378 Hager 1972a, 481.

379 Girnus 1957, 298.

380 »[Dichterische Literatur] erschöpft sich nicht darin, kritische Abrechnung und mutige Vorschau, unmittelbare Waffe im gesellschaftlichen Kampf und Erkenntnis geschichtlicher Zusammenhänge zu sein, sie kann auch erschütternde Einsicht in menschliche Unzulänglichkeit geben, ein tröstliches Wunschbild bewahrter und bewährter humaner Substanz aufrichten oder unmittelbare Lebenshilfe sein« (Müller 1957/58, 176).

381 Ebd., 175, 178.

382 »Auch in der deutschen Literatur bildet sich aus dem Bedürfnis nach einem volksverbundenen, wirklichkeitsnahen, zeitgerechten und menschlicher Größe wie menschlicher Schwäche verständnisvoll aufgeschlossenen Schrifttum eine Dichtung heraus, in der von klassenbewußten Repräsentanten der Arbeiter und-Bauern-Macht eine sozialistisch-realistische Welt jenseits von Chaos und Verfall, doch alles ehrliche Ringen der spätbürgerlichen Epoche um humane Werte in sich aufhebend, in nicht absehbarer gestalterischer Mannigfaltigkeit künstlerisch überzeugend aufgebaut wird« (ebd., 179; siehe auch 174).

383 Siehe z.B. ebd.: »imperialistische Epoche« (175); literarische Widerspiegelung (vgl. 176); »dialektisch-materialistische Geschichtskritik« (176); »erbarmungslose[] Konkurrenzsphäre der kapitalistischen Welt« (176), »Große Sozialistische Oktoberrevolution« (177) oder Sätze wie »Natürlich soll man die spezifischen historischen Positionen der einzelnen literarischen Phänomene so scharf wie möglich präzisieren und von einer humanistisch-sozialistischen Perspektive aus bewerten« (174); »Die Abhängigkeit der Literaturentwicklung von den gesellschaftlichen Antagonismen und den geschichtlichen Ereignissen ist auch für mich eine unanfechtbare Tatsache« (176).

Müllers Bemühungen, als marxistisch-leninistischer Literaturwissenschaftler in der DDR anerkannt zu werden, scheitern. Statt weiteren Einfluss hinzuzugewinnen, wird er im literaturwissenschaftlichen Feld der DDR immer weiter an den Rand gedrängt, auch wenn er im Gegensatz zu Germanisten wie Emmel oder Rosenfeld seinen Lehrstuhl behalten kann. Die Fachpresse ignoriert ihn zusehends. Während seine Gegner sich publikumswirksam in den *Weimarer Beiträgen* oder im FDJ-Blatt *Forum* inszenieren können, bleibt ihm zumeist nur die Hochschulzeitschrift in Jena. Müllers umfangreichere Arbeiten müssen von nun an vornehmlich in der Bundesrepublik erscheinen; von der Mitarbeit an der »Bibliothek deutscher Klassiker« wird er ausgeschlossen.[384] »Mit Ausnahme der Sitzungen bei der Sächsischen Akademie der Wissenschaften[385] [...] und seiner Vorlesungen, hat er in der DDR keine Gelegenheiten, wissenschaftliche Vorträge zu halten.«[386] Auch im germanistischen Institut in Jena wird Müller zunehmend marginalisiert. Im Rahmen einer nunmehr zentralen Forschungsplanung, die von der Abteilung Wissenschaften koordiniert und kontrolliert wird, sollen die einzelnen germanistischen Institute der DDR jeweils einen spezifischen Abschnitt der angestrebten marxistisch-leninistischen Gesamtdarstellung der deutschen Literaturgeschichte betreuen. Das Institut in Jena trägt die Verantwortung für die »Literatur des kritischen und sozialistischen Realismus«. Vor dem Hintergrund der Querelen um Müller ist es kaum verwunderlich, dass ihm die verantwortliche Leitung nicht übertragen wird. Stattdessen beruft man zum 15.2.1962 den dezidierten Müller-Gegner Hans Kaufmann zum Professor für neuere und neueste deutsche Literatur.[387]

Müller besitzt nun faktisch keine Spielräume mehr. Nach Mayers Flucht in den Westen ist er der einzig übrig gebliebene »bürgerliche Problemfall«, auf den sich die »härter und schwerer werdenden geistigen Auseinandersetzungen« konzentrieren.[388] Sein Versuch, den ständigen Anfeindungen und Gängelungen ganz legal durch einen Wechsel an die TH Braunschweig auszuweichen, scheitert an einer fehlenden Genehmigung der zuständigen Stellen.[389] Von seiner Arbeit als Institutsdirektor wird Müller Ende 1968 nach jahrelangen Auseinandersetzungen mit dem Staatssekretariat für das Hoch- und Fachschulwesen sowie der Abteilung Wissenschaften entpflichtet, ebenso als Fachrichtungsleiter.[390] Auch auf westdeutscher Seite ist Müllers textimmanente Interpretationspraxis nicht mehr resonanzfähig. Nun ergeben sich selbst Schwierigkeiten bei der Publikation seiner Arbeiten in der Bundesrepublik. Seine Marginalisierung auch im westdeutschen Diskurs macht Müller unmissverständlich klar, dass er auch jenseits der Mauer nur Außenseiter ist.[391] 1971 wird Müller »pünktlich« im Alter von 65 Jahren in den Ruhestand versetzt.

---

384 Vgl. Gärtner 2001, 205.

385 Die Wahl zum ordentlichen Mitglied der Sächsischen Akademie der Wissenschaften, der Müller seit dem 7.12.1959 angehört, verdankt er vermutlich den machtpolitischen Intrigen von Theodor Frings, an denen sich Müller nach Aussage seines Schülers Helmut Brandt beteiligt haben soll - vermutlich aufgrund seiner zunehmenden wissenschaftlichen Isolation (vgl. Boden 1997a, 206).

386 Ebd., 207.

387 Vgl. in diesem Zusammenhang auch Kaufmann 2002, 241.

388 Brief v. Joachim Müller an Fritz Martini vom 27.4.1963. Zit. nach Boden 1997a, 11.

389 Vgl. Boden 1997a, 212.

390 Vgl. ebd., 214f.

3.4.4 Ein Publizist auf dem Lehrstuhl: Alfred Kantorowicz

Auch dem Juristen, Schriftsteller und Publizisten Alfred Kantorowicz scheinen aufgrund der angespannten Personalsituation in den Nachkriegsjahren alle Chancen auf eine Universitätskarriere offenzustehen. Als langjähriger Kommunist, ehemaliger Spanienkämpfer, linker Schriftsteller, freiwillig und aus Überzeugung in die SBZ zurückgekehrter Amerika-Emigrant und SED-Mitglied verfügt Kantorowicz über ein hohes politisches Kapital. In seinen Publikationen bedient auch er sich der Basissemantik des sozialistischen Gesellschaftssystems wie »Klassenkampf«, »Arbeiterklasse«, »dialektischer Materialismus«, »Revolution« etc. Zudem bekennt er sich explizit zur Sowjetunion und zur DDR, zu Marx und Engels, zu Lenin und Stalin. So spricht Kantorowicz beispielsweise in seinem Essay über den »Einfluß der Oktoberrevolution auf Heinrich Manns Entwicklung« von der »neue[n] Epoche der Menschheitsgeschichte«, die durch die »Große Sozialistische Oktoberrevolution« eingeleitet worden sei,[392] von der »verehrungswürdigen Weltbedeutung Lenins«,[393] von »Lenins legitime[m] Nachfahren und Fortsetzer des weltverändernden, menschheitsbeglückenden Erziehungswerkes, Josef Stalin«,[394] vom Faschismus als dem »Stoßtrupp des Weltkapitals«,[395] vom »sicheren, geschichtlich bedingten Sieg[] der Sowjetunion über die imperialistischen Aggressoren«[396] oder von den Kommunisten als den »Repräsentanten der Klasse, die die Zukunft in Händen trägt«.[397] In einem Beitrag über Heinrich Mann heißt es emphatisch:

> Seine Heimat sah er bei uns in der Deutschen Demokratischen Republik, die wahrhaft republikanisch und im richtigen Begriff der so abscheulich mißbrauchten Worte demokratisch und sozial sein wird, ein Deutschland, das die Friedenstüchtigkeit an die Stelle der Kriegstüchtigkeit zu setzen entschlossen ist, ein Deutschland, das im Streben nach sozialer Gerechtigkeit nicht allein seine Millionen tatkräftiger Arbeiter und Bauern von der verruchten Fessel der Ausbeutung des Menschen durch den Menschen freisetzen will, sondern auch dem geistigen Menschen, dem Dichter und Denker, dem Forscher und Künstler seinen echten sozialen Rang zuweist - zum erstenmal in unserer deutschen Geschichte.[398]

Darüber hinaus beteiligt sich Kantorowicz an der Reformulierung des »Humanismuskanons« und an der Klassiker-Huldigung, auch wenn diese bei ihm »besinnlich« ausfallen und sich von »gleißnerische[r] Festrednerei« abheben soll.[399] So drückt er beispielsweise seine Hochschätzung aus für Goethe, »den die Welt als den größten Deutschen erkannt hat, dessen unerschöpflicher Genius eine nie versiegende Quelle des geistigen

---

391 Im »Zentrum« des literaturwissenschaftlichen Feldes war Müller allerdings nie. Theoretisch ist er den westdeutschen Größen der »textimmanenten« Interpretationspraxis unterlegen. Allein seinem unermüdlichen Fleiß, mit dem er sich durch eine Vielzahl von neueren Publikationen aus West und Ost arbeitet, bringt man Respekt entgegen.

392 Kantorowicz 1952, 149.

393 Ebd., 150.

394 Ebd., 151.

395 Ebd., 153.

396 Ebd., 157.

397 Ebd., 161.

398 Kantorowicz 1951, 32.

399 Vgl. Kantorowicz 1949a.

Deutschlands und der Welt geblieben ist und bis in ferne Zeiten hinein bleiben wird«.[400] In seinen Texten finden sich Beschwörungen von Hochwertbegriffen wie »deutscher Geist« oder »deutsche Kultur«, die genau wie bei den Kulturfunktionären als Garanten eines »neuen Deutschland« erscheinen:

> Die nun nach Jahren des Exils wieder heimkehren, bringen die Erkenntnis mit, daß die geistigen Deutschen vornehmlich berufen sind, die entsetzliche Misere, in die uns Ungeistige und Antigeistige hineingezerrt haben, zu liquidieren oder doch jedenfalls zu lindern. Es ist das geistige Deutschland, das noch Kredit in der Welt genießt, und auf ihm ruht unsere Hoffnung, wenn es noch eine Hoffnung gibt. [...]
> Es muß uns gelingen, die junge Generation mit dem Bewußtsein von der Nobilität der geistigen Freiheit zu durchdringen, sie hinzuweisen auf die unermeßlichen Schätze, die es friedlich zu erobern gilt; sie zu überzeugen, daß der Geist zu größeren und kühneren Erwerbungen auszuziehen vermag als die gewaltigsten Panzerheere; ihr zu zeigen, daß das schöpferische Deutschland einstmals die Welt für sich gewonnen hat mit seiner Musik, Dichtung, Philosophie und Wissenschaft. Und daß wir diese Chance heute wieder haben![401]

Die Bekenntnisse zur sozialistischen Weltanschauung sowie die explizite Ankopplung an die Umerziehungskonzepte der politischen Führung zahlen sich für Kantorowicz aus: Nachdem er zunächst nur Professor mit Lehrauftrag, dann mit vollem Lehrauftrag ist, wird Kantorowicz 1953 in Berlin auf den Lehrstuhl für neuere deutsche Literaturgeschichte berufen. Ein Jahr später übernimmt er die Leitung der Abteilung Neueste deutsche Literatur und Literaturkritik, und 1955 wird er sogar Fachrichtungsleiter und Direktor des germanistischen Instituts. Auch wird er erster Herausgeber der Werke Heinrich Manns, Direktor des Heinrich-Mann-Archivs bei der Deutschen Akademie der Künste und Leiter des Thomas-Mann-Archivs bei der Deutschen Akademie der Wissenschaften zu Berlin. Doch trotz dieses wachsenden institutionellen Kapitals vermag Kantorowicz, anders als Mayer, nicht in das Zentrum des literaturwissenschaftlichen Feldes der DDR vorzustoßen.

Gründe für die akademische Randständigkeit Kantorowiczs gibt es mehrere. Zunächst einmal eilt ihm innerhalb des Faches der Ruf voraus, lediglich auf einen Lehrstuhl »abgeschoben« worden zu sein - eine Tatsache, die die Position des disziplinären Außenseiters unter den Fachkollegen oder bei den Studenten nicht gerade stärkt.[402] Auch scheint es dem Schriftsteller und Publizisten Kantorowicz im Gegensatz zu Mayer oder Müller an dem Ehrgeiz zu fehlen, seine neue Karriere als germanistischer Literaturwissenschaftler zielstrebig auszubauen. So ernst er seine Lehrtätigkeit nimmt

---

400 Ebd.

401 Kantorowicz 1947, 50f.

402 Von 1947 bis 1949 ist Kantorowicz Herausgeber und Chefredakteur der Zeitschrift *Ost und West*, deren Ziel es ist, einen spezifischen »deutschen Weg« zwischen dem Kapitalismus amerikanischer Prägung und dem Sowjet-Sozialismus zu finden und eine Brücke der Verständigung zwischen den Deutschen in allen Zonen zu bauen. Mit Beginn des Kalten Krieges und der Gründung der beiden deutschen Staaten ist diese »versöhnlerische«, »kleinbürgerlich-idealistische« Ausrichtung der Zeitschrift nicht mehr mit der kulturpolitischen Linie der SED vereinbar, welche die Zeitschrift dann auch sofort nach ihrer offiziellen Machtübernahme verbietet. Die Berufung auf einen Lehrstuhl in Berlin kann somit durchaus als Kompensation für den verdienten »Genossen« Kantorowicz bzw. als Versöhnungsangebot verstanden werden.

und so dankbar er nach den Auseinandersetzungen um *Ost und West* für jenes Refugium im »Elfenbeinturm« der Wissenschaften sein mag[403] - Kantorowiczs innere Anteilnahme scheint eher den Debatten im Schriftstellerverband oder in der Akademie der Künste gegolten zu haben, nicht denen in der literaturwissenschaftlichen Germanistik.[404] Auch ist sein Gegenstand, die »Neueste deutsche Gegenwartsliteratur«, innerhalb des Faches zu Beginn der 50er Jahre wenig resonanzträchtig, geht es doch um Strömungen wie Expressionismus, Neue Sachlichkeit, proletarisch-revolutionäre Literatur, Exilliteratur, Literatur der »Inneren Emigration« oder Nachkriegsliteratur, »die das Fach bislang als nicht wissenschaftsfähig der Literaturkritik überlassen hatte. Und an diesem Vorbehalt [kann] auch Kantorowicz nichts ändern«.[405] Die Formalismus-Kampagne der SED erschwert seine Position auch in der fachexternen Öffentlichkeit, ist er, der Schriftsteller und Freund expressionistischer Dichter, doch keineswegs bereit, einen Großteil der von ihm in seinen Vorlesungen behandelten Autoren pauschal der »Dekadenz« zuzurechnen. Entsprechend kritisch steht Kantorowicz - so zumindest die Darstellung in seinem *Deutschen Tagebuch* - den Publikationen von Lukács gegenüber, da ihm »manches darin Unbehagen macht, die Deplacierung Nietzsches etwa, den er als geistigen Ahnen des Faschismus sieht; oder die allzu pauschale Absage an den Expressionismus [...]«.[406]

Entscheidender Grund für Kantorowiczs Außenseiterstellung innerhalb seiner Disziplin ist jedoch die geringe kognitive Dignität seiner Forschung und Lehre sowie der fehlende Einsatz eines fachspezifischen Vokabulars. Als ehemaliger Bewohner der Künstlerkolonie in Wilmersdorf und persönlicher Freund von literarischen Zeitgenossen wie Heinrich Mann, Lion Feuchtwanger, Rudolf Leonhard, Friedrich Wolf u.a. tritt Kantorowicz weniger als distanzierter Wissenschaftler denn als unmittelbar beteiligter Literat und Kritiker auf. Er vermittelt auf anschauliche Weise Wissen über Biographien und Texte, die zu jener Zeit gar nicht oder nur sehr schwer zugänglich sind. Dafür wird er von seinen Studenten geschätzt.[407] Doch die Authentizität seiner Darstellung, seine Anekdoten und Exkurse können wissenschaftliche Kategorien keinesfalls ersetzen. Im Gegensatz zu Mayer und Müller hat er bis zum Zeitpunkt seiner Berufung lediglich publizistisch gearbeitet und noch keine Publikationen vorgelegt, die fachwissenschaftlichen Standards genügen könnten. Adäquates wissenschaftliches Forschungsmaterial zu seinem bislang innerhalb des Faches unbeachteten Lehrgebiet liegen ihm nicht vor - nicht einmal von »bürgerlichen« Germanisten.[408] Lukács' »Deutsche Literatur im

---

403 Vgl. Kantorowicz 1978/79, Bd. 2, 141.

404 Vgl. Hermsdorf 1995, 578.

405 Boden 2004, 459. Siehe dazu auch das Kapitel »Germanistik und moderne Literatur: Das Beispiel der Expressionismusforschung vor und nach 1945« in Gärtner 1997, 64-187.

406 Kantorowicz 1978/79, Bd. 2, 62f.

407 Vgl. D. Schlenstedt/S. Schlenstedt 2004, 180.

408 So klagt Kantorowicz in seinem Tagebuch: »Hilfsquellen sind kaum zur Hand; man müßte denn um ihrer Materialfülle auf die Soergel-Bände oder den Walzel oder den Eloesser verweisen, die aber auch nur bis zur Mitte der zwanziger Jahre führen und deren Wertungen umstritten sind. Berendsohns in der Schweiz erschienene Übersicht über die Exilliteratur ›Die humanistische Front‹ ist nicht greifbar. Das Bändchen ›Verboten und Verbrannt‹, das Drews und ich vor drei Jahren aus dem Gedächtnis zusammengestellt haben, ist gleichfalls nicht mehr als ein lückenhafter Notbehelf« (ebd., 62f.).

Zeitalter des Imperialismus« oder »Fortschritt und Reaktion in der deutschen Literatur« erscheinen ihm ob eines Realismus- und Widerspiegelungsbegriffes problematisch, mit dem viele Erscheinungen der literarischen Moderne nicht erfasst und lediglich als Schwundstufen und Verfall eines klassischen oder kritischen Realismus aufgefasst werden können.

Theoretisch und methodisch ist Kantorowicz wenig beschlagen. In seinen Veröffentlichungen bietet er zumeist keine eigenständigen Analysen, sondern lediglich Zusammenstellungen von einschlägigen Zitaten aus den Briefen und Werken der jeweils behandelten Autoren. So bestehen beispielsweise seine Beiträge zum »Einfluß der Oktoberrevolution auf Heinrich Manns Entwicklung«,[409] zu »Thomas Mann und die Sowjetunion«[410] oder zu »Heinrich Manns Essay über Zola«[411] zu ca. drei Vierteln aus den Worten Thomas und Heinrich Manns. Und an jenen Stellen, an denen die bisweilen seitenlange Flut der Zitate durch (allein der Textorganisation dienende) Einschübe unterbrochen wird, zeichnet sich Kantorowicz nicht durch den Gebrauch eines fachspezifischen Vokabulars aus. So heißt es etwa in seinem Beitrag über Heinrich Manns Zola-Essay: »Niemand wird sich erfrechen, Thomas Mann mit den allzeit konformen Schreihälsen zu verwechseln, die sich damals mit kriegsbegeisterter Rede und Schreibe fette Tage im Hinterland machten, während an den Fronten gestorben wurde«.[412] Ein nüchterner Wissenschaftsstil liest sich anders. Dies gilt auch für die bei Kantorowicz immer wieder auftauchenden emphatischen Bekenntnisse zum Sozialismus, zur DDR oder zur Sowjetunion, die den Verlautbarungsjargon der Parteifunktionäre in die wissenschaftliche Auseinandersetzung tragen und in einem akademischen Text gänzlich deplaziert wirken – vor allem, wenn dieser sich auch sonst nicht durch die Einhaltung fachspezifischer Qualitätsstandards auszeichnet. Nach den Erinnerungen von Klaus Hermsdorf kommen seine Vorlesungen über ermüdende Autorenporträts von Schriftstellern wie Heym, Stramm, Trakl, Lichtenstein, Becher, Benn, Stadler, Hasenclever, Bronnen u.a. nicht hinaus oder verlaufen sich in der unsystematischen Interpretation einzelner, von Kantorowicz entdeckter Texte von Autoren wie Feuchtwanger oder Hofmannsthal.[413] In seinem *Tagebuch* beschreibt Kantorowicz selbst die Unzulänglichkeit seiner Veranstaltungen: »Ich [...] weiß, wie lückenhaft, wie unorganisiert, wie holterdiepolter die Vorlesungen noch sind. Es bleibt bestenfalls Materialsammlung, Vorstudie zu einer Vorlesung, wie ich sie einmal halten möchte«.[414]

Vor diesem Hintergrund ist es kaum verwunderlich, dass Kantorowicz von seinen Fachkollegen aus allen wichtigen, die Disziplin betreffenden, Angelegenheiten herausgehalten wird. Sein Kollege, der Mediävist Werner Simon, versteht es sogar geschickt, ihn von den Prüfungen zu seinem ureigenen Fachgebiet »Neueste deutsche Literatur« auszuschließen.[415] Da Kantorowicz auch zum Aufbau eines fachspezifischen Feldes im Zeichen des Marxismus-Leninismus wenig beitragen kann, reagieren selbst die marxistisch-leninistischen Nachwuchswissenschaftler in Berlin zurückhaltend. Der Mangel

---

409 Kantorowicz 1952.

410 Kantorowicz 1950.

411 Kantorowicz 1955.

412 Ebd., 48.

413 Vgl. Hermsdorf 1995, 577.

414 Kantorowicz 1978/79, Bd. 2, 142.

an wissenschaftlichem Kapital ist in den Augen des Nachwuchses auch durch feurige politische Bekenntnisse nicht zu kompensieren. So erinnert sich beispielsweise Inge Diersen:

> Kantorowicz war eigentlich kein Literaturwissenschaftler. Er hatte Jura studiert und ist wohl vor allem durch publizistische und kulturpolitische Tätigkeiten in der Emigration zur Literatur gekommen. Im Exil hatte er viel Umgang mit Literatur und Schriftstellern gehabt, er steckte voll köstlicher Anekdoten, hatte Gott und die Welt gekannt und wußte aus eigener Anschauung viel von Schriftstellern und ihren Schicksalen. Das machte seine Vorlesungen lebendig und eindrucksvoll. Wissenschaftsmethodisch jedoch konnten wir von Kantorowicz wenig lernen, und da er merkte, daß wir das wußten, und da wir es ihn mit dem Selbstbewußtsein der Jüngeren wohl auch spüren ließen, gab es von Anfang an ein gespanntes Verhältnis.[416]

Auch Silvia und Dieter Schlenstedt bestätigen rückblickend: »[M]ethodisch anregend war Kantorowicz überhaupt nicht. [...] Er vermittelte nur einen gewissen Geschmack und eine gewisse Kenntnis von Literatur«.[417]

Politisches Kapital allein, dies zeigt das Beispiel Kantorowiczs, ist auch unter den erziehungsdiktatorischen Bedingungen in der DDR keine Garantie für einen Erfolg im literaturwissenschaftlichen Feld. Auf »Wissenschaftlichkeit« als Ressourcenelement und fachspezifische Leistungsangebote können selbst politisch genehme Außenseiter nicht verzichten. Doch auch aus anderen Gründen bleibt Kantorowiczs Karriere als Germanist nur ein kurzes Intermezzo. Nach seiner Weigerung, mit seiner Unterschrift unter eine von Germanisten verfasste Resolution gegen die Machenschaften des Petöfi-Klubs zu protestieren und den Einsatz sowjetischer Panzer in Ungarn zu legitimieren, weicht er dem größer werdenden politischen Druck im August 1957 durch seine Flucht in den Westen aus, wo er von nun an als Privatgelehrter und Schriftsteller arbeitet.[418]

---

415 Vgl. Boden 1997, 135. Es bleibt zu fragen, ob das Eintreten der »bürgerlichen« Fachkollegen für Kantorowiczs Ernennung zum Professor mit vollem Lehrauftrag bzw. zum Institutsdirektor nicht möglicherweise als taktisches Zugeständnis an die politischen Machthaber gelten kann, fördert man doch so ein SED-Mitglied, das den Kollegen aufgrund fachlicher Defizite nicht gefährlich werden kann (vgl. in diesem Zusammenhang Boden 2004, 459; sowie die von ihr zitierte Personalakte Werner Simons in: UA Berlin [HUB], nicht paginiert).

416 Materialien, Diersen, 292.

417 D. Schlenstedt/S. Schlenstedt 2004, 180; vgl. auch Schiller 1996, 98.

418 Die Bedeutung, die Kantorowicz zu diesem Zeitpunkt trotz seiner akademischen Außenseiterposition im kulturpolitischen bzw. literarischen Feld der DDR hat, lässt sich an der Tatsache ablesen, dass man ihm in *Neue deutsche Literatur* (H. 9/1957, 7) eine von Anna Seghers, Hans Marchwitza, Ludwig Renn, Willi Bredel, Bodo Uhse, Stephan Hermlin und Walter Gorrish unterzeichnete Stellungnahme meint hinterherschicken zu müssen, die ihn des Verrats an den Antifaschisten in der DDR bezichtigt.

3.4.5 Der »Querulant«: Albert Malte Wagner

Albert Malte Wagners Tätigkeit als DDR-Germanist währt nur kurz. Die DVV fördert die Berufung des aus Großbritannien zurückgekehrten Außenseiters, da er als politisch aktiver und links orientierter Literaturwissenschaftler gilt, der im Gegensatz zur philologisch-formalistischen Literaturbetrachtung seiner Fachkollegen eine gesellschaftlich orientierte Forschung anstrebe.[419] Nach vorübergehenden Widerständen der Jenaer Germanistik, die dafür sorgt, dass Wagner vorerst nur eine Professur für Kultursoziologie an der Gesellschaftswissenschaftlichen Fakultät erhält, wechselt er 1950 nach dem Tod Carl Wesles an die Philosophische Fakultät und erhält dort einen Lehrstuhl für Germanistik. Doch Wagner überschätzt in den Folgemonaten seine Machtposition. Sowohl in seiner Lehre als auch in seinen Wohnungs- und Gehaltsforderungen bzw. in seinem Anspruch auf Freizügigkeit innerhalb des geteilten Deutschlands ist er nicht bereit, grundlegende »Spielregeln« einzuhalten und verliert die Gunst seiner politischen Förderer.[420] Bereits kurz nach seiner Berufung werden ihm von der SED-Grundorganisation der Universität eine »unmarxistische Lehrweise« und »querulantes Benehmen« vorgeworfen; seine Vorlesung zur »Geschichte der Sowjetunion« wird im April 1951 vom Staatssekretariat für Hochschulwesen unterbunden. Im Juli 1951 wird Wagner beurlaubt, im Oktober des gleichen Jahres zwangsemeritiert. Ein Publikationsverbot in der DDR wird verhängt, und Wagners Emeritenbezüge werden wegen angeblichen Verstoßes gegen das Passgesetz der DDR gesperrt.[421] 1955 flieht Wagner in den Westen und emigriert ein weiteres Mal nach Großbritannien.

Umfangreichere Publikationen, an denen sich Kontinuitäten und Diskontinuitäten in Wagners Handlungsbewusstsein oder in seinen Theorien und Methoden herausarbeiten lassen könnten, erscheinen während seiner kurzen Tätigkeit in der DDR nicht. Allerdings gibt es Belege, aus denen hervorgeht, dass auch Wagner versucht, sich resonanzträchtig an die Basissemantik des sozialistischen Gesellschaftssystems anzukoppeln, um als disziplinärer Außenseiter Macht- und Positionsgewinne innerhalb des literaturwissenschaftlichen Feldes zu erzielen. Wenn er im Januar 1951 dem Dekan die Themen seiner Promovenden mitteilt, so handelt es sich dabei allesamt um Forschungsgebiete, die den Vorstellungen der kultur- und wissenschaftspolitischen Funktionäre entgegenkommen, so z.B. »Die Rolle der Arbeiterklasse in der Romanliteratur des demokratischen Deutschland von 1945–1951« oder »Die Revolution von 1917 in ihrer Bedeutung für das deutsche Drama zwischen den Weltkriegen«.[422] Auch betont er explizit, in die DDR gekommen zu sein, »um die Germanistik wissenschaftlich und pädagogisch auf Marxistischer Grundlage aufbauen zu helfen«.[423] Wagners »Eskapa-

419 Vgl. Boden 2004, 450.

420 Vgl. dazu ebd., 452.

421 Vgl. Pleßke 2003.

422 Vgl. Boden 2004, 451. Weitere von Boden genannte Themen sind: »Die Entwicklung des gesellschaftlichen Bewusstseins in Deutschland unter Einwirkung der Sowjetliteratur«, »Hermann Hesses Kritik am Bürgertum« sowie »Die Welt von gestern im Spiegel des Werkes von Stefan Zweig«.

423 Brief an Staatssekretär Harig vom 29.10.1954. Zit. nach Boden 2004, 452.

den« sorgen dafür, dass er keine Gelegenheit mehr bekommt, die Ernsthaftigkeit dieses Vorhabens unter Beweis zu stellen.

3.4.6 Der einflussreiche Lehrer: Gerhard Scholz

Unter den in diesem Kapitel behandelten disziplinären Außenseitern, die nach 1945 »Zutritt« zum wissenschaftlichen Feld erhalten, nimmt Gerhard Scholz eine Sonderrolle ein. Zum einen ist er der einzige der hier behandelten Germanisten, der zunächst an keiner Universität Fuß fassen kann. Zwar verfügt der Goethe-Forscher über ein abgeschlossenes Universitätsstudium und Erfahrungen in Forschung und Lehre,[424] doch hat er nicht promoviert und kommt daher für eine Universitätskarriere vorerst nicht in Frage.[425] Zum anderen gilt Scholz jedoch als der einflussreichste Literaturwissenschaftler der Nachkriegsjahre, kann er doch einen großen Teil des germanistischen Nachwuchses entscheidend prägen und so der sich neu konstituierenden marxistisch-leninistischen Germanistik seinen »Stempel« aufdrücken.

Für den heutigen Wissenschaftshistoriker sind die Gründe für den großen Einfluss von Scholz schwer nachzuvollziehen.[426] Ja, selbst Zeitgenossen, die Scholz nur flüchtig kennen lernen, bleibt seine Wirkung anscheinend unverständlich.[427] Es liegen nur wenige Publikationen von Scholz vor,[428] die sich zudem – anders als etwa im Falle Lukács' – häufig nicht durch außergewöhnliche kognitive Innovativität auszeichnen. Letztlich bleibt Scholz auch nach Abschluss seiner Promotion im Jahre 1958[429] – er ist zu diesem Zeitpunkt bereits 55 Jahre alt – und seiner anschließenden Berufung an die Universität ein akademischer Außenseiter.[430] Sein Einflusspotential besteht hauptsächlich in seinen Schülern, und es sind zumeist deren Überlieferungen, auf die sich die heutige Fachgeschichtsschreibung beziehen muss. Auf den begrenzten Quellenwert solcher Erinnerungen für die Rekonstruktion der erinnerten Vergangenheit sei an dieser Stelle noch einmal hingewiesen, droht man doch sonst der Gefahr zu erliegen, einen etwaigen Gründungsmythos der DDR-Literaturwissenschaft ungeprüft zu reproduzieren.

---

424 Zu den umfangreichen Tätigkeiten von Scholz siehe Nahke 2003.

425 Eine unvollendete Dissertation über Georg Christoph Lichtenberg ging nach Angaben von Scholz 1936 bei einer Hausdurchsuchung durch die Gestapo in Breslau verloren (vgl. Nahke 2003).

426 Im Falle von Scholz trifft die Feststellung Bourdieus zu, dass das »reine« wissenschaftliche Kapital, »weil es nur schwach objektiviert ist«, im Gegensatz zum institutionellen Kapital »etwas Flüchtiges und Unbestimmtes, immer etwas Charismatisches« hat (Bourdieu 1998, 32).

427 Vgl. Mittenzwei 2004, 58.

428 Siehe Nahke 2003 sowie Wertheim 1971, 672f.

429 Seine 1957 in Rostock eingereichte und von Erich Kühne betreute Dissertation trägt den Titel: *Der Dramenstil des »Sturm und Drang« wie der werdenden klassischen Periode im Lichte der dramaturgischen Arbeiten des jungen Schiller: Stuttgarter Aufsatz von 1782 und Mannheimer Rede 1784. Interpretation unter Berücksichtigung der frühen Dramen der sogenannten »klassischen Periode«* (Scholz 1957).

430 Vgl. auch L. Krenzlin 2000, 196.

Als man den ausgewiesenen Antifaschisten Gerhard Scholz 1949 als Nachfolger von Hans Wahl zum Direktor der klassischen Stätten in Weimar beruft, verfügt Scholz nur über ein geringes wissenschaftliches und institutionelles Kapital. Sein Kapital ist vornehmlich politisch, auch wenn ihm als »Westemigrant«[431] möglicherweise nicht uneingeschränktes Vertrauen entgegengebracht wird. Doch Scholz ist langjähriger politisch aktiver Kommunist, SED-Mitglied und Verfolgter des Naziregimes und genießt die Rückendeckung der sozialistischen Führungsriege. Diese sorgt dafür, dass er kurz vor seinem Amtsantritt in Weimar zum Professor mit Lehrauftrag an das Deutsche Theaterinstitut Weimar berufen wird, offenbar, »um ihn nicht ohne Titel in die hohe Position eines Direktors des Goethe- und Schiller-Archivs zu bringen und sein akademisches Außenseitertum damit unnötig zu betonen«.[432] Von Seiten langjähriger Goethe-Forscher schlägt dem unerfahrenen Wissenschaftsaufsteiger Ablehnung entgegen.[433] Entsprechend bemüht sich auch Scholz in seinen Publikationen, sich als streng wissenschaftlich arbeitender Germanist auszuweisen, sich philologischer Genauigkeit zu verschreiben und seine von der etablierten Goethe-Forschung angeblich bisher übersehenen Forschungsleistungen besonders herauszustellen.[434]

Anerkennung von Seiten der etablierten Germanistik bleibt ihm gleichwohl versagt. Institutionelles Kapital vermag Scholz nicht zu akkumulieren. Doch durch fachwissenschaftlich und vor allem politisch überzeugende Vorträge vor marxistisch-leninistischen Studenten[435] sowie sein augenscheinlich vorhandenes Talent, Nachwuchswissenschaftler bereits in sehr jungen Jahren an ernsthafte Forschungstätigkeiten heranzuführen und so langfristig an seine Goethe-Aktivitäten zu binden,[436] kann Scholz innerhalb kurzer Zeit eine große Zahl wissenschaftlich begabter und hochmotivierter Schüler heranziehen. Während die marxistisch-leninistischen Studenten der »bürgerlichen« Germanistik skeptisch oder gar feindselig gegenüberstehen, vermag es Scholz anscheinend, literaturwissenschaftliche und weltanschauliche Orientierung zu vermitteln und die Aufbruchstimmung der Nachkriegsjahre in produktive Bahnen zu lenken. Zudem ermöglicht es ihm eine einmalige wissenschaftspolitische Konstellation, seine Schülerschaft bald nach seinem Amtsantritt in Weimar erheblich zu erweitern. Im Rahmen einer außeruniversitären Kaderausbildung wird auf Beschluss des Ministeriums für Volksbildung im Goethe- und Schiller-Archiv Weimar im Wintersemester 1950/51 ein Lehrgang für deutsche Literaturgeschichte durchgeführt. Bei den ca. 40 Teilnehmern des Lehrgangs – Angehörige des wissenschaftlichen Nachwuchses, ausgewählte Studen-

---

431 Scholz flieht 1936 zunächst nach Prag und emigriert 1938 nach Schweden, wo er bis 1946 u. a. als Fabrikarbeiter und Schulungsleiter von Gewerkschaftskursen tätig ist (vgl. Nahke 2003).

432 L. Krenzlin 2000, 200.

433 Vgl. Ehrlich 2000, 257.

434 Vgl. z. B. Scholz 1949, bes. 286.

435 So z. B. im »Literatursoziologischen Arbeitskreis«, der aus der Vorlesungstätigkeit des Kommunisten Wilhelm Heise, Dekan der Pädagogischen Fakultät in Berlin, hervorgegangen ist, im von Scholz gegründeten und geleiteten Goethe-Arbeitskreis beim Berliner Kulturbund sowie während eines Winterlagers in Masserberg (vgl. L. Krenzlin 2000, 200 f.).

436 Gemeint sind hier beispielsweise die Arbeit an einem Band mit Goethe-Gedichten (Kaim [Hg.] 1949) oder die Mitarbeit im Goethezeit-Museum, wo u. a. Lore Kaim, Ursula Wertheim, Heinz Stolpe, Hedwig Voegt, Edith Braemer oder Hans Kaufmann tätig sind (vgl. L. Krenzlin 2000, 201 und 206 f.).

ten (zumeist der Germanistik) sowie Deutschdozenten verschiedener Arbeiter-und-Bauern-Fakultäten – handelt es sich vornehmlich um SED-Mitglieder,[437] die gezielt auf eine zukünftige Karriere im Wissenschafts- und Kulturbetrieb der DDR vorbereitet werden. Aufgrund der relativen Übersichtlichkeit des literaturwissenschaftlichen Feldes der DDR sind unter den Teilnehmenden viele jener germanistischen Literaturwissenschaftler, die in den kommenden Jahren eine bedeutende Rolle innerhalb des akademischen Betriebs spielen und das »Scholz'sche Erbe« (wenn auch häufig in modifizierter Form) weitertragen (so beispielsweise Edith Braemer, Inge Diersen, Lore Kaim, Hans Kaufmann, Siegfried Streller, Hans-Günther Thalheim oder Ursula Wertheim).[438]

Der unbedingte Wille, aktiv beim Aufbau einer sozialistischen Gesellschaft sowie einer marxistisch-leninistischen Literaturwissenschaft mitzuwirken, sorgt für eine nicht zu unterschätzende Aufbruchsstimmung unter den Teilnehmern sowie für eine bald legendäre Produktivität der Lehrgangsmonate, die im Nachhinein zu einer Art »Initialzündung« für die marxistisch-leninistische literaturwissenschaftliche Germanistik der DDR stilisiert werden. Vor allem der mit klassenkämpferischer Energie agierende Scholz sei es gewesen, so seine Schüler rückblickend, der die Nachwuchsgermanisten mit einer streng historischen Literaturbetrachtung bekannt gemacht, sie an die von der SED geforderte kollektive Forschungsarbeit herangeführt, ihre antibürgerliche Haltung gefestigt und ihr fachliches Selbstverständnis entscheidend geprägt habe, indem er die aus marxistisch-leninistischer Sicht vorhandene Notwendigkeit einer gesellschaftlich nützlichen Forschung und Lehre verdeutlicht und die »Gesellschaftsverbundenheit« der Wissenschaft angemahnt habe.[439] Auch habe er seine Schüler gemäß der Erbe- und Sachwaltertheorie der Arbeiterbewegung für die wissenschaftliche und wissenschaftspolitische Aufgabe begeistern können, »die marxistische Aneignung des literarischen Erbes bürgerlicher Prägung auf überzeugendem wissenschaftlichem Niveau für die sozialistische Entwicklung und Bewußtseinsbildung zu nutzen«.[440] Seine Art, Schüler und Mitarbeiter ständig intellektuell herauszufordern und zu motivieren und ihnen über

437 Nur fünf Teilnehmer sind parteilos (vgl. L. Krenzlin 2000, 211).

438 Siehe in diesem Zusammenhang auch die Erinnerungen von Dieter und Silvia Schlenstedt: »Wichtig war, um noch einmal auf die Gruppe von Scholz-Schülern zu kommen, daß einige von ihnen versucht haben, marxistische Studien zu organisieren in einer ganz kleinen Gruppe, denn nur ganz wenige interessierten sich Anfang der fünfziger Jahre überhaupt dafür. In der kleinen Arbeitsgruppe wurden verschiedene Themen diskutiert, zum Teil auch Themen, die mit den Vorlesungen zu tun hatten, vor allem also mit der Klassik [...]« (D. Schlenstedt/S. Schlenstedt 2004, 176). »Parallel zu den staatlichen Seminaren führten wir zeitweilig unsere ›Privatseminare‹ zu denselben Gegenständen durch, vermittelt über die Scholz-Schüler. Mit diesen Kenntnissen arbeiteten wir dann in den ›offiziellen‹ Seminaren weiter, mit den von hierher bezogenen Gesichtspunkten und Fragen. Diese Zusammenkünfte waren von Scholz indirekt belebt« (ebd., 176).

439 Der Studienplanentwurf für die Reform der Germanistik, den der literatursoziologische Arbeitskreis vorlegt, ist dann auch stark an den Bedürfnissen der Praxis orientiert: »Die Ausarbeitung eines Studienplanes muß mehr als zuvor von den Berufen ausgehen, denen das Studium der Germanistik dient. Nur wenige Studenten werden sich später speziell wissenschaftlicher Arbeit widmen. Die meisten wollen Lehrer werden, aber auch zukünftige Bibliothekare, Journalisten, Verlagslektoren studieren in unseren Reihen« (Literatursoziologische Arbeitsgemeinschaft an der Universität Berlin 1949, 360).

440 Materialien, Thalheim, 266.

selbständige anspruchsvolle Lehr- und Forschungsaufgaben die Gelegenheit zur wissenschaftlichen Bewährung zu ermöglichen, erscheint in den Erinnerungen seiner Schüler als eine entscheidende Voraussetzung dafür, dass diese sich relativ rasch im wissenschaftlichen Feld etablieren und bereits nach wenigen Lehrjahren die bislang »bürgerlich« besetzten Lehrstühle in der DDR übernehmen können.

Dabei wird Scholz jedoch keinesfalls als ein einfacher Erfüllungsgehilfe sozialistischer Kultur- und Wissenschaftsfunktionäre beschrieben. So habe er von seinen Schülern nach deren Erinnerungen eine stets kritische und möglichst eigenständige Auseinandersetzung mit den behandelten Gegenständen gefordert[441] und notwendige Differenzierungen angemahnt: »Gerhard Scholz vertrat alles andere als ein fertiges, geschlossenes, autoritäres Konzept.«[442] Zwar mögen die Scholz'sche Verehrung für die Weimarer Klassik und besonders die »Gipfelgestalt« Goethe, seine Vorstellung vom Aufstieg und Verfall »bürgerlicher« Literatur oder seine Anwendung der marxistisch-leninistischen Widerspiegelungstheorie zumindest partiell in den von Lukács skizzierten und von der offiziellen Kulturpolitik gestützten Denkbahnen verlaufen sein.[443] Doch habe Scholz gleichzeitig ein Rüstzeug vermittelt, das einige gegenüber den offiziösen Vorgaben differenziertere Sichtweisen in die marxistisch-leninistische germanistische Literaturwissenschaft eingebracht und zur fachspezifischen Konturierung des Faches beigetragen habe: »Für platte Widerspiegelungskonzepte und gläubiges Lesen war man meist verdorben, wenn man in diesen Seminaren mitgearbeitet hatte.«[444] Die Stalin'sche Phrasenbildung, so Dieter Schlenstedt, sei von Scholz öffentlich verurteilt worden,[445] und der Scholz-Schüler Hans Kaufmann weiß zu berichten: »Allgemeine Redensarten und unbegründete, vorschnelle Urteile, zu denen wir manchmal neigten, langweilten ihn; man spürte das ohne viel Worte«.[446]

Diese Einschätzungen bestätigt auch ein Blick in die wenigen Scholz'schen Publikationen der Nachkriegsjahre. Zwar bedient sich auch Scholz der Basissemantik des sozialistischen Gesellschaftssystems bzw. der marxistisch-leninistischen Ästhetik und spricht von »Klassenkampf«, »Arbeiterklasse«, »Revolution«, »materialistischer Dialektik«, »Widerspiegelung«, »(sozialistischem) Realismus« etc. Eine Reproduktion der Verlautbarungsrhetorik der Partei findet sich jedoch an keiner Stelle; seine Texte sind vornehmlich fachintern adressiert. Sein Beitrag in der *Einheit* zum Goethe-Jahr 1949, in dem er sich mit den Goethe-Feiern 1932 auseinandersetzt, entzieht sich beispielsweise

441 Scholz selbst habe die permanente selbstkritische Überprüfung seiner Thesen verkörpert: »Was ihn heute beschäftigt, differenziert und modifiziert bereits das, was den Mitarbeitern gestern als ein Gewinn, als gültig formuliert schien« (Wertheim 1971, 525).

442 Haase 2004, 49.

443 »Für mich hatte die Ausbildung bei Scholz der Lukács-Richtung nicht entgegengewirkt, sondern sie eher noch unterstützt. Für uns war die Klassik doch so etwas wie eine Maßstab setzende Größe« (Materialien, Diersen, 293). Siehe auch Ehrlich 1991, 396: »Die Grundelemente des Klassik-Verständnisses von Lukács sind, in welcher Modifizierung auch immer, bei Gerhard Scholz und seinen Schülern [...] nachzuweisen [...].« Vgl. auch Haase 2004, 49. Zu Parallelen zwischen Lukács'schen Anschauungen und den Scholz'schen »Faust-Gesprächen« siehe beispielsweise auch Schandera 2000, 229.

444 L. Krenzlin 2000, 216.

445 Vgl. D. Schlenstedt 2004, 62.

446 Materialien, Kaufmann, 160f.

allen resonanzerheischenden Formeln:[447] Kein Wort etwa von jenem von Hans-Dietrich Dahnke bei eben diesen Feiern ausgemachten »Übermaß von Harmonisierung und Apologie, von Ahistorizität und Geschichtsfeindlichkeit, von konservativen und reaktionären Verfälschungen«, die »die Unfähigkeit der bürgerlichen Ideologie [widerspiegeln], auf der Ebene der eigenen Zeit einer durch Goethe repräsentierten humanistischen und progressiven Tradition zu entsprechen«.[448] Kein Wort auch zum »antifaschistisch-demokratischen Neubeginn« nach 1945, zur Bedeutung Goethes für die »Humanisierung« Deutschlands oder zur »Befreiung« des *Faust*-Dichters von den »reaktionären Entstellungen« des Bürgertums durch die Arbeiterklasse. Scholz' Text ist von einer solch nüchternen Deskriptivität, dass sich die Redaktion gezwungen sieht, in einer Anmerkung den Abdruck des Textes zu legitimieren und seine Aktualität für die Gegenwart herauszustellen.[449] Ähnlich »trocken« ist etwa sein Vortrag »Gesellschaft und Kultur der Goethezeit«, der sein Museumskonzept erläutern soll.[450] Leistungsangebote an die kulturräsonierende Öffentlichkeit in der Art, dass auf die bedeutende Funktion eines Goethezeitmuseums für die sozialistische Bewusstseinsbildung o.ä. hingewiesen würde, enthält der Text nicht. Eher muss sich der Eindruck aufdrängen, das Scholz'sche Konzept sei zu kompliziert, um der erzieherischen Funktion für die »breiten Volksmassen« gerecht zu werden.[451]

Bezeichnend ist auch ein Blick auf Scholz' Auseinandersetzung mit seinem feldinternen Konkurrenten Mayer[452] nach dessen umstrittenen Beitrag »Zur Gegenwartslage unserer Literatur«. Gewiss, der Aufsatz »Modernismus als ästhetische und theoretische Restauration« kann als Versuch des in Weimar gescheiterten und im wissenschaftlichen Feld marginalisierten Scholz (s.u.) gedeutet werden, sich über die Kritik am ungeliebten Mayer sowohl in der feldinternen als auch in der außerwissenschaftlichen Öffentlichkeit zu positionieren. Seine Kritik an Mayers »Verdikt gegen die sozialistische Literatur als der Literatur des Aufstiegs« oder der Gebrauch der Abwertungsbegriffe »Modernis-

447 Scholz 1949a.

448 Dahnke 1982, 69.

449 »Die von uns vom Genossen Gerhard *Scholz* zur Verfügung gestellten Betrachtungen zum *Goethe*jahr 1949 sind nicht nur dieses Jubiläums halber aktuell. Angesichts der Restauration des deutschen Imperialismus in den Westzonen ist es zur rechten Zeit, daß sie uns in Erinnerung rufen, was eine ungehemmte Reaktion auf dem Gebiet der Kulturzerstörungen vermochte. Selbst unsere größten Kulturschöpfer wie *Goethe* konnte man dazu mißbrauchen, ihr eigenes Werk zu untergraben, nicht weil sie wehrlose Tote waren, sondern weil ihr wahrer Geist nicht im Volke lebendig gehalten worden war. Unglaublich leicht brachte man eine leichtfertige Intelligenz dahin, vor einem leichtgläubigen Volk Tote zu schänden. Darum versucht man es in Westdeutschland im *Goethe*jahr 1949 aufs neue, diesmal zur höheren Ehre des Dollars. Gegen diese neuen Anschläge wider den Geist, gegen dieses geplante Verbrechen erneuter Totenschändung gibt es nur ein Mittel: Vernichtet die Reaktion und tragt *Goethe* ins Volk!« (Anmerkung der Redaktion zu Scholz 1949a, 382).

450 Scholz 1949b.

451 Zum »Unbehagen der Offiziellen« gegenüber Scholz siehe auch L. Krenzlin 2000, 206.

452 Zum Konkurrenz-Verhältnis zwischen Mayer- und Scholz-»Schule« vgl. die Erinnerungen von Mayer (1988, Bd. 2, 101f.) und Hans Kaufmann (2004, 146). Siehe in diesem Zusammenhang z.B. die Kritik der Scholz-Schülerinnen Diersen und Braemer an Mayer: Diersen 1955, 315, 327 und 328f.; Braemer 1959, 48ff., bes. 68f.; Braemer/Wertheim 1960, z.B. 33f., 294f., 440, 443f. oder 466.

mus« und »Restauration« arbeiten der parteioffiziell verordneten Diffamierungskampagne entgegen.[453] Gleichwohl erscheint Scholz' Beitrag – im Gegensatz zu den Polemiken der marxistisch-leninistischen Nachwuchswissenschaftler, die zumeist lediglich mit den Abwertungsbegriffen der SED-Verlautbarungen operieren und auf differenzierte Argumentationen verzichten – in erster Linie als eine an das wissenschaftliche Feld adressierte Sachkritik. So wendet sich Scholz – um nur ein Beispiel herauszugreifen – gegen Mayers angeblich »mechanische« »Ableitung« der Form aus einer »nur statisch erfaßten und gedachten Klassenkampfposition«:

> Es wird in Mayers Gleichung die historische Konsistenz bestimmter Genrewerte einfach den von der vorgefundenen Basis ›erzeugten‹ Inhaltswerten gleichgesetzt.
> Und weiter. Mayer in seiner starren und abstrakten Vorstellung von den ›gesellschaftlichen Verhältnissen‹ übersieht, daß durchaus verschiedene historische Zuständlichkeiten im Entwicklungsgang mehrerer, untereinander sehr differenter Basen bei ihrer Wirkung auf den ästhetischen Überbau Einfluß gewinnen gerade auch auf das Genre, auf die ›Erzeugung‹ seiner Struktur, und zwar in prinzipiell anderer Weise als auf den Inhalt.
> Das ›Genre‹ ist also zwar nicht absolut dem Gang der Basisverhältnisse überlegen, sondern relativ im Verhältnis zum direkt von einer bestimmten, aktuellen Basissituation abhängigen ›Inhalt‹. Aber dieser Fakt von relativer Basisüberlegenheit macht die Genreform zu einem historisch konsistenteren Kompositum der Entwicklung der Literatur in einem bestimmten nationalen Raum, und zwar als Überbau über verschiedene Basen![454]

Diese Argumentation entspricht weder den vulgärmaterialistischen Widerspiegelungskonzepten der Parteiführung, noch eignet sie sich ob ihrer Komplexität im Rahmen der »ideologischen Offensive« der SED dazu, Mayer publikumswirksam des »Revisionismus« zu bezichtigen und ihn als Anhänger des »Konterrevolutionärs« Lukács auszugrenzen.

Gerade Scholz' Versuch, sich den kulturpolitischen Phrasen und simplifizierenden Vorgaben zu entziehen, ermöglicht es ihm, ein durchaus eigenständiges Profil auszubilden: so etwa durch seine Konzentration auf das literarhistorische Beziehungsfeld und die Erforschung der ursprünglichen Bedeutung von Texten, durch die starke Orientierung auf den Entstehungsprozess literarischer Werke, durch die Vorliebe für die von ihm so genannten »operativen Genres« (Aphorismen, Epigramme, Fabeln, Kurzprosa etc.), durch die Untersuchung der Geschichte der Gattungen und Genres, durch die Aufmerksamkeit auf das Komische als eine Wertungsart, von der Erkenntnisimpulse und aufrüttelnde Effekte ausgehen können,[455] durch interdisziplinäre Ansätze,[456] durch die Betonung der »Volksverbundenheit« als entscheidendes Kriterium marxistisch-leninistischer Methodologie,[457] durch seine Aufgeschlossenheit für die im literaturwissenschaftlichen Feld noch nicht allgemein akzeptierte Behandlung neuer und neuester

---

453 Scholz 1957a, 28.

454 Ebd., 26.

455 Siehe z.B. Scholz 1955. Vgl. dazu auch L. Krenzlin 2000, 208f.

456 So sei es bei Scholz zu einer besonderen Betonung des Bildes (als Gegenstand theoretischer Kritik, als Dokument gesellschaftlicher Erfahrungen und Zeitalterbewusstseins, als Anregung für geistig-künstlerische Assoziationen) gekommen, durch die er »nachdrücklich auf das Wirksammachen kooperativer Bezugssysteme zwischen den Kunstarten [verweist]« (Wertheim 1971, 506).

457 Vgl. ebd., 492–494.

Literatur sowie durch eine Untersuchung der Klassik aus der Sicht der aktuellen Gegenwartsproblematik. Im Gegensatz zu Lukács steht bei ihm nicht vornehmlich die isolierte Betrachtung der »Gipfelleistungen« der Weimarer Klassik und des kritischen Realismus im Mittelpunkt: Scholz interessiert sich auch und besonders für den jungen Goethe, die Stürmer und Dränger oder Herder. Seine Kenntnis der Klassik-Kritik von Brecht und Eisler habe dazu geführt, dass er der Überakzentuierung und Kanonisierung der Weimarer Klassik durch Lukács nicht unkritisch gegenüber gestanden habe.[458]

Insgesamt scheint Scholz' Stärke vor allem in einer konkreten Historizität bestanden zu haben, die die Aufmerksamkeit auf sozialökonomische Zusammenhänge, größere Entwicklungsprozesse und wichtige Übergangsperioden in der Literaturgeschichte lenkt.[459] Dieser erweiterte, entwicklungsgeschichtlich orientierte Literaturbegriff führt in der Folge dazu, dass sich Mitglieder des Scholz-Kreises mit bis dahin von Lukács wenig beachteten revolutionär-demokratischen Schriften des 18. Jahrhunderts beschäftigen,[460] größeren Wert auf die literarischen Prozesse in Aufklärung sowie Sturm und Drang legen[461] und, so die Erinnerungen, ein Bewusstsein für unzulässige Verengungen im Goethe-Verständnis der Kulturfunktionäre entwickeln, das sich allzu sehr auf einige wenige »repräsentative« Werke stützt.[462] Auch hinsichtlich der literarischen Moderne weicht Scholz in seiner Argumentation entscheidend von Lukács ab. Zwar verurteilt auch er die »bürgerliche« Moderne als Verfallsliteratur, doch wehrt er sich gleichzeitig wie Mayer dagegen, jegliche Formexperimente sogleich als »dekadent« zu verwerfen. Der Einfluss Brechts, dessen Werke und Theorien Scholz durch seine persönliche Bekanntschaft mit dem Schriftsteller vertraut sind und der für die »Weite und Vielfalt realistischer Schreibweisen« plädiert, ist unübersehbar:

> Formlockerung und Formauflösung, Ensemblegestaltung und noch unzusammenhängendes Vermischen und Verwischen zweier Sujetgenres kann bei äußerlich scheinbar gleichen Formansätzen je nach dem positiven oder negativen Inhalt und Gehalt, der ein Kunstwerk

---

458 Vgl. L. Krenzlin 2003, 50f.

459 »Scholz will wissen, wie die Dichtung mit all ihren Lebensproblemen in einem allmählichen, oft schwierigen und nicht selten unterbrochenen Prozeß aus den Klassenkämpfen, aus den Auseinandersetzungen des Dichters in und mit der menschlich-gesellschaftlichen Realität seiner Zeit hervorgeht« (Materialien, Thalheim, 267).

460 Siehe z.B. Voegt 1955.

461 Der »Sturm und Drang« bildet nach den Erinnerungen von Hans Kaufmann den Arbeitsschwerpunkt des Nachwuchslehrganges in Weimar (vgl. Kaufmann 2004, 137).

462 So berichtet z.B. Ursula Püschel: »Da fiel mir etwas in die Hände, per Matrize vervielfältigt, das nannte sich ›Quellenmaterial zu einem neuen Goethebild‹. Ich wusste nicht, wer das ist, der das zusammengestellt hat (ein Gerhard Scholz) – Texte, deren Existenz ich nicht fassen konnte – ›Fastnachtsspiel vom Pater Brey‹, ›Literarischer Sanscoulottismus‹, ›Frankfurter Gelehrte Anzeigen‹ – das hatte Goethe geschrieben? Selbst ›Dichtung und Wahrheit‹, erfuhr ich, verbirgt Brisantes. Welche Erleuchtung, dass es möglich ist, Sprengstoff für solche Weltbilder, die den Bestand schützen sollen – selbst von dem allen zugänglichen Nationaldichter – der Öffentlichkeit vorzuenthalten. Es war der Anfang einer Erkenntnis, wie Aufrührerisches aus der Geschichte unschädlich gemacht werden kann« (Püschel 2004, 57). Auch Ursula Wertheim bemerkt im Vorwort ihrer *Goethe-Studien*, sie sei durch Scholz angeregt worden, sich mit Goethes Auffassungen vom Dilettantismus und dem Naturdichter oder seiner Theorie der Autobiographie auseinanderzusetzen (vgl. Wertheim 1968, 6).

> von innen her entscheidend organisiert, entweder dekadenter, fehlgerichteter Avantgardismus oder echte Pionierleistung für einen neuen sozialistischen Stil sein.[463]

Dem umstrittenen und aufgrund seiner »unklassischen« Dramen und seiner Polemik gegenüber den Weimarer Klassikern kritisierten Brecht bescheinigt er, mit seinen Dramen und Ideen nach dem Ersten Weltkrieg »eine neue Qualität sozialistischer Literatur« hervorgebracht zu haben.[464] Im Bemühen um eine Lockerung des offiziellen ästhetischen Kanons kann für Scholz selbst die expressionistische Lyrik des 20. Jahrhunderts zu einem lohnenswerten Forschungsgegenstand werden.[465]

Vor diesem Hintergrund bleibt es nicht aus, dass Scholz in die Kritik des Parteiapparates gerät. Seine unkonventionelle Arbeitsweise, vor allem aber sein wissenschaftlicher Eigensinn, der sich auch in seiner Arbeit als Direktor der klassischen Stätten in Weimar zeigt, stößt bei führenden Genossen auf Ablehnung.[466] Als Direktor der 1953 neugegründeten Nationalen Forschungs- und Gedenkstätten wird der »politisch zuverlässigere« und wegen seiner weniger radikalen antibürgerlichen Haltung der bündnispolitischen Ausrichtung der SED eher entgegenkommende Kommunist Helmut Holtzhauer eingesetzt.[467] In den Jahren nach seinem Sturz bemüht sich Scholz vergeblich, sich erfolgreich in den kulturpolitischen und wissenschaftlichen Diskursen zu positionieren. Während seine Schüler Karriere machen und als Repräsentanten der Disziplin auch in der fachexternen Öffentlichkeit Resonanz erzeugen können, verbleibt Scholz

463 Scholz 1957a, 26.

464 Ebd., 24. Es ist gewiss kein Zufall, dass es vor der offensiven Propagierung des Moderne-Verdikts durch die sowjetischen Kulturoffiziere und die entsprechenden Beschlüsse der SED Versuche von Mitgliedern des Scholz-Kreises gibt, den »Realismus«, die »Volksverbundenheit« und den sozialistischen Ideengehalt Brechts herauszustellen und den Remigranten zu einem unverzichtbaren Bestandteil des Schulunterrichts zu erheben (vgl. z.B. Kaim 1949a).

465 Vgl. Wertheim 1971, 511f. Siehe auch Dieter Schlenstedt (D. Schlenstedt/S. Schlenstedt 2004, 196): »Ich sehe bis heute Scholz im Hörsaal stehen und über expressionistische Lyrik sprechen. Das hatte nichts, aber auch gar nichts zu tun mit dem offiziellen Kanon.« Insgesamt, so erinnert sich Silvia Schlenstedt, habe die »Berührung mit Scholz und seinen Schülern dazu geführt [...], daß Lukács' Literaturbetrachtungsschema nicht so hat Wurzeln schlagen können« (ebd., 177); sowie D. Schlenstedt 2004, 62: Bei aller Schwächung der »kritisch-realistischen Elemente des Naturalismus, die der Eintritt in den Imperialismus mit sich brachte«, seien für Scholz doch »Momente von Fortschritt auch in der Literatur keineswegs ausgeschlossen«. Die kulturpolitische Expressionismusverdammung wird von Scholz als »lügnerisch« qualifiziert. »Gegen die aktuellen Verdikte wurde die Überzeugung gesetzt, es handele sich bei ihnen um Äußerungen des Dogmatismus, es gehe um eine Persiflage linker Vorstellungen, wenn man sich die Situation der Literatur wie ein Aufeinanderstoßen zweier Heere denke, des Kapitalismus und des Sozialismus, der Bürger und der Sozialisten, wenn man von daher schlussfolgere, der Expressionismus sei dekadent und Expressionisten seien bestochen vom Feind.«

466 Vgl. L. Krenzlin 2000, 206 und 213. Siehe auch Kaufmann 2004, 139.

467 Zahlreiche Repräsentanten der Goethe-Gesellschaft, vor allem ihr Präsident Anton Kippenberg, zeigen sich ob der radikalen marxistisch-leninistischen und antibürgerlichen Positionen von Scholz verstört (vgl. Ehrlich 2000, 257). Dagegen setzt Holtzhauer, der die NFG zu einer Institution mit internationalem Renommee aufzubauen hofft, in weitaus stärkerem Maße auf eine Kooperation mit »bürgerlichen« Wissenschaftlern in Ost und West (vgl. Gärtner 2000, 322).

an der Peripherie des literaturwissenschaftlichen Feldes, ist er doch kaum in der Lage, Ressourcenelemente zu produzieren und Resonanzeffekte zu mobilisieren.

Gründe für dieses Phänomen gibt es mehrere. Erstens zu nennen ist sein wissenschaftlicher Eigensinn. Dieser soll ihn immer wieder zu feinsinnigen Differenzierungen genötigt haben, die wenig resonanzträchtig sind in einer fachexternen Öffentlichkeit, die zunächst einmal darauf drängt, ein »klares« marxistisch-leninistisches Literaturgeschichtsbild zu erarbeiten, das sich in Aneignungs- und Deutungskonkurrenz zum Westen gegen die »bürgerliche« Literaturwissenschaft in Stellung bringen lässt und den Verlagsmitarbeitern, Lehrern, Studenten und Nachwuchswissenschaftlern eine eindeutige Orientierung ermöglicht. Zweitens soll Scholz den Hang gehabt haben, seine Aussagen permanent selbstkritisch zu modifizieren. Dies habe für Außenstehende nicht nur den Eindruck eines fehlenden gesicherten wissenschaftlichen Standpunktes erweckt, sondern habe auch dazu geführt, dass Scholz eine Scheu »vor einer ihn als Versteinerung anmutenden gedruckten und so quasi ›verewigten‹ Form«[468] verspürt habe. Vermutlich ist dies der Grund, warum nur wenige Publikationen von Scholz erscheinen und Schüler wie Kaufmann oder Wertheim ihm in der fachinternen wie der -externen Öffentlichkeit den Rang ablaufen können. Zudem gelten Scholz' Publikationen sowie seine Vorträge als wenig rezipientenfreundlich, was seine Öffentlichkeitswirksamkeit zusätzlich einschränkt. Seine oft kryptische, sprunghafte, mehr assoziativ-kombinierende als formal-systematisierende Denkweise,[469] seine oft verschlungenen Schachtelsätze[470] oder sein Hang zu seltenen Fremdworten[471] (so z.B. »Connubium«)[472] lassen ihn für Uneingeweihte nur schwer verständlich erscheinen.

Der relativ geringe Grad an öffentlicher Resonanz ändert sich auch nicht, als ihm Hans-Günther Thalheim, ehemaliger Teilnehmer des Weimar-Lehrgangs und mittlerweile Direktor des germanistischen Instituts der Humboldt-Universität, 1959 eine Professur mit Lehrauftrag für neuere deutsche und skandinavische Literatur verschafft, selbst wenn Scholz auch hier eine Reihe von jungen Studenten prägen kann. Allein mit

---

468 Wertheim 1971, 525. Vgl. auch Püschel 2004, 52; L. Krenzlin 2000, 196f.; sowie Kaufmann 2004, 142f.

469 Vgl. Wertheim 1971, 499. Siehe auch Schiller 2004, 34, Anm. 110: »Tatsächlich machte die Redeweise von Gerhard Scholz für die mit seinen Eigenheiten nicht vertrauten Zuhörer einige Schwierigkeiten. Barocke Konstruktionen und verschachtelte Gedankengänge forderten große Aufmerksamkeit, zumal Scholz dazu neigte, gedankliche Zwischenglieder oder die Kenntnis von Quellenmaterial vorauszusetzen.«

470 Ein Beispiel für einen jener Scholz-typischen »Bandwurmsätze«: »Die Aesthetik gerade im dramaturgischen Feld reflektiert nicht nur im Sturm und Drang mit seinen zwei Phasen, sondern auch in der sogenannten ›Klassik‹ das Datum solcher Abweichung vom Normalen in ihrer Folgewirkung eigentümlicherweise dort mit, wo die Fragen objektiv gegebener Hemmung für den Durchbruch sowohl zur eigentlichen Komödie ohne relativ dominierendes Einblenden des Tragischen, wie zur dramatischen Epopöe ohne Einmischen wesentlicher epischer Züge, mit ihrer Tendenz zur utopischen Idylle wie der Inklination zum eigentlich Historischen oder Philosophischen im Sujet der Tragikomödie zur Tagesordnung der Diskussion standen« (Scholz 1957, IVf.).

471 In einem dem Verfasser vorliegenden Exemplar der von Scholz in Rostock eingereichten Doktorarbeit hat Scholz gar handschriftliche »Übersetzungen« einiger Fremdwörter eingefügt, um seinen Lesern das Verständnis zu erleichtern.

472 Siehe dazu Nahke 2004.

seinen »*Faust*-Gesprächen« im *Forum* gelingt es ihm 1964/65 ein einziges Mal, weitreichendes publizistisches Aufsehen zu erregen.[473] Es ist bezeichnend, dass der Versuch der Verschriftlichung der Scholz'schen Ideen von seinen Schülern ausgeht und Scholz' größter Veröffentlichungserfolg nicht von ihm, sondern von Ursula Püschel in eine kohärente, lesbare und den Anforderungen der sozialistischen Öffentlichkeit entsprechende Form gebracht wird.[474] Auf »Scholzisch« hätten die Gespräche im *Forum* wohl nicht veröffentlicht werden können.[475]

473 Vgl. Scholz 1983. Siehe in diesem Zusammenhang auch das Nachwort von Ursula Püschel (Püschel 1983), das trotz seiner unkritischen »Scholz-Verehrung« eine Reihe nützlicher Informationen über Scholz' Biographie, seinen Arbeitsstil und die Hintergründe der *Faust*-Gespräche zu geben vermag.

474 Vgl. Püschel 2004, 55f. Zu den *Faust*-Gesprächen von Scholz siehe auch Kapitel 12.2.

475 Vgl. ebd., 55f.

4. Geduldete Mehrstimmigkeit

Ein Blick auf die etablierte »bürgerliche« literaturwissenschaftliche Germanistik sowie auf die nach 1945 »ins Spiel kommenden« akademischen Außenseiter hat gezeigt: Das literaturwissenschaftliche Feld erweist sich in der ersten Nachkriegsdekade keinesfalls als »gleichgeschalteter« Spielraum. Unter der spezifischen Ressourcenkonstellation der Nachkriegsjahre gelingt es sowohl altgedienten »bürgerlichen« Gelehrten wie marxistisch-leninistisch ausgerichteten Feldneulingen, die für sie und das Fach nötigen Ressourcenelemente zu produzieren, ohne dabei lediglich die Verlautbarungen der Partei »nachzubeten«. Die Beharrungsmacht einer bildungsbürgerlichen Kunstsemantik kann sich in der eigentümlichen Nachkriegsgemengelage aus (bildungsbürgerlichen) Kontinuitäten, Umerziehungskonzepten, »Volksfrontstrategie« und (sozialistischem) Neubeginn als genauso resonanzträchtig erweisen wie der Gebrauch einer marxistisch-leninistischen Basissemantik und eine Ankopplung an Lukács'sche Deutungsmuster. Der Eigensinn des Faches wird von der politischen Führung zu dieser Phase des Neuaufbaus weitgehend toleriert: aufgrund der angespannten Personalsituation, der Konkurrenz durch den westdeutschen Arbeitsmarkt oder der bündnistaktischen Überlegungen der SED, aber gewiss auch aufgrund der Tatsache, dass die SED noch in den 50er Jahren nicht so fest in den Hochschulstrukturen verankert ist, dass sie sich immer gegen die Beharrungsmacht des historisch gewachsenen Milieus der Ordinarienfakultät durchsetzen könnte.[1] Auch gibt es nach den Ereignissen des 17. Juni 1953 eine kurze Phase der Liberalisierung und Öffnung der Kultur- und Wissenschaftspolitik, die den politisch-ideologischen Druck auf die Wissenschaftler spürbar mildert.[2] Von einem »Ausverkauf« wissenschaftlicher Standards kann auch durch die Arbeit der »Doppelstaatsbürger von Staat und Partei« nicht die Rede sein. Denn auch wenn es die besondere Personalsituation der Nachkriegsjahre ermöglicht, dass disziplinäre Außenseiter ohne großes wissenschaftliches und institutionelles, dafür aber mit politischem Kapital Zugang zum literaturwissenschaftlichen Feld erhalten, so ist die Voraussetzung für eine (zumindest vorübergehend) erfolgreiche Positionierung dennoch der Ausweis ausreichender fachwissenschaftlicher Kompetenz.

Sicherlich, im Feld herrscht kein Pluralismus, kein »anything goes« – offen antisozialistische, rassistische oder völkisch-national(sozialistisch)e Redeweisen würde man wohl kaum dulden –, aber immerhin doch eine mehr oder weniger »geduldete Mehrstimmigkeit«.[3] In den (literatur-)wissenschaftlichen Periodika der ersten Hälfte der 50er Jahre publizieren eine Vielzahl heterogener Autoren; selbst in den ersten beiden Jahrgängen der *Weimarer Beiträge*, die 1955 mit dem Ziel der Umwandlung der literaturwissenschaftlichen Germanistik in eine marxistisch-leninistische Gesellschaftswissenschaft und der Formierung eines entsprechenden akademischen Nachwuchses gegründet wer-

1 Vgl. Jessen 2003, 244.
2 Vgl. dazu z.B. Entschließung des ZK der SED 1953.
3 Diesen Begriff entleihe ich von Bollenbeck 1996, 297.

den, finden sich mehrere Beiträge nicht-marxistischer Wissenschaftler.[4] Dem westdeutschen Gelehrten Reinhard Buchwald überträgt man renommierte Editionsprojekte (so z.B. die 10bändige Goethe-Ausgabe in der »Bibliothek deutscher Klassiker«) und verleiht ihm in der Periode des kurzen »Tauwetters« zwischen 1953 und 1956 nicht nur die Ehrendoktorwürde der Universität Jena, sondern auch den Nationalpreis für Wissenschaft und Technik der DDR. Selbst Germanisten wie Hildegard Emmel oder Hans Mayer, die sich bereits als eigensinnige Wissenschaftler und politische »Störfaktoren« erwiesen haben, werden in dieser Phase von offizieller Seite »geadelt«. Mayer erhält 1955 den Nationalpreis, darf im gleichen Jahr als Hauptredner bei der Schiller-Ehrung der DDR sprechen und wird ein Jahr später Nachfolger von Korff auf dem renommierten Lehrstuhl für neuere deutsche Literaturgeschichte in Leipzig. In dieser Phase werden Mayers Arbeiten gar als »wertvolle und unersetzliche Hilfen« für den Deutschlehrer bezeichnet.[5] Hildegard Emmel wird in Rostock am 1. Januar 1956 zur Professorin ernannt und im gleichen Jahr nach Greifswald berufen, wo sie sogar die Leitung der Abteilung für neuere deutsche Literatur übernimmt. Der Germanist und aktive Antifaschist Ernst Hadermann erhält 1955 einen Ruf an die Martin-Luther-Universität Halle-Wittenberg und ist dort bis zu seiner Emeritierung 1962 als Professor für neuere deutsche Literatur tätig, obwohl er Anfang der 50er Jahre aus der SED ausgetreten ist und in ständigem Konflikt mit der staatlichen Obrigkeit liegt.[6] Kritik an »bürgerlichen« Lehrmeinungen, so z.B. den »idealistischen Äußerungen von Herrn Prof. Korff«,[7] wird zwar auch in dieser Zeit immer noch geäußert, doch erscheint sie eher als »freundschaftlicher Ratschlag« denn als unverhohlene Drohung.

Im ersten Nachkriegsjahrzehnt verlaufen auch Kampagnen wie die der SED gegen den »Bürgerlichen Objektivismus und Kosmopolitismus« an den Universitäten (1949–51) im Sande, mit denen Hochschullehrer in geisteswissenschaftlichen Fachrichtungen diszipliniert und auf die Linie der Partei festgelegt werden sollen – trotz Vorlesungsboykotts übereifriger SED-Anhänger, die u.a. auch Mayer treffen.[8] Auf die Ausrichtung der

---

4 Siehe zu den ersten beiden Jahrgängen der *Weimarer Beiträgen* Schandera u.a. 1997, 262–283; bezüglich der Mitarbeit »bürgerlicher« Literaturwissenschaftler siehe bes. 268–271. Die Aufsätze nicht-marxistischer Germanisten sollen dabei vor allem informative Beiträge zum Leben und Schaffen verschiedener Dichter liefern, marxistisch-leninistische Auffassungen hinsichtlich des »klassischen Erbes« bestätigen sowie der Auseinandersetzung mit der »bürgerlichen« Literaturwissenschaft und den bündnispolitischen Strategien der Zusammenarbeit mit »progressiven« »bürgerlichen« Literaturwissenschaftlern dienen. Zudem gilt: »Den ›bürgerlichen‹ Germanisten – einschließlich Joachim Müller – eignet nicht zuletzt [...] ein größeres ›Kapital an wissenschaftlichem Prestige‹ und ›intellektueller Prominenz‹ als dem ›marxistischen Nachwuchs‹ der DDR-Literaturwissenschaft, und ihre Mitarbeit soll fraglos zum internationalen kulturellen und innerdisziplinären Renommee der jungen Zeitschrift beitragen« (ebd., 271). Zur Zeitschrift *Sinn und Form* unter Leitung des Lyrikers Peter Huchel siehe Schoor 1991, 60: »Peter Huchel zeigte kein Einlenken [gegenüber den Forderungen der Partei nach einer völligen organisatorischen und ideologischen Neugestaltung, J.S.], argumentierte auch weiter mit Eisler, Ernst Fischer, Brecht und Aragon, versuchte den Begriff Realismus offen zu halten für die Vielfalt realistischer Schreibweisen.«

5 Nationalpreisträger 1955.

6 Siehe zu Hadermann: Brandenburger Verein für politische Bildung »Rosa Luxemburg« e.V. (Hg.) 1996; sowie Materialien, Werner, 276.

7 Staatssekretär Harig in *Das Hochschulwesen*, 7/8 (1955), 14. Zit. nach Feige 1997, 162.

Germanistik haben sie einen genauso geringen Effekt wie die regelmäßig verkündeten ZK-Beschlüsse, die eine konsequent marxistisch-leninistische Lehre und Forschung fordern. Ja, es besteht zunächst sogar die Möglichkeit, sich, wie Hans Mayer, Hildegard Emmel oder Alfred Kantorowicz, sachlich mit der von der SED offiziell verfemten und bekämpften literarischen Moderne auseinanderzusetzen, ohne dass dies - bei allen zwischenzeitlichen Scharmützeln - zu größeren Konflikten oder so weitreichenden Kampagnen führen würde, wie dies dann später im Rahmen der »ideologischen Offensive« der Partei nach der »Konterrevolution« in Ungarn im Herbst 1956 der Fall ist.[9] Eine nicht von vornherein auf pauschale Verunglimpfung und Instrumentalisierung ausgehende Beschäftigung mit der von »offizieller Seite« als präfaschistisch und subjektivistisch verfemten Romantik erscheint ebenfalls weiterhin möglich, wie beispielsweise der »Rahmenplan« der ab 1955 erscheinenden »Bibliothek deutscher Klassiker« zeigt, der auch romantische Literatur enthält.[10] Auch Korffs *Geist der Goethezeit*-Band zur Hochromantik,[11] Gerhard Schneiders *Studien zur deutschen Romantik*[12] oder die Romantik-Konferenz in Leipzig 1962 »dementieren das Pauschal-Urteil, eine ernsthafte Beschäftigung mit der Romantik in der DDR habe erst in den 1970er Jahren begonnen«.[13]

Die Unterschiedlichkeit der Positionen nicht nur zwischen den »bürgerlichen« und den »marxistischen« Germanisten, sondern auch innerhalb dieser Gruppierungen, sowie die Tatsache, dass sowohl die »bürgerlichen« Germanisten als auch die sich zum Marxismus bekennenden Feldneulinge im Großen und Ganzen Distanz halten zu den simplifizierenden Verlautbarungen der Partei, auf fachspezifische Maßgaben pochen und sich der Eigenlogik der Disziplin verpflichtet fühlen, bleibt langfristig nicht ohne Auswirkungen auf das Handlungsbewusstsein ihrer Schüler - jener marxistisch-leninistischen Nachwuchswissenschaftler, die ab den späten 50er, frühen 60er Jahren die Lehrstühle an den Universitäten übernehmen können. Die ab den 60er und vor allem 70er Jahren sich vollziehenden Professionalisierungs- und Ausdifferenzierungsprozesse in der marxistisch-leninistischen germanistischen Literaturwissenschaft der DDR haben auch in der »mehrstimmigen« Literaturwissenschaftslandschaft der Nachkriegsdekade

---

8 Als »objektivistisch« gilt, wer seine Lehre und Forschung auf andere Quellen als die »Klassiker« des Marxismus-Leninismus gründet (vgl. Feige 1997, 159). Siehe zur Kampagne gegen den »bürgerlichen Objektivismus« auch Feige 1995.

9 Dabei darf nicht übersehen werden, dass es hochschulspezifische Unterschiede in der Behandlung der europäischen Moderne gibt. So vermutet Boden, dass Mayers literatursoziologische Konzeption wohl an keiner anderen Universität der DDR eine Chance gehabt hätte (vgl. Boden 2003, 156).

10 Der wissenschaftliche Beirat der BdK, in dem mehrheitlich »bürgerliche« Gelehrte sitzen, muss dann allerdings 1958 seine Tätigkeit einstellen und dem Direktor der Nationalen Forschungs- und Gedenkstätten in Weimar, Helmut Holtzhauer, das Feld überlassen, der seine Aversionen gegenüber der romantischen Literatur durchzusetzen vermag (vgl. Ehrlich 1991, 398); siehe zur BdK Gärtner 2001.

11 Korff 1953.

12 G. Schneider 1962.

13 Klausnitzer 2002, 181. Auch in den Schulen werden übrigens zu diesem Zeitpunkt nach wie vor Romantiker behandelt, wenn auch nur kurz: »Die Behandlung der Romantik reduziert sich [...] auf Lied und Lyrik hinsichtlich ihrer sprachlichen Schönheit und gattungsgeschichtlichen Bedeutung« (Springer 1995, 236).

ihre Wurzeln. So werden hier beispielsweise die Grundlagen dafür gelegt, dass sich auch in jener Zeit, als Dekadenz- und Romantik-Verdikt sakrosankt sind, immer wieder einzelne Wissenschaftler um eine differenziertere Sicht auf vermeintlich »reaktionäre« oder »dekadente« Literaturströmungen und Autoren bemühen. Die ersten Dissertationen zu Kafka stammen beispielsweise vom Kantorowicz-Schüler Klaus Hermsdorf[14] und dem Mayer-Schüler Helmut Richter,[15] die sich zwar beide kritisch, aber im Bemühen um differenziertere Wertungen ihrem Gegenstand widmen.[16] An den Universitäten werden Studenten erstmals mit »Verbotenem und Verbranntem« (Alfred Klein) von Johannes R. Becher, Bertolt Brecht, Anna Seghers, Willi Bredel oder Eduard Claudius konfrontiert,[17] und hier lernen sie Brechts Forderung nach »Weite und Vielfalt realistischer Schreibweisen« und seine Grundgedanken funktionaler Literaturbetrachtung kennen, hier hören sie etwas über den ideellen Zusammenhang von Klassik und Romantik - ein Gedanke, der dann in den 70er Jahren etwa von Claus Träger wieder aufgegriffen wird.

Allerdings gehen viele dieser Impulse in den nächsten Jahren zumindest vorübergehend verloren. Denn mit dem Ungarn-Aufstand 1956 ist es mit der »geduldeten Mehrstimmigkeit« vorerst vorbei. Jetzt beginnt die Zeit der Einseitigkeiten. Nun startet die Partei ihre »ideologische Offensive«, in deren Verlauf der nach 1945 anvisierte Neuaufbau der literaturwissenschaftlichen Germanistik im Zeichen des Marxismus-Leninismus vollendet wird. Für »bürgerliche« oder »revisionistische« Professoren ist nun kein Platz mehr - es gibt mehr als nur *eine* Lehrmeinung zuviel.

---

14 Hermsdorf 1961.

15 Helmut Richter 1962.

16 Zu den Debatten um Kafka siehe Kapitel 14.2.2.

17 Sämtliche Mitglieder der zum 1. April 1959 gegründeten Arbeitsgruppe zur Erforschung der proletarisch-revolutionären Literatur Deutschlands (u.a. Friedrich Albrecht, Alfred Klein, Klaus Kändler, Waltraut Seifert-Engelberg oder Erhard Mehnert) besuchen die Veranstaltungen Mayers, promovieren bei ihm oder bereiten zumindest ihre Dissertation vor. Die Arbeitsgruppe ist zunächst dem Ministerium für Kultur unterstellt und wird 1961 der Sektion Dichtkunst und Sprachpflege der Akademie der Künste der DDR angegliedert (vgl. dazu Materialien, Klein).

Teil II

Die marxistisch-leninistische Literaturwissenschaft der DDR: Handlungsbewusstsein, Wissenschaftsverständnis, Diskursrituale, Leistungsangebote und fachspezifische Konturierung

5. Beginn eines personellen Neuaufbaus

Mit der Neueröffnung der Universitäten beginnt die neue politische Führung sogleich den Aufbau einer neuen marxistisch-leninistischen Wissenschaftselite. Denn auch wenn man zunächst auf sie angewiesen ist und aus bündnispolitischen Gründen für Offenheit plädiert: Die alten Eliten gelten - bis auf wenige Ausnahmen - als Anhängsel des Großkapitals, als dienstbeflissene Ideologieproduzenten für die Ausbeuterklasse und als Wegbereiter, wenn nicht gar als entscheidende Träger des Nationalsozialismus - gerade die Universitätslehrer haben in den Augen der Kommunisten der NSDAP den Weg zur Macht bereitet.[1] Als Multiplikatoren eines neuen sozialistischen Bewusstseins, Verkünder der »wahren Lehre« des Marxismus-Leninismus oder parteiliche Wissenschaftler im Dienste des Antimilitarismus und Antifaschismus kommen sie in den Augen der SED kaum in Frage. Entsprechend gilt die Heranbildung einer neuen Intelligenz - also parteikonformer Studentinnen und Studenten - als ein dringendes Gebot der Stunde. Ohne die Schaffung einer neuen marxistisch-leninistischen Elite, so die verbreitete Meinung, könne »keine der grundlegenden Aufgaben unseres demokratischen Neuanfangs gelöst werden«.[2] Durch die bevorzugte Aufnahme und Alimentierung von Arbeiter- und Bauernkindern sowie parteikonformer Jugendlicher oder durch die Einrichtung von Vorstudienanstalten, in denen Jugendliche ohne Abitur auf das Studium vorbereitet werden, soll mit dem elitären Charakter der Hochschulen als Bildungsstätten der Besitzenden gebrochen und eine neue marxistisch-leninistische Intelligenz aufgebaut werden. Intensiviert wird das Projekt einer diktatorischen Gegenprivilegierung 1948 mit der Umwandlung der Vorstudienanstalten in sogenannte »Arbeiter- und Bauern-Fakultäten« (ABF), die »von der Parteiführung in erster Linie als ein machtpolitischer Faktor gehandhabt werden, der zur Heranbildung einer neuen, eng mit der SED verbundenen Führungselite führen sollte«.[3] Bis Ende 1949 steigt der Anteil der »Arbeiterstudenten« an der Gesamtzahl der Neuimmatrikulierten von drei bis fünf auf 32,2%.[4] Dabei wird die fachliche Qualifikation der Arbeiter- und Bauernkinder zwar nicht gänzlich aus den Augen verloren, doch spielen in den Förderprogrammen der Geisteswissenschaften - anders als in den »ideologiefernen« Natur- und Technikwissenschaften - politische »Zuverlässigkeit«, sprich, Nähe zur SED, und soziale Herkunft eine weitaus entscheidendere Rolle für den weiteren Karriereverlauf, was einen deutlichen Bruch mit den bürgerlichen akademischen Traditionen bedeutet.[5]

1 So erklärt etwa Oskar Hauser in der *Einheit* 1948: »Die alte, bürgerliche Intelligenz hat in den letzten zwölf Jahren als Träger deutscher Kultur völlig versagt. Es wird wahrscheinlich gelingen, sie zu neutralisieren, aber kaum mehr« (Hauser 1948, 252).

2 So Anton Ackermann auf einer Arbeitstagung im Mai 1949, SAPMO Barch. IV 2/101/111. Zit. nach Malycha 2002, 96.

3 Malycha 2002, 96. Siehe in diesem Zusammenhang auch Prokop 1990; Kowalczuk 2003, 142–164; sowie die »Richtlinien für die Arbeiter- und Bauernfakultäten« vom Mai 1949.

4 Vgl. Feige 1992, 1176.

5 Siehe in diesem Zusammenhang auch Jessen 1999, 53.

Um diese zukünftige Führungselite gemäß den parteioffiziellen Interpretationen des Marxismus-Leninismus ideologisch zu schulen und keine Abhängigkeiten bzw. Loyalitäten gegenüber »bürgerlichen« Ordinarien entstehen zu lassen, ist es Ziel der SED-»Kaderpolitik« im Wissenschaftsbereich, die Förderung politisch und fachlich geeigneter Kandidaten so weit wie möglich an den bestehenden Strukturen der Nachwuchsrekrutierung vorbei durchzuführen.[6] Im Kontext dieser außeruniversitären Kaderförderung steht auch jener mittlerweile legendäre Lehrgang für deutsche Literaturgeschichte, der auf Beschluss des Ministeriums für Volksbildung im Wintersemester 1950/51 unter Leitung des damaligen Direktors des Goethe- und Schiller-Archivs sowie der Klassischen Stätten in Weimar, Gerhard Scholz, stattfindet und der das Ziel hat, die ca. 40 Teilnehmer, zumeist Mitglieder der SED oder ihr zumindest nahestehend, außerhalb des Einflusses »bürgerlicher« Germanisten zu »rechtgläubigen« marxistisch-leninistischen Literaturwissenschaftlern auszubilden. An den Universitäten bindet man die vielversprechenden Nachwuchswissenschaftler schnellstmöglich in Forschung und Lehre ein und bereitet sie damit frühzeitig auf die baldige Übernahme zentraler Stellen im literaturwissenschaftlichen Feld vor. Um nur ein Beispiel zu nennen, das die Karrieremöglichkeiten für wissenschaftlich geeignete und »politisch zuverlässige« Kandidaten zu jener Zeit deutlich macht: Der Germanist Hans Kaufmann, geboren 1926, holt 1948 sein Abitur an der Arbeiter-und-Bauern-Fakultät nach, beginnt mit 22 Jahren sein Studium an der Humboldt-Universität und wird schon 1951 - noch als Student - Assistent bei Alfred Kantorowicz. Im darauffolgenden Jahr, unmittelbar nach seinem Examen, erhält er einen Lehrauftrag für »Literatur des demokratischen Deutschland«, 1956 promoviert er über Heine[7] und bereits 11 Jahre nach Beginn seines Studiums nimmt er eine Professur an der Berliner Humboldt-Universität wahr.[8] Die Kaderförderung der SED erweist sich als erfolgreich. Fast alle jungen Germanistinnen und Germanisten, die ab dem Ende der 50er, Anfang der 60er Jahre die Fachdiskurse zu dominieren beginnen, sind von der staatlichen und politischen Macht durch Assistentenordnung, Forschungsaspiranturen[9] und sonstige Stellenpolitik sowie jenen Weimarer Kurs gefördert worden.[10]

---

6 Der Germanist Thalheim erklärt stellvertretend für seine Generation: »Unsere eigentlichen weltanschaulichen und methodischen Lehrjahre haben wir vielfach außerhalb der Universitätsinstitute verbracht« (Materialien, Thalheim, 264). Über die Selbstabschottung des »Scholz-Kreises« von »bürgerlichen« Professoren, aber auch anderen Studenten berichtet Boden 1997, 141f. Siehe in diesem Zusammenhang auch das Kapitel »Geförderte Karrieren« in Jessen 1999, 336-349.

7 Kaufmann 1958.

8 Vgl. Materialien, Kaufmann, 158 und 162f. Vgl. auch Kaufmann 2002, 233-235.

9 Die Aspirantur als ein Förderprogramm für »politisch zuverlässige« Doktoranden und Habilitanden soll das System der »informellen Universität« (Jessen) durchbrechen, jene wissenschaftliche Sozialisation im persönlichen Austausch zwischen Nachwuchswissenschaftlern und ihren akademischen Mentoren, die zum jetzigen Zeitpunkt nach Meinung der SED nur zu einer Tradierung eines »bürgerlichen« Wissenschaftsethos führen würde. Dabei unterschätzt die SED jedoch die Resistenz tradierter Verhaltensnormen der Hochschulprofessoren, die sich weiterhin das Recht vorbehalten wollen, frei über ihren eigenen Nachwuchs zu entscheiden (vgl. Jessen 1999, 63f.).

10 Siehe in diesem Zusammenhang auch die Interviews mit führenden Akteuren des Zentralinstituts für Literaturgeschichte an der Akademie der Wissenschaften in Boden/Böck (Hg.) 2004, in denen diese Karrierewege erzählt werden.

6. Verändertes Handlungsbewusstsein und gewandeltes Wissenschaftsverständnis der »Genossen Nachwuchswissenschaftler«

Die Tatsache, dass die meisten Germanisten »Arbeiterkinder« sind, die ihr Studium und ihre unerwartete Karriere als Wissenschaftsnachwuchs politischer Protektion verdanken, begründet in vielen Fällen eine langanhaltende Loyalität gegenüber der SED-Führung. Zentrale Begriffe der neuen marxistisch-leninistischen Basissemantik, so z.B. »Klassenkampf« und »Revolution«, »Emanzipation«, »soziale Gerechtigkeit«, »Humanismus«, »Fortschritt«, »Antikapitalismus« oder »Antifaschismus«, wirken zudem nach den Erfahrungen des »Dritten Reiches« in höchstem Maße motivierend und mobilisierend für die heranwachsende akademische Elite.[1] Das Versprechen rascher sozialer Mobilität, die Auf- und Umbruchstimmung der Nachkriegsjahre, die identitätsstiftende Kraft der Wertbegriffe der marxistisch-leninistischen Basissemantik sowie die gezielte (oft außeruniversitäre und daher von »bürgerlichen« Einflüssen befreite) Kaderschulung und die streng nach politischen Kriterien erfolgende Elitenauswahl durch die SED bringen eine junge Germanistengeneration hervor, die bereit ist, aktiv beim Aufbau einer antifaschistisch-demokratischen oder gar genuin sozialistischen Gesellschaft mitzuwirken, die literaturwissenschaftliche Germanistik in eine marxistisch-leninistische Gesellschaftswissenschaft umzuwandeln und Wissenschaft auf Grundlage der marxistisch-leninistischen Weltanschauung und den Erkenntnissen der Klassiker des Marxismus-Leninismus zu betreiben. Die facheigene Logik reicht als argumentatives Bezugssystem für »richtige« Aussagen im Sinne der Wissenschaft nicht mehr aus, sondern literaturwissenschaftliche Forschung muss zudem auf Basis des »richtigen« Klassenstandpunktes erfolgen und der sozialistischen »Parteilichkeit« verpflichtet sein. Mit Abscheu blickt man auf eine etablierte Wissenschaftselite, die sich in den Augen des Nachwuchses scholastischer Buchgelehrsamkeit verpflichtet, sich ihrer gesellschaftlichen Verantwortlichkeit entzogen und damit den Nationalsozialismus erst ermöglicht habe. Die Einheit von marxistisch-leninistischer Wissenschaft und Politik, von Geist und Macht wird gleichsam zu einem ethischen Gebot erklärt und als praktizierter Antifaschismus legitimiert[2] – eine Vorstellung, die im Scholz-Kurs oder anderen Förderprogrammen weiter propagiert wird. Gegenüber der Parteiideologie lässt sich »eine gewisse Gläubigkeit und ein[] selbstverständliche[r] Gehorsam«[3] ausmachen. Das Fehlen einer eigenständigen marxistisch-leninistischen Position, die Distanz gegenüber »bürgerlichen« Stichwortgebern, der Respekt, den man dagegen den theoretisch »gebildeten« und im praktischen antifaschistischen Kampf erfahrenen Genossen entgegenbringt, dazu eine gewisse »Bereitschaft, ja Begierde, [sich] umerziehen, umkrempeln zu lassen«,[4] macht die jungen Wissenschaftler, die ihre akademische Sozialisation, politi-

1 Vgl. Boden 1997b, 251.
2 Vgl. Boden 1995, 114f.
3 Mittenzwei 2001, 201.

sche Orientierung und kulturelle Prägung meist vollständig in der SBZ/DDR erfahren haben, für die Verkündigungen der außerdisziplinären Stichwortgeber des Parteiapparats in höchstem Maße empfänglich. Doch auch dort, wo der Glaube an die »Unfehlbarkeit« der Ulbrichts, Grotewohls, Bechers oder Abuschs bröckelt, sind viele der nachwachsenden Literaturwissenschaftler bereit, die vormundschaftliche Förderung und politische Disziplinierung durch die Partei hinzunehmen: In dem Augenblick, in dem die wissenschaftliche Laufbahn in zunehmendem Maße von politischer Loyalität abhängt und das Gewicht akademischer Prüfungen sowie die Macht des etablierten »bürgerlichen« Wissenschaftsestablishments abnimmt, erweisen sich »Linientreue« oder zumindest politische Nähe zur SED als Karrierevoraussetzung und/oder -garantie, während politisch »unzuverlässige« Berufungsanwärter »ausgesiebt« werden. Damit entsteht eine hohe Bereitwilligkeit des Nachwuchses, dem Wissenschaftsverständnis des Parteiapparats entgegenzuarbeiten, dem der Glaube an die unbedingte Wahrheit der marxistisch-leninistischen »Lehre« zugrunde liegt, deren »Einheit und Reinheit« gegen jede Aufweichung zu bewahren ist. Alternative Auslegungen zu den parteioffiziellen »Verkündigungen« der marxistisch-leninistischen Theorie werden »regelmäßig als nicht zu duldende ›Feindarbeit‹ entlarvt: als Fraktionsbildung, Kleinbürgertum, Rechts- und Linksextremismus, Opportunismus, Revisionismus, Sozialdemokratismus«.[5] Allein das anonyme Kollektivsubjekt »Die Partei«, de facto also das Politbüro, darf die als notwendig erachteten »schöpferischen Weiterentwicklungen« des Marxismus-Leninismus vornehmen.[6]

Nun soll keineswegs behauptet werden, die literaturwissenschaftliche Germanistik sei unter der neuen Generation von marxistisch-leninistischen Literaturwissenschaftlern zu einer bloßen »Verlautbarungswissenschaft« mutiert, die sich ohne disziplinären Eigensinn gänzlich den außerfachlichen Logiken unterworfen hätte. Über die Bemühungen um eine fachspezifische Konturierung wird zu sprechen sein. Zuvor soll es jedoch um die veränderte Resonanz- und Ressourcenkonstellation nach dem Ungarn-Aufstand 1956 sowie die damit verbundenen Auseinandersetzungen der jungen Germanistengeneration mit ihren »bürgerlichen« bzw. »revisionistischen« Lehrern gehen, in denen ihr verändertes Handlungsbewusstsein zum ersten Mal nachdrücklich zum Ausdruck kommt. In einem weiteren Schritt soll es anschließend um die Diskursrituale sowie die Leistungsangebote an die sozialistische Öffentlichkeit gehen, mit denen sich die germanistischen Literaturwissenschaftler als Marxisten ausweisen und ihr Fach als marxistisch-leninistische Gesellschaftswissenschaft präsentieren und inszenieren.

4 Materialien, Kaufmann, 160.
5 Feige 1995, 1077.
6 Vgl. Laitko 1997, 407.

7. Beschleunigter Machtwechsel im literaturwissenschaftlichen Feld

7.1 Die »ideologische Offensive« der SED

Während die SED aufgrund der Personalsituation in der Germanistik und der Ereignisse des 17. Juni 1953 bis dahin in politischen Fragen – bei allen Gängelungen und Eingriffen in die Hochschulautonomie – gegenüber den Professoren doch mit einer gewissen Zurückhaltung agiert und zum Teil »sogar manchen freimütigen Widerspruch hingenommen« hat,[1] wird mit dem Einsatz der sowjetischen Panzer in Budapest 1956, der Todesstrafe für Imre Nagy und Pál Maléter, den Schauprozessen gegen Wolfgang Harich und Walter Janka oder den Repressionen gegen Ernst Bloch allen »bürgerlichen«, »idealistischen« oder »revisionistischen« Lehrmeinungen an den Hochschulen, denen man eine destabilisierende Wirkung zuschreibt, der Kampf angesagt.[2] Den Autonomiebestrebungen in der Intelligenz, die sich durch die Entstalinisierungstendenzen des XX. Parteitags der KPdSU im Februar 1956 bestätigt sieht, tritt man nun kompromisslos entgegen.[3] Die Erfahrungen in Ungarn erscheinen der SED als Warnung, wie leicht die »Aushöhlung« der »wahren Lehre«, sprich: die Kritik an engstirnigen und dogmatisch erstarrten Positionen der Partei, zu einem völligen Umsturz politischer Verhältnisse führen kann.[4] »Belehrt« durch diese Entwicklungen, fordert man nun von allen Teilen der Intelligenz politische »Verlässlichkeit«, sprich: »Linientreue« gemäß den offiziösen Verlautbarungen – besonders von den Hochschullehrern in den Geisteswissenschaften, die als »ideologische Fächer« der weltanschaulichen Beeinflussung der Studenten im Sinne der Partei dienen sollen.[5] Bloße »Loyalität« zum SED-Staat oder der lediglich sporadische Einsatz eines politischen Bekenntnisvokabulars genügen nun nicht mehr. Ein ausgleichender Charakter wie der Kulturminister Johannes R. Becher, Protektor des verhafteten Wolfgang Harich, Verehrer des »Renegaten« Georg Lukács

1 Emmel 1991, 121.

2 Vgl. Entschließung der III. Hochschulkonferenz der SED über die Aufgaben der Universitäten und Hochschulen beim Aufbau des Sozialismus in der Deutschen Demokratischen Republik. Zit. nach Redaktionskollegium *Weimarer Beiträge* 1958, 134.

3 Zu den Versuchen, kritische Kunst- und Kulturschaffende sowie Wissenschaftler in den Griff zu bekommen, siehe Schiller 1997.

4 Zustimmend bezieht sich Alexander Abusch 1957 auf Chruschtschow, der mit Bezug auf die »Konterrevolution« in Ungarn formuliert: »Unsere stärkste Waffe ist unsere Idee. Wer ideologisch entwaffnet ist, ist wehrlos« (zit. nach Abusch 1972a, 456).

5 »Die marxistischen Gesellschaftswissenschaftler müssen Bannerträger der sozialistischen Ideologie sein und sich aktiv an den Auseinandersetzungen mit der bürgerlichen Ideologie und dem Revisionismus beteiligen. Bei der Durchführung der sozialistischen Revolution auf dem Gebiet der Ideologie und Kultur ist es notwendig, eine klare marxistische Orientierung der Gesellschaftswissenschaften zu erreichen« (Hager 1960, 290).

und Förderer der ideologischen »Störgröße« Hans Mayer, wird ausgeschaltet und verliert jeglichen politischen Einfluss. Nun schlägt die Stunde des »Ideologen der Rechtgläubigkeit«, Alfred Kurella, der es sich in der Ära der Rebellion zur Aufgabe macht, die sowjetische Autorität und die ideologische Orthodoxie durchzusetzen.[6]

Die III. Hochschulkonferenz im Frühjahr 1958 beschließt die Forcierung der »ideologischen Erziehung«. Angestrebt wird eine umfassende »sozialistische Umgestaltung« der Universitäten und Hochschulen, durch die die Restbestände der universitären Selbstverwaltungsgremien unter die Kontrolle der Partei gebracht werden sollen.[7] Man effektiviert die kaderpolitischen Apparate und gewinnt an Steuerungsmöglichkeiten. Bei Ernennungen und Berufungen sollen nun allein die Interessen der Arbeiter- und Bauern-Macht richtunggebend sein.[8] Auf tradierte akademische Spielregeln wird keine Rücksicht mehr genommen, wie der Fall des Germanisten Hans Jürgen Geerdts zeigt, der 1958 als marxistisch-leninistischer Habilitand sofort auf einen Lehrstuhl in Greifswald berufen wird, obwohl er nach alter akademischer Tradition mindestens sechs Semester als Dozent hätte arbeiten müssen, ehe er mit einer Berufung hätte rechnen können. Die Proteste des »bürgerlichen« Ordinarius Hans-Friedrich Rosenfeld, 1956 von Rostock nach Greifswald gewechselt, verhallen ungehört, sogar als er Geerdts nachweisen kann, gegen das wissenschaftliche Berufsethos verstoßen und sein Schriftenverzeichnis gefälscht zu haben.[9] Der Konflikt eskaliert, als die Geerdts unterstützende SED politische Vorwürfe gegen Rosenfeld erhebt, und er endet mit der Vertreibung Rosenfelds von seinem Lehrstuhl.[10] Damit entspricht man genau den Vorstellungen des neuen Staatssekretärs für das Hochschulwesen, Wilhelm Girnus, dessen Ziel vor allem die »Entfernung aller offenen gegnerischen Elemente aus dem Lehrkörper« sowie die »vollständige Ausschaltung des bürgerlichen Einflusses« in den Geistes- und Sozialwissenschaften ist.[11] In den Bezirks- und Hochschulleitungen der SED verstärkt sich

---

6 Vgl. dazu Mayer 1988, Bd. 2, 130ff.

7 Unter »sozialistischer Umgestaltung« wird »die planmäßige Erziehung von wissenschaftlich-technischen Fachkräften« verstanden, »die der Arbeiter-und-Bauern-Macht treu ergeben sind und sich in ihrer Arbeit von den großen Ideen des Sozialismus leiten lassen. Die sozialistische Umgestaltung ist keine einmalige Aktion, sondern ein langwieriger Prozeß der Erziehung und Umerziehung der Menschen, des ständigen Meinungsstreites, der Verbesserung der Organisation und Arbeitsweise in den Parteiorganisationen, den leitenden staatlichen Organen, in der Forschung und im Studium. [...] Die sozialistische Umgestaltung umfaßt mindestens folgende Aufgaben: 1. Die Aneignung des dialektischen Materialismus durch die Lehrkräfte und Studierenden auf der Grundlage der Erfahrungen und Probleme des sozialistischen Aufbaus in der DDR und der Erfahrungen der Entwicklung im Lager des Sozialismus. 2. Die Anwendung sozialistischer Prinzipien in der Forschung. 3. Die sozialistische Orientierung in Lehre, Ausbildung und Erziehung. 4. Die Schaffung neuer Grundlagen für die Auswahl und die Zulassung zum Studium. 5. Die Sicherung einer einheitlichen unbürokratischen Leitung des Hochschulwesens« (Hager 1960, 282).

8 Vgl. die »Verordnung über die weitere sozialistische Umgestaltung des Hoch- und Fachschulwesens in der Deutschen Demokratischen Republik« vom 13.2.1958.

9 Vgl. Boden 1997, 145f.; sowie Emmel 1991, 128.

10 Vgl. das im Anschluss an Boden 1997 abgedruckte »Protokoll über die Fakultätssitzung der Philosophischen Fakultät der Ernst-Moritz-Arndt-Universität Greifswald am 12.3.1958«, sowie Boden 1997, 146f.

11 Zit. nach Jessen 1999, 95.

infolge einer solchen Rhetorik die Meinung, es sei an der Zeit, bürgerliche Professoren »abzuschießen«.[12]

Doch auch der Selektionsdruck auf den wissenschaftlichen Nachwuchs wird in den Jahren 1957/58 erhöht. Die neue Assistentenordnung vom 27. November 1957 gerät zur »Abschussordnung«:[13] In einer umfassenden »Säuberung« wird vielen derjenigen Assistenten eine Weiterbeschäftigung an der Universität verwehrt, die in deutlicher Distanz zur SED stehen, nicht aktiv zur Stärkung und Festigung der »Arbeiter- und Bauern-Macht« beitragen und die mit ihrer Tätigkeit verbundenen »erzieherischen Aufgaben«[14] nicht erfüllen.[15] Ein explizites Bekenntnis zur SED in Form einer Parteimitgliedschaft ist allerdings nicht von Nöten, auch wenn sich nur wenige parteilose Germanisten im wissenschaftlichen Feld behaupten können (unter ihnen der Mayer-Schüler Helmut Richter). Dem akademischen Nachwuchs, der den harten Kurs der Partei übersteht, stehen nun alle Türen zur Universitätskarriere offen.

7.2 Positionskämpfe und stalinistische Vertreibungen

Angeheizt durch die Verschärfung des politischen Klimas seit Ende des Jahres 1956 eskaliert der bisher nur latent vorhandene Konflikt zwischen den »bürgerlichen« Professoren bzw. den »Doppelstaatsbürgern« auf der einen Seite, die den Anspruch auf fachliche Autonomie nicht aufgeben wollen, und den jungen marxistisch-leninisti-

---

12 Ebd., 96.

13 Vgl. ebd., 89.

14 »Die Aufgabe der sozialistischen Erziehung ist es, unsere heranwachsende junge Intelligenz zutiefst von der historischen Notwendigkeit des Kampfes für den Aufbau des Sozialismus zu überzeugen und zu einer der Arbeiterklasse und der Arbeiter-und-Bauern-Macht ergebenen Intelligenz zu entwickeln« (Hager 1960, 304). »Der wissenschaftliche Nachwuchs, die Assistenten, Oberassistenten und Aspiranten, hat an der sozialistischen Hochschule eine besondere Verantwortung. Er ist ein aktives Bindeglied zwischen Professor und Student und damit für die sozialistische Erziehung und Ausbildung der Studenten in starkem Maße verantwortlich. Partei und Regierung setzen in die Assistenten, Oberassistenten und Aspiranten als die zukünftigen Wissenschaftler und Hochschullehrer unseres sozialistischen Staates große Erwartungen. Die Zugehörigkeit zum wissenschaftlichen Nachwuchs setzt deshalb neben der unbedingten Treue zu unserem Arbeiter-und-Bauern-Staat und der Achtung vor der Arbeiterklasse und ihrer marxistisch-leninistischen Partei ein hohes fachliches Können, die aktive Teilnahme am gesellschaftlichen Leben, ernsthaftes Bemühen bei der Aneignung und Anwendung des dialektischen Materialismus in Forschung, Lehre und Erziehung sowie eine hohe Moral voraus« (ebd., 307).

15 Vgl. Jessen 1999, 85–94. Die Folgen dieses Disziplinierungsfeldzuges für die ohnehin noch angespannte Personalsituation sind allerdings desaströs und führen Ende 1958 zu einer abermaligen Lockerung des harten Kurses. Denn die Zahl der Republikfluchten steigt sprunghaft in die Höhe (386 offiziell registrierte Fälle im Jahr 1958 gegenüber 158 Fällen im Vorjahr). Darunter sind nicht nur Assistenten, sondern auch Professoren, die nicht länger bereit sind, die Einmischung in universitäre Angelegenheiten zu akzeptieren. Gerade im Bereich des Gesundheitswesens schmerzen die Verluste (vgl. ebd., 92ff.).

schen Nachwuchswissenschaftlern auf der anderen Seite, die die sich verschärfenden ideologischen Ausleseprozesse der Partei überstanden haben und die politische »Großwetterlage« zur Eroberung begehrter Stellen zu nutzen gewillt sind. Ausgestattet mit einem gegenüber den »Nachkriegsgermanisten« veränderten Handlungsbewusstsein, geprägt von Lukács'schen Wertungs- und Ordnungsschemata und seiner gnoseologischen Realismus- und Widerspiegelungstheorie, erheben die jungen marxistisch-leninistischen Literaturwissenschaftler als Vertreter der »wahren Lehre« Ansprüche auf alle wichtigen wissenschaftlichen Positionen und sind bereit, ihre Karriereziele auch mit Unterstützung des Parteiapparats durchzusetzen. Der junge Literaturwissenschaftler Hans Kaufmann fordert stellvertretend für seine Generation, in der Germanistik müsse nun endlich »die starke Front von Parteikadern«, die heranwachse, den »Ton angeben«.[16] Der »geduldeten Mehrstimmigkeit«, die bis Mitte der 50er Jahre in der Germanistik zu konstatieren war, soll nun ein Ende bereitet werden. Innerhalb des marxistisch-leninistischen Germanisten-Lagers macht man es sich zur Aufgabe, den »Liberalismus in der Literaturwissenschaft«,[17] d.h. »idealistische« und »revisionistische« Auffassungen und Theorien, sowie die Suche nach einem »dritten Weg« zwischen »bürgerlichen« Ideologien und marxistisch-leninistischen Anschauungen, kompromisslos zu bekämpfen.[18] Damit entspricht man den Vorstellungen der Partei, die fordert, »in allen Bereichen der Literatur- und Sprach-, Kunst- und Musikwissenschaft den dialektischen und historischen Materialismus zur festen theoretischen Grundlage der gesamten Arbeit zu machen«[19] und bürgerliche sowie andere »falsche« Ideologien zu überwinden.[20]

Es bleibt nicht bei bloßen Ankündigungen. Ambitionierte marxistisch-leninistische Nachwuchsgermanisten nutzen in der Folgezeit jede Gelegenheit, um in Zusammenarbeit mit Parteivertretern »unmarxistische« Professoren abzusetzen oder an den Rand zu drängen. Die semantischen Fronten verlaufen zwischen der parteioffiziellen Auslegung des Marxismus-Leninismus auf der einen und den Feindbildern »Idealismus« und »Revisionismus« auf der anderen Seite. Sich selbst als »politisch zuverlässige« Akteure im

---

16 Protokoll einer Beratung am 24. September 1957. Zit. nach Schandera u.a. 1997, 318.

17 Redaktionskollegium *Weimarer Beiträge* 1958, 134.

18 Protokoll einer Beratung am 24. September 1957. Zit. nach Schandera u.a. 1997, 318.

19 Entschließung der III. Hochschulkonferenz über die Aufgaben der Universitäten und Hochschulen beim Aufbau des Sozialismus in der Deutschen Demokratischen Republik. Zit. nach Redaktionskollegium *Weimarer Beiträge* 1958, 134.

20 »Zwischen der bürgerlichen und der sozialistischen Ideologie kann es keine friedlichen Beziehungen, keine friedliche Koexistenz geben. Beide schließen sich gegenseitig aus. Die sozialistische Ideologie ist der Ausdruck der Interessen der Arbeiterklasse, wie die bürgerliche Ideologie der Ausdruck der Interessen der Bourgeoisie ist. Wie es zwischen beiden Klassen keine Vermittlung geben kann, so auch nicht zwischen beiden Ideologien. Nur durch die Überwindung der bürgerlichen Ideologie und durch die Aneignung der sozialistischen Ideologie kann dieser Widerspruch seine Lösung finden« (Hager 1960, 288). »Die Auseinandersetzungen, die in den vergangenen Monaten gegen revisionistische und andere falsche Auffassungen in der Wirtschaftswissenschaft, Geschichtswissenschaft, Staats- und Rechtswissenschaft, Philosophie und Literaturwissenschaft durch die Partei geführt wurden, zeigten, daß die bürgerliche Ideologie auf allen Gebieten Einfluß gewinnt, wenn die Partei es versäumt, offen und prinzipiell gegen sie zu kämpfen« (ebd., 292). Vgl. auch die Thesen der Kulturkonferenz der SED vom Oktober 1957 »Für eine sozialistische Kultur« 1972, bes. 503.

literaturwissenschaftlichen Feld positionierend und sich damit als sozialistische Erzieher zukünftiger Studierendengenerationen empfehlend, bemühen sich marxistisch-leninistische Nachwuchsgermanisten, der feldinternen Konkurrenz Abweichungen von der »wahren Lehre« nach- und auf ihre damit einhergehende ideologische »Gefährlichkeit« für den sozialistischen Aufbauprozess hinzuweisen. Über bloße Lippenbekenntnisse zum Sozialismus hinaus fordert man nun explizit eine Anwendung des dialektischen und historischen Materialismus in der Fachwissenschaft: »Heutzutage genügt schon nicht mehr nur einfache Loyalität, sondern man muß auch allen andern Forderungen und Aufgaben gerecht zu werden wissen.«[21] Wissenschaftliche Auseinandersetzungen werden zu Abrechnungen – nicht allein mit vermeintlich »idealistischen« oder »revisionistischen« wissenschaftlichen Methoden und Theorien, sondern auch und vor allem mit Personen, die man von Seiten des wissenschaftlichen Nachwuchses zu verdrängen trachtet. Alfred Kantorowicz weicht dem steigenden Druck durch eine Flucht in die Bundesrepublik aus. In Greifswald beginnen umfassende Kampagnen gegen Hildegard Emmel und Hans-Friedrich Rosenfeld. Letzterer habe zum einen mit seinen Schriften den Faschismus unterstützt, und zum anderen sei er weder gewillt noch in der Lage, den Marxismus-Leninismus in Forschung und Lehre anzuwenden.[22] Diese Vorwürfe, forciert vorgetragen vor allem von Rosenfelds fakultätsinternem Konkurrenten, dem marxistisch-leninistischen Nachwuchswissenschaftler Hans Jürgen Geerdts, reichen aus, um Rosenfeld die Lehrerlaubnis zu entziehen. Gegenüber Hildegard Emmel bringen sich Vertreter einer »politisch zuverlässigen« marxistisch-leninistischen Literaturwissenschaft resonanzkalkulierend in Stellung, indem sie ihr vorwerfen, sich in ihren Veranstaltungen mit »dekadenten« Autoren wie Kafka und Rilke befasst und zu wenige Vertreter der Literatur des demokratischen Deutschland behandelt zu haben.[23] Vor allem gegen ihr Buch *Weltklage und Bild der Welt in der Dichtung Goethes*[24] laufen Kampagnen. Resonanzträchtig inszenieren sich ihre Gegner als »Retter« des klassischen Erbes: Da Emmel das »optimistische«, sprich: geglättete und harmonisierte Goethebild der Partei in Frage stellt, werden ihr »offene reaktionäre Auffassungen«,[25] »subjektiver Idealismus« (so auf einer »Aussprache« über ihr Buch am 9. Mai 1958)[26] und eine »Entstellung« Goethes vorgeworfen.[27] Die Arbeiterklasse, so der Tenor, werde allen reaktionären Versuchen entgegentreten, »das Werk dieses großen Deutschen und dessen ruhmvollen Platz im Kulturschatz unserer Nation« durch den »Emmelschen Goethe-Pessimismus« zu »verwässern«.[28] Der »Irrationalismus« und »Agnostizismus«, die Emmels Buch kennzeichneten, so die Vorwürfe während der anberaumten öffentlichen »Aussprache«, seien Grundübel, die aus einer falschen Weltanschauung resultierten und eine Gefährdung der Studierenden darstellten.[29] Der Nachwuchsgermanist Hans Kaufmann erklärt in seinem vernichtenden »Verriss« des Buches:

> Ihr Weltbild, wie auch immer es im einzelnen beschaffen sein mag, hat zur ›verbindlichen‹ Grundlage den subjektiven Idealismus mit den entsprechenden agnostizistischen Konse-

---

21 Vgl. »Protokoll über die Fakultätssitzung der Philosophischen Fakultät der Ernst-Moritz-Arndt-Universität Greifswald am 12.3.1958«, 159.

22 Vgl. ebd.

23 Emmel 1991, 127.

24 Emmel 1957.

25 Holtzhauer 1958.

> quenzen: Was wirklich ist, wissen wir nicht, folglich beschränken wir uns auf die Beschreibung der subjektiven Empfindungen und Vorstellungen.[30]

NFG-Präsident Holtzhauer sieht gar durch Emmels »blasphemische« Thesen die gesamte deutsche Kulturnation in Gefahr:

> Es ist kein Zufall, sondern System, daß der Irrationalismus und alle anderen dekadenten Anschauungen sich die Werke der Klassiker zum Gegenstand ihrer Demonstrationen ausgewählt haben. In der Klassik liegen die Hauptwurzeln der deutschen Nationalliteratur, und die Axt soll an die Wurzeln gelegt werden. Die Verteidigung der Literaturwissenschaft gegen ihre Verderber und der Ausbau der marxistischen Literaturwissenschaft im Kampf gegen den Revisionismus gehören deshalb zu den Hauptaufgaben, die zur Zeit gelöst werden müssen.[31]

Das veränderte Handlungsbewusstsein der Akteure im wissenschaftlichen Feld tritt nun deutlich zu Tage: Die ideologisch-politische Gesinnung der Hochschullehrer wird zum Maßstab der Bewertung wissenschaftlicher Qualifikation erhoben. In einem Fakultätsbeschluss vom Mai 1958 wird Emmel von ihrer Lehrtätigkeit entbunden, da sie »nicht über die notwendige wissenschaftliche und politische Qualifikation« verfüge, »um Deutschlehrer für die sozialistische Praxis auszubilden«.[32] 1960 flieht sie in den Westen.

---

26 Vgl. Emmel 1991, 134. Siehe auch den Zeitungsartikel »Frau Prof. Dr. Emmel und die sozialistische Hochschule« (1958): »Hildegard Emmel, Professor für Germanistik in Greifswald, wurde vom Ortsvorstand des Kulturbundes zu einer Aussprache über das von ihr verfaßte Goethebuch eingeladen [...]. [...] Viele der Anwesenden setzten sich prinzipiell und sachlich mit dem Inhalt des von Frau Professor Emmel geschaffenen Goethebildes auseinander und bewiesen dessen reaktionären Charakter. Wenn die Verfasserin auch ironisch den Marxismus als die ›allein seligmachende‹ Philosophie hinstellt, so hätte sie doch besser getan, sich in ihrer Arbeit als Hochschullehrerin und Goetheforscherin von der Weltanschauung des dialektischen Materialismus leiten zu lassen, denn sie lehrt doch nicht irgendwo und für irgendwen. [...] Es geht hier nicht nur darum, daß die Autorin die Terminologie des dialektischen Materialismus nicht beherrscht, es geht um viel mehr: sie anerkennt nicht die durch den dialektischen Materialismus wissenschaftlich begründete Weltanschauung, die durch die Praxis tausendfach erprobt und bewiesen worden ist; sie leugnet die Existenz dieser Wissenschaft. Frau Prof. Emmel ergeht sich auch im subjektiven Idealismus in bezug auf den Kunst- bzw. Sprachbegriff, wodurch sie ihre Unwissenschaftlichkeit beweist. [...] Warum kommt die Autorin zu dieser einseitigen und darum entstellten Darlegung des Goethebildes? Weil sie sich die Dichtung Goethes zu ›verstehen‹ bemüht, ohne die gesellschaftlichen Klassenkräfte einer wissenschaftlichen Analyse zu unterziehen, die in der Welt Goethes die Verhältnisse bestimmten.«

27 Frau Prof. Dr. Emmel und die sozialistische Hochschule.

28 Ebd.

29 Vgl. Emmel 1991, 134f.

30 Kaufmann 1958a.

31 Holtzhauer 1958. Dass sich gerade Holtzhauer an die Spitze im Kampf gegen die »Verderber« der Literaturwissenschaft stellt, ist keineswegs überraschend, stehen doch auch die NFG aufgrund ihrer vielfältigen Kooperationen mit bundesdeutschen Gelehrten nach 1956 unter einem erhöhten Druck und müssen sogar eine Kürzung der materiellen Ressourcen hinnehmen: »Die Institution, die das Zentrum für die Erforschung der deutschen Literatur in der DDR zu sein beanspruchte, konnte es sich in Zeiten einer sich verschärfenden Abgrenzungspolitik nicht leisten, als Nistplatz ›ideologischer Koexistenz‹ zu gelten [...]« (Gärtner 2000, 323).

In Jena genügt es für Joachim Müller nicht mehr, als ein potentieller Hoffnungsträger einer zukünftigen marxistisch-leninistischen Literaturwissenschaft oder zumindest als »entschieden fortschrittlichster aller bürgerlichen Professoren der Fakultät und wohl auch Fachkollegen an den übrigen Universitäten der Republik« eingeschätzt zu werden.[33] Auch von ihm erwartet man nun eindeutige ideologische Positionen. Konzessionen an »imperialistische Ideologen« wie Emil Staiger, Wilhelm Emrich, Fritz Martini, Clemens Heselhaus, Friedrich Beißner, Paul Kluckhohn oder Fritz Strich[34] ist man nicht länger bereit zu dulden. Öffentliche Resonanz ist Müllers Kritikern sicher, fordern doch auch führende Parteigenossen zu kritischen Auseinandersetzungen mit dem Jenaer Ordinarius auf.[35]

Der aufstrebende Nachwuchs versucht fachinterne und -externe Positionsgewinne zu verbuchen, indem er Müller als einen kleinbürgerlichen Importeur von Anschauungen der gegnerischen Wissenschaft denunziert, der »ausdrücklich im Fahrwasser der reaktionären bürgerlichen Ideologie und Literaturwissenschaft« schwimme.[36] Müller versuche, sich gegenwärtig an westliche Ideologien anzukoppeln, da er den Westen politisch für stärker halte. Kritische Rezensionen zu Müllers Habilitationsschrift *Das Weltbild Friedrich Hebbels*[37] erscheinen, in denen Müller mangelnde »Parteilichkeit«

32 Zit. nach Emmel 1991, 139. Siehe auch Krolikowski 1958: »Am Mittwoch der vergangenen Woche empfing der Rat der Philosophischen Fakultät der Universität Greifswald eine Delegation der Ortsgruppe des Kulturbundes, die über die Auseinandersetzung mit Frau Prof. Emmel berichtete. Dabei wurde auch mitgeteilt, daß die Verfasserin des Goethebuches in Nichtachtung des Kulturbundforums mitten im Meinungsstreit demonstrativ die Veranstaltung verließ. Nach einer sehr lebhaften, von der Sorge um die sozialistische Umgestaltung der Universität getragenen Diskussion wurde das Verhalten von Frau Prof. Emmel verurteilt. Leider gelang es dem Rat der Fakultät trotz aller Mühewaltung nicht, Frau Prof. Emmel zu einer ehrlichen, selbstkritischen Einsicht zu bewegen. Im Gegenteil. Noch am selben Tage erklärte sie: ›Die marxistische Literaturphilosophie wird nie zum Ziele führen, in 10 Jahren werden die marxistischen Literaturwissenschaftler sich selbst zu revidieren beginnen.‹ Die Geschichte aber zeigt, daß sich der Marxismus weder ausrotten noch revidieren läßt, sie bestätigt vielmehr seinen triumphalen Siegeszug. In der Fakultätsratssitzung selbst beschimpfte Frau Prof. Emmel die Verfechter des Marxismus als Vulgär-Materialisten. So konnte sich der Rat der Fakultät nur dazu entschließen, Frau Prof. Emmel die wissenschaftliche Befähigung und politische Reife für ihr Lehramt in der Philosophischen Fakultät abzusprechen und das Staatssekretariat für das Hochschulwesen um entsprechende Schlußfolgerungen zu ersuchen. Dieses Resultat war einmütig entstanden. Es ist offenkundig, daß Frau Prof. Emmel mit dieser Haltung keine Deutschlehrer für unsere sozialistische Schule erziehen kann.«

33 Vgl. »Einschätzung des Unterrichts in der neueren und neuesten deutschen Literaturgeschichte am Germanistischen Institut der Friedrich-Schiller-Universität Jena«, undatiert, Eingangsstempel vom 6.7.1955. Zit. nach Boden 1997a, 200.

34 Vgl. z.B. Müller 1957a, bes. 9; sowie Müller 1957.

35 Vgl. Hager 1972a, 481. Vgl. auch Girnus 1957, 298; sowie das »Zusammenfassende Protokoll über die am 24.9.1957 bei der Abteilung Wissenschaften durchgeführte Beratung mit Genossen Wissenschaftlern der Germanistik und Literaturwissenschaft«. Zit. nach Boden 1997a, 204.

36 Zusammenfassendes Protokoll über die am 24.9.1957 bei der Abteilung Wissenschaften durchgeführte Beratung mit Genossen Wissenschaftlern der Germanistik und Literaturwissenschaft. Zit. nach Boden 1997a, 204. An der Kritik an Müller beteiligt sich selbst ein Anglist wie Erwin Pracht (Pracht 1958/59).

37 Müller 1955c.

für die »fortschrittlichen Klassen« vorgeworfen und er zum Apologeten der bürgerlichen Positionen Hebbels gemacht wird, der die Massen verachtet und den Kommunismus gefürchtet habe.[38] Müllers Arbeiten stünden »[i]hrer Substanz nach [...] ganz in der Tradition der sogenannten Ideen- oder Problemgeschichte, einer bürgerlichen literaturwissenschaftlichen Schule«.[39] Dabei »enthistorisiere« Müller die »problemgeschichtliche« Behandlung sogar noch stärker als seine Vorgänger.[40] Durch das »mitgehende Interpretieren« versuche Müller, »Widersprüche zu versöhnen, Unannehmbares annehmbar zu machen, unbequeme Tatbestände zu beschönigen«.[41] Die Anwendung der scheinbar weltanschaulich neutralen, »unangreifbaren« Theorie der textnahen Interpretation sei der Versuch Müllers, »nicht nur jeden ausdrücklichen Widerspruch zum Marxismus zu umgehen, sondern auch seine Theorien dem Marxisten als annehmbar erscheinen zu lassen, sie dem Marxismus gleichsam zu assimilieren, zu integrieren«.[42]

Deutlich ist der Versuch Kaufmanns - von seinem Doktorvater Kantorowicz als äußerst »parteistrebsam« charakterisiert[43] - sich an die »Revisionismus«-Debatten der letzten Monate anzukoppeln und sich als Vertreter einer »reinen marxistisch-leninistischen Lehre« sowie als Kämpfer gegen westliche Ideologien und die »bürgerliche Verfallsliteratur« in Szene zu setzen: »Objektivistisch und apologetisch ihrer Natur nach, erscheint die ›mitgehende Interpretation‹ als das Gegenteil einer rationellen und kritischen Methode. Sie hat mit der materialistischen Dialektik nichts gemein.«[44] Mit Müllers Methode lasse sich selbst die dekadente literarische Moderne »in einen friedlich dahinplätschernden Strom der Literatur« einreihen.[45] Müllers Buch über Adalbert Stifter[46] sei der Versuch, einer »Stifter-Legende in der DDR Heimatrecht zu verschaffen«, die »die große Mode der gegenwärtigen bürgerlichen Literaturwissenschaft, besonders der führenden Vertreter des Irrationalismus (Staiger, Muschg, Kunisch usw.) und ihrer Mitläufer« sei, und die sich bemühe, Stifter zum »Klassiker« des 19. Jahrhunderts und zum legitimen Erben Goethes zu stilisieren.[47] Diese »Thesen der repräsentativen Ideologen des Imperialismus« seien implizite oder explizite »Polemiken gegen den dialektischen Materialismus und den Sozialismus« und hätten das Ziel, das westliche Bedürfnis »nach apolitischen, nicht- oder antirevolutionären ›großen Vorfahren‹ [zu befriedigen]« und die heutige Position der Bourgeoisie durch das Aufzeigen »angeblich oder wirklich gleichgerichtete[r] Bestrebungen der Vergangenheit zu legitimieren«.[48] Indem Kaufmann Müller vorwirft, dieser erkläre in seinen Arbeiten mit Hebbel und Stifter zwei Repräsentanten eines konservativen und sich von der Revolution abwendenden bürgerlichen Denkens in Deutschland bzw. Österreich zu den »maßstabsetzenden Übermittler[n] des Erbes der deutschen Klassik«, präsentiert er sich als ein »zuverlässiger« marxis-

38 Vgl. Streller 1957; Kaufmann 1957.
39 Kaufmann 1957, Teil 1, 2.
40 Ebd., 2.
41 Ebd., 3.
42 Ebd., 3.
43 Kantorowicz 1978/79, Bd. 2, 614.
44 Kaufmann 1957, Teil 1, 3.
45 Ebd., 3.
46 Müller 1956a.
47 Kaufmann 1957, Teil 2, 2.
48 Kaufmann 1957, Teil 1, 4.

tisch-leninistischer Literaturwissenschaftler, der das »humanistische Erbe« vor den »Verfälschungen« der »bürgerlichen« Literaturwissenschaft bewahrt. Gleichzeitig ermöglicht die Polemik gegen Müller auch Positionsgewinne im »eigenen Lager«, grenzen sich Streller und Kaufmann doch deutlich von den positiven Müller-Rezensionen ihres Kollegen Hans-Heinrich Reuter ab, dem sie vorwerfen, selbst Müllers Interpretationsmethode des »mitgehenden Interpretierens« erlegen zu sein.[49]

Müllers Bekenntnisse zur materialistischen Weltanschauung in seinen Büchern werden von Teilen der jungen Wissenschaftlergeneration nun nicht mehr als dessen ernsthaftes Bemühen gedeutet, »den Marxismus« in der Literaturwissenschaft anzuwenden, sondern als »politisches Alibi« abgetan.[50] Müllers Vortrag »Zur Entwicklung der deutschen Literatur im 20. Jahrhundert« löst eine Protestwelle aus, werden hier doch dezidiert Verengungen in den offiziell proklamierten literaturwissenschaftlichen Theorien sowie in der kulturpolitischen Praxis angegriffen. So wettert etwa Hans Kaufmann: »Der Vortrag über die Literatur des 20. Jahrhunderts ist als Ganzes eine Streitschrift gegen die Prinzipien der sozialistischen Literatur und Literaturkritik.«[51] Dass Teile der politischen Führung sowie der literaturwissenschaftlichen Germanistik Müllers Kritik an der mangelnden Qualität literarischer Produkte prinzipiell teilen,[52] ist in Zeiten des ideologischen Kampfes nebensächlich.

Als man den dezidierten Müller-Gegner Kaufmann schließlich 1962 zum Professor für neuere und neueste deutsche Literatur nach Jena beruft, wird aus einem feldinternen auch ein fakultätsinterner Positionierungs- und Verdrängungskampf. Sofort nach seiner Berufung wirft Kaufmann, als »Weißwäscher« nach Jena gesandt,[53] Müller vor, nicht auf Grundlage des dialektischen Materialismus zu arbeiten und »an die Möglichkeit einer rein ›philologischen‹ Stilkritik« zu glauben,[54] die letztlich »eine Tendenz zur Zerstörung oder mindestens zur Herabminderung der rationalen Methoden der Wissenschaft« mit sich bringe. Zudem orientiere er sich an den Vorstellungen der »offiziellen Literaturideologen des westdeutschen Staates«.[55] Müllers Versuch einer Neubewertung des literarischen Expressionismus[56] und sein Lob für die westdeutsche Germanistik, die »die expressionistische Dichtung von aller fragwürdigen Überlieferung, aller

49 In der Polemik Kaufmanns wird die Spitze gegen Reuter sogar im Schriftbild hervorgehoben (vgl. Kaufmann 1957, Teil 2, 2). Siehe auch die Kritik Walter Eppings, der Müllers »idealistische Tendenzen« anprangert und dessen Darstellung als »zu wenig materialistisch« abwertet (Epping 1960, 834).

50 Zusammenfassendes Protokoll über die am 24.9.1957 bei der Abteilung Wissenschaften durchgeführte Beratung mit Genossen Wissenschaftlern der Germanistik und Literaturwissenschaft. Zit. nach Boden 1997a, 204.

51 Kaufmann 1957, Teil 3, 3.

52 Abusch 1967, 334: »In unserer Literatur fehlen immer noch, aber sicher nicht mehr lange, zumindest einige große Werke über das konfliktreiche Werden der Menschen des sozialistischen Humanismus, in denen unsere Literatur den Reichtum unserer Weltanschauung so allseitig und menschlich erregend gestaltet, daß sie im Wettstreit der Ideen und Künste ihre sozialistische Überlegenheit erneut auf überzeugende Weise für ganz Deutschland dokumentiert.« Vgl. dazu auch Thalheim 1958, 92.

53 Vgl. Kaufmann 2002, 243.

54 Vgl. Protokoll der Fakultätssitzung vom 25.4.1962, Bl. 85 im Universitätsarchiv Jena, Phil. Fak., Protokollbuch vom 3.2.1960–13.5.1964. Zit. nach Boden 1997a, 207.

55 Kaufmann 1962.

Lückenhaftigkeit und allen Verfälschungen zu befreien« versuche,[57] bietet einigen Jenaer Kollegen die Gelegenheit, sich einmal mehr öffentlich als Bewahrer der »wahren Lehre« und Kämpfer gegen »bürgerliche« Ideologien zu inszenieren.[58] In einem öffentlichen Streitgespräch wird Müller vorgeworfen, die Auffassungen der marxistisch-leninistischen Literaturwissenschaft der DDR hinsichtlich der Entwicklungen der deutschen Literatur zu ignorieren und durch die häufige Berufung auf Gottfried Benn einen Lyriker aufzuwerten, der die humanistischen Anliegen der Menschheit preisgegeben und sich mit dem Faschismus verbrüdert habe.[59] Auch Goll führe nicht zum sozialistischen Humanismus, und selbst wenn er im Gegensatz zu Benn nicht in das Lager des Faschismus einzuordnen sei, so bildet er nach Ansicht von Georg Mende »doch kein Hindernis, über ihn hinweg diesen Weg einzuschlagen«.[60] Während es die Aufgabe eines Hochschullehrers sei, »durch unsere Arbeit als Literaturwissenschaftler unsere Studenten zum Sozialismus zu erziehen«,[61] desorientiere Müller die Studierenden mit seinen Arbeiten.[62] Schlimmer noch: Er orientiere sie mit seiner Literaturgeschichtskonzeption auf die bürgerliche Gesellschaft.[63]

Kaufmanns Profilierungsbemühungen sind von Erfolg gekrönt: Seine Leistungen bei der Aufdeckung des »reaktionäre[n] Charakter[s]« von Müllers Positionen werden in internen Berichten des Staatssekretariats lobend hervorgehoben.[64] Als einer der »bewährtesten Genossen Nachwuchswissenschaftler« wird auch er mit der »Wahrnehmung staatlicher Leitungsaufgaben« betraut.[65] Bereits im September 1962 wird er zum Direktor der neuen Abteilung ernannt, im Januar 1964 erfolgt die Berufung zum Professor mit vollem Lehrauftrag.

Auch im Falle Hans Mayers greifen marxistisch-leninistische Literaturwissenschaftler die von der Partei vorgegebenen Angriffspositionen auf. In seinem Vortrag zur Lage der Gegenwartsliteratur habe Mayer, so der Germanist Hans-Günther Thalheim, »anti-

---

56 Müller 1962, 5: »[M]an ist mit abwertenden Klassifizierungen wie Nihilismus und Dekadenz in der Literaturwissenschaft der letzten beiden Jahrzehnte viel zu voreilig gewesen und hat sich damit vielfach den Blick für entscheidende Momente in der literarischen Entwicklung des ausgehenden 19. und des beginnenden 20. Jahrhunderts verstellt.«

57 Ebd., 6. Siehe auch Müllers besondere Anerkennung für den wissenschaftlichen Katalog zur Expressionismus-Ausstellung des Deutschen Literaturarchivs im Schiller-Nationalmuseum Marbach (8. Mai bis 31. Oktober 1960), der »als unentbehrliches Handwerkszeug des Germanisten« empfohlen wird (ebd., 7).

58 Es mag beinahe zynisch erscheinen, dass gerade Müllers Beschäftigung mit Goll in einem Nachruf in der *Thüringischen Landeszeitung* aus dem Jahre 1986 besonders hervorgehoben wird, gleichzeitig lässt sich daraus jedoch auch ein veränderter Umgang mit dem expressionistischen Erbe in den 80er Jahren ablesen (vgl. Ignasiak 1986).

59 »Verantwortung des Literaturwissenschaftlers« (1962).

60 Mende 1962.

61 Kaufmann 1962.

62 Vgl. Hans Richter 1962.

63 Kaufmann 1962.

64 Vorlage für eine Dienstbesprechung des Staatssekretariats über »Die politische und ideologische Situation an den kunst- und literaturwissenschaftlichen Instituten der Universität und die nächsten Aufgaben« am 10.5.1963. In: SAPMO-BA, Bestand SED, ZK, Abt. Wissenschaften IV/904/217. Zit. nach Boden 1997a, 209.

65 Ebd.

sozialistische ästhetische Prinzipien propagiert«,[66] die »einer antisozialistischen, proimperialistischen Kritik und ›Aufweichung‹ des sozialistischen Realismus in Deutschland Vorschub« leisten würden, welche »letztlich objektiv den aggressiven Plänen der vom amerikanischen Monopolkapitalismus gelenkten Nordatlantikpakt-Organisation dient«.[67] Unter Verwendung Lukács'scher Deutungsmuster attackiert Thalheim gemeinsam mit den Parteiideologen Mayers Plädoyer für eine Öffnung gegenüber der »dekadenten« literarischen Moderne.[68] Was genau man jeweils unter »Dekadenz« versteht, bleibt unerörtert. Doch als ausschließlich pejorativ besetzter Gegenbegriff zum – ebenfalls normativ überfrachteten und deskriptiv defizitären – Wert- und Identifikationsbegriff »sozialistischer Realismus« eignet er sich ideal zu pauschalen, willkürlichen, subjektiven Ausgrenzungen. Um »wissenschaftlichen Meinungsstreit«, um terminologische Genauigkeit oder die kognitive Dignität der Argumentation geht es bei den politisch motivierten Debatten beileibe nicht. Gegenkritik ist nicht zugelassen. Schwere Geschütze werden aufgefahren: So bemüht sich Thalheim, Mayer gänzlich aus dem marxistisch-leninistischen Lager »herauszuschreiben« und *allen* seinen Thesen damit *grundsätzlich* jeglichen Wahrheitsanspruch abzusprechen, ist doch nach geltender Doktrin außerhalb des Marxismus-Leninismus per se keine Erkenntnis möglich:

> Hans Mayer ist trotz der materialistischen Elemente in seiner Literaturkonzeption, der Hinweise auf gesellschaftliche Verhältnisse, trotz seiner Beziehungen zu den Schriften von Marx und Engels, von Mehring und Lukács kein marxistischer Literarhistoriker. Die wesentliche Grundlage von Mayers Literaturauffassung ist nicht der Materialismus, sondern der Idealismus, und zwar ein Nebeneinander von objektivem und subjektivem Idealismus. [...] Mayers Literaturbetrachtung ist vorwiegend Ideen- und Problemgeschichte einer Karl Lamprecht, Fritz Brüggemann, aber auch Wilhelm Dilthey verpflichteten Soziologie liberalen Gepräges.[69]

Rationalität, Wissenschaftlichkeit, Objektivität – all diese Wert- und Identifikationsbegriffe kann man Mayer mit einem Schlag absprechen, indem man ihn zum Angehörigen der »liberalen Schule« erklärt.[70] Während Hans-Günther Thalheim sich selbst als Vertreter der Widerspiegelungstheorie präsentiert, beschuldigt er Mayer des Subjektivismus, des Idealismus und des unwissenschaftlichen Irrationalismus:

> Da der auf einem Mythos beruhende objektive Idealismus den künstlerischen Produktionsprozeß, das ›Erscheinen‹ des ›Zeitgeistes‹ im Kunstwerk nicht rational, wissenschaftlich erklären kann, erhält Mayers Erlebnis-Begriff zwangsläufig Züge eines subjektiv-idealistischen Schöpfungsaktes. [...] So tritt an die Stelle der dichterischen Widerspiegelung der objektiven gesellschaftlichen Wirklichkeit mit ihren jeweiligen Klassenkämpfen in Mayers

---

66 Thalheim 1957, 167.

67 Ebd., 169.

68 Vgl. ebd., 165f.

69 Ebd., 155. Es mag sein, dass einige Schüler Mayers, so z.B. Klaus Kändler, Hans Dahlke, Siegfried Streller oder Alfred Klein, intern ihren Missmut über die Polemik Thalheims artikulieren. Öffentlich ergreift gleichwohl keiner von ihnen das Wort, um Mayer zur Seite zu stehen (vgl. Klein 1997, 106ff.).

70 Vgl. Zusammenfassendes Protokoll über die am 24.9.1957 bei der Abteilung Wissenschaften durchgeführte Beratung mit Genossen Wissenschaftlern der Germanistik und Literaturwissenschaft. Zit. nach Boden 1997a, 204.

> Theorie schließlich die ›Sinndeutung‹ subjektiv ›erlebter Wirklichkeit‹, die Gestaltung von subjektiv erlebten ›Zeitproblemen‹.[71]

Die Konsequenz der Kampagnen gegen Mayer ist bekannt. Mit seinem Verbleib im Westen ist jedoch auch für einen weiteren marxistisch-leninistischen Literaturwissenschaftler der Weg auf einen Lehrstuhl frei: Der Germanist Horst Haase wird 1964, ein Jahr nach seiner Habilitation, als Nachfolger Hans Mayers zum Professor mit Lehrauftrag nach Leipzig berufen und übernimmt dort im selben Jahr die Institutsleitung.

71 Thalheim 1957, 156.

8. Die germanistische Literaturwissenschaft der DDR als marxistisch-leninistische Gesellschaftswissenschaft

Das veränderte Handlungsbewusstsein der »Genossen Germanisten« zeigt sich jedoch nicht nur in den oben skizzierten Verdrängungskämpfen. Im Fachdiskurs werden – mehr oder weniger unabhängig von den jeweils behandelten Gegenständen – eine Reihe von Veränderungen vorgenommen, durch die die Literaturwissenschaftler sich als Marxisten ausweisen und ihr Fach als genuin marxistisch-leninistische Gesellschaftswissenschaft präsentieren können. Diese für das Fach neuen Diskurselemente gilt es herauszuarbeiten. Dabei soll analytisch unterschieden werden zwischen den Leistungsangeboten, die die marxistisch-leninistischen Literaturwissenschaftler an die sozialistische Öffentlichkeit adressieren, und den formalen, immer wieder auftauchenden Merkmalen des neuen Diskurses bzw. typischen, gleichsam rituell eingesetzten Argumentationsmustern, an denen sich die Anerkennung des Paradigmas des Marxismus-Leninismus[1] und die (z.T. lediglich rhetorische) Unterordnung unter den politischen Herrschaftsdiskurs ablesen lässt.

Nun sei keineswegs behauptet, die im Folgenden herausgearbeiteten Merkmale des literaturwissenschaftlichen Fachdiskurses ließen sich zu jeder Zeit in gleicher Form und Intensität in jedem Text eines literaturwissenschaftlichen Germanisten in der DDR finden. Zunächst einmal lassen sich hinsichtlich der Häufigkeit und Strenge im Einsatz einer solchen »Bekenntnissemantik« innerhalb des Fachdiskurses Unterschiede zwischen einzelnen Literaturwissenschaftlern ausmachen. Dies mag etwas mit dem unterschiedlichen Wissenschaftsverständnis bzw. Handlungsbewusstsein der Akteure zu tun haben, mit ihren verschiedenen Positionen im literaturwissenschaftlichen Feld, mit den institutionellen Rahmenbedingungen etc. Auch die Frage, ob eine Publikation primär fachintern oder fachextern adressiert ist, beeinflusst Art und Häufigkeit bestimmter rhetorischer Muster. In Festreden oder Zeitungsartikeln, selbst in Zeitschriftenaufsät-

---

1 Wenn in dieser Arbeit vom »Paradigma des Marxismus-Leninismus« die Rede ist, so meint dies mit Danneberg, Schernus und Schönert »kein übergreifendes (mit sich selbst identisches und identifizierbares) Paradigma« (Danneberg/Schernus/Schönert 1995, 655). Es gibt immer nur einzelne Paradigma-Versionen, wodurch die Möglichkeit entfällt, die Akteure hinsichtlich ihrer »Nähe und Ferne« zum marxistisch-leninistischen Paradigma zu klassifizieren (vgl. ebd., 655). Da sich das Paradigma nicht *inhaltlich definitiv* festlegen lässt, sprechen Danneberg, Schernus und Schönert von einem »Operations-Paradigma«. Dies meint ein Paradigma, »das im wesentlichen aus (formalen) Anweisungen für den Umgang mit bestimmten Wissenschaftssituationen besteht« (ebd., 652). Zwei Bestandteile dieses Operations-Paradigmas sind: »(A) das Paradigma stellt eine *Terminologie* zur Verfügung, die zwar auch deskriptiv gebraucht werden kann, die aber vornehmlich dem bewertenden Urteil dient [...] (B) das Operations-Paradigma stellt aber nicht nur eine Terminologie der Abgrenzung zur Verfügung, mit der man bewertend [...] operieren kann, sondern auch eine *autoritative Quelle*, durch welche *theoretische Konzepte* (letztlich) legitimiert werden können« (ebd., 652f. Hervorhebungen im Original).

zen, lassen sich beispielsweise aktuelle Bezüge zu Verlautbarungen der Partei oder polemische Ausfälle gegen den Westen tendenziell eher finden als in primär an den esoterischen Zirkel adressierten Monographien, die auch »über den Tag hinaus« im Fachdiskurs Bestand haben sollen und daher häufig einen moderateren Einsatz von »Bekenntnisrhetorik« aufweisen. Auch gilt, dass in diachroner Perspektive bedeutende Unterschiede im Fachdiskurs festzustellen sind. Dies meint nicht nur Veränderungen in der Massivität im Auftreten bzw. im Stellenwert bestimmter Diskursrituale und Leistungsangebote innerhalb des Fachdiskurses, sondern auch in den Redeweisen selbst, die im Zuge der Professionalisierungsgewinne des Faches und des »Abbrennens« des ideologischen Kerns des sozialistischen Gesellschaftssystems umgebaut oder anders akzentuiert werden. Und schließlich darf aus der Kontinuität bestimmter diskursiver Muster nicht geschlossen werden, man hätte es stets mit unveränderten Inhalten zu tun, gibt es doch das Phänomen, dass Diskursrituale von den Akteuren gleichsam usurpiert werden, um innerhalb des herrschenden Diskurses eigene Zwecke zu verfolgen und disziplinäre Umbauten zu legitimieren oder Brüche mit bestehenden Paradigmen zu verschleiern.[2] Diesen Kontinuitäten und Diskontinuitäten im Fachdiskurs soll im 3. Teil dieser Arbeit näher nachgegangen werden. Zunächst soll es jedoch darum gehen, jene Diskursmuster und Argumentationsfiguren herauszuarbeiten, die zumindest lange Zeit charakteristisch sind für jene scharniersemantischen Redeweisen, mit denen sich literaturwissenschaftliche Germanisten vornehmlich an die fachexterne, vor allem die politische Öffentlichkeit wenden und mit denen sie sich als marxistisch-leninistische Gesellschaftswissenschaftler inszenieren.

8.1 Charakteristische Diskursmerkmale in den Redeweisen marxistisch-leninistischer Literaturwissenschaftler

8.1.1 Gebrauch einer marxistisch-leninistischen Basissemantik

Zunächst einmal lässt sich feststellen, dass sich die neue Generation literaturwissenschaftlicher Germanisten sehr viel massiver als noch die »Doppelstaatsbürger« der ersten Germanistengeneration der Basissemantik des sozialistischen Gesellschaftssystems bzw. der Grundbegriffe einer vornehmlich von Lukács geprägten marxistisch-leninistischen Ästhetik bedient. Dies ist einmal auf das veränderte Handlungsbewusstsein bzw. Wissenschaftsverständnis der marxistisch-leninistischen Wissenschaftselite zurückzuführen, aber auch auf die Veränderungen in der Ressourcenkonstellation ab dem Ende der 50er, Anfang der 60er Jahre, in der sich eine an den Publikationen ablesbare »politische Zuverlässigkeit« besonders »auszahlt« und man immer weniger darauf achten muss, bei »bürgerlichen« Fachkollegen anschlussfähig zu bleiben.

2 Vgl. Stöber 2001, 12f.

Der massive Gebrauch der marxistisch-leninistischen Basissemantik ist jedoch beileibe kein »Übergangsphänomen«, das mit der erfolgreichen Etablierung der Nachwuchswissenschaftler an den Universitäten sowie mit den in diesem Zusammenhang zu beobachtenden Professionalisierungs- und Ausdifferenzierungsprozessen verschwindet. Bis 1989 wird an der Verwendung marxistisch-leninistischer Grundbegriffe wie »Klassenkampf«, »Arbeiterklasse«, »Materialismus«, »Dialektik«, »Antifaschismus«, »(sozialistischer) Humanismus« etc. festgehalten, die als Scharniere zwischen Fachöffentlichkeit und außerfachlicher Öffentlichkeit dienen, mit denen die Germanisten ihre Disziplin als marxistisch-leninistische Gesellschaftswissenschaft präsentieren und mit denen sie sich selbst als Marxisten ausweisen können. Auch zentrale Termini aus der marxistisch-leninistischen Ästhetik bzw. der kulturpolitischen Programmatik der SED wie »(sozialistischer/kritischer/klassischer) Realismus«, »Volkstümlichkeit«, »Parteilichkeit«, »Erbe/Aneignung«, »objektive Erkenntnis« oder »Widerspiegelung« bleiben weiterhin in vielen Publikationen der Germanisten präsent (sowohl in den primär fachintern als auch in den vornehmlich fachextern adressierten), wenngleich sie im Zuge der ab den 60er Jahren vorgenommenen Umbauten in der Realismus- und Widerspiegelungstheorie z.T. entscheidende Bedeutungsveränderungen erfahren und häufig als literaturwissenschaftliche Leitbegriffe an Relevanz verlieren.[3] Wie mit den Wert- und Identifikationsbegriffen der bildungsbürgerlichen Kunstsemantik (»deutsche Kunst«, »[deutsche] Kultur« oder »[deutsche] Bildung« etc.) lassen sich mit ihnen die vergangenen, gegenwärtigen und zukünftigen Künste beurteilen. Was beispielsweise als »realistisch« oder »volksverbunden« gilt, erscheint per se als wertvoll, während »unrealistische«, »elitäre« oder »pessimistische« Kunst abgewertet wird oder zumindest nicht in das »sozialistische Erbe« eingegliedert werden darf. Die kommunikative Langlebigkeit dieser vor allem von Lukács philosophisch geadelten ästhetischen Basissemantik in den Fachdebatten deutet auf ihre Wirkungsmacht als Scharniersemantik hin, die zum einen für die programmatische Ausrichtung und den »Denkstil« des Faches, zum anderen jedoch für seine legitimatorische Außendarstellung in der kulturräsonierenden Öffentlichkeit grundlegend ist.

8.1.2 Wissenschaft im Auftrag der Arbeiterklasse

Das gegenüber den Germanisten der Nachkriegsgeneration grundlegend veränderte Handlungsbewusstsein der akademisch in der DDR sozialisierten marxistisch-leninistischen Literaturwissenschaftler zeigt sich auch in ihrer – zumindest rhetorischen – Unterwerfung unter den Führungsanspruch der Arbeiterklasse und »ihrer Partei«. Während sich zum Marxismus bekennende Germanisten der ersten Generation wie Mayer, Scholz oder Kantorowicz auf einer relativen Autonomie der akademischen Sphäre beharren und die Einsprüche fachexterner Stichwortgeber zurückweisen, bekennen sich ihre Nachfolger auch in fachwissenschaftlichen Fragen zur Deutungshoheit der »Partei der Arbeiterklasse«. »Nur *mit* ihr, nicht neben oder über ihr«, so der Germanist

3 Siehe dazu im Detail Kapitel 11 dieser Arbeit.

Claus Träger, könnten die Literatur- und Kunstwissenschaften »wahre« Freiheit erlangen und, so darf ergänzt werden, zur »wahren« Erkenntnis literaturwissenschaftlicher Prozesse vorstoßen.[4] Da große künstlerische und wissenschaftliche Leistungen stets »das Ergebnis sozialistischer Bewußtheit und Organisiertheit [sind], wie sie sich heute in der Kulturpolitik unserer Gesellschaft realisieren«, dürfe man auch in fachwissenschaftlichen Fragen wie der nach der Aneignung des literarischen Erbes nicht auf eine »bewußte, kontinuierliche kulturpolitische Einflußnahme und Lenkung verzichten«.[5] »[I]n den Dokumenten und Beschlüssen der kommunistischen und Arbeiterparteien, die theoretischen und praktischen Fragen sozialistischer Kulturpolitik gewidmet sind«, sehen große Teile der »Genossen Germanisten« »wertvolle Fundamente« für die literaturwissenschaftliche Arbeit.[6] Entsprechend finden sich in Texten von marxistisch-leninistischen Germanisten immer wieder Bezüge zu ZK-Beschlüssen, Parteiprogrammen oder sonstigen Verlautbarungstexten, deren Anforderungen und programmatische Zielstellungen man entweder bereits in der literaturwissenschaftlichen Arbeit beachte oder aber in Zukunft zu berücksichtigen gedenke. Typisch sind beispielsweise folgende Passagen:

> Auf der Konferenz wurde sichtbar, daß und wie die Germanisten der Universitäten und pädagogischen Hochschulen sich die grundlegenden Beschlüsse der Parteiführung zur Entwicklung der Kultur und des Bildungswesens zu eigen gemacht haben und sich der Verwirklichung der Aufgaben mit Ernst und Verantwortungsbewußtsein stellen. Der Beschluß des Politbüros des Zentralkomitees der SED vom 18. März 1980 weist dazu die weiteren Schritte für die nächsten Jahre.[7]

> Die Ziele solcher Forschung [zu den Traditionsbeziehungen sozialistisch-realistischer Schriftsteller, J.S.] korrespondieren durchweg mit den Aufgaben, die sich aus den jüngsten analytischen und programmatischen Aussagen der Parteiführung zur Kulturpolitik der Sozialistischen Einheitspartei Deutschlands ergeben.[8]

> Wichtige Impulse für die Lehre und Forschung sowie für die Entwicklung des wissenschaftlichen Nachwuchses, auch auf dem Gebiet der Germanistik, wurden durch den Beschluß des Politbüros des Zentralkomitees der Sozialistischen Einheitspartei Deutschlands vom März 1980 über die ›Aufgaben der Universitäten und Hochschulen in der entwickelten sozialistischen Gesellschaft‹ ausgelöst.[9]

> Vom Begreifen und Sichzueigenmachen dieser Aufgaben bis zu ihrer konkreten Realisierung ist es allerdings ein langwieriger und mühevoller Weg. Zweifellos sind uns dabei wichtige und unerläßliche Hilfen gegeben: die Werke der Klassiker des Marxismus-Leninismus, die Leitungsdokumente von Partei und Staat, die Erfahrungen anderer Bereiche und paralleler Institutionen.[10]

---

4 Träger 1972, 389.
5 Dahnke 1981, 35.
6 Dahnke 1973, 398.
7 Schulz/Stoye-Balk/Weißfinger 1980, 293.
8 Hans Richter 1973, 167.
9 Peters 1986, 130.
10 Dahnke/Dau/Wruck 1971, 48.

Dies sind beileibe nicht allein resonanzsemantische Schutzgürtel, um letztlich unabhängig von Partei und Staat der eigenen wissenschaftlichen Arbeit nachgehen zu können. Auch in der konkreten literaturwissenschaftlichen Arbeit finden die Forderungen, die An- und Einsprüche der Partei ihren Niederschlag. Auf das Verhältnis zwischen fachwissenschaftlichem Eigensinn und staatlichen Vorgaben wird genauer einzugehen sein. An dieser Stelle mögen zwei Beispiele genügen, an denen deutlich wird, wie der Herrschaftsdiskurs den Fachdiskurs überlagern kann. Da die SED den Anspruch erhebt, literarische Prozesse zu leiten und entscheidend zu lenken, haben Zäsuren in der Literaturentwicklung der DDR in der Logik der Parteiführung notwendigerweise mit Beschlüssen, Vorgaben oder Kulturkonferenzen der SED zusammenzufallen. Dieser Grundannahme gehorcht Klaus Hermsdorf in einem Beitrag zur Gegenwartsliteratur, wenn er konstatiert:

> [D]ie entscheidenden Drehpunkte der politischen Entwicklung erweisen sich in der Tat mit überraschender Genauigkeit auch als Drehpunkte der Kunstgeschichte. Die Periodisierung der sozialistischen Literatur wird jedoch darüber hinaus durch ein gegenüber der bürgerlichen Entwicklung neues Moment bestimmt: durch ihren Charakter als Parteiliteratur. Die Partei der Arbeiterklasse beeinflußt durch ihre lenkende und organisierende Einwirkung die Richtung der literarischen Bewegung in hervorragendem Maße. Man erkennt diese planende Einwirkung von Partei und Staat etwa in der von der SED angeregten Formalismus-Debatte der Jahre 1950/51, die nicht nur den Zweck verfolgte, formalistische Erscheinungen in der Kunst zu bekämpfen, sondern vor allem die Kunst auf die Probleme der Gegenwart zu orientieren und sie auf die geeigneten realistischen Mittel hinzuweisen bemüht war. 1957 war es die von der SED einberufene Kulturkonferenz, die der künstlerischen Entwicklung eine Wendung gab, und die Bitterfelder Konferenz vom Jahre 1959 hat dem literarischen Leben wiederum ganz neue Wege gewiesen, die von der Kulturkonferenz 1960 weitergeführt worden sind. [...]
> Wenn man alle diese Faktoren, die der Literatur die Grundlage geben, in Betracht zieht, kann man zwei Hauptetappen in der Geschichte der sozialistischen Literatur seit 1945 erkennen. Die erste umfaßt die Jahre vom Kriegsende bis zur Gründung der DDR im Jahre 1949. Es ist die antifaschistisch-demokratische Periode der sozialistischen Literatur. Der zweite Hauptabschnitt ist geprägt vom beginnenden und sich rasch entfaltenden Aufbau des Sozialismus in der DDR, dessen einzelne Etappen auch als literarische Entwicklungsetappen bemerkbar werden. Die 2. Parteikonferenz der SED 1952 und die Kulturkonferenz des Jahres 1957 markieren weitere Einschnitte in diesem Hauptabschnitt. In diesem Sinne wird im Folgenden von vier Entwicklungsphasen der Nachkriegsliteratur gesprochen: die erste reicht von 1945 bis 1949, die zweite von 1949 bis 1952, die dritte von 1952 bis 1957, während die vierte Entwicklungsetappe andauert.[11]

Vor dem Hintergrund dieser von der Eigenlogik literarischer Prozesse absehenden und die Rolle der Partei gänzlich überschätzenden literaturgeschichtlichen Einteilung kann es nicht verwundern, dass die von Hermsdorf im Folgenden vorgenommenen Periodencharakterisierungen als willkürlich, wenn nicht gar als gänzlich absurd erscheinen müssen.

Bezeichnend für die demonstrative Unterordnung der fachwissenschaftlichen Auseinandersetzung unter die politischen Anforderungen der Partei ist auch das zweite

11 Hermsdorf 1961a, 293f.

Beispiel: 1969 erscheint im 3. Heft der *Weimarer Beiträge* ein Beitrag des Germanisten Hans Kaufmann, in dem dieser die konzeptionellen Überlegungen zum 10. Band der *Geschichte der deutschen Literatur* zur Diskussion stellt, an denen sich das mit der Erarbeitung dieses Bandes beschäftigte Autorenkollektiv orientiert.[12] Diese Konzeption scheint jedoch den Anforderungen an eine »verschärfte klassenkämpferische Auseinandersetzung« auf dem Feld der Ideologie und Kunst, wie sie aufgrund der Ereignisse in der ČSSR bzw. aufgrund der Ostpolitik der Regierung Brandt von der Partei gefordert wird, nicht zu genügen.[13] Denn im darauffolgenden Jahr erscheint eine Neukonzeption jenes Bandes, die ganz selbstverständlich als Ergebnis parteipolitischer Einflussnahme ausgewiesen wird:

> In der Zeit, die seit der Erarbeitung und Diskussion der Feinkonzeption zu Band 9 (nach bisheriger Zählung: Band 10) vergangen ist, hat die Partei, insbesondere auf dem 9. und 10. ZK-Plenum, entsprechend den gesellschaftlichen Erfordernissen neue ideologische und theoretische Probleme aufgeworfen und die Gesellschaftswissenschaftler aufgefordert, im Lichte der Aufgaben, die das entwickelte gesellschaftliche System des Sozialismus und der verschärfte ideologische Klassenkampf stellen, ihre Positionen zu überprüfen und für die Führungstätigkeit der Partei nützliche Ergebnisse bereitzustellen.
> Es ist daher notwendig, die Konzeptionen des Literaturgeschichtswerks neu zu überdenken, ihre richtigen Ansätze klarer herauszuarbeiten, ihre Fehler zu korrigieren und sie um neue Fragestellungen zu bereichern.[14]

Herausgestellt werden nun u.a. die besondere Rolle der Oktoberrevolution als »Wendepunkt« nicht nur der politischen Geschichte, sondern auch für die Literaturentwicklung,[15] die »epochemachende Rolle einer aus dem Kampf der revolutionären Arbeiterbewegung erwachsenen und von ihrer Partei organisierten und geführten sozialistischen Literatur- und Kulturbewegung«[16] oder die grundlegenden Unterschiede zwischen dem sozialistischen Menschenbild und allen Varianten des »bürgerlichen« Menschenbildes in der Literatur des 20. Jahrhunderts[17] – Überlegungen, die sich schließlich auch in der *Geschichte der deutschen Literatur* niederschlagen (u.a. wird der Epoche zwischen 1917 und 1945 ein eigener Band gewidmet, um die »neue Qualität« der proletarisch-revolutionären bzw. sozialistischen Literatur in der postrevolutionären Ära bzw. die Rolle der kommunistischen Partei bei der Herausbildung einer sozialistischen Nationalliteratur adäquat herausstellen zu können).

Ihre wissenschaftliche Tätigkeit ordnen viele Nachwuchsgermanisten verbal den Bedürfnissen des »gesellschaftlichen Auftraggebers« unter (was keineswegs gleichbedeutend ist mit der Aufgabe wissenschaftlichen Eigensinns, wie im Laufe dieser Arbeit noch deutlich wird):

---

12 Kaufmann 1969.

13 Siehe dazu beispielsweise die Rede von Karl Kayser auf dem 9. Plenum des ZK der SED im Oktober 1968 (Kayser 1972) sowie das Referat von Kurt Hager vor dem 10. Plenum im April 1969 (Hager 1972b).

14 Kaufmann 1970, 163.

15 Ebd., 165.

16 Ebd., 165.

17 Ebd., 167ff.

> Es ist das Recht unserer Gesellschaft, repräsentiert durch Partei und Staat, Ergebnisse der geistigen Arbeit zu fordern, die in den Prozeß der Bewußtseinsentwicklung der Massen, in die große ideologische Auseinandersetzung mit der imperialistischen Ideologie eingreifen, und die helfen, bei allen Menschen ein historisches Bewußtsein für die Leistungen der Arbeiterklasse, der Bauern und der Intelligenz beim Aufbau der sozialistischen Ordnung zu schaffen.[18]

> Die Bestimmung der Germanistik als politische Wissenschaft war eine der Hauptaussagen im Referat des Vorsitzenden des Wissenschaftlichen Beirats für Kultur-, Kunst- und Sprachwissenschaften beim MHF, Professor Claus Träger, zu der sich die Konferenzteilnehmer einmütig bekannten. Die Germanistik der DDR erfüllt ihren gesellschaftlichen Auftrag, ›wenn der Marxismus-Leninismus als Wissenschaft studiert, als weltanschaulich-methodologische Orientierung erarbeitet, als geistiger Besitz erworben und als politisch-moralische Überzeugung angeeignet wird‹,[19] wie es an anderer Stelle generell als Kriterium für Hochschulbildung in der DDR hervorgehoben wird. Auf dieser Grundlage die deutsche Sprache und Literatur in Vergangenheit und Gegenwart zu erforschen und zu lehren, im Ergebnis aller Lehrveranstaltungen bei allen Studenten die marxistisch-leninistische Weltanschauung und ein ihr entsprechendes Geschichtsbewußtsein auszubilden, ist eine zentrale Frage anspruchsvoller Fachausbildung.[20]

Statt die literaturwissenschaftliche Arbeit, die Beschäftigung mit bestimmten Epochen, Autoren oder Genres wie die »bürgerlichen« Germanisten zu einem Zweck an sich zu stilisieren, versprechen eine Reihe marxistisch-leninistischer Gesellschaftswissenschaftler, jegliche literaturwissenschaftliche Tätigkeit an den »Bedürfnisse[n] der gesellschaftlichen Praxis«,[21] an den »objektiven Anforderungen, die die entwickelte sozialistische Gesellschaft und der sich verstärkende ideologische Kampf an eine marxistisch-leninistische Literaturgeschichtsschreibung stellt«,[22] auszurichten.[23] Gleichsam formelhaft bekräftigt man in programmatischen Texten die »Einheit von Politik und Wissenschaft«[24] oder die »Verpflichtung der marxistischen Theorie auf Praxis«.[25]

> Die historische Lage, Zeitgenossen und Mitstreiter der größten politischen und sozialen Umwälzung, der größten Revolution in der deutschen Geschichte zu sein, konfrontiert die Literaturwissenschaftler auf ihrem besonderen Aufgabenfeld immer wieder gerade mit der Dialektik von Denken und Handeln, von Erkenntnis und gesellschaftlicher Aktivität, auf Grund deren die Entdeckung der Wahrheit ohne Parteilichkeit des Standpunkts und Bewußtseins der gesellschaftlichen Verantwortung des Wissenschaftlers undenkbar erscheint.[26]

---

18 Thalheim/Schiller 1966, 5.
19 Hörnig 1980, 738.
20 Schulz/Stoye-Balk/Weißfinger 1980, 292.
21 Dahnke/Dau/Wruck 1971, 47.
22 S. Barck/Exner 1971, 174.
23 Vgl. auch die zu Beginn dieser Arbeit zitierten Ausführungen von Thalheim/Schiller 1966, 4.
24 Dahnke/Dau/Wruck 1971, 59.
25 K. Barck/D. Schlenstedt/Thierse 1979, 20. Siehe z.B. auch Bernhard 1972; sowie Schulz/Stoye-Balk/Weißfinger 1980.
26 Thalheim/Schiller 1966, 3.

> Die besten Ideen sind nutzlos, wenn sie nur in den Köpfen einiger weniger Wissenschaftler existieren, wenn sie der Öffentlichkeit nicht zur Kritik oder Verwendung vorgelegt, wenn sie nicht für die sozialistische Revolution in Ideologie und Kultur wirksam werden. Die Literaturwissenschaft ist ebensowenig wie die Kunst ein Glasperlenspiel von Adepten, sondern ein Werkzeug zur Veränderung der Welt. Das Programm der Partei der Arbeiterklasse weist die Richtung, in die auch die Literaturwissenschaftler und Germanisten gehen müssen.[27]

Noch vorhandene Restbestände einer »rein akademische[n] Arbeitsweise« müssten überwunden werden. Forschungsgegenstände, die rein nach innerfachlichen Logiken ausgewählt werden, darf es vor diesem Hintergrund nicht mehr geben, und auch die Theorien sollen nicht unabhängig von den gesellschaftlichen Funktionen der Literaturwissenschaft entwickelt werden.[28] »Die Aufgaben der Germanistik müssen unter dem Gesichtspunkt bestimmt werden, wie sie mit ihren spezifischen Mitteln dazu beitragen kann, die Gesetzmäßigkeiten des sozialistischen Aufbaus und der mit ihm untrennbar verbundenen Kulturrevolution durchzusetzen.«[29] Bei allen zu beobachtenden Professionalisierungs- und Ausdifferenzierungsprozessen innerhalb des Faches wird das grundlegende Bekenntnis zu einer »parteilichen« Wissenschaft bis zum Ende der 80er Jahre nicht grundlegend in Frage gestellt. Nach wie vor fühlt sich ein Großteil der Germanisten dem Projekt einer »eingreifenden« marxistisch-leninistischen Literaturwissenschaft mit einem gesellschaftlichen Auftrag verpflichtet.[30]

8.1.3 »Schreiben im Besitz der Wahrheit«

Ein weiteres, bislang innerhalb des literaturwissenschaftlichen Feldes unbekanntes Diskurselement in den Redeweisen der neuen Germanistengeneration ist der grundlegende Anspruch der »Überlegenheit der sozialistischen Wissenschaft«[31] und der Wahrheitsanspruch aller auf Grundlage des historischen und dialektischen Materialismus gewonnenen wissenschaftlichen Erkenntnisse. Allein der »wissenschaftliche Sozialismus« als die »höchstentwickelte[] Wissenschaft«[32] verkörpere die »Macht der Vernunft«,[33] während die »bürgerliche Ideologie« »als Ganzes ›falsches‹ Bewußtsein ist«.[34] Mit dem Marxismus-Leninismus behauptet man, im Besitz einer Weltanschauung zu sein, deren absolute Wahrheit nicht mehr bezweifelt werden könne:

---

27 Ebd., 9.

28 Vgl. Staszak 1985, 436.

29 Germanistisches Institut der HU Berlin 1962, 242. Gunter Schandera bemerkt zu dieser Aufgabenstellung der literaturwissenschaftlichen Germanistik: »An die Stelle der Rhetorik der Kriegswichtigkeit, wie sie die NS-Geisteswissenschaften pflegten, trat die Rhetorik der Planerfüllung, um die u.k.-Stellung ging es allemal« (Schandera 2001, 31).

30 Vgl. Ende 2005, 9.

31 Redaktionskollegium *Weimarer Beiträge* 1958, 136.

32 Dahnke/Dau/Wruck 1971, 48.

33 Träger 1972, 361.

34 Ebd., 361.

> Bisweilen begegnet auch noch der wohlmeinende Irrtum, als ob es darum ginge, mit einem gegebenen Fachproblem oder Gegenstand die Richtigkeit des Marxismus-Leninismus zu beweisen. Die ist bewiesen, und kein Gedicht, keine Sinfonie und kein Gemälde vermag der Macht der Geschichte, wie richtig sie immer von den Künsten widergespiegelt wird, noch einen schlagkräftigen Beweis für ihre Rechtmäßigkeit aufzusetzen.[35]

Inflationär ist das Bekenntnis zur »Objektivität« der von Marx, Engels oder Lenin herausgearbeiteten Gesetzmäßigkeiten in Geschichte, Wirtschaft, Gesellschaft oder Literatur: Man spricht von der »objektiven Entwicklungstendenz«[36] der geschichtlichen Wirklichkeit oder ihrer »objektiv gegebene[n] Seite«,[37] von der »objektive[n] und notwendige[n] gesellschaftliche[n] Perspektive«,[38] »der objektiven gesellschaftlichen Funktion« von Kunst,[39] vom »objektiven Wahrheitsgehalt[ ]« eines Werkes[40] oder seinen »objektiven historischen Entstehungsbedingungen«,[41] von »objektive[n] Kriterien« zu seiner Beurteilung[42] etc. Auch Wendungen wie »Der wissenschaftliche Sozialismus weist ferner nach ...«[43] finden sich immer wieder in Schriften germanistischer Literaturwissenschaftler. Überzeugt von der Erklärungsmacht der Klassiker des Marxismus-Leninismus behauptet man, in ihren Schriften die Grundlage für die Lösung jeglicher literaturwissenschaftlicher Fragestellungen zur Verfügung zu haben.[44] So verkünden beispielsweise die Autoren von *Gesellschaft - Literatur - Lesen* (GLL) zu Beginn ihres Buches: »Die Literaturtheorie besitzt in der materialistischen Dialektik, wie sie von Marx, Engels und Lenin ausgearbeitet wurde, das methodische Instrumentarium zur Lösung auch rezeptionstheoretischer und wirkungsästhetischer Fragen«.[45] Bisweilen lassen sich wahre Glorifizierungen der Aussagen der Klassiker des Marxismus-Leninismus hinsichtlich literarischer Fragestellungen finden:

> Die Beiträge des jungen Friedrich Engels zur Klassik-Diskussion des deutschen Vormärz stehen deshalb turmhoch über allen anderen Aussagen der Mundt, Laube e tutti quanti. [...] Hohe Beachtung, stellenweise Bewunderung verlangen sie, durch die das Frührot marxistischen Denkens scheint, besonders deswegen, weil sie in einer Periode des Übergangs erarbeitet werden, in der eine historisch exakte Selbstverständigung über die wirklichen Potenzen und Tendenzen klassischer deutscher Nationalliteratur nur unter den zeitgenössisch aktuellen Bedingungen allgemeinen oder partiellen Unverständnisses zustande kommen konnte.[46]

---

35 Träger 1972, 376.
36 Kliche 1975, 171.
37 Träger 1988, 391.
38 Hermsdorf 1961a, 300.
39 Naumann 1975, 29.
40 Klein 1976, 64.
41 Mittenzwei 1970, 13.
42 Siehe z.B. den Beitrag von Thomas Höhle in: »Probleme der sozialistischen Rezeption des Erbes« (1970), 19: »[E]s ist ja gerade die marxistische Methode, die die Möglichkeit bietet, das Kunstwerk und das Nachleben des Kunstwerks objektiv zu erkennen und zu analysieren.«
43 Kaufmann 1958b, 48.
44 Diese Behauptung ist typisch auch für die von Rosenberg untersuchten offiziellen sowjetischen Literaturdebatten (vgl. Rosenberg 1997, 205).
45 Naumann 1975a, 5.
46 Dietze 1981, 262f.

Indem man »die wissenschaftliche Weltanschauung des Marxismus-Leninismus«, »die Werke der Klassiker des Marxismus-Leninismus, die Leitungsdokumente von Partei und Staat« oder auch »die sozialistische Gesellschaftspraxis« gleichsam zu Letztbegründungsinstanzen erhebt, kann man den eigenen literaturwissenschaftlichen Konzeptionen objektive Gültigkeit zuschreiben.[47] Zwischen »Parteilichkeit« und »Objektivität« besteht für die marxistisch-leninistischen Literaturwissenschaftler kein Widerspruch.[48]

Diese von Rainer Rosenberg mit Blick auf die offizielle sowjetische Literaturtheorie der 50er Jahre als »Bestimmtheit der Aussage« bezeichnete Redeweise,[49] dieses »Schreiben im Besitz der Wahrheit«,[50] führt zu einem tendenziell autoritären, monologischen und didaktischen Duktus in den Veröffentlichungen,[51] der sich deutlich auch in den Auseinandersetzungen mit der »bürgerlichen« Literaturwissenschaft zeigt. Während man die eigenen Thesen auf Grundlage der »objektiven Erkenntnisse« des Marxismus-Leninismus und jenseits »bornierte[r] Klasseninteressen« entwickelt zu haben behauptet und damit einen absoluten Wahrheitsanspruch verbindet, sei den »bürgerlichen« Germanisten - trotz eines möglicherweise ehrlichen subjektiven Bemühens - allein aufgrund ihres weltanschaulichen Standpunktes eine Literaturbetrachtung von »wirklich wissenschaftlichem Range« verwehrt.[52] Da »die Zeit ihrer Klasse, des Bürgertums, ein für allemal vorbei ist«, seien nicht einmal die »fortschrittlichsten, liberalen Köpfe« unter den »bürgerlichen« Germanisten »zu einer schöpferischen Weiterführung« literaturwissenschaftlicher Forschungen imstande - »zu schweigen von den existentialistischen und geisteswissenschaftlichen Mystifikatoren und den offenen Apologeten des Imperialismus und Militarismus« unter ihnen:[53]

> Solange die Literaturwissenschaft *bürgerliche* Literaturwissenschaft ist, das heißt wissentlich oder unwissentlich im Auftrag der herrschenden Bourgeoisie denkt, solange werden sich, prinzipiell und aufs Ganze gesehen, ihre Erkenntnisbemühungen in einem Zirkel bewegen.[54]

Entsprechend dem Wahrheitsanspruch der DDR-Literaturwissenschaftler können Ergebnisse, die nicht auf Grundlage der »objektiven Erkenntnisse« des Marxismus-Leninismus bzw. des dialektischen und historischen Materialismus entstanden sind, mit Abwertungs- und Ausgrenzungsbegriffen wie »Subjektivismus«, »Ästhetizismus«, »Irrationalismus«, »Eklektizismus«, »steriler Formalismus« oder »Antihistorismus« abgelehnt werden.[55] Den Überlegenheitsanspruch der marxistisch-leninistischen Literaturwissenschaft gibt man auch dann nicht auf, wenn man »bürgerlichen« Literaturwissenschaftlern die Anerkennung nicht glaubhaft verweigern kann. Dies ist etwa der Fall bei Hans Robert Jauß und seinen rezeptionsästhetischen Theorieentwürfen, die für die eigene Rezeptions- und Wirkungsforschung fruchtbar gemacht werden. Betont wird in diesem

47 Vgl. z.B. Dahnke 1981, 37; Dahnke/Dau/Wruck 1971, 48.
48 Vgl. Mittenzwei 1970, 13.
49 Rosenberg 1997, 205.
50 H. Müller 1990.
51 Vgl. Rosenberg 1991, 31.
52 Stolpe 1956, 98.
53 Dahnke 1960, 326.
54 Träger 1972, 250f.

Zusammenhang jedoch stets der Einfluss des marxistischen Romanisten Werner Krauss auf die Konstanzer Schule. So führt etwa der Anglist Robert Weimann aus:

> Erst in dem Augenblick, da Jauß sich den Arbeiten von Werner Krauss zuwendet, und erst dort, wo er die Frage nach der gesellschaftsbildenden Funktion der Literatur aufgreift und in ihr ›ein noch unausgeschöpftes Potential‹ vorfindet, wird seine eigene Fragestellung interessant. Erst an dieser Stelle gelingt ihm ein Beitrag zur Überwindung des formalistischen Prinzips der innerliterarischen Evolution durch eine wirkungsgeschichtliche Erweiterung des prozeßhaften Zusammenhangs von Literatur und Gesellschaft.[56]

Krauss wird so gleichsam zum »Ahnherrn« der Rezeptionstheorie stilisiert, wodurch der Überlegenheitsanspruch gegenüber der »bürgerlichen Literaturwissenschaft« trotz der positiven Bezüge zu Jauß aufrecht erhalten werden kann.[57]

Noch in den 80er Jahren sprechen marxistisch-leninistische Literaturwissenschaftler in den *Weimarer Beiträgen* von fehlerhaften »erkenntnistheoretischen Vorentscheidungen« nicht-marxistischer Theoretiker und Literaturwissenschaftler, die überzeugende Lösungen (hier bezogen auf die Gegenstandsbestimmung der Literaturwissenschaft) verhinderten.[58] Allerdings wird in Teil III dieser Arbeit deutlich, dass die »Semantik des

---

55 Siehe z. B. Hans-Günther Thalheim: »Die modern-bürgerliche subjektivistische Theorie der Tragödie, die die Objektivität der Geschichte völlig leugnet, ist [...] außerstande, einer in so hohem Grade historischen Tragödie wie Schillers ›Demetrius‹ gerecht zu werden« (Thalheim 1955, 85). »Wie auf allen Gebieten der Ideologie wenden sich die bürgerlichen Denker und Künstler in dieser Verfallsperiode [nach 1848, J.S.] auch auf dem Gebiet der Ästhetik der Tragödie gegen Hegels *Historismus*, gegen seine Auffassung von der Weltgeschichte als einem planmäßigen Prozeß des Fortschritts der Menschheit. An die Stelle der objektiv-idealistischen Dialektik tritt [...] offen der philosophische *Agnostizismus* gegenüber der Entwicklung in Natur und Geschichte [...]« (ebd., 76. Hervorhebungen im Original). »Der *Subjektivismus* wird der grundlegende methodische Gesichtspunkt der Tragödientheorie des bürgerlichen Verfalls« (ebd., 77. Hervorhebung im Original). »Zu noch problematischeren Verzeichnungen des objektiven historischen Tatbestandes führte die subjektivistische Interpretationsmethode in dem Referat von Claude David (Lille/Paris) [...]« (Stolpe 1956, 91). »Die Unterschätzung der tieferen geschichtlichen Zusammenhänge verleitete [Clemens Heselhaus] dann zu willkürlichen Auslegungen literaturhistorischer Fakten« (ebd., 92). »Selbst das herangezogene Quellenmaterial [...] unterliegt einer subjektivistischen, eklektizistischen Behandlungsweise, die jedoch besonders solche Strömungen verarbeitet, die darauf gerichtet sind, das klassische nationale Literaturerbe isoliert, von der Entwicklung der deutschen Gesellschaft losgelöst, darzustellen, und damit auch ein Anknüpfen an diese große progressive Tradition zu verhindern suchen« (Braemer 1955, 165f.). Siehe auch Böhm 1956, 407: Böhm wirft Friedrich Sengle eine »ästhetizistische« Betrachtungsweise vor, die zu deutlichen Fehlinterpretationen im Verhältnis von »Sturm und Drang« zur »Klassik« führe.

56 Weimann 1973, 17. Siehe auch Träger 1972, 347.

57 Vgl. Danneberg/Schernus/Schönert 1995, 679. Die »interessante und noch der Klärung harrende Frage« Petra Bodens, warum der Anstoß für die Rezeptionsforschung aus der Romanistik kommt und nicht (auch) aus der Germanistik, wo Joachim Boeckh in den 50er Jahren ähnliche Vorschläge unterbreitete wie Krauss (vgl. Boden 1997b, 264, FN 76), ist zum einen mit der Tatsache zu erklären, dass der Leiter des *GLL*-Projektes, Manfred Naumann, Krauss-Schüler ist und entsprechend vor allem die Ideen seines Lehrers in seine Arbeit einfließen. Zum anderen ist festzustellen, dass der Barockforscher Boeckh im literaturwissenschaftlichen Feld lediglich eine Randfigur ohne größeres wissenschaftliches Kapital ist, während Krauss als einflussreicher Ordinarius großes wissenschaftliches Ansehen genießt und sich daher als Bezugsgröße eignet.

Wahrheitswissens und der Erkenntnissicherheit in der Ursachenerklärung, die keinen Zweifel aufkommen lassen will«,[59] in den Beiträgen der Literaturwissenschaftler in den 70er und 80er Jahren immer mehr verschwindet. »Überlegenheitsgesten« gegenüber dem Westen bzw. die Behauptung einer prinzipiellen Lösbarkeit aller Probleme auf der Basis des Marxismus-Leninismus finden sich kaum noch. Der dekretorische, autoritäre, selbstgewisse Duktus früherer Jahre weicht zunehmend einer Semantik des »Dialogischen, Fragenden, Suchenden und Dissens Aushaltenden«.[60] Deutlich zeigt sich nun die Abneigung der Literaturwissenschaftler gegenüber »starren« und »dogmatischen« Konzepten oder einem »ahistorischen Normativismus«.[61] Der Anspruch auf »Objektivität«/ »objektive Wahrheit« der literaturwissenschaftlichen Erkenntnis wird augenscheinlich innerhalb des Faches zusehends problematisch, da er für viele Literaturwissenschaftler, so Wolfgang Gabler von der Sektion Sprach- und Literaturwissenschaft der Universität Rostock Mitte der 80er Jahre, »auf der einen Seite unhistorische Festlegung des Sinns der Werke (Normierung) und auf der anderen Seite Dogmatisierung bestimmter literarischer Konzepte« einschließe.[62] Die Vorstellung, objektive »Gesetzmäßigkeiten« in Produktions- und Rezeptionsprozessen von Literatur formulieren zu können, wird nur noch »mit aller Vorsicht« formuliert.[63]

8.1.4 Das »Pathos der Moral« und Ausfälle gegenüber dem Westen

Im Zusammenhang mit dem Wahrheitsanspruch marxistisch-leninistischer Literaturwissenschaftler findet sich in ihren Redeweisen auch häufig jenes »Pathos der Moral«, das Rainer Rosenberg in den sowjetischen Ästhetikdebatten ausgemacht hat und das im Fachdiskurs nach 1945 nicht oder - bei den »Doppelstaatsbürgern« - lediglich sehr verhalten präsent war. Da man in der germanistischen Literaturwissenschaft ein zentrales Gebiet des ideologischen Klassenkampfes erblickt, muss jede nicht auf Grundlage der marxistisch-leninistischen Weltanschauung erarbeitete wissenschaftliche Position als Angriff auf die Grundfesten der sozialistischen Gesellschaft erscheinen. Mit dem Anspruch, im »Besitz der Wahrheit« zu sein, mit dem Sozialismus für die »historisch-konkrete Freiheit« des Menschen,[64] die »wahre«, nämlich »sozialistische Demokratie«[65] (im Gegensatz zur »formalen Demokratie« der »bürgerlichen« Gesellschaft)[66] sowie den »realen Humanismus«[67] einzutreten und für eine »Gesellschaft des Friedens, der Gleich-

58 Vgl. K. Barck 1985, 1132.
59 Rosenberg 2001, 128.
60 Ende 2005, 17.
61 Vgl. z.B. D. Schlenstedt 1987, 7f.; Dieter Schlenstedt in: »Literaturwissenschaftlicher Werkbegriff und Interpretationspraxis« (1987), 33; Peter Weber in: Autorenkonferenz 30 Jahre *Weimarer Beiträge*, 590; Geerdts 1977, 151; Dahnke 1981a, 30; D. Schlenstedt 1981, 12.
62 Gabler 1987, 17.
63 Heinz-Jürgen Staszak in: »Theorie und Methodologie der Interpretation literarischer Werke« (1987), 38.
64 Träger 1968, 230.
65 D. Schlenstedt u.a. 1975, 12.
66 Träger 1972, 335.

heit, der Prosperität« zu kämpfen,[68] postuliert man gegenüber den »bürgerlichen« Fachkollegen eine moralische Überlegenheit. Diese werden nicht selten aufgrund ihres »objektiv falschen« Klassenstandpunktes zu faktischen Gegnern humanistischer Werte erklärt, als Apologeten eines bürgerlichen Antihumanismus diffamiert[69] oder zu ideologischen Helfershelfern des Imperialismus stilisiert,[70] die »die fortschrittlichen sozialen, nationalen und ästhetischen Anliegen der deutschen Aufklärung und Klassik ablehnen«.[71] Ein enthistorisiertes, entpolitisiertes Schiller-Bild, wie es von »bürgerlichen« Literaturwissenschaftlern vermittelt werde, so warnt beispielsweise Hans-Dietrich Dahnke, schaffe »Raum für Fälschungen, die im Interesse einer offen antikommunistischen, antinationalen Bourgeoisie liegen«.[72] So werde Schiller von der politischen Reaktion »immer unverfrorener« »zum Vorläufer des imperialistischen Kosmopolitismus und zum Anti-Revolutionär, zum Kritiker einer revolutionären Menschheitsbefreiung, faktisch also zum Herold der NATO-Ideologie« umgedeutet.[73]

Wie scharf und zum Teil auch persönlich bisweilen gegen »bürgerliche« Positionen polemisiert wird, zeigt die folgende Passage aus den *Faust*-Gesprächen:

> Die Älteren erinnern sich gut des Mißbrauchs der Titelfigur [des *Faust*, J.S.] durch die Rosenbergs, die Naziclique. [...] Die jüngere Konstruktion der Melchinger[74] vom sogenannten Antifaustischen ist nichts weiter als die Kehrseite der alten Medaille, das heißt, sie ist aus demselben Stoff des gleichen Phantasmas vom ›Faustischen‹. Ihr antifaschistischer Anstrich ist nichts weiter als die übliche Bonner Tarnfarbe gegen den Verdacht des so naheliegenden ursprünglichen ›Braun‹![75]

Faust werde von Melchinger zum Apologeten des diktatorischen Prinzips erklärt, um gegen den Kommunismus ins Feld zu ziehen:[76]

> Könnten Rosenberg und Melchinger sich heute auf offener Hauptstraße in Bonn begegnen, sie müßten sich verstehend anlächeln, diese beiden so verwandten Auguren des ›Faustischen‹: Der erste hat in den Fußspuren Spenglers die Leistung vollbracht, aus Goethes Faust den Paradearier und Faschistenführer par excellence zu machen, der andere einen Diktator an sich, zum Zwecke des Kreuzzuges gegen den Marxismus.[77]

67 Dahnke 1981, 14.

68 Träger 1988, 397.

69 Siehe z.B. Thalheim 1955, 86: »Das modern-bürgerliche ›humanistische‹ Interesse an dem tragisch untergehenden, reaktionären Helden, das die näheren historische[n] Umstände des Helden überhaupt nicht berücksichtigt, beruht letztlich auf der *antihumanistischen* Überzeugung, daß es keinen Fortschritt, keine Aufwärtsentwicklung der Menschheit gibt, daß die Welt ein Chaos ist« (Hervorhebung im Text). Siehe auch Stolpe 1958, 94.

70 Siehe z.B. Stolpe 1956, 97: Die »mystifizierende Dichterinterpretation« der »bürgerlichen« Literaturwissenschaftler - konkret ist in diesem Kontext Hermann Kunisch gemeint - bedeute letztlich die Apologie jener Kräfte, »die sich der geistigen und politischen Freiheit und dem sozialen Fortschritt am erbittertsten widersetzen«.

71 Thalheim 1956, 265.

72 Dahnke 1960, 325.

73 Ebd., 325.

74 Scholz erklärt den Theaterschriftsteller Siegfried Melchinger zum Repräsentanten eines weitverbreiteten »literaturhistorischen Nonsens«, daher die Verwendung des Plurals.

75 Scholz 1983, 130.

76 Ebd., 131.

Immer wieder kommt es in einzelnen fachwissenschaftlichen Veröffentlichungen auch zu grundlegenden Bekenntnissen zur DDR und zum sozialistischen Gesellschaftssystem, verbunden mit Ausfällen gegenüber dem Westen, die mit den wissenschaftlichen Inhalten der jeweiligen Beiträge überhaupt nicht mehr in Verbindung stehen, sondern lediglich die Verlautbarungsrhetorik der Partei in den Fachdiskurs hineintragen. Aufgrund der Tatsache, dass die polemische, klassenkämpferische Ausgrenzungs-, Abgrenzungs- oder Abwertungsrhetorik oftmals neben einem nüchtern und differenziert argumentierenden Fachdiskurs in ein und demselben Text zu finden ist, drängt sich nicht selten der Eindruck auf, es handele sich dabei um Einschübe allein zu dem resonanzträchtigen Zweck, die »richtige« Gesinnung zu demonstrieren, sich als »parteiliche« Literaturwissenschaftler bzw. als marxistisch-leninistische Gesellschaftswissenschaftler zu inszenieren und damit Forschungs- und Publikationsspielräume zu erweitern bzw. zu erhalten.[78]

So machen Literaturwissenschaftler in der DDR etwa eine ›neue Qualität‹ gesellschaftlicher Entwicklung aus[79] und sehen den »bürgerlich-humanistische[n] Traum, die klassische Forderung des Tages, zur sozialistischen Tat« werden.[80] Hier herrsche nicht mehr die »imperialistische[] Ausbeuterklasse«,[81] sondern die Arbeiterklasse als die »entscheidende[] geschichtlich-vorwärtsbewegende[] Kraft unserer Epoche«,[82] »die in ihrer Selbstbefreiung zugleich die Überwindung aller antagonistischen Klassenverhältnisse vollzieht und allen Menschen die Möglichkeit eines glücklicheren, produktiven und freien Lebens eröffnet«.[83] Auf der anderen Seite, in Westdeutschland, seien dagegen

> Imperialismus und Militarismus wiederhergestellt worden; Faschismus, Rassendiskriminierung und klerikale Reaktion sind neue gefährliche Bedrohungen. Das Alte, Abgelebte, von der Geschichte längst Verurteilte hat sich erhalten und erneuert sich: die Entwicklung in Westdeutschland trägt einen restaurativen Charakter.[84]

Und in einem Beitrag des Germanisten Siegfried Streller zu Problemen der Deutschlehrerausbildung heißt es in einem polemischen Exkurs, der durch das Thema des Aufsatzes nicht gerechtfertigt ist:

> In Westdeutschland hat der imperialistische Weg der technischen Revolution zu politischen und weltanschaulichen Krisenerscheinungen geführt. Berauscht von den Erfolgen des auf amerikanischen Anleihen erblühten ›Wirtschaftswunders‹, hat die CDU/CSU durch ihre Macht- und Rüstungspolitik die deutsche Bundesrepublik in eine Finanzkrise manövriert, die nicht nur einen Bankrott der bisherigen Regierungspolitik und damit der herrschenden Partei darstellt, sondern auch die bürgerliche Formaldemokratie diskreditiert. Unter der faktischen Vorherrschaft der monopolkapitalistischen Gruppen hat diese sich als unfähig erwiesen, die Interessen des einfachen Staatsbürgers zu vertreten und eine

---

77 Ebd., 131f.
78 Vgl. auch Schandera u.a. 1997, 316.
79 Germanistisches Institut der HU Berlin 1962, 251.
80 Wertheim 1964, 54.
81 Germanistisches Institut der HU Berlin 1962, 251.
82 Dahnke 1973, 389.
83 Dahnke 1981, 37.
84 Hermsdorf 1961a, 303

friedliche und krisenfreie Entwicklung und kontinuierliche Hebung des Volkswohlstandes zu sichern. Die Diktatur der Konzerne läßt sich nicht mehr wirksam verschleiern.[85]

Der verstärkte internationale wissenschaftliche Austausch, die fruchtbare und stimulierende Auseinandersetzung mit neueren »bürgerlichen« Theorien, die Ausdifferenzierungs- und Umbauprozesse auch innerhalb der bundesrepublikanischen Germanistik oder die deutschlandpolitischen Entwicklungen der 70er und 80er Jahre führen dazu, dass die Auseinandersetzung mit »nicht-marxistischen« Wissenschaftsleistungen zunehmend sachlicher geführt wird. Pauschale persönliche Diffamierungen der westdeutschen Fachkollegen, apodiktische Ablehnungsgesten gegenüber den Forschungsleistungen »bürgerlicher« Wissenschaftler oder die Behauptung einer grundlegenden moralischen Überlegenheit der eigenen Arbeit sind auch innerhalb des eigenen marxistisch-leninistischen Fachdiskurses immer seltener kommunizierbar, ebenso wie politisch-ideologische Exkurse, in denen voller Emphase die uneingeschränkte Fortschrittlichkeit des sozialistischen Gesellschaftssystems gegenüber der gänzlich »reaktionären«, »militaristischen«, »faschistischen« oder »imperialistischen« »BRD« postuliert wird. Zentrale programmatische und bilanzierende Texte der 80er Jahren kommen gänzlich ohne Pathos oder den bekannten moralisierenden »Überlegenheitsgestus« aus.[86]

8.1.5 Angriffe auf »revisionistische«/»neomarxistische« Theorien

Ähnliche Argumentationsmuster wie in den Auseinandersetzungen mit »bürgerlichen« Positionen finden sich auch in den Auseinandersetzungen mit »Revisionisten« wie Lukács oder den westdeutschen »Neomarxisten«.[87] Unter Rückgriff auf die Klassiker des Marxismus-Leninismus oder die entsprechenden Auslegungen der Partei wird ihnen vorgeworfen, von der »wahren Lehre« abgewichen zu sein und den Marxismus-Leninismus zu »verfälschen«. So sei beispielsweise die vermeintlich »materialistische« Literaturwissenschaft im Westen lediglich »eine aus APO-Stimmung erwachsene Spielart bürgerlicher Geschichtsideologie, deren Wurzeln in der Kritischen Theorie und dem modernen Revisionismus liegen« und mit der sich »weder eine tiefere Kenntnis des Marxismus *noch* der Literaturgeschichte verbindet«.[88] Adorno wird vorgeworfen, sich nur »alte[r] Klischees aus den Rotationsmaschinen von Hugenberg-Springer« zu bedienen, »die nach rund vierzigjährigem unausgesetzten Gebrauch für einen Philosophen darum nicht um so brauchbarer geworden sind«,[89] während Marcuse eine »Theorie der Revolutionsverhinderung« formuliert habe, die eine »bürgerliche, d.h. antisozialistische[] Theorie par excellence« sei.[90] Allein die Identifizierung mit dem »*wirklichen* Marxismus«

85 Streller 1967, 121f.
86 Vgl. z.B. Peters 1986; Thierse/Kliche 1985; sowie Träger 1988.
87 Speziell zur Auseinandersetzung der literaturwissenschaftlichen Germanisten mit Lukács siehe Kapitel 10.2.
88 Träger 1972, 353. Hervorhebung im Original.
89 Träger 1968, 251.
90 Träger 1970, 28.

ermögliche »die entscheidenden Einsichten«.[91] Dagegen führe »Halbherzigkeit« bloß zu »Revisionismus«, der als die »verkommenste[] Form des theoretischen bürgerlichen Bewußtseins« präsentiert wird.[92] Von »linksbürgerlichen«, »ultralinken«, »anarchistischen«, »trotzkistischen« oder »maoistischen« Kräften seien keine produktiven Lösungsansätze zu erwarten,

> solange die kritische Auseinandersetzung mit der bürgerlichen Gesellschaft, ihrer Kultur und Kunst nicht in der Bejahung einer von der Arbeiterklasse geschaffenen und geführten neuen Kultur, was die Bejahung auch der wesentlichen historischen Quellen dieser neuen Kultur im Sinne der Leninschen Kulturkonzeption einschließt, die Möglichkeit konstruktiver Aufhebung findet.[93]

Gleichsam rituell wird im Zusammenhang mit dem »Wahrheitsanspruch« der germanistischen Literaturwissenschaftler sowie den damit verbundenen Überlegenheitsgesten gegenüber »bürgerlichen« und »revisionistischen« Theorien »die gründliche und offensive Widerlegung relevanter bürgerlicher Auffassungen, imperialistischer und revisionistischer Theoreme« zur grundlegenden Aufgabe der Germanistik erklärt.[94]

8.1.6 Neigung zum Konsens und Legitimation theoretischer Innovationen

Auffällig sind in den Redeweisen marxistisch-leninistischer Literaturwissenschaftler auch zwei weitere, bisher innerhalb des literaturwissenschaftlichen Feldes unbekannte Merkmale: Zum einen die Neigung, offenen Meinungsstreit im »eigenen Lager« weitestgehend zu vermeiden, und zum anderen die Schwierigkeit, Umbauten in Theorien, Methoden und Gegenständen zu legitimieren.

Zunächst zum »Diktat des Konsenses«:[95] Gerade in den ersten Jahren bis zur bzw. nach der Übernahme der literaturwissenschaftlichen Lehrstühle finden kaum öffentliche Debatten zwischen marxistisch-leninistischen Literaturwissenschaftlern statt. Zwischenzeitliche »Scharmützel« im »eigenen Lager«[96] oder die *Forum*-Lyrik-Debatte 1966 sind Ausnahmen in einer Homogenität inszenierenden Literaturwissenschaft, tragen nicht selten Kampagnencharakter und haben mit offenem wissenschaftlichem Meinungsstreit meist nichts zu tun. Erst der 1969 vom Mayer-Schüler und Brecht-Verehrer Werner Mittenzwei herausgegebene *Positionen*-Band[97] macht zum ersten Mal auch nach außen hin deutlich, dass es auf dem Boden der marxistisch-leninistischen Weltanschauung bisweilen grundlegend verschiedene und dennoch jeweils »legitime« Auffas-

91 Träger 1972, 368. Hervorhebung im Original.
92 Ebd., 368.
93 Dahnke 1973, 403.
94 Fischer/Völkerling 1970, 152.
95 Vgl. Sabrow 2001.
96 Siehe z. B. die Kritik an Hans-Günther Thalheims Lukács-Bild bei Roshnowski 1959 sowie Lange 1958a.
97 Mittenzwei (Hg.) 1971.

sungen zu literarhistorischen bzw. literaturtheoretischen Fragestellungen gibt.[98] Doch auch danach bleiben offen ausgetragene Debatten eher eine Seltenheit.[99]

Die lange Zeit ostentativ zur Schau gestellte Einstimmigkeit innerhalb des Faches hat einmal mehr etwas mit dem Wissenschaftsverständnis des Marxismus-Leninismus zu tun. Wo es eine »absolute Wahrheit« und »objektive Erkenntnisse« gibt, können zwei oder mehrere sich gegenseitig ausschließende wissenschaftliche Positionen schwerlich gleichberechtigt nebeneinander stehen. Treffend formuliert Hans Kaufmann:

> Das Problematische war [...], daß ein an und für sich notwendiger Meinungs- und Richtungsstreit immer der Prämisse von einem im Prinzip fertigen und unanfechtbaren (›monolithischen‹) Theoriegebäude unterstellt war, im Verhältnis zu dem es nur ›Abweichungen‹, d.h. Gefahren für die Machterhaltung gab.[100]

Unter diesen Bedingungen verspricht die offensive wissenschaftliche Auseinandersetzung mit konkurrierenden Positionen zumeist keine Resonanzgewinne. Im Gegenteil, mit Blick auf den »gesellschaftlichen Auftraggeber« erscheint es viel mehr strategisch geboten, die »Reihen geschlossen« zu halten und sich als marxistisch-leninistische Literaturwissenschaft gegenüber der »bürgerlichen« Literaturwissenschaft zu positionieren. Allein so kann man die Aneignungs- und Deutungsfunktion des Faches erfüllen[101] und den »subjektivistischen«, »irrationalen«, »antihumanistischen« etc. Deutungen des Westens *die* marxistisch-leninistische Interpretation/Theorie/Literaturgeschichte etc. entgegenstellen, die die »Überlegenheit« und die allumfassende Erklärungsmacht des Marxismus-Leninismus beweisen soll. Der Literaturwissenschaftler Geerdts erinnert sich: »Zunächst und vor allem ging es in den Debatten jener Jahre um die Herausarbeitung des eigenen Standorts in der Auseinandersetzung mit bürgerlichen Positionen.«[102] Auch mit Blick auf die bewusstseinsbildende Funktion bzw. die Planungs- und Leitungsfunktion des Faches[103] verspricht eine Harmonisierung der Positionen öffentliche Resonanz, gilt es doch im Sinne einer »sozialistischen Bewusstseinsbildung« erstmals ein in sich geschlossenes marxistisch-leninistisches Literaturgeschichtsbild zu entwerfen und eindeutige, für die Kulturpolitik handhabbare Ergebnisse für die Lenkung kultureller Prozesse zu liefern.

Entsprechend bemühen sich die jungen Literaturwissenschaftler, unterschiedliche Positionen in zentralen theoretischen und methodischen Fragen innerhalb der eigenen Fraktion durch den »ständigen, gerichteten Austausch der Meinungen, Erfahrungen und Ergebnisse«[104] zu vereinheitlichen und einen eventuell vorhandenen Dissens nicht öffentlich auszutragen. So erinnert sich Hans-Günther Thalheim:

> Charakteristisch für unsere Arbeitsweise war vor allem die Kollektivität unserer Bemühungen. Sie fand in verschiedenartigen Gruppenberatungen, Diskussionsveranstaltungen ihren

---

98 Vgl. Boden 1997b, 262.

99 Siehe Teil III dieser Arbeit.

100 Kaufmann 2002, 238.

101 Zur Aneignung- und Deutungsfunktion der Germanistik siehe Kapitel 8.2.2.

102 Materialien, Geerdts, 44.

103 Zur bewusstseinsbildenden Funktion sowie zur Planungs- und Leitungsfunktion des Faches siehe die Kapitel 8.2.1 und 8.2.3.

104 Materialien, Thalheim, 269.

> Ausdruck. Wir hospitierten gegenseitig in unseren Vorlesungen und Seminaren, diskutierten ihre Anlage, ihren Charakter und erörterten Qualifizierungsarbeiten, ihre Teile, ihre Vorstufe in größeren und kleineren Kreisen.[105]

Selbst als fundamentale Kontroversen zwischen den Diskursteilnehmern Ende der 60er Jahre kaum mehr zu übersehen sind, ist das Bemühen zu beobachten, offenen Widerspruch zu vermeiden und über den konsensuellen Bezug aufeinander Einigkeit zu inszenieren.[106] Nicht selten vermeidet man gerade bei politisch in höchstem Maße relevanten Themen klare Positionierungen, durch die man sich angreifbar machen würde. So konstatiert beispielsweise Hans Kaufmann, es sei »ein besonders auffallender Mangel, daß die ›Thesen zum sozialistischen Realismus‹ den Begriff ›Realismus‹ ständig gebrauchen, ohne ihn zu bestimmen oder abzugrenzen«.[107]

Wie problematisch vor diesem Hintergrund ein »breites Spektrum an Meinungen und Haltungen« für die germanistische Literaturwissenschaft sein kann, zeigt Hans-Dietrich Dahnkes Beitrag in der Klassik-Debatte in der Zeitschrift *Sinn und Form* 1973. Der ungewohnt offen ausgetragene Konflikt zwischen Werner Mittenzwei und Helmut Holtzhauer um die »adäquate« Rezeption des »klassischen Erbes« muss das (Selbst-)Bild einer »monoparadigmatischen Wissenschaft«[108] erschüttern, in der ein Meinungsstreit unter Wissenschaftlern über Grundfragen der Disziplin entgegen mancher Verlautbarung noch nicht als »selbstverständlich« oder »produktiv« empfunden wird. Mit Blick auf die möglichen Folgen des Konflikts für die Außendarstellung des Faches fordert Dahnke »echte und produktive Übereinstimmung«[109] und erklärt:

> Es müßte klar sein, daß dieser Gegensatz nicht ohne Schaden für die Entwicklung im Raum stehenbleiben kann. Auch hier muß Klarheit angestrebt und erreicht werden, wenn

105 Ebd., 269. Siehe auch Materialien, Geerdts, 44: »Differenzen, die ich mit Kollegen über die Funktionsbestimmung von Literatur hatte, [stellte ich] zurück: Das Didaktisch-Normative behielt zeitweilig die Oberhand über bessere Einsichten.« Von »den mehr oder weniger stark ausgeprägten Divergenzen, z.T. auch nur Querelen unter uns jungen marxistischen Germanisten in der DDR«, die sich dann allerdings nicht in den Publikationen niederschlagen, berichtet Alfed Klein (Materialien, Klein, 397 und 399).

106 Vgl. z.B. »Probleme der sozialistischen Rezeption des Erbes« (1970). Welche Autoren, Werke oder Literaturströmungen als »aneignenswertes Erbe« anzusehen sind, bleibt in diesem Gespräch gänzlich ungeklärt; die unterschiedlichen Positionen werden jedoch nicht explizit herausgearbeitet und gegenübergestellt, wodurch der Dissens gleichsam »verschleiert« wird.

107 Kaufmann 1958b, 42. Auch der Anglist Erwin Pracht kritisiert bei seinen Kollegen den weitgehenden »Verzicht auf die begrifflich-theoretische Klärung dessen, was unter Realismus verstanden wird«, obwohl man doch ständig mit diesem Begriff operiere: »Selbst eine so verdienstvolle Kollektivarbeit wie die ›Skizze zur Geschichte der deutschen Nationalliteratur‹ zeigt deutlich, daß man sich in einer so ›heiklen‹ Frage wie der Realismus-Konzeption nicht gern schriftlich festlegt« (Pracht 1966, 9).

108 Zum Begriff der »monoparadigmatischen Wissenschaftskonstellation«, der nicht die Behauptung einschließt, es habe in der DDR keine konkurrierenden, öffentlich und kontrovers erörterten Konzepte und Wissenschaftsansprüche gegeben, und der sich trotz der Terminologie nicht dem wissenschaftstheoretischen Modell der Entwicklung von Wissenschaft Thomas Kuhns verpflichtet fühlt, siehe Danneberg/Schernus/Schönert 1995, 650ff.

109 Dahnke 1973a, 1091.

> sich die Literaturwissenschaft nicht selbst das Zeugnis ihrer Unfruchtbarkeit, ja ihrer Unernsthaftigkeit ausstellen will.[110]

Allerdings mehren sich ab dem Ende der 60er Jahre auch innerhalb der Germanistik deutlich jene Stimmen, die sich zur »Weite und Vielfalt« unterschiedlicher literaturtheoretischer Positionen auf der Basis des Marxismus-Leninismus bekennen.[111] In unterschiedlichen Meinungen und in einer fehlenden einheitlichen Position der marxistisch-leninistischen Literaturwissenschaft wird »keine theoretische Schwäche« mehr gesehen,[112] sondern die im Zuge der Ausdifferenzierungsprozesse innerhalb des Faches zu vernehmende Mehrstimmigkeit wird als Angebot und Aufforderung zu fruchtbaren und produktiven Diskussionen verstanden und legitimiert. Im Gegensatz zu den vielen Publikationen der 50er und 60er Jahre wird Dissens nicht mehr verschleiert, sondern explizit thematisiert, um die Offenheit bestimmter Problemlagen zu demonstrieren.[113] Allerdings beklagen einige Fachvertreter noch in den 80er Jahren eine drohende »Beliebigkeit« ob der Vervielfältigung der theoretischen und methodischen Herangehensweisen innerhalb des Faches bzw. der Mannigfaltigkeit legitimer Lesarten von literarischen Werken.[114] Öffentlich bekennen sich Germanisten nach wie vor zu der »Einheit des Marxismus/Leninismus« als der »theoretisch-weltanschauliche[n] und methodologische[n] Grundlage« des Faches.[115] Auch artikulieren verschiedene Literaturwissenschaftler und Realismustheoretiker gelegentlich die Hoffnung, die »dringende Aufgabe« einer »Theorien- und Methodensynthese« erfüllen,[116] eine materialistische Hermeneutik/Interpretationstheorie begründen,[117] zu einer allgemeinverbindlichen Neubegründung der Theorie des (sozialistischen) Realismus kommen[118] oder die »unübersichtlichen und heterogenen« Debatten innerhalb der Literaturwissenschaften »zu einem vorläufigen Ende« führen zu können.[119] Der fachspezifische Denkstil marxistisch-leninistischer Literaturwissenschaftler, aber auch der Druck der außerfachlichen Öffentlichkeit bzw. der ob der disziplinären Polyphonie überforderten Wissenschaftsadministration sorgen dafür, dass die Ausdifferenzierung und Mehrstimmigkeit des Faches bis zum Ende der 80er Jahre zumindest nie *völlig* selbstverständlich wird. Von diesen Prozessen wird noch genauer zu handeln sein.

Welche Probleme die Vorstellung von der Existenz »objektiv wahrer« Ergebnisse der marxistisch-leninistischen Literaturwissenschaft bereiten kann, zeigt sich auch bei der Frage nach der Legitimation grundlegender theoretischer und methodischer Weiterentwicklungen. Dies meint in diesem Fall nicht die fachwissenschaftliche Begründungslogik. Sondern das meint hier die Legitimation theoretischer und disziplinärer Innovati-

---

110 Ebd., 1094f.

111 Vgl. z.B. Mittenzwei (Hg.) 1971; N. Krenzlin 1989, 2069. Siehe dazu im Detail Kapitel 11.7 dieser Arbeit; sowie Ende/Funke 2000, 417f.

112 K. Barck 1976, 181.

113 Siehe z.B. Münz-Koenen u.a. 1980, 22.

114 Siehe dazu Kapitel 11.7.1.

115 Peters 1986, 132.

116 Thierse/Kliche 1985, 303f.

117 Ebd., 278f.

118 Vgl. z.B. Hirdina 1984; Schober 1982; sowie Pracht 1987, 555.

119 So Hans-Günther Thalheim in: Autorenkonferenz 30 Jahre *Weimarer Beiträge*, 591 und 588.

onen mit Blick auf das Paradigma des Marxismus-Leninismus. Damit eine Position innerhalb des wissenschaftlichen Feldes der DDR überhaupt als legitimer Beitrag einer marxistisch-leninistischen Literaturwissenschaft artikuliert werden und Gehör finden kann, muss zumindest der Anschein bestehen, Geltung, Wahrheitsanspruch, Kontinuität und Einheitlichkeit des marxistisch-leninistischen Paradigmas würden bewahrt. Danneberg, Schernus und Schönert haben mit Blick auf die Debatten um die Rezeptionstheorie ein rhetorisches Argumentationsmuster herausgearbeitet, mit dem eine solche bruchlose Kontinuität inszeniert und eine theoretische Innovation als in der marxistischen Theorietradition stehend legitimiert wird.[120] Charakteristisch für dieses Argumentationsmuster sind der Rückgriff auf kanonische bzw. autorisierende Texte, die Verwendung von Kontinuität inszenierenden Darstellungsmustern sowie ein Bezug auf die veränderte »gesellschaftliche Entwicklung«, die eine theoretische Weiterentwicklung bestimmter Positionen »möglich und nötig« mache. Das von Danneberg, Schernus und Schönert erarbeitete Argumentationsmuster lässt sich, das hat die umfangreiche Sichtung des Quellenmaterials im Rahmen dieser Arbeit gezeigt, auch in anderen Fachdiskursen finden, sei es nun bei der Etablierung komparatistischer Fragestellungen und dem Aufbruch einer nationalliterarischen Perspektive,[121] sei es bei den Diskussionen um die Veränderungen in der Realismus- und Widerspiegelungstheorie.[122]

Als Beispiel mag an dieser Stelle die Klassik-Debatte Ende der 60er, Anfang der 70er Jahre dienen. Der von Danneberg, Schernus und Schönert ausgemachte Rückgriff auf Autoritäten lässt sich auch hier finden. So wird der Aufbruch eines normativen, idealisierenden, geglätteten Klassik-Verständnisses unter Beibehaltung ihrer prinzipiellen Wertschätzung als unentbehrliches »Erbe« unter Verweis auf Marx und Engels legitimiert. Werner Mittenzwei nimmt beispielsweise für das von ihm unter Berufung auf Brecht stark gemachte antinormative Goethe-Schiller-Bild in Anspruch, ganz in der Tradition der Klassiker des Marxismus-Leninismus zu stehen. Kritik an den Weimarer Klassikern sei keineswegs ein Bruch mit den Begründern des wissenschaftlichen Sozialismus: »Engels' Auffassung richtete sich ebenso scharf gegen jede Geringschätzung des klassischen Erbes wie auch gegen unhistorische Beanspruchungen [...]«.[123] Wo Brecht »sich gelegentlich gegen allzu harmonisierende Darstellungen und Theorien« gewandt habe, »wollte er im Sinne einer Rückbesinnung auf die Einschätzung der Klassiker des Marxismus verstanden werden, die davon ausgegangen waren, daß sich ein Mann wie Goethe ›in zweifacher Weise zur deutschen Gesellschaft seiner Zeit‹ verhalten hatte«.[124] Auch Hans-Dietrich Dahnke legitimiert die gegenüber den 50er Jahren kritischere Sicht auf das »klassische Erbe« unter Berufung auf die »theoretischen Erkenntnisse und methodischen Verfahrensweisen der Klassiker des Marxismus-Leninismus«.[125] Neben der Berufung auf Marx, Engels oder Lenin können zudem wichtige Verlautbarungen der Partei oder Reden führender Politfunktionäre als autoritative Legitimationsquellen für

120 Danneberg/Schernus/Schönert 1995, 672ff.

121 Vgl. z.B. Träger 1969. Unterschiedliche Ansätze vergleichender Literaturbetrachtung finden sich bei Thierse/Kliche 1985, 273f.

122 Zum Realismusdiskurs siehe Kapitel 11 dieser Arbeit.

123 Mittenzwei 1973, 167.

124 Ebd., 168.

125 Dahnke 1973a, 1090.

theoretisch-methodische Innovationen dienen. So bezieht sich Dahnke etwa bei seiner Warnung vor einem normativ-musealen Klassikverständnis[126] auf den Kulturfunktionär Kurt Hager, der in einer Rede nach dem Machtantritt Honeckers nicht nur einen »Nihilismus« in der Einstellung zum »klassischen Erbe« abgelehnt hat, sondern auch die museale Idealisierung und Verklärung der »rückschrittlichen« Züge der Klassiker.[127]

Bezeichnend ist im Zusammenhang mit der Berufung auf die Klassiker des Marxismus-Leninismus, dass der Gebrauch von bestimmten Zitaten als legitimatorische Stützen der eigenen Argumentation einem historischen Wandel unterworfen ist. Nicht zu jeder Zeit ist jedes Zitat opportun. Um ein Beispiel aus dem Bereich der Erbedebatten zu nennen: Während man sich in den unmittelbaren Nachkriegsjahren unter dem Verweis auf die Schriften von Marx, Engels und Lenin als direkter Sachwalter des »klassischen Erbes« verstand und behauptete, in der DDR die »humanistischen Ideale« der Weimarer Klassik zu »vollstrecken«, sind die in diesem Kontext verwendeten Zitate nach der Absage an die »Vollstreckertheorie« und der Forderung nach einer genuin »sozialistischen Nationalkultur« nicht mehr resonanzträchtig. Entsprechend verweist man nun verstärkt auf Textstellen, in denen sich die Klassiker des Marxismus-Leninismus für eine Überwindung überkommener »bürgerlicher« Traditionen aussprechen. Ein Zitat aus dem *Kommunistischen Manifest* wie: »Die kommunistische Revolution ist das radikalste Brechen mit den überlieferten Eigentumsverhältnissen; kein Wunder, daß in ihrem Entwicklungsgange am radikalsten mit den überlieferten Ideen gebrochen wird«,[128] wäre wohl in den 50er Jahren nicht angeführt worden.[129]

Gemäß dem Wahrheitsanspruch des Marxismus-Leninismus sowie seiner »schöpferischen Anwendung« durch die Partei der Arbeiterklasse ist es vielen Akteuren wichtig, den Eindruck zu vermeiden, die Veränderungen im Erbe-Verständnis seien eine Reaktion auf eine möglicherweise fehlerhafte Theorie und Praxis der Literaturwissenschaft bzw. der Kulturpolitik. Im Gegensatz zur bürgerlichen Gesellschaft hätten »Fehlhaltungen und Verzerrungen« im Erbeverständnis der DDR »generell keinen Nährboden [...], weil der Marxismus-Leninismus als unsere weltanschauliche Basis sie ausschließt«.[130] Allerdings gebe es, so die vorsichtige Formulierung Dahnkes, »doch diese oder jene, mehr oder minder ausgeprägt und kräftig wirkende Tendenzen« zu einer normativen Überhöhung der Klassik oder zu ihrer nihilistischen Ablehnung, die »gelegentlich« zu Problemen führten.[131] Letztlich rührten diese jedoch bloß von noch nicht adäquat

---

126 Vgl. Dahnke 1973, 401.

127 Vgl. Hager 1972c, 57. Als autoritative Quellen für die Legitimation theoretischer Innovationen werden darüber hinaus immer wieder auch anerkannte Autoren wie Anna Seghers oder Bertolt Brecht angeführt, aber auch Texte von Wissenschaftlern aus sozialistischen »Bruderländern«, vornehmlich aus der Sowjetunion. Diesen Bezügen kann jedoch im Vergleich zu den Klassikern des Marxismus-Leninismus oder den Verlautbarungen der Partei ihr Geltungsanspruch und damit ihre Legitimationsfunktion abgesprochen werden. Dies wird beispielsweise deutlich in den scharfen Auseinandersetzungen um die Brecht'sche Erbe-Konzeption Anfang der 70er Jahre oder in den Debatten um Kafka, in denen man mit Blick auf die besonders »scharfen« klassenkämpferischen Auseinandersetzungen mit der Bundesrepublik einen sozialistischen »Sonderweg« im Umgang mit dem umstrittenen Autor fordert (siehe dazu Kapitel 12 und 14).

128 Marx/Engels 1972, 481.

129 Zitiert bei Dahnke 1981, 13, vgl. auch ebd., 10.

130 Ebd., 40.

berücksichtigten historischen Weiterentwicklungen innerhalb der sozialistischen Gesellschaft her. Die nicht durch falsche theoretische Anschauungen, sondern gleichsam durch die »Macht der Geschichte« notwendig gewordenen Veränderungen stehen gemäß der Argumentationslogik führender Fachvertreter weiterhin in der Traditionslinie sozialistischer Erbeaneignung. So betont etwa Hans-Dietrich Dahnke, in den Wandlungen im Erbeverständnis sei keineswegs »etwas zu sehen, das mit der geschichtlichen Kontinuität und mit der Wissenschaftlichkeit unseres Weltbildes unvereinbar wäre«.[132] Wenn man gegenüber den 50er Jahren »neue Aspekte« berücksichtige, so bedeute dies mitnichten einen »Bruch innerhalb der Kontinuität marxistisch-leninistischer Geschichtssicht und Kulturpolitik«.[133] Die Leistungen aus den 50er Jahren würden keineswegs »abgewertet oder gar in die Rumpelkammer geworfen«.[134] Bei aller Kritik wird Bechers »Befreier«-Rede »durch seine marxistisch-leninistischen Grundpositionen und durch die Bereicherungen, die er für unsere Kenntnis und Erkenntnis einbrachte«, in die »Traditionslinie sozialistischer Erbeaneignung« eingeordnet.[135] Wie im Zusammenhang mit der Debatte um die Rezeptionstheorie ist von einem »tieferen Prozeßverständnis« die Rede, von einer »immer umfassender und tiefer« erfolgenden Aneignung des Erbes,[136] von »schöpferischer Weiterentwicklung« oder »schöpferischer Anwendung« der Erkenntnisse der marxistisch-leninistischen Klassiker.[137] Gerade durch die Besinnung auf die »theoretischen Erkenntnisse und methodischen Verfahrensweisen der Klassiker des Marxismus-Leninismus« habe man Aspekte »neu bedacht und entsprechend den neuen geschichtlichen Bedingungen präzisiert«.[138]

Begründet und legitimiert werden die Veränderungen im Klassik-Verständnis wie auch in anderen Fällen theoretisch-methodischer Innovation durch die historische Weiterentwicklung der sozialistischen Gesellschaft:

> Die zu überwindende Paradigma-Version bleibt relativ zu einer bestimmten historischen Situation (mehr oder weniger) korrekt, da sie der gegebenen gesellschaftlichen Entwicklung entsprochen habe. Erst die weitere Entwicklung mache es ›notwendig‹ und ›möglich‹, theoretische Innovationen zu unternehmen, die den veränderten gesellschaftlichen Bedingungen entsprechen.[139]

Entsprechend wird das Klassikbild der Nachkriegsjahre keineswegs als falsch oder rückschrittlich abgewertet, sondern es habe der spezifischen historischen Perspektive nach dem Weltkrieg entsprochen, in der es um die »Zielstellung eines einheitlichen, antifaschistisch-demokratischen Deutschlands« gegangen sei.[140] Durch »stürmische Wachstumsvorgänge« in der »sich schnell entwickelnde[n] sozialistische[n] Gesellschaft« sei es

---

131 Ebd., 40.
132 Dahnke 1973, 390.
133 Ebd., 391.
134 Ebd., 392.
135 Dahnke 1973a, 1090.
136 »Probleme der sozialistischen Rezeption des Erbes« (1970), 11.
137 Vgl. Danneberg/Schernus/Schönert 1995, 673. Zum »Prinzip der Nicht-Originalität« bzw. des »Innovationsverbotes« siehe bereits Dautel 1980, 120.
138 Dahnke 1973a, 1090.
139 Danneberg/Schernus/Schönert 1995, 674.
140 Dahnke 1973a, 1089.

nun allerdings notwendig geworden, »auch die Probleme von Erbeaneignung und Traditionsbildung erneut zu durchdenken«.[141] Durch eine solche Argumentation können Wahrheitsanspruch, Einheitlichkeit und Kontinuität des marxistisch-leninistischen Paradigmas weiterhin postuliert werden.

8.2 Leistungsangebote der marxistisch-leninistischen literaturwissenschaftlichen Germanistik

Die Präsenz der oben skizzierten diskursiven Muster, an denen sich ein gegenüber der Nachkriegsgeneration verändertes Handlungsbewusstsein bzw. Wissenschaftsverständnis ablesen lässt und/oder mit denen sich Germanisten als marxistisch-leninistische Literaturwissenschaftler ausweisen, kann allein jedoch nicht genügen, um die »objektiven Anforderungen« der »sozialistischen Gesellschaftspraxis« zu befriedigen. Nach der mit Hilfe der Partei erfolgreich verlaufenen Etablierung einer neuen Wissenschaftlergeneration an den Universitäten steht die literaturwissenschaftliche Germanistik unter einem erhöhten Anwendungsdruck. Als marxistisch-leninistische Gesellschaftswissenschaft soll die Germanistik nun eine zentrale Rolle bei der Entfaltung der Produktivkräfte spielen und spezifische Aufgaben in der »sozialistischen Literaturgesellschaft« sowie im ideologischen Kampf gegen »revisionistische« und »bürgerlich-idealistische« Konzeptionen im In- und Ausland übernehmen. Um die für das Fach nötigen Ressourcenelemente zu produzieren und sich erfolgreich gegenüber anderen Disziplinen bzw. Kollegen im wissenschaftlichen Feld zu positionieren, stellen marxistisch-leninistische Literaturwissenschaftler gegenüber der politischen Administration bzw. der sozialistischen Öffentlichkeit vornehmlich vier entscheidende, zum Teil lediglich analytisch zu trennende Leistungsfunktionen heraus: a) die bewusstseinsbildende Funktion des Faches, b) seine Aneignungs- und Deutungsfunktion, c) seine Planungs- und Leitungsfunktion, d) seine Ausbildungsfunktion.

8.2.1 Die bewusstseinsbildende Funktion des Faches

Das wohl verbreitetste Leistungsangebot, das die marxistisch-leninistische Germanistik an die fachexterne Öffentlichkeit adressiert, ist das der *bewusstseinsbildenden Funktion* der Disziplin. Kaum ein Text, im dem Aufgaben und Perspektiven der Germanistik thematisiert werden, verzichtet darauf, den besonderen Beitrag des Faches für die sozialistische Persönlichkeits- und Bewusstseinsbildung hervorzuheben. Sicherlich, die bewusstseinsbildende Funktion ist – funktional gesehen – kein genuines Leistungsangebot der marxistisch-leninistischen Literaturwissenschaft. Auch andere Gesellschaftswissen-

141 Dahnke 1981, 29.

schaften erheben den Anspruch, durch ihre Arbeit zur sozialistischen Bewusstseinsbildung beizutragen. Doch können die germanistischen Literaturwissenschaftler in besonderem Maße von der traditionell bildungsbürgerlichen Konzeption einer »bildenden Funktion« der Literatur profitieren. So kann die nach 1945 von führenden Kulturfunktionären formulierte Vorstellung von der Literatur als *dem* entscheidenden Medium zur »geistigen Umerziehung« der literaturwissenschaftlichen Germanistik weiterhin als Legitimationsressource dienen, erhebt sie ihren Gegenstand doch zu einem entscheidenden Faktor für den Aufbau bzw. für die Stabilisierung und Festigung der sozialistischen Gesellschaftsordnung:

> Was [...] unter dem Aspekt der antifaschistisch-demokratischen Erneuerung formuliert wurde, gilt heute mehr denn je. Literatur ist in der sozialistischen Literaturgesellschaft unserer Tage tatsächlich zu einem entscheidenden Medium der kollektiven Selbstverständigung geworden über die Frage, was revolutionäre Haltung in unserer Zeit bedeutet. In der immer mehr zu einem öffentlichen Forum über das Wesen sozialistischer Weltanschauung und sozialistischen Lebensgefühls sich entfaltenden Debatte um Fernsehspiele, Romane und in geringerem Maße auch Bühnenstücke und Gedichte geht es nicht mehr um die Frage, *ob* Kunst das Leben meistern hilft, sondern *wie* sie es tut [...].[142]

Die Literatur erfülle die Funktion, »Erfahrungen der Massen an die Massen zu übermitteln, die Erfahrungen der Vergangenheit mit den Erfahrungen der Gegenwart zu verbinden, gesellschaftliche Lösungen im Modell zu erproben«.[143] Sie ermögliche eine »kollektive Selbstverständigung über die Fragen ›Wo komme ich her? Weshalb bin ich hier? Welches sind meine wirklichen gesellschaftlichen Verpflichtungen?‹«[144] und wirke auf das »kulturelle Milieu« und die »sozialistische Lebensweise« ein.[145] Durch die im literarischen »Erbe« liegenden »Erziehungs- und Bildungswerte« komme ihm eine bedeutende Funktion »bei der Entfaltung, Festigung und Vertiefung des sozialistischen Geschichtsbewußtseins und des sozialistischen Menschenbildes« zu.[146] Als »Spiegel der politischen Kämpfe der Nation« enthalte die Literatur »Prinzipien einer nationalen Ethik«,[147] »[d]ie Dichtung schafft Abbilder und Vor-Bilder zugleich«.[148] Auch von den hohen humanistischen Idealen der Literatur ist in den 80er Jahren noch die Rede:

> Von Literatur reden heißt immer zugleich: vom Frieden, vom allgemeinen verbindlichen Humanen reden. Der Gedanke des Friedens, einer nationen-, ja weltumspannenden Humanität ist der Literatur aller Völker, der Literatur der Welt, genauso eingeschrieben wie ihr jeweiliger Klassencharakter. Es ist am Ende eben dieses dialektisch-widerspruchsvolle Wesen, das die Literatur zu jener universellen Form gesellschaftlichen Bewußtseins macht, in der alle Regungen menschlich-sozialen wie menschlich-individuellen Daseins aufgefangen und aufgezeichnet sind – dank dem Medium der Sprache in einer Umfassendheit und Subtilität, die keine andere Bewußtseinsform kennt.[149]

142 Schiller 1970, 117.
143 D. Schlenstedt u.a. 1975, 12.
144 D. Schlenstedt 1975a, 58.
145 Klein 1976, 56.
146 Naumann u.a. 1970, 21 (weitere Autoren sind Karlheinz Barck, Eberhard Dieckmann, Rosemarie Lenzer sowie Dieter Schlenstedt).
147 Thalheim 1958, 88.
148 Träger 1981a, 246.

Der Bewusstseinsbildungsprozess über die Auseinandersetzung mit Literatur, so die Argumentationslogik der Germanisten, durch die sie ihre Bedeutung für die sozialistische Gesellschaft resonanzkalkulierend herauszustellen versuchen, vollziehe sich jedoch keineswegs »von allein«:

> Die Formierung einer sozialistischen Kultur ist kein mechanischer Prozeß, der nachdem die ökonomischen und politischen Grundlagen geschaffen sind, einmal in Gang gebracht, von selber abläuft und sozusagen sich als die positive Kehrseite einer kritischen Negation der bürgerlichen Kunstauffassung erweist.[150]

Stattdessen bedürfe es der germanistischen Literaturwissenschaft, »deren multiplizierende Mittlerrolle in Hinsicht auf die deutsche Sprache und Literatur in den Prozessen der entwickelten sozialistischen Gesellschaft [...] außer jeder Frage steht«.[151] In Bezug auf die Erbeaneignung betont Dahnke:

> Jeder Leser partizipiert an dem generellen gesellschaftlichen Verhältnis zum literarischen Erbe, an den diesbezüglichen Lese- und Denkgewohnheiten, die jeweils durch die literaturgeschichtliche Arbeit vorbereitet und mitbestimmt sind, nicht zuletzt über die Vermittlung der allgemeinbildenden Schule. Er greift zu Büchern, an deren Existenz und Wirksamkeit literaturgeschichtliche Arbeit einen unleugbaren Anteil hat, mittelbar wie unmittelbar.[152]

Bereits in einem der ersten programmatischen Texte von marxistisch-leninistischen Germanisten in den *Weimarer Beiträgen* wird diese »Mittlerrolle« der Germanistik besonders herausgestellt:

> Der Beitrag der Literaturwissenschaft zur weltanschaulich-historischen Bewußtseinsbildung, zur moralischen und ästhetischen Erziehung hat innerhalb der Wechselbeziehungen zwischen Künstler und Volksmassen eine vermittelnde, unter den sozialistischen Verhältnissen direkt organisierende Funktion. Sie kann an der Vermittlung und Organisierung der

---

149 Träger 1988, 390. Zu einem Überblick über »Produktive Funktionen der Literatur« siehe D. Schlenstedt/Lenzer 1975.

150 Träger 1968, 230. Siehe des weiteren D. Schlenstedt u.a. 1975, 13: »Die sozialistische Bewegung kann – das wurde seit Lenins *Parteiorganisation und Parteiliteratur* systematisch ausgeführt – den Zusammenhang von Produktion, Vermittlung und Rezeption der Literatur nicht der Spontaneität weder einer ›freischwebenden‹ Intelligenz noch der Marktgesetzlichkeit überlassen.« Mittenzwei (1970, 14) betont, der Prozess der sozialistische Bewusstseinsbildung vollziehe sich »nicht automatisch, vielmehr muß die erhöhte Bedeutung des Erbes durch die verantwortungsvolle Arbeit des Literaturhistorikers wahrgenommen und sichtbar gemacht werden.« Und Träger (1988, 391) konstatiert: »Das soziale Geheimnis der Literatur liegt darin, daß sie nicht mit ihrer Produktion, sondern erst mit ihrer Rezeption, indem sie gelesen wird, in die Wirklichkeit eintritt, wirklich wird. Und daran hat alle Philologie und Literaturwissenschaft ihren wohl bemessenen Anteil.«

151 Träger 1988, 397. Siehe beispielsweise auch D. Schlenstedt/Lenzer 1975, 443: »Die gesellschaftliche Funktion der Literatur im Sozialismus setzt sich nicht im Selbstlauf durch. Sie kann nur das Resultat des organisierten Zusammenwirkens aller gesellschaftlichen Kräfte sein, die den Literaturprozess bestimmen«; sowie Kaufmann 1986, 251: Kaufmann spricht von den Literaturwissenschaftlern als »Mittler zwischen der Kunst des Schreibens und der Kunst des Lesens«.

152 Dahnke 1981, 95.

> Beziehungen zwischen den objektiven Bedürfnissen und dem künstlerischen Schaffen, zwischen Literaturproduktion und Literaturkonsumtion, folglich an dem lebendigen Austausch in der Literaturgesellschaft teilnehmen [...].[153]

Stolz verweist man auf die besonderen Erfolge der literaturwissenschaftlichen Arbeit:

> Bei der Ausbildung neuer, zielbewußter Vermittlungsformen, die geeignet sind, die gesellschaftliche Aneignung des literarischen und künstlerischen Erbes zu entwickeln, gibt es schon jetzt fruchtbare Ansätze. Die *Faustgespräche*, die das *FORUM* vor einiger Zeit publizierte, sind ein hervorragendes Beispiel für den produktiven Versuch, das Erbe im Bewußtsein breiter Schichten der Bevölkerung zum lebendigen Besitz werden zu lassen.[154]

Aufgrund dieser auch in der kulturräsonierenden Öffentlichkeit anerkannten Vermittlungsfunktion[155] kann die literaturwissenschaftliche Germanistik nun öffentlichkeitswirksam zu einer bewusstseinsbildenden Instanz erhoben werden.

> Die Germanistik trägt dazu bei, die sozialistische Moral durchzusetzen, indem sie untersucht, welche bedeutende Rolle die Darstellung moralischer Probleme, positiver moralischer Qualitäten sowohl in der Literatur vergangener Perioden wie in der gegenwärtig entstehenden Literatur spielt.[156]

> Literaturwissenschaft hat so im weiteren Sinne Grundlagen zu schaffen für die Herausbildung einer hohen sozialistischen Bewußtheit, für die Herausbildung eines Geschichtsbewußtseins kultureller Tradition, ethischer Ideale und eines gesicherten Geschmacks.[157]

In Vorträgen, im Unterricht usw. könne die marxistische Literaturwissenschaft, »die besonderen Wirkungen der literarischen Form der Widerspiegelung der gesellschaftlichen Kämpfe nutzend, die ethischen Gehalte der nationalen Literatur erzieherisch für die gesellschaftliche Praxis fruchtbar« machen.[158] Die Literaturgeschichtsschreibung wird begriffen als »ein wichtiger Beitrag zur Durchdringung aller Sphären des Lebens unserer sozialistischen Gesellschaft mit sozialistischer Ideologie und Kultur«, »als ein Mittel der Einwirkung auf den Prozeß der weltanschaulich-ideologischen Erziehung und Selbstverständigung der Menschen, die das entwickelte gesellschaftliche System des Sozialismus schaffen«.[159] Die Auseinandersetzung mit dem literarischen »Erbe« werde

> zu einem Medium, wissenschaftliches Geschichtsbewußtsein und historisches Selbstbewußtsein zu fördern und ein Persönlichkeitsbild zu entwickeln, das den Menschen als ein geschichtliches Wesen, das Individuum als ein Ensemble seiner gesellschaftlichen Verhältnisse begreifbar macht.[160]

---

153 Germanistisches Institut der HU Berlin 1962, 245.

154 Naumann u.a. 1970, 34.

155 Vgl. z.B. Hejzlar/Koch 1971.

156 Germanistisches Institut der HU Berlin 1962, 244.

157 D. Schlenstedt 1964, 485. Der Artikel erscheint ohne Autorennamen, ist aber von Dieter Schlenstedt verfasst worden (vgl. D. Schlenstedt 2003, 88).

158 Thalheim 1958, 89.

159 Haase 1970, 199.

160 Schiller 1973, 153.

Ohne Erbeaneignung und Traditionsbildung sei »die Entfaltung eines sozialistischen Bewußtseins, die Herausbildung sozialistischer Persönlichkeiten und damit die Prägung des spezifischen, der sozialistischen Gesellschaft angemessenen Kulturniveaus« nicht denkbar.[161] Auch »die Untersuchung der Entwicklung des humanistischen Menschenbildes und des ästhetischen Ideals (bzw. auch deren Verlust oder Reduzierung) in der deutschen Literatur sämtlicher Epochen [gewinne] besondere Bedeutung«, da

> die Ausarbeitung der Kriterien des realen sozialistischen Humanismus für die Verwirklichung neuer, das gesamte gesellschaftliche Leben bestimmender ethischer Normen eine entscheidende Rolle spielt - sowohl für die ästhetische Fundierung des Menschenbildes des sozialistischen Realismus wie für die Prägung des moralischen Gewissens der gesamten Nation.[162]

Selbstgewiss argumentieren Germanisten der Humboldt-Universität 1962, »daß ein Beitrag zur Ausbildung des sozialistischen Nationalbewußtseins geleistet wird, wenn man das Erbe, den Stolz auf humanistische nationale Traditionen, als Bestandteil der Menschheitskultur bewußt macht.«[163] Die Germanistik sei in der Lage, habe aber auch die Verantwortung, die humanistischen Ideale der Literatur »im Verein mit allen anderen Philologien als Erzieherin in Millionen Menschen in den verschiedensten Ländern [...] sichtbar, faßbar, wirksam [zu] machen in den Köpfen«.[164] Als geisteswissenschaftliches Traditionsfach mit einer engen Bindung an die »Kulturnation«, »als Wissenschaft von der Muttersprache und der nationalen Literatur« schreibt sie sich dabei eine besondere Stellung zu, bilde sie doch, »verwickelt in alle Prozesse, Debatten und politisch-ideologischen sowie geistigen Bewegungen nationaler wie auch grenzüberschreitender Natur, ein höchst sensibles Feld intellektueller, d.h. gesellschaftlich relevanter Tätigkeit«.[165]

Auch wenn sich in der diachronen Perspektive manche Aspekte innerhalb der Rede über die bewusstseinsbildende Funktion der Germanistik verschieben mögen - so wird z.B. ab dem Ende der 50er Jahre das Konzept einer »einheitlichen deutschen Kulturnation« von der Idee einer genuin »sozialistischen Nationalkultur« abgelöst,[166] oder man

161 Dahnke 1973, 388.

162 Germanistisches Institut der HU Berlin 1962, 253.

163 Ebd., 253.

164 Träger 1988, 390.

165 Ebd., 392.

166 In diesem Kontext erscheinen beispielsweise Handbücher wie das *Lexikon sozialistischer deutscher Literatur*, das ganz im Sinne der bewusstseinsbildenden Funktion dazu beitragen soll, »dem Leser von heute mit den Darstellungen zur Geschichte der Literatur der revolutionären Arbeiterbewegung zugleich ein Bild der Kämpfe zu geben, die die deutsche Arbeiterklasse und ihre revolutionäre Partei für die Entwicklung der deutschen Nation zu einem antimilitaristischen, demokratischen und sozialistischen Deutschland ausgefochten hat. [...] Das Handbuch soll eine Dokumentation geben über die Breite, in der sich die Literatur der revolutionären Arbeiterbewegung unter den Bedingungen der Klassengesellschaften entwickelte; es soll Einblick geben in die Themen und Sujets, in denen sich die Kämpfe des Proletariats, ›seine Stellung als menschliche Wesen wiederzuerlangen‹ (Engels), widerspiegeln; es soll Zeugnis ablegen von der Mühsal und den Qualen, unter denen im Kapitalismus Talente aus der Arbeiterklasse zur Literatur kamen und zu Wegbereitern der sozialistischen Literatur wurden« (Diersen u.a. [Hg.] 1963, 7).

verwirft eine direkte bewusstseinsbildende Funktion der Literatur »qua Vorbildwirkung« zugunsten eines komplexeren rezeptionstheoretischen Konzeptes –,[167] so bleibt dieses Leistungsangebot bis zum Ende der DDR *das* entscheidende Ressourcenelement, durch das sich Germanisten öffentliche Resonanz versprechen. Unbestritten bleibt bis zum Ende der DDR, dass literaturwissenschaftliche Arbeit »einen Beitrag zur ideologischen Orientierung« leisten kann.[168] Selbstbewusst erklärt Brigitte Peters in einem programmatischen Text Mitte der 80er Jahre:

> Die Germanistik als nationale Philologie, deren Gegenstand historische Gesellschaftsformationen übergreift, leistet heute einen wesentlichen Beitrag zur Entwicklung sozialistischen Bewußtseins. Mit der Erziehung zu hoher Sprachkultur und mit der Aneignung der Werke der sozialistischen wie progressiven Gegenwartsliteratur sowie des humanistischen Erbes hat sie aktiven Anteil am geistigen Klima der Gesellschaft.[169]

8.2.2 Die Aneignungs- und Deutungsfunktion der Germanistik

Eine bedeutende Ressource für die literaturwissenschaftliche Germanistik stellt auch die Aneignungs- und Deutungsfunktion des Faches dar, die zwar eng mit der bewusstseinsbildenden Funktion verbunden ist, von ihr aber analytisch getrennt werden muss, da sie erstens innerhalb des ideologischen Klassenkampfes einen Eigenwert besitzt und zweitens im Gegensatz zur bewusstseinsbildenden Funktion ihren Charakter innerhalb des Fachdiskurses deutlicher verändert.

Als marxistisch-leninistische Gesellschaftswissenschaftler versprechen literaturwissenschaftliche Germanisten einen wichtigen Beitrag zu liefern im nationalen und internationalen Klassenkampf gegen den »Imperialismus«, der sich auf kulturellem und ideologischem Gebiet als ein »Ringen um die Hirne und Herzen der Menschen«[170] darstelle. Die »Frontstellung gegen die bürgerliche Literaturwissenschaft und Kulturideologie« und ihren »Versuch, die realen Kämpfe in der Welt zu verschleiern, durch antihistorische, irrationale, mythische oder nonkonformistische Theorien die Kräfte des Fortschritts zu lähmen«,[171] kann so resonanzträchtig zu »den wichtigsten ideologischen Aufgaben der Literaturgeschichtsschreibung« erklärt werden.[172] Der Kampf um die Deutungshoheit über bestimmte Werke, Autoren und Epochen wird als ein zentraler Beitrag gesehen zur Herausbildung einer »sozialistischen Nationalkultur«, eines »sozialistischen Persönlichkeitsprofils«, eines »sozialistischen Geschichtsbewusstseins« usw. Die »mystifizierende Dichterinterpretation« der »bürgerlichen« Literaturwissenschaftler ende »in letzter Instanz unweigerlich in der Apologie der Kräfte [...], die sich der geistigen und politischen Freiheit und dem sozialen Fortschritt am erbittertsten widersetzen«.[173] Entsprechend gelte es, sich offensiv mit solchen »bürgerlichen Ver-

---

167 Vgl. z.B. T. Hörnigk 1980, 243.
168 Posdzech 1985, 432.
169 Peters 1986, 130.
170 Dahnke 1973, 401.
171 D. Schlenstedt 1964, 487.
172 Diersen 1974, 184.

fälschungen« auseinanderzusetzen und ihnen eine »marxistische« Deutung entgegenzusetzen:

> Die historischen Zusammenhänge zu verdeutlichen, die zwischen dem Humanitätsideal der deutschen Kunst von der Renaissance bis zur Klassik und dem realen Humanismus der sozialistischen Gesellschaft existieren, ist angesichts des nationalen Verrats der in Westdeutschland herrschenden Monopolbourgeoisie von größter aktueller politischer Bedeutung. Dieser Verrat offenbart sich nicht zuletzt in der Zurücknahme dieses Ideals, in seiner teils nationalistischen, teils kosmopolitischen Verfälschung durch die Ideologen des westdeutschen Imperialismus.[174]

Gerade von dem Versprechen, die Weimarer Klassiker vor »bürgerlichen Verfälschungen« zu bewahren, können sich DDR-Germanisten bis in die 70er Jahre hinein besondere Resonanzgewinne erhoffen. Noch im Statut der NFG aus dem Jahre 1975 wird es als ihre Aufgabe formuliert, das »humanistische Erbe« vor »Mißbrauch«, »Verfälschung« und »Zerstörung« durch den »Imperialismus« und alle Varianten der »reaktionären bürgerlichen Ideologie« zu bewahren.[175] Im Gleichklang mit solchen Forderungen kritisiert etwa Heinz Stolpe das im Westen angeblich zu beobachtende Bestreben, »die deutsche Klassik und mit ihr die gesamte Aufklärungsbewegung in den Hintergrund zu rücken«.[176] Ab den späten 60er Jahren rückt zudem der Kampf gegen die »revisionistische« Klassikkritik der westdeutschen Linken und Neomarxisten in den Vordergrund, die eine eigenständige »materialistische« Literaturwissenschaft zu begründen versuchen und dabei die progressive bürgerlich-humanistische Literatur gegenüber proletarisch-revolutionären Literaturströmungen radikal abwerten.[177]

Vor dem Hintergrund der »Verfälschungen« der »bürgerlichen« Literaturwissenschaft, so stellen DDR-Germanisten resonanzkalkulierend heraus, gehe es ihnen »nicht nur um Literatur«, sondern stets auch um »nationale[] Verantwortung«.[178] Der Kampf gegen »bürgerliche« Theorien habe prinzipiell und allumfassend geführt zu werden. So betonen Gabriele Fischer und Klaus Völkerling in ihrem »Bericht über die Arbeit der Sektion Literatur- und Kunstwissenschaften der Friedrich-Schiller-Universität Jena«:

---

173 Stolpe 1956, 97.

174 Naumann u.a. 1970, 22f.

175 Statut der Nationalen Forschungs- und Gedenkstätten der klassischen deutschen Literatur in Weimar. In: Verfügungen und Mitteilungen des Ministeriums für Kultur Nr. 6/1975 vom 14. August 1975, 48–51, hier 48f.; zitiert nach Lehrke 2005, 91.

176 Stolpe 1956, 98. Siehe z.B. auch Naumann u.a. 1970, 37: »Es gibt z.B. kaum noch eine Klassikerinszenierung an westdeutschen Bühnen, die die klassischen Werke nicht dadurch zerstört, daß sie sie dem kapitalistischen Profitinteresse unterwirft. Originalitätssucht und modernistische Effekthascherei liefern das Erbe dem dekadenten Selbstgenuß der bürgerlichen Gesellschaft aus. Die klassischen Werke werden in ihrem humanistischen Gehalt bis zur Unkenntlichkeit verstümmelt.« Vgl. auch Haase 1970a, 211. Speziell mit Emil Staigers »Verfälschungen« setzt sich neben Edith Braemer vor allem auch Claus Träger auseinander (Träger 1961).

177 Siehe z.B. Schiller 1973, 157. Zur Klassik-Kritik der westdeutschen Linken siehe Ehrlich 2001, 112f.

178 Scholz 1983, 130.

> Die gesamte Forschungsarbeit schließt die gründliche und offensive Widerlegung relevanter bürgerlicher Auffassungen, imperialistischer und revisionistischer Theoreme ein, insbesondere die Kritik der hauptsächlichen bürgerlichen Moderne-Konzeptionen, der literaturpolitisch funktionierenden Konvergenztheorien und die Abweisung aller Attacken gegen das Leninsche Prinzip der Parteilichkeit.[179]

Darüber hinaus stelle die Auseinandersetzung mit »bürgerlichen« Ideologien

> eine Hilfe für die progressiven Kräfte in Westdeutschland dar, sich der Manipulierung ihres Bewußtseins zu widersetzen, sich zu einer politischen Kraft gegen die herrschende Bourgeoisie zu formieren und den antifaschistisch-demokratischen Weg als einzige Alternative zu den bestehenden Verhältnissen zu erkennen.[180]

Zudem stilisiert man sich aufgrund des sowohl von der bundesrepublikanischen als auch von der DDR-Germanistik beanspruchten Gegenstandes »deutsche Literatur/deutsche Sprache« zu einem besonderen »Angriffspunkt« der in Westdeutschland herrschenden »Monopolbourgeoisie«, »trägt doch der Imperialismus seine aggressive Politik auch mit der These von der ›einheitlichen deutschen Kulturnation‹ unter besonderer Betonung der Einheit der deutschen Muttersprache vor«.[181] Auch den Glauben an die besondere bewusstseinsbildende Funktion des literarischen Erbes wissen führende Germanisten im Rahmen der Aneignungs- und Deutungskonkurrenz einmal mehr als Ressourcenelement einzusetzen, indem sie von den Versuchen der »westdeutschen Imperialisten« berichten,

> mittels des Erbes die Herrschaft der Vergangenheit über die Gegenwart, der toten über die lebendige Arbeit, des Kapitals über die Arbeit zugleich zu sichern und zu verschleiern. Bei der Existenz zweier Staaten mit unterschiedlicher Gesellschaftsordnung auf deutschem Territorium nimmt dies die gefährliche Form des Versuchs an, durch die Beschwörung eines ›gemeinsamen nationalen Erbes‹ die entstehende sozialistische Nation der fortbestehenden bürgerlichen zu subsumieren.[182]

Im Kampf um die Köpfe der Menschen versuchten die »bürgerlichen Ideologen« so z.B. zu suggerieren, »daß die bürgerliche Gesellschaft unersetzbar, daß sie der eigentliche Naturzustand der Menschen sei«.[183]

Entsprechend seien Erbeaneignung und sozialistische Traditionsbildung »in der Auseinandersetzung mit dem Imperialismus und seinen ideologischen Einwirkungen, in der Abgrenzung gegenüber der bürgerlichen und in der Stärkung der sozialistischen Ideologie« ein »wichtiger Bereich der gegenwärtigen und künftigen Auseinandersetzungen«.[184] Die daraus entspringenden Aufgaben für die literaturwissenschaftliche Germanistik sind vielfältig. So habe man beispielsweise mit Blick auf die Gegenwartsliteratur herauszustellen,

---

179 Fischer/Völkerling 1970, 152.
180 Naumann u.a. 1970, 23.
181 Schulz/Stoye-Balk/Weißfinger 1980, 292.
182 Kaufmann 1979, 166.
183 Ebd., 167.
184 Dahnke 1973, 388.

> daß die Dichtung der Deutschen Demokratischen Republik schon heute die Interessen der *ganzen* Nation repräsentiert, im Gegensatz zur Zerstörung echter nationaler literarischer Kultur auf westdeutschem Staatsboden: Die Literatur der Deutschen Demokratischen Republik ist nicht nur legitimer Erbe sämtlicher national- und menschheitsgeschichtlich konstruktiver Traditionen deutscher Literatur, sondern darüber hinaus sind in ihr alle Potenzen einer neuen Blüte der Nationalliteratur angelegt.[185]

Mit Blick auf den geplanten 9. Band der *GdL* heißt es:

> [E]r behandelt [...] in seiner zweiten Hälfte den Beginn des weltweiten Übergangs vom Kapitalismus zum Sozialismus, die Epoche, in der Arbeiterklasse und Sozialismus zu entscheidenden Faktoren der Weltentwicklung werden, in der sich die sozialistische Literatur zu einem Faktor von nationalliterarisch bestimmender Bedeutung entwickelt, die Epoche schließlich, der die bürgerliche und revisionistische Literaturtheorie einen großen Teil des literarischen und Gedankenmaterials entnimmt, mit dem sie ihre antikommunistischen, gegen den sozialistischen Realismus gerichteten Konzeptionen bestreitet. Jede Stellungnahme zu einer wesentlichen literarischen Erscheinung dieses Zeitraums hat eine Funktion im gegenwärtigen ideologischen Kampf.[186]

Besonders die kulturpolitisch vehement bekämpfte »Konvergenztheorie«[187] versucht man in Band 9 als Ressourcenelement zu nutzen.[188]

An anderer Stelle machen es sich Literaturwissenschaftler zur Aufgabe, »die spätbürgerliche literaturwissenschaftliche These von der angeblich geschlossenen modernistischen Traditionslinie als Hauptentwicklung der deutschen Literatur im 20. Jahrhundert« zu widerlegen und damit dem vermeintlichen Versuch der westdeutschen Literaturgeschichtsschreibung entgegenzuwirken, »den im 20. Jahrhundert objektiv vorhandenen Gegensatz zwischen dem Realismus und der dem Imperialismus dienenden literarischen Dekadenz in ihren massenwirksamen und elitären Formen zu leugnen«.[189] Einzelne literarische Epochen oder Autoren werden gemäß der Forderung nach einer sozialistischen Traditionsbildung als »progressives« literarisches »Erbe« in die Vorgeschichte der sozialistischen Gesellschaftsordnung eingeordnet, während andere als »reaktionär« oder »dekadent« abgelehnt und ausgegrenzt werden oder zumindest weniger Beachtung finden.[190]

---

185 Germanistisches Institut der HU Berlin 1962, 251.

186 Kaufmann 1970, 163.

187 Siehe dazu z.B. Abusch 1972b, 1332–1335.

188 Diese »Konvergenztheorie« besage, »daß im Zeichen der wissenschaftlich-technischen Revolution die Gegensätze zwischen Kapitalismus und Sozialismus immer unwesentlicher würden, sich abstumpfen und schließlich verschwänden«. Damit sei sie »das ideologische Instrument sowohl des frontalen als des versteckten Angriffs auf die politischen und ideologischen Positionen der revolutionären Arbeiterbewegung und des Sozialismus und damit insbesondere auf die historisch notwendige Herausbildung des sozialistischen Realismus« (Kaufmann 1970, 164). Auseinandersetzungen mit der Konvergenztheorie finden sich z.B. ebd., 165, oder bei Haase 1970, 202–207.

189 S. Barck/Exner 1971, 174.

190 Zum Literaturgeschichtsbild der marxistisch-leninistischen Literaturwissenschaftler und seinen Veränderungen siehe Teil III dieser Arbeit.

Die klassenkämpferischen Aufgaben der literaturwissenschaftlichen Germanistik beschränken sich allerdings nicht nur auf literaturgeschichtliche Auseinandersetzungen mit der westdeutschen Wissenschaft. Auch in methodischen oder literaturtheoretischen Fragestellungen gilt es, die prinzipielle »Überlegenheit« des Marxismus-Leninismus herauszustellen und gegenüber dem Westen überzeugende Gegenentwürfe zu präsentieren. Egal, ob es sich dabei um positivistische oder geistesgeschichtliche Theorien bzw. darauf aufbauende »Varianten idealistischen Interpretierens« handelt, um die These von der absoluten Autonomie der Kunst und ihrer gesellschaftlichen Unabhängigkeit, um »neomarxistische« Ansätze oder die prinzipiell positiv aufgenommene Rezeptionsästhetik - für die germanistische Literaturwissenschaft wird es gleichsam zum Selbstzweck, die notwendigerweise falschen »idealistischen Prämissen«, die vermeintliche »Verkennung« oder »Verfälschung« marxistisch-leninistischer Positionen oder die »objektiv« der »reaktionären Bourgeoisie« dienenden Funktionen der »bürgerlichen« Konzeptionen herauszustellen und sie gegenüber marxistisch-leninistischen Positionen abzuwerten.[191] Dabei können die kritisierten Theorien und Entwürfe nicht selten als »Trojanische Pferde« dienen. Unter dem Vorwand der Klassenauseinandersetzungen ist es möglich, Dinge zu thematisieren, die anders nicht zur Sprache kommen könnten, da sie als »unmarxistisch« gelten. Auf diese Weise können die für die DDR-Literaturwissenschaft innovativen Fragestellungen »bürgerlicher« Theorien adaptiert werden, selbst wenn man am Ende behauptet, die Ergebnisse der Kollegen seien unzureichend und bedürften einer historisch-materialistischen Interpretation/Ergänzung/Korrektur o.ä. Ausgehend von dem Werk Roman Ingardens plädiert beispielsweise Norbert Krenzlin »für die Erforschung der formalen Seite in der Schönen Literatur«, wobei er sich des Verdachts zu erwehren versucht, einen »bürgerlichen Formalismus« in die marxistische Literaturwissenschaft der DDR hineinzutragen. Die Anerkennung von Ingardens Werk und seiner für die Literaturwissenschaft der DDR fruchtbaren Fragestellung muss daher mit einer marxistischen Fundamentalkritik verknüpft werden:

> Ingardens Vorhaben, ›das objektive, seinsautonome Seinsfundament des literarischen Werkes beziehungsweise der in es eingehenden Sätze zu finden‹ (S. 385), verdient Anerkennung; die Realisierung dieses Vorhabens erfolgt allerdings mit völlig untauglichen Mitteln. Wissenschaftlich begründen läßt sich die Objektivität des literarischen Kunstwerkes, des wissenschaftlichen Werkes wie überhaupt des Sinngehaltes der Sätze allgemein nur durch die materialistische Erkenntnistheorie. Ihre Unterscheidung zwischen dem *objektiven Inhalt* und der subjektiven Form der Widerspiegelung weist den Weg und gibt uns die Mittel in die Hand, um die von Ingarden in diesem Zusammenhang aufgeworfenen Fragen wissenschaftlich zu beantworten.[192]
>
> Es kann u.E. keinen Zweifel darüber geben, daß das Anliegen der Untersuchungen Ingardens legitim ist und sie selbst von großem Nutzen sind. Denn - materialistisch interpretiert - laufen sie im Ergebnis darauf hinaus, den Mechanismus der Widerspiegelung im literarischen Kunstwerk bewußt zu machen.[193]

---

191 Ein Dokument solcher prinzipiellen Auseinandersetzungen mit der »bürgerlichen« Literaturwissenschaft ist Claus Trägers Beitrag »Zur Kritik der bürgerlichen Literaturwissenschaft« (Träger 1972a).

192 N. Krenzlin 1964, 1119. Hervorhebung im Original.

193 Ebd., 1123.

Das Bekenntnis zur historisch-materialistischen Auffassung der Dichtkunst, zur Abbild- und Widerspiegelungstheorie wird von Krenzlin im Folgenden noch zwei Mal wiederholt, was anzeigt, wie groß die Angst vor dem Vorwurf des »Revisionismus« auf Seiten Krenzlins ist.[194]

Dass die Aneignungs- und Deutungsfunktion des Faches zu unterschiedlichen Zeiten jeweils anders akzentuiert wird, ergibt sich aus der Notwendigkeit, sich an den aktuellen klassenkämpferischen Auseinandersetzungen zu beteiligen. So verschieben sich die Akzente und Argumentationslinien beispielsweise mit dem kulturpolitisch ausgerufenen Kampf gegen die »Konvergenztheorie« bzw. die »Konterrevolutionen« in Ungarn oder der ČSSR, mit Brandts Ostpolitik und dem Aufkommen einer »materialistischen« Literaturwissenschaft in der Bundesrepublik, mit der Forderung nach einer »sozialistischen Nationalkultur« und der Absage an eine »einheitliche Nationalkultur«. Die prinzipielle Frontstellung der marxistisch-leninistischen Literaturwissenschaft gegenüber dem Westen und ihr grundlegender Überlegenheitsanspruch wird gleichwohl niemals aufgegeben.

Allerdings verändert sich im Zuge der Professionalisierungsgewinne des Faches, seiner zunehmenden Ausdifferenzierung sowie des rhetorischen Leerlaufs in den kulturpolitischen Verlautbarungen die Art und die Vehemenz der Auseinandersetzung mit der »bürgerlichen« Ideologie. Über diese Veränderungen wird noch zu sprechen sein. Auch lässt sich feststellen, dass die Berufung auf die Aneignungs- und Deutungskonkurrenz von Literaturwissenschaftlern zunehmend strategisch eingesetzt wird, um gegenüber der kulturpolitischen Administration Fachinteressen zu legitimieren und Forschungsspielräume zu erweitern. So spielt die Aneignungs- und Deutungskonkurrenz beispielsweise bei der Aufwertung von Romantik und literarischer Moderne eine entscheidende Rolle. Wolle man bestimmte Traditionen innerhalb der deutschen Literaturgeschichte nicht »rechts« liegen lassen und »bürgerlichen Verfälschungen« preisgeben, gelte es, so die legitimierende Argumentation, die Pauschalurteile von der »reaktionären Romantik« oder der »dekadenten Moderne« zu revidieren. Indem man die »progressiven« Elemente innerhalb der einstmals verfemten Literaturströmungen herausarbeitet, kann man sich resonanzträchtig als »Retter« »antikapitalistischer«, »revolutionärer« oder »humanistischer« Tendenzen inszenieren.[195]

---

194 »Es muß abschließend, um keine Verwirrung zu stiften, betont werden, daß erst eine historisch-materialistische Auffassung der Dichtkunst die Grundlage für eine richtige Anwendung formalisierender Methoden in der Literaturwissenschaft darstellt. Nur wenn man vom Abbildcharakter der Kunst und ihrer gesellschaftlichen Funktion ausgeht, d.h. vom Primat des Gegenstandes und des Inhalts der künstlerischen Widerspiegelung, wird man ihre Spezifik wissenschaftlich untersuchen und bestimmen können. Uns kam es ausgehend von dem Werk Roman Ingardens vor allem darauf an zu betonen, wie dringend notwendig es ist, die formelle Seite des literarischen Kunstwerks zu erforschen. Es kann unter marxistischen Ästhetikern und Literaturwissenschaftlern keinen Zweifel darüber geben, daß in dem dialektischen Verhältnis von Inhalt und Form dem Inhalt das Primat gebührt« (ebd., 1126). »Wir sind überzeugt, daß erst auf dem Boden einer historisch-materialistischen Auffassung der Kunst Ingardens Überlegungen ihre echten Früchte tragen werden« (ebd., 1127).

195 Siehe dazu die Kapitel 13 und 14 dieser Arbeit.

8.2.3 Die Planungs- und Leitungsfunktion der literaturwissenschaftlichen Germanistik

Neben der bewusstseinsbildenden und der Aneignungs- und Deutungsfunktion stellen literaturwissenschaftliche Germanisten vor allem bis in die 70er Jahre auch die Planungs- und Leitungsfunktion ihres Faches heraus.[196] Damit gemeint sind »zwei Seiten der gesellschaftlichen Wirksamkeit der Literaturwissenschaft«:[197]

a) das Angebot des Faches, Erkenntnisse über die komplexen Prozesse innerhalb der »sozialistischen Literaturgesellschaft« bereitzustellen, die den kulturpolitischen Instanzen eine effektivere Planung und Einflussnahme ermöglichen, und
b) die Überzeugung, durch die wissenschaftliche Arbeit direkten Einfluss auf die literarische Praxis nehmen und Autoren theoretisch »anleiten« zu können.

a)

Der Anspruch der SED, sämtliche Prozesse innerhalb der Gesellschaft wissenschaftlich planen, leiten und kontrollieren zu wollen, erweist sich für die literaturwissenschaftliche Germanistik als resonanzträchtige Voraussetzung, um sich als Planungs- und Leitungswissenschaft inszenieren zu können. Damit entspricht man den Forderungen der Parteiführung, nach der die marxistisch-leninistischen Gesellschaftswissenschaften umfassende Aufgaben im gesellschaftlichen Modernisierungsprozess übernehmen und »zu **Wissenschaften der Prognose, Planung, Leitung und Organisation der sozialistischen Gesellschaft**« werden sollen.[198] Die Prozesse innerhalb der »Literaturgesellschaft« sollen nach Meinung von Hans Koch gar »den hauptsächlichen Gegenstand [bilden], den unsere Wissenschaft zu untersuchen hat«, beginnen doch »auf der Grundlage unseres sozialistischen Aufbaus neue Bewegungs- und Entwicklungsgesetze voll wirksam zu werden«, die es zu begreifen und nutzbar zu machen gelte.[199]

Vor dem Hintergrund solcher Forderungen erklären sich germanistische Literaturwissenschaftler gemäß ihrem Selbstverständnis als marxistisch-leninistische Gesellschaftswissenschaftler bereit, an der »Verwissenschaftlichung der Leitung der kulturel-

196 Keineswegs ist diese Ausrichtung als »Leitungswissenschaft« erst 1970 von Claus Träger »entworfen und begründet« worden, wie Danneberg/Schernus/Schönert 1995 behaupten (665; die Autoren beziehen sich hier auf Träger 1970), sondern die Planungs- und Leitungsfunktion des Faches spielt bereits seit den ersten programmatischen Texten marxistisch-leninistischer Literaturwissenschaftler gegen Ende der 50er Jahre eine Rolle, so z.B. in Hans-Günther Thalheims Aufsatz »Gedanken über die gegenwärtigen Forschungsaufgaben der literaturwissenschaftlichen Germanistik« (Thalheim 1958).

197 D. Schlenstedt 1964, 487.

198 Hager 1968, 7. Hervorhebungen im Original.

199 Koch 1960, 110. Siehe Abusch 1965, 5: »Mit der Veränderung der Gesellschaft, der Menschen und des Lebens gehen die Veränderungen in den ästhetischen Anschauungen, die Herausbildung sozialistischer Anschauungen vom Schönen vor sich. Sie zu entdecken, wissenschaftlich zu begründen und den Menschen bewußt zu machen, ist auch Sache der germanistischen Literaturwissenschaft.«

len Entwicklung« aktiv teilzunehmen und diese zum »Maßstab« ihrer Arbeit zu erheben.[200] Gemäß den Forderungen der politischen Administration nach »praxiswirksamen« Ergebnissen machen sie es sich zum Ziel, »die Gesetzmäßigkeiten der Prozesse der Literatur und Literaturgesellschaft ans Licht zu bringen und sie bewußt auszunutzen zu helfen«,[201] um so »sichere Grundlagen für die kulturpolitische Leitung zu schaffen«.[202] Auch in bedeutenden Programmtexten wie dem von Werner Mittenzwei über »Aufgaben und Auftrag des Zentralinstituts für Literaturgeschichte« wird die Bereitstellung kulturpolitischen »Leitungswissens« zu einem zentralen Bestandteil zukünftiger literaturwissenschaftlicher Tätigkeit erhoben. So gehe es beispielsweise bei der Arbeit des Zentralinstituts um die

> Erarbeitung einer revolutionären Erbetheorie, die die theoretische Grundkonzeption für die Aufnahme der Gesamtheit humanistischer Literaturentwicklung in die Kultur des entwickelten gesellschaftlichen Systems des Sozialismus darstellt. Sie muß bei aller theoretischen Verallgemeinerung der großen literarischen Traditionslinien konkrete kulturpolitische Aufschlüsse über die Aneignung des Erbes als ein unabdingbares Moment der sozialistischen Persönlichkeitsbildung geben. Eine solche Theorie ist zugleich Grundlage für die kulturpolitische Leitungstätigkeit, die sich in den nächsten Jahren darauf richten wird, neben der sozialistischen Gegenwartsliteratur in einem weit höherem Maße als bisher das kulturelle Erbe in die gesellschaftlich ästhetische Bewußtseinsbildung der Arbeiterklasse einzubeziehen.[203]

»Ohne wissenschaftlich begründete Kriterien«, so betont ein interphilologisch zusammengesetztes Autorenkollektiv um den Romanisten Manfred Naumann, »bleibt die Aneignung des Erbes spontaner Willkür unterworfen, kommt es zur Ausbildung von subjektivistischen Geschmacksurteilen, die letzten Endes nicht gesellschaftlich produktiv sein können.«[204]

Das Versprechen, kulturelle Prozesse planen und leiten zu können, verliert ab den 70er Jahren gleichwohl zunehmend an Stellenwert in den literaturwissenschaftlichen Diskursen, da die Kunstwissenschaften im Zuge des neuen Kurses unter Honecker aus ihrer Planungs- und Leitungsfunktion gleichsam »entlassen« werden. Allerdings finden sich auch in den 80er Jahren noch Beiträge von Literaturwissenschaftlern, in denen davon gesprochen wird, die »Gesetzmäßigkeiten« in der Literatur- und Sprachentwicklung zu beschreiben und damit einen Beitrag zu kulturpolitischen Steuerungsprozessen zu leisten.[205]

---

200 D. Schlenstedt 1964, 492.

201 Ebd., 492.

202 Ebd., 493.

203 Mittenzwei 1970, 18. Siehe auch Naumann u.a. 1970, 12: »Die gesetzmäßigen Beziehungen der entwickelten sozialistischen Gesellschaft zum Erbe, der Erbebegriff selbst sowie die Funktionen des Erbes und die Kriterien seiner Aneignung müssen daher ständig theoretisch präzisiert werden, um das Erbe bewußt und planmäßig für die praktische Gestaltung unserer kulturell-geistigen Prozesse nutzen zu können.«

204 Naumann u.a. 1970, 35.

205 Vgl. z.B. Peters 1986, 130.

b)

Neben der Bereitstellung von kulturpolitisch relevanten Erkenntnissen über Prozesse innerhalb der »sozialistischen Literaturgesellschaft« geht es innerhalb der »Planungs- und Leitungsfunktion« der literaturwissenschaftlichen Germanistik um die theoretische Anleitung der »kulturellen Praxis«[206] sowie die »Modellierung« des künstlerischen Schaffensprozesses[207] bzw. die *»theoretisch bewußte Entwicklung, Kritik und Förderung des zeitgenössischen literarischen Schaffens«*.[208] Damit kommt man den Vorstellungen der Kulturpolitiker entgegen, die die Kunstwissenschaften der DDR vor allem daran messen, inwieweit sie »Künstler und Schriftsteller dabei unterstützen, wirklichkeitsnahe, volksverbundene und parteiliche Werke zu schaffen«.[209] Die Literaturwissenschaftler sollen »sowohl die literarischen Prozesse verallgemeinern als auch aktiv auf sie einwirken und bei der bewußten Formung der sozialistischen Literatur eine maßgebliche Rolle übernehmen«.[210]

Diese kulturpolitische Aufgabe versprechen führende Germanisten auf vielfältige Weise zu erfüllen: etwa durch die Erarbeitung einer »Theorie des sozialistischen Realismus, insbesondere eine[r] marxistische[n] Genretheorie«,[211] die den Autoren ein theoretisches Rüstzeug bei der Literaturproduktion zu geben vermöge, durch die Aufarbeitung vergangener Literaturtraditionen, von denen wichtige Anregungen für die Gegenwartskünste ausgehen könnten,[212] durch »die rechtzeitige Förderung neuer, für die literarische und kulturelle Entwicklung wesentlicher Arbeiten«,[213] durch gut begründete literaturkritische Analysen, die den Schriftstellern »wirklich Hilfe geben [...] kön-

206 So betont etwa Hans Kaufmann die Bedeutung literaturtheoretischer Ausarbeitungen für die Verlags- und Theaterpraxis (Kaufmann 1969, 453).

207 Vgl. Träger 1970, 19.

208 Thalheim 1958, 89. Hervorhebungen im Original.

209 Hejzlar/Koch 1971, 8.

210 Matern 1965, 5. Alexander Abusch fordert die Literaturwissenschaft auf, herauszutreten »aus jeglicher Selbstbeschränkung, in der sie die poetischen Werke nur als Studienobjekte behandelt, sie einordnet und interpretiert; das ist und bleibt nur ein Teil ihrer Aufgabe. Die Literaturwissenschaft muß in unserer Zeit, in der, besonders zugespitzt in der Literatur der beiden deutschen Staaten, die welthistorische geistige Auseinandersetzung zwischen Humanismus und Antihumanismus, zwischen sozialistischer Ideologie und bürgerlich-reaktionären Ideologien stattfindet, die Hauptrichtung des literarischen Gesamtprozesses im Zusammenhang mit den Entscheidungsfragen unserer Nation herausarbeiten« (Abusch 1965, 4). Siehe in diesem Zusammenhang z.B. auch Walter Ulbrichts Rede »Zur Durchführung der Parteitagsbeschlüsse auf dem Gebiet der Kunst« vom März 1963 (Ulbricht 1972).

211 Thalheim 1958, 89. Siehe auch Thalheim 1958a, 6f.: Der sozialistischen Literaturwissenschaft falle »– im Sinne der Verwirklichung der führenden Rolle der marxistisch-leninistischen Partei auf dem Gebiete der Literatur-Ästhetik – die Aufgabe zu, den ethischen und ästhetischen Gehalt der sozialistisch-realistischen Dichtungen im Interesse der sozialistischen Bewußtseinsbildung in den verschiedenartigsten Darstellungsformen zu vermitteln und auf der Grundlage einer zu entwickelnden objektiven Ästhetik, einer Theorie des sozialistischen Realismus auf die literarische Praxis der sozialistischen Schriftsteller verändernd einzuwirken.«

212 Vgl. z.B. Diersen 1974, 184f. oder Hans Richter 1973, 168. Für Inge Diersen ist die Vermittlung historischer Erfahrungen für die Gegenwartsliteratur »vielleicht die wichtigste oder die spezifische« Aufgabe des Literaturhistorikers (Diersen 1965, 115).

213 Germanistisches Institut der HU Berlin 1962, 245.

nen«,[214] durch eine Partnerschaft zwischen Wissenschaftlern und Autoren, die letzteren hilft, ihre Möglichkeiten zu erweitern,[215] oder durch die Rolle der Germanistik als »Übertragungsorgan zwischen öffentlichem Bildungs- und literarischem Schaffensprozeß einerseits und deren kulturpolitischer Lenkung« andererseits.[216] Auch wenn »kein Zweifel« darüber bestehen könne, dass die Literaturwissenschaft ihre Anleitungsfunktion verbessern könne, so gebe es doch »nicht wenige literaturwissenschaftliche Arbeiten, theoretische und historische, die den Schriftstellern etwas zu sagen haben«.[217]

Immer wieder werden die eigenen Forschungen mit ihrer Bedeutung für die Schriftsteller verknüpft. So heißt es beispielsweise auf einer großen wissenschaftlichen Konferenz der Berliner Germanisten, es müssten »die Fragen des Krieges, des Friedens und des deutschen Militarismus seit 1870 in ihrer *ästhetischen* Problematik, in ihrer Bedeutung für die deutsche - und wenigstens andeutungsweise - für Teile der europäischen Literatur der letzten neun Dezennien« erfasst werden, um

> die Schriftsteller der Gegenwart in ihrem Bemühen um die literarisch-künstlerische Kritik an der zunehmenden Militarisierung und an der antidemokratischen Entwicklung in der Bundesrepublik zu bestärken und sie bei der künstlerischen Realisierung dieser Aufgabe vor Irr- und Umwegen zu bewahren oder sie diese erkennen zu lassen.[218]

In Beiträgen zur sozialistischen Gegenwartsliteratur geben Germanisten wie Hans Jürgen Geerdts regelmäßig Anleitungen für eine sozialistisch-realistische Schreibweise.[219]

Mit dem zunehmenden Verschwinden eines normativen Literaturverständnisses wird auch die praxisanleitende Funktion der Germanistik von den Fachvertretern seltener ins Feld geführt. Vor allem »[d]ie theoretisch anleitende und richtungsweisende Funktion des wissenschaftlichen Kritikers für den Dichter«[220] wird kaum mehr erwähnt.

---

214 Bernhard 1972, 145.

215 Vgl. Hans Richter 1972, 179.

216 Dahnke 1973, 397. Siehe auch Mitglieder der SED am Germanistischen Institut der HUB 1958, 131: »Die führende Rolle der Partei setzt sich auch in solchen Fällen durch, wo in gelungener Weise die marxistisch-leninistische Theorie auf Probleme der Literatur derart angewandt wird, daß der Künstler dadurch Fehler überwinden, Umwege abkürzen kann und der Einfluß bürgerlicher ästhetischer Vorstellungen ausgeschaltet wird. Sowohl gründliche Analysen vorbildlicher und Kritiken mißlungener Werke der Gegenwartsliteratur als auch literaturtheoretische und literaturgeschichtliche Arbeiten können und sollen in dieser Richtung wirken.«

217 D. Schlenstedt 1964, 487.

218 Germanistisches Institut der Humboldt-Universität Berlin (Hg.) 1961, 5. Weiter heißt es: »In der deutschen Literatur des sozialistischen Realismus gibt es in dieser Richtung bereits bedeutende Erfolge. Auch darauf hinzuweisen war für die Konferenz ein wichtiges Anliegen, da nicht wenige Vertreter der jüngeren Generation sozialistischer deutscher Schriftsteller das schöpferisch-kritische Verhältnis zur Tradition des Realismus noch vermissen lassen, das die Werke von Zweig und Seghers auszeichnet. Die vorliegenden Aufsätze zum kritischen und zum sozialistischen Realismus wollen der jungen Schriftstellergeneration behilflich sein, derartige Probleme zu meistern, wobei zunächst eine der Hauptfragen herausgegriffen wird. Sie sollen dazu beitragen, daß unsere jungen sozialistischen Schriftsteller durch die gelungene Darstellung gerade der Sujets, welche die Frage der Sicherung des Friedens berühren, ihrer nationalen Verantwortung gerecht zu werden vermögen« (ebd., 6).

219 Vgl. etwa Geerdts 1961, 90; Geerdts 1964; Geerdts 1967; Geerdts 1969.

220 Thalheim 1958, 89.

Explizit distanziert sich Claus Träger 1983 von jeglichem »›leitungswissenschaftliche[n]‹ Rigorismus« sowie »jener simplen Überlegung von der Leitbarkeit der Kunstproduktion«.[221] Als Zensoren oder ideologische Scharfrichter treten Literaturwissenschaftler in der kulturräsonierenden Öffentlichkeit kaum mehr in Erscheinung;[222] der Anspruch einer »akademischen Literaturwissenschaft, die sich als oberster Richter des Literaturprozesses begreift«, wird als »anachronistisch« zurückgewiesen.[223] Stattdessen dominiert ein partnerschaftlich-dialogischer Gestus den Umgang zwischen Literaturwissenschaftlern und Schriftstellern.[224]

8.2.4 Die Ausbildungsfunktion der Germanistik

Ein Leistungsangebot, das bereits von der Nachkriegsgeneration der ostdeutschen Germanisten ins Feld geführt wurde, ist die Ausbildungsfunktion des Faches. Denn auf qualifizierte Deutschlehrer, Verlagsmitarbeiter, Kulturfunktionäre etc. ist man nicht nur in den Jahren des gesellschaftlichen Neubeginns, sondern auch im »entwickelten System des Sozialismus« angewiesen. Allerdings wissen marxistisch-leninistische Literaturwissenschaftler diese Ausbildungsfunktion mit der bewusstseinsbildenden Funktion ihres Faches zu verknüpfen, geht es doch nicht mehr einfach darum, Studierende mit den relevanten Fachkenntnissen zu versorgen. Ziel ist nun

> die umfassende Befähigung der Studenten zur praktischen Verwirklichung der Bildungs- und Kulturpolitik. Ihr späterer Einsatz als Lehrer, Mitarbeiter von Bildungs- oder Kultureinrichtungen, Wissenschaftler an Hochschulen oder Akademien erfordert solides Grundwissen, theoretisch-methodische Bildung und die Fähigkeit zur parteilichen Beherrschung der in der Praxis ablaufenden Prozesse, damit sie entsprechend der Forderung im Beschluß des Politbüros des ZK der SED zur weiteren Entwicklung der Literatur- und Kunstpolitik vom November ›mit ihren spezifischen Mitteln auf die Ausprägung der sozialistischen Lebensweise und die sozialistische Persönlichkeitsentwicklung Einfluß‹[225] nehmen können.[226]

Speziell auf die Deutschlehrerausbildung bezogen, erklären es Ekkehard Schulz, Elisabeth Stoye-Balk und Manfred Weißfinger in ihrem Beitrag »Zum gesellschaftlichen Auftrag der Germanisten in den Kämpfen unserer Zeit« von 1980 zur Aufgabe,

> solche sozialistischen Fachlehrer heranzubilden, die sichere literatur- und sprachwissenschaftliche sowie pädagogisch-methodische Kenntnisse und das entsprechende Können verbinden mit einer festen Klassenposition, weltanschaulich-ideologischer Bewußtheit, reichen geistig-kulturellen Persönlichkeitsmerkmalen und der Bereitschaft zum praktisch-politischen Engagement in den Klassenkämpfen unserer Epoche.[227]

---

221 Materialien, Träger, 152.
222 Vgl. Münz-Koenen 1991, 44.
223 Münz-Koenen u.a. 1980, 21.
224 Vgl. z.B. Thierse/Kliche 1985, 299f.
225 Politbüro des ZK der SED 1977, 2.
226 Schulz/Stoye-Balk/Weißfinger 1980, 292.
227 Ebd., 293.

Als »theoretisch-weltanschauliche und methodologische Grundlage« sei die Germanistik daher in allen Phasen von der »Einheit des Marxismus/Leninismus in seinen drei Bestandteilen (Marxistisch-leninistische Philosophie, Politische Ökonomie, Wissenschaftlicher Kommunismus)«[228] durchzogen:

> Alle neu eingeführten bzw. präzisierten theorieintensiven Vorlesungen und Seminare zur marxistisch-leninistischen Literatur- und Sprachtheorie, zur Geschichte der Germanistik und die Seminare ›Klassiker des Marxismus/Leninismus‹ sollen daher die Studenten befähigen, die marxistisch-leninistische Methode auf das jeweilige Fachgebiet anzuwenden [...].[229]

Deutschlehrer seien unverzichtbare »Multiplikationsfaktoren«[230] bei der sozialistischen Bewusstseinsbildung. In ihrem Beitrag über »Probleme der literaturwissenschaftlichen Ausbildung von Deutschlehrern« fordern Hans-Dietrich Dahnke, Rudolf Dau und Peter Wruck 1971:

> Unsere Absolventen sollen junge Menschen zu sozialistischen Persönlichkeiten erziehen. Dafür müssen sie sowohl ein klares Bewußtsein über die Entwicklungsgesetzmäßigkeiten und die Epochenzusammenhänge besitzen und es in ihrem ganzen Tun vorbildlich umsetzen als auch die spezifischen Bildungs- und Erziehungspotenzen der Kunst und der Literatur erkennen und nutzen. Sie müssen sowohl mit den fortgeschrittensten wissenschaftlichen Kenntnissen unserer Epoche ausgerüstet und zur selbständigen schöpferischen Arbeit befähigt als auch selbst sozialistische Persönlichkeiten sein, deren Beispiel auf die Schüler ausstrahlt. Sozialistische Deutschlehrer sind in einem weitgefaßten Sinne Kultur- und Bildungsfunktionäre unserer Gesellschaft.[231]

Daher sei es auch notwendig – hier wird die Ausbildungsfunktion mit der Aneignungs- und Deutungsfunktion des Faches gekoppelt –, die »Vermittlung eines marxistisch-leninistischen Herangehens an die Probleme der Kultur und der Literatur« zu verknüpfen mit der Auseinandersetzung »mit konvergenztheoretischen und revisionistischen Auffassungen, mit imperialistischen Manipulationsmethoden und dem Sozialdemokratismus«.[232] Unterschätzt werden dürfe jedoch auch nicht – und hier wird die Ausbildungsfunktion der Germanistik mit ihrer Planungs- und Leitungsfunktion verknüpft – die Bedeutung der Deutschlehrer für das zukünftige Kunstschaffen, denn: »Einfluß auf Werke, die in zwanzig Jahren entstehen, kann der lehrerbildende Literaturwissenschaftler schon gestern genommen haben«.[233]

Die hier herausgearbeiteten Leistungsangebote erweisen sich als die zentralen Legitimations- und Resonanzressourcen in der *Außendarstellung* der literaturwissenschaftlichen Germanistik. Als marxistisch-leninistische Gesellschaftswissenschaftler sind die Germanisten gezwungen, sämtliche Fachdiskurse über diese Leistungsfunktionen zu legitimieren. Gerade im Zusammenhang mit den in Teil III dieser Arbeit analysierten

---

228 Peters 1986, 132.
229 Ebd., 133.
230 Dahnke 1981, 103.
231 Dahnke/Dau/Wruck 1971, 47f.
232 Ebd., 59.
233 Hans Richter 1972, 179.

Umbauten innerhalb des Faches spielen die ersten drei der vier Leistungsfunktionen eine bedeutende Rolle. Entweder werden zentrale theoretisch-methodisch-inhaltliche Umbauten vorgenommen, um die entsprechenden Leistungsfunktionen unter veränderten fachexternen Resonanz- und Ressourcenkonstellationen weiterhin oder besser erfüllen zu können. Oder die Leistungsangebote dienen dazu, Umbauten zu legitimieren, die primär wissenschaftsimmanente Gründe haben und nicht auf der kultur- oder wissenschaftspolitischen »Agenda« stehen. Denn die Tatsache, dass sich die literaturwissenschaftliche Germanistik als marxistisch-leninistische Gesellschafswissenschaft begreift und bereit ist, sich in den Dienst der sozialistischen Öffentlichkeit zu stellen, bedeutet keineswegs, dass wissenschaftsimmanente Logiken keine Rolle mehr spielen. Auch die marxistisch-leninistischen Literaturwissenschaftler sind nach wie vor auf die Einhaltung fachspezifischer Maßgaben angewiesen, wie im folgenden Kapitel expliziert wird.

8.3 Versuche einer fachspezifischen Konturierung

Bei allem Bemühen, sich gemäß den Forderungen nach einer Einheit von marxistisch-leninistischer Weltanschauung und Wissenschaft auszurichten[234] und sich als »parteiliche« Disziplin zu inszenieren, ist doch auch unter den marxistisch-leninistischen Literaturwissenschaftlern das Bewusstsein für die Notwendigkeit vorhanden, fachspezifische Maßgaben zu formulieren, die das literaturwissenschaftliche Feld von anderen Teilfeldern abgrenzen und die Adressierung fachspezifischer Leistungsangebote an die Öffentlichkeit ermöglichen. Denn in dem Augenblick, in dem die parteioffizielle Auslegung des Marxismus-Leninismus zur Basis literaturwissenschaftlicher Arbeit wird,[235] in dem es stets die »Marschrichtung des politischen Kampfes« ist, die die Auseinandersetzung mit der Kunst bestimmt, in dem »*die politische Kritik bei der Beurteilung unserer Kunst primär ist und* [...] *die künstlerische Kritik sekundär ist*«,[236] besteht die Gefahr, dass die literaturwissenschaftlichen Germanisten ihre Rolle als führende Autoritäten in ihrer Disziplin verlieren. Unter Berufung auf den Primat der Politik können sich auch rein politisch kontrollierte Instanzen und Personen im literaturwissenschaftlichen Feld bewegen. Dies droht um so mehr auf dem Gebiet der Literatur – nicht allein deshalb, weil die SED in den Geisteswissenschaften eher politisierte Dilettanten »unterbringen« kann

---

234 So erklärt Anton Ackermann auf dem I. Kulturtag der SED in Berlin im Mai 1948: »Der Marxismus und die Wissenschaften sind eine Einheit. Sie leben miteinander, voneinander und füreinander« (Ackermann 1983, 295).

235 Der Marxismus-Leninismus legt allen Disziplinen »eine einheitliche wissenschaftliche Methode und *einen* geistigen Inhalt zugrunde« (ebd., 295. Hervorhebung im Original). Er sieht in den Natur- und Gesellschaftswissenschaften letztlich lediglich die Widerspiegelung der bereits von Marx und Engels angeblich unwiderlegbar bewiesenen »objektiven Gesetzmäßigkeiten« (vgl. Hager 1953, 84).

236 So Otto Grotewohl in seiner Rede zur Berufung der Staatlichen Kommission für Kunstangelegenheiten im August 1951: Grotewohl 1972, 208. Hervorhebungen im Original.

als in den hochspezialisierten Naturwissenschaften, sondern vor allem auch, weil die Parteiführung der Literatur aufgrund ihrer »bildenden Funktion« eine besondere Rolle im sozialistischen Aufbauprozess zuspricht und einen uneingeschränkten Deutungsanspruch über theoretische und methodische Fragen der Literaturwissenschaft erhebt.

Doch nicht nur politisierte Dilettanten bedeuten eine Gefahr für das Fach. Wo »dichtungsfremde« Maßstäbe das literaturwissenschaftliche Urteil bestimmen, wo beispielsweise die Bedeutung eines Autors nicht an der ästhetischen Qualität seiner Werke gemessen wird, sondern primär an seinem Erkenntnisstand im Hinblick auf die von der marxistisch-leninistischen Theorie »objektiv« dargelegten »Entwicklungsgesetze« der Gesellschaft, verschwimmt die fachspezifische Kontur der Disziplin. Eine Fachwissenschaft, die lediglich die Positionen fachexterner Stichwortgeber »nachbetet«, die allein vorher Gewusstes expliziert und ihre Aufgabe bloß darin sehen kann, die »Richtigkeit« des Marxismus-Leninismus anhand des spezifischen Forschungsgegenstandes Literatur zu bestätigen (also beispielsweise die »objektiven Gesetzmäßigkeiten« der gesellschaftlichen Entwicklung in der Literatur »nachzuweisen«), macht sich selbst mittelfristig überflüssig. Wo »der Literaturunterricht zur Geschichtsbelehrung wird und eine sekundierende Funktion für den Geschichts- und Staatsbürgerkundeunterricht übernimmt«, so erklärt etwa Ingmar Dreher in seinen »Gedanken zu einer Neukonzeption der Germanistik« zu Beginn der 60er Jahre, »wird die Notwendigkeit eines speziellen Literaturunterrichts ad absurdum geführt«.[237]

Allein dort, wo ein Fach eine spezifische Kontur aufweist, ist es auch in der Lage, disziplinspezifische Leistungsangebote an die fachexterne Öffentlichkeit zu adressieren, die im innerdisziplinären Kampf um Ressourcen notwendig sind. Die Einhaltung fachspezifischer Wissenschaftsnormen wird für die literaturwissenschaftliche Germanistik der DDR besonders wichtig mit Blick auf ihre Aneignungs- und Deutungsfunktion: Will man der »bürgerlichen« Literaturwissenschaft auf allen Ebenen überzeugende Gegenentwürfe auf der Basis des »Marxismus-Leninismus« präsentieren, so verlangt dies ein gewisses Professionalisierungs- und Ausdifferenzierungsniveau. Doch auch für die anderen Leistungsfunktionen der Germanistik erweist sich »Wissenschaftlichkeit« als ein entscheidendes Ressourcenelement. Egal, ob es darum geht, Studierende auf hohem Niveau für die gesellschaftliche Praxis auszubilden, Autoren und Theaterregisseure theoretisch anzuleiten, bei der Herausbildung »sozialistischer Persönlichkeiten« und einer »sozialistischen Nationalkultur« mitzuwirken oder Erkenntnisse bereitzustellen, die dem Lenkungsanspruch der kulturpolitischen Administration dienen können – stets bedarf es nachvollziehbarer und überzeugender Begründungen der eigenen Argumentation, eines fundierten literaturtheoretischen und literarhistorischen Wissens, eines souveränen Umgangs mit der fachwissenschaftlichen Terminologie sowie philologischer Solidität und Textkenntnis. Explizit verweist Träger auf diesen Zusammenhang von Leistungsangeboten und fachwissenschaftlichen Standards, wenn er ausführt:

> Eine historisch strukturierte Gesellschaftswissenschaft, wie sie die Germanistik darstellt, ist nicht mit der Elle eines kurzatmigen Utilitarismus zu messen. Sie hat es mit Menschenbildung zum Frieden zu tun, mit der Bildung von Menschlichkeit in der und für die sozialistische Gesellschaft der Gegenwart und Zukunft. Um dies aber leisten, ihre Funktion

---

237 Dreher 1962, 757.

erfüllen zu können, muß sie sich zugleich auf ihre Selbstbestimmung als Wissenschaft besinnen.[238]

In diesem Kontext zitiert Träger einen Satz von Leopold Ranke, der »ungeachtet der aus ihm gezogenen falschen Schlüsse« (so viel Distanzierung von dem »bürgerlichen« Wissenschaftler muss sein!) »letzthin nicht widerlegbar« sei: »›daß die Wissenschaft [...], um zu wirken [...], vor allen Dingen Wissenschaft sein‹ müsse (SW, 51/52, 574)«.[239] Bezeichnend sind Versuche wie der von Heinz-Jürgen Staszak von der Sektion Sprach- und Literaturwissenschaft an der Universität Rostock, bereits in dem »faktenfeststellenden Basisprozeß« der Literaturwissenschaftler eine bewusstseinsbildende Funktion auszumachen und damit die fachwissenschaftliche Grundlagenforschung als »besonders weltanschaulich wirksam« zu präsentieren.[240]

Der Versuch, die Einhaltung fachspezifischer Maßgaben zur Grundlage und Voraussetzung gesellschaftlich relevanten Wirkens der Germanistik zu machen, findet sich immer wieder in den Schriften marxistisch-leninistischer Literaturwissenschaftler. So seien beispielsweise allein solide fachwissenschaftliche Ausarbeitungen »die Voraussetzung für richtige und gute populärwissenschaftliche Darstellungen«,[241] durch die die Ergebnisse der Germanistik einem breiten Publikum zugänglich gemacht werden und eine erzieherische Funktion erfüllen könnten. Brigitte Peters bemerkt Mitte der 80er Jahre:

> Ohne eine Verstärkung der theoretischen Grundlagen kann der berechtigte Anspruch der sozialistischen Gesellschaft auf populärwissenschaftliche Formen kaum - langfristig gesehen - qualitativ befriedigt werden. Allein die reine Rekapitulation dessen, was ohnehin bekannt ist, kann auch die Populärwissenschaft nicht auf die Höhe der gesellschaftlichen Aufgaben heben.[242]

Auch bedürfe es, so Claus Träger, einer spezifisch literaturwissenschaftlichen Begrifflichkeit, ohne die sich jedwede wissenschaftliche Aussage bestenfalls auf »adorierendes Gestammel« reduziere.[243]

Auch im Bereich der Lehrerausbildung sei - bei aller Bedeutung der Didaktik und der Pädagogik - letztlich ein hohes fachwissenschaftliches Niveau am wichtigsten:

> Auf die Dauer wird nur *der* Lehrer die erzieherischen Möglichkeiten des Deutschunterrichts voll ausschöpfen können, der fähig ist, die literarischen Werke, mit denen er die Schüler erziehen soll, historisch und ästhetisch richtig einzuordnen, sie im echten Sinne wissenschaftlich zu bewerten und sie in eine enge Beziehung zu den wichtigen gegenwärtigen Lebensbedürfnissen der Gesellschaft zu setzen. Er wird nur dann Erfolg haben, wenn er ein ästhetisches Erlebnis vermitteln kann und in der Lage ist, dieses Erlebnis im höchsten für die Altersstufe erreichbarem Maße bewußt zu machen. Das vermag er aber nur, wenn er über das Grundwissen hinaus an einigen Beispielen gelernt hat, tiefer in die literarhistorischen Zusammenhänge einzudringen und die Spezifik literarischer Kunstwer-

238 Träger 1988, 397.
239 Ebd., 397.
240 Staszak 1985, 437.
241 Streller 1955, 338.
242 Peters 1986, 136.
243 Träger 1987, 138.

ke zu erfassen. [...] Erhöhung des fachlichen Niveaus ist also Voraussetzung für die Verbesserung des Deutschunterrichts an den Schulen.[244]

»[S]olides Grundwissen« und »theoretisch-methodische Bildung«[245] erweisen sich auch für die späteren Mitarbeiter in Kultureinrichtungen oder Verlagen als unverzichtbare Grundvoraussetzung verantwortungsvoller Tätigkeit.[246] Selbstbewusst verweist Inge Diersen unter Bezug auf die Wissenschaftlichkeit der eigenen Arbeit auf die praxisanleitende Funktion des Faches im Bereich der Literaturkritik. Keineswegs habe diese lediglich die literaturpropagandistische Aufgabe, sich »auf Information und Erläuterung, auf Förderung der öffentlichen Wirksamkeit der Literatur« zu beschränken und damit lediglich »eine Rolle als dienende Magd der Literatur« zu spielen.[247] Stattdessen betont Diersen die sachlich-analytischen Methoden ihres Faches, die Bedeutung fachspezifischer literaturhistorischer Untersuchungen für die Gegenwartsliteratur oder die Möglichkeit der Wissenschaftler, über die Anwendung literaturwissenschaftlicher Maßstäbe zu einer Bewertung und Kritik von Literatur zu gelangen.[248] »Dilettantisch aufzutreten, über Dekadenz unhistorische Auffassungen zu verbreiten usw., wird man nur solange wagen können, solange die Probleme wissenschaftlich im Ungefähren gelassen werden.«[249] Bereits im programmatischen Text über die »Aktuellen Aufgaben der Germanistik« von 1962 betonen die Berliner Germanisten die Notwendigkeit, »die wichtigsten spezifischen Erscheinungen und Probleme unserer Gegenwartsliteratur wissenschaftlich exakt [zu] analysieren und zu ihrer historisch-ästhetischen Gesetzmäßigkeit vorzudringen«,[250] um »qualifizierter und wirksamer als bisher auf den Entstehungsprozeß der Literatur Einfluß«[251] zu nehmen.

Gerade die deutliche Grenzziehung zwischen fachwissenschaftlichem Feld und fachexternen Teilfeldern stellt also ein notwendiges Ressourcenelement für akademische Reputationsgewinne, die institutionelle Absicherung des Faches sowie seine disziplinä-

244 Streller 1967, 127f. Siehe auch Träger 1988, 399: »Und da es kaum etwas gibt, wofür der Deutschlehrer *nicht* zuständig ist, ist er auch vor die Entscheidung gestellt, auf eigene Faust – dem gültigen und nur zu lobenden Lehrplan nach – aus 80 Autoren bzw. 100 Werken, zu rund 20 Nationalliteraturen gehörig, auszuwählen und den Schülern damit Erlebnisse zu bereiten. Er muß darum nicht gleichwohl Gräzist, Anglist, Romanist, Slawist, Skandinavist, Arabist usw. sein. Welch eine Anmaßung! Aber er muß eine Vorstellung von *weltliterarischen Prozessen* im Zusammenhang des Deutschen besitzen, um deren Darlegung sich die Hochschulen schon redlich bemühen. [...] [W]ie immer ist auch hier die Beherrschung der eigenen Disziplin und eigenen Sprache die Voraussetzung für die Aneignung des Anderen, das dann wiederum auf das Verständnis des Eigenen zurückstrahlt« (Hervorhebungen im Original).

245 Schulz/Stoye-Balk/Weißfinger 1980, 292.

246 Siehe in diesem Zusammenhang einen Beitrag von Claus Träger, der hinweist auf die Wichtigkeit der »*Editorik*, die hohe Schule der historisch-kritischen Methode, mit der die Grundlage des Fachs – zwischen Grimm und Lachmann – geschaffen wurde und die maßstabsetzend für alle Neuphilologien war« (Träger 1988, 400).

247 Diersen 1965, 112.

248 Vehemente Forderungen nach wissenschaftlichen Grundsätzen in der Literaturkritik finden sich bereits an dieser Stelle: Germanistisches Institut der HU Berlin 1962, 245f.

249 D. Schlenstedt 1964, 468.

250 Germanistisches Institut der HU Berlin 1962, 244.

251 Ebd., 244.

re Organisation dar. Die marxistisch-leninistischen Germanisten stehen damit vor dem Problem, dass sie einerseits gezwungen sind, einen disziplinären Eigensinn zu bewahren, dass sie aber andererseits den absoluten Geltungsanspruch des Marxismus-Leninismus sowie die An- und Einsprüche des »gesellschaftlichen Auftraggebers« nicht offen zurückweisen dürfen, können oder wollen. Bezeichnenderweise finden sich selbst bei der Forderung nach Anerkennung einer disziplinären Eigenlogik Bezüge zu Marx und Engels, kann man sich doch nicht wie die »bürgerlichen« Literaturwissenschaftler auf politikferne Autonomieansprüche berufen. Die Germanistik, so führt Claus Träger aus, müsse »in ihrer umfassenden relativen Eigenständigkeit begriffen« werden.[252] Diese sei

> dadurch gegeben, daß auch sie ›als bestimmtes Gebiet der Arbeitsteilung‹ ein ›bestimmtes Gedankenmaterial zur Voraussetzung‹ hat, ›das ihr von ihren Vorgängern überliefert worden‹, und daß ›die schließliche Suprematie der ökonomischen Entwicklung‹ über sie nur ›innerhalb der durch das einzelne Gebiet selbst vorgeschriebnen Bedingungen‹ stattfinden kann (MEW, 37, 493). Was der alte Engels, dem wir so viele Hinweise auf die Methodologie des historischen Materialismus verdanken, so von der Philosophie stellvertretend sagt, gilt füglich auch für alle anderen Formen gesellschaftlichen Bewußtseins.[253]

Als Ausweis eines dezidiert fachwissenschaftlichen Handlungsbewusstseins gilt den marxistisch-leninistischen Germanisten – hier zeigt sich besonders der Einfluss ihrer »bürgerlichen« Lehrer – die stete Berufung auf Textgenauigkeit oder »exakte philologische Arbeit«[254] als *der* Grundlage literaturwissenschaftlicher Tätigkeit. »Historisch-philologisches [...] Durchdringen«[255] oder eine »gesichert, beweis- und belegbar[e]« Analyse »der Dichtung« sollen daher stets »Vordergrund und Ausgangspunkt der Arbeit« sein.[256] Vor allem mit der zunehmenden Ausdifferenzierung und Mehrstimmigkeit des Faches wächst das Bedürfnis, sich der »eigenen Herkunft als philologisch-historischer Disziplin« zu versichern[257] und so eine disziplinäre Identität zu bewahren oder wieder herzustellen. Nicht umsonst warnt Claus Träger Ende der 80er Jahre in seiner Gründungsrede der Gesellschaft für Germanistik davor, sich »fachfremden Methodentrends«[258] hinzugeben und die fachwissenschaftlichen Grundlagen der Disziplin zu vernachlässigen:

> Wir sollten uns nicht zu denen schlagen, die mit jeder Mode, auf die sie sich werfen, das Ende der traditionellen Philologie verheißen und jede herkömmliche Solidität als nostalgische Schrulle denunzieren. Viele Moden sind in drei bis vier Jahrzehnten gekommen und gegangen, und wenn sie praktisch waren, tragen sie die Germanistik noch heute – aber nicht alle und das ganze Jahr hindurch, Tag und Nacht.[259]

Es sei im wahrsten Sinne des Wortes eine »Lebensfrage« der Germanistik, sich

252 Träger 1988, 398.
253 Ebd., 398.
254 Stolpe 1956, 95.
255 Streller 1967, 126.
256 Hermsdorf 1961, 20.
257 Träger 1988, 398.
258 Ebd., 398.
259 Ebd., 398.

auf die Ursprünge, Grundlagen und die substantiellen Leistungen in den anderthalb Jahrhunderten ihrer Geschichte [zu besinnen], ohne die sie gar nicht existierte. Fälschlicherweise identifiziert man weithin [...] Germanistik mit wohlwollendem (oder nicht wohlwollendem), unverbindlichen Meinungsäußern über ein Buch, das einem ›gefallen‹ oder zu gefallen hat, so daß das Erlernen der Consecutio temporum in der deutschen Syntax oder mittelhochdeutsche Grammatik bereits wie obszöne Zumutungen an das jungfräuliche Gewissen des jugendlichen Literaturliebhabers erscheinen. Welch eine gemeingefährliche Verballhornung des Philologiebegriffs [...].[260]

Die germanistische Literaturwissenschaft müsse sich nicht nur ihrer

›eigenen Bedingungen‹ (wie Engels es nannte) bewußt sein, sondern sich des ganzen in ihrer Geschichte aufgehäuften Fundus' an Material, Wissen, Gedanken und Methoden versichern und diese immer subtiler ausarbeiten [...], um sich selber als das zu gestalten, was sie als eine gesellschaftliche Kraft ist und zu sein hat.[261]

Dazu gehört selbstverständlich auch der Gebrauch einer fachsprachlichen Terminologie, durch die man sich von anderen Disziplinen abgrenzen und Dilettanten ausschließen kann:

Der Grad an Wissenschaftlichkeit zeigt sich in der Bündigkeit der Terminologie. Wie jede Wissenschaft braucht auch die von der Literatur eine, nämlich für ihren spezifischen, eben den literarischen Bereich; für alle außerliterarischen Zusammenhänge hat sie die Begriffe der jeweiligen Wissenschaftsdisziplinen zu verwenden.[262]

Neben der Forderung nach überzeugenden Begründungen, philologischer Akribie, einer fachsprachlichen Terminologie etc. beruft man sich zudem immer wieder auf die Eigenlogik ästhetischer Phänomene, um eine relative Eigenständigkeit des Fachdiskurses gegenüber den politischen Stichwortgebern zu legitimieren.

Zur Charakteristik einer Literaturperiode genügen selbstverständlich ökonomische und historische Kategorien nicht [...]. Vielmehr müssen die *Besonderheiten der Literatur* in einer bestimmten Periode genau herausgearbeitet werden. Diese drücken sich vor allem aus im *Charakter der Ideen,* in der *Wahl der Themen, Motive und Stoffe, der Genres und ihrer jeweiligen historischen Ausprägung, in den Sprach- und Stilmitteln, in den Beziehungen zwischen Schriftsteller und Publikum und den Formen der Aneignung des Kunstwerkes.*[263]

Immer wieder fordern Germanisten, auf die »Spezifik ästhetischer Widerspiegelung« Rücksicht zu nehmen und eine »vulgär-soziologische Behandlungsweise« zu überwinden, »die die Literatur lediglich als Illustration politischer Ereignisse und moralischer Postulate betrachtet«.[264] In diesem Zusammenhang schrecken die Germanisten auch vor einer Kritik an hochrangigen Kultur- und Wissenschaftsfunktionären nicht zurück. So bemängelt etwa Siegfried Streller, der als Nachfolger Bechers angetretene Kulturminister Alexander Abusch habe in seinem Schiller-Buch »allzu direkt nur die Frage der

---

260 Ebd., 398.
261 Ebd., 398.
262 Hartung 1972, 181.
263 Thalheim 1958, 91. Hervorhebungen im Original.
264 Thalheim 1964, 204; siehe z.B. auch Naumann u.a. 1970, 39.

richtigen Widerspiegelung der historischen Vorgänge beurteilt« und damit das Moment der künstlerischen Gestaltung unzulässig vereinfacht.[265] In seinen Bemerkungen zum Buch *Marxismus und Ästhetik* des ideologischen Stichwortgebers Hans Koch kritisiert Norbert Krenzlin, den spezifischen Eigenarten von Kunstwerken werde es nicht gerecht, wenn man sie wie Koch »vorwiegend nach dem Modell wissenschaftlicher Erkenntnis« interpretiert,[266] den »Inhalt des Kunstwerks auf die Darstellung eines ›Erkenntnisobjektes‹ reduziert und über dem ›Gegenstand‹ die Art und Weise der ästhetisch-künstlerischen Aneignung vernachlässigt«.[267] Allerdings gilt es bei all diesen Forderungen, die »*relative* Eigengesetzlichkeit« literarischer Entwicklungen zu berücksichtigen, den Eindruck zu vermeiden, man wolle »einer autonomen Literaturentwicklung das Wort reden«.[268] Als marxistisch-leninistische Literaturwissenschaft, die Werk und Dichter aus einem sozial und geschichtlich bestimmten Ensemble gesellschaftlicher Bedingungen heraus zu begreifen versucht, ist die Frage nach der »Autonomie« von Kunst eine der Trennlinien, an denen man sich von der »bürgerlichen« Literaturwissenschaft abzugrenzen versucht.

Für die fachspezifische Konturierung der Germanistik ist es insgesamt vonnöten, ihren fachspezifischen Anteil an der marxistischen (Literatur-)Theoriebildung herauszuarbeiten. Während die DDR-Germanisten auf der einen Seite mit dem Anspruch auftreten, im Werk der Klassiker des Marxismus-Leninismus bereits die Lösung für alle potentiellen literaturtheoretischen und literarhistorischen Fragestellungen finden zu können (s.o.), betonen sie auf der anderen Seite, dass sich die »wertvolle[n] Fundamente«, die man in den Schriften der marxistisch-leninistischen Klassiker zu besitzen behauptet, bei näherer Betrachtung für eine den ästhetischen Besonderheiten eines Kunstwerkes gerecht werdende Analyse letztlich nicht als hinreichend erweisen. Marx und Engels, so bemerkt Claus Träger selbstbewusst gegen Ende der 60er Jahre, waren eben - trotz aller bedeutenden Leistungen auch für die Literaturwissenschaft - keine Fachgermanisten:

> Ihr wissenschaftliches Werk ist im eigentlichen Verstande den Fragen der Ökonomie, der Philosophie und der Strategie und Taktik des revolutionären Klassenkampfes gewidmet. Alles andere mußte Bei-Werk bleiben. Marx und Engels haben nie darauf reflektiert, genauso etwa für Historiker oder Philologen zu gelten. Dennoch leisteten sie auch auf diesen und anderen Gebieten Hervorragendes und Wegweisendes - aber niemals als Spezialisten.[269]

265 Streller 1960, 237.

266 N. Krenzlin 1963, 135.

267 Ebd., 140. Siehe auch Dreher 1962, 756f. Dreher kritisiert, Kunstwerke würden »in erster Linie unter dem Gesichtspunkt der *Stoffwahl* und der thematischen Entscheidung ›bearbeitet‹ [...], während das spezifische ästhetische Wesen der literarischen Kunst und die sich daraus ergebenden vielfältigen schöpferischen Möglichkeiten unberücksichtigt bleiben. Die tiefere Ursache für derartige Praktiken sehen wir in dem Festhalten an jener sektiererischen Auffassung des Typischen, die bereits auf dem XX. Parteitag der KPdSU verurteilt wurde und im allgemeinen als überwunden gilt.«

268 Hartung 1972, 180.

269 Träger 1968, 232.

Eine fertige, allgemeingültige Theorie hätten die marxistisch-leninistischen Klassiker auf dem Gebiet der Literaturwissenschaft niemals aufgestellt.[270] Ja, nicht einmal zur Frage des Realismus ließen sich bei ihnen umfassendere Ausführungen finden: »Es ist nun überraschend, daß bei Marx und Engels, sieht man von dem berühmten späten Engels-Brief an Miss Harkness ab, der Begriff des Realismus - und zwar sowohl im literaturgeschichtlichen wie im literaturtheoretischen Sinne - eigentlich nicht vorkommt«.[271] Auch hätten sich die Klassiker nie »in verallgemeinerter Form« mit der »*Spezifik* der *künstlerischen* Abbildung« auseinandergesetzt.[272] Als Autoritäten für die obligatorischen Ausführungen zum sozialhistorischen »Ermöglichungszusammenhang« eines Werkes mögen sich Marx, Engels oder Lenin weiterhin eignen, kaum jedoch für die detaillierte fachliche Analyse von Lyrik, Drama oder Prosa. Entsprechend kritisch bilanziert Norbert Krenzlin zu Beginn der 60er Jahre: »Wo gibt es denn innerhalb der marxistisch-leninistischen Ästhetik gründliche Untersuchungen über die Kategorien Topos, Metapher, Symbol, Gleichnis usw.? Uns sind leider keine bekannt.«[273]

Bereits an frühen Publikationen marxistisch-leninistischer Nachwuchswissenschaftler lässt sich das Bemühen ablesen, nicht bloß zu »Verlautbarungswissenschaftlern« zu werden, sondern als marxistisch-leninistische Literaturwissenschaftler ein eigenes fachspezifisches Profil auszubilden. Den Germanisten ist deutlich, dass sie beim Umbau der »bürgerlichen« Germanistik in eine marxistisch-leninistische Gesellschaftswissenschaft nicht auf anerkannte quellenkritische Prüfungsverfahren, philologische Genauigkeit und andere fachspezifische Standards verzichten können. Nicht zufällig koppelt man sich an das Theoriegebäude von Georg Lukács an, das zum einen als anspruchsvoller Gegenentwurf zu den Lehren der »bürgerlichen« Ordinarien dienen kann. Zum anderen aber bietet es Distinktionsmöglichkeiten gegenüber fachexternen Feldern, bietet die Übernahme dieses philosophisch höchst komplexen Literaturmodells - bei allem Schematismus und allen Verengungen, die es in den literaturwissenschaftlichen Debatten der DDR nach sich zieht - doch wenigstens teilweise die Möglichkeit, die von außen von politischen Stichwortgebern an das Fach herangetragenen ästhetischen Vorstellungen nach fachspezifischen Maßgaben zu transformieren und eine bruchlose Übernahme vulgärästhetischer Konzeptionen zu verhindern. Marxistische Lehrer wie Hans Mayer und Gerhard Scholz, die sich um differenziertere Urteile und eigenständige Forschungsansätze bemühen, tragen ebenfalls dazu bei, das Profil der jungen marxistisch-leninistischen Literaturwissenschaft als *Fach*wissenschaft zu schärfen. Nicht zu unterschätzen ist sicherlich auch der Einfluss »bürgerlicher« Literaturwissenschaftler auf das Handlungsbewusstsein ihrer marxistisch-leninistischen Studierenden, die ihre »bürgerlichen« Lehrer zwar auf der einen Seite bekämpfen, sie jedoch auf der anderen Seite aufgrund ihrer Fachkenntnisse schätzen. Sie sind es, die die jungen Literaturwissenschaftler mit grundlegenden wissenschaftlichen Techniken literaturwissenschaftlicher Arbeit bekannt machen und fachwissenschaftliche Standards etablieren.[274]

Bei aller noch näher zu analysierenden »Einsinnigkeit« in vielen frühen Publikationen marxistisch-leninistischer Literaturwissenschaftler, bei allen unzulässigen ideologi-

270 Ebd., 232.
271 Ebd., 241.
272 Träger 1981b, 32. Hervorhebung im Original.
273 N. Krenzlin 1963, 135.

schen »Vereinnahmungen« und Verkürzungen, bei allen unwissenschaftlichen Ausfällen gegenüber dem Westen ist doch bereits bei den Junggermanisten zumindest partiell das Bestreben zu spüren, den wissenschaftlichen Diskurs zu beleben,[275] den von Lukács geprägten Erbekatalog zu erweitern (z.B. um politische Publizistik)[276] und weitgehend fachbezogen und differenziert zu argumentieren. Nicht wenige Texte bleiben bei aller »Parteilichkeit« gänzlich frei von plumpen politischen Bekenntnissen; viele Beiträge sind zumindest passagenweise keineswegs sofort als »DDR-Produkte« erkennbar. Auf der Basis des Marxismus-Leninismus entstehen vornehmlich *fachwissenschaftliche* Beiträge, die bei allen zu beobachtenden Tendenzen der »Vereinnahmung« und der oben skizzierten »Bekenntnisrhetorik« mehrheitlich grundlegenden Maßgaben der Disziplin gerecht werden und sich »neutraler« fachsprachlicher Termini bedienen. Die *Weimarer Beiträge*, die vor allem in den Anfangsjahren nicht nur »bürgerlichen« Literaturwissenschaftlern wie Reinhard Buchwald, Herbert Stubenrauch, W.H. Bruford oder Walter Wadepuhl ein Forum bieten, sondern auch vereinzelt für differenziertere Argumentationen im marxistisch-leninistischen Lager offen sind, unterstützen dieses Bemühen um ein genuin fachwissenschaftliches Profil und um einen den internationalen Standards entsprechenden fachlichen Austausch.[277] Zu diesen internationalen Standards gehört

274 Die damaligen Protagonisten haben sich einer kritischen Aufarbeitung dieses »bürgerlichen Wissenschaftserbes« bislang entzogen. So kritisiert Raschke in ihrer Auswertung der »Materialien«-Reihe in der *ZfG* »die äußerst verknappte[] Sicht auf die Rolle der bürgerlichen Literaturwissenschaft für die eigene wissenschaftliche Biographie seitens der befragten Wissenschaftler. [...]. Zwar betonen alle, daß sie bei diesen Wissenschaftlern einen Großteil der Ausbildung absolviert und wesentliche Grundlagen ihres Wissenschaftsverständnisses erhalten haben – Thalheim und Streller bei Frings und Korff in Leipzig, Geerdts als Schüler von Otto Burger in Danzig, Hans Heinrich Borchert in Königsberg, Heinz Kindermann und Josef Nadler in Wien, Joachim Müller in Jena, Ursula Wertheim bei Werner Simon, Wilhelm Wissmann in Berlin, Horst Richter bei Carl Wesle und Heinz Stolte in Jena. Aber keiner unterzieht sich der Mühe, genauer nachzufragen, welche Methoden, Erkenntnisse, Ansätze bürgerlicher Wissenschaftler trotz aller politisch motivierten Abgrenzung in seine eigene Konzeption von Literaturgeschichte eingeflossen sind« (Raschke 1991, 43).

275 Vgl. dazu auch Schandera u.a. 1997, z.B. 282. Immer wieder stellen die Autoren für die ersten Jahrgänge der *Weimarer Beiträge* Aufsätze heraus, die sich um differenzierte Interpretationen und Wertungen sowie um sachbezogene Diskussionen marxistisch-leninistischer und »bürgerlicher« Forschungsbeiträge bemühen. Als »herausragendes Beispiel« für eine sachliche und differenzierte Argumentation wird angeführt: Streller 1960.

276 Siehe z.B. Voegt 1955.

277 Zusammenfassend bemerkt die Forschergruppe um Gunter Schandera: »Überschaut man den Zeitraum von 1955 bis 1961, so bestätigt sich, daß die Zeitschrift nicht auf den Nachvollzug von Herrschaftsdiskursen reduziert werden kann und die Abhängigkeit von politischen Vorgaben vielfältig gebrochen war« (Schandera u.a. 1997, 328). Als Beispiel mag an dieser Stelle der differenziertere Blick des Prager Germanisten Paul Reimann auf Franz Kafka gelten, der nicht der vorherrschenden pauschalen Abwertung der literarischen Moderne in der DDR entspricht (Reimann 1957). Siehe in diesem Zusammenhang auch die Erinnerungen des ehemaligen Redaktionssekretärs der *Weimarer Beiträge*, Hans-Ulrich Schnuchel: »Die Genossen in der Redaktion der *Weimarer Beiträge* haben alle nicht vergessen, daß sie Wissenschaftler sind, verpflichtet zur Ehrlichkeit in der wissenschaftlichen Aussage. Und diese wissenschaftliche Aussage machte verschiedene Meinungen möglich. Die Möglichkeit, diese Meinungen – auch von bürgerlichen Autoren geäußert – zu veröffentlichen, war zumindest in der Zeit, da ich bei der Zeitschrift tätig war [bis 1966, J.S.], geschaffen worden, auch durch Thalheim« (Schade 2001, 456).

auch die fachwissenschaftliche Anerkennung der Leistungen »bürgerlicher« Germanisten – zumindest in den »ideologiefernen« Bereichen der philologischen Detailanalyse oder der Editorik. So heißt es beispielsweise in einer Rezension von Wolfgang Hecht:

> Daß das 17. Jahrhundert trotz aller Bemühungen um seine Erforschung in den letzten Jahrzehnten nach wir vor die Möglichkeiten überraschender Entdeckungen in sich birgt, bestätigt Kurt *Schreinerts* (Göttingen) Aufsatz ›Wer war Lazarus Sandrub?‹ [...] Wie eine Kriminalgeschichte liest sich dieser Aufsatz oft. Eine saubere philologische Leistung, wie man sie von Schreinert, wenn man die von ihm bearbeiteten Bände der historisch-kritischen Jean-Paul-Ausgabe und seine Edition der Friedlaender-Briefe Theodor Fontanes schon einmal in der Hand gehabt hat, auch nicht anders erwarten konnte.[278]

Der Konflikt zwischen der fachwissenschaftlichen Anerkennung »ideologieferner« Detailanalysen »bürgerlicher« Literaturwissenschaftler und einer prinzipiellen Kritik an ihrer weltanschaulichen Grundhaltung zeigt sich paradigmatisch im folgenden Textabschnitt aus einem Beitrag der Literaturwissenschaftlerin Ursula Roisch über die westdeutsche Romantikforschung:

> Es könnte der Eindruck entstanden sein, daß wegen des völlig anderen methodologischen Ansatzes die Ergebnisse der bürgerlichen Romantikforschung generell negativ beurteilt würden, der tatsächliche Gehalt der einzelnen Arbeiten keine sachliche Wertung erführe. Dem ist nicht so. Niemand wird bestreiten, daß Walther Rehms Studie über Brentanos Romanfragment vom *Schiffbrüchigen Galeerensklaven* die Verbindungslinien, die von dieser Dichtung, der Gestaltung des aufgegriffenen Stoffes zu den persönlichen Erlebnissen Brentanos jener Zeit führen, sehr exakt nachzeichnet, daß die philologische Akribie Richard Alewyns müßigen Spekulationen keinen Raum gibt und daß die Analysen der einzelnen romantischen Novellen durch Benno von Wiese manche gattungstheoretische Frage neu zur Diskussion stellen oder auch das Bild bestimmter Autoren [...], um neue Züge bereichert, in einem anderen Licht erscheinen lassen; aber ebenso unbestreitbar ist, daß diese Arbeiten darauf verzichten, das zwischen der jeweiligen Kunstform und dem historisch-konkreten Bezugspunkt liegende Spannungsfeld abzuschreiten. Für uns allerdings [...] sind die Resultate solcher Untersuchungen, die sich mit dem interessanten Detail begnügen, sich auf die direkte Aussage des Kunstwerkes selbst stützen, auswertbarer und weniger problematisch als Ergebnisse, die von einem weltanschaulichen Beziehungssystem bestimmt werden, wo das deduktive Verfahren vorherrscht. Der positive Wert kann in diesem Fall für uns nur in der kritischen Aufhebung des Gesagten liegen.[279]

Bei aller Aneignungs- und Deutungskonkurrenz gibt es schon in den 50er Jahren Äußerungen von marxistisch-leninistischen Germanisten, die eine pauschale Aburteilung der »bürgerlichen« Literaturwissenschaft verurteilen und den sachlichen, wenn auch kritischen Austausch mit den Fachkollegen aus dem Westen fordern. So heißt es beispielsweise in Siegfried Strellers Rezension zu Marietta Schaginjans Goethe-Buch:

> An Beispielen [...] beleuchtet M. Sch., wie in der spätbürgerlichen Literaturwissenschaft das Bild Goethes mehr und mehr von seinen historischen Grundlagen entfernt, verzerrt und verfälscht wurde. Bei dieser krassen Gegenüberstellung entsteht freilich der Eindruck, als

---

278 Wolfgang Hecht 1956, 400.
279 Roisch 1970, 62f.

> ob es hier nur weiß und dort nur schwarz gäbe. Der Hinweis, daß auch in der kapitalistischen Welt eine Reihe namhafter Wissenschaftler sich um ein wahres humanistisches Goethebild bemühen, hätte das Bild berichtigt und dem Buch nur von Vorteil sein können.[280]

Eine marxistische Kritik müsse, so fordert der germanistische Literaturwissenschaftler Norbert Krenzlin in den 60er Jahren, »den kritisierten Gegenstand auf rationelle, also wissenschaftliche Momente [...] überprüfen. Sie muß es nicht zuletzt auch verstehen, zwischen den verschiedenen Repräsentanten bürgerlicher Ideologie zu differenzieren«.[281] Und in den 80er Jahren, in denen das »Schreiben im Besitz der Wahrheit« einer sehr viel stärker dialogischen, weniger verkündenden Schreibweise gewichen ist, konstatiert Dieter Schlenstedt mit Blick auf die (durchaus als berechtigt empfundene) »bürgerliche« Kritik an den Verengungen in der Realismus- und Widerspiegelungstheorie:

> Solange in der Auseinandersetzung wirkliche Argumente vorgetragen werden, sollte nicht Abwehr unsere Sache sein, die möglicherweise nichts leistet als die Bestätigung eigener Vorurteile. Nicht nur Marxisten sind berufen, über marxistische Gedankengänge zu urteilen. Marxismus ist keine Glaubenssache, keine Lehre für Eingeweihte. Als wissenschaftlich begründete Theorie steht er wissenschaftlichen Einwänden offen, woher sie auch kommen und von welchen Motiven sie getragen sind. Stellt es sich als notwendig heraus, hat sich die Kritik an diesen Motiven mit einer Weiterentwicklung der eigenen Theorie zu verbinden.[282]

Dass solche Bekenntnisse zu einer prinzipiellen Offenheit der Literaturtheorie und einem wissenschaftlichen Meinungsstreit keinesfalls Phrasen sind, zeigen die vielfältigen Umbauten in Literaturtheorie und Literaturgeschichtsbild ab den 60er Jahren, die nicht selten auch von »bürgerlichen« Theorien wie dem französischen Strukturalismus oder der Jauß'schen Rezeptionsästhetik inspiriert oder befruchtet sind.[283]

Insgesamt lässt sich damit für die Texte marxistisch-leninistischer Literaturwissenschaftler ein Neben- und Miteinander von einem (oftmals »ritualisierten«) politisch-ideologischen Diskurs und einem mehr oder weniger »neutralen« Wissenschaftsdiskurs ausmachen, wobei auch letzterer stets auf marxistisch-leninistischer Grundlage geführt wird und sich der Basissemantik der marxistisch-leninistischen Ästhetik (»Widerspiegelung«, »Abbild«, »Totalität«, »objektive Erkenntnis«, »objektive Wirklichkeit«, »sozialistischer Realismus« etc.) bedient. Nun wurde bereits angedeutet, dass sich diese beiden Diskurse wechselseitig überlagern können. Nicht selten wird der Fachdiskurs unter Absehung fachwissenschaftlicher Logiken den politisch »erwünschten« Deutungsmustern unterstellt. Gleichzeitig lassen sich – vor allem nach der erfolgreichen akademischen Etablierung der literaturwissenschaftlichen Nachwuchsgermanisten ab den frühen 60er Jahren – immer wieder Versuche ausmachen, die An- und Einsprüche fachexterner Stichwortgeber unter Rückgriff auf wissenschaftliche Argumentationsmuster zurückzuweisen und sich von ideologischen Verengungen zu emanzipieren. Dieses

280 Streller 1955, 336 und 337; siehe auch Stolpe 1956, 95.
281 N. Krenzlin 1964, 1116.
282 D. Schlenstedt 1981, 12.
283 Siehe dazu Kapitel 11.

Verhältnis von wissenschaftlichem Fachdiskurs und politischem Herrschaftsdiskurs, von Eigensinn und Resonanz, gilt es in Teil III dieser Arbeit anhand der Debatten um die Realismus- und Widerspiegelungstheorie sowie die Klassik, Romantik und Moderne/Avantgarde näher zu untersuchen.

Teil III

Semantische Umbauten in der marxistisch-leninistischen germanistischen Literaturwissenschaft der DDR

9. Die diskursive Hegemoniestellung Lukács' in der marxistisch-leninistischen Literaturwissenschaft der DDR

Während für die Jahre nach 1945 eine »geduldete Mehrstimmigkeit« innerhalb des Fachdiskurses festgestellt werden konnte, so kommt es nach der Übernahme der germanistischen Lehrstühle durch akademisch in der SBZ/DDR sozialisierte marxistisch-leninistische Literaturwissenschaftler zunächst zu einer tendenziellen Homogenisierung der Diskurse. Bis weit in die 60er, bisweilen sogar 70er und 80er Jahre sind die fachinternen Auseinandersetzungen geprägt von Lukács'schen Deutungsmustern; Hans-Dietrich Dahnke spricht rückblickend von »einer dogmatischen Majorisierung und der Verdrängung von weniger der allgemeinen Linie sich einfügenden marxistischen Konzeptionen«.[1] Für diese diskursive Wirkungsmacht Lukács' gibt es zwei entscheidende Gründe.

Zum einen werden die Bände von Lukács im theoretischen Vakuum der Nachkriegsjahre von einem großen Teil des wissenschaftlichen Nachwuchses bei seiner Suche nach marxistisch-leninistischen Orientierungshilfen »wie Offenbarungen«[2] aufgenommen.[3] Mit Lukács' Schriften verfügen die Nachwuchswissenschaftler über ein in sich geschlossenes Theoriegebäude, das sie gegen die »bürgerlichen« Literaturwissenschaftler in Stellung bringen können und mit dem sie die als verhängnisvoll empfundenen Traditionen der deutschen Geistesgeschichte zu überwinden hoffen. Zudem bietet Lukács' Methode den Feldneulingen die Möglichkeit, in Werke einzudringen, »die nicht oder kaum schon früher von Marxisten behandelt worden waren«,[4] so dass es selbst den Nachwuchswissenschaftlern gelingt, eigenständige Forschungsergebnisse auf der Basis des Marxismus-Leninismus vorzulegen und »Neuland« zu betreten.[5]

Zum anderen ist die Verwendung der Lukács'schen Deutungsmuster aufgrund ihrer Wirkungsmacht in der kulturräsonierenden Öffentlichkeit in höchstem Maße resonanzträchtig. Indem grundlegende Thesen des Ungarn zur Realismus- und Widerspiegelungstheorie oder zur deutschen Literaturgeschichte sowohl von den sowjetischen Kulturoffizieren als auch von führenden Kulturfunktionären bestätigt werden, müssen sie den Studierenden gleichsam als »offizielle« Positionen erscheinen, zumal auch die einflussreichen Lehrer Scholz und Mayer sich affirmativ auf Lukács beziehen.[6] Eine Ankopplung an Lukács'sche Deutungsmuster wird für die Nachwuchsgermanisten vor dem Hintergrund einer Wissenschafts- und Kulturpolitik, die in »abweichenden« Mei-

1 Dahnke 1981a, 30.
2 Hochmuth 1979, 8.
3 Siehe dazu Kapitel 3.4.1.
4 Materialien, Geerdts, 45.
5 Vgl. ebd., 45.
6 Vgl. Schandera u.a. 1997, 281f.; vgl. auch Mittenzwei 2001, 201. Siehe auch Mittenzwei 2004, 59 und 61f.

nungen sofort eine Gefährdung für die sozialistische Gesellschaft erblickt, gleichsam zur resonanzstrategischen Pflicht, will man den eigenen Karriereaufstieg nicht gefährden. Auf diese Weise erlangen die Thesen Lukács' innerhalb der marxistisch-leninistischen Literaturwissenschaft zunächst eine Art diskursive »Hegemoniestellung«[7] - eine Hegemoniestellung, die hinsichtlich grundlegender literarhistorischer bzw. literaturtheoretischer Positionen einen tendenziellen Gleichklang zwischen fachinternen und fachexternen Debatten nach sich zieht. Hans Mayers Aufwertung der Romantik bzw. der moderaten literarischen Moderne, Gerhard Scholz' radikaleres Klassik-Bild mit seiner besonderen Betonung der »revolutionären« Entwicklungsphase Goethes und Schillers im »Sturm und Drang«, Bertolt Brechts weiter Realismusbegriff und seine kritische Auseinandersetzung mit dem »klassischen Erbe«, die rezeptionsgeschichtlichen Ansätze des Romanisten Werner Krauss oder des Barockforschers Joachim Boeckh[8] oder Krauss' Modell einer komparatistischen, interphilologischen Literaturforschung können dagegen in den 50er Jahren innerhalb der literaturwissenschaftlichen Germanistik keine breite Wirkungsmacht entfalten.[9]

Sowohl die Realismus- und Widerspiegelungstheorie Lukács' als auch sein binäres Oppositionsschema von »Fortschritt und Reaktion« in der deutschen Literaturgeschichte werden bruchlos übernommen.[10] Die Weimarer Klassik erscheint wie bei Lukács als Höhepunkt einer einheitlichen bürgerlichen Aufklärungsbewegung.[11] Statt im Sturm und Drang wie die »bürgerliche« Literaturwissenschaft einen »offene[n] Widerspruch gegen die von der vorausgehenden Generation verfochtene Welt- und Lebensanschauung« zu sehen,[12] wird die deutsche Literaturentwicklung zwischen 1770 und 1789 fest in die Lukács'sche Konstruktion eines einheitlichen großen bürgerlichen Emanzipationsprozesses eingefügt,[13] der schließlich mit der gescheiterten bürgerlichen Revolution von 1848 sein jähes Ende gefunden habe. Als »bewahrenswertes Erbe« erscheinen neben Aufklärung, Sturm und Drang und Klassik vor allem die demokrati-

7 Hochmuth 1979, 8. Diese Beobachtung Hochmuths wird bestätigt durch die Serie von Bio-Interviews, die die *Zeitschrift für Germanistik* in den 80er Jahren in der Serie »Materialien zur Geschichte der marxistischen germanistischen Literaturwissenschaft in der DDR« mit führenden DDR-Germanisten führt, so z.B. bei Ursula Wertheim (ZfG 3 [1982], 7-19), Hans Jürgen Geerdts (ZfG 4 [1983], 41-52), Claus Träger (ZfG 4 [1983], 142-155), Horst Haase (ZfG 6 [1985], 5-17) oder Hans-Georg Werner (ZfG 6 [1985], 275-288). Siehe auch Mittenzwei 2004, 57f. Eine Zusammenstellung zentraler Zitate aus den Bio-Interviews in der ZfG hinsichtlich der Rolle von Georg Lukács findet sich bei Farrelly 1998, 16-20. Zum Einfluss von Lukács auf die DDR-Literaturwissenschaft siehe auch Marquardt 2000, 374.

8 Siehe dazu Boeckh 1956. Siehe zu Boeckhs Entwurf und den abwertenden Reaktionen führender Kulturpolitiker auch Boden 1997b, 251-253.

9 Die Probleme, die Krauss zu dieser Zeit aufgrund seines von der Lukács-Linie abweichenden Programms und seines wissenschaftlichen Eigensinns mit den ideologieanleitenden Organen in der DDR hat, beschreibt Naumann 1993.

10 Zur Realismus- und Widerspiegelungstheorie siehe genauer Kapitel 11.

11 Zur Weimarer Klassik siehe im Detail Kapitel 12.

12 F.J. Schneider 1952, 4.

13 »Georg Lukács hat sich das Verdienst erworben, als erster erkannt zu haben, daß der Sturm und Drang zur Aufklärungsbewegung gehört« (Braemer 1959, 21). Im Kontext dieser Kontinuitätskonstruktion steht auch die zeitweilige Umbenennung des Sturm und Drang in »Frühklassik«. Vgl. z.B. Wertheim 1959, 109.

sche und sozialistische Literatur und Publizistik in der Periode der Vorbereitung der bürgerlich-demokratischen Revolution in Deutschland[14] sowie die Literatur des kritischen Realismus des späten 19. und frühen 20. Jahrhunderts, die »in der Kritik der bürgerlichen Verhältnisse und des bürgerlichen Menschen, besonders als Kultur- und Moralkritik, namentlich in der Epik, neue Qualitäten« erreicht habe:[15] »Zum ersten Mal seit Goethe erhält der deutsche Roman in einigen Spitzenleistungen wieder weltliterarischen Rang.«[16]

---

14 Die Literatur des »Vormärz« habe vor allem »dort ihre größte Höhe [erreicht], wo sie auf den Prozeß der Bildung einer bürgerlichen Nation fördernd einwirkt und zugleich den schon aufbrechenden Antagonismus von Kapital und Arbeit sichtbar macht« (Autorenkollektiv 1964, 648). Besondere Beachtung finden Georg Büchner, Georg Weerth, vor allem aber Heinrich Heine, den die Literaturwissenschaftler verehren als »volkstümlichen Lyriker und geistvollen Erzähler, als kämpferischen Publizisten und revolutionären Demokraten, als einen Dichter, der die geschichtsbildende, revolutionäre Kraft des erwachenden Proletariats erkannte« (Geerdts [Hg.] 1965, 360) und der bereits »in den dreißiger Jahren von utopisch-sozialistischen Ideen beeinflußt war« (Autorenkollektiv 1964, 656). Heine wird so zum »Fortsetzer der philosophischen Position der deutschen Klassik« stilisiert und in eine Linie mit Goethe, Schiller und Hegel gestellt (Kaufmann 1967, 134). Im sogenannten »Vormärz« seien so »erste Meisterwerke der sozialistischen Dichtung« entstanden, durch die »[d]ie Arbeiterklasse [...] auch auf literarischem Gebiet ihren Anspruch angemeldet [habe], die deutsche Nation zu führen« (Werner u.a. 1964, 129). Noch in seinem 1973 erschienenen Aufsatz zur Wirkungsgeschichte Heines vereinnahmt Werner den Autor als Legitimationsinstanz für die DDR: »Entscheidend für die Heine-Tradition in der DDR aber ist die fundamentale Übereinstimmung der Heines Werk bestimmenden Schaffenstendenz mit dem politischen Willen der sozialistischen Gesellschaft. Sie hat deshalb das Recht, sich heute ebenso auf Heine zu berufen, wie das Heinrich Mann 1931 getan hat: ›Wäre er da, er würde dieselben Kämpfe führen wie wir‹« (Werner 1973, 70).

15 Autorenkollektiv 1964, 686.

16 Ebd., 686. Besonders Heinrich und Thomas Mann erscheinen als jene kritisch-realistischen Autoren, durch deren Romane und Erzählungen die deutsche Epik erneut Weltgeltung habe erlangen können (vgl. z.B. Werner u.a. 1964, 165). Durch die sich verschärfende Kritik am Imperialismus und Militarismus, schließlich am Krieg, würden »wesentliche Interessen der gesamten Nation« ausgedrückt, »realistisch-kritisch die Gesellschaft Preußens-Deutschlands oder der österreichisch-ungarischen Monarchie« analysiert, soziale Widersprüche aufgedeckt und dabei – oftmals indirekt – die Situation der Arbeiterklasse und ihrer Kämpfe reflektiert (Geerdts [Hg.] 1965, 467). Im von Mitarbeitern des Germanistischen Instituts der Universität Halle erarbeiteten Band *Deutsche Literatur im Überblick* heißt es gar, die »kritischen Realisten« hätten »[d]ank der antiimperialistischen und antimilitaristischen Tendenzen ihrer Werke [...] objektiv die Arbeiterklasse in ihrer Aufgabe [unterstützt], die bürgerlich-demokratische Revolution zu vollenden« (Werner u.a. 1964, 164f.). Dialektische Einheit von künstlerischer Form und progressiv-humanistischem Inhalt, Hinwendung zum Volk, Antiimperialismus und -militarismus, der Wille, »sich die Wirklichkeit anzueignen und mit den Mitteln der Kunst zu verändern, zu vermenschlichen« (Geerdts [Hg.] 1965, 469) sowie die »differenzierte[] Darstellung gesellschaftlicher Hintergründe und seelischer Zustände von typischer Gültigkeit« (ebd., 470) sind wesentliche positive Charakteristika, die dem kritischen Realismus zugeschrieben werden, auch wenn der »bürgerliche Klassenstandpunkt« den Autoren Grenzen auferlege, die sie nur in den seltensten Fällen zu transzendieren in der Lage gewesen seien. So heißt es beispielsweise bei Inge Diersen, Thomas Manns Faust-Konzeption spiegele »die Vorgänge und Tendenzen nur innerhalb der bürgerlichen Welt wider, sie beschränkt sich auf nur eine Seite der großen Klassen- und Kräftegruppierungen, die das Gesicht der Epoche bestimmen« (Diersen 1955, 315).

Mit der Übernahme der Lukács'schen Konstruktion einer Aufstiegsgeschichte des Realismus werden auch beim marxistisch-leninistischen Nachwuchs all jene Autoren und literarischen Strömungen, die nicht in dieses Literaturgeschichtsbild zu passen scheinen, als »rückschrittlich« oder »dekadent« verfemt oder, wie z.B. Jean Paul oder die Epoche der Empfindsamkeit, in der Forschung marginalisiert.[17] Die Romantik wird wie bei Lukács als »Zurücknahme der gesamten Aufklärungsbewegung, ja selbst der Renaissance und der Reformation« verdammt.[18] Auch teilt man die Lukács'sche Einschätzung, das Jahr 1848 stelle eine literaturgeschichtliche Zäsur dar, nach der die bürgerliche deutsche Literatur »ihren weltliterarischen Rang, den sie fast ein Jahrhundert hindurch innegehabt hatte«,[19] verloren habe: »Der progressive gesellschaftliche und nationale Gehalt sowie die Volksverbundenheit, welche die Dichtung von Lessing bis Heine während der aufsteigenden Epoche des deutschen Bürgertums auszeichnete, werden stark eingeschränkt.«[20] Vor allem die literarische Moderne erscheint unter Rückgriff auf Lukács'sche Deutungsmuster als Inbegriff bürgerlicher »Verfallsliteratur«.[21]

Die Lukács'schen Werturteile leiten die junge Generation von DDR-Literaturwissenschaftlern, die sich gerade in den Publikationen der 50er und frühen 60er Jahre häufig mit den resonanzträchtigen »progressiven« Autoren der Weimarer Klassik[22] und des kritischen Realismus[23] sowie mit den revolutionären Schriftstellern des »Vormärz«[24] beschäftigen,[25] während »reaktionäre« Literaturströmungen lediglich am Rande behandelt werden.[26] Auch der Schwerpunkt in literaturgeschichtlichen Darstellungen oder Schriftstellerlexika wie etwa in dem von Günter Albrecht u.a. herausgegebenen *Deutschen Schriftstellerlexikon von den Anfängen bis zur Gegenwart* (1960) liegt »selbstverständlich bei den progressiven, den humanistischen und sozialistischen Dichtern«.[27]

---

17 So resümiert Helmut Richter beispielsweise zum 200. Geburtstag Jean Pauls 1963 in *Sinn und Form*: »Die marxistische Literaturwissenschaft geht ohne eine geschlossene Jean-Paul-Konzeption in das Gedenkjahr. Nicht ohne Gründe: Die Literatur des bürgerlichen Aufstiegs, die Aufklärung, der Sturm und Drang und die Klassik, die Epoche des Vormärz, die Herausbildung einer sozialistischen Literatur und die Literatur der Gegenwart sind Forschungsthemen, deren Bearbeitung aus wissenschaftlichen und kulturpolitischen Gründen Vorrang haben mußte. In einer solchen Situation muß man zögern, seine Kraft, und zwar sehr viel Kraft und Zeit, auf die Klärung einer Erscheinung neben und zwischen den großen Frontstellungen zu lenken. So erklären sich die kaum nennenswerten Erwähnungen Jean Pauls bei Marx und Engels, das Fehlen einer Einzelanalyse bei Franz Mehring, der nur einige wenige Anmerkungen zum Humor des Dichters hinterließ, und das Fehlen eingehender, zu Gesamtdarstellungen vorstoßender Werke in der Literaturwissenschaft der Deutschen Demokratischen Republik. Aus dem gleichen Grunde sind nach 1945 nur ganz vereinzelt Texte Jean Pauls neu gedruckt worden« (Helmut Richter 1963, 468f.). Zur Jean Paul-Rezeption in der DDR siehe Böck 1990.

18 Geerdts (Hg.) 1965, 279. Siehe auch Werner u.a. 1964, 97: »Allen Romantikern gemeinsam ist die Feindschaft gegenüber wichtigen Tendenzen der Aufklärung.« Zur Romantik siehe vor allem Kapitel 13.

19 Autorenkollektiv 1964, 663.

20 Ebd., 663.

21 Zu den Debatten um die literarische Moderne, vor allem um Kafka, siehe Kapitel 14.

22 Z.B. Edith Braemer, Hans-Günther Thalheim, Hans-Jürgen Geerdts, Ursula Wertheim oder Hedwig Voegt.

23 Z.B. Inge Diersen.

24 Z.B. Hans Kaufmann, Walter Dietze, Hans-Georg Werner oder Hedwig Voegt.

Bezeichnend ist in diesem Zusammenhang die Tatsache, dass eine umfassende Auseinandersetzung mit den proletarisch-revolutionären Literaturtraditionen der 20er und 30er Jahre, vor allem aber mit den Werken der sozialistischen Gegenwartsliteratur, in der ersten Hälfte der 50er Jahre nicht erfolgt. Vor dem Hintergrund der »Volksfrontstrategie« der SED, der Erbe- und Sachwaltertheorie der Arbeiterbewegung mit ihrer Hochschätzung »bürgerlicher« Hochkultur sowie vor allem des Klassik-Zentrismus der Kulturfunktionäre, der dazu führt, dass die Keime der proletarischen Kultur vernachlässigt werden,[28] erscheinen diese Strömungen nicht sonderlich resonanzträchtig.[29] Entscheidender ist jedoch, dass die proletarisch-revolutionäre oder sozialistisch-realistische Literatur den von Lukács geprägten Vorstellungen künstlerischer Qualität nicht genügt.[30] Gewiss, auch Lukács spricht aufgrund der »sozialistischen Perspektive« der Gegenwartsliteratur von der »sozialen und ideologischen Überlegenheit« des sozialistischen gegenüber dem kritischen Realismus.[31] Doch die sozialistische Gegenwartsliteratur mit ihren oftmals schematischen Darstellungen kann ihn ästhetisch nicht überzeugen. So kritisiert Lukács beispielsweise die »mechanische Gestaltung«[32] der Tendenzschriftsteller, die seiner Meinung nach ihren Gestalten Gewalt antun durch die »sozialistische Perspektive«, die sie ihnen aufzwingen.[33] Allzu oft führe dies zu einem »banalen, verniedlichenden Happy-end-Optimismus«.[34] Der in Lukács' Augen begrüßenswerte Versuch, neue

---

25 Siehe auch die Auswertung der ersten beiden Jahrgänge der *Weimarer Beiträge* bei Schandera u.a. 1997, 273: Hauptsächliche Untersuchungsgegenstände sind (»in der Reihenfolge der Intensität der Betrachtung und Diskussion«): Schiller, Goethe, Forster und die »Jakobinische Literatur«, Heine, Bürger, das »Junge Deutschland«, Lessing, Thomas Mann, Heinse und Hölderlin, Stifter, Weckherlin, Wieland, Herder, Heinrich von Kleist, die Literaturkritik der Aufklärung, Klassik und Romantik sowie Bertuch.

26 Veröffentlichungen wie etwa diejenigen von Helmut Richter und Klaus Hermsdorf zu Kafka oder von Hans-Georg Werner zu E.T.A. Hoffmann bleiben Ausnahmen.

27 G. Albrecht u.a. 1960, 7.

28 Vgl. Schlenker 1977, 59. Schlenker stellt des weiteren heraus, wie stark sich diese Ausrichtung auf die Klassik auf die Lehrpläne der Schulen niederschlagen (vgl. ebd., 62f.). Bezeichnend ist, dass die Jahrgänge des *Deutschunterricht* »bis einschließlich 1955 keinen einzigen grundsätzlichen Beitrag über die Behandlung der Tradition der Arbeiterbewegung [enthalten]« (ebd., 63).

29 »Die Meinung, erst die im Zeichen der antifaschistischen Einheits- und Volksfrontpolitik hervorgebrachten literarischen und literaturtheoretisch-kritischen Leistungen seien für uns recht eigentlich relevant, war durchaus weiter verbreitet, als man auf den ersten Blick annehmen sollte« (Materialien, Klein, 390). Noch 1964 konstatiert ein Autorenkollektiv in der »Skizze zur Geschichte der deutschen Nationalliteratur von den Anfängen der deutschen Arbeiterbewegung bis zur Gegenwart«, auf dem Gebiet der Literatur nach 1945 gebe es »die größten Rückstände in der Forschung« (Autorenkollektiv 1964, 645).

30 Auch wenn Lukács nach 1956 gewiss ungerechtfertigt zum Sündenbock für viele »Fehlentwicklungen« in Gesellschaft und Kultur stilisiert wird, so liegt doch ein Kern der Wahrheit in Helmut Kaisers Beobachtung, man habe bei der nur schleppend vorangehenden Erschließung des sozialistischen Erbes an einer Hypothek aus jener Zeit zu tragen, »in der Lukács' Meinungen vorherrschten und seine Unterschätzung der sozialistischen Literatur unsere Literaturtheoretiker und -praktiker beeinflußten« (H. Kaiser 1959, 118).

31 Lukács 1956a, 77.

32 Ebd., 77.

33 Ebd., 79.

34 Ebd., 80.

Inhalte und Stoffe aus den Kämpfen der revolutionären Arbeiterbewegung zu gestalten, kann ihre bisweilen minderwertige Form seiner Meinung nach nicht kompensieren: »Diese Literatur bringt zwar thematisch manches Neue ins deutsche Schrifttum, aber ihre Darstellungshöhe reicht nicht aus, um damit in breiten Kreisen selbst innerhalb der Arbeiterklasse starken und unmittelbaren Eindruck zu erzielen.«[35]

Diese Kritik drückt sich auch bei einer Reihe junger Nachwuchswissenschaftler aus. Zwar erklärt etwa Thalheim den sozialistischen Realismus in Anlehnung an offizielle Verkündigungen führender Parteigenossen[36] zur »qualitativ höchste[n] Stufe« der deutschen Literaturentwicklung, »da erst der sozialistische Realismus die Wirklichkeit in bezug auf den Menschen, insbesondere die Rolle der Volksmassen, der Träger der materiellen Produktion, objektiv wahr abzubilden vermag«.[37] Gleichzeitig bemerkt er aber einschränkend, der gegenwärtige Entwicklungsstand der sozialistischen Gegenwartsliteratur sei unbefriedigend[38] und man habe es versäumt, »an die *ästhetischen Errungenschaften* des deutschen bürgerlichen Realismus anzuknüpfen«.[39]

Vor diesem Hintergrund ist es kaum verwunderlich, dass sich die meisten Junggermanisten zunächst kaum mit proletarisch-revolutionären oder sozialistischen Literaturströmungen auseinandersetzen. Das bloße Herauspräparieren des »richtigen« politischen Standpunktes aus einem ästhetisch minderwertigen literarischen Produkt muss ihnen für eine fachspezifische Konturierung sowie eine fachinterne Positionierung wenig geeignet erscheinen. Zudem bietet eine Auseinandersetzung mit Werken des sozialistischen Realismus die Gefahr, auf ideologisches »Glatteis« zu geraten. Dies liegt einerseits an dem definitorisch in höchstem Maße unscharfen Begriff »sozialistischer Realismus«, der Raum für Interpretationen und damit auch - aus Sicht der »Diskurswächter« - für *Fehl*interpretationen bietet, andererseits aber auch an der unkalkulierbaren Rezeption literarischer Werke der Gegenwartsliteratur durch die Parteioberen, die nicht selten von unvorhergesehenen Änderungen der politischen »Großwetterlage«, persönlichen Loyalitäten und Animositäten oder willkürlichen Auslegungen der Klassiker des Marxismus-Leninismus bestimmt wird.[40] Aus diesem Grund erscheint eine

---

35 Lukács 1955a, 140.

36 Siehe z.B. Hans Koch: »Infolge seiner Klassenposition ist kein bürgerlicher Künstler in der Lage, zum Beispiel einen wahrheitsgetreuen realistischen Roman über das Leben und die Kämpfe des revolutionären Proletariats zu schaffen. Die fortschrittlichste Erscheinung der Geschichte ist seinem Vermögen, als Realist zu schaffen, unzugänglich. Dem sozialistischen Realisten, dem literarischen Vertreter der Arbeiterklasse, ist diese Möglichkeit potentiell gegeben, und selbst der weniger Begabte unter den sozialistischen Künstlern wird diese größte Erscheinung unserer Wirklichkeit immer noch wahrhaftiger zu schildern wissen als ein Großer der bürgerlichen Literatur« (Koch 1977, 94).

37 Thalheim 1958, 90.

38 Ebd., 90.

39 Ebd., 92. Hervorhebungen im Text. Rückblickend bestätigt Thalheim: »Die Kritik am ästhetisch unzulänglichen Charakter der frühen Literatur in der DDR, an vielen akklamativen Zügen traf wirkliche Sachverhalte, über die auch wir uns damals klar waren« (Materialien, Thalheim, 270).

40 Noch in den 80er Jahren erweist sich gerade die Auseinandersetzung mit der sozialistischen Gegenwartsliteratur als ideologisch besonders »brisant«. Siehe dazu die Auseinandersetzungen um das von Ingeborg Münz-Koenen herausgegebene Buch *Werke und Wirkungen* (Münz-Koenen [Hg.] 1987), die die Herausgeberin nach 1990 beschreibt (Münz-Koenen 1991, 47).

Konzentration der jungen Literaturwissenschaftler auf die »ästhetisch wertvollen« und allgemein anerkannten Werke der Weimarer Klassik oder des kritischen Realismus hinsichtlich der fachexternen wie der fachinternen Resonanz strategisch klüger.

An der diskursiven Präsenz zentraler literaturtheoretischer und -geschichtlicher Deutungsmuster Lukács' ändert sich auch nach Beginn der »ideologischen Offensive« der Partei im Jahr 1957 und den »Revisionismus«-Vorwürfen gegen Lukács vorerst kaum etwas. Die von ihm formulierten Wertungs- und Ordnungsschemata sind noch fest in den Köpfen der jungen Germanisten verankert, so dass es nicht sofort zu einer umfassenden Revision seines normativen, gnoseologisch fixierten Realismus- und Widerspiegelungsverständnisses sowie seines Literaturgeschichtsbildes kommt - erst in den 60er Jahren beginnen sich die Literaturwissenschaftler langsam von zentralen ästhetischen Positionen Lukács' zu lösen. Somit bleibt Lukács vorerst diskursiv hegemonial, »ohne daß die Quelle noch per Fußnote kanalisiert werden kann«.[41]

Zudem bietet es sich auch aus resonanzstrategischen Gründen an, auf eine fundamentale Revision Lukács'scher Werturteile zu verzichten: Grundlegende Vorstellungen der Lukács'schen Ästhetik bestimmen aufgrund ihrer Bedeutung für die Exildebatten der 30er Jahre sowie ihrer Verankerung in den in die Arbeiterbewegung eingegangenen bildungsbürgerlichen Kunstvorstellungen nach wie vor die Diskussionen in der kulturräsonierenden Öffentlichkeit sowie die kulturpolitischen Verlautbarungen der Parteioberen. So lassen sich die allgemeinen bildungsbürgerlichen Vorstellungen von der bildenden bzw. erzieherischen Funktion großer Kunst, ihrer Schönheit, Wahrheit und Erhabenheit sowie ihrer »Volksverbundenheit« weiterhin in den Redeweisen der obersten SED-Ideologen nachweisen; genauso wie die Abwertung der »spätbürgerlichen Dekadenz« und der »reaktionären Moderne«, die Verklärung des klassischen und bürgerlich-realistischen Kunsterbes sowie die Forderung nach adäquater Widerspiegelung der »objektiven Wirklichkeit«, nach »sozialistischer Perspektive« und »Parteilichkeit«.[42] Hans Kochs Publikation *Marxismus und Ästhetik*[43] erweist sich beispielsweise als direkte »Fortschreibung des Lukács'schen ideologiegeschichtlichen gnoseologischen Realismuskonzeptes«.[44] Noch 1971 konstatiert Helga Gallas, dass Lukács' Theorie »noch immer Grundlage der offiziellen Literaturpolitik der DDR ist«.[45]

Aus diesem Grund können die über Lukács' in die Germanistik eingegangenen Wertungs- und Ordnungsschemata sowie die ihnen zugrundeliegende bildungsbürgerliche Kunstsemantik auch zu einem Zeitpunkt eine für die legitimatorische Außendarstellung der sich langsam etablierenden marxistisch-leninistischen Literaturwissenschaft grundlegende Scharnierfunktion einnehmen, als Lukács aufgrund seiner Beteiligung am Ungarn-Aufstand zur *persona non grata* wird und er als positive Bezugsgröße für die Germanistik nicht mehr in Frage kommt. In der Phase des Neuaufbaus des literaturwissenschaftlichen Feldes im Zeichen des Marxismus-Leninismus erscheint die geschlossene Auseinandersetzung mit »bürgerlichen« Fachkollegen und ihren Theorien resonanz-

---

41 Jäger 1976, 100.

42 Vgl. z. B. Ulbricht 1972a; Ulbricht 1972b; Koch 1960; Kurella 1972. Zum Kampfbegriff »Dekadenz« vom Ende der 50er bis Anfang der 60er Jahre siehe S. Barck 1993.

43 Koch 1961.

44 Czech 2001, 149.

45 Gallas 1971, 15.

trächtiger als ein Streit im »eigenen Lager« über ein neues Realismusverständnis und eine Neubewertung der literarischen Moderne oder der Romantik. Diese Debatten können in größerem Umfang erst in den 60er Jahren beginnen, als sich die neue marxistisch-leninistische Wissenschaftlergeneration tatsächlich fest an den Universitäten etabliert hat.

10. Georg Lukács – »Banner des Feindes«

10.1 Die Anti-Lukács-Kampagne der SED

Vor dem Hintergrund der Beharrungsmacht Lukács'scher Deutungsmuster ist es aufschlussreich zu untersuchen, mit welchen Strategien man von Seiten der literaturwissenschaftlichen Germanistik auf die Ereignisse in Ungarn und die daraufhin in der kulturräsonierenden Öffentlichkeit der DDR stattfindenden Debatten reagiert. Denn nach Lukács' aktiver Teilnahme an der »Konterrevolution« in Ungarn tritt die SED eine breit angelegte öffentliche Diffamierungskampagne gegen den »Erzrevisionisten« los.[1] Dabei geht es keineswegs nur um Lukács' Rolle als Kulturminister der Nagy-Regierung. So beteuert der einflussreiche Kultur- und Kunstwissenschaftler Hans Koch vom Institut für Gesellschaftswissenschaften beim ZK der SED[2] in dem von ihm 1960 herausgegebenen Buch *Georg Lukács und der Revisionismus*, dass »zwischen dem gefährlich irrenden Politiker und dem ›hervorragenden Theoretiker‹« keine Trennungslinie gezogen werden könne.[3] Lukács' praktisches Verhalten während des Ungarnaufstandes sei lediglich die Konsequenz seiner »antimarxistische[n] Auffassungen«,[4] die man nun in seinen theoretischen Arbeiten herauszupräparieren sucht. Gerade an der Person Lukács' zeige sich, »daß unmarxistische Theorien, Abweichungen vom Marxismus-Leninismus – auch in der Literaturtheorie – die Entwicklung eines praktisch-politischen Verhaltens begünstigen und fördern, das objektiv zur Dienstleistung für die Konterrevolution führt.«[5] Entsprechend wird Lukács zu einer Art »geistigen Urheber« der »konterrevolutionären Verschwörung« der sogenannten »Harich-Janka-Gruppe« gegen die Regierung Ulbricht stilisiert.[6] Waren lukácskritische Stimmen bisher nur vereinzelt zu

---

1 In der Forschung wird vermutet, dass eine von der SED vorangetriebene Kritik an Lukács auch ohne seinen Eintritt in die Nagy-Regierung laut geworden wäre. Während Lukács' Schriften den ideologischen Bedürfnissen der »antifaschistisch-demokratischen Ordnung« nach 1945 und der Kulturpolitik Bechers entgegenkommen, eignen sich die in ihnen enthaltenen Volksfrontvorstellungen sowie die Kritik an der sozialistischen Gegenwartsliteratur nicht zu der nach der Ankündigung des Aufbaus des Sozialismus verstärkt einsetzenden Abgrenzung vom »bürgerlichen Lager« sowie der Propagierung einer den veränderten gesellschaftlichen Verhältnissen entsprechenden Kunst. Eine Neuorientierung habe sich jedoch aufgrund fehlender Alternativen zu Lukács und seiner weiten Verbreitung in der kulturräsonierenden Öffentlichkeit als höchst problematisch erwiesen, so dass man erst vor dem Hintergrund der Ereignisse in Ungarn eine Überwindung seiner Theorien habe »verordnen« können. Siehe dazu Gallée 1996, 227ff.; Glowka 1968, 84f.; Spies 1991, 34.

2 Koch gilt als einer der zentralen kulturpolitischen Repräsentanten der DDR (vgl. Haase u.a. 1986, 228) und kann als der »literaturtheoretische[] Wortführer in der Anti-Lukács-Kampagne« gelten (Mittenzwei 2004, 61).

3 Koch 1977a, 8.

4 Koch 1977, 101.

5 Koch 1977b, 103–136, hier 135. Siehe auch Abusch 1967, 285.

hören, so sind die im Rahmen der mit der organisierten Kraft der SED gesteuerten Abrechnung mit Lukács veröffentlichten Reden, Aufsätze, Artikel, Sammelbände oder Rezensionen einmütig in ihrer kritischen Grundhaltung. Vergessen ist, dass man Lukács noch wenige Jahre zuvor auch von Seiten wichtiger Parteifunktionäre verehrende Bewunderung entgegengebracht hat.[7]

Ziel der Kampagne, deren Ausmaß und polemische Schärfe beweisen, wie groß man den Einfluss - und damit die ideologische »Gefährlichkeit« - Lukács' auf Universitäten, Verlage, Buchhandel und Schriftsteller einschätzt,[8] ist es, ihn als marxistischen Theoretiker und Literaturwissenschaftler vollständig zu diskreditieren.[9] In den Jahren nach 1956 ruft die SED sogar eigens eine Reihe von Konferenzen in den einzelnen Institutionen des literarischen Lebens ein, »die ausschließlich die Entwertung Lukács' zum Ziel [haben]«[10] (z.B. die Konferenz der SED-Parteileitung am Institut für Philosophie der Leipziger Karl-Marx-Universität am 4./5. April 1957 oder die vom ZK der SED abgehaltene Kulturkonferenz am 23./24. Oktober 1957). Zeitschriften wie der *Sonntag*, die *Deutsche Zeitschrift für Philosophie* oder auch der Aufbau-Verlag, die sich zuvor besonders an der Verbreitung des Lukács'schen Gedankengutes beteiligt haben, versuchen sich nun nach einer »Umbesetzung« der entsprechenden Redaktionen als besonders scharfe Lukács-Gegner zu profilieren.[11] Auch die Schriftsteller gehen nun auf Distanz.[12] Und selbst Lukács' »Freund« Johannes R. Becher lässt sich 1957 zu einer reumütigen »Selbstkritik« drängen, in der er Lukács' »unverantwortliche Schwätzereien, die ich seiner Senilität zuschrieb«, anprangert und feststellt, diese hätten »Harich in seinen partei- und staatsfeindlichen Zielen bestärkt«.[13]

Mit der Publikation *Lukács und der Revisionismus* aus dem Hause des Aufbau-Verlags, die eine Reihe von Polemiken aus den letzten Jahren zusammenfasst und deren Titel bereits Programm ist, findet die von der SED angeordnete »Abfertigung« Lukács' um 1960 ihr vorläufiges Ende. Eine offizielle Beachtung findet Lukács in der Folgezeit nicht mehr. Die Restauflagen seiner Bücher werden eingestampft; jahrelang werden keine Schriften Lukács' in der DDR veröffentlicht. In den kommunistischen Staaten wird sein Name von nun an selbst in Beiträgen ignoriert, die sich mit marxistisch-

---

6 Vgl. z.B. den Diskussionsbeitrag von Wilhelm Girnus für die Kulturkonferenz des ZK der SED im Oktober 1957 (Girnus 1972a); siehe auch Mayer 1988, Bd. 2, 139.

7 So lobt etwa Alexander Abusch in der Lukács-Festschrift von 1955: »Er deckte Zusammenhänge auf, regte echte Diskussionen an, trug dazu bei, die ästhetischen Anschauungen von Marx, Engels und Lenin weiterzuentwickeln. Uns Deutschen gab er eine wichtige Hilfe bei der Aneignung des großen Erbes unserer klassischen Literatur« (Abusch 1955d, 5).

8 Helmut Holtzhauer konstatiert, Lukács' Arbeiten hätten »nicht nur in stattlicher Reihe die Bücherregale [gefüllt], sondern [waren] auch durch Jahre hindurch das A und O unserer jungen Wissenschaftler« (Holtzhauer 1958); Alexander Abusch spricht von einer »Monopolstellung«, die Lukács innegehabt habe und die es entsprechend zu überwinden gelte (Abusch 1967, 324).

9 Wie allumfassend die Anti-Lukács'sche »Gegenoffensive« betrieben wurde, dokumentiert Gallée 1996, 154-226. Siehe auch Glowka 1968, 81-138.

10 Gallée 1996, 169.

11 Glowka 1968, 88. Siehe etwa B.K. 1958.

12 Vgl. Gallée 1996, 215-226.

13 Becher 1990, 334. Siehe dazu auch Gallée 1996, 171: »Die Tatsache, daß sich der Kulturminister J.R. Becher offiziell von Lukács lossagen bzw. diesem grobe politische Fehler attestieren mußte, kann in ihrer Bedeutung wohl kaum unterschätzt werden.«

leninistischer Ästhetik beschäftigen.[14] Mit einer Publikationsoffensive bemüht sich die Partei zugleich, Franz Mehring als »Ersatz« für Lukács als theoretischen Stichwortgeber für die marxistische Literaturwissenschaft zu etablieren.[15]

In der Forschung ist bereits festgestellt worden, dass in der Fülle von Stellungnahmen, die Lukács' theoretische Ausführungen entwerten sollen, ein »merkwürdiger Gleichklang in der Argumentation« festzustellen ist.[16] In unzähligen Beiträgen wird Lukács vorgeworfen, seine »falsche« Auffassung vom Zusammenhang zwischen Demokratie und Sozialismus habe eine »vollständige Abkehr und Preisgabe des sozialistischen Klassenstandpunktes« nach sich gezogen.[17] Im »Bestreben, sich möglichst eng mit allen antifaschistischen, demokratischen Kräften zusammenzuschließen«,[18] habe Lukács einen »nichtsozialistischen, allgemeindemokratischen« Standpunkt eingenommen[19] und einen »dritten Weg« zwischen Sozialismus und Demokratie gesucht, den es nicht geben könne.[20] Diese »Verdunkelung des Klassenstandpunktes« zieht nach Meinung seiner Kritiker zwangsläufig Fehleinschätzungen in ästhetischen und literarhistorischen Fragestellungen nach sich. So wirft man Lukács vor, das Klasseninteresse auch aus seiner Konzeption der kommunistischen Parteilichkeit des Künstlers eliminiert zu haben.[21] Desgleichen verwische seine These vom »Sieg des Realismus« den Gegensatz zwischen bürgerlicher und sozialistischer Ideologie: Wenn sich die objektive Wirklich-

---

14 Vgl. Gallée 1996, 215; vgl. auch Glowka 1968, 107. Siehe auch Mittenzwei 2004, 61: »Im Aufbau-Verlag durfte Christa Wolf in einem Aufsatz Lukács nicht einmal erwähnen, Hans Mayer in seiner Romantik-Studie sich nicht einmal kritisch mit ihm auseinandersetzen, ihn nicht in eine Reihe stellen mit anderen Historikern, vor allem nicht mit Marxisten. Lukács sollte aus dem geistigen Leben getilgt werden. An der Humboldt-Universität ging man nicht weniger rigoros vor. Auch ich mußte in Sachen Lukács zurückstecken, Positionen aufgeben.«

15 Siehe in diesem Zusammenhang besonders Koch 1959. Auch die *Weimarer Beiträge* beteiligen sich an einer Inthronisierung Mehrings als »Gründervater« der marxistischen Literaturwissenschaft. Die Stoßrichtung gegen Lukács und dessen mangelnde Würdigung der revolutionären Arbeiterliteratur ist deutlich, wenn Mehring als konsequenter Kämpfer für die neu sich herausbildende proletarische Literatur gefeiert wird (vgl. Redaktionskollegium *Weimarer Beiträge* 1959). Zum 40. Todestag veröffentlicht die Redaktion einige Rezensionen und Artikel »des bedeutenden marxistischen Literaturhistorikers Franz Mehring« aus dem späten 19. und frühen 20. Jahrhundert, um dem heutigen Leser dessen »fruchtbare[s] Wirken« näherzubringen (ebd.). In diesem Zusammenhang erscheint auch eine Mehring-Bibliographie, die als ein Versuch interpretiert werden kann, die Rezeption des Mehring'schen Werkes zu stimulieren (Günther 1959). Einen ähnlichen Zweck verfolgt die vielbändige Neuausgabe der Schriften Mehrings im Dietz-Verlag (Mehring 1960–1967), die von Wilhelm Pieck als »ständige Quelle neuer Erkenntnisse und ein Mittler der ruhmreichen Traditionen der deutschen revolutionären Bewegung, die sich jeder Werktätige und insbesondere jeder Partei- und Staatsfunktionär aneignen sollte, um für den täglichen Kampf besser gerüstet zu sein«, bezeichnet werden (Pieck 1960, 5).
Der Versuch der Kulturfunktionäre, Mehring zur neuen theoretischen Bezugsgröße zu machen, scheitert allerdings. Innerhalb der literaturwissenschaftlichen Germanistik ist es der ungeliebte Bertolt Brecht, der Lukács als theoretische Bezugsgröße beerbt. Siehe dazu Kapitel 11.2.

16 Gallée 1996, 234.

17 Koch 1977, 88.

18 Ebd., 88.

19 Ebd., 88.

20 Vgl. ebd., 90. Siehe z.B. auch Szigeti 1977, 169.

21 Vgl. ebd., 197.

keit im literarischen Werk auch gegen die falschen subjektiven politischen und philosophischen Ansichten des Autors durchsetze, so sei dessen Weltanschauung für sein künstlerisches Schaffen letztlich bedeutungslos. Damit trenne Lukács den Schriftsteller vom Klassenkampf und verwandle ihn in ein Medium, »das die Befehle der Wirklichkeit passiv entgegennimmt«.[22] Auch führe seine ideologische Abirrung vom Klassenstandpunkt zu einer Verkennung der sozialistischen Kampfliteratur, die Lukács allein von einer ästhetischen Warte betrachte. Lukács sei »ein Opfer seiner eigenen bürgerlichen Geschmacksbildung« und seines geistigen Aristokratismus geworden[23] und habe so keinen Sinn für die »neue[] historische[] Qualität« der Literatur des sozialistischen Realismus entwickeln können,[24] ja, seine ästhetische Kritik sei sogar in eine »offen antisozialistische, antisowjetische Verleumdung« umgeschlagen.[25] Somit seien seine literaturwissenschaftlichen Arbeiten für die marxistisch-leninistische Germanistik unbrauchbar: Sie wiesen idealistische Tendenzen auf[26] und seien geprägt von einer Unterschätzung des historischen Materialismus, aufgrund derer Lukács »den grundlegenden, qualitativen Unterschied zwischen dem marxistischen und dem vormarxschen Denken« nicht adäquat herauszuarbeiten vermöge.[27]

Bezeichnend ist, dass die Kerngedanken der Lukács'schen Realismus- und Widerspiegelungstheorie bzw. seines Literaturgeschichtsbildes in all diesen Argumentationen niemals Angriffspunkte der Kritik sind. Um die Revision grundlegender ästhetischer Werturteile geht es seinen Kritikern augenscheinlich nicht: Ganz offensichtlich vertreten Lukács' Richter in diesen Fragen nach wie vor prinzipiell ähnliche Thesen.

10.2 Die Reaktionen der literaturwissenschaftlichen Germanistik auf das »Lukács-Verdikt«

Im Rahmen der von der Partei verordneten Offensive gegen den innerparteilichen »Revisionismus« können sich auch die marxistisch-leninistischen Nachwuchswissenschaftler einer kritischen Auseinandersetzung mit Lukács nicht entziehen. Denn aufgrund des besonderen Einflusses des Ungarn auf die literaturwissenschaftliche Germanistik sieht sich das Fach dem Vorwurf ausgesetzt, politisch »unzuverlässig« zu sein. So kritisiert beispielsweise der ZK-Sekretär Kurt Hager im Oktober 1957:

> Die Lage in der Literatur- und Kunstwissenschaft ist gegenwärtig noch unbefriedigend [...]. Der Marxismus-Leninismus ist als weltanschaulich-theoretische Grundlage der gesamten literatur- und kunstwissenschaftlichen Arbeit noch nicht durchgesetzt. Das zeigt sich so-

22 Elsberg 1977, 293.
23 Abusch 1967, 328 und 332.
24 Ebd., 330f.
25 Koch 1977, 101.
26 Vgl. Koch 1977b, 103.
27 Ebd., 107.

> wohl in der Lage an den Universitäten als auch an der Mehrheit der Publikationen in unserer Republik.[28]

So würden

> unter marxistischen Vorzeichen oftmals bürgerliche Auffassungen verbreitet [...], was besonders in der letzten Zeit zum Anwachsen revisionistischer Tendenzen in der Literatur- und Kunstwissenschaft, zu einer Reaktivierung bürgerlicher Betrachtungsmethoden und Wertungen geführt hat.[29]

Nötig sei daher »eine tiefe kritische Auseinandersetzung mit den Werken von Georg Lukács«.[30]

Für die literaturwissenschaftliche Germanistik erscheint es vor dem Hintergrund solcher Vorwürfe geboten, eine öffentliche Abkehr von Lukács zu inszenieren. Dies geschieht vor allem auf der Konferenz »Zu Problemen des sozialistischen Realismus in Deutschland«, die am 9. und 10. Mai 1958 am von Hans-Günther Thalheim geleiteten germanistischen Institut der Humboldt-Universität Berlin stattfindet. Resonanzstrategisch werden sämtliche Tagungsbeiträge eigens in einem Sonderheft der von Thalheim als Chefredakteur betreuten *Weimarer Beiträge* veröffentlicht, die als Schnittstelle zwischen Fach- und kulturräsonierender Öffentlichkeit dienen und die Distanzierung der Germanistik vom einstigen Übervater Lukács sowie die Hinwendung auf die »von der Praxis des sozialistischen Aufbaus gestellten Aufgaben«[31] publikumswirksam dokumentieren sollen.

Bereits der programmatische Einführungstext von Hans-Günther Thalheim weist die Richtung der Konferenz: Es geht um die kritische Auseinandersetzung mit Hans Mayer und vor allem mit Georg Lukács, die mit ihren Theorien dafür verantwortlich seien, dass man es in der Literaturwissenschaft bislang versäumt habe, »den sozialistischen Realismus und die sozialistische Gegenwartsliteratur in den Mittelpunkt ihrer historischen und theoretischen Untersuchungen zu rücken«.[32] Durch die zur Zeit erfolgende Überwindung der »bürgerlichen Ideologie« und des »Revisionismus« werde die Voraussetzung dafür geschaffen, dass »mit dem Studium des sozialistischen Realismus unter den marxistischen Germanisten [...] jetzt wirklich Ernst gemacht wird«.[33] Entsprechend der programmatischen Ausrichtung der Konferenz bestehen die folgenden Beiträge aus direkten Polemiken gegen Lukács – Mayer spielt in der Distanzierungsinszenierung nur eine untergeordnete Rolle – und/oder aus Referaten zur proleta-

---

28 Hager 1960a, 247.

29 Ebd., 247.

30 Ebd., 248; ähnlich Hager 1960, 291. Siehe auch die in die gleiche Richtung zielende Kritik bei Lange 1958, 117f.; Girnus 1957a, 4; sowie Holtzhauer 1958.

31 Thalheim 1958a, 6.

32 Ebd., 5.

33 Ebd., 6. Wie »ernst« es den Literaturwissenschaftlern mit der Entwicklung einer den »Forderungen des Tages« entsprechenden Theorie des sozialistischen Realismus tatsächlich ist, hat man bereits öffentlichkeitswirksam kurz nach der Germanistik-kritischen Kulturkonferenz der SED im Herbst 1957 zu demonstrieren versucht, als nach Diskussionen unter Mitgliedern der SED am germanistischen Institut der Humboldt-Universität Berlin erstmals »Thesen zum sozialistischen Realismus« erscheinen (Mitglieder der SED am Germanistischen Institut der HUB 1958).

risch-revolutionären bzw. sozialistisch-realistischen Dichtung, durch die man eine neue Epoche in der germanistischen Forschung einzuleiten verspricht.[34]

Betrachtet man die in den *Weimarer Beiträgen* veröffentlichten Tagungsbeiträge, so fällt auf, dass es die literaturwissenschaftlichen Germanisten vermeiden, bei ihrer Lukács-Kritik in den pauschalisierenden, diffamierenden Verlautbarungsjargon der Parteifunktionäre zu verfallen. Die Kritik richtet sich gegen Lukács' mangelndes Verständnis für die proletarisch-revolutionäre oder sozialistisch-realistische Literatur und bleibt weitgehend auf fachliche Fragestellungen bezogen. Die Ereignisse in Ungarn oder die Debatten um die »Harich-Janka-Gruppe« rücken in den Auseinandersetzungen der Germanisten mit Lukács in den Hintergrund oder werden gar ganz ausgeblendet. Der von der Partei erhobene Vorwurf einer prinzipiellen »antimarxistischen Konzeption« oder einer »revisionistischen Gesamtauffassung« Lukács' wird im Laufe der Tagung gar nicht oder nur sehr verhalten artikuliert.[35] Die Germanisten bleiben zunächst noch auf der Argumentationslinie, die Hans-Günther Thalheim bereits im Herbst des vorherigen Jahres öffentlich vertreten hat: »Lukács ist trotz der revisionistischen Züge in seiner Literaturtheorie ein materialistischer Literaturwissenschaftler.«[36] Im Falle von Lukács geht es aus Sicht der Germanisten zu diesem Zeitpunkt augenscheinlich keineswegs darum, ihn aus dem marxistisch-leninistischen Lager zu exkommunizieren. Bei aller Kritik an »revisionistischen Fehlurteilen« werden grundlegende Auffassungen über die Klassik und die »bürgerliche Dekadenz« somit nach wie vor als »progressive[] Erkenntnisse« gefeiert.[37]

Der Eigensinn der literaturwissenschaftlichen Germanistik im Umgang mit Lukács zeigt sich auch in der Art der Kritik an seinen vermeintlich fehlerhaften Urteilen hinsichtlich der proletarisch-revolutionären und sozialistisch-realistischen Literatur. Sicherlich, zentrale Kernvorwürfe aus den verordneten Debatten der letzten Monate sind auch in den Tagungsbeiträgen präsent. So beklagt etwa Horst Eckert im Gleichklang mit der Partei, Lukács verkenne die neue Qualität und die prinzipielle Überlegenheit der sozialistischen Literatur gegenüber der Literatur des kritischen Realismus.[38] Inge Diersen kritisiert, Lukács habe es versäumt,

> der Bedeutung gerecht zu werden, die dem Ergreifen neuer Stoffe und Themen, die der Parteilichkeit auf der Grundlage einer fortschrittlichen oder gar sozialistischen Weltanschauung für die Weiterentwicklung der Literatur und gerade auch des Realismus zukommt.[39]

34 Vgl. Eckert 1958; Pick 1958; Schiller 1958.

35 Die einzige Ausnahme ist der Beitrag des Philosophen und Ästhetikers Wolfgang Heise, der Lukács vorwirft, »in seiner Konzeption des Wesens der Kunst keine marxistisch-leninistische Position« einzunehmen, »sondern in Theorien und Methoden innerhalb der Grenzen der bürgerlichen Betrachtung« zu verharren und den marxistisch-leninistischen Klassenstandpunkt zugunsten eines bürgerlich-demokratischen preisgegeben zu haben (Heise 1958, 40).

36 Thalheim 1957, 155.

37 Ebd., 166. Würdigungen Lukács' finden sich zu dieser Zeit u.a. auch bei Geerdts 1957, 631 und 636; Diersen 1957, 77, FN 33; Kaufmann 1957a, 257.

38 Vgl. Eckert 1958, 9 und 14; Haase 1958, 66; Kaufmann 1958b, 46.

39 Diersen 1958, 19.

Auch habe Lukács Literatur allein abstrakt ästhetisch bewertet und so den Klassencharakter der Literatur verdunkelt, was auch mit Lukács' »verschwommenen Auffassungen von Fortschrittlichkeit und Demokratie« zusammenhänge.[40] Damit eng verbunden ist der Vorwurf, Lukács habe die Rolle der bewussten Parteinahme und die politische Zielsetzung des Schriftstellers für die Weiterentwicklung des Realismus unterschätzt. Seine These vom »Sieg des Realismus« bzw. seine »Spontaneitätstheorie« verwische den prinzipiellen Unterschied zwischen der bürgerlich-idealistischen Weltanschauung eines nicht-marxistischen Schriftstellers, die »untauglich ist, um unsere Epoche, ihre Klassenkämpfe und Widersprüche wirklich zu verstehen«, und der marxistisch-leninistischen Weltanschauung des sozialistischen Autors, die ihm den Weg zur Wahrheit und damit auch zur objektiven Widerspiegelung der Wirklichkeit ebne.[41] Kritisiert wird Lukács' Unverständnis für den »Entwicklungscharakter des sozialistischen Realismus«[42] sowie für die geschichtliche Bedingtheit der künstlerischen Mängel der sozialistischen Literatur.[43] Damit habe sich Lukács die Möglichkeit verstellt, »auf die im Aufstieg begriffene sozialistische Literatur [...] kritisch-fördernd, aktiv-lenkend einzuwirken«[44] und dieser bei der Erfüllung ihrer erzieherischen Funktion zu helfen. Eine kritische Auseinandersetzung mit Lukács, so weiß Hans Kaufmann resonanzkalkulierend festzustellen, sei damit »eine Voraussetzung einer ungehemmten sozialistischen Entwicklung unserer literarischen Politik, Praxis und Theorie«.[45]

Doch die Kritik der Germanisten erschöpft sich nicht in der Wiederholung dieser gleichsam formelhaften »Verlautbarungskritik«. Denn auf der Tagung gibt es darüber hinaus erste vorsichtige Versuche, den verengten Realismus-Begriff Lukács' aufzubrechen - ein »Projekt«, das keineswegs auf der politischen Agenda steht. Anders als die Kulturfunktionäre sehen Germanisten wie Hans Kaufmann oder Horst Haase den Grund für die »Verkennung« der sozialistischen Literatur nicht im Verlassen des Klassenstandpunktes, sondern in Lukács' Verabsolutierung der Genrebesonderheiten des kritischen Realismus.[46] Die Forderung nach einer Erweiterung der »realistischen Ausdrucksformen« (z.B. um Skizze, Reportage, Kurzszene oder politische Lyrik) wird zwar in Zeiten der »ideologischen Offensive« der Partei und des allgegenwärtigen »Revisio-

40 Ebd., 24.

41 Ebd., 25; siehe auch Kaufmann 1958b, 46.

42 Thalheim 1958a, 5.

43 Die ästhetischen Vorbehalte Lukács' gegen die proletarisch-revolutionäre Literatur der 20er oder die Aufbauliteratur der 50er Jahre werden weiterhin nicht grundsätzlich in Frage gestellt. Zur Kritik an der »Darstellungshöhe« der proletarisch-revolutionären Literatur, zur Notwendigkeit einer objektiven ästhetischen Wertung auch der literarischen Produkte der Gegenwartsliteratur siehe Diersen 1958, 23 und 25; Eckert 1958, 17; Thalheim 1958a, 6; zum unbefriedigenden Stand der Literatur des sozialistischen Realismus in der DDR siehe auch Thalheim 1958, 90.

44 Thalheim 1957, 151.

45 Kaufmann 1958b, 50.

46 Siehe ebd., 43: »Lukács fixiert einige Merkmale des Gesellschaftsromans des 19. Jahrhunderts als obligatorische Kennzeichen des Realismus und läßt die Erscheinungen, die dem nicht entsprechen, was er ›großen Realismus‹ nennt [...], ohne Gnade durchfallen.« Siehe ebenfalls Haase 1958, 66f.: Lukács »verabsolutiert [...] völlig die Genrebesonderheiten des großen Romans. Das Problem der Perspektive auch auf dem Gebiet der Dramatik und vor allem der Lyrik, wo die Dinge zum Teil sehr viel anders liegen, zu untersuchen oder auch nur zu erwägen, kommt ihm nicht in den Sinn.«

nismus«-Vorwurfs noch ausschließlich im Kontext der Diskussion um die Literatur des sozialistischen Realismus erhoben. Doch indem man die normative Fixierung auf die »Meisterleistungen« des kritischen Realismus bzw. die Vorbildhaftigkeit des »großen Romans« in Frage stellt, legt man den Grundstein für eine Aufwertung der verfemten literarischen Moderne, wird doch mit der Forderung nach »Weite und Vielfalt realistischer Schreibweisen« auch ein Dekadenzbegriff obsolet, der Abweichungen von dem Formenkanon des klassischen und des kritischen Realismus als »Verfallserscheinungen« versteht.

In der Argumentation der Germanisten spielt nun vor allem die Argumentation Brechts eine entscheidende Rolle, so bei Silvia Schlenstedt,[47] Horst Haase[48] und Hans Kaufmann, der sich unter Berufung auf Brechts Lukács-Polemik von 1938[49] gegen dessen normative Realismusauffassung wendet und sich gegen die Verabsolutierung bestimmter literarischer Formen der Vergangenheit ausspricht.[50] Diese Bezugnahme auf Brecht ist zum Zeitpunkt der Realismus-Konferenz für Germanisten noch keineswegs selbstverständlich, stand der 1956 verstorbene Dichter doch theoretisch wie praktisch im Widerspruch zum »Klassikzentrismus« und Formalismus-Verdikt der Kulturpolitiker. Denn da er primär von der Funktion des literarischen Erbes oder bestimmter literarischer Techniken für die Gegenwartsaufgaben her dachte, lehnte er eine undialektische »Vollstreckerthese« genauso ab wie eine pauschale Verfemung der Stilmittel der literarischen Moderne. Von einer marxistisch-leninistischen Brecht-Forschung lässt sich nach Werner Mittenzwei erst ab ca. 1955 sprechen,[51] als der Aufbau-Verlag die ersten vier Bände *Stücke* der großen Brecht-Ausgabe publiziert und Ernst Schumachers profunde und umfangreiche Darstellung über *Die dramatischen Versuche Bertolt Brechts 1918-1933* erscheint.[52] Und auch zum Zeitpunkt der Realismuskonferenz kann noch keine Rede davon sein, dass sich die DDR-Germanistik Brecht entschieden zuwendet. Brecht ist für viele Germanisten aufgrund der Dominanz Lukács'scher Deutungsmuster weder denkstilkompatibel, noch erscheint der Bezug auf Brecht in einer auf die Vorbildlichkeit der Klassik fixierten kulturräsonierenden Öffentlichkeit resonanzträchtig: Eine von Lukács geprägte ästhetische Theorie,

> die im organischen Kunstwerk, in der Reinheit der Gattungen, in metaphysischer Scheidung von Tragischem und Komischem unumstößliche Kriterien erblickt, die in den lehrhaften Elementen und Kunstformen etwas künstlerisch Ungeformtes kritisieren zu müssen meint und diese Literatur in den Vorhof der Kunst verweist, muß zwangsläufig dem Werk Brechts kritisch gegenüberstehen.[53]

Doch selbst wenn sich Brechts Entwicklung vom großen Außenseiter der sozialistisch-realistischen Literatur und Literaturtheorie ins Zentrum der Debatten der marxistisch-leninistischen Literaturwissenschaftler noch einige Jahre hinziehen wird, so ist die Rea-

---

47 Siehe auch S. Schlenstedt 1958.
48 Haase 1958.
49 Brecht 1954.
50 Vgl. Kaufmann 1958b, 44.
51 Vgl. Mittenzwei 1977, 50.
52 Schumacher 1955.
53 Mittenzwei 1977, 54f.

lismus-Konferenz der Berliner Germanisten doch ein erster Schritt zu einer Überwindung des verengten Realismus-Begriffes der Lukács-Ära. Die zögerliche Besinnung auf die bisher vernachlässigte proletarisch-revolutionäre bzw. frühe sozialistische Literatur und die »operativen Genres«[54] nach 1957 sowie die sich daran anknüpfende Brecht-Rezeption tragen mit zu einem Prozess bei, an dessen Ende es »zu einer gründlichen Neubewertung und Umstrukturierung des ästhetischen Kategoriensystems« kommt.[55]

Die öffentliche Distanzierung von Lukács auf der Realismuskonferenz im Mai 1958 ruft ein positives Echo hervor, wie ein Blick in den (nach der Verhaftung Jankas unter der besonderen Kontrolle der Partei stehenden) *Sonntag*[56] verrät:

> Das zentrale Anliegen der Konferenz war die Auseinandersetzung mit revisionistischen Theorien der Literaturbetrachtung in den Arbeiten von Georg Lukács und Hans Mayer, die sich gegenwärtig sowohl für die Erarbeitung einer Theorie des sozialistischen Realismus als auch für die theoretisch-anleitende Förderung der Gegenwartsliteratur als Hemmnis erweisen. Damit wurde die Kritik an Georg Lukács dort eröffnet, wo seit einem Jahrzehnt seine stärkste Wirkung lag, an den Universitäten.[57]

Die literaturwissenschaftliche Universitätsgermanistik wird nun als eine Disziplin charakterisiert, in der »sich der Marxismus-Leninismus als weltanschaulich-theoretische Grundlage [...] durchzusetzen beginnt«.[58] Entsprechend empfiehlt man »allen Germanistischen Instituten[,] unter Einbeziehung der Studenten die Berliner Initiative aufzugreifen«.[59]

Doch nicht überall zeigt man sich von der Inszenierung eines wissenschaftlichen Neubeginns überzeugt. Die relative Zurückhaltung der Germanisten bei der öffentlichen Diffamierungskampagne gegen Lukács bleibt nicht ohne Kritik. Massiv beklagt Hans Koch den ideologischen Zustand der Literaturwissenschaft in der DDR:

> Gegenwärtig wird die Festigung des marxistisch-leninistischen Fundaments auf diesem Gebiet noch wesentlich dadurch gehemmt, daß der tiefe Einbruch des modernen Revisionismus durchaus noch nicht vollständig überwunden ist, der in erster Linie durch den Einfluß der Anschauungen von Georg Lukács erfolgt war. Der Revisionismus Lukács'scher Prägung ist bei uns im wesentlichen politisch geschlagen und ideologisch zurückgedrängt; er ist literaturtheoretisch und -historisch jedoch längst nicht überwunden.[60]

---

54 So schreibt Gudrun Klatt (1980, 260): »Tatsächlich setzte die systematische Erforschung des proletarisch-revolutionären Erbes erst nach 1957 ein; das ist konkret in den Dissertationsverzeichnissen nachweisbar.«

55 Mittenzwei 1977, 56.

56 Der Aufbau-Verlag, der den *Sonntag* herausgibt, wird nach der Verhaftung Jankas vom späteren Kulturminister Klaus Gysi geführt, der als ein entscheidender Repräsentant der SED-Kulturpolitik gelten kann.

57 K. Emmerich 1958. Die öffentliche Resonanz einer Lukács-Kritik zeigt sich auch im *Sonntag*-Bericht über die »Theoretische Konferenz des Schriftstellerverbandes« 1958, in dem lobend herausgestellt wird, dass es in den Redebeiträgen bei allen Schwächen doch »zu einer entschiedenen und parteilichen Klärung eines der wichtigsten Komplexe, des Verhältnisses zu den Theorien von Lukács« gekommen sei (B.K. 1958).

58 K. Emmerich 1958.

59 Ebd.

60 Koch 1960, 107.

Einzelne Germanisten sehen sich massiver Kritik ausgesetzt, so z. B. Hans-Günther Thalheim, der für seine »Kritischen Bemerkungen zu den Literaturauffassungen Georg Lukács' und Hans Mayers« persönlich angegriffen wird, da er Lukács hier nach wie vor als »materialistische[n] Literaturwissenschaftler« bezeichnet.[61] Thalheims »Treuebekenntnis« zum »Revisionisten und Verräter der ungarischen Arbeiter« diskreditiere die gesamte marxistisch-leninistische Literaturwissenschaft.[62] Doch nicht nur das: Zwar habe sich Thalheim »in Worten von Lukács und seinen Sünden distanziert. Aber es ist die Frage zu stellen, ob nicht die Theorie Thalheims dieselbe Spontaneitätstheorie fortsetzt, die deklarativ abgelehnt wurde?«[63] Auch Marianne Lange wirft Thalheim in einem ihrer Artikel vor, falschen Auffassungen anzuhängen, wie sie auch von Lukács theoretisch und praktisch vertreten worden seien.[64] In Zeiten der »ideologischen Offensive« der Partei, der Schauprozesse und der allgegenwärtigen Lukács-Kritik muss ein solcher »Revisionismus«-Vorwurf als äußerst bedrohlich angesehen werden – zumindest für die eigene Karriere. Selbstkritisch müssen daher einflussreiche Vertreter der literaturwissenschaftlichen Germanistik Versäumnisse in den Auseinandersetzungen mit Lukács einräumen, die bislang »nicht mit der notwendigen Konsequenz« geführt worden seien.[65]

Der öffentliche Druck auf die Literaturwissenschaftler, sich noch deutlicher von Lukács zu distanzieren, wächst. Denn die Kritik an Lukács reißt nicht ab, auch nicht die Klagen über ein Weiterwirken seiner Theorien in Wissenschaft und Gesellschaft.[66] Eine abermalige Veränderung der politischen »Großwetterlage« und eine damit einhergehende ideologische Entspannung hinsichtlich der »L.-Frage« ist nicht in Sicht. Der Mauerbau macht darüber hinaus ein für allemal die Notwendigkeit eines Arrangements mit der Partei deutlich. Nun können sich auch diejenigen Germanisten der verordneten Lukács-Denunziation nicht mehr völlig entziehen, die sich auf der angesprochenen Realismus-Konferenz noch um einen Rest an Sachlichkeit bemüht haben. In dem aufgrund seiner ideologischen Wichtigkeit von der SED in Auftrag gegebenen, besonders streng begutachteten und anschließend als Standardwerk für die Entwicklung der sozialistischen Nationalliteratur empfohlenen *Lexikon sozialistischer deutscher Literatur*,[67] für das u.a. die Konferenzbeiträger Hans-Günther Thalheim, Inge Diersen, Hans Kaufmann, Erika Pick und Horst Haase verantwortlich zeichnen,[68] wird Lukács nun

---

61 Thalheim 1957, 155.

62 Roshnowski 1959, 248.

63 Ebd., 248. Roshnowski wirft Thalheim in diesem Zusammenhang auch vor, die Lenin'schen Auffassungen über die Fragen der Kultur »völlig entstellt« zu haben und behauptet, dass Thalheims »Interpretation das ausgesprochene Gegenteil von dem darstellt, was Lenin über die Kultur und Literatur geäußert hat« (ebd., 248).

64 Vgl. Lange 1958a.

65 Streller 1964, 211.

66 Siehe z.B. H. Kaiser 1959, v.a. 118; Koch 1959a; Koch 1961a, v.a. 76–78; Koch (Hg.) 1977; Koch 1961, v.a. Teil V; *Falschmünzer der Literatur* (1962).

67 Diersen u.a. (Hg.) 1963.

68 Das gesamte Redaktionskollegium besteht aus Inge Diersen, Horst Haase, Manfred Häckel, Klaus Hermsdorf, Rudolf Hoffmann, Hans Kaufmann, Erika Pick, Dieter Schiller, Silvia Schlenstedt, Elisabeth Simons und Hans-Günther Thalheim; Plan und Konzeption wurden nach eigener Aussage im Germanistischen Institut der Humboldt-Universität entwickelt (vgl. ebd., 8).

doch als »bürgerlicher Literaturwissenschaftler« bezeichnet,[69] der »theoretisch nicht bis zum Kern des Marxismus-Leninismus vordrang«.[70] Von den Versuchen einer fachspezifischen »Brechung« des von außen an die Disziplin herangetragenen pauschalen Lukács-Verdikts ist hier nichts mehr zu spüren. Explizit bezieht man sich jetzt mit markigen Worten auf die »konterrevolutionären« Aktivitäten Lukács' im Jahre 1956, die eine Konsequenz »seiner zu einem ganzen System ausgebauten revisionistischen Ansichten« seien.[71]

> Er stellte als erster zusammenfassend die literaturtheoretischen Anschauungen der Klassiker des Marxismus dar und verwischte zugleich das Kernstück dieser Auffassungen: die Klassenbestimmtheit aller Literatur, die leninistische Parteilichkeit der sozialistischen Literatur. Er ersetzte das marxistische Grundprinzip der Literaturgeschichtsschreibung faktisch durch ein ›klassenloses‹ Prinzip eines bloß geistigen Entwicklungskampfes zwischen ›Fortschritt und Reaktion‹. L. wandte sich der ausführlichen Untersuchung der realistischen Entwicklungslinie in der deutschen Literatur zu – und diffamierte zugleich ›im Namen des großen Realismus‹ die Ansätze der proletarisch-revolutionären Literatur in Deutschland und in der Sowjetunion. Er propagierte einen spontanen ›Sieg des Realismus‹ auch gegen die Weltanschauung des Autors als allgemeingültiges Gesetz und setzte die Rolle der Bewußtheit und der leninschen Parteilichkeit herab. Er bekämpfte hartnäckig Dekadenz und Naturalismus – aber er kritisierte sie von einem Kunstideal der ›Zeit vor der kapitalistischen Arbeitsteilung‹ her. Er wandte sich der Untersuchung der historischen Entwicklung der Genres zu – faßte sie jedoch oft schematisch-geistesgeschichtlich und mißachtete die ›kleinen‹, operativen Genres.[72]

In Übereinstimmung mit dem Urteil des Politbüros der Ungarischen Sozialistischen Arbeiterpartei heißt es nun, Lukács' Name und Werk seien seither zu einem »Banner des Feindes« geworden.[73] Der Einfluss des einstigen Übervaters auf die sozialistische Literatur und Literaturwissenschaft wird im *Lexikon sozialistischer deutscher Literatur* ausschließlich negativ bewertet. Zusammenfassend heißt es: »L.' Einfluß hat besonders der Entwicklung der sozialistischen Literatur und vor allem Literaturwissenschaft in Deutschland beträchtlichen ideologischen Schaden zugefügt«.[74] Auch die wissenschaftlichen Hochschulzeitschriften, die sich unmittelbar nach dem Ungarn-Aufstand gleichfalls sehr zurückhaltend mit Lukács auseinandergesetzt haben,[75] beginnen nun mit

---

69 Diersen u.a. (Hg.) 1963, 339.

70 Ebd., 340.

71 Ebd., 341.

72 Ebd., 342.

73 Ebd., 341.

74 Ebd., 343. In der Rezension des Lexikons für die *Weimarer Beiträge* wird diese Einschätzung bestätigt. Der Beitrag zu Lukács gehört zu den wenigen Artikeln, die aufgrund ihrer besonderen Qualität und ihrer Prägnanz vom Rezensenten lobend hervorgehoben werden (vgl. Hans Richter 1965, 462). Es ist also keineswegs so, dass die Literaturwissenschaft der DDR sich an der öffentlichen Kritik an Lukács »aus kollegialer Rücksichtnahme« und Angst vor einer politischen Instrumentalisierung durch die Partei nicht beteiligt hätte, wie Manfred Naumann dies behauptet (Naumann 1992, 173). Auch ist es nicht richtig, dass sich aus Gründen des »Anstands« kein Literaturwissenschaftler gefunden habe, der sich an Kochs »Revisionismus«-Band beteiligt (vgl. ebd., 173), enthält dieser Band doch Hans Kaufmanns Aufsatz über »Lukács' Konzeption eines ›dritten Weges‹« (Kaufmann 1977, 322–339).

polemischen Attacken gegen den »Konterrevolutionär«.[76] Die wissenschaftlichen Debatten um Lukács sind nun häufiger geprägt von Simplifizierungen. So stilisiert Horst Haase Lukács zum Alleinverantwortlichen für die bisherige Verfemung des Expressionismus in der DDR und unterschlägt damit die antimodernistischen Strömungen im Bildungsbürgertum sowie anschließend in der Arbeiterbewegung.[77] Selbst vor bewussten Verfälschungen schreckt man nicht zurück, so z.B. wenn Geerdts bemerkt, unter dem Einfluss Lukács' hätten Autoren in der DDR »westliche dekadente« Literatur nachgeahmt und seien dem »Modernismus« verfallen - ein vor dem Hintergrund der ablehnenden Haltung Lukács' gegenüber der literarischen Moderne geradezu absurder Vorwurf.[78]

Zu einer sachlicheren Auseinandersetzung mit Lukács finden die literaturwissenschaftlichen Germanisten erst Ende der 60er, Anfang der 70er Jahre zurück. Auftakt dieser differenzierteren Lukács-Rezeption ist die 1965 erscheinende Dissertation des Philosophen Günter Fröschner über *Die Herausbildung und Entwicklung der geschichtsphilosophischen Anschauungen von Georg Lukács*, die sich zwar im Untertitel als *Kritik revisionistischer Entstellungen des Marxismus-Leninismus* ausweist, die aber bei aller Kritik an Lukács durchaus versöhnliche Töne anstimmt.[79] Diese Aufwertung Lukács' dürfte insofern Signalwirkung für die germanistischen Debatten gehabt haben, als Fröschners Dissertation am Institut für Gesellschaftswissenschaften erarbeitet wird, das sich bis zu diesem Zeitpunkt in der Polemik gegen Lukács besonders hervorgetan hatte. Möglicherweise kann die Würdigung des Lukács'schen Gedankengutes als eine Gegenbewegung zu den unter Rückgriff auf Brecht erfolgenden »Aufweichungen« der tradierten Realismus- und Widerspiegelungstheorie verstanden werden, gleichsam als ein Versuch, die grundlegenden - und bisher von »Scharfmachern« wie Hans Koch nie in Zweifel gezogenen - Parameter des Lukács'schen Erbe-, Klassik- und Realismusverständnisses zu bewahren. Fest steht allerdings, dass nun auch die Literaturwissenschaftler wieder verstärkt auf die positiven Leistungen Lukács' verweisen können. Publikationen wie Kaufmanns *Krisen und Wandlungen der deutschen Literatur von Wedekind bis Feuchtwanger*[80] oder der von Mittenzwei herausgegebene Band *Dialog und Kontroverse mit Georg Lukács*[81] rehabilitieren Lukács als marxistischen Denker.

75 Die mangelnde Beteiligung der Hochschulzeitschriften wird von Seiten der Partei massiv kritisiert. Siehe z.B. Hörnig 1958, 501f.

76 Vgl. Gallée 1996, 186–188.

77 Vgl. Haase 1961, 168.

78 Geerdts 1963, 116f.

79 Siehe z.B. Fröschner 1965, 387.

80 Vgl. Kaufmann 1966, 37.

81 Mittenzwei (Hg.) 1975.

11. Umbauten in der Realismus- und Widerspiegelungstheorie

11.1 Übernahme Lukács'scher Deutungsmuster

Die Dominanz Lukács'scher Deutungsmuster zeigt sich auch in den Debatten um die Realismus- und Widerspiegelungstheorie vor, aber auch nach 1956. Denn in der marxistisch-leninistischen germanistischen Literaturwissenschaft der DDR ist zunächst die gnoseologische, produktionsästhetische Realismus- und Widerspiegelungstheorie Lukács' diskursiv hegemonial, wenn auch zum Teil in banalisierter und vulgarisierter Form. »Realistisch« sind demnach wie bei Lukács vor allem jene Werke, die die vom Marxismus-Leninismus »erkannten« »objektiven Entwicklungsgesetze der Gesellschaft« in einem richtigen und richtig proportionierten Zusammenhang darstellen.[1] Die »*Untersuchung der literarischen Widerspiegelung der objektiven Realität*«, so Heinz Stolpe, müsse »das zentrale Anliegen jeder Literaturbetrachtung [sein], die sich zu wirklich wissenschaftlichem Range erheben will«.[2] Explizit bekennt man sich in den von Mitgliedern der SED am germanistischen Institut der Humboldt-Universität verfassten »Thesen zum sozialistischen Realismus« zur gnoseologisch-didaktischen Funktion der Kunst: »Kraft seines Wahrheitsgehalts besitzt das realistische Kunstwerk einen Erkenntniswert und bildet einen bereichernden Bestandteil des gesellschaftlichen Bewußtseins«.[3] Aufgrund der Tatsache, dass allein jene Kunst als »realistisch« bezeichnet werden kann, die den vom Marxismus-Leninismus als »objektiv progressiv« definierten Strömungen dient (ansonsten dient sie der »Verschleierung« der »objektiven« gesellschaftlichen Entwicklungsprozesse und damit den »reaktionären« Strömungen), kann jegliche realistische Kunst wie bei Lukács zugleich als »humanistisch« definiert werden.[4] Auch die Übernahme des binären Oppositionsschemas von »Fortschritt und Reaktion«[5] oder die letztlich doch deutliche Präferenz für die »großen Formen«[6] bei Ablehnung des die literarischen Traditionen ignorierenden »Proletkult«[7] sowie des unmittelbar auf politische Tagesfragen eingeengten »Agitprop«[8] zeigen die Wirkungsmacht der Lukács'schen Konzeptionen.

---

1 In Lukács' Essay »Kunst und objektive Wahrheit« von 1934 heißt es, das Kunstwerk müsse »alle wesentlichen, objektiven Bestimmungen, die das von ihm gestaltete Stück Leben objektiv determinieren, in richtigem und richtig proportioniertem Zusammenhang widerspiegeln.« Dabei habe es die Wirklichkeit so widerzuspiegeln, »daß dieses Stück Leben in sich und aus sich heraus verständlich, nacherlebbar werde, daß es als eine Totalität des Lebens erscheine« (Lukács 1977, 77).

2 Stolpe 1956, 98. Hervorhebungen im Text.

3 Mitglieder der SED am Germanistischen Institut der HUB 1958, 125.

4 Vgl. ebd., 125.

5 Vgl. z.B. ebd., 128ff.

6 Vgl. ebd., 125.

7 Vgl. ebd., 127.

Desgleichen zeigt sich die gnoseologische Fixierung und die Dominanz Lukács'scher Deutungsmuster in der konkreten Auseinandersetzung mit Kunstwerken und Schriftstellern. Das Verhältnis von Literatur und gesellschaftlicher Wirklichkeit wird bestimmt unter Rückgriff auf zentrale Lukács'sche Kategorien wie »Gestaltung«, »Typus«, »Totalität«, »Widerspiegelung«, »Realismus«, »Erkenntnis« etc.[9] Die Bestimmungen für ein »realistisch« genanntes Kunstwerk richten sich bezüglich der Form wie bei Lukács nach »der klassischen Art, die Realität zu behandeln«.[10] Kriterium für die Bewertung sowohl der literaturgeschichtlichen Position eines Werkes als auch seines gesellschaftlichen Nutzens ist darüber hinaus stets sein »Wahrheitsgehalt« und seine weltanschauliche Botschaft. So ist beispielsweise der von Lukács hochgeschätzte *Doktor Faustus* von Thomas Mann für Inge Diersen deshalb ein so bedeutender Roman, weil der Autor darin »ein Maximum des Realismus« erreiche:

> Die künstlerische Entwicklung Leverkühns spiegelt exakt und wahrheitsgetreu die Entwicklung der bürgerlichen Kunst im Imperialismus samt ihrer gesellschaftlichen Funktion wider, und gleichzeitig bleibt sie stets auf die allgemein-gesellschaftlichen Vorgänge bezogen, ist Abbild dieser Vorgänge.[11]

Dagegen kann Kleist – für Lukács »gewaltige[s] Symbol des Irrweges der deutschen Literatur und Ideologie«[12] – aufgrund seiner vermeintlichen Unfähigkeit, »[d]ie Zeichen einer neuen, bereits etablierten bürgerlichen Zeit« zu erkennen,[13] abgewertet werden: »Sein Realismus ist begrenzt, und sein Werk weist aus der verzweifelten Wahrheitssuche heraus, die überall an Erkenntnisschranken stößt, krankhafte Züge auf.«[14] Mit dem Verweis auf die fehlenden »Erkenntnisfunktionen« und das vermeintlich in diesen Werken verbreitete »Weltgefühl des Agnostizismus, der Fatalität, der Ausweglosigkeit, Agonie und Negation des Lebens« wird schließlich wie bei Lukács auch die Literatur des »bürgerlichen Modernismus« abgelehnt.[15]

Während der 70er Jahre kommt es in der Realismus- und Widerspiegelungstheorie der DDR zu einem grundlegenden Paradigmawechsel. Mit Recht kann die sich etablierende »kommunikativ-funktionale« Literaturbetrachtung als »kopernikanische Wende« (Robert Weimann) in den Literaturwissenschaften der DDR bezeichnet werden. Der genetische, produktionsästhetische, gnoseologische Realismus- und Widerspiegelungsbegriff Lukács' wird abgelöst und durch rezeptionstheoretische Ansätze ersetzt, die den literarischen Prozess als einen Austauschvorgang begreifen, in dem Distribution und Rezeption mitentscheiden, die nach der jeweiligen historischen Funktion von Formen und Inhalten literarischer Widerspiegelung fragen, die die »Weite und Vielfalt realistischer Schreibweisen« sowie die ästhetischen Eigenarten von Literatur anerkennen und die den axiologischen Aspekt von Literatur geltend machen. Doch bereits ab dem

8 Vgl. ebd., 128.
9 Vgl. z.B. Lukács 1973.
10 Geerdts 1960, 72.
11 Diersen 1955, 316.
12 Lukács 1947, 70.
13 Thalheim 1965, 550.
14 Streller 1959, 511.
15 D. Schlenstedt 1964, 488.

Ende der 50er Jahre lässt sich eine vorsichtige Hinwendung zum funktionalen Realismus-Begriff Brechts ausmachen, der einen Bruch bedeutet mit dem normativen Formkonzept Lukács'. All diese Umbauten im Realismus- und Widerspiegelungsbegriff sind dabei *weder* das Resultat *rein innerdisziplinärer* Entdogmatisierungs-, Pluralisierungs- und Demokratisierungsprozesse *noch* das Ergebnis *fachexterner* Planung und Leitung. Sondern sie sind das Produkt eines komplexen Wechselspiels von gesellschaftlichen und politischen Veränderungen, staatlichen Forderungen und Förderungen, Neuerungen in der literarischen Praxis, von innerwissenschaftlichen Konkurrenzkämpfen, institutionellen Rahmenbedingungen, internationaler Wissenschaftsentwicklung und fachinternen Logiken. Aufgrund der Komplexität des Gegenstandes und der Fülle des Materials ist es keinesfalls möglich, an dieser Stelle die gesamte Realismus- und Widerspiegelungsdebatte in der DDR im Einzelnen nachzuzeichnen oder auch nur einen groben Überblick über die einzelnen Verschiebungen innerhalb des Realismus- und Widerspiegelungsbegriffes von den 50er Jahren bis 1989/90 zu geben. Worum es daher in diesem Kapitel mit Blick auf die Fragestellung der Arbeit allein gehen kann, ist, den multifaktoriellen Ermöglichungszusammenhang der vorgenommenen Umbauten zu skizzieren, das Verhältnis von fachinternen und fachexternen Diskursen zu beleuchten und zentrale Argumentationsstrategien der Germanisten im Zusammenhang mit den vorgenommenen Umbauten zu erarbeiten.

11.2 Hinwendung zum funktionalen Realismus-Begriff Brechts

Bereits ab dem Ende der 50er Jahre sind erste zaghafte Versuche einzelner Literaturwissenschaftler zu beobachten, einen funktionalen, wirkungsästhetisch gedachten Realismus-Begriff zu konstituieren und die Fixierung auf den Formenkanon des klassischen und des kritischen Realismus zu überwinden.[16] Während der resonanzträchtige Hochwertbegriff Realismus selbst erhalten bleibt, ändert sich seine Bedeutung. Diese Entwicklungen bereiten »den Boden für die Anverwandlung der westdeutschen Rezeptionsästhetik [...], die dann allmählich ein allgemeines ästhetisches Umdenken bewirkte«.[17] Theoretisch stützt man sich bei diesem Umbauprozess vor allem auf Brecht, der Lukács mehr und mehr als legitimatorische Bezugsgröße und bevorzugter Zitatenschmuck beerbt.[18] Mit Brechts Forderungen nach »Weite und Vielfalt der realistischen Schreibweisen« kann man sich in Zeiten des Lukács-Verdiktes resonanzträchtig gegen den »Konterrevolutionär« wenden.[19] Zwar wird auch bei Brecht die Formfrage nicht als unwesentlich erachtet. Doch betrachtet er das Formale, das Artistische immer im Zusammenhang mit der gesellschaftlichen Funktionsbestimmung. Letztlich geht es Brecht allein darum, inwieweit sozialistische Literatur den Leser aktiviert, das menschliche Schicksal als beeinflussbar zeigt, gesellschaftliche Zusammenhänge aufdeckt, sozia-

16 Vgl. z.B. das Sonderheft der *Weimarer Beiträge* zur Realismus-Konferenz 1958.
17 Rosenberg 1995, 44.

listische Impulse weckt etc. Anfang der 60er Jahre erscheinen eine Reihe von Studien über Brecht,[20] die trotz vielfältiger ästhetischer Interessen das gemeinsame Ziel haben, »der Brechtschen Methode als einem wesentlichen Beitrag zur marxistisch-leninistischen Ästhetik und zum sozialistischen Realismus zum Durchbruch zu verhelfen«.[21] Auch werden 1963/64 die Bände mit Brechts *Schriften zum Theater* und 1966 die Bände der *Schriften zur Literatur und Kunst* veröffentlicht, die Überlegungen zum Theater in der DDR sowie die Beiträge zur Realismus-Debatte enthalten[22] und »wie aktuelle Beiträge zu den ästhetischen Auseinandersetzungen gelesen« werden.[23]

Von besonderer Bedeutung für die germanistische Literaturwissenschaft der DDR ist in diesem Zusammenhang der Essay über die »Brecht-Lukács-Debatte« von Werner Mittenzwei, der zwar auch Professor im »roten Kloster«, dem Institut für Gesellschaftswissenschaften beim ZK der SED, ist, doch anders als linientreue »Hütehunde« wie Hans Koch oder Elisabeth Simons mit größerem Eigensinn agiert.[24] Bei seiner Aufwertung bestimmter Techniken der »spätbürgerlichen« Literatur bedient sich Mittenzwei eines argumentativen Schachzugs Brechts. Dieser war dem Vorwurf des »Formalismus« begegnet, indem er seinerseits die sanktionierte Realismus-Definition von Lukács des »Formalismus« bezichtigte. Lukács nehme die Form einiger Realisten und verabsolutiere sie, indem er sie zu *der* realistischen Form erkläre: »Ein Realismus aber, der sich nur auf das Muster einiger Romane des vorigen Jahrhunderts bezieht [...], muß im Kampf gegen den Formalismus selbst formalistisch bleiben.«[25] Die weltanschauliche Neutralität der Stilmittel erlaube es, auch Montagetechnik oder inneren Monolog für eine sozialistisch-realistische Literatur fruchtbar zu machen. Gerade für die schriftstellerische Bewältigung der Wirklichkeit des 20. Jahrhunderts bedürfe es neuer Mittel und Methoden.[26] Ähnlich argumentiert Inge Diersen in ihrem ebenfalls 1967 erschienenen

18 Kaum eine wichtige literaturtheoretische Abhandlung über neuere Probleme kann erscheinen, ohne auf Brecht Bezug zu nehmen (vgl. Mittenzwei 1977, 66). Siehe z.B. »Aussprache über den sozialistischen Realismus« (1967), 540; Diersen 1967, 656, FN 21; Geerdts 1967, 7; Kaufmann 1966, 17; »Probleme des sozialistischen Realismus« (1969), u.a. 481. Impulse für die Forderung nach einer stärkeren Geltung einer funktionalen Betrachtungsweise in der Realismustheorie kommen auch von anderen Vertretern des »sozialistischen Realismus« wie Becher, Eisler oder Seghers, denen es vor allem auf die Funktion der Kunst im »Klassenkampf« ankommt (vgl. Funke 2001, 129).

19 Vgl. z.B. Diersen 1967, 654; Kaufmann 1966, 17 und 365; Roisch 1970, 56.

20 Allein in den Jahren 1962/63 legt die Forschung nach Mittenzwei neun Monographien über Brecht vor, darunter Werner Mittenzweis *Bertolt Brecht - Von der »Maßnahme« zu »Leben des Galilei«* (Mittenzwei 1962) oder Werner Hechts *Brechts Weg zum epischen Theater* (Werner Hecht 1962) (vgl. Mittenzwei 1977, 57).

21 Mittenzwei 1977, 61.

22 Vgl. Schöttker 2000, 279f.

23 So Rainer Rosenberg in der Diskussion des Beitrages »Politisierung eines Klassikers« von Detlev Schöttker (ebd., 291).

24 Siehe auch D. Schlenstedt/S. Schlenstedt 2004, 205: »Mittenzwei kam zwar vom Institut für Gesellschaftswissenschaften. Dennoch lag er schon mit seiner Dissertation über Brecht nicht im Kanon. Er hatte zwar damals versucht, den Brecht parteitreu zu interpretieren, aber er war Materialist genug, um zu sehen, daß das Material etwas anderes hergab. Insofern kam er zwar von dort, war aber ein ungetreuer Sohn.«

25 Mittenzwei 1967, 250.

26 Ebd., 248.

Beitrag »Darbietungsformen des Erzählens«. Die Verfahrensweisen, die Diersen in diesem Kontext als Möglichkeiten anführt, um der komplexer gewordenen Welt des 20. Jahrhunderts ästhetisch gerecht werden zu können, sind durchweg diejenigen »spätbürgerlicher« Autoren, die bislang als »dekadente« Gestaltungsmittel verrufen waren.[27]

11.3 Der Kampf der politischen Administration gegen einen erweiterten Realismusbegriff

Die wissenschaftspolitische Administration spürt, dass die funktionalistische »Aufweichung« des Realismus-Begriffs durch die Germanisten letztlich das orthodoxe Realismus-Paradigma hinwegzuspülen droht und sieht in diesen Tendenzen Versuche einer ideologischen »Unterwanderung«. Weiterhin hält man an einem verengten, normativen Realismusverständnis fest. Aufgrund der Erfahrungen von 1956 glauben führende Kulturpolitiker wie Alfred Kurella, Alexander Abusch, Wilhelm Girnus oder Kurt Hager, alle Entdogmatisierungstendenzen bereits im Vorfeld durch eine möglichst restriktive Kunst- und Kulturpolitik eindämmen zu müssen. Auf der Beratung des Politbüros des ZK der SED und des Präsidiums des Ministerrats mit Schriftstellern und Künstlern im März 1963 stellt Kurt Hager unmissverständlich klar: »Gerade unser Kampf für Sozialismus und Frieden verlangt eine scharfe und rostfreie Waffe der sozialistischen Kunst«.[28] Im Zentrum der Bemühungen der Funktionäre stehen vor allem der Kampf gegen »Dekadenz« und »Formalismus« sowie der Versuch, »alle Erscheinungen von

27 »Die innere Welt der menschlichen Persönlichkeit als Feld des Widerstreits von Tendenzen der Weltentwicklung und damit einen geistig-seelischen Extrakt der Weltentwicklung selbst zu geben, ist eine Möglichkeit, der Schwierigkeiten Herr zu werden, die Vielfalt der Erscheinungen künstlerisch überschaubar zu organisieren. Eine andere Möglichkeit ist die parabolische Gestaltungsweise, mittels derer die tatsächlichen Wirklichkeitserscheinungen in äußerster Verkürzung und das Gesetzmäßige durch hochgradige Abstraktion vom Erscheinungsbild widergespiegelt werden. Eine weitere Möglichkeit ist die Montage, die Zusammenstellung und Konfrontation von episch aufgebautem Einzelschicksal und dokumentarisch dargestelltem Massenschicksal, weil in der überlegten Zusammenstellung des nicht unmittelbar Zusammengehörigen der Pulsschlag der Weltgeschichte spürbar werden kann« (Diersen 1967, 655f.). Ähnlich argumentiert Hans Kaufmann: »Reflexionsteile, Symbole, Gleichnisse, Übertragungen von einer der gegenständlich vorgeführten Sphären in eine andere, die man ›hinzudenken‹ muß, Verfremdungen, durchsichtige Proportionsverschiebungen, Montagen, filmartige ›Schnitte‹ – lauter Erscheinungen meist alter, seltener neuer Art, die, für sich genommen, auf die Frage nach dem Realismus keinerlei Antwort geben, sind [...] an der Neuformierung des Realismus beteiligt« (Kaufmann 1969, 477). Auch Hans Jürgen Geerdts wendet sich gegen jene Gegenwartsautoren, »die dem formalen Epigonentum huldigen«: Neue literarische Probleme ließen keine »altmodische Diktion« mehr zu: »Im Zeitalter der Atomkraft und der Vergesellschaftung der Produktionsmittel kann man nicht mehr wie Fontane schreiben.« Deutlich kritisiert wird nun eine Literaturkritik, die »ausschließlich klassische Paradigmen« bevorzuge und die Gattungsentwicklungen der letzten Jahrzehnte nicht beachte (alle Zitate Geerdts 1961, 124f.).

28 Hager 1972d, 876.

Unkultur, bürgerlicher Ideologie und Tendenzen westlicher Aufweichung in unserem Kulturleben zu überwinden und planmäßig, systematisch die Entwicklung einer sozialistischen Kultur, einer sozialistischen Lebensweise zu fördern«.[29] Der These von der »weltanschaulichen Neutralität« literarischer Ausdrucksmittel wird daher eine deutliche Absage erteilt und mit einer scharfen Kritik an den Kunstwissenschaften verbunden:

> Unsere Theoretiker haben es nicht verstanden, den Verfallscharakter der modernen bürgerlichen Kunst aufzuzeigen und klarzumachen, daß bestimmte Formen der modernen Kunst als Ausdrucksmittel ganz bestimmter, verfallsförmiger Auffassungen vom Menschen und seiner Zukunft zustande kommen und nicht beliebig, losgelöst von diesen Auffassungen, für andere Gefühle, Vorstellungen und Gedanken verwendet werden können.[30]

Eine produktive Adaption »modernistischer« Kunstmittel durch sozialistische Schriftsteller erscheint in den Augen der Kulturfunktionäre unmöglich. Forderungen dieser Art werden als der Versuch, »den angeblichen Werten der bürgerlichen Dekadenz Tür und Tor bei uns zu öffnen«,[31] zurückgewiesen. Inge Diersens Aufsatz »Darbietungsformen des Erzählens« wird in einer Sitzung der Kreisparteikontrollkommission als eine »an kleinbürgerlichen Sozialismusvorstellungen orientierte Konzeption« verunglimpft.[32] Explizit polemisiert man im Februar 1963 gegen die »fehlerhafte Konzeption« der Zeitschrift *Sinn und Form*[33] unter ihrem Chefredakteur Peter Huchel und besonders gegen die darin abgedruckten Beiträge von vermeintlichen »Revisionisten« wie Louis Aragon, Ernst Fischer oder Jean-Paul Sartre,[34] die für eine Erweiterung des tradierten Realismusverständnisses um Aspekte der Moderne plädieren. Nach Ansicht der »Diskurswächter« wird durch solche Arbeiten der Weg für eine »ideologische Koexistenz« bereitet. Jegliches Plädoyer für eine erweiterte Realismuskonzeption wird vor diesem Hintergrund zum Angriff auf den Sozialismus stilisiert:

> Die in der Praxis als unhaltbar bewiesene These, daß man mit modernistischen Mitteln eine sozialistische Thematik gestalten könne, muß als Versuch gewertet werden, eine ›gemäßigte‹ sozialistische Kunstentwicklung in der DDR mit der verfallenden spätbürgerli-

29 Abusch 1972c, 521.

30 Kurella 1972, 471. Siehe auch den Bericht des ZK der SED an den VI. Parteitag der SED im Januar 1963: »Künstler, die glaubten, mit den Mitteln der sogenannten Moderne - jener Kunst, die aus der Zerstörung des humanistischen Menschenbildes in der imperialistischen Gesellschaft hervorging - den Menschen erfassen zu können, mußten zu unbefriedigenden oder abwegigen künstlerischen Ergebnissen kommen« (ZK der SED 1972, 804). »Es hat sich erwiesen, daß das Erbe der sogenannten Moderne, die oft nur das ›theoretische Aushängeschild für künstlerisches Unvermögen‹ ist, kein Weg für die künstlerische Bewältigung unserer Gegenwart ist und auch nicht sein kann« (Verner 1972, 762). Siehe auch Ulbricht 1972d, bes. 779f.

31 Abusch 1967, 304.

32 Zitiert nach Weimann 2004, 102, FN 27. Bereits der Titel von Diersens Beitrag ist eine Provokation, spielt er doch auf die Dissertation *Bauformen des Erzählens* (Stuttgart 1955) des jungen »bürgerlichen« Literaturwissenschaftlers Eberhard Lämmert an.

33 »Es gibt keine ideologische Koexistenz« (1972), 823.

34 Siehe besonders das letzte unter dem Chefredakteur Peter Huchel herausgegebene Heft (Jg. 14 [1962], Nr. V/VI) und die darin enthaltenen Beiträge von Louis Aragon, Ernst Fischer sowie Jean-Paul Sartre. Kritisch dazu äußern sich in den Jahren 1963/64 z.B. Alexander Abusch, Walter Ulbricht, Hans Koch oder Heinz Plavius: Abusch 1972d, 881; »Es gibt keine ideologische Koexistenz« (1972), 823; Ulbricht 1972a, 980; Koch 1972, 949; Plavius 1964, 273ff.

> chen Kultur in Westdeutschland zu ›verbinden‹, eine These, die von dem unversöhnlichen Antagonismus abstrahiert, der zwischen sozialistischer und imperialistischer Ideologie besteht. [...]
> Die Gefährlichkeit aller dieser Auffassungen besteht darin, daß sie dem Gegner für seine Politik der ideologischen Diversion und Verwirrung den Boden bereiten.[35]

Auf der Kulturkonferenz der SED im Oktober 1957 heißt es, allein die Duldung »uns fremder, dekadenter Lebensäußerungen der niedergehenden bürgerlichen Kultur hemmt die Entwicklung einer vielfältigen und reichhaltigen sozialistischen Kultur«.[36] Gerade die DDR müsse, so Ulbricht im März 1963 mit Blick auf die Liberalisierungstendenzen in anderen sozialistischen Ländern, einen besonders festen ideologischen Standpunkt bewahren, da »die Vertreter der bürgerlichen Dekadenz westlich von uns in unmittelbarer Nähe wirken« und »der Druck des Gegners, der Druck der imperialistischen Propaganda stärker ist«.[37] Mit diesem Argument rechtfertigt man eine besonders restriktive ›Diskurskontrolle‹. Es könne nicht geduldet werden, dass unter der Maske des Kampfes um die Überwindung des Personenkults und seiner Folgen die »ideologische Koexistenz« durchgesetzt,[38] die Begriffe »Dekadenz«, »Abstraktionismus« oder »Formalismus« in Frage gestellt oder der prinzipielle Gegensatz zwischen »bürgerlicher« und sozialistischer Kunst übersehen würden.[39] Gegen den Ruf nach einem erweiterten Literaturkonzept gewandt, argumentiert Ulbricht: »Die Reden über ›Realismus ohne Ufer‹ sind doch nichts anderes als der Versuch, Realismus und bürgerlichen Formalismus und abstrakte Kunst miteinander zu verschmelzen, das heißt, die Methode des sozialistischen Realismus zu beseitigen«[40] – jene Methode, der Ulbricht in seinem

35 »Es gibt keine ideologische Koexistenz« (1972), 823. Siehe auch Kurt Hagers Beitrag zur »Parteilichkeit und Volksverbundenheit unserer Literatur und Kunst« vom März 1963: »Wir müssen uns entschieden dagegen wenden, wenn von einzelnen Künstlern und Schriftstellern unter dem Deckmantel, ›sozialistische Kunst‹ zu schaffen, Mittel und Methoden angewandt werden, die geeignet sind, der bürgerlichen Ideologie Tür und Tor zu öffnen. Ein sozialistischer Künstler und Schriftsteller, der auf der Grundlage der sozialistischen Weltanschauung an seine Arbeit herangeht, kann sich nicht neutral gegenüber Versuchen verhalten, eine sozialistische Thematik mit modernistischen Mitteln zu gestalten. Er muß den Versuchen, modernistische Mittel in die Gestaltung sozialistischer Themen einzuschmuggeln, in unserer Zeit und unter den Bedingungen des umfassenden sozialistischen Aufbaus schärfstens entgegentreten« (Hager 1972d, 875). Und Walter Ulbricht führt aus: »Um was es geht, ist die klare Erkenntnis, daß *unsere* Kunst in *unserem* Leben, in *unserer* Gesellschaft wurzeln muß, daß die Methoden unserer Kunst nur der sozialistische Realismus sein kann und daß die Formen und Gestaltungsmittel unserer Kunst aus den neuen Inhalten abgeleitet werden müssen, nicht aus irgendwelchen Kunstformen, die aus einer antagonistischen gesellschaftlichen Situation erwachsen, die künstlerische Reflexe des Verfalls der bürgerlichen Gesellschaft sind. [...] Es geht darum, daß wir keine Sackgassen und Irrwege brauchen, um eine unserem Leben entsprechende Kunst zu entwickeln, die auf allen bedeutenden Kulturtraditionen der Geschichte und der Gegenwart fußt, die aber bewußt eine klare Überwindung des Mystischen, Irrationalen, Dekadenten in der Kunst, und zwar in Inhalt und Form, darstellt« (Ulbricht 1972a, 978).

36 »Für eine sozialistische Kultur« 1972, 504.

37 Ulbricht 1972, 893.

38 Ebd., 888.

39 Ulbricht 1972a, 984.

40 Ebd., 980.

Schlusswort auf der Beratung des Politbüros des ZK und des Präsidiums des Ministerrats mit Schriftstellern und Künstlern im März 1963 nach wie vor eine zentrale Rolle im politisch-ideologischen Kampf einräumt.[41] Daher sei es »auch falsch, wenn einzelne Künstler immer noch glauben, bei einem Kunstwerk könne nur vom Inhalt, nicht aber von der Form beurteilt werden, ob es feindlich oder nützlich sei«.[42] Im Namen einer »Einheit der mit dem Namen Weimar verbundenen humanistischen klassischen Literatur und des Bitterfelder Weges«[43] schwört man die Künstler weiterhin auf die Vorbildlichkeit des bürgerlichen Realismus und des humanistischen Kulturerbes ein.[44] Die auch von Kulturfunktionären gern gebrauchte Formel von der »Weite und Vielfalt realistischer Schreibweisen« soll zwar Liberalität suggerieren, bedeutet aber keineswegs eine Öffnung der Grenzen des sozialistischen Realismus gegenüber dem »Modernismus«, sondern die künstlerische Aneignung der »weiter und vielfältiger« sich entwickelnden sozialistischen Gesellschaft.[45]

Doch nicht nur Funktionäre ziehen gegen die Entdogmatisierungstendenzen in der germanistischen Literaturwissenschaft zu Felde. Auch einige Germanisten versuchen die abermalige Verschärfung der Debatten um die kulturelle Moderne und ihre Ausdrucksmittel nach dem 11. Plenum des ZK der SED 1965, dem sogenannten »Kahlschlag«-Plenum,[46] zu nutzen, um ihre kulturpolitische »Linientreue« zu demonstrieren und sich als unerbittliche Kämpfer gegen »modernistische Tendenzen« in der Literaturwissenschaft und in der sozialistischen Gegenwartsliteratur zu inszenieren. Als Beispiel

---

41 Vgl. z.B. Ulbricht 1972, 892f.

42 Hager 1972d, 875.

43 Vgl. z.B. Ulbricht 1972a, 956; Ulbricht 1972b.

44 Siehe z.B. Gysi 1972, 1741: »Unsere eigene unmittelbare Erfahrung des Jahres 1945 und der Jahre danach befähigte und verpflichtete uns, den Versuch zurückzuweisen, an die Stelle jener Traditionslinien, die von der Aufklärung über die Klassik und den kritischen Realismus bis zum sozialistischen Realismus, also zu der sozialistischen Kunst unserer Tage, führt - etwa Joyce, Proust oder Kafka -, zu setzen. Was hätten sie uns damals, 1945, helfen können, wie könnten sie es heute! Es gibt bisweilen die Meinung, daß die eigentliche Aufgabe des humanistischen Kulturerbes mit der Hilfe, die es uns damals erwies, vorüber sei, daß das Erbe in gewisser Weise durch die neuere Entwicklung abgelöst wird. Diese Auffassung ist grundfalsch. Heute geht es darum, in der Rezeption und Verbreitung unseres humanistischen Kulturerbes der neuen Stufe unserer gesellschaftlichen Entwicklung gerecht zu werden, das heißt, eine tiefere geistige Durchdringung zu erreichen und auf dieser neuen Stufe die gleiche organische Einheit von Erbe, sozialistischer Gegenwartskunst und Perspektive unserer Kultur und Kunst zu erreichen, die für die Etappe zu Beginn des Kulturbundes kennzeichnend war.«

45 Siehe z.B. Walter Ulbrichts Referat zur »nationale[n] Mission« der DDR auf dem 9. Plenum des ZK der SED im April 1965: »Das Neue kann niemals darin bestehen, die eroberten Positionen aufzugeben oder den sozialistischen Realismus mit dem Modernismus aussöhnen zu wollen. Das Neue ergibt sich aus dem Vorwärtsschreiten im Prozeß der technischen Umwälzung der Vervollkommnung der sozialistischen Demokratie und der Herausbildung der Persönlichkeit des sozialistischen Menschen. Der sozialistische Realismus als die schöpferische Methode der künstlerischen Erkenntnis und Gestaltung unserer Wirklichkeit ist für das Neue des Lebens stets offen. [...] Die Weite und Vielfalt unserer Kunst entwickelt sich in dem Maße, wie die Künste den Reichtum des Lebens, den objektiv in unserem Lande vor sich gehenden Prozeß der Herausbildung einer neuen Menschengemeinschaft künstlerisch erobern« (Ulbricht 1972c, 1033).

46 Siehe dazu Agde (Hg.) 2000.

für diese Tendenz kann die Lyrik-Debatte im *Forum* 1966 gelten, in der Horst Haase und Edith Braemer, Professoren für literaturwissenschaftliche Germanistik an der Universität Leipzig, an der Seite des »Diskurswächters« Hans Koch gegen kritische Autoren und die moderat argumentierenden Fachkollegen Dieter Schlenstedt und Dieter Schiller polemisieren.[47]

11.4 Die Lyrik-Debatte im *Forum*

In der Lyrik-Debatte im *Forum* vermeidet Dieter Schlenstedt eine pauschale Abwertung moderner Stilmittel, bemüht sich in seiner Analyse des Gedichts »Der See« von Karl Mickel trotz aller ideologischen Kriterien um Textbezogenheit und die Anwendung ästhetisch fundierter Maßstäbe für die Beurteilung und verweist auf die Spezifika eines lyrischen Ich, dessen »Aussagen« nicht mit denen des Autors verwechselt werden dürften.[48] Auch sein Fachkollege Dieter Schiller geht über eine rein ideologisch fundierte Betrachtungsweise von Lyrik hinaus und bezieht ästhetische Kategorien in seine Überlegungen mit ein. Dabei zeigt er Verständnis für die Autoren, die für eine Erweiterung ihrer lyrischen Ausdrucksweisen kämpfen. Unter mehrfachem Verweis auf die »gesellschaftliche Praxis«, die für Schiller das »letzte Kriterium des Kunstwerks« darstellt,[49] finden sich bei dem Literaturwissenschaftler die bekannten Argumentationsmuster für die »Weite und Vielfalt realistischer Schreibweisen«: Wenn eine Methode die Realzusammenhänge adäquat darzustellen in der Lage sei, wenn sie zur Lösung der Gegenwartsaufgaben der sozialistischen Gesellschaft beitrage, so sei sie »brauchbar und kann dem sozialistischen Realismus integriert werden«.[50] Es sei den Lyrikern darin zuzustimmen, dass es komplizierterer lyrischer Strukturen bedürfe, um eine komplexer werdende Wirklichkeit weltanschaulich zu meistern.[51] Solange ein poetisches Experiment nicht zum Selbstzweck werde, sondern beispielsweise die Wirklichkeit »als veränderbar begreiflich macht und die produktiven Potenzen des Menschen und der Menschheit anruft, der historischen Gesetzmäßigkeit zum Durchbruch zu verhelfen«,[52] sei es ein legitimes Mittel der Gegenwartsliteratur. Die »Verständlichkeit« eines Gedichts sei darüber hinaus »historisch variabel«, und selbst Gedichte von Goethe (als Beispiel dient vor allem »Urworte. Orphisch«) seien nicht unmittelbar jedermann zugänglich.

Mit den Beiträgen von Koch, Braemer und Haase wird die Debatte »abgewürgt«.[53] Die Möglichkeit zu Einwänden wird nicht mehr gegeben, nachdem sich die *Forum*-Redaktion in einer Anmerkung mit dem Beitrag von Koch[54] »vollständig identifiziert«

---

47 Zu den Hintergründen dieser Debatte siehe u.a. Visser 1994; G. Kluge 1984; S. Barck 1997.
48 Vgl. D. Schlenstedt 1966.
49 Vgl. z.B. Schiller 1966, 23.
50 Ebd., 23.
51 Ebd., 20.
52 Ebd., 23.
53 Jäger 1994, 132.

und ihn als Abschluss der Auseinandersetzung präsentiert.[55] Deutlich sind die Ressentiments gegenüber der kulturellen Moderne in den Beiträgen der beiden Universitätsprofessoren zu spüren. Statt Darstellungsmittel der »spätbürgerlichen« Kunst zu verwenden, fordert Haase die Lyriker auf, sich an traditionellen Formen zu orientieren und »nach der singbaren Strophe, nach dem überschaubaren Gedicht, das wesentliche Einsichten vermittelt und Empfindungen mobilisiert«, zu suchen.[56] Anstelle von unverständlichem Symbolismus sei es die »Volkstümlichkeit«, das Bemühen, den breiten Massen verständlich zu sein, die echtes sozialistisches Künstlertum ausmache[57] - eine Tatsache, die von Schiller und Schlenstedt nicht herausgearbeitet werde.

Noch schärfer als Haase geht Braemer mit ihren beiden Kollegen ins Gericht.[58] Schlenstedts Analyse, mit der er die Position des sozialistischen Realismus verlasse, führe »zur Verteidigung eines anti-humanistischen Menschenbildes [...] und zur Anerkennung des Modernismus«.[59] Auch Schiller habe sich augenscheinlich »auf die Apologie von Dekadenzliteratur eingelassen«,[60] einer Literatur, die nach Braemer durch Solipsismus, mangelnde Volksverbundenheit, fehlende Parteilichkeit und Antihumanismus gekennzeichnet ist. Mit besonderer Empörung reagiert sie auf Schillers Hinweis, auch klassische Dichtungen seien nicht jedem unmittelbar zugänglich, da dies augenscheinlich ein Versuch sei, »Dekadenz und Modernismus mit Goethe zu rechtfertigen, anstatt das Erbe der Klassik für unsere Gegenwart fruchtbar zu machen«.[61] Statt die Kategorien der klassisch-bürgerlichen Ästhetik oder die des sozialistischen Realismus anzuwenden,

> bekommen wir Dekadenz-Kategorien empfohlen; wahrlich ein schöner Tausch! [...] Die dekadent-modernistischen, verzerrenden Formen sollen nach ihm [Schiller] geeignet sein, unsere sozialistische Wirklichkeit widerzuspiegeln. Dabei sind sie nicht einmal geeignet, die kapitalistisch-imperialistische Wirklichkeit adäquat widerzuspiegeln. Eine ernsthafte Kritik an der spätbürgerlichen Gesellschaft kann mit den ›reduktiven‹ Mitteln gar nicht geleistet werden, von der grundsätzlich anders gearteten Kritik an den Widersprüchen, die sich im Prozeß des sozialistischen Aufbaus ergeben, gar nicht zu reden.[62]

Mit ätzender Polemik unterstellt Braemer ihrem Kollegen Schiller zu unguter letzt noch, vergessen zu haben, dass die gesellschaftliche Praxis nicht nur das letzte Kriterium des Kunstwerks darstelle, sondern auch das der Literaturwissenschaft. Mit solchen »Totschlagvorwürfen« wird jeder Keim eines wissenschaftlichen Meinungsstreits zunichte gemacht, zumal die kulturpolitische Administration im Zweifelsfall auch vor Sanktionen gegenüber »Abweichlern« unter den Literaturwissenschaftlern bzw. umfassenden Zensurmaßnahmen nicht zurückweicht.[63]

---

54 Vgl. Koch 1966.
55 Vgl. Forum 15/16 (1966), 23.
56 Haase 1966, 15.
57 Ebd., 15.
58 In ihrem Nachruf wird Braemers übertriebene Schärfe im Umgang mit Kollegen später einmal »Mut zur Ungerechtigkeit« genannt werden (Träger/Mieth 1969, 905).
59 Braemer 1966, 17.
60 Ebd., 18.
61 Ebd., 19.
62 Ebd., 19.

Die Angriffe auf vermeintliche »Revisionisten« können die sich im Laufe der 60er Jahre entfachenden Debatten über eine Weiterentwicklung der bestehenden Realismus- und Widerspiegelungskonzepte gleichwohl nicht mehr stoppen. Beiträge wie Diersens Aufsatz über die »Darbietungsformen des Erzählens« oder Mittenzweis »Brecht-Lukács-Debatte« halten den Ruf nach »Weite und Vielfalt« weiterhin wach. Trotz allen Verlautbarungsgetöses polternder Kulturfunktionäre kommt es ab den 60er Jahren zudem zu einer differenzierteren Betrachtung der literarischen Moderne.[64] Das normative Moment in der Theorie des sozialistischen Realismus verschwindet in den literaturwissenschaftlichen und ästhetiktheoretischen Debatten zusehends. So verlangt der Anglist und Realismus-Theoretiker Erwin Pracht unter Rückgriff auf Brecht,

> täglich aufs Neue [zu prüfen], und zwar am lebendigen Kunstwerk und im Leben selbst, ob dieses oder jenes Prinzip der Theorie des sozialistischen Realismus sich als zuverlässige Verallgemeinerung bewährt oder, den konkreten sozialen wie künstlerischen Entwicklungsbedingungen entsprechend, der Modifikation - und damit der zeitgeschichtlichen Präzisierung - bedarf.[65]

Damit werden die Kunstwerke nicht mehr daran gemessen, inwieweit sie einer theoretischen Konzeption entsprechen (wie defizitär und interpretationsbedürftig diese auch immer gewesen sein mag), sondern »jede originäre sozialistische Kunstleistung« wird als

---

63 Dies geht im Falle von Inge Diersen bis zum temporären Lehrverbot: Ende der sechziger Jahre wird sie beurlaubt und für ein Jahr zur »praktischen Bewährung« in das Kulturhaus nach Bitterfeld geschickt (vgl. Boden/Böck 2004, 40). Die Tatsache, dass Diersen für drei Jahre in Bitterfeld bleibt (vgl. S. Barck 1997, 339), ist auf ihren eigenen Wunsch zurückzuführen (für diesen Hinweis danke ich Petra Boden). Grund für die Parteistrafe ist Diersens »Vergehen«, faschistische Literatur in eine Leseliste für Studierende des 1. Studienjahres aufzunehmen, womit sie ihre erzieherischen Aufgaben nach Meinung der Kreisparteikontrollkommission der Humboldt-Universität grob verletzt habe (vgl. Boden/Böck 2004, 39f.). Des weiteren wird Diersen ihre Weigerung zur Last gelegt, eine tendenziell positive Rezension von Christa Wolfs *Nachdenken über Christa T.* zurückzunehmen (vgl. S. Barck 1997, 339). Und auch ihre Behandlung von Hanns Eislers umstrittenem Opernlibretto *Johann Faustus* in einer Vorlesung gilt als zu ahndender Fehltritt (für diesen Hinweis danke ich nochmals Petra Boden). Zu einem Eklat kommt es auch im Fall der sogenannten »Epikanalyse«, die in den späten sechziger Jahren im Auftrag der Partei von einer Arbeitsgruppe des Instituts für deutsche Sprache und Literatur erarbeitet wird und die die Situation der gegenwärtigen Erzählliteratur erläutern soll. Hans Kaufmann erinnert sich, man habe in dieser »Epikanalyse« die »falschen Dichter« gelobt (u.a. Christa Wolf, Heiner Müller, Volker Braun, Franz Fühmann) (Kaufmann 2004, 156). Schlimmer noch als die Zensur der »Epikanalyse«, so Dieter Schlenstedt, sei jedoch das Scheitern von Büchern über die Lyrik nach 1945 sowie über den deutschen Roman im 20. Jahrhundert gewesen: »Es ging tatsächlich um das mit ›deutsch‹ aufgerufene Konzept, das Böll und Kant, Kafka und Seghers in einen Kontext brachte, nicht um die einzelnen Beiträge« (D. Schlenstedt/S. Schlenstedt 2004, 201). Zum Buch *Der deutschsprachige Roman im 20. Jahrhundert. Überlegungen, Analysen, Entwicklungslinien* von Dieter Schlenstedt u.a. siehe auch Wichner/Wiesner 1991, 75: »In der Phase des Umbruchs gestopptes Buchprojekt. Grund: Schwenk der Parteipolitik von einer nationalen Konzeption hin zur Betonung der Eigenständigkeit der DDR und damit verbunden Beginn der Leugnung einer deutschen Literatur. Diese Abgrenzung erfolgte nach der Zerschlagung des Prager Frühlings im August 1968.«

64 Siehe dazu Kapitel 14.

65 Pracht 1970, 45.

ein »schöpferische[r] Beitrag zur Ausbildung und Weiterbildung des sozialistischen Realismus« angesehen, als Maßstab, an der sich die *Theorie* zu orientieren hat.[66] Dass Pracht am Ende seiner Ausführungen mit Blick auf die »Diskurskontrolleure« der SED versichert, bei aller Dynamik und Historizität an »unveräußerlichen Prinzipien« sozialistisch-realistischen Kunstschaffens festhalten zu wollen (so z.B. an der »Darstellung von sozialistischen Positionen aus« oder am »Prinzip der sozialistischen Volksverbundenheit«) und keineswegs einem »Realismus ohne Ufer« das Wort rede,[67] kann nichts an der Tatsache ändern, dass aus einer solch »offenen« Realismuskonzeption kaum mehr verbindliche Maßstäbe für die künstlerische und kulturpolitische Praxis zu gewinnen sind.

Mit der zunehmenden Akzeptanz eines funktionalistischen, weiten Realismus-Begriffes und dem Aufkommen rezeptionstheoretischer Fragestellungen versprechen Ausfälle wie die von Braemer oder Haase innerfachlich keine Resonanz mehr. Die Arbeiten an der großen Literaturgeschichte sowie die Aneignungs- und Deutungskonkurrenz zum Westen, wo man sich intensiv mit der deutschen Literatur des frühen 20. Jahrhunderts auseinandersetzt, lassen eine pauschale Abwertung der »spätbürgerlichen« Literaturströmungen nicht mehr zu. Mit dem Machtwechsel von Ulbricht zu Honecker kommt es schließlich auch in der Kulturpolitik zu einer begrenzten Abkehr von alten Tabus. Der Pragmatismus der neuen Führung, der Mangel an utopischem Denken und die Diskrepanz zwischen dem geforderten sozialistisch-utopischen Ideengehalt und der tatsächlichen Literaturpraxis[68] führen zu Zugeständnissen auch in der Kunstproduktion. Selbst wenn in der Theorie des sozialistischen Realismus jenseits des Schlagwortes von der »Weite und Vielfalt realistischer Schreibweisen« an tradierten Vorstellungen von »Volksverbundenheit«, »Parteilichkeit«, »Verständlichkeit«, »wahrheitsgetreuer Widerspiegelung« etc. festgehalten wird,[69] man vor Konzessionen an den ideologischen Gegner warnt und die literarische Moderne und die Avantgarde-Bewegungen weiterhin ablehnt,[70] so öffnet man sich doch zumindest in begrenztem Maße der funktionalistischen Argumentationslogik: »Es wäre falsch, künstlerische Formen nur deswegen abzulehnen, weil sie neu und ungewohnt erscheinen. Nicht schlechthin das ›Wie‹ einer Form entscheidet, sondern: Was drückt sie aus, welche Entdeckungen und neuen Wertungen macht sie möglich [...]?«.[71] 1987 kann Erwin Pracht ganz selbstverständlich konstatieren:

> Wurde in den sechziger Jahren noch über die Legitimität der ›Umfunktionierbarkeit‹ der Mittel gestritten, so wird heute einfach nachgewiesen, ob und inwiefern mit innerem Monolog, multiperspektiver Erzählweise, nichtaristotelischer Dramaturgie, Aktions- oder Reflexionsfabel, Episoden- und Anekdotenstruktur von Texten, Simultanbildern, dem Verzicht auf lineare Zentralperspektive usw. sozialistische Orientierungen im Werk gegeben werden oder nicht.[72]

66 Ebd., 45f.
67 Ebd., 46.
68 Vgl. Erbe 1993, 112.
69 Vgl. Hager 1972c, 46
70 Vgl. ebd., 34f.
71 Ebd., 47.
72 Pracht 1987, 584.

Eine kohärente, wissenschaftlich wie kulturpolitisch praktikable Theorie des sozialistischen Realismus ist damit allerdings mehr denn je in weite Ferne gerückt. Das gesamte Realismus-Paradigma gerät zunehmend zu einer Leerformel,[73] weiß man doch gar nicht mehr, »wonach man im Rahmen der Realismus Theorie noch konkret fragen [soll]«, was »Kriterien für Realismus noch sein [können], wenn die Kunstmittel freigegeben [sind]«.[74] Mit »immer wieder neuen Abhandlungen in eklektizistischer Manier« versucht man vergeblich, die Auflösungserscheinungen in den Griff zu bekommen, wobei man beinahe alles in die Theorie einzuordnen versucht, was irgendwie als »sozialistisch« gelten kann.[75] Aus dem 1974 vom Institut für Gesellschaftswissenschaften beim ZK der SED herausgegebenen Band *Zur Theorie des sozialistischen Realismus* lassen sich keine verallgemeinerbaren Merkmale mehr gewinnen. Um nur ein Beispiel zu nennen: Einerseits wird behauptet, der Realismus kenne

> keine Erstarrungserscheinungen in den Gestaltungsformen. Sein Prinzip der Wahrheitstreue in der künstlerischen Wirklichkeitsaneignung und -erschließung ist mit formal-ästhetischen Regeln unvereinbar. Die realistische Methode schließt die *ständige Erneuerung der Formen* ein.[76]

Gleichzeitig heißt es nur wenige Seiten später, in der realistischen Kunst gebe es

> auf der Grundlage einer hohen Kontinuität humanistischer Kunstinhalte eine bestimmte Geprägtheit wesentlicher Elemente der künstlerischen Form (zum Beispiel in der Lyrik: Ballade, Sonett; in der Musik: Sinfonie, Sonate, Oper; in der Dramatik: Gesetzmäßigkeiten des Stückaufbaus, Prinzipien der Figuren- und Konfliktgestaltung usw.).[77]

Gerade die »herkömmlichen Formen« werden gemäß der Forderung nach »Volkstümlichkeit« und »Volksverbundenheit« begrüßt, da »der neue Inhalt mitunter bei den Kunstaufnehmenden schneller Zugang« finden könne.[78] Allgemeine Verbindlichkeit für die wissenschaftliche oder literarische Praxis lässt sich mit einem solchen Zick-Zack-Kurs nicht erzielen. Die Mehrstimmigkeit und Uneinheitlichkeit in der Realismustheorie bedroht einerseits das Selbstverständnis sowie die Außendarstellung eines Faches, das sich beispielsweise mit dem Anspruch auf »objektive Wahrheit« von »bürgerlichen« Wissenschaftskonzeptionen abgrenzt oder Studierende vom »festen Standpunkt« marxistisch-leninistischer Erkenntnisse aus zu sozialistischen Persönlichkeiten erziehen will. Anderseits lassen sich mit dem Abnehmen der Verbindlichkeit und Überzeugungskraft der kulturpolitischen und ästhetischen Leitsätze die Spielräume von Wissenschaft und Literaturpraxis erheblich erweitern, auch wenn die Akteure vor willkürlichen Restriktionen nicht gefeit sind. Von diesen Prozessen wird noch zu sprechen sein.

---

73 Vgl. Jäger 1994, 50.
74 Rosenberg 1991, 30.
75 O. Müller 2001, 122.
76 Träger u.a. 1974, 661. Hervorhebungen im Original.
77 Ebd., 663.
78 Ebd., 664.

11.5 Gründe für den Aufbruch eines normativ fixierten Realismusbegriffes

Die Tatsache, dass die literaturwissenschaftliche Germanistik durch die Umbauten im Realismusbegriff gegenüber den Einsprüchen der fachexternen Stichwortgeber einen disziplinären Eigensinn demonstrieren kann und Dogmatisierungen aufbricht, bedeutet jedoch keineswegs, die Hinwendung zu einem Realismusbegriff der »Weite und Vielfalt« vollziehe sich als ein *rein* disziplininterner Umbauprozess. Wenngleich sie durchaus eine bedeutende Rolle spielen, reicht der Verweis auf fachinterne Logiken allein nicht als Erklärungsmuster aus. Denn blickt man auf die fachexterne Resonanz- und Ressourcenkonstellation, so wird deutlich, dass es der vorgenommenen Umbauten in der Germanistik *auch* bedurfte, um *Leistungsangebote* an die kulturräsonierende Öffentlichkeit zu adressieren und sich als marxistisch-leninistische Gesellschaftswissenschaft zu positionieren. Vor allem die parteioffiziell geforderte Hinwendung zur Literatur der Arbeiterbewegung der zweiten Hälfte des 19. Jahrhunderts, den proletarisch-revolutionären und sozialistischen Strömungen im 20. Jahrhundert sowie den literarischen Prozessen in der DDR verlangen eine kritische Auseinandersetzung mit dem normativ fixierten Realismusbegriff der Lukács-Ära.

11.5.1 Probleme bei der Behandlung proletarisch-revolutionärer und sozialistisch-realistischer Kunst und der Resonanzverlust der Germanistik im literarischen Feld

Im Zuge der krisenhaften Entwicklungen nach dem XX. Parteitag der KPdSU und der »Konterrevolution« in Ungarn sucht die SED ihr Heil in einer Besinnung auf sozialistische Traditionen und setzt den Aufbau einer genuin »sozialistischen Nationalkultur« auf die kulturpolitische Agenda.[79] 1959 ruft man den »Bitterfelder Weg« aus, eine mit großem propagandistischen Aufwand betriebene Kampagne zur Förderung der »Kunst des werktätigen Volkes«. Nach dem Mauerbau, der eine endgültige Absage an die »einheitliche deutsche Kulturnation« bedeutet, verabschiedet man ein neues Parteiprogramm, das »die Förderung der sozialistischen Nationalkultur zu einer der Hauptaufgaben der Partei [...] und damit zur unabdingbaren Verpflichtung für jeden Genossen erklärt«.[80] Publikationen wie die »nationale Grundkonzeption« (»Nagruko«), der *Grundriß der Geschichte der deutschen Arbeiterbewegung*[81] oder die achtbändige *Geschichte der deutschen Arbeiterbewegung*[82] erscheinen, die als Grundlage für die Herausbildung des gewünschten historischen und politischen Bewusstseins dienen sollen.[83] Auch die lite-

79 Siehe z.B. Abusch 1972c, 521.
80 Haase u.a. 1986, 265. Siehe z.B. auch Kurella 1962; sowie Abusch 1972e.
81 Institut für Marxismus-Leninismus beim ZK der SED 1963.
82 Institut für Marxismus-Leninismus beim ZK der SED 1966.
83 Siehe in diesem Zusammenhang Lokatis 2003. Siehe auch Simons 1963.

raturwissenschaftliche Germanistik soll in verstärktem Maße zur sozialistischen Traditions- und Bewusstseinsbildung beitragen.[84] Im Rahmen dieser Aufgabenstellung fordert und fördert die politische Administration explizit eine vermehrte Beschäftigung mit der Frage der Genesis proletarisch-revolutionärer Literatur sowie mit der sozialistischen Gegenwartsliteratur.[85]

Auf diese Forderungen und Entwicklungen reagierend, nimmt die literaturwissenschaftliche Germanistik die proletarisch-revolutionäre und sozialistische Literatur des 20. Jahrhunderts umfassender in den Blick.[86] In diesem Zusammenhang sehen sich die Germanisten jedoch mit der Tatsache konfrontiert, dass diese Literatur häufig mit der Lukács'schen Realismuskonzeption nicht adäquat zu fassen ist. Was also aus resonanzstrategischen Gründen geboten ist - die Beschäftigung und Würdigung proletarisch-revolutionärer und sozialistischer Literaturtraditionen -, bedarf einer Korrektur der fachinternen Bewertungsmaßstäbe. Denn gemessen an den Formen des klassischen und des kritischen Realismus kann diese Literatur lediglich als Schwundstufe erscheinen, nicht aber als »höchste Stufe« realistischer Literaturentwicklung. Auch finden sich selbst in den Werken literarischer »Autoritäten« wie Anna Seghers, Bertolt Brecht, Friedrich Wolf oder Johannes R. Becher Gestaltungsmittel »spätbürgerlicher Verfallsliteratur«, und nicht wenige der in der DDR gefeierten Schriftsteller waren in der Vergangenheit mit der vermeintlich »dekadenten« Literaturströmung des Expressionismus verbunden. Will man diese Autoren und Traditionen in die Konstruktion einer Aufstiegsgeschichte der sozialistischen Nationalliteratur integrieren, muss sich die literaturwissenschaftliche Germanistik notwendigerweise der Frage stellen, warum die als »modernistisch« und »dekadent« verschrieenen Schreibweisen humanistische, pazifistische, revolutionäre oder sozialistische Gesinnungen ausdrücken können.[87] Und auch den literarischen Werken der unmittelbaren Gegenwartsliteratur lässt sich mit den von Lukács' geprägten Konzeptionen wie den »Thesen zum sozialistischen Realismus«[88]

---

84 Vgl. Haase u.a. 1986, 267f.

85 Siehe in diesem Zusammenhang Klatt 1980, 250f. Siehe auch Abusch 1965, bes. 7; sowie Lange 1966.

86 Zum 1. April 1959 wird eine »Arbeitsgruppe zur Erforschung der proletarisch-revolutionären Literatur Deutschlands« eingerichtet (F. Albrecht u.a. 1960, 781). 1963 erscheint das von Inge Diersen u.a. herausgegebene *Lexikon sozialistischer deutscher Literatur*. Im gleichen Jahr wird mit der Edition der Reihe »Textausgaben zur frühen sozialistischen Literatur« begonnen, die die künstlerische Literatur der deutschen Arbeiterbewegung bis 1918 dokumentieren soll (Kaiser/Häckel/Münchow [Hg.] 1963ff.; insgesamt 24 Bde.). Der knapp drei Jahre nach der Gründung der »Arbeitsgruppe zur Erforschung der proletarisch-revolutionären Literatur« erscheinende Dokumentenband *Zur Tradition der sozialistischen Literatur in Deutschland* macht es sich zur Aufgabe, »die Grundlinie, die den Aufstieg der proletarisch-revolutionären Literatur zur fortschrittlichsten und führenden Kraft in der neuen Nationalliteratur spiegelt [...], sichtbar zu machen und eine nützliche Deutung anzuregen« (Deutsche Akademie der Künste zu Berlin [Hg.] 1962, 12). Das *Deutsche Schriftstellerlexikon* legt auf »eine ausführliche Behandlung und Berücksichtigung der neueren bzw. neuesten Literatur [...] besondere[n] Wert« und widmet die Hälfte aller Beiträge Autoren aus dem 20. Jahrhundert, vor allem jungen sozialistischen Schriftstellern (G. Albrecht u.a. 1960, 7). Und ein Autorenkollektiv erarbeitet eine 1964 publizierte »Skizze zur Geschichte der deutschen Nationalliteratur von den Anfängen der deutschen Arbeiterbewegung bis zur Gegenwart«, die der Literatur nach 1945 den relativ breitesten Raum einräumt (vgl. Autorenkollektiv 1964, 645).

nicht gerecht werden. Denn vor allem ab den 60er Jahren erreicht die DDR-Literatur mit Texten von Hermann Kant, Günter Kunert, Christa Wolf, Volker Braun, Günter de Bruyn oder Ulrich Plenzdorf »ein erhebliches Maß an Unabhängigkeit und Selbstbewußtsein *als Literatur*«[89] und sprengt immer wieder die Grenzen des tradierten Realismus-Verständnisses.[90]

Die Widersprüche in einer literaturwissenschaftlichen Germanistik, die den Formenkanon der gleichsam »offiziellen« marxistisch-leninistischen Ästhetik nicht von heute auf morgen verabschieden kann, ohne in Konflikt mit den »Diskurswächtern« oder auch mit den »Hardlinern« im eigenen Fach zu geraten, die sich aber gleichzeitig mit den tradierten Realismus- und Widerspiegelungskonzepten nicht adäquat mit der sozialistischen Literatur auseinanderzusetzen vermag, sind zu Beginn der 60er Jahre unübersehbar. Als Beleg dafür sei der programmatische Text »Die nationale Bedeutung der zeitgenössischen sozialistischen Literatur« von Klaus Hermsdorf angeführt, dem die Ende der 50er Jahre in gemeinschaftlicher Arbeit von der Abteilung für neueste Literatur am germanistischen Institut der Humboldt-Universität entwickelten Thesen zur inhaltlichen Systematisierung und zur Periodisierung der sozialistischen Literatur seit 1945 zugrunde liegen. Hermsdorf bemüht sich mit Blick vor allem auf die politische Öffentlichkeit,[91] die »Weite und Vielfalt realistischer Schreibweisen« zu legitimieren, ohne dabei jedoch den Anschein zu erwecken, mit tradierten Konzepten zu brechen. So preist er an der sozialistisch-realistischen Gegenwartsliteratur einerseits die Abkehr von »Formalismus« und »Dekadenz« und ein Anknüpfen an die Inhalte und Formen der »klassischen« Literatur,[92] andererseits macht er sich für »unklassische« Schreibweisen wie die

87 Inge Diersen erinnert sich: »Vieles aus Anna Seghers' Erzählwerk hat mich teils bestärkt, teils angeregt, mir die Notwendigkeit klarzumachen, daß man von vorgefaßten Meinungen über Moderne, Modernismus abgehen muß. Auch das Segherssche Werk, insbesondere das Frühwerk, läßt sich ja keinesfalls mit traditionellen normativen Realismusbegriffen fassen. Man müßte es dann entweder verwerfen, oder man muß die eigenen Vorstellungen ändern. Ich war für letzteres« (Materialien, Diersen, 295).

88 Mitglieder der SED am Germanistischen Institut der HUB 1958.

89 W. Emmerich 1997, 175. Hervorhebung im Original.

90 Ab den 70er Jahren fordern dann auch verstärkt »die bunten, oft phantastischen und mit mythischen Elementen durchsetzten, die ganze Fülle menschlichen Lebens einfangenden, in ihrer rigorosen Offenheit manchmal bis zur Grausamkeit gehenden, gesellschaftlich und politisch höchst brisanten Werke der Erzähler Lateinamerikas, Afrikas (einschließlich der arabischen Länder) und Asiens unabweisbar zum Überdenken festgefahrener Konzepte mimetischer Darstellungsweisen heraus« (Schober 1986, 1604).

91 Dass sich der Text vornehmlich an die außerfachliche Öffentlichkeit wendet, lässt sich auch am massiven Einsatz einer resonanzkalkulierenden Bekenntnisrhetorik ablesen. Hermsdorf betont gleichsam rituell bei jeder sich bietenden Gelegenheit die Vorzugsstellung der sozialistischen Literatur aufgrund ihres Realismus und ihrer »ideologische[n] Überlegenheit« (Hermsdorf 1961a, 296, 293, 297–301 und 309), ihren humanistischen Gehalt (293 und 298), ihre humanisierende Funktion für die Nation (296), ihren Charakter als neue »Nationalliteratur« (291) und »Parteiliteratur« (293), ihre besondere »Volkstümlichkeit«, ihre Distanz zu allen »dekadenten« Strömungen bei gleichzeitiger produktiver »Aneignung« »klassischer Formen« usw. (299f.). Der gesamte Text erscheint als ein Ensemble einer solchen Scharniersemantik, gewürzt mit Ausfällen gegen die Bundesrepublik (303), Goethe-, Schiller-, Brecht- und Lenin-Zitaten (302–305) und Bekenntnissen zum »Bitterfelder Weg« (313).

92 Vgl. ebd., 293 und 299f.

Reportage, die Prosaskizze oder das Brigadetagebuch stark,[93] lobt das Betreten künstlerischen Neulandes[94] und hebt positiv die Vielzahl der literarischen Formen in der sozialistisch-realistischen Gegenwartsliteratur hervor, die »heute noch nicht einmal annähernd zu übersehen« seien.[95] Um die veränderte sozialistische Wirklichkeit darzustellen, so bekräftigt Hermsdorf den Anspruch vieler Germanisten auf eine Erweiterung des tradierten Realismusverständnisses, bedürfe es »neuer Formen«. Doch, so beeilt er sich zu erklären, diese unterschieden sich grundsätzlich von »allen modernistischen Dekadenzströmungen, die in der westdeutschen Literatur tonangebend sind«.[96] Worin diese Unterschiede liegen, bleibt anschließend ungeklärt. Auch was das Besondere an der vielfach hervorgehobenen »realistischen Gestaltungskraft« der sozialistischen Gegenwartsliteratur sein soll, die nach Hermsdorf ihre höhere Qualität gegenüber anderen Literaturströmungen begründet, bleibt im Dunkeln.[97] Die Widersprüchlichkeit der Botschaft »Wir wollen Neues, doch alles bleibt beim Alten« lässt keine kohärente theoretische Argumentation zu und hinterlässt eine programmatische Leere.[98]

Eine auf bestimmten Formkriterien beruhende Entgegensetzung von »Realismus« und »Antirealismus« ist damit nicht länger aufrechtzuerhalten. Um von den Autoren als Gesprächspartner anerkannt zu werden, das eigene Fach als praxisnahe marxistisch-leninistische Gesellschaftswissenschaft zu präsentieren, den nationalen und internationalen Literaturentwicklungen gerecht zu werden und den disziplinspezifischen Ansprüchen auf kohärente Argumentation zu genügen, muss der im literarischen Feld vorherrschende innovative Umgang mit ästhetischen Gestaltungsmitteln theoretisch »eingeholt« werden.

Wie groß der Resonanzverlust der Germanistik in der fachexternen Öffentlichkeit und vor allem bei den Kunstschaffenden ist, zeigen die Debatten auf der II. Bitterfelder Konferenz 1964, die Ergebnisse einer Umfrage in den *Weimarer Beiträgen* zu den Traditionsbeziehungen der Gegenwartsschriftsteller 1971[99] sowie die »Endler-Debatte« in der Zeitschrift *Sinn und Form* 1971/72. Die Germanistik erscheint in den Augen des Schriftstellers Adolf Endler als »dürre Gouvernante«;[100] ihr wird »Lebensfremdheit« und »abstrakte Prinzipienrederei«[101] sowie »Ignoranz« und »brutale[r] Dogmatismus« vorgeworfen;[102] sie präsentiere »eine Welt stereotyper ›Meinungen‹ [...], die einem Reglement zu

93 Vgl. ebd., 314.
94 Vgl. ebd., 309.
95 Ebd., 314.
96 Ebd., 300.
97 Ebd., 296.
98 Definitorisch unscharf bleiben zu Beginn der 60er Jahre auch die Debatten, was unter den resonanzträchtigen Wertbegriffen »proletarisch-revolutionäre Literatur«, »frühe sozialistische Literatur«, »sozialistische Tendenzliteratur«, »sozialistische Nationalliteratur« oder »Parteiliteratur« tatsächlich zu verstehen ist und welche Autoren und Werke diesen Etiketten jeweils »zuzuordnen« sind (vgl. Schandera u.a. 1997, 311-313). Das Fehlen klarer Definitionen wird auch von marxistischen Literaturwissenschaftlern kritisiert, siehe z.B. H. Hartmann/Marnette 1967, 146.
99 »Traditionsbeziehungen unserer Schriftsteller« (1971).
100 A. Endler 1971, 1363.
101 So die Klage von Dieter Schlenstedt in seinem Beitrag »II. Bitterfelder Konferenz und Literaturwissenschaft« (D. Schlenstedt 1964, 483).
102 A. Endler 1971, 1363.

folgen scheinen [...], das kaum noch an der Wirklichkeit überprüft wird«.[103] Zwischen den Wissenschaftlern und den Poeten sei es zu einem »vollkommenen Abbruch der Beziehungen« gekommen, was hauptsächlich an der »abstrakt-normativen Betrachtungsweise« läge, die »bei den Literaturwissenschaftlern zunehmend an die Stelle der um Verständnis bemühten Analyse getreten ist«.[104]

Selbstkritisch müssen die Germanisten feststellen, dass die »allgemeine Einschätzung über den wirklichen Nutzen der Literaturwissenschaft im Augenblick sicher nicht hochgestimmt [ist], und die Literaturwissenschaftler sind wohl auch die letzten, die mit ihrer Effektivität zufrieden wären und in einem euphorischen Glückszustand leben«.[105] Mit Blick auf die Anforderungen der literarischen wie der politischen Öffentlichkeit erscheint eine Ausweitung der Forschungsmethoden und eine Korrektur der Bewertungsmaßstäbe daher dringend geboten:

> Es geht um den Abschied von Märchen und Legenden, die die Entwicklung guter, vertrauensvoller, freundschaftlicher Beziehungen zwischen Literaturwissenschaftlern und Schriftstellern behindern. Wir brauchen eine breite Selbstverständigung über die Grundlagen, Entwicklungsbedingungen, Möglichkeiten und Ziele unserer Partnerschaft. Eine nächste Umfrage in den *Weimarer Beiträgen* darf hierzu nicht mehr ein so niederschmetterndes Ergebnis bringen, wenn wir den Anforderungen bei der Entwicklung der sozialistischen Nationalliteratur und den Aufgabenstellungen des VIII. Parteitages gerecht werden wollen.[106]

11.5.2 Internationale Theoriedebatten

Ein Umbau der tradierten Realismus- und Widerspiegelungskonzeptionen erscheint auch vor dem Hintergrund der Wissenschaftsentwicklungen in der Sowjetunion und anderen osteuropäischen »Bruderländern« geboten, in denen sich ein zunehmend entspannteres Verhältnis gegenüber innovativen literarischen Gestaltungsmitteln entwickelt und es zu einem differenzierteren Umgang mit der Literatur der Moderne kommt.[107] Im Kampf gegen die Überreste des Stalin'schen Personenkultes stellen sowjetische Autoren dogmatische Verengungen in den literaturwissenschaftlichen Theoriedebatten in Frage und können ihre Thesen auch in der DDR publizieren.[108] In dem vom XXII. Parteitag 1961 angenommenen Parteiprogramm der KPdSU werden »kühnes Neuerertum bei der künstlerischen Gestaltung des Lebens« und eine »Vielfalt der Schaffensformen, des Stils und der Genres« gefordert.[109] Selbst wenn die rhetorische Liberalität in der Praxis letztlich doch immer wieder an ihre Grenzen stoßen mag, so können die Beschlüsse des »Großen Bruders« sowie die Verlautbarungen eines Genossen wie Ilja Fradkin, immerhin ehemaliger »Kulturoffizier« in der SMAD, Literaturwissenschaftler und Professor in Moskau, dem Ruf nach einem sensibleren Umgang mit

103 Ebd., 1364.
104 Ebd., 1363.
105 Dahnke 1973a, 1085.
106 Bernhard 1972, 147.
107 Tabus werden vor allem auch in der ästhetischen Theorie in der ČSSR in den Jahren vor dem »Prager Frühling« gebrochen (vgl. Neuhoff 2001, 44).

»modernen« Schreibweisen Legitimation verleihen. Bezeichnend sind Tagungsberichte wie derjenige von Erhard Hexelschneider über die Moskauer November-Konferenz des Gorki-Instituts über »Aktuelle Probleme des sozialistischen Realismus« von 1966. So hebt der Autor die Offenheit und Vielfalt der sowjetischen Literaturdebatten hervor,[110] die Existenz »unterschiedliche[r] Ansichten zur Theorie und Praxis des sozialistischen Realismus«[111] oder die in Moskau vorgebrachten Plädoyers für nüchterne Literaturbetrachtungen »ohne vorgefaßte Schemata«.[112] Als »wichtigstes Ergebnis« der Debatte stellt Hexelschneider die Erkenntnis heraus,

> daß man nicht von einem kristallklaren, chemisch reinen sozialistischen Realismus sprechen kann, der mit bestimmten Merkmalen, die für alle Werke gleichermaßen zutreffen, zu erfassen ist. Innerhalb und außerhalb des sozialistischen Realismus gibt es eine Vielzahl von Übergangserscheinungen, die durch die nationalen Traditionen oder durch die Eigenart des künstlerischen Talents hervorgerufen werden.[113]

Dogmatisch verengte, normative Konzeptionen des sozialistischen Realismus, so der deutliche Tenor des Tagungsberichts, lassen sich nach den differenzierten Debatten in Moskau endgültig nicht mehr aufrechterhalten, und so ist es kein Wunder, dass Hexelschneider die besondere Bedeutung der Konferenz auch für die Literaturwissenschaft der DDR herausstellt.[114]

Internationale Veranstaltungen literaturwissenschaftlicher Germanisten führen während der 60er Jahre verstärkt zu Defiziterfahrungen. So hebt beispielsweise Dieter Schlenstedt in seinem Tagungsbericht vom III. Internationalen Germanistenkongress in Amsterdam hervor, »die Breite, in der die internationale Germanistik die gesamte deutsche Literatur bearbeitet«, sei »[i]mponierend und beispielhaft«.[115] Mit Blick »auf die Forschung und Publikationssituation in unserem Lande [...], die bis heute noch manchen Wunsch offenläßt«, drückt er die Befürchtung aus, die germanistische Literaturwissenschaft der DDR könne in der internationalen wissenschaftlichen Gemeinschaft gleichsam marginalisiert werden.[116] Auch wird den marxistisch-leninistischen

---

108 Vgl. Fradkin 1962. Vgl. auch die Beiträge in den Heften 13 und 14 (1965/66) von *Kunst und Literatur*, in denen eine Reihe von sowjetischen Autoren differenziertere Betrachtungsweisen im Umgang mit der literarischen Moderne fordern und sich gegen die prinzipielle Verurteilung »moderner« Formelemente aussprechen. Vor allem der Beitrag von Fradkin bleibt nicht unwidersprochen. So veröffentlicht die Zeitschrift *Kunst und Literatur* in den darauffolgenden Monaten die Beiträge von Alfred Kurella und Alexander Dymschitz, ebenfalls ehemaliger »Kulturoffizier«, die hinsichtlich des »Modernismus« eine deutliche Gegenposition einnehmen und gegen Fradkins Beitrag gerichtet sind: Kurella 1962a; Dymschitz 1963. Zur Fradkin-Kurella-Debatte siehe S. Barck 1993, 339–341; sowie D. Schlenstedt 2000, 63.

109 Zit. nach Fradkin 1962, 1.

110 Hexelschneider 1967, 317: »Das Erfreuliche dieser Tagung war, daß in (teilweise heftigem) Meinungsstreit bei gegenseitiger Achtung der Diskussionspartner neue Lösungen angeboten, alte Tabus durchbrochen und neue Fragen erstmalig oder alte Fragen auf neue Art gestellt wurden.«

111 Ebd., 316.

112 Ebd., 317.

113 Ebd., 321.

114 Ebd., 325.

115 D. Schlenstedt 1966a, 309.

116 Vgl. ebd., 309.

Literaturwissenschaftlern der DDR ein ums andere Mal vorgeführt, wie beschränkt ihr tradiertes Realismusverständnis im Vergleich zu den innovativen Entwicklungen in der internationalen marxistischen Theorie ist. Mit Interesse liest man in der Zeitschrift *Sinn und Form* die Beiträge von kritischen Denkern wie Ernst Fischer, Louis Aragon oder Jean-Paul Sartre, denen ein um Aspekte der Moderne erweitertes Realismusverständnis zugrunde liegt und in denen beispielsweise davor gewarnt wird, »große Schriftsteller wie Proust, Joyce, Kafka, Musil mit dem einzigen Wort ›Dekadenz‹ abzutun«.[117] In Paris erscheint 1963 der Essay-Band *D'un réalisme sans Rivages* des Politbüro-Mitglieds und Cheftheoretikers der französischen KP, Roger Garaudy, der in seinen »Realismus ohne Ufer« auch das Werk Picassos, Saint-John Perses oder Kafkas mit einbezieht. Im selben Jahr findet in Liblice bei Prag aus Anlass des 80. Geburtstags Kafkas eine mittlerweile legendäre Konferenz statt, auf der prominente marxistische Literaturwissenschaftler und Philosophen aus Ost und West wie Eduard Goldstücker (Prag), Ernst Fischer (Wien) oder Roger Garaudy (Paris) einhellig ein »Dauervisum« für Kafka innerhalb der sozialistischen Länder fordern.[118] Vehement kritisiert man hier den restriktiven, von einem verengten Realismusbegriff geprägten Umgang mit Strömungen und Richtungen der Moderne in der DDR sowie eine Editionspraxis, die der Bevölkerung unter Rückgriff auf einen überkommenen Realismus- und Dekadenzbegriff bedeutende Werke der Weltliteratur vorenthalte. Ähnliche Vorwürfe werden im darauffolgenden Jahr auf einem internationalen Schriftstellerkolloquium in Ost-Berlin erhoben, an dem Gäste aus der Sowjetunion, den europäischen »Volksdemokratien« und Jugoslawien teilnehmen. Die Schriftsteller und Literaturwissenschaftler aus der DDR fühlen sich angesichts dieser massiven Kritik das ein oder andere Mal, als säßen sie »auf der Armsünderbank«.[119] Vor dem Hintergrund dieser Negativerfahrungen erscheint ein Aufbruch des normativen Realismusverständnisses auch in der DDR dringend geboten, will man nicht den Anschluss an internationale Theoriedebatten verlieren und in der *scientific community* nachhaltig isoliert werden.

117 Fischer 1958, 476.
118 Zur Kafka-Konferenz siehe im Detail Kapitel 14.2.2.
119 Joho 1965, 90.

11.6 Die Hinwendung zu rezeptionstheoretischen Fragestellungen[120]

Doch nicht nur durch die Überwindung normativer Formkonzeptionen wird der tradierte Realismusbegriff der Nachkriegsjahre aufgebrochen. In den 60er Jahren ist zu beobachten, dass sich die Literaturwissenschaften in der DDR verstärkt rezeptionstheoretischen Fragestellungen zuwenden, die entscheidend dazu beitragen, dogmatische Verengungen in der Realismus- und Widerspiegelungstheorie zu überwinden. Die in der zweiten Hälfte der 60er Jahre bzw. Anfang der 70er Jahre in den *Weimarer Beiträgen* veröffentlichten programmatischen Texte und Debatten zur Realismustheorie artikulieren allesamt die Notwendigkeit, die Frage nach der Rezeption und Wirkung literarischer Texte mit in die Realismuskonzeption einzubeziehen. Weder dürfe die »funktionale Komponente« eines Kunstwerkes länger vernachlässigt werden noch seine Rezeption lediglich Gegenstand subjektiver oder spekulativer Erwägungen bleiben.[121] Die Frage nach der echten Wirkung eines literarischen Werkes müsse »das Rüstzeug der Realismustheorie« ergänzen.[122] Die Reduktion von sozialistischer Kunst auf den rein gnoseologischen Aspekt soll innerhalb der Realismuskonzeption überwunden und das Kunstschaffen sowie die Kunstrezeption in ihrer jeweiligen Wechselwirkung in die Realismustheorie mit einbezogen werden.[123]

Mit *Gesellschaft - Literatur - Lesen* wird 1973 schließlich ein umfassender Beitrag zur Rezeptionsforschung vorgelegt, der den entscheidenden Paradigmawechsel in der Realismus- und Widerspiegelungstheorie einläutet. Die Hinwendung zu Fragen der Wirkung und Rezeption von Literatur sowie die Entwicklung einer DDR-spezifischen Variante der Rezeptionstheorie ist jedoch ebenfalls kein *rein* fachimmanenter Prozess, mit dem man auf die Verengungen in der Realismus- und Widerspiegelungstheorie reagiert. Zu ihrem multifaktoriellen Ermöglichungszusammenhang gehören *auch* die institutionellen Veränderungen an Hochschulen und an der Akademie der Wissenschaften, die Entwicklungen in der Gegenwartsliteratur der DDR und in der internationalen Fachentwicklung, die ab dem Beginn der 60er Jahre stattfindenden Debatten um die Planungs- und Leitungsfunktion marxistisch-leninistischer Gesellschaftswissenschaften, um die Wirkung von Literatur in der sozialistischen »Literaturgesellschaft«, um die

---

120 Ein Hinweis zum Sprachgebrauch: Die in der DDR erarbeiteten Konzepte der Literaturrezeption werden im Folgenden als Rezeptions*theorie* bezeichnet, während die westlichen Ausarbeitungen (das meint vor allem diejenigen von Hans Robert Jauß) unter den Begriff der Rezeptions*ästhetik* gefasst werden. Dies entspricht sowohl in etwa dem in der DDR üblichen Sprachgebrauch als auch der in der Forschung mehr oder weniger etablierten Unterscheidung (vgl. z.B. Danneberg/Schernus/Schönert 1995, 649; Funke 2004). Da eine Rekonstruktion der unterschiedlichen Konzeptionen zur Rezeptions- und Wirkungsforschung im Rahmen dieser diskursanalytischen Arbeit nicht geleistet werden soll, kann wie im Beitrag von Danneberg, Schernus und Schönert auf bestimmte Differenzierungen bei der Darstellung (z.B. zwischen »Rezeption«, »Wirkung«, »Kommunikation«) verzichtet werden (vgl. Danneberg/Schernus/Schönert 1995, 649).

121 Vgl. »Aussprache über den sozialistischen Realismus« (1967), 538.

122 Ebd., 618.

123 Vgl. »Probleme des sozialistischen Realismus« (1969), 492ff.

»Produktivkraft Wissenschaft« oder um Kybernetik, Informationstheorie und Literatursoziologie. Diese fachexternen Ermöglichungszusammenhänge sollen im Folgenden skizziert werden.

11.6.1 Veränderungen in der Resonanz- und Ressourcenkonstellation in den 60er Jahren

Ab Mitte der 50er Jahre lassen sich in der fachexternen Resonanz- und Ressourcenkonstellation wesentliche Veränderungen ausmachen, die nicht ohne Folgen für die literaturwissenschaftliche Germanistik bleiben und einen nicht zu unterschätzenden Anteil an der Entwicklung rezeptions- und wirkungsästhetischer Fragestellungen haben. In den westlichen Industriestaaten werden Debatten über elektronische Datenverarbeitung, Atomenergie, Automation etc. geführt, die bei der SED-Führung die Befürchtung aufkommen lassen, Anschluss an das »wissenschaftlich-technische Weltniveau« zu verpassen. Man sieht sich an der Schwelle zu einer »wissenschaftlich-technischen Revolution«, die in ihrem Ausmaß die industrielle Revolution weit zu übertreffen scheint. Maßnahmen werden diskutiert, wie eine wesentliche Steigerung der Arbeitsproduktivität ermöglicht werden könne. Auf dem VI. Parteitag der SED im Januar 1963 wird das »Neue Ökonomische System der Planung und Leitung der Volkswirtschaft« (NÖSPL) verabschiedet, ein wirtschaftspolitisches Reformkonzept, das schließlich in das »Ökonomische System des Sozialismus« (ÖSS) (1967-1970) einmündet und zu einer Modernisierung und Rationalisierung des Wirtschaftssystems führen soll. In diesem Zusammenhang wird die Wissenschaft zur unmittelbaren »Produktivkraft« erhoben, die die Grundlagen für die technologischen Neuentwicklungen im Rahmen der »wissenschaftlich-technischen Revolution« liefern soll.

Diese Ressourcenkonstellation erweist sich vor allem für die Natur- und Technikwissenschaften sowie für die Wirtschaftswissenschaften als besonders günstig. Alarmiert beobachten literaturwissenschaftliche Institutionen wie die NFG in Weimar, dass selbst der Anteil des Schulwissens über die Klassik gegenüber »praxisorientierten« Inhalten zurückgeschnitten wird und in den Lehrplänen des 1958 eingeführten »polytechnischen Unterrichts« gerade einmal ein Drittel des Raumes einnimmt, den es einmal besessen hat.[124] Überliefert ist der Ausspruch Walter Ulbrichts vom April 1959, nach dem das Hauptinteresse der Kaderschulung den chemischen Fachrichtungen zu gelten habe, während die Germanisten »noch eine Weile Quatsch weitermachen« könnten.[125] Der Beschluss des Staatsrates der DDR über »Die Weiterführung der 3. Hochschulreform und die Entwicklung des Hochschulwesens bis 1975« vom 3. April 1969 verlangt explizit eine Konzentration auf

124 Vgl. Gärtner 2000, 330.

125 Siehe »Zu Fragen der Kaderentwicklung und Kaderschulung.« In: SAPMO-BArch, ZPA, Bestand Abt. Wiss. beim ZK der SED IV 2/9.04/33, B. 110-112, hier Bl. 111. Zit. nach Boden 1997, 149.

> solche Gebiete, Disziplinen und Zweige, die für die tiefgreifenden qualitativen Veränderungen der Produktivkräfte unter den Bedingungen der wissenschaftlich-technischen Revolution ausschlaggebend sind und aus strategischer Sicht die wissenschaftliche Basis für den Übergang zur komplexen Automatisierung materieller und geistiger Prozesse bilden.[126]

Genannt werden hier vor allem Mathematik, Kybernetik, Chemie, Physik, Biologie, die technischen und technologischen Wissenschaften, Wirtschaftswissenschaften sowie die Operationsforschung.[127] Die traditionellen Geisteswissenschaften geraten dagegen immer stärker unter Resonanzzwänge. Am Ende des Jahrzehnts wählen mehr als 70% der Jungakademiker produktionspraxis-bezogene Studienfächer.[128]

Im Zuge des Verwissenschaftlichungsdrucks sollen nun auch die tradierten Arbeits- und Forschungsstrukturen der Literaturwissenschaften reformiert werden. Als vorbildlich gelten dabei »die neuen Methoden der Planung und Leitung der Volkswirtschaft in ihren Grundsätzen und ihrer Konkretheit, in ihrer Straffheit und Differenziertheit«.[129] Auf die marxistisch-leninistischen Gesellschaftswissenschaften kommen im Zusammenhang mit diesen Veränderungen der fachexternen Resonanz- und Ressourcenkonstellation neue Aufgaben zu. So hält man es von Seiten der politischen Administration für erforderlich, eine Verbindung zwischen der »sozialistischen Kulturrevolution« und der »wissenschaftlich-technischen Revolution« herzustellen und die wirtschaftliche Modernisierung somit gesellschaftspolitisch abzustützen:[130] *»Die Hauptfrage für die Gesellschaftswissenschaften ist, beizutragen zum wissenschaftlich-technischen Fortschritt, zur Durchführung des neuen ökonomischen Systems und damit zur weiteren ökonomischen Stärkung der DDR.«*[131] Dabei soll es vor allem darum gehen, *»die Wechselbeziehungen zwischen technischer Revolution und den anderen gesellschaftlichen Bereichen, besonders solchen Bereichen wie Bildung und Kultur zu erforschen«*.[132] Entsprechend sollen die Gesellschaftswissenschaften »zu **Wissenschaften von den Kommunikationsvorgängen in der Gesellschaft**« werden.[133]

---

126 Beschluß des Staatsrates der Deutschen Demokratischen Republik, 251.

127 Vgl. ebd., 251.

128 Vgl. Meuschel 1992, 198f.

129 Ulbricht 1972a, 974. Gefordert wird in diesem Zusammenhang eine Überwindung der »hierarchische[n] Isolierung und Zersplitterung der Forschungsarbeit«, ein Bruch »mit überlebten Gewohnheiten und Traditionen« und eine Hinwendung zur »sozialistischen Großforschung« und komplexen Forschungsaufgaben (Hager 1968, 51). Radikal fordert Hager an anderer Stelle: *»Nach dem 5. Plenum des ZK müssen die alten Manuskripte und die überholten Arbeitsmethoden verschwinden, um den neuen Ideen und der schöpferischen wissenschaftlichen Arbeit die Bahn frei zu machen«* (Hager 1964, 44. Hervorhebungen im Original).

130 Vgl. Scharfschwerdt 1982, 54. In diesen Kontext ist beispielsweise auch der »Bitterfelder Weg« einzuordnen. Dieser ist Teil einer »von oben initiierte[n] Kampagne zur ideologisch-politischen Abstützung eines Wirtschaftsprogramms und zur Mobilisierung der Bereitschaft der Arbeiter, im sozialistischen Wettbewerb Höchstleistungen zu erstreben« (Jäger 1994, 87).

131 Hager 1964, 49. Hervorhebungen im Original.

132 Ebd., 49. Hervorhebungen im Original. Siehe auch Abusch 1965, 5: »In der literaturwissenschaftlichen Praxis tritt dabei die Frage in den Vordergrund, ob und wie sich die wissenschaftlich-technische Umwälzung unter unseren gesellschaftlichen Bedingungen des umfassenden Aufbaus des Sozialismus auf die ästhetischen Gesetzmäßigkeiten und Anschauungen auswirken wird.«

133 Hager 1968, 7. Hervorhebungen im Original.

Vor diesem Hintergrund fordert man nun von den literaturwissenschaftlichen Germanisten eine umfassende Erforschung der »sozialistischen Literaturgesellschaft« (Becher) mit verifizierbaren Ergebnissen, um den erwarteten Aufstieg der sozialistischen Literatur besser planen und leiten und die ästhetische und sozialistische Erziehung des Volkes optimieren zu können. Die pauschale Verfemung der Soziologie als »bourgeoise Pseudowissenschaft« wird relativiert.[134] Auch gegenüber kybernetischen Entwürfen beginnt man sich nun von Seiten der Partei zu öffnen. Nachdem man die Kybernetik aufgrund ihres Anspruchs, allgemeine Gesetzmäßigkeiten in Natur, Technik und Gesellschaft entdecken und erklären zu können, in den 50er Jahren als »Konkurrenzwissenschaft« zum Marxismus-Leninismus eingestuft und entsprechend als eine »Wissenschaft der Obskuranten« abgestempelt hat, hofft man nun angesichts der angespannten wirtschaftlichen Lage darauf, das ökonomische Planungssystem mit Hilfe der Kybernetik zu optimieren.[135]

Im Zuge der sich ausbreitenden Wissenschaftseuphorie glaubt man an die Möglichkeit, die »Wirksamkeit« bestimmter kulturpolitischer Maßnahmen durch empirische Untersuchungen überprüfen und aktiv steigern zu können.[136]

> Es genügt einfach nicht mehr, ›Interpretationen‹ literarischer Werke zu geben, sondern ihre Genesis (unter dem Blickpunkt der Beziehung des Schriftstellers zur Wirklichkeit, zum Volk) und ihre Wirkung, ihre Aufnahme bei den Massen müssen konkret untersucht und verallgemeinert werden.[137]

Zunehmend wird in der politischen Führungsspitze die Frage »nach den spezifischen, eigenen kulturellen Bedürfnissen der werktätigen Bevölkerung, ihrer gegenüber jeder Vergangenheit eigenen, neuen und unverwechselbaren Lebenskultur« gestellt.[138] Damit müssen auch einige der bisherigen Vorstellungen von der »Aneignung« des kulturellen

---

134 Vgl. Scharfschwerdt 1977, 165. Nach einem SED-Beschluss entwirft man 1964 ein soziologisches Forschungsprogramm mit den vier Arbeitskreisen Theorie und Methodologie, Industriesoziologie, Kultursoziologie und Agrarsoziologie (vgl. Scharfschwerdt 1982, 78. Siehe auch Ludz 1972). 1971 fordert Kurt Hager explizit: »Was wir brauchen, sind mehr Analysen und soziologische Untersuchungen über die geistig-kulturellen Interessen und Bedürfnisse sowie ihre Befriedigung, weil diese ein wichtiges qualitatives Merkmal der sich entwickelnden politisch-ideologischen Einheit unserer Bevölkerung in ihren vielfältigen Erscheinungsformen sind« (Hager 1976, 261).

135 Vgl. Artikel »Kybernetik« 1985. Siehe auch das Kapitel »Im Zauberbann von Systemtheorie und Kybernetik« in Tandler 2000, 324–330; sowie Liebscher 1995. Die Gründung der »Kybernetik-Philosophie-Gesellschaft« sowie die Einrichtung einer Kommission für Kybernetik bei der Akademie der Wissenschaften im Jahre 1961, ferner die Kybernetik-Konferenz im Oktober 1962 mit dem Thema »Die Bedeutung der Kybernetik für Wissenschaft, Technik und Wirtschaft in der DDR« sind ein Signal für die Akteure im wissenschaftlichen Feld, die Kybernetik als resonanzträchtiges Forschungsgebiet ernst zu nehmen. Auch in den darauffolgenden Jahren, so auf dem VI. sowie dem VII. Parteitag der SED 1963 bzw. 1967, erfährt die Kybernetik besondere Beachtung. Siehe dazu auch Liebscher 1995, 8–52; sowie die bei Liebscher 1995 abgedruckte »Denkschrift über die Bedeutung der Kybernetik für Wissenschaft, Technik und Wirtschaft in der Deutschen Demokratischen Republik« vom 23.10.1962.

136 Vgl. Ulbricht 1972a, 974.

137 Koch 1960, 110.

138 Scharfschwerdt 1975, 133f.

Erbes hinterfragt werden, ist man doch bisher von einer moralisch-politischen Einheit der Bevölkerung und einer unmittelbaren Wirkung des literarischen Kunsterbes auf die Menschen ausgegangen.[139] Nun wird die Frage nach der Wirksamkeit der Literatur beim umfassenden Aufbau des Sozialismus zum »immanente[n] Bestandteil perspektivischer literaturwissenschaftlicher Arbeit. Sie führt zur Frage, wann, wie, wodurch und auf wen literarische Werke wirken, ob sie durch richtige oder falsche ideelle Wirkung ›interessieren‹«.[140]

Gemäß einem Beitrag von Hans Koch aus dem Jahre 1960 soll die »Literaturgesellschaft« nun gar »den hauptsächlichen Gegenstand [bilden], den unsere Wissenschaft zu untersuchen hat«, beginnen doch »auf der Grundlage unseres sozialistischen Aufbaus neue Bewegungs- und Entwicklungsgesetze voll wirksam zu werden«, die es zu begreifen und nutzbar zu machen gelte.[141] Diskutiert wird in diesem Zusammenhang auch eine Gegenstandserweiterung der Kunstwissenschaften hin zu technischen Massenkommunikationsmitteln wie Funk und Fernsehen oder »Literatur mit Massenauflagen, auch wenn sie nicht immer dem Sinn für das Schöne genügen mag«,[142] um die Prozesse innerhalb der sozialistischen Gesellschaft besser verstehen und steuern zu können – eine durchaus bemerkenswerte Entwicklung, scheint doch der Glaube an die unmittelbar bewusstseinsbildende Funktion der Höhenkünste und vor allem der Literatur der deutschen Klassik ganz allmählich einer realistischeren Einschätzung der Kulturbedürfnisse der werktätigen Massen und damit pragmatischen Überlegungen zur besseren Kontrolle der Bevölkerung zu weichen.

Auch in der literarischen Praxis vollziehen sich Prozesse, die den Blick auf die soziale Realität des Kunstwerkes, auf die Wirkungsweise von Literatur, auf die Rolle des Lesers im literarischen Austausch etc. stimulieren. Ab Mitte der 60er Jahre, so Dieter Schlenstedt, fragt die Literatur gegen die Gewissheiten von Politik und Geschichtsphilosophie nach dem Platz des Menschen in der sozialistischen Gesellschaft, stellt Bestehendes in Frage, übt Kritik und rechnet »dabei mit einem Leser, der nicht als ein zu Erziehender, sondern als gleichberechtigter Partner im Austausch von Bildern, Gefühlen, Reflexionen gedacht [ist]«.[143] Einem simplifizierten Identifikationsmodell, das – verkürzt gesagt – annimmt, ein Leser werde sich durch die Darstellung sozialistisch

---

139 Vgl. ebd., 134.

140 Abusch 1965, 4. Siehe auch Klaus Jarmatz, der ausführt, die Reform der literaturwissenschaftlichen Germanistik »muß auch die Weiterentwicklung der Methodik der wissenschaftlichen Verfahrensweisen betreffen. Methodisch geht es dabei vor allem darum, die Wirkungskomponente in die Analyse literarischer Kunstwerke und in die Realismustheorie einzubeziehen. Nach den bisherigen Darstellungen ergibt sich zwangsläufig, daß der Bitterfelder Weg auch die Literaturwissenschaft berührt und in mancher Beziehung methodisches Umdenken bedeutet« (Jarmatz 1968, 470). Das besondere Gewicht der ästhetischen Wirkungsforschung innerhalb der zukünftigen literaturwissenschaftlichen Arbeit betont auch Elisabeth Simons (1968).

141 Koch 1960, 110. Siehe auch Abusch 1965, 5: »Mit der Veränderung der Gesellschaft, der Menschen und des Lebens gehen die Veränderungen in den ästhetischen Anschauungen, die Herausbildung sozialistischer Anschauungen vom Schönen vor sich. Sie zu entdecken, wissenschaftlich zu begründen und den Menschen bewußt zu machen, ist auch Sache der germanistischen Literaturwissenschaft.«

142 Jarmatz 1966, 1624. Siehe auch Ulbricht 1972a, 987.

143 D. Schlenstedt 2003, 82.

vorbildhafter Gestalten zum »Helden der Arbeit« entwickeln, wird eine deutliche Absage erteilt.[144] Statt den Rezipienten zu bestimmten Gedankengängen zu zwingen, wollen Autoren wie Christa Wolf oder Volker Braun ihre Leser anregen, sie zum Nachdenken bringen, ihr Selbstbewusstsein fördern und ihnen Mut machen zu einer jeweils ganz eigenen Lesart des literarischen Textes. Der Prozess der Aufnahme und Aneignung von Literatur kann somit nicht länger als passiver Vorgang betrachtet werden, dessen »Ergebnisse« gleichsam »feststehen« und der lediglich unter dem Gesichtspunkt der Produktion reflektiert werden kann. Wenn Bedeutung erst durch eine auf das Kunstwerk wie die Wirklichkeit bezogene Aktivität produziert wird und nicht schon von vornherein in den Texten selbst liegt, bedeutet dies, dass eine sinnvolle Definition künstlerischer Abbildung die Relation zwischen Produzent, Werk und Rezipient einschließen muss. Die Autoren, so sehr sie sich auch mit den Zwängen der Kulturpolitik auseinandersetzen müssen, haben sich »Ende der 60er Jahre von diesen Vorschriften gelöst [...], wenn auch die Propaganda am Fortleben des Totgesagten [festhält]«.[145] Damit kommt die literarische Praxis im Gegensatz zu weiten Teilen der akademischen Literaturkritik dem mehrheitlichen Bedürfnis der Leser nach, die von der Literatur keinesfalls Agitation oder die Vermittlung der Grundgedanken der marxistischen Gesellschaftslehre erwarten und die eine konfliktarme, propagandistische, den Parteikonventionen entsprechende Darstellung des »Typischen« als langweilig empfinden.[146] Die Germanisten sind daher gezwungen, die Entwicklungen in der sozialistischen Literatur theoretisch einzuholen, um ihr Selbstverständnis als literaturvermittelnde Institution innerhalb des »Leselandes« DDR glaubhaft artikulieren und somit Leistungsangebote an die kulturpolitische Administration sowie die literarische Öffentlichkeit adressieren zu können.

11.6.2 Zwischen Lenkungsanspruch und geduldeten Spielräumen: Institutionelle Veränderungen in den 60er Jahren

Die Vorstellungen von der Wissenschaft als einer »Produktivkraft« bleiben nicht ohne Folgen für die institutionellen Rahmenbedingungen, unter denen Forschung und Lehre in der DDR ablaufen. Unter der Losung »Modernisierung der Gesellschaft durch Modernisierung der Wissenschaften« wird die Institution Wissenschaft nun nicht mehr lediglich »als ideologische Reproduktions- und Umsetzungseinrichtung« angesehen,[147] sondern sie soll die auch für eine Diktatur notwendigen Modernisierungsprozesse vorantreiben und als »Produktionsstätte von Innovationen« dienen.[148] Zwischen 1965 und 1968 werden eine Reihe von Neuregelungen des Universitätsbetriebes verabschiedet, die als »3. Hochschulreform« zusammengefasst werden und die das Ziel haben, Lehre, Ausbildung, Erziehung und Forschung effizienter zu steuern und auf die Bedürf-

144 Vgl. D. Schlenstedt 2000a, 330.
145 Schichtel 1998, 17.
146 Vgl. Swiatlowski 1982, 60.
147 Gottwald 1996, 163.
148 Ebd., 164.

nisse der Gesellschaft im Zeitalter der »wissenschaftlich-technischen Revolution« auszurichten.[149] Mit der bisherigen Universitätstradition wird radikal gebrochen,[150] die Umwandlung der Universitäten in Instrumente der Parteiherrschaft energisch weitergeführt, und die Reste akademischer Autonomie werden weiter beschnitten.[151] Konkrete Maßnahmen sind u.a. die Ausarbeitung neuer Studienpläne, die Neugliederung des Studiums, die konsequente Verwirklichung der »auftragsgebundenen Forschung« oder die »Verbesserung« der Organisationsstruktur (z.B. Einrichtung von Sektionen an Stelle der Fakultäten als Organisationsformen mit langfristigen Aufgaben in Forschung und Lehre),[152] um zur Lösung komplexer gesellschaftlicher Aufgabenstellungen die Kooperation von Fächern über Fakultätsgrenzen hinweg zu ermöglichen.[153] Die Germanistik wird mit Kunst- und/oder Kulturwissenschaften verbunden; allein an der Humboldt-Universität wird eine Sektion »Philologien/Germanistik« gegründet.[154]

Im Zusammenhang mit den institutionellen Reformen an den Universitäten stehen auch die Veränderungen in der Literaturforschung an der Akademie der Wissenschaften, die einen entscheidenden Faktor im Ermöglichungszusammenhang der Entwicklung rezeptionstheoretischer Ansätze darstellen.[155] Umfassende Planungs- und Steuerungsstrukturen werden geschaffen, durch die die Forschungen »effizienter« und »zweckdienlicher« werden sollen und mit denen ein stärkerer Einfluss des Staates auf die Tätigkeit der Akademie festgeschrieben wird.[156] Eine Vielzahl von Reformvorschlägen zur Modernisierung der Literaturwissenschaften werden entwickelt; Arbeitsstrukturen erfahren immer wieder neue Änderungen.[157] Ende 1968 wird Werner Mittenzwei

149 Vgl. »Prinzipien zur weiteren Entwicklung der Lehre und Forschung an den Hochschulen der Deutschen Demokratischen Republik« vom Oktober 1966. Im Beschluss des Staatsrates der DDR vom 3. April 1969 heißt es: »*Da die Wissenschaft immer mehr zu einer Hauptproduktivkraft der sozialistischen Gesellschaft wird, ist es objektiv notwendig, eine dieser Entwicklung entsprechende wissenschaftlich begründete Planung und Leitung der Wissenschaft und des Hochschulwesens zu verwirklichen*. Es ist erforderlich, an den Universitäten und Hochschulen effektivere und modernere Formen und Methoden der Planung und Leitung von Forschung, Ausbildung, Erziehung und Weiterbildung anzuwenden. Ausgehend von der Prognose, sind Forschung, Aus- und Weiterbildung auf die für die Entwicklung unserer Gesellschaft und die Verwirklichung der strukturpolitischen Konzeption unserer Volkswirtschaft sowie für die Wissenschaftsentwicklung entscheidenden Aufgaben zu konzentrieren, komplex zu planen, zu bilanzieren und mit höchstem ideologischem und ökonomischem Effekt durchzuführen. Dazu müssen die inhaltlichen Probleme der Gestaltung und engen Verbindung von Forschung, Ausbildung und Erziehung gelöst, moderne Formen und Methoden der Wissenschaftsorganisation eingeführt und die Effektivität der Forschung und Ausbildung einschneidend erhöht werden ...« (Beschluß des Staatsrates der Deutschen Demokratischen Republik, 250f. Hervorhebungen im Original). Zur 3. Hochschulreform siehe auch Mehlig 1996; sowie Baske 1979, bes. 28–30 und 32–38.

150 Vgl. Meyer 1995, 377.

151 Vgl. ebd., 379.

152 Diese Sektionen – dies verdeutlicht einmal mehr die Veränderungen in der Resonanzkonstellation – werden »entlang der Bedürfnisse jener Wissenschaften gebildet, die für Industrie und Technik ausbildeten, also nach dem Modell naturwissenschaftlicher Großforschungseinrichtungen« (Boden 2003, 157).

153 Siehe dazu Baske 1998, 212f.

154 Vgl. Boden 2003, 161.

155 Siehe dazu im Detail Boden/Böck 2004; Boden 2002; Walther 2002.

156 Vgl. Gläser/Meske 1996, 91.

mit der Gründung des Zentralinstituts für Literaturgeschichte beauftragt; am 15. August 1969 werden die Abteilungen Literaturwissenschaft, Neuere Editionen und Information und Dokumentation des Instituts für deutsche Sprache und Literatur, die Abteilung Literaturwissenschaft des Instituts für Slawistik, die Abteilungen moderne Literatur und Aufklärung des Instituts für romanische Sprachen und Kultur, die Arbeitsstelle für Literaturtheorie und die Arbeitsstelle für Kunstgeschichte zum Zentralinstitut für Literaturgeschichte (ZIL) zusammengeschlossen.[158]

Die Reformen in der Akademie der Wissenschaften sind zum einen Antworten auf die Zwänge der »wissenschaftlich-technischen Revolution« und entsprechen den Forderungen der Parteiführung nach komplexer Planung wissenschaftlicher Prozesse.[159] In diesem Zusammenhang erwartet man auch, dass die bereits seit 1954 geplante mehrbändige *Geschichte der deutschen Literatur* unter Federführung des ZIL endlich zum Abschluss gebracht werden kann. Zum anderen lassen sich Hochschul- und Akademiereform vor dem Hintergrund des »Prager Frühling«, den Studentenunruhen in Amerika und Westeuropa (besonders in der Bundesrepublik) sowie der Krise der Innen- und Deutschlandpolitik der SED gegen Ende der Ära Ulbricht auch als Versuch deuten, die politische und ideologische Kontrolle zu vergrößern.[160] Gemäß den Vorstellungen der sozialistischen Gesellschaftsplaner soll das ZIL zu einer Art »Leitungsinstitut« für alle Literaturwissenschaften werden.[161]

Doch die Kultur- und Wissenschaftspolitik ist von Widersprüchen geprägt. Denn bei allen Steuerungs- und Leitungswünschen sind die ideologieanweisenden Organe gleichzeitig gezwungen, den Akteuren am ZIL gewisse Spielräume zuzubilligen. Sie erkennen, dass durch die immer stärkere Verschulung der Universitäten und ihre Degradierung zu Ausbildungsstätten ein literaturtheoretischer »Rückstand« gegenüber dem »imperialistischen Ausland« sowie eine Vernachlässigung der Erforschung und zeitgemäßen Vermittlung des »kulturellen Erbes« droht, und sie setzen auf das Zentralinstitut als Ausgleich für die »geistige Dürre« an den Hochschulen.[162] Die angestrebte Modernisierung des politischen und gesellschaftlichen Systems ermöglicht und erfordert gleichzeitig Modernisierungstendenzen in den Wissenschaften. In relativ abgeschirmten akademischen Bereichen mit begrenzter Massenwirksamkeit ist man durchaus bereit, kontroverse Experten-Debatten zuzulassen, von denen keine Gefahren für die Stabilität des Systems auszugehen scheinen.[163] Die Tatsache, dass Ausbildungs- und Lehrverpflichtungen in der akademischen »Oase« ZIL[164] fehlen, ermöglicht Freiräume, die an Universitäten mit ihrer direkten Erziehungsfunktion kaum denkbar wären. Zudem ist festzustellen, dass die Hoffnung, über die Sphäre der Kunst Gesellschaft leiten und kontrollieren zu können, mit Beginn der Ära Honecker spürbar geringer wird, während im Gegenzug kompensatorische Aspekte im Umgang mit Kunst und Kultur

157 Vgl. dazu Boden/Böck 2004.
158 Siehe dazu die »Anweisung über die Gründung des Zentralinstituts für Literaturgeschichte« vom 15. August 1969.
159 Vgl. Boden 1997b, 268.
160 Vgl. K. Barck 1993, 224. Siehe auch Boden 1997b, 268; sowie Kaufmann 2004, 157.
161 Vgl. K. Barck 1993, 225.
162 Vgl. Weimann 2004, 119.
163 Vgl. Jäger 1994, 159.
164 Weimann 2004, 120.

an Stellenwert gewinnen.[165] In dem Maße, in dem die Vorstellung von der Herrschaftsrelevanz der Kunst- und Kulturwissenschaften an Geltung verliert und sich zentrale Vorgaben verringern, vergrößern sich die Entscheidungsräume der Akteure.[166] Auch dies ist ein Grund, warum die erste Phase am ZIL bei einigen Akteuren als Jahre einer »fröhlichen marxistischen Wissenschaft« gilt.[167]

Der institutionelle Zuschnitt des ZIL erweist sich in der Tat als innovationsfördernd, wird doch hier erstmals eine umfassendere interphilologische Zusammenarbeit zwischen den »großen« literaturwissenschaftlichen Fächern Germanistik, Anglistik, Romanistik und Slawistik praktiziert. Auch die personelle Zusammensetzung der Akteure ist ein entscheidender Faktor im Ermöglichungszusammenhang der Modernisierungsprozesse der nächsten Jahre: Mit Germanisten wie dem als Kritiker einer antimodernistischen Realismus-Theorie bekannten Brecht-Forscher Werner Mittenzwei oder dem Scholz-Schüler Hans Kaufmann, Romanisten wie den Krauss-Schülern Werner Bahner oder Manfred Naumann,[168] Slawisten wie Gerhard Ziegengeist oder Klaus Städtke sowie dem Anglisten Robert Weimann gehören eine Reihe von profilierten Wissenschaftlern zur »Gründungsmannschaft« des Instituts, die aus höchst heterogenen disziplinären Traditionen und »Richtungen« kommen und sich keineswegs auf eine einheitliche Linie eines nicht-pluralistischen Marxismus verpflichten lassen.[169] Einig scheint man sich nach den Erinnerungen der Akteure zunächst allein darin zu sein, jeglichen »Führungsanspruch« gegenüber der universitären Literaturwissenschaft zurückzuweisen,[170] den Gegenstandsbereich der Literaturwissenschaft zu erweitern, die bestehenden

---

165 Vgl. Schandera 2001, 33.

166 Vgl. ebd., 33.

167 K. Barck 1993, 227. Dagegen meint Klaus Städtke: »Ich hatte jedenfalls nicht den Eindruck, dass der Marxismus fröhlich war, wenigstens nicht unter dem zunehmenden ideologisch-politischen Diktat der Partei« (Städtke 2004, 276).

168 Zur Bedeutung von Werner Krauss für die Entwicklung rezeptionstheoretischer Ansätze in der DDR sowie der Jauß'schen Rezeptionsästhetik siehe Naumann 1992, 174f.; Naumann 2003, 47 und 51ff.; Naumann 2004, 86; Jauß 1993. Vor dem Hintergrund dieses Einflusses, so konstatiert Petra Boden, »erscheint der jüngste Versuch, die Entwicklung dieser Theorie als einen Erfolg westlicher romanistischer Theoriebildung zu fassen, der in der DDR mehr oder weniger nur abgeschrieben worden sei, fraglich« (Boden 1997b, FN 68, 263).

169 Vgl. K. Barck 1993, 225.

170 Vgl. dazu die Interviews mit Werner Mittenzwei, Manfred Naumann, Robert Weimann, Hans Kaufmann, Silvia und Dieter Schlenstedt sowie Klaus Städtke in Boden/Böck (Hg.) 2004. Siehe darüber hinaus D. Schlenstedt 2003; Naumann 2003; K. Barck 2003. Karlheinz Barck sowie Manfred Naumann führen aus, aufgrund des zurückgewiesenen Führungsanspruchs habe man den »von oben« vorgeschlagenen Namen »Zentralinstitut für Literatur*wissenschaft*« mit Geschick in »Zentralinstitut für Literatur*geschichte*« umgewandelt (K. Barck 1993, 225; Naumann 2004, 85). Dagegen bemerkt Werner Mittenzwei: »Daß wir zu einem Zentralinstitut für Literaturgeschichte und nicht für Literaturwissenschaft wurden, war nicht unsere Entscheidung. Sie hing mit der schon erwähnten Epik-Analyse zusammen und war ein Eingriff des Parteiapparats. Weil die Epik-Analyse der Germanisten für den vorzubereitenden Schriftstellerkongreß nicht den Vorstellungen der SED und auch nicht des Schriftstellerverbandes entsprach, wurde uns die literaturtheoretische Kompetenz abgesprochen. Wir durften uns nicht – wie vorgesehen – Zentralinstitut für Literaturwissenschaft, sondern nur Zentralinstitut für Literaturgeschichte nennen. Das war eine ungeheuerliche Einmischung, in dieser Art selbst in der Ulbricht-Zeit ungewöhnlich« (Mittenzwei 2004, 71f.).

literaturtheoretischen Verengungen auf Grundlage des Marxismus aufzubrechen und die nationalliterarische Perspektive zu überschreiten.[171]

11.6.3 Die Hinwendung zu rezeptionstheoretischen Fragestellungen als Antwort auf die Veränderungen in der fachexternen Resonanz- und Ressourcenkonstellation

An den literaturwissenschaftlichen Debatten der 60er und 70er Jahre um Rezeption und Wirkung lässt sich ablesen, dass die oben skizzierten Veränderungen in der fachexternen Resonanz- und Ressourcenkonstellation eine bedeutende Rolle in den Redeweisen der Akteure spielen. Neben den fachinternen Motivationslagen für die Entwicklung rezeptionstheoretischer Ansätze, die auf eine Erweiterung der Spielräume wissenschaftlichen Arbeitens und eine Modernisierung literaturwissenschaftlicher Ansätze auf marxistisch-leninistischer Grundlage zielen, gibt es damit augenscheinlich eine Reihe außerfachlicher Faktoren, die die »Hinwendung zum Leser« stimulieren bzw. als Legitimationsressource für die disziplinären Umbauten der Realismus- und Widerspiegelungstheorie dienen sollen. Den Spuren dieser fachexternen Einflüsse gilt es im Folgenden in den Texten der Literaturwissenschaftler nachzugehen.

171 Wie ernst es den am ZIL beschäftigten Wissenschaftlern mit ihren Modernisierungsabsichten ist, zeigt bereits der von Mittenzwei 1969 herausgegebene *Positionen*-Band: Erstmals wird die Mehrstimmigkeit innerhalb der marxistischen Literaturwissenschaft explizit deutlich gemacht. Neben »traditionellen« Anschauungen wie denen von Becher, Kurella, Scholz oder Girnus enthält der Band Texte von enormer Sprengkraft. Einmal mehr wird der Realismus- und Widerspiegelungsbegriff der Lukács-Ära in Mittenzweis Beitrag über Brecht als schematisch, formalistisch und dogmatisch zurückgewiesen (vgl. Mittenzwei 1971); Boden spricht von einer gezielten »Demontage einer der zentralen Säulen der marxistischen Literaturtheorie, wie sie mit den Begriffen ›Abbild‹ und ›Widerspiegelung‹ errichtet worden war« (Boden 1997b, 262). Vor allem aber der Beitrag von Karlheinz Barck, Manfred Naumann und Winfried Schröder zur literaturwissenschaftlichen Position des Romanisten Werner Krauss bietet innovative Ansatzpunkte, die bislang in der literaturwissenschaftlichen Germanistik keine Rolle gespielt haben (allein der Germanist Claus Träger kann als »Krauss-Schüler« bezeichnet werden) (vgl. K. Barck/Naumann/Schröder 1961). Das im Schlussteil dieses Beitrages versteckte Plädoyer für eine undogmatische, eigenständige, gleichwohl auf der Basis des Marxismus stehende Literaturwissenschaft wirkt im Nachhinein wie eine »Programmschrift« des ZIL für die Arbeit der nächsten Jahre: Der Klassik-Zentrismus der germanistischen Literaturwissenschaft soll durch eine Hinwendung zur Aufklärungsforschung aufgebrochen, Rezeptions- statt Realismusforschung betrieben und der nationalliterarische Horizont sowie der aus der klassischen idealistischen Ästhetik übernommene Literaturbegriff gesprengt werden (vgl. Boden 1997b, 264).

11.6.3.1 Der »Verwissenschaftlichungsdruck« als Problemhintergrund für die Entwicklung einer Rezeptionstheorie

In ihrem Beitrag zur »Rezeption der Rezeptionsästhetik« haben Danneberg, Schernus und Schönert zu Recht darauf hingewiesen, dass

> der Problemhintergrund für die Entwicklung einer Rezeptionstheorie und für die Rezeption der Rezeptionsästhetik *auch* aus einem ›Verwissenschaftlichungsdruck‹ besteht, in den die literaturwissenschaftlichen Disziplinen im Rahmen des sich ›entwickelnden gesellschaftlichen Systems‹ geraten.[172]

Dieser Druck geht dabei vornehmlich von den sich in den 60er Jahren herausbildenden Richtungen Literaturpsychologie und Literatursoziologie aus, die sich in Verbindung mit so resonanzstarken Disziplinen wie Semiotik, Informationstheorie, Statistik oder Kybernetik gegenüber den etablierten Literaturwissenschaften als Planungs- und Leitungswissenschaften zu positionieren versuchen.[173] Wie bedrohlich die Literaturwissenschaftler diese Ansätze empfinden müssen, zeigt ein Blick auf die zentralen Leistungsangebote, die die Vertreter einer empirisch fundierten Literatursoziologie an die kulturräsonierende Öffentlichkeit zu adressieren vermögen. Vor dem Hintergrund dieser Leistungsversprechen nämlich drohen die etablierten Fragestellungen der literaturwissenschaftlichen Germanistik marginalisiert zu werden.

So bemüht sich der Hallenser Germanist Thomas Höhle die im Zuge der kursierenden Wissenschaftseuphorie vorgetragenen Forderungen nach einer interdisziplinären Großforschung[174] sowie nach »exakten Resultaten« und »genauen Daten« öffentlichkeitswirksam einzusetzen.

> Bei der Hebung des Niveaus der Leitung des kulturellen Lebens können verbesserte und vertiefte wissenschaftliche Erkenntnisse von der Wirkung literarischer Kunstwerke und literaturpolitischer Maßnahmen eine große, vielleicht sogar entscheidende Rolle spielen.[175]

---

172 Danneberg/Schernus/Schönert 1995, 700. Hervorhebung im Original.

173 Gewiss, die marxistische Literaturtheorie hat von Anfang an literatursoziologische Aspekte enthalten, so z.B., wenn sie nach der historisch-gesellschaftlichen Dimension eines literarischen Werkes fragte. Als selbständige Disziplin, die empirische soziologische oder sozialpsychologische Methoden und Techniken (wie Leserbefragungen, Dokumentenanalyse oder soziale Experimente) mit Kultur- und Kunsttheorie vereint, sämtliche literarische Kommunikationsprozesse in der »Literaturgesellschaft« einzubeziehen und soziologisch differenziert zu betrachten sucht und deren spezifische Produktions-, Distributions- und Rezeptionsbedingungen erforscht etc., bildet sich die marxistische Literatursoziologie jedoch erst in den 60er Jahren heraus (vgl. Walter 1986). Siehe auch das Kapitel »Entwicklungsprobleme einer marxistischen Literatursoziologie« in Scharfschwerdt 1977, 137–186; sowie Funke 2003.

174 Vgl. Höhle 1966, 484f.

175 Ebd., 481. Siehe in diesem Zusammenhang auch Hohmann 1965, 508: »Die Aufdeckung der Zusammenhänge der literarischen Wirkung soll dazu beitragen, die Grundlagen für eine nicht mehr spontane, nicht mehr mit unzureichenden Erfahrungswerten experimentierende, sondern planmäßige und kontinuierliche Leitung und Lenkung der Prozesse in unserer Literaturgesellschaft zu schaffen.«

Auch Höhles Hallenser Kollege Dietrich Sommer, Leiter der Abteilung Literatursoziologie, weiß seine Forschungen – über deren Notwendigkeit seiner Meinung nach »längst kein Zweifel mehr« besteht[176] – resonanzträchtig als Beitrag zu den gegenwärtigen kulturpolitischen Aufgaben zu inszenieren:

> Immer dringender wird das Bedürfnis, theoretische Leitsätze, Begriffe und formulierte Gesetze empirisch auf ihre Richtigkeit hin zu überprüfen und konkreter zu bestimmen. [...] Das Wissen um die enge Verflechtung von technischer Revolution und sozialistischer Kulturrevolution gebietet uns, auch die literarischen Prozesse soziologisch zu erforschen.[177]

Den allgemeinen kulturpolitischen Forderungen entsprechend, präsentiert Sommer seine Disziplin als »Leitungswissenschaft«:

> Wir suchen nach Möglichkeiten, welche die bewußtseins- und verhaltensbildende Funktion der Literatur und Künste steigern können. Die literatursoziologische Forschung betrachtet sich deshalb als Einheit von theoretisch-empirischer Grundlagenforschung und angewandter kulturpolitischer Zweckforschung, deren Hauptanliegen darin besteht, empirische Daten und theoretische Ergebnisse für die kulturpolitische Leitungstätigkeit bereitzustellen.[178]

Konkret versprechen die Wissenschaftler durch ihre literatursoziologische Arbeit u.a., den Prozess der erzieherischen Wirkung von Literatur zu verfolgen und optimieren zu helfen, das bewusstseinsbildende Potential des Schulunterrichts zu vergrößern oder die Arbeit der Schriftsteller, der Verlage, des Rundfunks, des Fernsehens, des Theaters etc. nach streng wissenschaftlichen Kriterien anzuleiten.[179] Ebenso könne durch literatursoziologische Detailuntersuchungen zur Entstehung literarischer Werke die Bedeutung gesellschaftlicher Organisationen wie der SED oder des Schriftstellerverbandes sowie literaturvermittelnder Institutionen wie Verlage, Bibliotheken etc. für den Produktionsprozess herausgearbeitet werden: »Aus solchen konkreten literatursoziologischen Einzelanalysen könnten wertvolle Erkenntnisse für das weitere Vorgehen, vielleicht auch für die Korrektur der einen oder anderen Maßnahme gewonnen werden.«[180] Für die etablierte Literaturwissenschaft scheint vor dem Hintergrund dieser Leistungsversprechen der Literatursoziologen »immer weniger Platz zu bleiben. Ihren ›gesellschaftlichen Auftrag‹ hinsichtlich der drängenden Entfaltung des ›entwickelten gesellschaftlichen Systems des Sozialismus‹ machen ihr andere Disziplinen streitig«.[181]

Dies gilt um so mehr, als man von Seiten der Konkurrenz streng mit den bisherigen Leistungen der Literaturwissenschaftler und Theoretiker des sozialistischen Realismus ins Gericht geht und so versucht, gegenüber der Literaturtheorie bzw. Literaturgeschichte Positionsgewinne zu erzielen. In seinem programmatischen Text zu »Grundfragen einer marxistischen Soziologie der Kunst« erklärt der studierte Psychologe und

176 Sommer 1966, 472.
177 Ebd., 472.
178 Sommer 1972, 21. Siehe auch Sommer 1969, 294; sowie Sommer/Löffler 1970, 51.
179 Vgl. dazu z.B. Höhle 1966, 479ff.
180 Ebd., 480.
181 Danneberg/Schernus/Schönert 1995, 693.

Philosoph Günther K. Lehmann vom Institut für Literatur »Johannes R. Becher« in Leipzig beispielsweise:

> [D]ie Künstler und die Kulturpolitiker, die natürlich ein besonderes Interesse an der Ästhetik haben, werden selten befriedigende Auskünfte erhalten, wenn sie sich erwartungsvoll mit *praktischen* Anliegen an die Ästhetiker wenden. Diese blicken dann wohl neidvoll zu den Vertretern der exakten Wissenschaften hinüber, die mit experimentell erprobten, an handfesten Fakten überprüften Erkenntnissen aufwarten können. Die Ästhetiker, sie gestehen es, verspüren ein großes Unbehagen, müssen sie doch wiederholt erfahren, daß die Kategorien, die zum traditionellen Begriffsinventar der Ästhetik gehören, viel zu verschwommen und zu weitmaschig sind, als daß man mit ihnen etwa die Spezifik der sozialistischen Gegenwartskunst erfassen könnte. [...] Es fehlen durchweg wissenschaftlich begründete, d.h. jederzeit objektiv nachprüfbare Kriterien der ästhetischen Bewertung.[182]

Während die von der Literatursoziologie verwandten quantitativen und diagnostischen Methoden (wie z.B. die mathematische Statistik, die Informationstheorie und Kybernetik) als »das moderne Instrumentarium der Forschung« inszeniert werden,[183] sieht Lehmann auf der Seite der tradierten Literaturwissenschaften »alte Denkgewohnheiten« und »einen gewissen verstaubten Kategorienfetischismus«.[184] Eine Ästhetik, die nicht empirisch fundiert sei, gerate »nicht nur hoffnungslos in das Hintertreffen der wissenschaftlichen Entwicklung, sondern sie wird auch keine Möglichkeit finden, die ihr von der gesellschaftlichen Praxis gestellten Aufgaben zu lösen, die am allerwenigsten spekulativ bewältigt werden können«.[185] Selbstbewusst verlangen die Verfechter der Literatursoziologie aufgrund der Defizite in den etablierten literaturwissenschaftlichen Disziplinen, ihren Arbeitsbereich als Teil der marxistisch-leninistischen Literaturwissenschaft, gleichbedeutend mit den beiden großen Teilgebieten Literaturtheorie und Literaturgeschichte, anzuerkennen.[186] Dass diesen beiden Teilgebieten durch eine solche Erweiterung der Literaturwissenschaft Ressourcenverluste drohen könnten, ist nur zu deutlich, fordern die Literatursoziologen doch die Bereitstellung umfassender finanzieller und institutioneller Mittel.[187]

Die Forderungen der Literatursoziologen finden innerhalb der wissenschaftspolitischen Administration Gehör: In Halle wird 1966 – zunächst unter der Leitung von Wolfgang Friedrich, nach dessen Tod 1967 unter der von Dietrich Sommer – eine

182 G. Lehmann 1965, 933. Hervorhebung im Original.
183 Ebd., 937.
184 Ebd., 937.
185 Ebd., 936.
186 Höhle 1966, 483f.
187 »Marxistische Literatursoziologie nach streng wissenschaftlichen Gesichtspunkten erfordert größere ›Apparate‹, kommt ohne gewisse Aufwendungen nicht aus. Wahrscheinlich wird es notwendig sein, neue Institutionen, vielleicht ein zentrales Forschungsinstitut für Literatursoziologie zu schaffen, das mit den entsprechenden Mitarbeitern, Apparaten, Mitteln und Publikationsmöglichkeiten ausgerüstet, große Untersuchungen großzügig ins Werk setzen kann. Eine solche Institution würde dann auch die gesamte Arbeit auf diesem Gebiet planen, koordinieren und lenken müssen, so daß die vielerorts in den letzen Monaten entstandenen Bemühungen zusammenfließen und in einen großen Plan eingeordnet werden können« (ebd., 488).

Abteilung für Literatursoziologie eingerichtet (ab 1969 wird sie im Rahmen der Sektionsbildung zum Wissenschaftsbereich Theorie und Soziologie der Künste), in der auf Grundlage empirischer Daten die konkrete Lesepraxis untersucht wird[188] und aus der in den 70er Jahren die erste literatur- und gesellschaftstheoretisch aufgearbeitete Bestandsaufnahme der neuen sozialwissenschaftlichen Forschung zur »Literaturgesellschaft« der DDR hervorgeht.[189] In Leipzig werden erste literaturpsychologische Forschungen angestellt.[190]

Die etablierten Literaturwissenschaften sind sich der Bedrohung durch die »exakteren Untersuchungsmethoden« durchaus bewusst. Denn auch Wissenschaftszweige wie die Linguistik, die Zeichentheorie oder die Kybernetik, die ihre Problemlösungskompetenzen an komplexen literarischen Texten demonstrieren wollen, wenden sich der Literatur zu.[191] Der Slawist Klaus Städtke konstatiert: »Es scheint, als ob ein großer Teil der exakten Ergebnisse aus der Untersuchung literarischer Erscheinungen von außen an die Literaturwissenschaft herangetragen und für eine Interpretation angeboten werden.«[192] Norbert Krenzlin warnt: »Für Ästhetiker und Literaturwissenschaftler sollte es wenigstens ein Alarmzeichen sein, daß sich einer der bekanntesten *Mathematiker* der Gegenwart, der sowjetische Wissenschaftler A.N. Kolmogoroff, mit der Anwendung kybernetischer Methoden bei der Analyse poetischer Werke beschäftigt«.[193] Und sein Kollege Dieter Schlenstedt mahnt mit Blick auf die durch interdisziplinäre Ansätze vorangetriebenen Modernisierungsprozesse innerhalb der akademischen Konkurrenzdisziplinen: »Ohne Zweifel hinkt die Germanistik und die Philologie allgemein in dieser Frage hinter anderen Fachschaften wie Philosophie und Ökonomie her.«[194]

Nun ist es für die etablierten Literaturwissenschaftler ob der zunehmenden öffentlichen Resonanz einer empirisch fundierten Literatursoziologie oder der modernen Organisationswissenschaften wie Kybernetik, Informationstheorie oder Kybernetik kaum möglich, deren Nutzen auch für die Literaturgeschichtsschreibung oder die Literaturtheorie pauschal in Zweifel zu ziehen. Die theoretischen Ansätze der 50er und 60er Jahre liefern für eine verstärkte Beteiligung der Literaturwissenschaften an der gesellschaftlichen Praxis keine ausreichenden Antworten. Vorsichtig bekennt man sich daher beispielsweise in der Umfrage der Redaktion der *Weimarer Beiträge* »Zum Verhältnis von Kybernetik und Literaturwissenschaft« zu den Potentialen kybernetischer Methoden auch für die Germanistik.[195] Doch letztlich gilt es für die Literaturwissenschaftler, »dem von der Literatursoziologie im Verbund mit Semiotik, Kybernetik und Informationstheorie ausgehenden ›Verwissenschaftlichungsdruck‹ literaturtheoretisches Eigenrecht entgegen[zu]setzen«.[196] Denn sowohl bei einer Fortführung der produktionsästhetischen Forschung als auch bei der Adaption kybernetischer oder informationstheoreti-

188 Vgl. etwa Löffler 1975; Scherf 1969; Sommer 1969; Sommer 1971; Sommer 1975; Sommer/Löffler 1970; Sommer/Walter 1971; Walter 1975.

189 Vgl. Sommer u.a. 1978. Siehe auch Sommer u.a. (Hg.) 1983.

190 Siehe dazu auch Köstler 1991.

191 Ähnliche Prozesse sind zu Beginn der 60er Jahre auch in der bundesrepublikanischen Germanistik zu beobachten. Siehe dazu Schmidt 2005, 54f.

192 Städtke 1968, 570.

193 N. Krenzlin 1964, 1126f.

194 D. Schlenstedt 1964, 493.

scher, gänzlich fachfremder Methoden drohen der literaturwissenschaftlichen Germanistik Kompetenzverluste bzw. der Verlust ihrer fachspezifischen Konturierung.

Entsprechend plädieren führende Fachvertreter dafür, eine eigene methodologische Grundlage für die Untersuchungen der Beziehungen zwischen Werk und Leser zu erarbeiten und diese Probleme nicht der Literatursoziologie oder der Literaturpsychologie zu überlassen. Deutlich ist man bestrebt, die *fachspezifischen* Leistungspotentiale der Literaturtheorie gegenüber der kulturräsonierenden Öffentlichkeit sowie der kulturpolitischen Administration hervorzuheben und den Erklärungswert literatursoziologischer Arbeiten zu relativieren. So erklärt der Romanist Manfred Naumann:

> Empirische Untersuchungen zum literarischen Geschehen sind sicherlich auch unter sozialistischen Bedingungen notwendig. Die dafür ausgearbeiteten Methoden müssen auf ihre Brauchbarkeit für sozialistische Zwecke untersucht werden. Man muß sich nur vor der Illusion hüten, damit in irgendeiner Weise die mit der Literaturaneignung in unserer sozialistischen Gesellschaft zusammenhängenden Probleme lösen zu können. In dem entwickelten Stadium, in dem sich das sozialistische Gesellschaftssystem jetzt befindet, erhält gerade der qualitative, d.h. persönlichkeitsbildende Aspekt der Literaturaneignung ein entscheidendes Gewicht. Unter sozialistischen Verhältnissen wirken in der Literaturaneignung Gesetzmäßigkeiten, die untrennbar mit denen verbunden sind, die in der Literaturentwicklung generell wirken, die daher auch nicht mit den Methoden der empirischen Literatursoziologie, sondern nur auf der methodologischen Grundlage der marxistisch-leninistischen Literaturtheorie erkannt werden können. Die Literaturaneignung darf aus diesem Grund nicht der Literatursoziologie als Ressort überantwortet werden, sondern muß ein Bestandteil der Literaturwissenschaft selbst sein.[197]

Auch ein Autorenkollektiv um den Realismustheoretiker Erwin Pracht schränkt die Relevanz der Methoden der empirischen Literatursoziologie für die Fragen der Rezeption und Wirkung von Kunst ein: »Meinungsumfragen können ein Behelf sein, sind aber kein vollwertiger Ersatz der wissenschaftlichen Erforschung der Wirkungsweise der Kunst, deren Kenntnis den gezielteren Einsatz künstlerischer Mittel bei der Formung sozialistischer Persönlichkeiten ermöglicht«.[198] Die Krenzlins betonen in ihrem Aufsatz »Bitterfeld, *Ole Bienkopp* und einige Fragen der Literaturtheorie«, die Untersuchung der

195 So sei die Kybernetik »ein methodologisches *Instrument* zur exakteren Erfassung (Forschung), Darbietung (Pädagogik) und Steuerung (Kulturpolitik) ästhetischer Phänomene und Prozesse«, und »nicht zuletzt dürften sich damit neue Möglichkeiten eröffnen, gerade den ganzen Problem-Komplex, der mit der Spezifik der ästhetischen *Widerspiegelung* zusammenhängt, im systematischen Verstande (Modellvorstellungen, Rückkopplungen und Regelkreissymptome, Steuerungsvorgänge durch pragmatische Erscheinungen usw.) zu erhellen. Es sind genau diese Aspekte, welche die Frage nach der Weiterentwicklung der marxistischen Literaturwissenschaft von einer vornehmlich historischen zu einer *Leitungswissenschaft* unmittelbar betreffen. Ernsthafte Experimente in dieser Richtung dürften sich deshalb als Notwendigkeit zeigen, um alle Möglichkeiten zur Erfüllung jener bereits in Staats- und Parteidokumenten festgestellten Perspektivaufgabe abzustecken und zu erschließen« (Claus Träger/Karlheinz Merkel in »Antworten auf eine Umfrage der Redaktion ›Zum Verhältnis von Kybernetik und Literaturwissenschaft‹«, Teil 1, 554. Hervorhebungen im Original). Siehe auch N. Krenzlin/L. Krenzlin 1964, 888; sowie Danneberg/Schernus/Schönert 1995, 688.

196 Danneberg/Schernus/Schönert 1995, 696.

197 Naumann 1970, 95f.

198 Pracht u.a. 1967, 538.

Wirkung von Literatur sei zwar einerseits Thema der Literatursoziologie, aber andererseits eine genuine Aufgabe der Literaturtheorie.[199] Immer wieder zeigt sich das Bemühen, die Rezeptions- und Wirkungsfragen in einen literaturtheoretisch fundierten Realismus-Begriff einzubauen.[200]

Auch die Rolle der Organisationswissenschaften dürfe nach Einschätzung führender Literaturwissenschaftler nicht überschätzt werden. So konstatiert Horst Haase, die Kybernetik sei lediglich eine »Hilfswissenschaft« der marxistischen literaturwissenschaftlichen Germanistik, die dazu »beitragen« könne, literarische Prozesse zu erhellen, aber letztlich nur im Zusammenhang mit anderen methodologischen Aspekten Erkenntnisgewinne verspreche.[201] Auch Claus Träger und Karlheinz Merkel plädieren bei allen grundsätzlichen Bekenntnissen zu den modernen Organisationswissenschaften[202] für die Beibehaltung genuin fachwissenschaftlicher Herangehensweisen:

> Mathematik und Kybernetik liefern uns allerdings Modelle von erheblichem Abstraktionsgrad, so daß ihrer Anwendung auf Bereiche mit Modellvorstellungen niederer Abstraktionsgrade die analytische Aufbereitung dieser Anwendungsbereiche unbedingt vorausgehen muß. Diese Aufbereitung besteht in der Analyse und Elimination der im zu untersuchenden Teilbereich der Wirklichkeit wesentlich wirksamen Einfluß- und Bewegungsgrößen und muß vorwiegend unter fachwissenschaftlichen Gesichtspunkten vorgenommen werden.[203]

Letztlich glaubt man nicht daran, mit empirischen Untersuchungen zum Leseverhalten und der Wirkungsweise literarischer Werke oder mit den Begriffen und Methoden aus der Prädikatenlogik sowie der Mathematik die »Literaturverhältnisse« oder den ästhetischen Eigenwert von Kunst in ihrer Komplexität adäquat erfassen zu können. So geben Träger und Merkel zu bedenken: »Es ist zweifellos schwieriger, mathematische und kybernetische Methoden auf gesellschaftlich relevante Prozesse anzuwenden, als es im Bereich der Naturwissenschaften zu tun.«[204] Zudem stoßen Mathematik und Kybernetik nach Meinung der beiden Literaturwissenschaftler Merkel und Träger an ihre Grenzen, wenn es um die Beurteilung ästhetischer Qualität geht: »Mathematik und Kybernetik vermögen bestenfalls in der Konsequenz ihrer Modelle nachzuweisen, daß ein bereits aufgestelltes ästhetisches Urteil im Widerspruch zu anderen als sinnvoll akzeptierten Aussagen steht - werten können sie nicht.«[205] Und ihr Kollege Horst Haase konstatiert: »Besonders die konkrete Einmaligkeit des Kunstwerks und die originale Individualität des bedeutenden Schriftstellers begrenzt die Anwendung kybernetischer Methoden in der Literaturwissenschaft [...]«.[206] Trotz aller notwendigen Öffnung der Literaturwissenschaften gegenüber anderen Fächern, so die ressourcenstrategische Ar-

---

199 N. Krenzlin/L. Krenzlin 1964, 874f.

200 Vgl. z.B. »Aussprache über den sozialistischen Realismus« (1967); »Probleme des sozialistischen Realismus« (1969); Pracht u.a. 1967; N. Krenzlin/L. Krenzlin 1964.

201 Vgl. Antworten auf eine Umfrage der Redaktion »Zum Verhältnis von Kybernetik und Literaturwissenschaft«, Teil 2, 710f.

202 Vgl. ebd., Teil 1, 554.

203 Ebd., Teil 1, 552.

204 Ebd., 553. Siehe in diesem Zusammenhang auch Städtke 1968, 583.

205 Antworten auf eine Umfrage der Redaktion »Zum Verhältnis von Kybernetik und Literaturwissenschaft«, Teil 1, 552.

gumentation der Berliner Germanisten Anfang der 60er Jahre, liefere letztlich »nur die Literaturgeschichtsforschung [...] für die Bewältigung der Gegenwartsaufgaben die exakte Grundlage, die allein zur Erkenntnis und zum Auffinden von ästhetischen Gesetzmäßigkeiten befähigt«.[207]

Die Entwicklung der rezeptionstheoretischen Ansätze ist in diesem Sinne tatsächlich *auch* die Antwort der Literaturwissenschaften auf die Herausforderungen durch die neuen Theoriekonzepte und Wissenschaftsdisziplinen. Mit dem am ZIL erarbeiteten Buch *Gesellschaft - Literatur - Lesen* (GLL) legt man 1973 eine Publikation vor, die das Eigenrecht der Literaturwissenschaften eindrucksvoll demonstriert und in den folgenden Jahren die Formulierung fachspezifischer Leistungsangebote hinsichtlich der Frage nach der Rezeption von Literatur ermöglicht. Bezeichnenderweise grenzt man sich in der Einleitung von *GLL* explizit von den wissenschaftlichen Konkurrenzdisziplinen ab und hebt unter dem resonanzträchtigen Verweis auf den »großen Bruder« die Unverzichtbarkeit einer genuin literaturwissenschaftlichen Rezeptionsforschung hervor:

> Wir meinen, daß die in den letzten Jahren gerade von sowjetischer Seite immer wieder erhobene Forderung, die Literaturrezeption stärker als bisher in den Gegenstand der Literaturwissenschaft zu integrieren, am ehesten eingelöst werden kann, wenn der hier formulierte Ansatz weiter entwickelt wird. Die Literaturrezeption kann vielen Disziplinen zum Gegenstand werden: der Psychologie [...]; der Soziologie, speziell der Literatursoziologie [...]; der Kulturgeschichte, der Pädagogik, der Linguistik, der Informationstheorie und sicherlich noch anderer Disziplinen. Literaturwissenschaft darf die Ergebnisse dieser Disziplinen nicht ignorieren. Unseren Ausführungen wird man anmerken, daß eine solche Integration nur ansatzweise gelungen ist. Dieser Mangel wird jedoch, so hoffen wir, zum Teil wenigstens dadurch ausgeglichen, daß wir aus der Fülle der mit dem Thema berührten Probleme diejenigen genauer bezeichnen, die nur von der Literaturwissenschaft selbst gelöst werden können: Probleme, die sich aus dem Sachverhalt ergeben, daß die Literaturrezeption - abgesehen von allem anderen, was sie auch ist - ein Vorgang ist, der bestimmt wird durch den speziellen Gegenstand, auf den er sich bezieht, und durch die spezielle[n] Prozesse, in denen der rezipierte Gegenstand geschaffen wird - also durch die literarischen Werke und die künstlerische Produktion dieser Werke; Probleme, die den wechselseitigen Zusammenhang von Schreiben und Lesen von Literatur, von Autoren, Werken und Lesern betreffen, einen Zusammenhang, der seinerseits von dem übergreifenden gesellschaftlichen Prozeß unabtrennbar ist. Damit ist der Ort markiert, an dem sich die Literaturwissenschaft stellen muß, wenn sie einen Beitrag zur Lösung der Probleme leisten will, die mit dem Forschungskomplex Rezeption aufgeworfen sind.[208]

Die Stimmen, die das spezifische Eigenrecht der Literaturwissenschaften stützen, setzen sich durch.[209] Trotz aller Verlautbarungen kommt es in der Literaturwissenschaft nicht zu einer weitgehenden Aneignung der »fachfremden« Theorien und Methoden aus der

---

206 Ebd., Teil 2, 711. Siehe auch die Ausführungen von Hans Jürgen Geerdts, ebd., Teil 2, 712: »Wer von den Besonderheiten der Subjekt-Objekt-Beziehungen in der Poesie absieht, wer die Spezifika der Widerspiegelung verkennt, gerät zwangsläufig auf positivistische Positionen.« Siehe des weiteren L. Krenzlin/N. Krenzlin 1964, 888.

207 Germanistisches Institut der HU Berlin 1962, 249.

208 Naumann 1975a, 11f.

209 Vgl. Danneberg/Schernus/Schönert 1995, 694.

empirischen Soziologie, der Kybernetik, der Operationsforschung oder der Informationstheorie. Der von Naumann und anderen am ZIL erarbeitete rezeptionstheoretische Ansatz erlangt im Gegensatz zu der an der Universität Halle von Dietrich Sommer und Dietrich Löffler betriebenen Literatursoziologie in den 70er Jahren einen exponierten Rang und kann zum vorherrschenden Paradigma im literaturwissenschaftlichen Feld der DDR werden;[210] die empirische Wirkungsforschung bleibt in der literaturwissenschaftlichen Diskussion »eher isoliert«.[211] Dies hat vermutlich weniger etwas damit zu tun, dass sich kulturpolitische »Autoritäten« für das Eigenrecht der Literaturtheorie einsetzen, wie sich dies bei Danneberg, Schernus und Schönert anzudeuten scheint.[212] Wichtiger ist wohl eher das wissenschaftliche Kapital der an *GLL* beteiligten Literaturwissenschaftler wie Naumann, Mittenzwei oder Weimann, die Entwicklung der Rezeptionsästhetik in der Bundesrepublik, gegen die man sich resonanzträchtig zu positionieren vermag, die internationale Anschlussfähigkeit des rezeptionstheoretischen Paradigmas, die Möglichkeit, es an die zu Beginn der 70er Jahre aufflammende Erbe-Debatte ankoppeln zu können, sein Demokratisierungs- und Entdogmatisierungspotential, das es für innovationsfreudige und reformwillige Literaturwissenschaftler attraktiv erscheinen lässt,[213] sowie die Beharrungsmacht eines etablierten Denkstils. Gerade der letzte Punkt ist nicht zu unterschätzen, erscheinen kybernetische, informationstheoretische oder empirische Ansätze den Literaturwissenschaftlern doch kaum vereinbar

---

210 Zu den Auseinandersetzungen zwischen rezeptionstheoretisch ausgerichteter Literaturwissenschaft und Literatursoziologie in den 70er Jahren – also nachdem das Eigenrecht der Literaturwissenschaft gesichert ist – siehe Danneberg/Schernus/Schönert 1995, 697ff. Zu den Publikationen der Literatursoziologie siehe auch die entsprechende Bibliographie in Oswald 1969, 213–216; sowie die Bibliographie mit den wichtigsten soziologischen Publikationen aus der DDR in den 60er Jahren in Ludz (Hg.) 1972, Bd. II, 331–359.

211 Funke 2003, 134.

212 Vgl. Danneberg/Schernus/Schönert 1995, 694. Die Autoren beziehen sich hier vor allem auf Alfred Kurellas Text »Kunstwerk als Eigenwert«, der als Beleg für Kurellas Unterstützung des Eigenrechts der Literaturwissenschaften gegenüber den Ansprüchen der Literatursoziologie gedeutet wird. Diese Interpretation ist allerdings nicht ganz stimmig. Denn mit seiner Polemik gegen den »Kunstsoziologismus« hat Kurella, Vizepräsident der Akademie der Künste und Mitglied des ZK sowie der »ideologischen Kommission« beim Politbüro der SED, keineswegs allein die empirische Literatursoziologie im Auge. Kurella kritisiert letztlich *jegliche* »Verschiebung der ästhetischen Analyse auf die *Wirkung* des Kunstwerkes« (Kurella 1969, 742. Hervorhebung im Original), da diese, so seine hellsichtige Erkenntnis, zur Aufgabe der »Grundkonzeption des Realismus« (ebd., 747) führen müsse. »[D]ie Ganzheit des objektiven Kunstwerkes« werde »von der Seite seiner Wirkung her« aufgelöst (ebd., 745); die »Autorität« des Kunstwerkes werde in Frage gestellt, wenn es allein von seiner weltverändernden Wirkung her untersucht werde; subjektive Zugriffe würden dem Charakter des Kunstwerkes als in seiner Entstehung determiniertes und konkret analysierbares »geistiges Produkt« nicht gerecht (ebd., 745–747). Unter Verwendung eines gern gebrauchten Kampfbegriffes warnt er: »Hier fängt ein neuer Revisionismus an!« (ebd., 747). Vehement fordert Kurella daher die Beibehaltung einer produktionsästhetischen Perspektive gegenüber jeglichen rezeptions- und wirkungsästhetischen Ansätzen: »Die Analyse muß sich auf die Produktionsweise des Kunstwerks konzentrieren, soweit sie aus dem Werk selber ablesbar ist, als jeweils konkretes Schaffensergebnis« (ebd., 746). Ein Plädoyer für eine genuin literaturwissenschaftliche Rezeptionsforschung sieht gewiss anders aus.

213 Zu diesen Punkten siehe die Kapitel 11.6.3.2–11.6.5.

mit einer hauptsächlich historisch arbeitenden Disziplin, die Dichter und Werk aus einem sozial und geschichtlich bestimmten Ensemble gesellschaftlicher Bedingungen heraus begreift, die den Blick auf die ästhetischen Wesenseigentümlichkeiten der Literatur richtet und die in abstrakt-formalistischen Darstellungen »ideologische Indifferenz« oder »Geschichtsfeindlichkeit« vermutet.[214] Empirischen Untersuchungsmethoden wie Leserbefragungen steht man skeptisch gegenüber, was mit den jahrelang gepflegten Ressentiments der marxistisch-leninistischen Gesellschaftswissenschaften gegenüber soziologischen Theorien und Methoden im Allgemeinen und den abwertenden Urteilen Lukács' und Krauss' gegenüber dem »Soziologismus« im Besonderen zusammenhängen dürfte.[215] Auch wenn die produktionsästhetische Realismus- und Widerspiegelungstheorie der Lukács-Ära durch die Erarbeitung rezeptionstheoretischer Ansätze abgelöst wird, so ist es doch bezeichnend, dass die Sphäre der Produktion selbst hier nicht aus den Augen verloren wird. Entwickelt wird eine kommunikativ-funktionale Literaturbetrachtung, die mit dem fachspezifischen Denkstil einer bislang primär werkzentriert operierenden Literaturwissenschaft kompatibel ist, da sie »das Werk, die Literatur, die Textseite also der Werk-Leser-Beziehung, als Ansatz ihrer Analysen beibehält und daher in engem Zusammenhang mit der Text-, Werk- und Literaturtheorie operiert«.[216]

Darüber hinaus dürfte auch die abnehmende diskursive Präsenz der marxistisch-leninistischen Organisationswissenschaften in der fachexternen Öffentlichkeit ihren Teil dazu beitragen, dass die Literatursoziologie nicht die Geltung erlangt, die sich ihre Vertreter Mitte der 60er Jahre erhoffen können. Bereits Ende der 60er, Anfang der 70er Jahre nimmt die Begeisterung für neue Forschungsgebiete wie Informationstheorie, Operationsforschung oder Kybernetik in der wissenschaftspolitischen Administration schlagartig ab, so dass die Einbeziehung ihrer Theorien und Methoden in den eigenen

214 Mit ähnlicher Skepsis begegnet man innerhalb der DDR-Literaturwissenschaft übrigens auch dem Strukturalismus: »Strukturalismus und Neopositivismus [...] treten in der Literaturwissenschaft mit dem Anspruch der Untersuchung reiner Strukturen, der Sachgegebenheiten des Kunstwerks und ihrer bedingenden Faktoren, der sprachlich-stilistischen Elemente, des Handwerklichen, des ›Kunstwerks an sich‹ auf und laufen in letzter Konsequenz alle auf eine Entideologisierung und Enthistorisierung hinaus« (Haase 1970, 208f.). Siehe auch Schober 1971: Schober vertritt die Auffassung, dass das realistische Kunstwerk »ein für die gesellschaftliche Praxis praktikables, d.h. den historischen Kausalnexus sichtbar machendes Modell« sei (ebd., 161), während die *Nouvelle Critique* das Kunstwerk »zu einer an sich bedeutungslosen Sprachstruktur« degradiere (ebd., 160). Mit den Methoden des Strukturalismus sei »das jeweils Spezifische eines literarischen Werkes, um das es ja gehen sollte, nicht feststellbar« (ebd., 158). Ähnliche Argumentationsfiguren finden sich auch im Umgang mit Bemühungen um eine linguistisch begründete Literaturwissenschaft (vgl. z.B. Träger 1972, 297). Hohendahl merkt an, letztlich habe die Gretchenfragen an neue Theorien stets gelautet: Wie hast Du's mit der Geschichte? (vgl. Hohendahl 1976, 107).

215 Siehe dazu das Kapitel »Lukács' und Goldmanns Kritik der Literatursoziologie« in Scharfschwerdt 1977, 140–150; Naumann 2004, 82. Siehe auch Hohendahl 1976, 128ff. Hohendahl setzt sich an dieser Stelle mit der Debatte zwischen Günther K. Lehmann und Horst Redeker auseinander; letzterer habe gegenüber Lehmann die Kritik geäußert, empirische Sozialforschung und Marxismus seien unvereinbar (siehe G. Lehmann 1965; G. Lehmann 1966; Redeker 1966).

216 Naumann 1986, 437.

fachwissenschaftlichen Diskurs nicht mehr in dem Maße öffentliche Resonanz verspricht, wie dies anfangs noch der Fall ist. Für eine Disziplin wie die empirisch fundierte Literatursoziologie, die ihre fachexterne Resonanz auch ihrer Verbindung mit den im wissenschaftlichen Diskurs der 60er Jahre erfolgreich sich positionierenden Organisationswissenschaften verdankt, muss dies zwangsläufig einen Verlust an öffentlichem Interesse mit sich bringen. Der Glaube an schnell verfügbare, operationabel handhabbare »exakte Resultate« zur Steuerung und Lenkung von Ökonomie und Gesellschaft schwindet. So kann etwa die Kybernetik die hochgesteckten Erwartungen bei der Verwirklichung des NÖSPL nicht erfüllen. Darüber hinaus befürchtet die SED-Führung durch die Konzentration auf Fächer wie Kybernetik oder Systemtheorie eine Entideologisierung wichtiger Wissenschaftsbereiche. So wichtig diese Disziplinen

> sind und bleiben, so können wir natürlich nicht zulassen, daß sie an die Stelle des Dialektischen und Historischen Materialismus, der politischen Ökonomie des Sozialismus, des wissenschaftlichen Kommunismus oder auch der sozialistischen Leitungswissenschaft treten.[217]

Die sozialistischen Gesellschaftsplaner fürchten, »daß die formalisierte und mathematisierte Darstellung sozialer, ökonomischer und politischer Prozesse der Partei einen organisatorischen wie ideologischen Zugriff verschließen oder erschweren würde.«[218] Kybernetik, Informationswissenschaft und Operationsforschung werden nun »in ihrer politisch-ideologischen Bedeutung stark reduziert und auf den Status von instrumentellen Hilfswissenschaften zurückgestuft« und spielen seitdem in der germanistischen Literaturwissenschaft der DDR keine Rolle mehr.[219]

Abschließend darf spekuliert werden, ob das Interesse, die tatsächliche Wirkungskraft von Literatur im »Leseland« DDR empirisch zu ergründen, bei vielen führenden Funktionären (und wohl auch bei nicht wenigen Germanisten) trotz aller Beteuerungen nicht doch relativ gering ist. Schließlich würde eine etwaige Relativierung des bewusstseinsbildenden Anspruchs der Literatur nicht nur weite Strecken der Kultur- und Bildungspolitik als Fehlplanungen entlarven,[220] sondern auch für die Germanistik einen großen Reputations- und Ressourcenverlust bedeuten. Ob die Distanz gegenüber der empirischen Literatursoziologie darüber hinaus auch damit zu tun hat, dass sie »zu

---

217 Hager 1971, 1215.

218 Tandler 2000, 325. Ganz unbegründet sind diese Befürchtungen nach Tandler übrigens nicht: »[D]er Sprung von der systemtheoretischen Organisation der Wirtschaftssteuerung zur systemtheoretischen Reform des politischen Systems lag nahe.«

219 Artikel »Kybernetik« 1985, 780. Siehe auch das Kapitel »Fall und Ächtung einer wissenschaftlichen Denkweise« in Liebscher 1995, 53-67. Nichtsdestotrotz sollte die Bedeutung der Debatten um diese neuen Forschungsfelder für die weitere Entwicklung der literaturwissenschaftlichen Germanistik nicht übersehen werden. Die unter dem Eindruck der Kybernetik geführten ästhetischen Debatten über gesellschaftliche Kommunikationsvorgänge, die Arbeiten von Georg Klaus zur speziellen Erkenntnistheorie und Semiotik, auch die Klaus verpflichteten Arbeiten zu informationstheoretischen Aspekten in der Ästhetik von Philosophen wie Horst Redeker oder Günther K. Lehmann bilden wichtige Anstöße zur Erarbeitung rezeptionstheoretischer Entwürfe (vgl. D. Schlenstedt 2003, 90).

220 Vgl. D. Schlenstedt 2003, 89.

enge Beziehungen mit den Praktiken der ideologieanweisenden Organe« gehabt habe, wie Manfred Naumann behauptet, sei dahingestellt.[221]

11.6.3.2 Die Hinwendung zu rezeptionstheoretischen Fragestellungen als Antwort auf die Entfremdung der Literaturwissenschaft von Autoren und Lesern

Auch die neuen Herausforderungen durch die Innovationen in der sozialistischen Gegenwartsliteratur finden ihren Niederschlag in den Texten germanistischer Literaturwissenschaftler und veranlassen diese zu theoretischen Reflexionen über die Rezeption und Wirkung von Literatur sowie über die Möglichkeiten, die Verengungen in der Realismus- und Widerspiegelungstheorie aufzubrechen. Unter dem resonanzträchtigen und legitimatorischen Rückgriff auf die *Grundrisse der Kritik der politischen Ökonomie* von Marx erarbeiten Literaturwissenschaftler wie Leonore und Norbert Krenzlin erste Vorschläge für ein funktionales Literaturverständnis.[222] Werke wie Christa Wolfs *Der geteilte Himmel* oder Erwin Strittmatters *Ole Bienkopp*

> legen uns die Verpflichtung auf, alle Momente einer nur passiven Lesehaltung zu überwinden. Sie demonstrieren anschaulich, daß die Aneignung des Kunstwerks ein aktiver Prozeß ist, der dem Konsumenten eine bestimmte Einstellung, eine geistige Mitarbeit abverlangt.[223]

Es gelte daher, die Fixierung auf den Prozess der künstlerischen Produktion zu überwinden und einen neuen fruchtbaren Ansatz zu entwickeln, »von dem aus erstens *alle* Probleme der künstlerischen Aneignung neu in den Griff zu bekommen sind und der zum zweiten Bewegung in ein teilweise erstarrtes theoretisches und methodologisches Denken bringt«.[224] Indem man die Kunst durch die Hinwendung zum Rezeptionsprozess nicht mehr lediglich auf wissenschaftliche Erkenntnis reduziert, sondern ihren Eigenwert, ihre Vielfalt[225] sowie das subjektive Moment im Rezeptionsprozess[226] hervorhebt und für einen funktionalen Realismusbegriff eintritt,[227] eröffnet man theoretische Freiräume in der Literaturproduktion und bricht mit einengenden Normierungen. Dies erscheint gerade auch mit Blick auf die mit dem Machtwechsel von Ulbricht zu Honecker eingeleitete Kulturpolitik notwendig, die die Kunstwissenschaften durch ihre Forderung nach »Weite und Vielfalt«, »Phantasie« und »Entdeckerdrang« sowie ihre rhetorische Absage an jeglichen Dogmatismus vor neue Aufgaben stellt.[228] Der norma-

---

221 Naumann 2004, 83.

222 Letztlich sind im »Bitterfeld«-Artikel der Krenzlins bereits die Grundzüge der marxistischen Rezeptionstheorie enthalten, wie sie neun Jahre später von einem Autorenkollektiv um Manfred Naumann in *Gesellschaft - Literatur - Lesen* entworfen wird (vgl. Chihaia 2001, 105).

223 L. Krenzlin/N. Krenzlin 1964, 886.

224 Ebd., 887. Hervorhebung im Original.

225 Vgl. Naumann 1975, 44.

226 Vgl. u.a. ebd., 86f.

227 Vgl. u.a. ebd., 60 und 76ff.

228 Vgl. Redaktionskollegium *Weimarer Beiträge* 1972. Siehe dazu auch Koch 1974, 280.

tive Anspruch, mit dem die Literaturwissenschaft bisher den Literaturschaffenden entgegengetreten ist, bricht auf.[229]

Dass bei den Überlegungen zu den Rezeptions- und Aneignungsprozessen von Literatur bzw. ihrer Funktion in der »sozialistischen Literaturgesellschaft« neben dem intrinsischen Interesse der Wissenschaftler an einer dem Niveau der internationalen Wissenschaftsentwicklungen entsprechenden marxistisch-leninistischen Literaturtheorie *auch* die Angst vor einem gesellschaftlichen Resonanzverlust als »bewusstseinsbildender Instanz« mitschwingt, ist unübersehbar. Denn der Germanistik droht neben der Entfremdung von den Schriftstellern, wie sie auf der II. Bitterfelder Konferenz von Autoren wie Erik Neutsch oder Christa Wolf konstatiert wird, auch ein Abreißen der Beziehungen zwischen Wissenschaft und kulturräsonierender Öffentlichkeit. Literaturkritiker und -wissenschaftler, so beispielsweise Dieter Schlenstedts Kritik, »diskutieren oft ›für sich‹ und ›unter sich‹, beziehungslos und isoliert von den Lebens- und Kunstfragen des neuen Lesers.«[230] Die literaturwissenschaftliche Vermittlerrolle verlange es dagegen, die »theoretische Reflexion und Verarbeitung der Wünsche und Kritiken der Massen« mit einzubeziehen.[231] Und der Romanist Manfred Naumann erinnert seine Fachkollegen,

> daß die Literatur die Eigentümlichkeit hat, den Weg zu ihrem Adressaten notfalls auch ohne Dazutun der Literaturwissenschaft zu finden, und daß die Leser, für die schließlich die Literatur geschrieben wird, sich mit Recht fragen können, welchen Nutzen eine Wissenschaft hat, die den Weg der Literatur zu ihnen versperrt, anstatt ihn zu erleichtern. Zu einer gesellschaftlichen Produktivkraft wird die Literaturwissenschaft erst dann, wenn sie außer im Schriftsteller auch in demjenigen ihren Partner findet, in dessen Dienst der Schriftsteller steht: im Leser.[232]

Daher müsse es die Literaturwissenschaft auch ernstnehmen, wenn

> von der sozialistischen Öffentlichkeit in letzter Zeit zunehmend eine Literaturkritik, ein Literaturunterricht, eine Literaturpropaganda als unzulänglich beurteilt [werden], die die gesellschaftliche Funktion der Literatur allein an inhaltlichen Kriterien messen, an den Stoffen, Themen und Sujets, z.B. am Inhalt und an der Lösung der dargestellten Konflikte, an der vorbildlichen Lebensweise der literarischen Gestalten, am pädagogischen Gehalt. Eine Parallele dazu bilden literaturwissenschaftliche Methoden, die die Literatur nur als ›Ausdruck‹, als ›Illustration‹, als ›Versinnbildlichung‹ von etwas anderem wahrnehmen, z.B. von einem soziologischen ›Äquivalent‹, einer geschichtlichen ›Situation‹, einer sozialen ›Umwelt‹, einem ökonomischen ›Faktor‹, dem ›Innenleben‹ eines Dichters, dem ›Zeitgeist‹ oder wie die Substrate noch heißen mögen.[233]

Allein eine Ausweitung der Forschungsmethoden, Fragestellungen und Erkenntnisgegenstände hin zu kommunikativ-funktionalen Betrachtungsweisen sowie eine Korrektur der disziplinären Bewertungsmaßstäbe bietet daher in den Augen der Literaturwis-

229 Siehe z.B. D. Schlenstedt 1975a, 59ff.
230 D. Schlenstedt 1964, 485.
231 Ebd., 485.
232 Naumann 1970, 102.
233 Naumann 1975b, 36.

senschaftler Möglichkeiten, den Anforderungen der sozialistischen Öffentlichkeit gerecht zu werden. Die »Abkehr von einem literaturhistorischen Verständnis, das Dichtung primär oder gar ausschließlich als Belege für die Richtigkeit der materialistischen Geschichtstheorie auffaßte«, wird nun zur Voraussetzung dafür erhoben, »der marxistischen Literaturwissenschaft zu einer produktiveren Einflußnahme auf die reale Kunstkommunikation zu verhelfen«.[234]

11.6.3.3 Rezeptionsforschung im Kontext der Planungs- und Leitungsdebatten

Ermöglicht wird die Hinwendung zu Fragen der Rezeption und Wirkung von Literatur auch durch die oben skizzierten kulturpolitischen Planungs- und Leitungsdebatten, an die sich Literaturwissenschaftler resonanzstrategisch ankoppeln können. Gemäß den Forderungen der Partei formuliert man in der Germanistik bzw. allgemein in den Kulturwissenschaften die Aufgabe, »den Übergang von wesentlich historisch-interpretierenden Wissenschaften zu vorwiegend produktiven sozialistischen Leitungs- und Steuerungswissenschaften [...] zu vollziehen«.[235] Dazu bedürfe es einer an den »objektiven Bedürfnissen der gesellschaftlichen Praxis«[236] ausgerichteten »qualitative[n] Veränderung und Erweiterung des Gegenstandes der Literaturwissenschaft«[237] – eine Entwicklung, die gegenüber Kritikern in und außerhalb des Faches als nicht hinterfragbarer »gesetzmäßiger Prozeß« legitimiert wird.[238] Damit gemeint ist nicht so sehr die Ausweitung des Gegenstandsbereichs der Germanistik auf »neue Gattungen« wie Film, Hörspiel, Massenfestspiel oder Fernsehspiel.[239] Sondern den sich in diesem Zusammenhang äußernden Literaturwissenschaftlern geht es vielmehr darum, die Erforschung der sozialistischen »Literaturgesellschaft« im Gleichklang mit den Forderungen der Partei als einen zentralen Bestandteil des Faches hervorzuheben:

---

234 Werner 1984, 5. Dass Werner mit seiner textorientierten Wirkungsforschung nicht mit den rezeptionstheoretischen Ansätzen Naumanns und anderer gleichgesetzt werden kann, spielt an dieser Stelle keine Rolle. Dies sind Ausdifferenzierungsprozesse innerhalb einer kommunikationstheoretischen Literaturbetrachtung. Wichtig ist an dieser Stelle allein die Abkehr von einer gnoseologischen Realismus- und Widerspiegelungstheorie zu dem Zweck, Leistungsangebote an die sozialistische Öffentlichkeit zu unterbreiten und den Literaturwissenschaften zu Positionsgewinnen im wissenschaftlichen Feld zu verhelfen.

235 D. Endler 1970, 210. Endler geht es dabei vor allem um »die Leitung und Steuerung von Bewußtseinsprozessen bei der Gestaltung des entwickelten gesellschaftlichen Systems des Sozialismus, die über die Bereiche vor allem der Kunst-Produktion, Kunst-Kommunikation und Kunst-Rezeption stattfindet« (ebd., 210).

236 Thalheim/Schiller 1966, 8.

237 Germanistisches Institut der HU Berlin 1962, 242.

238 Ebd., 243.

239 Mit Blick auf die innerwissenschaftliche Konkurrenz zu anderen Gesellschaftswissenschaften argumentiert man, diese Genres stünden letztlich »in enger Beziehung zur literarischen Kunst [...] (Drehbuch, Szenarium, Libretto usw.), wenngleich sie erst im Zusammenwirken mit anderen Künsten ihre Erfüllung finden« (ebd., 248): »[D]er Anteil der literarischen Kunst macht sie zum Gegenstand auch der Germanistik« (ebd., 248).

> Gegenstand der sozialistischen Literaturwissenschaft ist nicht allein die deutsche Dichtung in Vergangenheit und Gegenwart, sondern die Literaturgesellschaft als Ganzes, nicht das ›sprachliche Kunstwerk‹ an sich, sondern der gesamte Komplex dessen, was Literatur im Rahmen der Gesellschaft bedeutet. Die Germanistik hat also gleichermaßen die Gesetzmäßigkeiten der Entstehungsprozesse – die sowohl die Veränderungen im Entstehen literarischer Erzeugnisse wie die Veränderungen der widergespiegelten Wirklichkeit als Forschungsgegenstand umfassen – und die der Wirkungsprozesse in ihrer vielgestaltigen Wechselbeziehung zu untersuchen.[240]

Die Frage nach der Rezeption und Wirkung von Kunstwerken wird nun zur »Grundfrage kulturpolitischer Leitung« erhoben.[241] Gemäß den Forderungen der politischen Administration nach »praxiswirksamen« Ergebnissen erklärt es etwa Dieter Schlenstedt im Namen der Redaktion der *Weimarer Beiträge* zur Aufgabe der Literaturwissenschaften, die Gesetzmäßigkeiten im Verhältnis von Autor, Kunstwerk und Leser, die Wechselwirkungen zwischen dem Schreiben und dem Lesen von Literatur, zu erforschen,[242] um so »sichere Grundlagen für die kulturpolitische Leitung zu schaffen«.[243] So erlaube es ein Verständnis der Wirkungsweise vergangener und gegenwärtiger Kunst u.a., »Zirkel schreibender Arbeiter« wissenschaftlich exakt anzuleiten, auf die Arbeit der Schriftsteller einzuwirken, das erzieherische Potential des Literaturunterrichts zu steigern oder bestimmte Genres – je nach ihren spezifischen Möglichkeiten innerhalb der »Literaturgesellschaft« – zu fördern.[244]

Auch das Projekt »(Sozialistische) Kultur des Lesens«, aus dem *GLL* hervorgeht, wird explizit in den Zusammenhang mit den kulturpolitischen Planungs- und Leitungsanforderungen der 60er Jahre gestellt. Das »Grundanliegen des Projektes« sei es, so ZIL-Direktor Mittenzwei, »auf den Prozeß des Lesens und den Umgang mit Literatur einzuwirken« und »die Wirkung des Einflusses der Literatur auf die Leser [...] im Sinne der Gestaltung des gesamtgesellschaftlichen Systems weiter [zu] erhöhen.«[245] In einem im gleichen Jahr veröffentlichten programmatischen Text mit dem Titel »Literatur und Leser« fordert Manfred Naumann eine »Kultur des Lesens«, »die sich als produktives Element der sozialistischen Gesellschaft begreift«.[246] Es gehe darum,

---

240 Ebd., 242. Erwähnt sei, dass sich die Berliner Germanisten mit den Forderungen nach einer Erweiterung ihres Gegenstandes hinsichtlich der gesamten »Literaturgesellschaft« in die Tradition der deutschen Klassik stellen. Diese habe eine solche Gegenstandserweiterung bereits in Ansätzen begonnen – ein Beginn, der durch die »reaktionären« Entwicklungen in der »bürgerlichen« Germanistik, die »[a]lle Beziehungen der Literatur zur politischen und gesellschaftlichen Wirklichkeit [...] ästhetisch herabgesetzt und verbannt« habe, verdrängt worden sei. »Man verstieg sich sogar so weit, den ›Dichter‹ gegen den ›Literaten‹ auszuspielen, eine ›reine Dichtung‹ als einzig würdigen Gegenstand der Wissenschaft von den übrigen literarischen Lebensbereichen des Volkes abzutrennen« (ebd., 243). Mit dieser Argumentation kann man sich einerseits resonanzträchtig von der »bürgerlichen« Germanistik sowie der Lukács'schen Fixierung auf die »Gipfelleistungen« der Weltliteratur bei gleichzeitiger Abwertung der »kleinen Formen« absetzen und das Fach zum anderen als wahre »Vollstreckerin« des »klassischen Erbes« präsentieren.

241 D. Schlenstedt 1964, 492.

242 Vgl. ebd., 493.

243 Ebd., 493.

244 Vgl. ebd., 486 u. 493f.

245 Mittenzwei 1970, 27.

> die objektiven Gesetzmäßigkeiten, die die neue Qualität des sozialistischen Literaturgeschehens bestimmen, voll wirksam werden zu lassen und es im Rahmen der sozialistischen Kulturrevolution so zu gestalten, daß die Macht, die der Literatur gegeben ist, für die Vervollkommnung des sozialistischen Gesellschaftssystems auch effektiv wird. Da die Macht der Literatur sich nur über ihre Aneignung entschlüsselt, folgt daraus, daß die Aneignungsprozesse nicht der spontanen Selbstregulierung überlassen bleiben können, sondern daß im Gegenteil alle Möglichkeiten ausgeschöpft werden müssen, um auf sie und ihre Ergebnisse einen Einfluß zu gewinnen.[247]

Was Mittenzwei und Naumann hier skizzieren, ist letztlich das Projekt einer Leserlenkung oder »Leseraufklärung« im Dienste des Sozialismus. Der subjektive Faktor im Aneignungsprozess soll eingedämmt werden. Explizit heißt es in der ausführlichen Projektkonzeption mit dem Titel »Sozialistische Kultur und Lesen«:

> Die Erforschung der objektiven Gesetzmäßigkeiten, die bei der gesellschaftlichen Aneignung von Literatur wirken, verbreitet die theoretischen Voraussetzungen für die allmähliche Ausschaltung noch vorhandener systemstörender spontaner Faktoren im Bereich der Literaturaneignung und für die noch bessere kulturpolitische Beherrschung dieses wichtigen Gebietes des kulturell-geistigen Lebens der sozialistischen Gesellschaft.[248]

Gewiss, in *GLL* ist der Steuerungsanspruch der Literaturwissenschaft merklich zurückgenommen. Während die Projektkonzeption »Sozialistische Kultur und Lesen« beinahe ausschließlich auf das politische Feld zielt und dort Resonanzeffekte zu mobilisieren sucht, ist *GLL* zuallererst dem esoterischen Diskurs verpflichtet und muss sich entsprechend einer allzu plumpen Leitungsrhetorik entschlagen. Bezeichnend ist, dass man in der Einleitung zu *GLL* sogar vergeblich nach expliziten Leistungsangeboten an die sozialistischen Gesellschaftsplaner sucht. Impulse erhofft man sich hier allein für die marxistisch-leninistische Literaturgeschichtsschreibung, Literaturkritik und Literaturpädagogik sowie - dies wird allerdings sehr zurückhaltend formuliert - für die sozialistischen Schriftsteller. Im Untertitel wird *GLL* als Beitrag zu einer *theoretischen*, nicht einer *praktischen* Auseinandersetzung mit dem Rezeptionsproblem ausgewiesen. Dem subjektiven Faktor im Rezeptionsprozess wird innerhalb des gesamten Buches eine weitaus größere Relevanz und Legitimität eingeräumt.[249]

Gleichwohl adressieren die Autoren mit Blick auf die Rezeptionsprozesse auch in *GLL* Leistungsangebote an die kulturpolitische Administration und betonen einmal mehr die Planungs- und Leitungsfunktion der Literaturwissenschaften. Dazu bedarf es der Annahme, dass die subjektive Seite der Beziehung Werk - Leser, nämlich die des Lesers, letztlich auch wieder bis zu einem gewissen Grade objektiv bedingt ist. So spielen nach Ansicht von Manfred Naumann bei der »Überbrückung des Abstands

---

246 Naumann 1970, 114.

247 Ebd., 97.

248 Autorenkollektiv (Manfred Naumann, Dieter Schlenstedt, Karlheinz Barck, Eberhard Dieckmann, Dieter Kliche, Ulf Lehmann, Rosemarie Lenzer): Konzeption des Projektes »Sozialistische Kultur und Lesen. Lektüre als Element der Literaturverhältnisse im entwickelten gesellschaftlichen System des Sozialismus« (bisheriger Arbeitstitel: Kultur des Lesens). Deutsche Akademie der Wissenschaften zu Berlin. Januar 1971, AA, Signatur 902/1, Bl. 1-148, hier Bl. 3. Angaben und Zitat nach Funke 2004, 47f.

249 Vgl. z.B. Naumann 1975, 93-97.

zwischen den produzierten Werken und den Lesern [...] *gesellschaftliche Rezeptionsweisen*«[250] eine entscheidende Rolle.[251] Diese gesellschaftlichen Rezeptionsweisen werden nach Ansicht der Autoren von allen auf ideologischem Gebiet Tätigen, besonders aber von Literaturwissenschaftlern, Literaturkritikern und Literaturpädagogen beeinflusst:[252]

> Durch ihre Publikationen, Lehrveranstaltungen, Vorträge tragen sie dazu bei, über den Verlauf der Literaturgeschichte, über die Bedeutung von Werken und Autoren, über die Funktion der Literatur, des Künstlers, des Werkes, des Lesers Auffassungen zu entwickeln, die im ›Vorher‹ der individuellen Rezeptionsprozesse, während ihres Verlaufs und in ihrem ›Nachher‹ mehr oder weniger stark als Regulative wirken.[253]

Deutlicher noch bejaht Dieter Kliche die Möglichkeiten einer »Regulation« des Rezeptionsprozesses:

> Sozialistische Kultur-, Kunst- und Literaturpolitik überläßt die sozialen Prozesse der Entwicklung vielfältig sich ausprägender Bedürfnisse und Interessen, die Vielfalt individueller Rezeptionen, die Gesetzmäßigkeiten der Wirkung und Rezeptionsbedingungen nicht der Spontaneität, sondern unterwirft sie im Interesse allgemeiner Produktivkraftentwicklung der Gesellschaft sozialer Kontrolle und bezieht sie auf den gesamtgesellschaftlichen Reichtum der Aneignung.[254]

Durch die von der Partei der Arbeiterklasse sowie die literaturvermittelnden Institutionen angeleitete öffentliche Verständigung über Literatur, die untrennbar mit »ethisch-weltanschaulichen und ästhetischen Fragestellungen« verbunden ist, werden Kliches Ansicht nach »wichtige Markierungspunkte und Maßstäbe für ein gesamtgesellschaftliches Bewußtsein von Funktion und Wirkung der Literatur im allgemeinen und sozialistischer Literatur im besonderen« geschaffen.[255]

11.6.3.4 Die Rezeptionsforschung im Kontext der Aneignungs- und Deutungskonkurrenz

Die Erarbeitung neuer rezeptionstheoretischer Fragestellungen kann zudem auch als eine der Aneignungs- und Deutungskonkurrenz geschuldete Notwendigkeit gedeutet werden, Anschluss zu halten an die internationale *scientific community*. Mit Blick auf die Aneignungs- und Deutungsfunktion des Faches gilt es, sich als eine auf dem aktuellen Stand der Wissenschaftsentwicklung befindende Gesellschaftswissenschaft zu präsentieren und sich kritisch mit den »bürgerlichen« Theorien auseinanderzusetzen, um die

250 Ebd., 91. Hervorhebung im Original.

251 »Mit diesem Begriff bezeichnen wir den Sachverhalt, daß sich gemäß den objektiven gesellschaftlichen Funktionen, die der Literatur durch die materiellen und ideologischen Verhältnisse in einer Gesellschaftsformation vermittelt sind, bestimmte Denkweisen, Bewertungsformen gegenüber der überlieferten und der zeitgenössischen Literatur herausbilden« (ebd., 91).

252 Vgl. ebd., 92.

253 Ebd., 92.

254 Kliche 1975a, 291.

255 Ebd., 293.

»Überlegenheit« der marxistisch-leninistischen Weltanschauung resonanzträchtig herauszustellen. Die sozialhistorischen, kommunikationstheoretischen, literatursoziologischen, rezeptionsästhetischen oder strukturalistischen Arbeiten von Literaturwissenschaftlern und Theoretikern wie Jauß, Iser, Weinrich oder Fügen in der Bundesrepublik oder Althusser, Barthes, Escarpit und Foucault in Frankreich werden in den 60er Jahren in den Gesellschaftswissenschaften der DDR registriert und reflektiert und im Gegensatz zu den primär werkimmanenten Interpretationsansätzen der westlichen Nachkriegsgermanistik als Herausforderungen empfunden. Zbigniew Swiatlowski spricht gar von einer »Defensivstellung« der marxistischen Literaturwissenschaft, »in die sie nach dem großen methodologischen Umbruch innerhalb der bürgerlichen Literaturwissenschaft [...] geraten ist«[256] und auf die sie mit der Infragestellung bestehender Verengungen reagiert. Aufmerksam registriert man zudem die Entwicklungen in osteuropäischen »Bruderländern« wie der ČSSR oder der Sowjetunion, wo Autoren wie Mukařovský oder Lotman weiterführende literaturtheoretische Ansätze entwickeln, an die man Anschluss zu halten versucht. Auch wenn man gegenüber den vermeintlich »unmarxistischen« Prämissen vieler theoretischer Ansätze eine kritische Distanz bewahrt, so nimmt man etliche der Anregungen auf, versucht sie materialistisch umzudeuten und macht sie für das eigene literaturtheoretische Denken fruchtbar.[257] In den 70er Jahren wird die Aufnahme neuer Entwicklungen durch einen verstärkten internationalen Wissenschaftsaustausch, in dessen Rahmen die DDR-Literaturwissenschaftler an einer Reihe von europäischen Kulturforen beteiligt sind, sogar noch intensiviert.[258]

Die Spuren der Aneignungs- und Deutungskonkurrenz finden sich auch in *GLL*. Explizit wird diese Publikation in den Kontext der Auseinandersetzung mit »bürgerlichen« Literaturtheorien gestellt.

> Neben Leistungen von echtem wissenschaftlichem Belang weist die bürgerliche Rezeptions- und Wirkungsästhetik Züge auf, die für die allgemeine Krise der idealistischen Literaturbetrachtung symptomatisch sind. Die notwendige Kritik an der ideologischen Grundorientierung dieser Strömungen kann um so wirkungsvoller sein, wenn sie mit der positiven Darlegung unseres eigenen Standpunktes verbunden ist.[259]

Dieser »Kritik des Rezeptionsproblems in bürgerlichen Literaturauffassungen« widmet man ein gesamtes Kapitel.[260] Zudem polemisiert man im Kapitel »Literaturrezeption in der Geschichte« gegen die »bürgerlichen Literaturverhältnisse«, so z.B. in den Abschnitten »Bedürfnisbefriedigung über Marktbeziehungen« oder »Imperialistische Massenliteratur und Bedürfnismanipulierung«. Auch in einer Reihe anderer Aufsätze zur Rezeptionsproblematik setzen sich DDR-Literaturwissenschaftler kritisch mit den »bürgerlichen« Entwürfen auseinander.[261] Vor allem die rezeptionsästhetische Konzeption von

---

256 Swiatlowski 1982, 6.

257 Vgl. in diesem Zusammenhang z.B. Franz 1968; Höhle 1966; Jarmatz 1966; Klaus 1964; N. Krenzlin 1964; N. Krenzlin 1968; N. Krenzlin/L. Krenzlin 1964; G. Lehmann 1965; G. Lehmann 1965a; G. Lehmann 1966; Naumann 1970; Redeker 1966a; Simons 1968; Städtke 1968; Schober 1968; Sommer 1966; Weimann 1970. Siehe in diesem Zusammenhang auch Hohendahl 1976; Rosenberg 2000; Rosenberg 2001; Ende 2005, 8; K. Barck 2003, 69.

258 Vgl. Schandera 2001, 33. Siehe z.B. auch Materialien, Träger, 153f.

259 Naumann 1975a, 6.

260 K. Barck 1976.

Hans Robert Jauß erweist sich als ein bevorzugter Gegenstand der Auseinandersetzung. Dies natürlich zum einen, weil Jauß in seiner berühmten Konstanzer Antrittsvorlesung von 1967[262] nicht nur die Literaturwissenschaft im Allgemeinen, sondern auch die marxistisch-leninistischen Literaturwissenschaftler im Besonderen »provoziert« hat.[263] Zum anderen gilt es sich an Jauß aber vor allem deshalb »abzuarbeiten«, weil sein Ansatz, der in der DDR als die »geschlossenste theoretische Begründung der *Rezeptionsästhetik*« anerkannt wird,[264] von den rezeptionstheoretischen Ansätzen der DDR-Literaturwissenschaft nicht besonders weit entfernt ist. Dabei spielt es in diesem Zusammenhang keine Rolle, ob es sich bei der in *GLL* vorgelegten Rezeptionstheorie lediglich um eine »Rekonstruktion des von Hans Robert Jauß in *Literaturgeschichte als Provokation der Literaturwissenschaft* entwickelten Theoriemodells auf historischmaterialistischer Grundlage« handelt,[265] mithin um eine bloße »Rezeption der Rezeptionsästhetik«,[266] oder um einen sich mehr oder weniger unabhängig von der Jauß'schen Konzeption entwickelnden Theorieentwurf.[267] Wichtig ist, dass es in den Begriffen, Zielsetzungen und Argumentationen entscheidende Gemeinsamkeiten zwischen Jauß auf der einen und Naumann et al. auf der anderen Seite gibt,[268] die es aufgrund der Aneignungs- und Deutungskonkurrenz, der unterschiedlichen Weltanschauung sowie der wissenschaftlichen Distinktion zu erklären oder zu kaschieren gilt.

Dies geschieht zum einen dadurch, dass auf gemeinsame Wurzeln zwischen Rezeptionsästhetik und Rezeptionstheorie verwiesen wird, die gemäß dem Überlegenheitsanspruch der marxistisch-leninistischen Literaturwissenschaft in der DDR zu finden seien,[269] genauer: bei Werner Krauss, der zum entscheidenden Stichwortgeber für die Rezeptionsforschung in Ost und West stilisiert wird.[270] Zum anderen werden im Sinne der wissenschaftlichen und ideologischen Distinktion vor allem die zu unüberbrückbaren Gegensätzen stilisierten Unterschiede zwischen Rezeptionsästhetik und Rezeptionstheorie hervorgehoben. Während man bei Jauß auf der einen Seite viele richtige Argumente »gegen die positivistische, historistische und geistesgeschichtliche Literaturgeschichtsschreibung« ausmacht, an denen »man in Zukunft nur schwerlich vorbeisehen« könne,[271] so kritisiert man doch auf der anderen Seite die Vernachlässigung der Pro-

---

261 Vgl. z.B. Naumann 1970; Naumann 1971; Naumann 1974; Naumann 1977; Träger 1972, 249–369; Weimann 1973.

262 Jauß 1970.

263 Als Hauptkritikpunkte von Jauß gelten die Vorwürfe, die marxistische Ästhetik habe sich auf das »Nachahmungs- und Widerspiegelungsproblem des literarischen Realismus« eingeengt (ebd., 156), halte an der nationalliterarischen Perspektive fest, verfehle den Leser als Adressaten und übersehe die wirklichkeits*bildende* Rolle der Literatur (vgl. Naumann 1970, 111).

264 K. Barck 1975, 134. Hervorhebung im Original.

265 Rosenberg 2000, 174.

266 Vgl. Danneberg/Schernus/Schönert 1995.

267 So die Argumentation von Funke 2004, 62f.

268 Vgl. dazu ebd., vor allem Kapitel 5: Parallelen in den Konzepten der Rezeptionsästhetik und der Rezeptionstheorie, 54–63; sowie Danneberg/Schernus/Schönert 1995.

269 Siehe z.B. Naumann 1975c, 9f.

270 Vgl. K. Barck 1985, 1135; Träger 1972, 347; Weimann 1973, 17.

271 Naumann 1970, 111. Siehe auch Weimann 1973, 17: »Insofern in dieser Richtung ein Vorstoß in wissenschaftliches Neuland erfolgt, ergeben sich einige wirklich bedenkenswerte Fragen« auch für die »marxistische Literaturgeschichte«.

duktionssphäre, die in der DDR nach wie vor Priorität genießt,[272] bzw. eine Trennung der »Rezeptionsästhetik« von »Darstellungsästhetik« und »Produktionsästhetik«.[273] Werde die Interpretation von Literatur allein dem Leser überlassen und die Struktur des Werkes ignoriert, so werde die Kunst »der subjektivistischen Willkür des Lesers überantwortet«.[274] Indem Jauß in seinem Literaturbegriff jegliche Abbildfunktion verneine, worin letztlich ein »Affront gegen den Realismus« ausgemacht wird,[275] könne die Geschichte der Literatur entgegen seiner Absichten auch unter einem rezeptionsästhetischen Aspekt nicht zu gegenwärtiger Geltung und Wirkung gebracht werden.[276] Auch greift man den Jauß'schen Publikumsbegriff an: Wie die Literatur, so werde auch der Leser letztlich aus dem gesellschaftlich-geschichtlichen Prozess ausgeklammert;[277] die gegen die Autonomie des Kunstwerks gerichteten und »an sich richtigen Thesen« von der Bedeutung des Publikums innerhalb des Literaturprozesses würden »idealistisch ausgelegt«:[278]

> Um welches konkrete Publikum es sich nämlich handelt, das als eine derart energetische Kraft den Literaturprozeß trägt, wird von Jauß nicht näher bestimmt. Für ihn existiert nur ein Publikum schlechthin, das einzig in seiner Eigenschaft als Literaturrezipient gekennzeichnet wird.[279]

Damit stelle die »bürgerliche« Rezeptionsästhetik »in vieler Hinsicht eine methodologische Ergänzung der immanenten Literaturbetrachtung durch eine immanent aufgefaßte Rezeptionsgeschichte« dar.[280] Schließlich wird Jauß bei aller Hochachtung mit den »traditionellen« Abwertungsbegriffen der literaturwissenschaftlichen Systemauseinandersetzungen bedacht:[281] Der historische Standort des Betrachters Jauß sei »idealistisch«, die fehlenden Kriterien für die Beurteilung vergangener und gegenwärtiger Rezeptionsweisen nach dem Maßstab der gesellschaftlichen Funktion der Literatur führe zu »Subjektivismus«, der »Verzicht auf die Einbeziehung der sozialen Differenziertheit und historischen Unterschiedlichkeit des Publikums in die Rezeptionstheorie« führe »notwendig« zu einer »elitären und ästhetizistischen Literaturkonzeption«.[282]

Auch wenn die Auseinandersetzungen mit der Rezeptionsästhetik in den nächsten Jahren von größerer Nüchternheit geprägt sind und man die Leistungen der »Konstan-

---

272 Vgl. Naumann 1975, 19.
273 Vgl. Naumann 1970, 111.
274 Ebd., 104. Vgl. auch Funke 2004, 81–86.
275 Weimann 1973, 24.
276 Vgl. K. Barck 1975, 143.
277 Vgl. Naumann 1970, 110.
278 K. Barck 1975, 136.
279 Ebd., 136.
280 Ebd., 143. Dass auch die marxistisch-leninistische Literaturwissenschaft die Verifikation des Begriffs »Leser« als literaturhistorische Kategorie nicht zu leisten vermag, wird geflissentlich »übersehen« (vgl. Danneberg/Schernus/Schönert 1995, 661). Das Argumentationsmuster, das hier vorliegt, wird von Danneberg, Schernus und Schönert als »Entproblematisierung« beschreiben: »Man unterstellt die Erfüllbarkeit einer Forderung, mit der eine theoretische Konzeption konfrontiert wird, deren Erfüllung durch die (überlegene) eigene Konzeption nicht nachgewiesen (oder sogar fraglich) ist« (ebd., 662).
281 Siehe dazu Kapitel 8.2.2.
282 K. Barck 1975, 138.

zer Schule« in stärkerem Maße würdigt, so inszeniert man weiterhin einen prinzipiellen Unterschied zwischen west- und ostdeutscher Rezeptionsforschung. In einem bilanzierenden, differenzierten, insgesamt äußerst wohlwollenden Text aus der Mitte der 80er Jahre - die Rezeptionsästhetik wird nun beispielsweise gegenüber dem Relativismusvorwurf in Schutz genommen[283] - wird zwischen Berlin und Konstanz noch immer eine

> prinzipielle, das heißt nicht lediglich durch unterschiedliche methodische Ansätze, sondern durch grundsätzlich divergierende Erkenntnisinteressen und geschichtliche (wie wissenschaftsgeschichtliche) Erfahrungen bedingte Trennlinie zwischen einer idealistischen und einer materialistischen Auffassung des Rezeptionsproblems[284]

ausgemacht. Weiterhin wirft man der Rezeptionsästhetik vor, »jede Darstellungsästhetik prinzipiell in die vorwissenschaftliche Phase der Literaturwissenschaft« zu verdammen und damit auf die »die Rolle des Lesers und die Rezeption kategorial vernachlässigenden Modelle einer positivistisch und geschichtsphilosophisch orientierten Wissenschaftstradition« auf »undialektische Weise« zu antworten.[285] Der grundlegende Überlegenheitsanspruch der marxistisch-leninistischen Rezeptionstheorie wird damit in den publizierten Texten bis zuletzt nicht aufgegeben.

Spricht man über den diskursiven Erfolg des rezeptionstheoretischen Ansatzes, so ist im Kontext der Aneignungs- und Deutungsfunktion darauf hinzuweisen, dass auch die internationale Anerkennung für die rezeptionstheoretischen Arbeiten am ZIL zu dieser Resonanz beiträgt. Das Erlebnis, vor allem von der 68er Bewegung in der Bundesrepublik als gleichberechtigte, bisweilen hochgeschätzte Gesprächspartner in der internationalen *scientific community* wahrgenommen zu werden, wirkt für viele DDR-Literaturwissenschaftler nach einer langen Zeit der Defiziterfahrungen stimulierend. Mit Hilfe der Rezeptionstheorie kann sich die Literaturwissenschaft als eine auf der Höhe der internationalen Fachentwicklung stehende Gesellschaftswissenschaft präsentieren und wenigstens zum Teil auch in der Praxis jene »Vordenkerrolle« einnehmen, die man aufgrund des Überlegenheitsanspruchs des Marxismus-Leninismus in der Theorie bereits immer behauptet hat. Zudem wird das wissenschaftliche Kapital, das Naumann und seine Kollegen mit ihren Arbeiten akkumulieren können, auf dem Konto der DDR verzinst. Durch einen verstärkten internationalen Wissenschaftsaustausch, die Teilnahme von Fachvertretern an internationalen Konferenzen oder ihre Mitgliedschaft in Fachverbänden kann die international anerkannte Gleichberechtigung des zweiten deutschen Staates demonstriert werden.[286] Auch die kulturpolitische Administration profitiert also von der internationalen Resonanz des rezeptionstheoretischen Ansatzes, was trotz seiner subversiven Momente (s.u.) zu seiner Duldung beigetragen haben dürfte.

Abschließend sei mit Blick auf die Leistungsangebote, die sich mit der Rezeptionstheorie an die kulturräsonierende Öffentlichkeit unterbreiten lassen, bemerkt, dass sich die rezeptionstheoretischen Fragestellungen resonanzträchtig ankoppeln lassen an die sich mit Beginn der 70er Jahre verstärkende Erbe-Debatte:

---

283 Vgl. K. Barck 1985, 1135.

284 Ebd., 1139.

285 Ebd., 1138.

286 Vgl. Rosenberg 1997, 212.

> Die Rezeptionstheorie stellt nicht allein die Rechtfertigung in Aussicht, die Aneignung des ›Erbes‹ unter bestimmten (zeitgenössischen) Gesichtspunkten zu vollziehen und den Fundus der erbewürdigen Literatur zu [vergrößern], sondern auch die Wandlungen bei der Rezeption von Literatur in der DDR nicht als Bruch auffassen zu müssen [...].[287]

11.6.4 Semantische Kontinuitäten in den Beiträgen zur Rezeptionstheorie

Mit Blick auf die fachexterne Ressourcenkonstellation gibt es damit eine Reihe von Motiven, die die Hinwendung zu rezeptionstheoretischen Fragestellungen resonanzträchtig erscheinen lassen. Doch gibt es für den diskursiven Erfolg der Rezeptionstheorie noch einen weiteren Grund: die semantischen Kontinuitäten innerhalb der marxistisch-leninistischen Literaturtheorie, die eine wichtige Voraussetzung dafür sind, dass die rezeptionstheoretischen Fragestellungen trotz der sich in ihrem Kontext vollziehenden Wende von einem produktionsästhetischen, gnoseologisch fixierten Literaturverständnis zu einer kommunikationsästhetischen und funktionsgeschichtlichen Betrachtungsweise innerhalb und außerhalb der Literaturwissenschaften anschlussfähig sind.

Zunächst einmal ist festzustellen, dass das Paradigma des Marxismus-Leninismus weiterhin bejaht wird. Das Autorenkollektiv um Naumann entwickelt seinen rezeptionstheoretischen Ansatz im Gegensatz zu Jauß[288] aus dem dialektischen Verhältnis von Produktion und Konsumtion, wie es von Marx in seiner »Einleitung zur Kritik der politischen Ökonomie« 1857 »in einer durchgreifenden logischen Analyse entwickelt« wurde.[289] Praktisch der gesamte theoretische Abschnitt zu »Produktion und Rezeption« erfolgt unter Rückgriff auf Marx-Zitate, die die theoretischen Innovationen autorisieren und die »Wahrheit« bzw. die Kontinuität und Einheitlichkeit des Paradigmas bewahren.[290] Entwickelt wird ein anspruchsvolles literaturtheoretisches Konzept, das nicht nur erstmals systematisch das Verhältnis Werk-Leser einbezieht, sondern das zudem dem Sachverhalt Rechnung trägt,

> daß die literarische Produktion nicht nur die Rezeption in Gang setzt, sondern diese auch die Produktion, daß die Leser nicht nur Werke in Empfang nehmen, sondern auch ganz bestimmte Werke fordern, daß die Autoren sich nicht nur ihr Publikum schaffen, sondern daß das Publikum auch seine Autoren hervorbringt, daß die Werke nicht nur auf die Leser einwirken, sondern die Leser auch auf die Produktion der Werke, daß also die Rezeption nicht nur einen Endpunkt darstellt, sondern auch einen Ausgangspunkt für neue literarische Produktion.[291]

Einmal mehr bedient man sich in diesem Zusammenhang des bereits in Kapitel 8.1.6 angesprochenen Argumentationsschemas theoretischer Innovation in einer »monoparadigmatischen Wissenschaft«: Das bisher vorherrschende theoretische Modell wird

287 Danneberg/Schernus/Schönert 1995, 669.
288 Siehe dazu Funke 2004, bes. 49–52.
289 Naumann 1975, 18.
290 Siehe dazu Danneberg/Schernus/Schönert 1995, 672.
291 Naumann 1975, 36f.

nicht pauschal revidiert. Kritisiert wird lediglich ein »Übergewicht« der gnoseologischen Funktion der Kunst.[292] Die Kritik an diesem Übergewicht, der Verweis auf die Tatsache, dass »der Begriff des Abbildes und der Widerspiegelung umfassender ist als der Begriff der wissenschaftlichen Erkenntnis«,[293] wird nicht als theoretische Neuentdeckung präsentiert, sondern sie wird »in Erinnerung gebracht«.[294] Letztlich müsse es darum gehen, die »Grundgesetze des historischen Materialismus« stärker zu berücksichtigen.[295]

In diesem Sinne postuliert man weiterhin den Primat der Produktion innerhalb des Verhältnisses von Produktion und Rezeption. Auch wenn das Produkt, so Marx, durch die Rezeption erst seinen »letzten finish« erhalte,[296] so stelle die Produktion gegenüber der Konsumtion »das übergreifende Moment« dar.[297] Dabei wird - auch dies ist eine entscheidende Kontinuität im literaturtheoretischen Diskurs der DDR-Literaturwissenschaft - weiterhin davon ausgegangen, dass das literarische Werk das Produkt einer Tätigkeit ist, in welcher der Autor nicht nur eine Beziehung eingeht zu den Adressaten und zum Literaturprozess, sondern auch zur »objektiven Wirklichkeit«. Die Abbild-Relation zwischen Produkt und »objektiver Realität«, die Vorstellung von Kunst als Widerspiegelung, stellt damit nach wie vor einen entscheidenden Faktor im Literaturverständnis von *GLL* dar.[298] Erst im Anschlussprojekt setzt sich Schlenstedt kritisch mit dem in *GLL* verwendeten Widerspiegelungsbegriff und den damit verbundenen Konsequenzen für die Beschreibung der »Rezeptionsvorgabe« auseinander (s.u.).[299] Damit soll das subversive Potential von *GLL* nicht geleugnet werden. Darauf wird noch genauer einzugehen sein. Doch gilt es mit Blick auf die Präsenz resonanzträchtiger Scharnierbegriffe und Scharniergeschichten festzuhalten, dass die gnoseologische Funktion der Kunst und in diesem Zusammenhang auch die Theorie des sozialistischen Realismus explizit bejaht werden:[300] »Die Spezifik der Literatur im Kunstensemble [...] läßt sich nicht erklären, wenn an ihrem Abbildverhältnis zur Realität und damit auch an ihrer Funktion, Erkenntnis zu vermitteln, vorbeigesehen wird«.[301] Selbst wenn die in den Werken gegebenen Abbildungen durch den Leser zu einem bestimmten historischen Standpunkt anders rezipiert werden als zur Entstehungszeit, so heißt dies für die Autoren von *GLL* noch nicht,

> sie relativistisch in die Unendlichkeit verschiedener Rezeptionen auflösen zu müssen. Entstanden als historisch determinierte Abbildungs- und Bildungsarten gesellschaftlichen Lebens, von ihm in ihren Gegenständen, Aneignungsweisen, Adressatenbeziehungen und literarischen Traditionen geprägt, stehen die Werke im geschichtlichen Zusammenhang ihrer Entstehungszeit [...]. Hier liegt die - von der Literaturgeschichte in mehr oder weni-

292 Ebd., 43.
293 Ebd., 44.
294 Ebd., 44.
295 Ebd., 44.
296 Marx 1974, 623.
297 Ebd., 625. Siehe dazu auch Naumann 1975, 37f.
298 Vgl. dazu u.a. Naumann 1975, 39-52.
299 Vgl. D. Schlenstedt 1981, 8f.
300 Vgl. Naumann 1975, 42ff. Präsent ist hier noch immer die Vorstellung von der »bildenden Funktion« von Literatur.
301 D. Schlenstedt 1975, 302.

> ger großer Annäherung rekonstruierbare - Quelle ihrer Bedeutungen, der Grund der in ihnen angelegten Beziehungsmöglichkeiten, ihrer Tiefe und Weite. Im Funktionszusammenhang der Entstehungszeit werden die Elemente gefügt und Strukturen gebildet, die den fundamentalen Bedingungskomplex für die Wirklichkeit der Werke bilden; in ihm erhalten sie [...] eine inhaltliche und formale geschichtliche Bestimmtheit.[302]

Letztlich soll der Akt der Rezeption stets an »objektive Gesetzmäßigkeiten« geknüpft und materiell rückgebunden werden.[303] Damit scheint man trotz des theoretischen Innovationspotentials die tradierten Vorstellungen einer marxistisch-leninistischen Literaturbetrachtung zu bestätigen, die von der Existenz eines »ganzheitlichen« »objektiven Kunstwerkes« ausgeht und darauf ihre Realismuskonzeption aufbaut.[304] Auch wenn man einen subjektiven Faktor im Rezeptionsakt zugesteht, so setzt man einer unzulässigen Individualisierung der Rezeptionsakte doch Grenzen. Mit dem Begriff der »Rezeptionsvorgabe« erteilen die Autoren von *GLL* einem gleichsam bodenlosen Relativismus eine Absage, »aus dem Kriterien für die Lösung des künstlerischen Wahrheits- und Wertungsproblems und damit auch der Realismusfrage nicht zu gewinnen sind«.[305] Hinter dem Terminus »Rezeptionsvorgabe« steht die Annahme einer textimmanenten rudimentären Instanz der Interpretationslenkung bzw. die Vorstellung, dass es die konkrete Beschaffenheit eines literarischen Werkes ist, die den rezeptiven Akt organisiert und der Rezeption gegenständliche Bestimmtheit gibt.[306] Die spezifische Inhalt-Form-Struktur des Werkes setze »der Aneignung bestimmte Leitlinien, die die Freiheit des Lesers im Umgang mit dem Werk einschränken, nicht nur den Inhalt und das Ergebnis, sondern auch die Weise der Aneignung vermitteln und die Bedürfnisse des Lesers nach neuer Aneignung in eine bestimmte Richtung lenken«.[307] In den »Musterinterpretationen« in *GLL* wird gegen eine Ästhetik polemisiert, die »in der schwebenden Unbestimmtheit ein poetisches Ziel« sieht:[308]

> Die Feier der Beliebigkeit hilft nicht, die kritisierten Verhältnisse aufzuheben, sondern ist deren Ausdruck, eine Stütze für die Unterwerfung der Individuen unter die Zufälligkeit. Eine mit dem gesellschaftlichen Fortschritt verbundene Ästhetik setzt deshalb einen Akzent auf Bestimmtheit.[309]

Die bereits angesprochene Kategorie der »gesellschaftlichen Rezeptionsweise« kann als ein weiterer Versuch verstanden werden, der drohenden Beliebigkeit bei der Verarbeitung von Texten Herr zu werden und die Verbindlichkeit der bisherigen Darstellungsästhetik auf die Rezeptionsebene zu verlagern.[310] Die Macht des Lesers wird entdeckt

---

302 Ebd., 314.

303 Vgl. Naumann 1970, 114; vgl. Naumann 1975, 28f.

304 Wie sehr die Rezeptionsforschung vor dem Hintergrund dieser Prämisse als Bedrohung angesehen werden muss, zeigt die Kritik Alfred Kurellas in seinem Beitrag »Kunstwerk als Eigenwert«. Siehe dazu Anmerkung 212.

305 Naumann 1975, 30.

306 Vgl. ebd., 35.

307 Naumann 1970, 98.

308 D. Schlenstedt 1975, 373.

309 Ebd., 373.

310 Vgl. Naumann 1975, 91.

und gleichzeitig unter Verschluss gehalten, indem man den Subjektivitätsbegriff ins Gesellschaftliche zurückholt und in ihm auflöst. Denn wenn der Leser auch im Gegensatz zum Werk die subjektive Seite der Beziehung Werk-Leser ist, so ist diese subjektive Seite »letztlich auch wieder objektiv bedingt[ ]«:[311] Der Leser wird als »gesellschaftliches, dialektisch determiniertes Individuum« begriffen.[312] Das Verhältnis Werk-Leser ist stets gesellschaftlich vermittelt[313] und kann bis zu einem gewissen Grade beeinflusst und »reguliert« werden. Nicht nur die inhärente Wirkkraft eines Werkes, sondern auch die organisierende und bewusstseinsbildende Tätigkeit literaturvermittelnder Instanzen[314] setzen der Souveränität des Lesers Grenzen.

Auch die wirkungsgeschichtliche Dimension innerhalb der marxistisch-leninistischen Theorie der Literaturgeschichte, die mit der »Entdeckung« des Lesers und der Hinwendung zu den Prozessen innerhalb der gesamten »Literaturgesellschaft« in den Fokus genommen wird, wird mit Blick auf die Objektivität des literaturgeschichtlichen Prozesses relativiert. Zwar betont ZIL-»Gründungsmitglied« Robert Weimann, die Wirkungsgeschichte könne »gar nicht ernst genug« genommen werden,[315] doch müsse man sie stets »neben und zeitlich hinter der Entstehungsgeschichte studieren«.[316] Eine wirkungsgeschichtliche Neudeutung findet ihre Grenzen in der entstehungsgeschichtlichen Rekonstruktion: »Das Primat der Produktionsästhetik bleibt für den marxistischen Theoretiker unverzichtbar auch dort, wo - wie im Falle von Weimann - weitestgehende Konzessionen an die Wirkungsgeschichte gemacht werden«.[317]

Zentrale zwischen Disziplin und fachexterner Öffentlichkeit vermittelnde Scharnierbegriffe bzw. Scharniergeschichten bleiben damit im literaturwissenschaftlichen Fachdiskurs weiterhin präsent. Diese Kontinuitäten im Gebrauch der Basissemantik des sozialistischen Gesellschaftssystems bzw. der Grundbegriffe der marxistisch-leninistischen Ästhetik sowie die Entwicklung des rezeptionstheoretischen Ansatzes aus den Marx'schen Kategorien von Produktion und Konsumtion sind eine grundlegende Voraussetzung dafür, dass die Rezeptionstheorie außerhalb des Faches anschlussfähig ist und von der kulturpolitischen Administration als Beitrag zu einer marxistisch-leninistischen Literaturtheorie anerkannt werden kann. Die Kategorien »gesellschaftliche Rezeptionsweise« bzw. »literarisches Werk als Rezeptionsvorgabe« scheinen mit dem autoritären Literaturverständnis der Parteiführung vereinbar; die »Wahrheit« des Paradigmas

311 Ebd., 86.

312 Mittenzwei 1970, 27.

313 In diesem Zusammenhang erweist sich der von Becher stammende und im kulturpolitischen Leitdiskurs präsente Scharnierbegriff der »Literaturgesellschaft« als besonders resonanzträchtig.

314 Siehe Naumann 1975, 90f.: »Die produzierten Werke haben, bevor sie in die Hand der Leser gelangen, immer bereits Formen der gesellschaftlichen Aneignung hinter sich: sie sind durch gesellschaftliche Institutionen für die Rezeption ausgewählt, zugänglich gemacht und in den meisten Fällen auch schon bewertet worden. Als Vermittlungsinstanzen fungieren Verlage, Buchhandlungen, Bibliotheken sowie die Literaturkritik, die Literaturpropaganda, der Literaturunterricht in den Schulen, die Literaturwissenschaft und alle anderen Institutionen, die zwischen den produzierten Werken und den Lesern materiell oder ideell vermitteln.«

315 Weimann 1970, 44.

316 Ebd., 44.

317 Mandelkow 1974, 386. Für eine detailliertere Auseinandersetzung mit Weimanns Argumentation siehe Funke 2004, 81-86.

bzw. die Kontinuität in der literaturtheoretischen Entwicklung des Marxismus-Leninismus bleibt zumindest *diskursiv* gewahrt, auch wenn tradierte Vorstellungen in der Realismus- und Widerspiegelungstheorie aufgeweicht, wenn nicht gar unterlaufen werden (s.u.).

Allerdings würde es zu kurz greifen, die semantischen Kontinuitäten allein als Anpassungsleistungen an das politische Feld zu verstehen. Zunächst einmal gilt: Bei den Autoren von *GLL* handelt es sich keineswegs um eine »Oppositionellentruppe«. Eher sind sie, so der Leiter des Gemeinschaftsprojektes, Manfred Naumann, in seinen Erinnerungen, »reformgläubige marxistische Utopisten«.[318] Statt den Sozialismus zu Grabe tragen zu wollen, hätten die Wissenschaftler »seine Wiederauferstehung durch die Behauchung mit dem Geist von Marx und manchmal sogar von Lenin« im Auge gehabt.[319] Daher ist es vermutlich auch keineswegs allein eine durch die erziehungsdiktatorischen Rahmenbedingungen erforderliche Anpassungsleistung, wenn sich in *GLL* bzw. in den im Kontext dieses Buches entstandenen Texten neben innovativen Elementen immer wieder Argumentationen finden lassen, die Prämissen der marxistisch-leninistischen Weltanschauung bestätigen (so z.B. die materialistische Grundannahme, dass auch ideelle Prozesse wie die Rezeption von Kunst letztlich doch wieder materiell determiniert sind, oder die Annahme einer »objektiven Wahrheit«).

In diesem Zusammenhang darf auch der weltanschaulich geprägte fachspezifische Denkstil vieler marxistisch-leninistischer Literaturwissenschaftler nicht übersehen werden. Die tradierte Abneigung gegenüber jeglichem idealistischen »Relativismus« und »Subjektivismus«, der Glaube an »objektive Gesetzmäßigkeiten« innerhalb der Literatur, die es zu entdecken und nutzbar zu machen gilt, das Verständnis von Kunst als Widerspiegelung einer »objektiven Wirklichkeit«, die herausgehobene Bedeutung des literarischen Produktionsprozesses innerhalb der marxistisch-leninistischen Ästhetik oder das Selbstverständnis der Literaturwissenschaften als kulturpolitisch relevante »eingreifende« Gesellschaftswissenschaften sollten in ihrer Beharrungsmacht nicht unterschätzt werden. Die zu beobachtenden Unklarheiten und Widersprüche in *GLL*, die sich aus der Tatsache ergeben, dass die marxistische Literaturtheorie durch die Einführung der Zusammenhänge von Funktion, Kommunikation, Rezeption und Wirkung in Bewegung gerät, dass aber gleichzeitig ihre Kontinuität behauptet wird und man an tradierten Kategorien wie »Widerspiegelung« und »Abbildrelation« festhält, sind damit möglicherweise kein oder nicht nur Resultat resonanzstrategischer Anpassungsleistungen, sondern sind einem Anfang der 70er Jahre noch nicht konsequent und vollständig vollzogenen theoretischen Umbauprozess geschuldet. Selbst wenn etwa Dieter Schlenstedt in der Einleitung zum Widerspiegelungsband Anfang der 80er Jahre suggeriert, man habe bereits bei der Abfassung von *GLL* erkannt, dass die Einbeziehung

318 Naumann 2004a, 137.

319 Naumann 2003, 50. Diese Einschätzung bestätigen auch andere Zeitzeugen, so z.B. Weimann 2004, 123; D. Schlenstedt/S. Schlenstedt 2004, 221. Auch wenn man sich nicht als »[p]olitische Widerständler, die das System aus den Angeln heben wollten«, präsentiert (Naumann 2003, 50), so inszenieren sich nicht wenige Akteure nach der »Wende« doch zumindest als »eigensinnige Außenseiter« oder »unorthodoxe Wissenschaftler«, was den Wissenschaftshistoriker Frank-Rutger Hausmann in einer Rezension zu der süffisanten Frage verleitet, warum sie dennoch so lange in führenden Positionen verbleiben konnten (vgl. Hausmann 2004).

rezeptionstheoretischer Fragestellungen »keine ›Komplettierung‹ früher ausgearbeiteter Gesichtspunkte bedeuten kann, bei der das zu ›Komplettierende‹ unberührt bleibt«,[320] so ist doch zu vermuten, dass erst die Arbeit der Folgejahre die Möglichkeit bietet, sich grundlegender von tradierten theoretischen Konzeptionen zu lösen und die Widerspiegelungstheorie unter Berücksichtigung der kommunikationsästhetischen und funktionsgeschichtlichen Fragestellungen umzubauen. Abgesehen von der Frage, ob eine radikale, schonungslose Infragestellung der tradierten gnoseologischen Realismus- und Widerspiegelungstheorie und ihre Ablösung durch ein rezeptionstheoretisches Paradigma am Ende der 60er, Anfang der 70er Jahre innerhalb und außerhalb des Faches überhaupt kommunizierbar wäre, darf damit bezweifelt werden, ob sie zu diesem Zeitpunkt für einen Großteil der Akteure überhaupt »denkbar« ist.

Bei der Erklärung der semantischen Kontinuitäten muss schließlich auch berücksichtigt werden, dass gerade diese es den Akteuren ermöglichen, Leistungsangebote an die kulturräsonierende Öffentlichkeit zu unterbreiten. Resonanzträchtig kann man das rezeptionstheoretische Konzept von *GLL* als längst überfällige Systematisierung und Ausarbeitung der literaturtheoretischen und ästhetischen Erkenntnisse des Marxismus-Leninismus präsentieren[321] und sich gegenüber konkurrierenden marxistisch-leninistischen Gesellschaftswissenschaften positionieren. Die Kategorie »literarisches Werk als Rezeptionsvorgabe«, also die Behauptung der Existenz einer textimmanenten Interpretationsinstanz, sowie die Annahme der gesellschaftlichen Determiniertheit ideeller Rezeptionsprozesse bieten eine Folie, vor der die Rezeptionsästhetik der Konstanzer Schule im Dienste der Aneignungs- und Deutungsfunktion als »subjektivistisch«, »idealistisch« oder »relativistisch« abgewertet und ihre kognitive Dignität bezweifelt werden kann. Die Autorität der literatur*wissenschaftlichen* Interpretation literarischer Werke gegenüber den spontanen Rezeptionserfahrungen fachexterner »Laien« kann bewahrt werden, indem man weiterhin von einem Wahrheits- und Erkenntnisgehalt bzw. einer entstehungsgeschichtlichen Objektivität des Werkes ausgeht, den bzw. die es in einer anspruchsvollen Analyse für eine mit der »Rezeptionsvorgabe« zu vereinbarende Interpretation zu rekonstruieren gilt: »Ohne wissenschaftlich begründete Kriterien bleibt die Aneignung des Erbes spontaner Willkür unterworfen, kommt es zur Ausbildung von subjektivistischen Geschmacksurteilen, die letzten Endes nicht gesellschaftlich produktiv sein können«.[322] Diese Argumentation ermöglicht es den *GLL*-Autoren nicht nur, die eigene Arbeit gegenüber der Öffentlichkeit zu legitimieren und das eigene literaturwissenschaftliche Feld von anderen Teilfeldern abzugrenzen, sondern die Annahme einer normativen Entscheidbarkeit über die »Wahrheit« eines Werkes ist auch die Voraussetzung dafür, als bewusstseinsbildende Instanz aufzutreten. Auch kann allein so

---

320 D. Schlenstedt 1981, 9f.

321 Der gegenwärtige Stand der marxistisch-leninistischen Literaturtheorie mache die systematische Beschäftigung mit der literarischen Rezeption »notwendig und möglich«. »Notwendig deshalb, weil es noch immer eine Differenz zwischen dem Wert, den die Literaturtheorie der gesellschaftlichen Funktion der Literatur beimißt, und dem tatsächlichen Grad der Ausarbeitung des damit berührten Problemkreises gibt. Möglich deshalb, weil es eine genügend breite Basis gesicherter literaturtheoretischer und ästhetischer Erkenntnisse des Marxismus-Leninismus gibt, auf denen der Versuch, diesen Problemkreis systematischer abzugehen, aufbauen kann« (Naumann 1975a, 5).

322 Naumann u.a. 1970, 35.

eine Deutungshoheit gegenüber den »bürgerlichen« Literaturwissenschaftlern bewahrt werden. Beispielsweise könnte die Geschichte »bürgerlicher Verfälschungen« des »Erbes« und die Mär von der »Befreiung« seines »wahren Gehalts« im Sozialismus nicht mehr erzählt werden, wenn nicht wenigstens eine Art objektiver »Kerngehalt« des Werkes angenommen wird. Darüber hinaus bietet auch die Vorstellung von den literaturvermittelnden Instanzen als »Regulative« des Rezeptionsprozesses den Literaturwissenschaftlern die Möglichkeit, sich als unmittelbar praktisch wirkende marxistisch-leninistische Gesellschaftswissenschaftler zu präsentieren.

Zusammenfassend lässt sich konstatieren, dass sich der Erfolg der Rezeptionstheorie in der DDR damit aus mehreren, sich zum Teil gegenseitig ergänzenden bzw. steigernden und häufig lediglich analytisch zu trennenden Quellen speist:

a) aus der Fähigkeit der Akteure, bei der Ausarbeitung der rezeptionstheoretischen Konzeptionen die Wahrheit und Einheit des Paradigmas des Marxismus-Leninismus diskursiv zu bewahren und bei allen theoretischen Innovationen grundlegende denkstil- und weltanschauungsspezifische Prämissen der marxistisch-leninistischen Ästhetik nicht bzw. nicht offen in Frage zu stellen, so dass die wissenschaftlichen Neuansätze innerhalb und außerhalb des Faches anschlussfähig bleiben;
b) aus den Entwicklungen in der sozialistischen Gegenwartsliteratur, die eine Hinwendung zum Leser bzw. zur Funktion von Literatur in der sozialistischen »Literaturgesellschaft« notwendig machen;
c) aus der Resonanzkrise der Literaturwissenschaften, deren bisherige Fixierung auf abstrakte ästhetische Normen an den wirklichen Problemen der Autoren/der Literaturproduktion sowie der Leser/der Literaturrezeption vorbeigezielt und zu einer Entfremdung der Wissenschaftler von Autoren und kulturräsonierender Öffentlichkeit geführt hat;
d) aus den kulturpolitischen Verlautbarungen, die eine Hinwendung zu den Kommunikationsprozessen innerhalb der sozialistischen »Literaturgesellschaft« fordern und die Erfüllung umfangreicher Planungs- und Leitungsaufgaben anmahnen;
e) aus der Konkurrenzsituation gegenüber anderen Gesellschaftswissenschaften, die sich der Lesepraxis zuwenden und Leistungsversprechen an die kulturräsonierende Öffentlichkeit bzw. die kulturpolitische Administration adressieren, was einen Resonanz- und Ressourcenverlust der Literaturwissenschaften nach sich zu ziehen droht;
f) aus der Systemkonkurrenz gegenüber dem Westen, die eine Hinwendung zu rezeptionstheoretischen Fragestellungen zur Erfüllung der Aneignungs- und Deutungsfunktion des Faches resonanzträchtig erscheinen lässt;
g) aus der internationalen Wissenschaftsentwicklung, die einen Nachvollzug der theoretischen Innovationen fordert, um in der *scientific community* anschlussfähig zu bleiben und internationale Reputation zu erlangen;
h) und schließlich aus dem fach*internen* Bedürfnis, Verengungen und Widersprüche innerhalb der marxistisch-leninistischen Literaturtheorie aufzubrechen bzw. aufzulösen, den Gegenstandsbereich des Faches zu erweitern und theoretische und methodische Spielräume zu erhöhen, um den disziplinspezifischen Anforderungen an Literaturtheorie und Literaturgeschichtsschreibung gerecht zu werden.

Diesem Entdogmatisierungspotential soll im folgenden Kapitel nachgegangen werden.

11.6.5 *GLL* als Entdogmatisierungsschub für die Literaturwissenschaften

Trotz aller zu beobachtenden semantischen Kontinuitäten kann nicht übersehen werden, dass es sich bei *GLL* um ein enorm wirkmächtiges Entdogmatisierungsprogramm handelt, das einen in der DDR-Germanistik bisher unbekannten Innovationsschub sowie weitreichende innerdisziplinäre Ausdifferenzierungs- und Pluralisierungstendenzen auslöst. *GLL* wird zur meistzitierten literaturtheoretischen Schrift der DDR-Literaturwissenschaft[323] und kann mit Recht als »Cäsur in der Entwicklung unserer Literaturtheorie« bezeichnet werden.[324] Denn die sich durch *GLL* und vor allem durch die zahlreichen Anschlussarbeiten ergebenden Veränderungen im literaturtheoretischen Denken der 70er Jahre sind beträchtlich.[325] Indem man den Grad der »Wahrheit« eines Kunstwerkes nicht mehr an seiner größtmöglichen Wirklichkeitstreue misst und den Realitätsgehalt eines literarischen Werkes als komplexes Verhältnis verschiedener Relationen (Autor/Werk, Werk/Wirklichkeit, Werk/Leser) begreift, wird der Grundstein dafür gelegt, die traditionelle Widerspiegelungstheorie zu einer Kategorie umzubauen, in die die künstlerische Subjektivität, der subjektive Faktor im Aneignungsprozess sowie die vielschichtigen Beziehungen zwischen Werk und Wirklichkeit einbezogen werden können. Dies eröffnet Spielräume für ein differenzierteres Literaturverständnis und für eine Erweiterung des literarischen Kanons. Wenn »realistisch« nicht mehr als gnoseologisches Kriterium adäquater Widerspiegelung gefasst wird, sondern als realistisch das gilt, »was realistisch *wirkt*: eben das, was im Prozeß der Rezeption produktives Verhalten gegenüber der realen Welt auslöst«,[326] so kann keinerlei Form von Literatur per se ein Geltungsrecht abgesprochen werden. Die Frage nach einer dem Sozialismus »angemessenen« Schreibweise wird letztlich obsolet. Verengte poetologische oder stilistische Normen sowie eine schematische Gestaltung von Figuren und Handlungen lassen sich mit einem solchen Realismusbegriff nicht länger legitimieren, genauso wenig wie der restriktive Gebrauch Lukács'scher Kategorien wie »Totalität« oder »Typus«. Inhaltliche und formale Neuerungen oder gesellschaftskritische Elemente in der Literatur werden mit Blick auf die vor allem auf dem VIII. Parteitag hervorgehobene[327] »Bedürfnisbefriedigung« der Leser gleichsam zur Pflicht.[328]

Konsequent weitergedacht, verlieren die in *GLL* beschworenen literaturvermittelnden Instanzen in einem kommunikativ-funktional gedachten Literaturverständnis einen Großteil ihrer Planungs- und Leitungsfunktion: Wenn letztlich allein die kommunikative Praxis in der »Literaturgesellschaft« zeigen kann, ob sich eine literarische Konzeption bewährt und »produktiv« wirkt, so ist eine Literaturlenkung per Dekret, wie sie

323 Vgl. Rosenberg 2000b, 91.

324 Schober u.a. 1990, 1549. Zum diskursiven Erfolg des kommunikativen Literaturmodells auch in den »Provinzen« Ostdeutschlands siehe Böck 2003, 94.

325 Eine Bilanz über die Entwicklungen in den Literaturwissenschaften in den 70er Jahren ziehen aus DDR-Perspektive Thierse/Kliche 1985.

326 Weimann 1973, 6. Hervorhebung im Original.

327 Explizit koppelt man sich in *GLL* an den Bericht des ZK an den VIII. Parteitag an, der die Bedeutung des Lesens im Rahmen der ästhetischen Bedürfnisbefriedigung hervorhebt (vgl. Kliche 1975a, 277ff.).

328 Siehe etwa Hans Richter 1974, 502; D. Schlenstedt/Lenzer 1975, 442.

die SED praktiziert, theoretisch unhaltbar. Die rezeptionstheoretischen Arbeiten und das neue Paradigma erweisen sich »[f]ür den Gebrauch zur politischen Instrumentalisierung nach der Art der traditionellen Ästhetik [...] als weitgehend ungeeignet«.[329] Gewiss, die objektive Deutbarkeit von Literatur wird in *GLL* nicht prinzipiell in Frage gestellt. Dies würde einen massiven Kompetenzverlust der Literaturwissenschaften bedeuten. Allein in dem Augenblick, in dem man weiterhin von der »Aussage eines Werks«[330] sowie einer »bildenden Funktion« der Kunst spricht[331] und einer »subjektiven«, »willkürlichen« Aneignung durch den Leser eine Absage erteilt, kann man weiterhin für sich in Anspruch nehmen, dabei mitzuhelfen, die sozialistisch-realistische Kunst zu fördern oder zur sozialistischen Bewusstseinsbildung beizutragen.[332] Doch akzeptiert man die Prämisse, dass Kunstwerke erst im Rezeptionsprozess ihren »finishing stroke« erhalten, sind, »je nach der sich wandelnden gesellschaftlich-historischen Situation, verschiedene legitime Deutungen möglich [...], die nicht einfach als falsch oder richtig abzuurteilen sind«.[333] Zumindest die Bandbreite möglicher Lesarten wird erheblich erweitert, wenn die Relation von Werkstruktur und Gesellschaftsstruktur nicht mehr zum alleinigen Kriterium von Literaturbetrachtung wird. Insofern handelt es sich bei *GLL* zumindest der Tendenz nach tatsächlich um ein »Demokratisierungskonzept«,[334] selbst wenn den Lesern keine *unbegrenzten* Freiheiten zugestanden werden.

In den Literaturwissenschaften sind nach dem »Durchbruch«[335] durch *GLL* in den Folgejahren erhebliche Ausdifferenzierungsprozesse zu beobachten.[336] So führt beispielsweise die Frage, wie die Interpretation von Literatur betrieben werden kann, wenn der Produktivität und Subjektivität des Lesers Rechnung getragen, wenn das Werk von seinem referentiellen Bezug gelöst und wenn seine Objektivierbarkeit in Frage gestellt wird, zu einer Reihe von anspruchsvollen theoretischen und methodologischen Debatten, in denen allerdings nicht einmal mehr in grundlegenden Fragen Konsens erzielt werden kann.[337] Kunst- und Literaturwissenschaftler unterschiedlicher Disziplinen tragen den neuen literaturtheoretischen Erkenntnissen Rechnung und entwickeln verschiedene Ansätze, den Realismus- und Widerspiegelungsbegriff kommunikationsästhetisch umzubauen.[338] In ihrer Bilanz der Realismusdebatten seit Beginn der 70er Jahre

---

329 Rosenberg 1997, 214.

330 Pracht 1987, 554.

331 Realistische Kunst gebe »Wertorientierungen und damit Entscheidungshilfen für sozial wünschenswertes, richtiges Verhalten« (Pracht 1987, 555).

332 Ebd., 556.

333 Hohendahl 1976, 112.

334 K. Barck 2001, 191.

335 Schober 1986, 1606.

336 Dies ist kein Widerspruch zu den in der Fachgeschichtsschreibung beobachteten »Rephilologisierungs«- und Rückzugstendenzen in den Literaturwissenschaften nach der Biermann-Ausbürgerung und der damit verbundenen restriktiveren Kultur- und Öffentlichkeitspolitik (siehe dazu K. Barck 1993, 227f.; sowie Boden/Böck 2004a, 287). Denn zunächst »trug der mit dem inzwischen etablierten kommunikativ-funktionalen Literaturbegriff verbundene Innovationsschub noch eine ganze Weile, bis etwa Mitte der achtziger Jahre« (Boden/Böck 2004a, 287). Die neuen Erkenntnisse werden nun aufgearbeitet, systematisiert und auf Konsequenzen für die tradierten Denkmuster der marxistisch-leninistischen Literaturwissenschaft in der DDR hin befragt.

kann Rita Schober 1986 konstatieren: »Die einseitig produktions- und darstellungsästhetisch orientierte Sicht ist auch in der Realismustheorie weitgehend durch eine kommunikationstheoretische [...] abgelöst worden.«[339] »Herkömmliche«, primär produktionsästhetisch orientierte Auffassungen sehen sich nun der Kritik ausgesetzt.[340] Damit wird die gnoseologische Kunstauffassung nicht gänzlich verworfen, doch wird zunehmend der axiologische Aspekt von Literatur geltend gemacht und der Wertungscharakter der Literatur herausgearbeitet[341] (Schober spricht von einem »gnoseologisch-axiologischen Doppelcharakter des Wirklichkeitsverständnisses realistischer Werke«).[342] Die Schlagworte von Kunst als »Genuss« oder als »ästhetisches Bedürfnis« bestimmen verstärkt die Debatten.

> [I]n die gleiche Richtung zielen die Bemühungen, die Widerspiegelungstheorie in eine für Literatur/Kunst spezifische Fassung zu bringen;[343] dem Abbau gnoseologischer Vereinseitigungen dienen schließlich auch die Bemühungen um die Bestimmung der ästhetischen Eigenart der Literatur/Kunst, die ihren Fluchtpunkt in dem mit den Begriffen ›Sinnlichkeit‹, ›Unmittelbarkeit‹, ›Subjektivität‹, ›Subjektzentriertheit‹ umschriebenen komplexen Sachverhalt finden.[344]

Literatur wolle nicht über objektive Sachverhalte und Gesetzmäßigkeiten informieren, sondern »in der Art ihrer Darstellungen und in deren Sinngehalten ›widerspiegelt‹ sie

---

337 Dokumente dieser Debatte sind u.a.: Heukenkamp 1982; Heukenkamp 1985; »Literaturunterricht und Interpretation« (1981); Müske/Ritter 1989; Redaktionskollegium *Zeitschrift für Germanistik* 1982; Rundtischgespräch über Interpretationen zu Lessings »Emilia Galotti« (1984); Werner 1984; Werner 1980; Werner 1986; Werner/Lerchner 1975; Werner/Lerchner 1981; Diskussion: »Theorie und Methoden der Interpretation literarischer Werke« (1985); »Literaturwissenschaftlicher Werkbegriff und Interpretationspraxis« (1987); »Theorie und Methodologie der Interpretation literarischer Werke« (1987).

338 Vgl. z.B. Erpenbeck (Hg.) 1979; Franz 1979; Heise u.a. 1984; Hirdina 1984; N. Krenzlin 1978; Redeker 1978; Redeker 1979; D. Schlenstedt u.a. 1981; Schober 1982a. Eine Bilanz der Realismusdebatte bis Mitte der 80er Jahre zieht Schober 1986.

339 Schober 1986, 1606. Siehe auch D. Schlenstedt 1981a, 109: »In der marxistischen Kunst- und Literaturtheorie zeichnet sich seit etwa fünfzehn Jahren der Übergang zu einem Auffassungssystem ab, das - bei aller inneren Differenziertheit - das Interesse auf Funktions- und Wirkungszusammenhänge der künstlerischen Arbeit und auf deren gesellschaftlich-kommunikativen Charakter lenkt.« »Was heute fast schon zum Allgemeinverständnis von Literatur gehört, mußte als theoretisches Prinzip erst durchgesetzt werden: daß literarische Gegebenheiten nicht nur Resultate ihrer Bedingungen, Ergebnisse ihrer Produziertheit sind, daß sie in vielfältige kommunikative Beziehungen eintreten, angefangen von den unmittelbaren Aufnahmeakten über deren Funktionen unter bestimmten Distributions- und Rezeptionsbedingungen bis hin zu den Wirkungen, die sie im individuellen, kollektiven und gesellschaftlichen Leben erzielen -Vorgänge, in denen die Aktivität bei der Aufnahme literarischer Werke auf das Wissen, die Verhaltensweisen, Motive, Ideale der Aufnehmenden einwirkt und möglicherweise - im Sinne eines Spurenelements - das wirkliche Handeln beeinflußt« (ebd., 115).

340 Vgl. z.B. »Zu Problemen der Wertung in der Literaturgeschichtsschreibung« (1980), hier z.B. 93, 111f. oder 115f. Vgl. auch Ende/Funke 2000, 420, FN 61.

341 Vgl. z.B. Erpenbeck (Hg.) 1979; Schober 1982a.

342 Schober 1986, 1605.

343 Vgl. z.B. D. Schlenstedt u.a. 1981.

344 Thierse/Kliche 1985, 276.

das *Verhältnis des Menschen zur Welt unter dem Aspekt der Bedeutung dieses Verhältnisses für sein menschliches* Wesen«.[345] Die Frage der »Kunstwahrheit« stellt sich damit auf neue Weise. Nur »*im Ausnahmefall*«, so Claus Träger, weise poetische Literatur »eine *direkte Relation zur Wahrheit*« auf.[346] Im von Dieter Schlenstedt und anderen erarbeiteten Band *Literarische Widerspiegelung* kann die

> verbreitete Vorstellung [...], das marxistische Widerspiegelungstheorem besage, Kunst sei oder solle sein das Herstellen geschlossener Gebilde, die sich als positive Entsprechung zu vorhandener Ideologie bzw. zu den ihr zugrunde liegenden Verhältnissen und als sinnlich-anschauliche Reproduktion von objektiv Bestehendem zum Zwecke des Nachvollzugs darbieten,[347]

gar als »*Karikatur des Widerspiegelungsgedankens*« verworfen werden.[348] In sämtlichen Beiträgen des Widerspiegelungsbandes wird nun gegen die Verabsolutierung des gnoseologischen Charakters von Literatur polemisiert.[349]

Die traditionelle Produktionsgeschichte literarischer Werke wird jetzt durch eine Vielzahl unterschiedlicher rezeptions- und wirkungsgeschichtlicher, kommunikationstheoretischer sowie komparatistischer Untersuchungen, eine Rekonstruktion der historischen literarischen Kommunikationssituationen oder die Frage nach der ästhetischen Eigenart von Literatur und ihrer spezifischen Wirkungsmächtigkeit jenseits ihrer Erkenntnisfunktion ergänzt.[350] Trotz erkennbarer (je nach Band und Autoren unter-

---

345 D. Schlenstedt 1981, 16, Hervorhebungen im Original. Siehe auch D. Schlenstedt 1975a, 58: Zunehmend werde deutlicher, »daß Literatur sich nicht eigentlich in der Rolle des Lehrers, auch nicht des Agitators befindet, sondern in der Rolle des Vermittlers von Erfahrungen, des Partners in einer größeren Diskussion, in der seine Wahrnehmungsfähigkeit und seine Phantasie gebraucht werden. Denn Selbstverständigung - das ist nicht das Konstatieren von Einverständnis, sondern ein Prozeß der Erkenntnis. Er schließt das Aufbrechen des Selbstverständlichen, Distanzgewinn, Problematisierung des Vorhandenen, schärferes Empfinden des Ungelösten, den Ausweis von Möglichkeiten ein.«

346 Träger 1981b, 37. Hervorhebungen im Original.

347 D. Schlenstedt 1981a, 110.

348 Ebd., 110. Hervorhebungen im Original. In ihrer vermutlich vor dem Mauerfall entstandenen Bilanz der Realismusdebatten der letzten Jahre sprechen Wolfgang Klein und Petra Boden hinsichtlich der gnoseologischen Realismus- und Widerspiegelungstheorie der Nachkriegsjahre von einer »Erfahrung der Selbstverstümmelung«, in deren Folge »der darstellungsästhetische und der kunstgeschichtliche Aspekt deutlich zurücktraten und eine funktionale Fassung des Realismusbegriffs entwickelt wurde« (W. Klein/Boden 1990, 274).

349 Im Hinblick auf die Kategorie »Widerspiegelung« hält Schlenstedt drei allgemeinere Resultate der veränderten theoretischen Situation fest: a) »Erstens kann beobachtet werden, daß heute kaum mehr Definitionen gebraucht werden, die Kunst und Literatur *als* Widerspiegelung klassifizieren« (D. Schlenstedt 1981a, 118); b) »Ein zweites allgemeines Resultat der neuen theoretischen Ansätze sehen wir darin, daß die früheren Versuche verabschiedet werden, Kunst und Wissenschaft auf Grund der Besonderheiten entweder der Form oder des Gegenstandes zu unterscheiden« (ebd., 119); c) »Ein drittes allgemeines Resultat ist der grundsätzliche Wandel der Realismustheorie. Die Synthese realistischer Kunst wird nicht mehr im Typischen, sondern in der realistischen Funktion gesehen. Dabei wurde die Bindung von Realismus an stiltypologische, formästhetische Kriterien aufgegeben, beibehalten aber wurde der mit Realismus verknüpfte Wert einer Kunst, die Realität erkennbar macht und im Menschheitsprozeß produktive Wirkungen erlangen kann« (ebd., 119).

schiedlich starker) Bemühungen, die materiellen, organisatorischen und sozialen Bedingungen von literarischer Produktion und Rezeption (»Literaturverhältnisse«) mit einzubeziehen, die Werkproduktion in gesellschaftlichen und kommunikativen Zusammenhängen zu »verorten« (»Wirklichkeitsverhältnisse und literarische Gestaltung«) und auch dem einzelnen Kunstwerk angemessenen Raum zu geben, ist die große *Geschichte der deutschen Literatur* damit methodisch bereits bei ihrem Erscheinen veraltet, da die aus den 60er Jahren stammende Konzeption Literaturgeschichte letztlich doch als Produktionsgeschichte schreibt.[351] Die undifferenzierte, verengte, Realismus und Wirklichkeitstreue letztlich gleichsetzende Verwendung des Realismusbegriffes in literaturgeschichtlichen Darstellungen, in denen die überkommenen Deutungsmuster aufgrund ihrer Verknüpfung mit einem tradierten Literaturgeschichtsbild eine größere Beharrungsmacht aufzuweisen scheinen, wird nun als nicht mehr zeitgemäß kritisiert.[352]

---

350 Von den in diesem Kontext stehenden Monographien und Sammelbänden seien genannt: Auer 1977; Dahnke u.a. 1983; Dahnke/Leistner (Hg.) 1989; Klotz/Schröder/Weber 1977; N. Krenzlin 1979; Mühlberg u.a. 1983; Münz-Koenen u.a. 1980; Münz-Koenen (Hg.) 1987; Pracht u.a. 1987; Rosenberg 1975; D. Schlenstedt u.a. (Hg.) 1975; D. Schlenstedt 1979; Sommer u.a. 1978; Träger 1981; P. Weber u.a. 1982; Wegner (Hg.) 1987; Werner 1984a. Eine Bilanz dieser Entwicklungen aus der Perspektive der DDR-Literaturwissenschaft findet sich bei Thierse/Kliche 1985.

351 Siehe in diesem Zusammenhang auch Ingeborg Münz-Koenen in: »Zu Problemen der Wertung in der Literaturgeschichtsschreibung« (1980), 93: »Die Schwierigkeiten beim Herstellen der dickbändigen Gesamtdarstellungen ergeben sich meines Erachtens mit daraus, daß hier Dinge zusammengebracht werden, die kaum noch zusammenpassen. Worauf gründet sich denn der Eindruck, daß weniger eine Geschichte der Literatur als eine literarische Illustration von Geschichte dabei herauskommt? Was soll da nicht alles in einen Band hinein – das gesellschaftliche Umfeld der Literatur, Werkanalysen, Autorenbiographien, Gattungsentwicklungen, Rezeptionsweisen, kulturpolitische Daten usw. Alles das wird dann durch eine Methode miteinander verklammert, die die Eigenart der verschiedenen Zugangswege wieder aufhebt, indem sie sich als eine Geschichte der literarischen Produktion ausgibt. Fast zwangsläufig müssen dann die umfassenden Wirklichkeitsbezüge, über die Literatur in Produktion, Verbreitung und Rezeption verfügt, zu einer linearen Abhängigkeit ›der Literatur‹ von ›der Wirklichkeit‹ verkürzt und diese Abhängigkeit über einen abstrakt gefaßten Widerspiegelungsmechanismus bis ins einzelne Werk hinein verfolgt werden.«

352 Vgl. z.B. die kritischen Bemerkungen von Bernd Leistner zur Interpretation von Kleists *Zerbrochenem Krug* im 7. Band der *GdL*: »Fragen [...] wirft auch diese Interpretation auf. Dabei würde ich zunächst zu bedenken geben, ob in ihr nicht ein etwas zu eng gefaßter Realismus-Begriff benutzt wird – denn jedenfalls deuten die Formulierungen darauf hin, daß realistische Qualität ganz akzentuiert mit relativ unvermittelter Widerspiegelung gesellschaftlich-sozialer Erscheinungen in Verbindung gebracht wird. ›Wirklichkeitstreue, verknüpft mit der kritischen Darstellung von Justizverhältnissen in der spätfeudalen Gesellschaft‹ – ›ausgeprägt realistische Züge‹ – ›Meisterwerk‹ (*GdL*, Bd. 7, 540). Die Gefahr zeigt sich an, hier etwas allzu geradlinig (und ausschließlich) eine Beziehung herzustellen, die so kaum aufrechtzuerhalten ist und wohl auch dem Erkenntnisstand der neueren ästhetischen Theorie nicht ganz entspricht« (Leistner 1980, 158). Siehe auch P. Weber 1981, 161: Weber kritisiert das Festhalten am Maßstab des klassischen Realismus und den Versuch, die Dichtung Goethes und Schillers durchgängig auf einen rein gnoseologischen, speziell gesellschaftsanalytisch-geschichtsphilosophisch bestimmten Realismusbegriff bringen zu wollen.

Die These vom Text als Teil einer »literarischen Kommunikation«[353] bringt eine Reihe theoretischer Auseinandersetzungen mit dem tradierten, überhistorisch gültigen, an Vorstellungen von »Organizität«, »innerer Zweckmäßigkeit« oder »Geschlossenheit« geknüpften Werkbegriff hervor, der im Rahmen einer kommunikativ-funktionalen Literaturbetrachtung nicht mehr aufrecht erhalten werden kann.[354] Nicht zufällig entwickelt sich in den 80er Jahren eine rege Diskussion um die Frage der »Freiheit« des Rezipienten im Umgang mit dem Text oder um den Sinn-Begriff,[355] dem nun eine Schlüsselfunktion innerhalb des literaturwissenschaftlichen Diskurses zukommt.[356] Treffend fasst Rosenberg die »subversive Wirkung« der Rezeptionstheorie auf das literaturtheoretische Denken in der DDR zusammen:

> Mit ihrer Entsubstantialisierung des Werk-Begriffs, mit der Verwandlung wesentlicher, bislang quasi als Dingeigenschaften angenommener Werkkomponenten in Leser-Aktivitäten wurde die orthodoxe marxistisch-leninistische Tradition ästhetischer Urteilsbildung grundsätzlich in Frage gestellt und die Forschung faktisch auf die sachliche Analyse des gesellschaftlichen Umgangs mit Literatur orientiert. Den eingeübten Verfahren der Textinterpretation wie auch der herkömmlichen - auf der Textebene verbleibenden - Form der Literaturgeschichtsschreibung und damit der Wertbildungsarbeit, die von ihnen geleistet worden war und über die die politische Instrumentalisierung der Literaturwissenschaft in der DDR hauptsächlich verlief, wurde die wissenschaftliche Grundlage entzogen.
> Auf der Basis der Rezeptionsästhetik entstanden in der Folgezeit auch in der DDR Forschungskonzepte, die das Paradigma in eine empirisch-soziologische Wirkungsanalyse literarischer Texte überführten bzw. mit semiotischen, system- oder kommunikationstheoretischen Denkformen verbanden und dabei gleichfalls auf die modernen Massenmedien ausgriffen.[357]

11.7 Mehrstimmigkeit in den literaturtheoretischen Debatten der DDR-Germanistik

Betrachtet man die Realismus- und Widerspiegelungsdebatte in den letzten beiden Jahrzehnten der DDR, so ist festzustellen, dass eine Einheitlichkeit in der Realismus- und Widerspiegelungstheorie nach der »kopernikanischen Wende« zu Beginn der 70er Jahre nicht mehr festzustellen ist. Gewiss, ein allgemeinverbindlicher, theoretisch vali-

353 Mittenzwei 1970, 27.

354 Vgl. z.B. Thierse 1985; Thierse 1990. Zur Debatte über den Werkbegriff siehe vor allem Funke 2001.

355 Vgl. z.B. Franz 1983; Franz/Rößler 1989; N. Krenzlin 1989; Schober 1982a; Diskussion: »Theorie und Methoden der Interpretation literarischer Werke« (1985); »Literaturwissenschaftlicher Werkbegriff und Interpretationspraxis« (1987); »Theorie und Methodologie der Interpretation literarischer Werke« (1987). Zum Kühlungsborner Kolloquium siehe im Detail Ende/Funke 2000.

356 Vgl. Schandera 2001, 34.

357 Rosenberg 2000, 175.

der Realismus- und Widerspiegelungsbegriff hat in der Geschichte der DDR-Literaturwissenschaft nie existiert. Doch zumindest in grundlegenden Fragen (z. B. hinsichtlich des unmittelbaren Zusammenhangs von Widerspiegelung, Erkenntnis, objektiver Realität und Realismus) ließ sich tatsächlich oder zumindest scheinbar ein Konsens erzielen, der die Einheit der marxistisch-leninistischen Literaturwissenschaft herstellte. Diese reale oder scheinbare Einheit der Disziplin wird durch die oben angedeuteten Ausdifferenzierungsprozesse vehement in Frage gestellt. Zudem fällt auf, dass der Dissens zwischen den unterschiedlichen Positionen nun deutlich thematisiert wird, während die literaturwissenschaftlichen Debatten bis dahin vornehmlich durch einen »Zwang zum Konsens« geprägt waren.[358] Die von Hans-Georg Werner in der zweiten Hälfte der 80er Jahre mit Blick auf die Unterschiede in der Interpretations- und Werktheorie getroffene Feststellung: »Wir haben eine Reihe unterschiedlicher und – wie ich glaube – weiterführender Ansätze entwickelt, ohne daß es gelungen ist, sie wieder miteinander zu vereinen [...]«[359] kann daher gleichsam als generelle Bestandsaufnahme für die literaturwissenschaftliche Theoriediskussion in der DDR gelten.

So stellt beispielsweise Dieter Schlenstedt in seiner Einleitung zur Publikation *Literarische Widerspiegelung* fest: »Gegenwärtiges Nachdenken ist getragen von dem Bestreben, zu neuen Präzisierungen besonders unter funktionalen und kommunikativen Aspekten zu gelangen. Die Ergebnisse sind durchaus nicht einheitlich«.[360] Im Gegenteil konstatiert er sogar einen auffälligen Widerspruch »zwischen der Entschiedenheit, mit der im allgemeinen auf dem Widerspiegelungsgedanken bestanden wird, und der geringen Allgemeinverbindlichkeit seiner konkreten Interpretationen«.[361] Eine »endgültige Lösung« will jedoch auch er nicht mehr vorschlagen. Keineswegs sei es der Wunsch der Autoren gewesen, »den ›eigentlichen‹ Sinn von ›Widerspiegelung‹ zu entdecken«.[362] Die Widersprüche und Uneinheitlichkeiten in den einzelnen Beiträgen des Bandes sind nicht zu übersehen.[363] Den unterschiedlichen Bestimmungen von Widerspiegelung in der Geschichte der marxistischen Literaturtheorie wird ihre jeweilige Legitimität nicht abgesprochen, auch und gerade weil sich selbst bei den Klassikern des Marxismus-

---

358 Damit soll nicht behauptet werden, in den 80er Jahren habe es das Phänomen des »konsensuellen Bezuges« bzw. die Verschleierung des Dissenses überhaupt nicht mehr gegeben. Vgl. dazu Ende/Funke 2000.

359 Hans-Georg Werner in: »Literaturwissenschaftlicher Werkbegriff und Interpretationspraxis« (1987), 22.

360 D. Schlenstedt 1981, 6.

361 Ebd., 6.

362 Ebd., 7.

363 Auf diese Widersprüche angesprochen, erinnert sich Klaus Städtke: »Wir kamen aus unterschiedlichen Theorietraditionen: Dieter Schlenstedt beschäftigte sich vornehmlich mit der Literatur der DDR, ihren philosophischen und ästhetischen Grundlagen. Der Anspruch, zwischen Gesellschaft, Wissenschaft und Marxismus zu vermitteln, war bei ihm vielleicht am stärksten. Folgerichtig konnte, so vermute ich, ein weitgefasster Widerspiegelungsbegriff als Ausgangspunkt seiner Überlegungen dienen. Karlheinz Barck zeigte als Romanist eine ganz andere Orientierung, und meine Vorstellungen waren wiederum andere. Daraus konnte keine theoretisch begründete Gemeinsamkeit entstehen. [...] Natürlich haben wir darüber gesprochen. Aber wir haben uns schließlich auf dieses Buch geeinigt, wobei dann jeder seinen Beitrag nach eigenem Gusto verfasste und nur in bestimmten grundsätzlichen Fragen zurücksteckte. Wir haben die Konflikte nicht ausgetragen und das Buch gemeinsam verfasst« (Städtke 2004, 275).

Leninismus keine einheitliche Fundierung des Widerspiegelungsgedankens finden lasse. Indem diese selbst Gegenstand der Interpretation werden, büßen sie ihre Funktion als »Letztbegründungsinstanzen« ein. Ja, gerade die *Verabsolutierung* bestimmter Positionen wird nun als unvereinbar mit einem historisch-dialektischen Herangehen an die Widerspiegelungsproblematik angesehen. So erläutert Dieter Schlenstedt nach einem kurzen Überblick über unterschiedliche Widerspiegelungsbegriffe, der »die Komplexität und innere Widersprüchlichkeit des vor uns liegenden Problems« verdeutlichen soll,[364]

> daß sich alle genannten Ansichten auf die Klassiker des Marxismus berufen, deren komplexe dialektische Denkweise für jede Auslegung starke Argumente bereithält. Schon bei ihnen war der Widerspiegelungsgedanke in mehrere Zusammenhänge eingebaut, vor allem in die Basis-Überbau-Dialektik, die die ideelle Produktion als ideologische Ausdrucks- und Organisationsform der gesellschaftlichen Verhältnisse und der gesellschaftlichen Praxis auffaßt, sowie in die Entwürfe zu einer Dialektik der Erkenntnis als eines materialistisch zu erklärenden Prozesses ideeller Weltaneignung. Wir stimmen der vor einiger Zeit wieder von Rainer Rosenberg geäußerten Auffassung zu, daß die von solchen Zusammenhängen ausgehenden, Literatur dann jeweils verschieden beleuchtenden Hauptrichtungen unserer Kunst- und Literaturtheorie genuin marxistische Ansatzpunkte besitzen.[365] Ihre Wahrheiten konnten immer nur relative sein, doch wurden sie oft als absolute gesetzt. Das Verfehlen von Dialektik erzeugte eine Kritik, die sich darin gefallen konnte, der jeweils anderen Position mit mehr oder weniger Recht das Prädikat ›vulgär‹ anzuheften.[366]

Entsprechend kündigen die Autoren des Widerspiegelungsbandes an, mit einem Widerspiegelungsbegriff zu arbeiten, der »in sich widersprüchlich differenzierbar ist«[367] und der damit unterschiedliche Positionen integrieren kann. Keineswegs habe man ein »Lehrbuch« vorlegen wollen:[368] »Wir sind uns der Grenzen bewußt, die sich aus dem Stand der Forschung und unserer Erkenntnis der Probleme ergeben.«[369] Die vorgelegte Publikation versteht sich daher lediglich als »Baustein zu einer künftigen Theoriegeschichte«.[370] Als allgemeinverbindlicher Gattungsbegriff und Wesensbestimmung von Kunst, nach der Kunst als eine »Art und Weise der Widerspiegelung der Wirklichkeit«[371] zu begreifen ist, wird der Widerspiegelungsbegriff bereits in den 70er Jahren stillschweigend verabschiedet.[372]

Auch hinsichtlich des Realismusbegriffes lässt sich nach der Etablierung eines kommunikativ-funktionalen Literaturmodells, nach der Erweiterung des literarischen Kanons um Romantik, Moderne und Avantgarde[373] sowie nach der Einbeziehung mas-

---

364 D. Schlenstedt 1981a, 15f.
365 Rosenberg 1975a, 178ff.
366 D. Schlenstedt 1981a, 17.
367 D. Schlenstedt 1981, 7.
368 Ebd., 12.
369 Ebd., 13.
370 Ebd., 13.
371 Das von Dieter Schlenstedt in *Literarische Widerspiegelung* (D. Schlenstedt u.a. 1981, 5) verwandte Zitat (D. Schlenstedt u.a. 1981, 5) stammt aus dem von Harald Bühl u.a. herausgegebenen »Kulturpolitischen Wörterbuch« (Bühl u.a. [Hg.] 1970, 329).
372 So in der 2. Auflage des »Kulturpolitischen Wörterbuchs« von 1978 (Berger u.a. [Hg.] 1978), in der »Widerspiegelung« durch »Produktion« ersetzt wird. Siehe D. Schlenstedt u.a. 1981, 661, Anm. 1.

senmedialer Prozesse und populärer Künste keine Einheitlichkeit mehr herstellen. Konsens besteht lediglich in der Ablehnung der »Einseitigkeiten« einer darstellungs- und produktionsästhetischen Sichtweise. In ihren Bilanzen der Realismusdebatten der zurückliegenden Jahre demonstrieren Rita Schober,[374] Wolfgang Klein und Petra Boden,[375] Karin Hirdina, Erwin Pracht und Wolfgang Heise[376] oder Wolfgang Thierse und Dieter Kliche[377] die Vielfalt der unterschiedlichen Positionen, ohne dass konkrete Möglichkeiten zu einer Synthese aufgezeigt würden. Die von Literatur- und Kunstwissenschaftlern wie Rita Schober, Karin Hirdina oder Erwin Pracht in den 80er Jahren erhobenen Forderungen nach einer umfassenden kommunikationsästhetischen Neubegründung des Realismusbegriffes bzw. der Theorie des sozialistischen Realismus[378] werden nicht erfüllt. Die Vorstellung, »daß die auf der Darstellungsebene fraglich gewordene Verbindlichkeit nun auf der Rezeptionsebene durch eine ›realistische Lektüreweise‹ wiederzugewinnen sei«, erweisen sich augenscheinlich als wenig handhabbar.[379] Auch ist fraglich, welchen Wert ein Realismusbegriff noch haben kann, der als realistisch das qualifizieren will, was »realistisch *wirkt*«.[380] Als obere literaturwissenschaftliche Wertungskategorie eignet er sich nicht mehr. Nicht ohne Sorge betrachten Literaturwissenschaftler wie Gudrun Klatt oder Rita Schober die Tendenz, den Realismusbegriff so lange auszuweiten, bis er mit dem Begriff der Literatur zusammenfällt.[381] Klarheit schaffen die Versuche einer Neuinterpretation des Realismusbegriffes nicht. Geißlers 1984 getroffene Feststellung, »daß es noch nicht gelungen ist, zu einer neuen Bestimmung des Realismus zu kommen und schon gar nicht zu seiner notwendigen Praktikabilität«,[382] kann auch im letzten Jahr der DDR noch Gültigkeit beanspruchen. So erklären Petra Boden und Wolfgang Klein: »Die Vorstellung ist beklemmend geworden, daß versucht werden sollte, eine systematisch synthetisierende Realismusdefinition zu erarbeiten, die alle mit dem Terminus in Verbindung gebrachten wesentlichen Aspekte in einem Satz übersichtlich und strukturiert zusammenbringt.«[383]

Als literaturwissenschaftlicher Leitbegriff hat sich der Realismusbegriff damit in einer Vielzahl von Verwendungszusammenhängen, Differenzierungen und Deutungsmustern aufgelöst. Dies zeigt sich auch an der Tatsache, dass bislang als Gegenbegriffe zum Wert- und Identifikationsbegriff »Realismus« fungierende Stigmawörter wie »Formalismus« oder »Dekadenz« in den literaturwissenschaftlichen Diskursen in den Hintergrund rücken oder fortfallen.[384] Nicht zu Unrecht kommt gegen Ende der 80er Jahre

373 Siehe dazu Kapitel 13 und 14.
374 Schober 1986.
375 W. Klein/Boden 1990.
376 Hirdina/Pracht/Heise 1987.
377 Thierse/Kliche 1985.
378 Hirdina 1984; Schober 1982; Pracht 1987, 555.
379 O. Müller 2001, 119f.
380 Weimann 1973, 6. Hervorhebung im Original. Zum Realismus als »Beziehungsqualität im Hinblick auf die gesamte Funktionalität des Werkes gegenüber der Wirklichkeit« siehe Schober 1986, 1611.
381 So beispielsweise Klatt 1984, 15; sowie Schober 1986, 1612.
382 Geißler 1984, 144.
383 W. Klein/Boden 1990, 246.
384 Vgl. dazu Kapitel 14.

der Eindruck auf, es handele sich beim Realismusbegriff um einen »toten Hund«.[385] In den Debatten und Rundtischgesprächen der 1980er Jahre spielt er lediglich eine untergeordnete Rolle.[386] Vor allem die Theorie des sozialistischen Realismus ist in den literaturwissenschaftlichen Debatten kaum mehr präsent, ist ihre Geschichte doch

> von Dogmatismus und Personenkultur sowie der Verdrängung produktiver Gedanken in einem solchen Maße bestimmt, daß der Begriff heute nur noch in wenigen Ländern und Denksystemen positiv verwendet wird und selbst sehr differenzierte Versuche der Neubestimmung nur sehr begrenzte Wirkungen haben.[387]

Da eine kommunikationsästhetische Neubegründung der Theorie des sozialistischen Realismus bis zum Ende der 80er Jahre nicht mehr erfolgt, wird sie noch immer von der innerhalb des Faches mittlerweile als überholt geltenden gnoseologischen Gegenstandsbeziehung dominiert, so dass ihr selbst an prominenter Stelle, im *Wörterbuch der Literaturwissenschaft*, nur eingeschränkte Erklärungsmöglichkeiten zugestanden werden.[388]

11.8 Vom Umgang der Literaturwissenschaftler mit der fehlenden Einheitlichkeit in den Fachdebatten und der Erosion des tradierten Realismus- und Widerspiegelungsbegriffes

Bezeichnend ist, wie unterschiedlich einzelne Literaturwissenschaftler auf diese Ausdifferenzierungs- und Aufweichprozesse reagieren. Uneingeschränkt positiv werden diese beispielsweise von Norbert Krenzlin empfunden: »Weite und Vielfalt« seien »glücklicherweise« nicht nur charakteristisch für die realistische Kunst, sondern auch für die Debatten in der Ästhetik und Kunstwissenschaft.[389] Deutlich positioniert er sich in seinem Anfang 1989 gehaltenen Vortrag »Über Sinn und Unsinn der Sinnfrage« gegenüber der »Tyrannei des *einen* Rings«: »Wenn es stimmt, daß wir uns weltweit in einer Umbruchsituation befinden, voller Gefahren und bar sicherer Perspektiven, scheint mir die Anerkennung von Vielfalt eine angemessene Haltung zu sein«.[390] Ein deutliches Bekenntnis zur »Weite und Vielfalt« findet sich auch bei Hans-Georg Werner, der es mit Blick auf die unterschiedlichen Literatur- und Werkbegriffe bzw. Interpretations-

---

385 W. Klein/Boden 1990, 247.

386 Vgl. z.B. Autorenkonferenz 30 Jahre *Weimarer Beiträge*; Rundtischgespräch über Interpretationen zu Lessings »Emilia Galotti« (1984); Diskussion: »Theorie und Methoden der Interpretation literarischer Werke« (1985); »Literaturwissenschaftlicher Werkbegriff und Interpretationspraxis« (1987); »Theorie und Methodologie der Interpretation literarischer Werke« (1987); »Zu Problemen der Wertung in der Literaturgeschichtsschreibung« (1980).

387 W. Klein/Boden 1990, 269.

388 Vgl. Beitz 1986, 183.

389 Vgl. N. Krenzlin 1989, 2069.

390 Ebd., 2069. Hervorhebung im Original.

methoden weder für möglich noch für erwünscht hält, eine Antwort zu finden auf die Frage »Wer hat Recht?«[391]

Gleichzeitig wird das Nebeneinander von unterschiedlichen Positionen jedoch auch als Bedrohung empfunden. Immer wieder ist die Rede von einer anzustrebenden »allgemeinen Verbindlichkeit«,[392] von der Aufgabe der Literaturwissenschaften, die »Einheit des Gegenstandes herauszuarbeiten«,[393] vom Wunsch nach einer umfassenden Realismustheorie[394] oder von einer zu erzielenden Theorien- und Methodensynthese.[395] Ein Blick in den Anfang der 80er Jahre veröffentlichten Widerspiegelungsband verrät die Gründe für das Unbehagen, das viele Akteure ob der Vielstimmigkeit innerhalb ihres Faches befällt. So hält es Dieter Schlenstedt

> für eine der Veränderung bedürftige Situation, wenn über Grund-Sätze einer sich als Einheit verstehenden Theorie wenigstens zu bestimmter Zeit kein Einverständnis erzielt werden kann. Es ist dann nicht nur ihre Einheit, sondern ihre Wissenschaftlichkeit in Frage gestellt, ihr Vermögen etwa, dialektische Antinomien zu erkennen und aufzulösen. Gerade dies scheint heute im Zusammenhang mit dem Widerspiegelungsgedanken der Fall zu sein, da hinter den Gegensätzen der Prozeß fortschreitender Erkenntnis verschwindet und die Verschiedenheit den Grund nicht mehr erkennen lassen, der sie überhaupt erst ermöglicht.[396]

Diese Passage zeigt: Die stets postulierte Einheit der marxistisch-leninistischen Wissenschaft, die »Objektivität« und »Wahrheit« der auf ihrem Boden gewonnenen Erkenntnisse, der damit verbundene Überlegenheitsanspruch gegenüber den aufgrund ihres »falschen« Klassenstandpunktes zur Erkenntnis nicht oder nur begrenzt fähigen »bürgerlichen« Fachkollegen, das Postulat einer permanenten »Höherentwicklung« der marxistischen Literaturwissenschaft - all dies ist in Gefahr, wenn einem gleichsam haltlosen »Relativismus« oder »Subjektivismus« - bislang das vermeintliche Charakteristikum der »bürgerlichen« Wissenschaftslandschaft und niedergehender Epochen[397] - stattgegeben wird. Die Aufgabe des Anspruchs »objektiver Wahrheit« entspricht weder dem tradierten Handlungsbewusstsein bzw. der Selbstdarstellung der Fachvertreter,[398] noch lassen sich auf dieser Grundlage die herkömmlichen Leistungsangebote an die kulturräsonierende Öffentlichkeit bzw. die kulturpolitische Administration unterbreiten. Auf welcher Basis soll man etwa zur sozialistischen Bewusstseinsbildung beitragen, kultur- und literaturpolitische Prozesse oder die Literaturpraxis anleiten, sozialistische Lehrer und Kulturfunktionäre heranbilden oder »bürgerliche« Wissenschaftskonzeptionen überzeugend widerlegen, wenn ein »fester Standpunkt« der »Wissenschaft im Sozialismus«

391 Hans-Georg Werner in: Rundtischgespräch über Interpretationen zu Lessings »Emilia Galotti« (1984), 196.

392 Heukenkamp 1985, 418.

393 Redaktionskollegium *Zeitschrift für Germanistik* 1982, 172.

394 Hirdina 1984.

395 Thierse/Kliche 1985, 303.

396 D. Schlenstedt 1981, 7.

397 »Der [Relativismus] tritt in der Regel in Niedergangsepochen der gesellschaftlichen und wissenschaftlichen Entwicklung auf, er ist immer Bestandteil geschichtlich überlebter Ideologien« (Artikel »Relativismus« 1975).

398 Vgl. Kapitel 6 und 8.1.3.

nicht mehr gewährleistet ist? Wenn die Autoren des Widerspiegelungsbandes daher »einen Vorschlag zur Auflösung dieser problematischen Situation« zu unterbreiten versprechen,[399] so ist ihnen die fachinterne wie fachexterne Aufmerksamkeit sicher.

Zudem gilt, dass gerade die Realismus- und Widerspiegelungstheorie eine, wenn nicht *die* zentrale Rolle im Denken einer auf der Grundlage des dialektischen und historischen Materialismus operierenden marxistischen Literaturwissenschaft spielt. Dies betrifft nicht nur das tradierte Literaturgeschichtsbild, das Epochen, Autoren und Werke nach ihrer Wirklichkeitsbeziehung und ihrer Widerspiegelung »objektiver Gesetzmäßigkeiten« befragt und kategorisiert, sondern auch die Fundamente des gesamten Wissenschafts- und Ideologieverständnisses. Bezüglich des Widerspiegelungsgedankens erklärt beispielsweise Dieter Schlenstedt, dieser gehöre »wesentlich zur marxistischen Kunst- und Literaturtheorie«:

> Deren Vertreter können verschiedener Meinung sein über den Platz und die Art der Widerspiegelungsbeziehung zwischen Literatur und Wirklichkeit, sie können sie aber nicht in ihrer allgemeinen Form negieren, welche das Verhältnis der Bedingtheit und Bestimmtheit literarischer Gegebenheiten durch das wirkliche gesellschaftliche Leben umfaßt. Sätze, die mit der Existenz dieses Verhältnisses operieren, lassen sich bestreiten, der Streit läßt sich jedoch nicht weltanschaulich, geschichtstheoretisch und methodologisch neutralisieren: zu tief ist er mit der Frage nach Materialismus oder Idealismus in der Kunst- und Literaturtheorie verbunden.[400]

Auch vor diesem Hintergrund müssen viele Literaturwissenschaftler die Unschärfe des Widerspiegelungsgedankens bzw. seine zunehmende Auflösung als Bedrohung empfinden, zumal sich, so Schlenstedt, gerade an diesem zentralen Begriff die Kritik der Gegner einer marxistischen Literaturwissenschaft entzünde. Eine Auseinandersetzung mit den eigenen »Verengungen und Verkürzungen« und eine überzeugende Auseinandersetzung mit den kritischen Einwänden gegenüber dem Widerspiegelungsgedanken wird damit auch aus resonanzstrategischen Gründen im Rahmen der Systemkonkurrenz und der Aneignungs- und Deutungsfunktion der Literaturwissenschaften unerlässlich.[401]

Der Realismusbegriff wird ebenfalls noch in der zweiten Hälfte der 80er Jahre von Kunstwissenschaftlern zu einem unverzichtbaren Bestandteil der marxistischen Ästhetik erklärt: »Marxistische Kunstästhetik hat in der Theorie des Realismus und des sozialistischen Realismus ihr Zentrum.«[402] Legitimiert wird diese Bedeutung zum einen durch »das dringende theoretische und kunstpolitische Bedürfnis nach Bewertungsmaßstäben für Kunst in den Kämpfen unserer Zeit«.[403] Die »Herausforderungen der Epoche«, die Debatten um die Funktion der Kunst, die Internationalisierung der sozialen und politischen Auseinandersetzungen, die Einbeziehung rezeptionstheoretischer Aspekte oder die Beschäftigung mit weltliterarischen Prozessen hätten die Realismustheorie der DDR vor neue Herausforderungen gestellt, denen es zu begegnen gelte. Gerade die ideologische Auseinandersetzung mit den kunsttheoretischen Diskussionen

399 D. Schlenstedt 1981, 7.
400 Ebd., 10f.
401 Vgl. ebd., 11.
402 Hirdina/Pracht/Heise 1987, 391.
403 Ebd., 391.

und in der kunstpolitischen Szene in der »BRD« und in anderen westeuropäischen Ländern zwinge die Ästhetiker, die Theorie des Realismus weiterzuentwickeln und ihre Argumentation zu »schärfen«.[404] Denn im Westen lassen sich nach Ansicht der Autoren des Bandes *Ästhetik der Kunst* Versuche beobachten, den Realismus für sich zu »vereinnahmen«[405] - Tendenzen, denen man, so das Leistungsangebot, einen überzeugenden marxistischen Realismusbegriff entgegensetzen will.

Die Beharrungsmacht eines Verständnisses, das ideelle Prozesse letztlich materiell rückbindet und damit an einer Form des Realismus- und Widerspiegelungsgedankens festhält, zeigt sich bis zuletzt in den Debatten der Kunst- und Literaturwissenschaften. Im »Zentrum der Realismustheorie«, so heißt es noch 1987 bei den Kunstwissenschaftlern und Ästhetiktheoretikern Hirdina, Pracht und Heise, »steht nach wie vor das Problemfeld Widerspiegelung - Erkenntnis - Wahrheit«.[406] Der gnoseologische Charakter von Kunst, die Bedeutung ihres Abbild- und Wahrheitscharakters, wird weiterhin bejaht,[407] auch wenn zugestanden wird, dass die Funktion der Kunst nicht »in Erkenntnis aufgeht«.[408] Selbst wenn »Realismus« und »Widerspiegelung« also nicht mehr einfach mit »Erkenntnis« und »objektiver Realität« gleichgesetzt werden können, so bleibt die Abhängigkeit ideeller Prozesse von der geschichtlichen Wirklichkeit dem Denken vieler Literatur- und Kunstwissenschaftler gleichsam »eingeschrieben«, auch wenn die Vorstellung einer materiellen Bedingtheit von Produktions- und Rezeptionsprozessen im Feld der Kunst bezeichnenderweise bisweilen nur noch sehr zurückhaltend formuliert wird. So klingt beispielsweise John Erpenbeck alles andere als selbstgewiss, wenn er erklärt: »[A]ls Leute, die davon überzeugt sind, daß es objektive historische Gesetze gibt, müssen wir zumindest tendenziell annehmen, daß es auch objektive Gesetze der Literaturrezeption und der Literaturgeschichte gibt«.[409]

Nach wie vor groß sind die Ressentiments gegenüber einer »bürgerlichen« Literaturwissenschaft, die die Literatur gegenüber der Wirklichkeit verselbständige[410] oder sich vollkommen der »eigensinnigen Subjektivität des Lesers« verschreibe.[411] Während sich Phänomenologie und Rezeptionsforschung noch »materialistisch umformen« lassen, werden Poststrukturalismus, Postmoderne oder Dekonstruktion als die Grenzen angesehen, die ein marxistischer Literaturwissenschaftler nicht überschreiten kann, ohne seine weltanschaulichen Prämissen aufzugeben.[412]

404 Ebd., 401.
405 Ebd., 401.
406 Hirdina/Pracht/Heise 1987, 415.
407 Pracht u.a. 1987, 616.
408 Hirdina/Pracht/Heise 1987, 421.
409 John Erpenbeck in: »Zu Problemen der Wertung in der Literaturgeschichtsschreibung« (1980), 107.
410 Vgl. z.B. Hans-Günther Thalheim in: ebd., 99.
411 Vgl. Dieter Schlenstedt in: »Literaturwissenschaftlicher Werkbegriff und Interpretationspraxis« (1987), 34.
412 Vgl. ebd., 34. Siehe dazu auch Riese 1996, die »Wissenschaftliche Konzeption der Konferenz ›Epochenbewusstsein und Postmoderne. Diskurs und Geschichte in theoretischen und fiktiven Texten‹« vom 20.06.1987 (BBAW NSch A697, zit. nach Boden, o.J., Vortragsmanuskript) sowie den dazugehörigen Tagungsbericht von Utz Riese (in ebd.). Ich danke Petra Boden für die Überlassung ihres Skripts.

Das Bekenntnis zu einem Primat der Produktion[413] oder zur Bildungsfunktion der Kunst, die Rede vom »Eigensinn der Werke«[414] oder ihrer verbindlichen »Aussage«,[415] von »Rezeptionsvorgaben« (*GLL*), »Sinnpotentialen«[416] und ästhetischen »Normensystemen«,[417] die die Rezeption lenken, die Ablehnung einer unbegrenzten »Freiheit des Lesers«[418] - all dies verweist auf mentale Restbestände aus den Realismus- und Widerspiegelungsdebatten der zurückliegenden Jahrzehnte. Diese zeigen sich auch in der seit den 70er Jahren dominierenden Tendenz in den Literaturwissenschaften, die materiellen, organisatorischen oder sozialen Bedingungen von literarischer Produktion und Rezeption (die »Literaturverhältnisse«) zu analysieren und die Werkproduktion in gesellschaftliche, materiell-kommunikative Zusammenhänge einzuordnen (»Wirklichkeitsverhältnisse und literarische Gestaltung«).[419] Auch wenn es darum gehen mag, die überholten literaturgeschichtlichen Ansätze gnoseologischer Traditionalisten wie Hans-Günther Thalheim aufzubrechen, so wird die denkstilspezifische Frage nach der grundlegenden Abhängigkeit der literarischen Prozesse von gesellschaftlichen Bedingungszusammenhängen nicht aufgegeben - denn damit, hier scheint man sich mit Thalheim einig, »würde die materialistische Dialektik preisgegeben«.[420]

11.9 »Rückzugsgefechte«? - Die Konzentration auf das literarische Werk

Als Reaktion auf die mit der historisch-funktionalen Literaturbetrachtung verbundene Gefahr, »daß das literarische Werk in den ›Verhältnissen‹ und in Prozeßdarstellung aufgelöst, daß das Einzelwerk mehr oder weniger fest funktional in gesamtgesellschaftlichen, sozialökonomischen Prozessen ›verortet‹ wird«,[421] entwickeln vor allem die Hallenser Germanisten um Hans-Georg Werner das Modell einer textorientierten Wirkungsästhetik, die sich radikal von dem tradierten Widerspiegelungsgedanken lossagt,[422] die Erklärungsmacht des historischen Materialismus für die Literaturwissenschaften massiv eingrenzt und sich gegen Bestrebungen richtet, »dem dichterischen Werk aus ideologischer Perspektive allgemeingültige Wahrheiten zu unterstellen und damit den literaturgeschichtlichen Kanon in einer letztlich politisch gesteuerten Hierarchisierung festzuschreiben«.[423] Die materialistische Grundthese, nach der das Be-

---

413 H. Hartmann 1987, 27.

414 Dieter Schlenstedt in: »Literaturwissenschaftlicher Werkbegriff und Interpretationspraxis« (1987), 34.

415 Pracht 1987, 554.

416 Diskussion: »Theorie und Methoden der Interpretation literarischer Werke« (1985), 427.

417 Dieter Schlenstedt in: »Literaturwissenschaftlicher Werkbegriff und Interpretationspraxis« (1987), 24.

418 Vgl. ebd., 27; Pracht 1987, 554.

419 Vgl. z.B. Klotz/Schröder/Weber (Hg.) 1977; Rosenberg 1975; P. Weber u.a. 1982.

420 Hans-Günther Thalheim in: »Zu Problemen der Wertung in der Literaturgeschichtsschreibung« (1980), 99.

wusstsein durch das Sein bestimmt wird, verführe dazu, so Werner, Dichtung vorrangig als Produkt sozialer Umstände zu begreifen. Aus diesem Blickwinkel würde die spezifisch dichterische Wirklichkeitsmodellierung durch die »Gesetzmäßigkeiten« der sozialen Wirklichkeit »bis zur Unkenntlichkeit« überlagert: »Der materialistisch arbeitende Literaturwissenschaftler muß sich aber darüber im klaren sein, daß es prinzipiell unmöglich ist, aus fixierten historisch-sozialen Bedingungen die Genese einer einzelnen Dichtung bis zur Ausprägung ihrer künstlerischen Spezifik zu rekonstruieren.«[424] Die Marx'sche These, nach der der Materialismus nicht erst dann anfängt, »wenn man Ideologie sozusagen materialistisch erklärt, sondern wenn man von der Gesellschaftsanalyse her das ideologische Modell konstruieren kann«, gelte

> aus prinzipiellen Gründen für die einzelne Dichtung in ihrer speziellen Strukturiertheit nicht. Weil es hier ganz einfach keine direkten Determinationsverhältnisse gibt; das subjektive Element ist auf diese Weise nicht zu erfassen, in ihm liegt aber das Wesentliche der Organisation des Materials. Man muß also von der Dichtung ausgehen.[425]

---

421 Thierse/Kliche 1985, 288. Kritik an einer solchen Herangehensweise findet sich beispielsweise in den Rezensionen zum *Kunstperiode*-Band von Peter Weber u. a.: W. Albrecht 1983 und Beyer 1983. So erklärt Beyer: »Das Interesse der *Kunstperiode*-Autoren am gesellschaftlichen Kontext von Literatur lenkte den Blick vordringlich auf solche literarischen Produkte, die selbst bereits aus Reflexionen auf die soziale Vermittlung von Literatur hervorgegangen sind; und wenn die eigentlichen Kunstwerke betrachtet werden, so vorzüglich in Hinblick auf die inkarnierten Theoreme. Auch wurde der Versuchung zu mechanisch-deterministischer Ableitung künstlerischer Werkstrukturen nicht immer widerstanden. Im Extremfall erscheint das Werk primär als Reaktion auf literatursoziologische Verhältnisse« (ebd., 547). Vor allem der Beitrag von Dorothea Böck zu Jean Paul findet Beyers Missfallen: »Abgesehen vom Ausmaß dieses Programms befremdet die überakzentuierte Orientierung auf die gesellschaftlichen Verhältnisse, das kunstproduzierende Subjekt, seine soziale Herkunft und Stellung sowie seine diesbezüglichen Reaktionen, welcher die Autorin dann auch selbst gefolgt ist. Es ist implizit eine Aufforderung, das Kunstwerk als Explanandum ohne ›Rest‹ zu behandeln, die wenig Rücksicht auf dessen spezifische Fähigkeit nimmt, sich dem gesellschaftlichen Bedingungszusammenhang zu entziehen und über Absicht und Determination des Autors hinauszuwachsen« (ebd., 549). »Das Kunstwerk stellt sich dar als Produkt der Umstände, unter denen Jean Paul leben und arbeiten mußte. Die Dominanz der historischen Erklärungsweise verdrängt, was so nicht zu klären ist. [...] Diese Studie enthüllt wie keine andere des Bandes, daß die in ihm bevorzugte Methode durch eine *vom Kunstwerk ausgehende* Betrachtungsweise dialektisch ergänzt werden muß« (ebd., 550). Albrecht konstatiert: »Ausgehend von den ›Literaturverhältnissen‹ wird ein vom Anfangsstadium her generalisiertes Epochenverständnis gesetzt, das die Folie abgeben soll für Analysen entwicklungsprägender Autoren. Müßte nicht eher der umgekehrte Weg eingeschlagen werden, um ein gültiges Epochenbild zu gewinnen?« (W. Albrecht 1983, 2001). Gegenüber dieser »auf die Literaturverhältnisse fixierten Verfahrensweise« (ebd., 2001), dieser »nivellierenden Sicht auf die mannigfaltigen literarischen Erscheinungen« (ebd., 1999), wird die »detaillierte[ ]« (ebd., 2001) bzw. »subtile[ ]« Textanalyse (Beyer 1983, 547) von Werner und Lerchner ausgespielt.

422 Vgl. Werner 1984, 5.

423 Boden 1993, 203.

424 Werner 1984, 22.

425 Hans-Georg Werner in: Rundtischgespräch über Interpretationen zu Lessings »Emilia Galotti« (1984), 206.

Die Ablehnung der tradierten Literaturgeschichtsschreibung im Namen einer »Dichtungsgeschichte«, die Leugnung eines »objektiven Sinns« von literarischen Werken,[426] das Eingeständnis der Subjektivität des Literaturwissenschaftlers,[427] die Absage an den Primat von Produktion zugunsten einer weiteren Aufwertung des Rezeptionsaktes,[428] die Einschränkung der »Zuständigkeit« des historischen Materialismus für die literaturwissenschaftliche Arbeit - die Brisanz dieses Programms von Werner liegt auf der Hand. Nicht nur werden, wie Dagmar Ende und Mandy Funke zu Recht feststellen, fachliche Traditionen in Frage gestellt, »sondern auch Axiome des politisch-ideologischen Leitdiskurses beziehungsweise Rahmens«.[429] Nicht ohne Grund versucht Werner daher durch die Verwendung von fachintern- bzw. fachextern resonanzträchtigen Scharnier- und Hochwertbegriffen dem Eindruck entgegenzuwirken, sich bei seiner Arbeit des »Relativismus« schuldig zu machen,[430] einen weltanschaulich und historisch-politisch haltlosen »Formalismus« zu betreiben,[431] einer Enthistorisierung der Interpretation und Wertung entgegenzuarbeiten[432] oder »Grundsätze« aufzugeben.[433] So stellt er beispielsweise heraus, dass gerade seine »Dichtungsgeschichte« eine »*materialistische* Erklärung spezifischer Veränderungen, von denen die Wirkung einer Dichtung auf die Dauer in erster Linie abhängen«, leisten könne, und er verspricht: »Im Ergebnis dessen würde sich auch der Gewinn an *Realismus*, also der Zusammenhang zwischen dichterischer Innovation, neuer Wirklichkeitserfahrung und geschichtlichen Veränderungen, schärfer abzeichnen«.[434] Gerade indem er den genuin *historischen* Charakter von Kunstprodukten und Kunstverständnis betone, bestehe er »auf marxistischen Prinzipien«.[435] Auch Werner spricht wie seine Akademiekollegen von dem literarischen Werk als einer »Rezeptionsvorgabe«[436] und wehrt sich gegen eine »restlose Offenheit« im Umgang mit Literatur,[437] was allerdings bei Werner nicht mehr heißt, als dass eine literaturwissenschaftliche Interpretation rationaler Kontrolle standhalten und »textangemessen« sein muss,[438] nicht jedoch, dass ein Werk eine »geheimnisvolle Sinnentelechie« oder ein ursprüngliches »Sinnpotential« besitzt.[439] »Objektivierbar« in der Relation Text/Leser ist für Werner allein die formale Struktur eines Werkes.[440]

---

426 Werner 1984, 19.

427 Ebd., 20.

428 Siehe »Literaturwissenschaftlicher Werkbegriff und Interpretationspraxis« (1987), 23: »Am Ende gehe ich wohl wesentlich weiter als Schlenstedt, nämlich indem ich meine, daß die Aneignung eines Textes nun zwar nicht ein Produktionsakt, aber ein *Reproduktionsakt* ist. Texte müssen im Verlauf ihrer historischen Existenz immer wieder neu zum Leben erweckt werden - und das, was dabei herauskommt, ist verschiedenartiger als wir Literaturwissenschaftler bisher wahrhaben wollen.«

429 Ende/Funke 2000, 423.

430 Werner 1984, 21.

431 Ebd., 24.

432 Werner 1980, 59.

433 »Literaturwissenschaftlicher Werkbegriff und Interpretationspraxis« (1987), 28.

434 Werner 1984, 24. Hervorhebung J.S.

435 »Literaturwissenschaftlicher Werkbegriff und Interpretationspraxis« (1987), 28.

436 Werner 1984, 21.

437 »Theorie und Methodologie der Interpretation literarischer Werke« (1987), 26.

438 Werner 1984, 21f.

Der Hallenser Ansatz einer differenzierten ästhetischen Beurteilung und Interpretation literarischer Werke kann sich bis Mitte der 80er als eine zentrale Strömung innerhalb des Faches verfestigen und profilieren.[441] Die Resonanz dieses Programms, das Dichtungs- und Sozialgeschichte trennt, außertextliche, außerwerkliche Wirkungsfaktoren mehr oder weniger ausblendet und den Anspruch erhebt, den spezifischen Strukturen eines literarischen Werkes durch eine minutiöse, ästhetisch inspirierte linguistisch-semiotische Analyse auf den Grund zu gehen, speist sich dabei aus unterschiedlichen Quellen. Zunächst einmal gibt es innerfachliche Gründe, verweist das Werner'sche Programm mit seiner Fokussierung auf das einzelne Werk doch auf einen bislang innerhalb des Faches vernachlässigten Fragenkomplex, auf eine Leerstelle in der literaturwissenschaftlichen Forschung der DDR, die es zu füllen gilt.[442] Zudem ermöglicht

439 »Theorie und Methodologie der Interpretation literarischer Werke« (1987), 25. Auffällig ist, dass Werner in der öffentlichkeitswirksamen, als Scharnier zur fachexternen Öffentlichkeit dienenden »Materialien«-Reihe der *Zeitschrift für Germanistik* die auf dem Kühlungsborner Kolloquium deutlich sichtbaren fachinternen Konflikte einmal mehr durch konsensuellen Bezug zu verdecken und eine durch die marxistische Weltanschauung bedingte Einheit des Faches rhetorisch herauszustellen versucht: »Ich habe z.B. den Eindruck, daß sich unterschiedliche Wissenschaftsrichtungen, die wir in der Literaturwissenschaft der DDR beobachten können, selbst in Gegensatz zueinander bringen, ohne daß es sachlich gerechtfertigt ist. Die vielschichtigen und vielseitigen Beziehungen, innerhalb derer ein literarisches Produkt existiert, bedingen auch unterschiedliche Untersuchungsrichtungen, die auf jeweils spezielle Aspekte des Gegenstands gerichtet sind. Zum Beispiel verträgt sich ein literaturwissenschaftliches Konzept, das von einem weiten Literaturbegriff ausgeht und die Gesamtheit der literarischen Verflechtungen eines einzelnen Werkes zum Gegenstand der Untersuchungen macht, wissenschaftstheoretisch durchaus mit einer Auffassung, die einzelne herausragende, besonders wirkende Exemplare einer literarischen Gattung zum Gegenstand der Analyse macht. Ebenso steht eine strukturelle Text-Untersuchung nicht notwendigerweise im Gegensatz zu einer Darstellung der sozialen Verflechtungen eines Textes. Nach meiner Auffassung bedingen sie einander geradezu. Wir müssen uns allerdings die in der Sache selbst liegenden Zusammenhänge bewußtmachen, dementsprechend die eigenen Arbeiten als Teilstücke eines Gesamtwerkes begreifen und zur Kooperation mit anderen Wissenschaftsrichtungen bereit sein. Hier liegt eine der großen Möglichkeiten, die die marxistische Theorie für die Entwicklung der Literaturwissenschaft gibt. Um nicht mißverstanden zu werden, ich rede nicht Versuchen zu einer äußerlichen Vereinheitlichung und faulen Kompromissen das Wort, sondern mir geht es darum, daß man auf Grund der objektiven Verhältnisse, in denen die verschiedenen Seiten des Gegenstands Literatur zueinander stehen, auch die entsprechenden wissenschaftlichen Konzeptionen produktiv zueinander ordnet, was schließlich zu einer positiven Widerlegung aller Pluralismuskonzepte führen würde« (Materialien, Werner, 280f.).

440 Vgl. Werner/Lerchner 1981, 335.

441 Vgl. Thierse/Kliche 1985, 288. Ein Beleg für die anhaltende Resonanz dieses Ansatzes auch Ende der 80er Jahre ist das interdisziplinäre Kolloquium »Strukturuntersuchung und Interpretation künstlerischer Texte« an der Sektion Germanistik und Kunstwissenschaften der Martin-Luther-Universität Halle-Wittenberg. Siehe dazu den Bericht von Müske/Ritter 1989. Frühere normative Wert- und Identifikationsbegriffe wie »geschichtliche Rahmenbedingungen«, »Realismus« oder »Widerspiegelung« finden sich im Tagungsbericht nicht mehr; vielmehr geht es um die Texte und ihre Strukturen oder um wirkungsästhetische und linguistische Fragestellungen. Die weitgehende Akzeptanz der werkorientierten Forschung zeigt sich auch bei Peters 1986, 139.

442 Vgl. Thierse/Kliche 1985, 293f.

die Konzentration auf die Eigenheiten und Strukturen literarischer Texte Distinktionen im literaturwissenschaftlichen Feld. Mit dem Programm einer textorientierten Wirkungsästhetik kann man sich innerhalb des Faches abgrenzen von den Forschungsarbeiten an der Akademie der Wissenschaften oder den Arbeiten der »Krauss-Schule«. Dazu passt es, dass sich Werner als ein Wissenschaftler inszeniert, der sich auf den »Kern« dessen konzentriert, was den Gegenstand der Literaturwissenschaft ausmacht, »nämlich auf die literarischen Texte als Grundlage für dichterische Werke«.[443]

Doch auch mit Blick auf die Positionierung der Literaturwissenschaften im wissenschaftlichen Feld erscheint der Blick auf die spezifisch ästhetische Qualität von Literatur angebracht:

> Das gesellschaftliche Interesse, das die Literaturwissenschaft als eigene Disziplin letztlich rechtfertigt, gilt den Dichtungen nicht primär wegen ihrer Beziehungen zu anderen kulturellen Phänomenen oder wegen der Psychologie ihrer Produzenten [...], sondern wegen ihrer jeweils besonderen Wirkungsmöglichkeiten sowie deren Voraussetzungen: textinternen und textexternen. Das stellt nicht den Nutzen einer Literaturwissenschaft in Frage, die sich auf die Erforschung der generellen Mechanismen von Literaturproduktion, -distribution und -rezeption orientiert; diese bilden einen legitimen Gegenstand der im marxistischen Sinne als Gesellschaftswissenschaft verstandenen Literaturhistoriographie. Aber das gesellschaftliche Interesse an ihnen ließe sich durch Kulturgeschichte, Ideologiegeschichte, Kommunikationstheorie, Semiotik, Sprachgeschichte, historische Sozialpsychologie befriedigen, wenn es nicht die einzelnen dichterischen Werke gäbe, die besondere Wirkungen haben; sei es, daß sie die Interessen eines Publikums in ansonsten kaum vorstellbare Bewegung bringen; sei es, daß sie über Zeit- und Kulturgrenzen hinweg Menschen einer anderen geistigen Welt anrühren können.[444]

Während die traditionelle Literaturgeschichtsschreibung also Werners Ansicht nach letztlich in einer Kulturgeschichte aufgelöst werden kann, formuliert er spezifisch *literaturwissenschaftliche* Leistungsangebote, um den Ansprüchen einer sozialistischen Öffentlichkeit gerecht zu werden:

> Denn was muß das Publikum der sozialistischen Gesellschaft von der Literaturwissenschaft erwarten? Sie sollte die Entwicklung seiner Literatur fördern, indem sie zu einer sozialistischen Kommunikation über Literatur beiträgt; sie sollte ihm ein Maximum an Kulturwerten der Literaturen aller Zeiten und Länder näherbringen; sie sollte helfen, daß möglichst viele Menschen diese Werte nach ihren Bedürfnissen produktiv machen. Es geht also letztlich immer um einen komplexen schöpferischen Akt der Vermittlung zwischen historischen Subjekten und Kunstwerken, der vom Subjekt Identifizierung und Distanzierung, Zustimmung und Ablehnung verlangt. Es geht also um kritische Aneignung. Sie vorzuführen und anzuregen, das ist wohl der wichtigste Beitrag, den der Literaturwissenschaftler und -kritiker zur kulturellen Entwicklung der sozialistischen Gesellschaft leisten kann. Dazu bedarf es seines Hervortretens als Subjekt, das sich der Verantwortung gegenüber der Gesellschaft wie gegenüber den Gegenständen seiner Untersuchungen bewußt ist; dazu muß er die Erfahrungen und Erkenntnisse in die literarische Kommunikation einbringen, von denen sein eigenes Leben bestimmt ist; dazu bedarf es einer Wertung, die sich in der kritischen Aneignung selbst herausbildet und legitimiert.[445]

---

443 Materialien, Werner, 284.
444 Werner 1984, 9.

Werner verweist zudem auf die produktiven Auswirkungen, die die Analyse der Sprachform eines literarischen Werkes für den Austausch zwischen Wissenschaftlern und Künstlern bedeute: »Nur auf Grund textanalytischer Untersuchungen lassen sich wirkungsästhetische Fragen in Fragen der literarischen Ästhetik umwandeln, so daß die Literaturwissenschaft auch in stärkerem Maße die produktionsästhetischen Interessen der Autoren bedienen kann«.[446] Mit einer Hinwendung zum Werk lässt sich zudem dem Vorwurf der Schriftsteller begegnen, man habe »zu wenig Sinn für den spezifischen Rang der einzelnen Dichtung«, würde das Wesentliche der Dichtung nur ungenügend erfassen und vermitteln und allein »nach abstrakten Maßstäben« operieren.[447] Auch entspricht Werners Programm den Bedürfnissen der Deutschlehrer, die durch ihre Arbeit mit kritischen Schülern einen Bedarf an ergebnisoffenen Interpretationen verspüren. Für die Literaturwissenschaftler gehe es darum, Unterrichtshilfen zu erstellen, »die dem Lehrer nicht eine Interpretation verbindlich vorschreiben, sondern ihm Raum gewähren für individuelle Lesarten und für das Wecken jener Lernbereitschaft, die sich in allen Bereichen unserer Gesellschaft als erforderlich erweist«.[448]

Und schließlich ermöglicht gerade die Besinnung auf das literarische Werk einen Rückzug aus einer weltanschaulich geprägten Literaturwissenschaftspraxis. Dass dieses Programm gerade ab den späten 70er Jahren innerfachliche Resonanz erfährt, ist auch durch den kulturpolitischen Klimawandel nach der Biermann-Ausbürgerung bedingt. Die Zeit der »fröhlichen marxistischen Wissenschaft« ist nun vorbei:

> Die Stagnation in den gesellschaftlichen Systemen der sozialistischen Länder, die Niederlagen und der Zusammenbruch der westlichen Reformbewegungen in den verschiedenen Bereichen, die Verschärfung des Ost-West-Konflikts bis zum Beginn der sowjetischen Perestroika, erzeugten jene Bunkermentalität permanenter Bedrohung in den Herrschaftsapparaten der DDR, die man wie immer in vergleichbaren Situationen durch eine kulturpolitische Hysterie zu kompensieren suchte.[449]

Am ZIL reagiert man auf die Versuche, die literaturwissenschaftliche Forschung verstärkt kulturpolitisch zu instrumentalisieren, beispielsweise mit einer »Rephilologisierung«, in deren Rahmen es auch zu einer neuerlichen Aufwertung der scheinbar apolitischen Editionsarbeit kommt.[450] Die Konzentration auf den einzelnen Text kommt

445 Ebd., 37f.

446 Materialien, Werner, 285.

447 Werner 1980, 56.

448 Golz 1982, 173. Vgl. auch Boden 1993, 203.

449 K. Barck 1993, 227. Siehe auch Münz-Koenen 1991, 44f.: »Unterm Strich läßt sich sagen, daß die Tendenzen der Entdifferenzierung, der Homogenisierung, wie sie für die Unterstellung aller Systeme unter das politische kennzeichnend sind, in den achtziger Jahren wieder beherrschend wurden - allerdings in anderer Gestalt als in den fünfziger Jahren. Waren damals die totalisierenden Tendenzen in den Grundlagen der Wissenschaft selbst verankert und wurden sie auch von Wissenschaftlern öffentlich vertreten, so war jetzt der in den siebziger Jahren erreichte Differenzierungsgrad nicht mehr auf ein solches Niveau zurückzuschrauben. Die politischen Einflußmöglichkeiten mußten so in Form ordnungspolitischer Maßnahmen durchgesetzt werden, sie mußten unter den geschilderten Umständen offen disziplinierende bis repressive Züge annehmen.«

450 Vgl. Naumann 2004, 90.

diesen Tendenzen der »Einzelbauernwirtschaft« (Naumann) und des Suchens nach »Nischen«[451] entgegen. Zudem erlischt aufgrund der zunehmenden politischen Stagnation und der damit einhergehenden Resignation der sozialistisch denkenden Literaturwissenschaftler die Lust, sich an den bestehenden Dogmen, Einseitigkeiten und Verengungen zu reiben, Spielräume zu erweitern und den literaturtheoretischen Debatten neues Leben einzuhauchen.[452] Auch wenn dem Werner'schen Konzept »eine Auffassung von der kulturellen Funktion der Literaturwissenschaft zugrunde[liegt], die diese in den Dienst stellt an der Entwicklung des sozialistischen Lesers zur Mündigkeit und ihm Literaturgeschichte als ästhetisches Erbe verfügbar machen will«,[453] so lässt es sich doch eher einordnen in jene von Thierse und Kliche beschriebenen Strömungen innerhalb des Fachdiskurses, die sich verstärkt auf innerfachliche Fragestellungen orientieren und nicht so sehr auf die kulturelle, pädagogische und weltanschauliche Funktion des Faches.[454] Jene »staatsoffiziellen« literaturwissenschaftlichen Ansätze, die vor allem die aktuelle Politik bedienen und nach der »Rolle der Literatur bei ...« oder dem »Beitrag der Literatur zu ...« fragen, werden nun vornehmlich an den Parteiinstituten weiterbetrieben.[455]

11.10 Der literaturwissenschaftliche Realismus- und Widerspiegelungsdiskurs im Kontext der Kulturpolitik der 80er Jahre

Der literaturtheoretische Diskurs ist in den späten 70er und in den 80er Jahren damit von einem widersprüchlichen Nebeneinander heterogener Strömungen geprägt. Während »Realismus« und »Widerspiegelung« einerseits in den literaturwissenschaftlichen Debatten als Leitbegriffe zurückgedrängt oder aufgelöst werden und praktisch immer weniger Bedeutung beanspruchen können, werden sie andererseits theoretisch keineswegs »verabschiedet«. Reformsozialisten träumen von einer marxistisch fundierten, undogmatischen, theoretisch anspruchsvollen und überzeugenden Literaturwissenschaft, in der grundlegende Fachtraditionen durch produktive Umbauten aufgehoben werden können. Literaturwissenschaftliches Arbeiten ist damit nicht selten eine Suche nach

451 D. Schlenstedt/S. Schlenstedt 2004, 213.

452 Die theoretische Stagnation am ZIL mag übrigens nicht nur etwas mit dem politischen Stillstand und den drohenden ordnungspolitischen Maßnahmen zu tun haben, sondern auch mit dem »Oasencharakter« des Instituts, in dem es seit 1969 keine wesentlichen personellen Veränderungen gegeben hatte, in dem sich kaum noch Streit entzündete und in dem sich die Protagonisten mit den Jahren recht gut eingerichtet hatten.

453 Thierse/Kliche 1985, 294.

454 Ebd., 298f.

455 Vgl. Münz-Koenen 1991, 44. Bezeichnend ist in diesem Zusammenhang auch, dass etwa ein Werk wie Christa Wolfs *Kassandra* nicht mehr unter dem dogmatischen Gesichtspunkt gelesen wird, »ob hier nun Geschichtspessimismus vorliegt oder nicht« (Heukenkamp 1990, 12).

Kompromissen mit einer politischen Führung, die nach wie vor an tradierten Losungen festhält (s.u.); mithin der Versuch, eine »größtmögliche Entfaltung von Methoden, Theorieansätzen, Modellen und Begriffssystemen zu erreichen und überflüssigen ideologischen Ballast abzuwerfen«,[456] ohne dabei jedoch den kulturpolitischen Rahmendiskurs zu sprengen. Nach wie vor haben der politische und der wissenschaftliche Diskurs im Realismusbegriff ihren zentralen Schnittpunkt.[457] Der Eklat um Dieter Schlenstedts Vorschlag, vom »sozialistischen kritischen Realismus« zu sprechen, um einige Tendenzen in der Gegenwartsliteratur zu beschreiben[458] – Schlenstedt muss sich persönlich vor dem SED-Chefideologen Kurt Hager verantworten[459] – ist nur eines von vielen Beispielen,[460] das zeigt, dass die Machtverhältnisse zwischen politischer Führung und Literaturwissenschaft auch in den 80er Jahren nach wie vor eindeutig sind.

Die Heterogenität der Fachdebatten, das ambivalente Nebeneinander von theoretischer Öffnung, Entdogmatisierung, Aufweichungs- und Auflösungsprozessen und vorsichtiger Zurückhaltung bei der Formulierung programmatischer Leitsätze bei gleichzeitigem Festhalten an tradierten weltanschaulichen und/oder fachlichen Deutungsmustern, sind charakteristisch für das widersprüchliche kulturpolitische Klima des letzten Jahrzehnts der DDR. Die nach dem VIII. Parteitag formulierten Parolen der Öffnung werden zu keiner Zeit offiziell widerrufen. Die differenziertere Auseinandersetzung mit der literarischen Moderne und des Avantgardismus,[461] die Zurückhaltung bei der Politisierung und Reglementierung von Kunst,[462] die Bekenntnisse zu »Weite und Vielfalt« in den »Handschriften« sozialistisch-realistischer Künstler, die Absage an einen formalästhetischen Realismusbegriff sowie an die »sektiererische« Verengung auf eine kämpferische Thematik, die (allerdings sehr eingeschränkten) Zugeständnisse an eine kritische und konfliktreiche Gegenwartsliteratur,[463] die Anerkennung des ästhetischen Eigenwertes von Literatur sowie ihrer Unterhaltungsfunktion jenseits von Erkenntnisfunktion und Erziehungsaufgaben[464] – all diese Zugeständnisse lassen sich ohne massive Glaubwürdigkeitsverluste nicht mehr zurücknehmen, auch und gerade weil Literaturpraxis und Literaturwissenschaft sich von den überholten Dogmen der Ära Ulbricht längst emanzipiert haben. Das schließt Zick-Zack-Kurse, Inkonsequenzen, Gängelungen und Restriktionen nicht aus; letztere sind jedoch eher das Resultat von Einzelaktionen denn Ausweis einer kohärenten kulturpolitischen Strategie. Interne Machtkämpfe verschärfen den widersprüchlichen Eindruck in der Kulturpolitik der 80er Jahre.[465] Vor programmatischen Grundsatzreferaten schreckt man zunehmend zurück; Festlegungen scheint man vermeiden zu wollen.[466] Was im Rückblick als »Liberalisierung« erschei-

---

456 Weisbrod 1980, 204.
457 Vgl. Boden 1993, 201.
458 Haase u.a. 1984, 1605.
459 Vgl. D. Schlenstedt/S. Schlenstedt 2004, 222. Siehe auch die öffentliche Kritik Kurt Hagers im Vorstand des Schriftstellerverbandes der DDR im September 1985: Hager 1986, 22.
460 Vgl. dazu auch D. Schlenstedt/S. Schlenstedt 2004; sowie Münz-Koenen 1991, 47.
461 Vgl. z.B. Hager 1985, 449.
462 Vgl. Jäger 1994, 199; sowie Erbe 1993, 28f.
463 Vgl. Hager 1986, 22.
464 Vgl. ebd., 17 und 20.
465 Vgl. Jäger 1994, 192; Ehrlich/Mai/Cleve 2001, 11.
466 Vgl. Jäger 1994, 206 und 236.

nen mag, ist auch oder vor allem der Inhaltslosigkeit der programmatischen Verkündigungen des Parteiapparats zuzuschreiben, die

> nicht nur die Hörer erschlug, sondern schließlich sogar die Sprecher. *Somit handelte es sich nicht um eine konzeptionelle Erweiterung des Blicks, also um Liberalität, sondern um ein Verstummen der Kontrolleure, ein Austrocknen der schal gewordenen Normenphraseologie.*[467]

Die kulturpolitischen Verlautbarungen sind geprägt von Allgemeinplätzen, freundlichen Absichtserklärungen und vagen Andeutungen, durch die man den parteiinternen Gegnern oder den Kritikern unter den Autoren und Wissenschaftlern zwar wenig Angriffsflächen bietet, die das Gefühl des rhetorischen Leerlaufs jedoch nur weiter bestärken.[468] Da ein verbindlicher theoretischer Hintergrund in der Kulturpolitik nicht mehr auszumachen ist und von einer geschwächten, zögerlichen politischen Führung im Bewusstsein zunehmender Ohnmacht offenbar nicht einmal mehr angestrebt wird, können die politischen Funktionsträger in der Praxis nur mehr dezisionistisch agieren.[469]

Trotz oder gerade wegen der theoretischen Leere in der Kulturpolitik hält man jedoch in den offiziösen Verlautbarungen an bestehenden Losungen fest und setzt dem Fachdiskurs Grenzen, auch wenn die vorgegebenen Kategorien in diesem fachspezifisch »gebrochen« bzw. durch den Rückzug in »Nischen« oder neue Fragestellungen umgangen werden, und nicht wenige Literaturwissenschaftler mit ihren Arbeiten dazu beitragen, die Grenzen des Herrschaftsdiskurses zu verschieben. Nach wie vor wird die Förderung des sozialistisch-realistischen Kunstschaffens zu einer der zentralen Aufgaben von Wissenschaft und Gesellschaft erklärt.[470] Wie eh und je propagiert man dabei den Gleichklang von »Realismus«, »objektiver Erkenntnis«, »Parteilichkeit«, »Geschichtsoptimismus«, »Volksverbundenheit«, »Wahrheitstreue« oder »sozialistischem Ideengehalt«.[471] Betrachtet man Erich Honeckers Rede auf dem XI. Parteitag der SED 1986, so kann in der Tat »leicht der Eindruck entstehen, die Vorstellung der Partei von der Rolle der Kunst und Literatur wären über vierzig Jahre hinweg grundsätzlich die gleichen geblieben«.[472]

> Unser Leben verlangt eine sozialistisch-realistische Literatur und Kunst, die von Parteilichkeit, Volksverbundenheit und hohem sozialistischem Ideengehalt gekennzeichnet ist und den Werktätigen neue Anregungen für ihr Denken, Fühlen und Handeln vermittelt. In diesem Zusammenhang sei bekräftigt, daß Kunstwerke gebraucht werden, die den Sozialismus stärken, die Größe und Schönheit des oft unter Schwierigkeiten Erreichten bewußt machen, Kunstwerke, in deren Mittelpunkt der aktive, geschichtsgestaltende Mensch steht, ohne dessen Tatkraft die neue Gesellschaft nicht möglich wäre.[473]

---

467 Rehberg 1998, 207. Hervorhebungen im Original.
468 Vgl. Jäger 1994, 197.
469 Vgl. ebd., 201.
470 Vgl. z.B. Hager 1986.
471 Vgl. z.B. ebd.; Hager 1985; Honecker 1986; Koch 1984.
472 Erbe 1993, 28.
473 Honecker 1986, 83f.

Egal, ob es sich um die Vorstellung von »Kunst als Waffe« oder um die Unterordnung künstlerischer Prozesse unter die von der Partei »erkannten« »objektiven Gesetzmäßigkeiten« und ihren Führungsanspruch handelt, ob es um die ideologische Funktion der Literatur als »Erzieherin« der Leser oder um die damit einhergehende Verpflichtung des Schriftstellers auf die Darstellung primär »positiver« und »zukunftsweisender« Verhaltensweisen geht – die Fundierung von Ästhetik auf Politik wird auch im letzten Jahrzehnt der DDR nicht aufgegeben.[474] Die rezeptionstheoretischen Debatten in den Literaturwissenschaften werden zwar wahrgenommen und fließen in die Verlautbarungsrhetorik ein, doch letztlich geht es darum, die neuen Positionen »ins Ideologisch-Gesellschaftliche einmünden zu lassen bzw. ein ›traditionelles‹ Funktionsverständnis von Kunst ›gewandelt‹ wieder auferstehen zu lassen«.[475] Die einen offiziösen Charakter tragenden Publikationen aus den 80er Jahren halten an tradierten Vorstellungen von einer primär zur sozialistischen Bewusstseins- bzw. Persönlichkeitsbildung beitragenden und weltanschauliche »Erkenntnisse« vermittelnden Literatur fest.

Als Beispiel kann das von einem Autorenkollektiv der Akademie für Gesellschaftswissenschaften und der Akademie der Pädagogischen Wissenschaften unter Leitung des SED-»Hardliners« Hans Koch erarbeitete Buch *Literatur und Persönlichkeit* gelten, das weiterhin mit einem dezidiert gnoseologisch-didaktischen Literaturmodell arbeitet. Auch wenn vor einem »einseitige[n] Umgang mit künstlerischen Erkenntnisfunktionen« gewarnt wird,[476] so geht es doch primär um einen pädagogisch gelenkten Umgang mit Literatur auf der Basis der Werte und des Geschichtsbildes des Sozialismus sowie der historisch-materialistischen Weltanschauung. Kunst wird im wesentlichen daraufhin befragt, wie sie »mit ihren Entdeckungen und Urteilen, ihren Aussagen und Wertungen Element der Ideologie der Arbeiterklasse ist und zu deren Ausprägung beiträgt«;[477] es geht um die »Festigung des Klassenstandpunktes«, die Vermittlung von »Leitbildern für die politische Entscheidung für Frieden, Demokratie und Sozialismus, für unser sozialistisches Vaterland, für internationale Solidarität und aktive Anteilnahme am weltweiten Klassenkampf gegen den Imperialismus«.[478] In *Literatur und Persönlichkeit* erscheint Literatur nach wie vor als Widerspiegelung der »gesellschaftlichen Erkenntnisse der Zeit«.[479] Entsprechend ist »[w]ahrheitsgemäßes Abbilden von Wirklichkeit in der Literatur [...] unerläßlich, damit sie eine richtige Lebensorientierung geben kann«.[480] »Wahrheitswidrige Abbildungen von Wirklichkeit stützen idealistische und verzerrende Interpretationen. So ist die Frage nach der Wahrheit von Literatur zugleich eine Frage des ideologischen Klassenkampfes in der Welt von heute«.[481] Einmal mehr ist vom Realismus als »der Übereinstimmung der ganzen Romanaussage mit den grundlegenden Prozessen in der [...] Gesellschaft« die Rede,[482] vom »Sieg des Realismus«,[483] von der Vorbildlichkeit der Romane Balzacs oder von der »Wahrheit«

474 Vgl. Erbe 1993, 29.
475 Czech 2001, 152.
476 Koch 1986, 20.
477 Ebd., 20.
478 Ebd., 28.
479 Jehser 1986, 96.
480 Ebd., 99.
481 Ebd., 100.
482 Ebd., 103.

der literarischen Darstellungen, die an dem Grad der Einsicht in die Erkenntnisse der Zeit, an sozialistischer »Parteilichkeit« und enger »Lebensverbundenheit« gemessen wird.[484]

Mit solchen verengten Vorstellungen von Realismus und Widerspiegelung fällt das Autorenkollektiv um Hans Koch weit hinter den erreichten Stand der literaturwissenschaftlichen Diskussion zurück. Und auch in der Bildungspolitik erweisen sich die überholten Deutungsmuster der 50er und 60er Jahre noch immer als wirkmächtig. Die Lehrpläne der Schulen werden nicht[485] oder zumindest nur sehr bedingt[486] für rezeptionstheoretische Neuansätze geöffnet; das Denkmodell von *GLL* wird von der Kulturpolitik bis zuletzt nicht als neues Paradigma akzeptiert.[487] Impulse für die Fachdebatten gehen von einer solchen Kulturpolitik nicht mehr aus. Durch das ambivalente Nebeneinander von scheinliberalen Parolen und wirklichen Zugeständnissen, fehlender Verbindlichkeit und programmatischer Zurückhaltung, beharrlichem Festhalten an veralteten Losungen und leerlaufender Verlautbarungsrhetorik wirkt der kulturpolitische Rahmendiskurs auf die Wissenschaft weder stimulierend noch provozierend. In dem Maße, in dem der Herrschaftsdiskurs an Überzeugungskraft verliert, das Gefühl sozialer und politischer Stagnation steigt und sich unter den Reformsozialisten in den Akademien und Hochschulen eine zunehmende Resignation ausbreitet, verliert die Theorie des (sozialistischen) Realismus innerhalb der Fachdebatten weiter an Brisanz und Geltungskraft. Nur noch selten versuchen Literaturwissenschaftler, sich an Bestehendem zu reiben und nach wissenschaftlich und kulturpolitisch tragfähigen Konzeptionen zu suchen. Viele Literaturwissenschaftler wenden sich anderen Themen zu.[488] Von dem Verlautbarungsgetöse und dem Verkündigungsduktus der Parteioberen haben sich die Literaturwissenschaften in den 80er Jahren weiter emanzipiert: einerseits durch die zunehmende Auflösung des (»sozialistischen«) Realismus als Leitbegriff bzw. oberste literaturwissenschaftliche Wertungskategorie und/oder die Hinwendung zum literarischen Werk und seinen spezifischen Wirkungspotenzen jenseits von »Widerspiegelung«, »objektiver Wirklichkeit« und »objektiver Erkenntnis«, andererseits aber auch - in jenen Beiträgen, die am Realismusbegriff festhalten, ihn neu begründen und wiederbeleben wollen - durch eine differenzierte, fachinternen Logiken verpflichtete Argumentation, die innere Widersprüche und Forschungsdesiderate benennt, die von Einseitigkeiten und Dogmatismus Abstand nimmt und eine kulturpolitische Instrumentalisierung nicht mehr zulässt. Die simplifizierenden Verkündigungen des Parteiapparats lassen sich ob des erreichten Diskussionsstandes innerhalb des Faches als »Wahrheitsbeglaubigungen« nicht mehr heranziehen.[489] Vergleicht man die differenzierten und theoretisch

483 Bei Jehser liest sich das folgendermaßen: »Natürlich entstand und entsteht wahre Literatur auch dort, wo das Prinzip des Historismus nicht bewußt angewendet wird, die Schriftsteller aber durch ihre tiefe, umfassende Lebenskenntnis, ihren kritischen, von humanistischen Idealen getragenen Blick auf die Realität und ihre Fähigkeiten zu realistischer Verallgemeinerung wesentliche Seiten der Wirklichkeit richtig darzustellen und zu werten wissen« (ebd., 103).

484 Ebd., 103.

485 Vgl. Rosenberg 1997, 215.

486 Czech 2001, 154.

487 Vgl. D. Schlenstedt/S. Schlenstedt 2004, 222.

488 Vgl. ebd., 216.

489 Vgl. auch Rosenberg 1997, 211.

anspruchsvollen Abhandlungen über den Realismus- und Widerspiegelungsbegriff aus den 80er Jahren mit dem rhetorischen Leerlauf in den Verlautbarungen der Partei oder den Ende der 50er Jahre publizierten »Thesen zum sozialistischen Realismus«, so ist deutlich festzustellen, wie sehr der literaturwissenschaftliche Fachdiskurs an Professionalität, kognitiver Dignität und disziplinärem Eigensinn gewonnen hat.

12. Der Klassik-Diskurs in der literaturwissenschaftlichen Germanistik der DDR

12.1 Die Jahre einer harmonisierenden Klassik-Verehrung

Hinsichtlich des Klassik-Diskurses in der germanistischen Literaturwissenschaft der DDR lassen sich zunächst deutliche Übereinstimmungen mit dem kulturpolitischen Leitdiskurs ausmachen. Dies meint nicht nur die Reduktion der Weimarer Klassik auf die Repräsentativfiguren Goethe und Schiller[1] oder einige wenige »wahrhaft klassische« Werke. Sondern das meint vor allem das von Lukács gezeichnete und im Anschluss vor allem von Becher immer wieder propagierte Bild von Goethe als »Lichtbringer«,[2] als »Befreier«, als Ikone, das in den literaturwissenschaftlichen Diskurs eingeht und die Argumentationsweisen der Akteure sowie die Gegenstandskonstitution des Faches nachhaltig bestimmt. Auch wenn die literaturwissenschaftlichen Beiträge zur Weimarer Klassik wesentlich fundierter sind als die kulturpolitischen Verlautbarungen - es handelt sich auch hier um dezidiert fachwissenschaftliche Arbeiten -, so richten sich die Germanisten doch insgesamt nach politischen Forderungen und Förderungen aus und stützen den »Klassik-Kult« der Parteifunktionäre. Zumeist ohne die »Schattenseiten« der Klassik - wie z.B. ihren »bürgerlich-aristokratischen Kompromiss« - näher zu beleuchten, wird »Goethes und Schillers Werk als wertvollstes ideologisches und künstlerisches Erbe« gepriesen.[3]

Dagegen kann sich das kritischere Klassik-Bild von Brecht und Eisler, ihr Versuch, sich nicht durch die Klassizität des Erbes »einschüchtern« zu lassen und den Blick auch auf Widersprüche, politische Fehleinschätzungen und Anpassungsleistungen Goethes und Schillers zu lenken, innerhalb des Faches aufgrund der parteioffiziellen Ablehnung nicht behaupten.[4] Aus der langen Tradition »linker« Klassik- und vor allem Goethe-Kritik von Börne bis Brecht können aufgrund der Dominanz Lukács'scher Deutungsmuster in den Nachkriegsjahren keine produktiven Impulse für die literaturwissenschaftliche Germanistik ausgehen. Bis weit in die 60er, zum Teil noch 70er Jahre bleibt die marxistisch-leninistische Klassikforschung in einer »Höhenkamm-Ideologie« (Werner Krauss) befangen. Während diese Klassik-Verehrung grundsätzlich in der Tradition der »bürgerlichen« Literaturwissenschaft steht, so bringt die Ausrichtung der jungen marxistisch-leninistischen Literaturwissenschaftler an Deutungsmustern wie »Fortschritt und Reaktion«, »Realismus«, »Widerspiegelung« etc. doch insgesamt bedeutende Umbauten innerhalb des Fachdiskurses mit sich. Die Weimarer Klassik wird wie bei Lukács zum Höhepunkt einer bürgerlichen Aufstiegsliteratur stilisiert und Goethe zum Repräsentanten »*aller* progressiven Klassen« erhoben:[5] »So viel Schönes, Schätzenswer-

1 Siehe z.B. Dahnke 1968.
2 Lukács 1955, 21.
3 Kaufmann 1955, 28.

tes und sogar Hervorragendes die bürgerliche Literatur seitdem hervorgebracht hat, – eine ›Klassik‹ oder etwas ihr Ähnliches konnte auf der Grundlage der bürgerlichen Ideologie nicht mehr erblühen.«[6] Statt die reale Vielschichtigkeit, Vielstimmigkeit und Vielgestaltigkeit der literarhistorischen Prozesse und den wechselseitigen Zusammenhang verschiedener literarischer »Parteien« und ihrer Positionen herauszuarbeiten, favorisiert die Klassikforschung der DDR das banalisierte Lukács'sche Schema von Fortschritt und Reaktion und behauptet so eine Kontinuitätslinie, die von der Aufklärung über den Sturm und Drang zur Klassik verläuft und im sozialistischen Realismus der Gegenwart ihren legitimen Erben hat.[7] Gleichsam formelhaft werden immer wieder die »fortschrittlichen, rationalistischen Prinzipien der deutschen Klassik«[8] hervorgehoben, die Volkstümlichkeit bzw. Volksverbundenheit Goethes und Schillers beschworen,[9] wird auf den Realismus und den Widerspiegelungscharakter ihrer Kunst verwiesen, der bei Goethe sogar »materialistische Züge« aufweise,[10] und der »alles umfassende Humanismus«[11] ihres Werkes herausgestellt. Nicht ohne Pathos loben die Feldneulinge die »Großartigkeit« der klassischen Dichtung, die sich ergeben habe

> aus dem unermüdlichen, nie versagenden Ringen um einen gesellschaftlich-realen Ausweg aus den Widersprüchen der deutschen Zustände im Rahmen welthistorisch relevanter Prozesse, aus dem nie aufgegebenen Kampf um die Verwirklichung eines idealen Gesellschaftszustandes.[12]

---

4 Siehe dazu die Auseinandersetzungen um Bertolt Brechts »Urfaust«-Inszenierung in der Regie von Egon Monk (1952/53) und um Hanns Eislers Opernlibretto *Johann Faustus* (1952) in Mandelkow 1989, 209–212. So erklärt beispielsweise Alexander Abusch 1953, es könne keine »Zurücknahme« von Goethes Faust von »links« her geben: »Faust war und bleibt die große geistige Figur des einstigen bürgerlich-revolutionären Strebens zur Erkenntnis und Veränderung der Welt. Durch die humanistische Höhe, auf die Goethes geniale Dichtung sie erhob, wurde sie zu einem Gipfelpunkt der deutschen Nationalliteratur und zu einem wesentlichen Stück Geschichte des deutschen Geistes, in dem sich die Entwicklung der psychischen Wesensart der Nation ausprägte. Es hieße eine wunderbare Gestalt des deutschen literarischen und geistigen Erbes, die dem Genius unseres Volkes Ruhm bei allen Völkern eingebracht hat, entseelen, verfälschen, vernichten, wollte man Faust ›in eine Zentralgestalt der deutschen Misere‹ umwandeln« (Abusch 1969, 134f.). Siehe auch Mittenzwei 1997, Bd. 2, 460–481; Bunge (Hg.) 1991; La Presti 2002; sowie Ulrich 1988. Ulrich zieht kurz vor der »Wende« eine kritische Bilanz der Erbepolitik der SED. Die Zurückweisung des Eisler'schen Operntextes habe beispielsweise »eine wichtige Linie der DDR-Literaturentwicklung objektiv [gehemmt]« (ebd., 248). Nichtsdestotrotz hätten Brechts und Monks *Urfaust*-Inszenierungen sowie Eislers Opernlibretto »die methodische Basis« gebildet, »von der aus ein souveräneres Verständnis im Umgang mit dem Werk des Klassikers und dem Faustoff möglich wurde« (ebd., 234).

5 Geerdts 1961, 10.

6 Kaufmann 1957, Teil 3, 1.

7 Vgl. Thalheim 1958a, 6.

8 Thalheim 1956, 272.

9 So z.B. bei Braemer/Voegt 1949; Braemer 1959; Thalheim 1969, 85–117; sowie Wertheim 1964 bzw. Wertheim 1968, 9–35. Wertheims Text über das »Volkstalent« ist darüber hinaus ein paradigmatisches Beispiel dafür, wie das Volkstümlichkeitspostulat mit dem Realismusparadigma Lukács'scher Prägung verschmolzen wird.

10 Vgl. z.B. Thalheim 1955, 66; Thalheim 1969, 116f.; Braemer 1959, 61.

11 Streller 1955, 334.

12 Thalheim 1969, 117.

Das Werk eines Klassikers erscheint als »repräsentativer und dauerhafter Ausdruck der fortschrittlichsten gesellschaftlichen Kräfte und ihrer Weltanschauung, damit der Interessen der Nation«.[13] Gegen alternative Klassik-Bilder, etwa die »Legende«, »daß der nachrevolutionäre Goethe sich des kritisch-rebellierenden Geistes begeben habe, daß von diesem Werk an [gemeint sind *Die Wahlverwandtschaften*, J.S.] eine Abkehr vom Tage datiere«,[14] zieht man mit aller Vehemenz ins Feld.

Aufgrund der Vorstellung von der Klassik als Höhepunkt der bürgerlichen Aufstiegsliteratur sind es stets die »vom klassischen Realismus errungenen Positionen dramatisch-poetischer Widerspiegelung der objektiven Wirklichkeit«,[15] an denen andere Autoren gemessen werden. So werden z.B. Heinrich von Kleist »nicht zu übersehende Rückschritte« gegenüber den »klassischen Positionen« vorgeworfen,[16] oder es wird festgestellt, Friedrich Maximilian Klingers Konzeption der Hauptfigur in seinem Faust-Roman sei »der klassischen Art, die Realität zu behandeln, formal-ästhetisch unterlegen«.[17] Klassische Ästhetik und realistische Widerspiegelungstheorie werden wie bei Lukács verschmolzen und gegen die Romantik oder die literarische Moderne in Stellung gebracht.[18] Aufgrund ihres besonderen Bildungs- und Erziehungswertes und ihrer ästhetischen Leistungen wird die Weimarer Klassik zum Orientierungspunkt gegenwärtigen und zukünftigen Kunstschaffens erhoben und soll als Vorbild für eine zu erschaffende »sozialistische Klassik« dienen.[19] Noch am Ende der Ära Ulbricht gilt die Klassik uneingeschränkt als der »zweifellos wichtigste[] Teil[] unseres nationalliterarischen Erbes«.[20]

Vor allem in den beiden 1965 veröffentlichten Literaturgeschichten *Deutsche Literaturgeschichte in einem Band* sowie der populärwissenschaftlichen Einführung *Deutsche Literatur im Überblick* dominiert eine glättende Klassikerverehrung. Dies hat auch etwas mit der besonderen Aufmerksamkeit zu tun, die man diesen Bänden in der kulturräsonierenden wie auch der politischen Öffentlichkeit entgegenbringt, handelt es sich doch – sieht man einmal von der in den *Weimarer Beiträgen* veröffentlichten »Skizze« ab[21] – um die ersten marxistischen Überblicksdarstellungen der deutschen Literatur. Gerade solche sich an einen breiten Adressatenkreis wendenden Publikationen sollen eine große Bildungs- und Erziehungsfunktion erfüllen und – wie es in der programmati-

---

13 Kaufmann 1957, Teil 3, 1. Siehe auch Dahnke 1960, 336: »In diesem Sinne ist das Werk der Klassiker Teil jener volkstümlichen und volksverbundenen Kultur, enthält es Elemente jener Kultur der breiten Volksmassen, ist es Glied in der Kette fortschrittlicher Kulturentwicklung, die Lenin der reaktionären Kultur der herrschenden Klassen entgegengesetzt hat. Deshalb gehen die bedeutenden Leistungen der Klassiker auch in den großen Schatz des kulturellen Erbes ein, den das Proletariat als Teil des unverlierbaren Menschheitsgutes in die Zukunft hinüberträgt. Deshalb wird dieses klassische Erbe in unserer Zeit fruchtbar gemacht und in den Dienst unserer sozialistischen Sache gestellt.«

14 Geerdts 1958, 205.

15 Thalheim 1965, 549.

16 Ebd., 549.

17 Geerdts 1960, 72.

18 Siehe dazu die Kapitel 13 und 14.

19 Thalheim 1958, 92. Vgl. auch Dahnke 1960, 336.

20 Werner 1971, 172. Vgl. auch Dahnke 1971, z.B. 54 oder 63.

21 Autorenkollektiv 1964.

schen Erklärung der Berliner Germanisten aus dem Jahre 1962 heißt – »zur Entwicklung eines Nationalbewußtseins neuer Qualität bei[tragen]«.[22] Vor dem Hintergrund dieser wichtigen gesellschaftlichen Aufgabe erscheint eine Infragestellung kulturpolitischer Zurichtungen der Weimarer Klassik und eine Kritik unzulässiger Vereinfachungen und Harmonisierungen wenig resonanzträchtig.

Entsprechend werden in der *Deutschen Literaturgeschichte in einem Band* kaum kritische Worte über Goethe oder Schiller, etwa über die ablehnende Haltung Goethes zur Französischen Revolution, verloren. Während Brecht den Versuch der Weimarer Klassiker, die Ziele der Revolution ohne gewaltsamen Umsturz zu erreichen, hasserfüllt als »deutsche Knechtseligkeit« verspottete,[23] wird dieses »Umwegkonzept« in der *Literaturgeschichte* ganz im Sinne Lukács'scher Deutungsmuster gefeiert.[24] Ein Roman wie *Wilhelm Meisters Lehrjahre* kann so trotz aller zum Ausdruck kommenden politischen Kompromissbereitschaft als »ganz in der sozialen Zielrichtung der französischen bürgerlichen Revolution« liegend interpretiert werden.[25] Statt die Grenzen Goethes und Schillers herauszuarbeiten und ihre z.T. reaktionären und philiströsen Auffassungen zur Französischen Revolution oder ihre Angriffe auf revolutionär-demokratische Autoren wie Forster der Kritik zu unterziehen, rechtfertigt man etwaige »Unstimmigkeiten« pauschal mit »der Zurückgebliebenheit des zersplitterten deutschen Bürgertums«.[26] Es passt zum harmonisierend verehrenden Klassikerbild, dass »Reinheit und stille [...] Harmonie« zu entscheidenden Charakteristika klassischer Dichtung erklärt werden.[27]

Ein ähnlich geglättetes Bild findet sich im Klassik-Kapitel des schmalen Bändchens *Deutsche Literatur im Überblick*.[28] Wie in den kulturpolitischen Verlautbarungen werden Goethes und Schillers bürgerlich-vorrevolutionäre Humanismusvorstellungen hervorgehoben, ihr Nationalbewusstsein, ihr Bewusstsein für die inneren Widersprüche des Kapitalismus, ihre Volkstümlichkeit und Volksverbundenheit. Durch die isolierte Darstellung der beiden Autoren erscheinen ihre Werke als gleichsam voraussetzungslose Leistungen genialer Künstler, als seither unerreichte Maßstäbe künstlerischen Wirkens. Lukács'sche Deutungsmuster (z.B. »Fortschritt und Reaktion«, Faust als Repräsentant der gesamten Menschheit) sind auch hier dominant.[29] Vorsichtige kritische

---

22 Germanistisches Institut der HU Berlin 1962, 250.

23 Vgl. Mittenzwei 1997, Bd. 2, 239.

24 Siehe z.B. Geerdts (Hg.) 1965, 263f.: »Im geistigen Raum der klassischen Dichtung war es möglich, den humanistischen Gehalt der revolutionären Losung ›Freiheit, Gleichheit und Brüderlichkeit‹, die das Bürgertum als neue Ausbeuterklasse in Wirklichkeit nicht zu erfüllen vermochte, zu bewahren und zu vertiefen. Gerade weil das Idealbild eines freien, vielseitig ausgebildeten, in der Gemeinschaft schöpferisch tätigen Menschen in den Dichtungen Goethes und auch Schillers nicht an die Begrenztheit des konkreten bürgerlichen Menschen gebunden blieb, sondern sich utopisch darüber erhob, konnte es zu der Reife gelangen, die es für die ganze Menschheit bedeutsam werden ließ. Iphigenie, Wilhelm Meister, Faust sind Idealgestalten des fortschrittlichen Bürgertums; zugleich aber verkörpern sie beispielhafte Menschen, die in eine von Unterdrückung und Ausbeutung freie Epoche weisen. Nichts von der spießerhaften Enge, vom Krämergeist und egoistischen Gewinnstreben des Bourgeois und Kleinbürgers schränkt ihr Menschentum ein.«

25 Ebd., 275.

26 Ebd., 263.

27 Vgl. ebd., 268.

28 Werner u.a. 1964, 67–92.

Anmerkungen sind nur an sehr wenigen Stellen zu verzeichnen, so z.B. hinsichtlich Schillers Verherrlichung der polizeilich gehüteten Ordnung in seinem *Lied von der Glocke*.[30]

Und selbst wenn einmal die Sprache auf problematische Züge der Weimarer Klassiker kommt (wie z.B. auf Schillers »vielfach reaktionäre[] Kritik« an der Französischen Revolution),[31] so wird dieser Anflug von Kritik sogleich harmonisierend zurückgenommen. »Schiller war kein Antirevolutionär«.[32] Stets habe er

> am Ideal einer nationalen Revolution [festgehalten], die zur Beseitigung des Feudalabsolutismus und der gesellschaftlichen Widersprüche sowie zur Befreiung des Menschen aus unwürdigen Fesseln führt. Als ein solcher Dichter ist Schiller eingegangen in die Geschichte und das Bewußtsein der Menschen und wirkt in diesem Sinne bis zum heutigen Tag. Dieser Schiller: der Rebell gegen den Feudalabsolutismus, der Vorkämpfer für nationale Unabhängigkeit und menschliche Freiheit, der revolutionäre Träumer eines kommenden Reiches menschlicher und gesellschaftlicher Harmonie ist zugleich der wirkliche Schiller, den es vor einer reaktionär-politischen Verfälschung zu bewahren gilt, die ihn zum Anhänger der bestehenden Ordnungen und des konservativen Legitimitätsprinzipes machen möchte.[33]

Eine offensive Auseinandersetzung mit den »Schattenseiten« der Weimarer Klassik erfolgt bis in die 70er Jahre nicht.[34] Im Gegenteil: Noch Ende der 60er, Anfang der 70er Jahre erscheint es einigen Literaturwissenschaftlern resonanzträchtig, sich als Bewahrer

---

29 Vgl. ebd., 89. Zum *Faust*bild Lukács' siehe Lukács 1947a, 142–158.

30 Werner u.a. 1964, 77.

31 Thalheim 1969, 145.

32 Ebd., 145.

33 Ebd., 145. Siehe z.B. auch die harmonisierenden Interpretationen bei Wertheim 1958/59, 448; sowie Dahnke 1971, 44–46.

34 Auch die um 1970 veröffentlichten Vorarbeiten zur *Geschichte der deutschen Literatur* verbleiben trotz einer differenzierteren und kritischeren Argumentation insgesamt in den ausgetretenen Pfaden der Klassik-Verehrung. Grundlegende Probleme in der literaturgeschichtlichen Konstellation werden ausgeblendet. Indem Hans-Dietrich Dahnke Goethe, Schiller, Herder, Forster oder Hölderlin als »Realisten« der »reaktionären Romantik« entgegenstellt, nivelliert er die kritische Distanz, die zwischen den »deutschen Jakobinern« und den Weimarer Klassikern lag (Dahnke 1971, 53). Damit lässt sich die unbequeme Frage umgehen, warum es Goethe und Schiller sind, die als Höhepunkte der nationalliterarischen Entwicklung gefeiert werden, und nicht etwa politisch »fortschrittlichere« revolutionär-demokratische Autoren. Denn legt man primär politisch-weltanschauliche Maßstäbe zugrunde, wie man dies ja bei der Behandlung revolutionärer, proletarischer, sozialistisch-realistischer, romantischer oder »modernistischer« Literatur tut, müssten Seume, Bürger oder Forster eigentlich gegenüber einem »Stabilitäts-Narren« (Ludwig Börne) wie Goethe aufgewertet werden. Bereits 1961 warnt Alfred Kurella aus kulturpolitischer Perspektive vor solchen Konsequenzen, befürchtet er doch durch die Revision tradierter Werturteile den Einbruch »modernistischer« Strömungen: »Es ist gewiß verdienstvoll [...], wenn marxistische Literaturwissenschaftler[] Autoren des 18. und 19. Jahrhunderts, die von der zeitgenössischen Reaktion oder den Theoretikern der Dekadenz wegen ihrer fortschrittlichen, demokratischen Ideen boykottiert oder verunglimpft wurden, wieder in ihre Rechte eingesetzt haben. Aber dabei darf nicht herauskommen, daß etwa Georg Forsters literarisches Schaffen viel ›lehrreicher‹ für das Proletariat sei als das Goethes und Schillers [...]« (Kurella 1961a, 630).

tradierter Deutungsmuster zu inszenieren. So zieht man einmal mehr gegen die *Faust*-Deutungen der »üblichen Verdächtigen« Georg Lukács, Hans Mayer und Joachim Müller ins Feld, während man die »marxistischen Forschungsimpulse« von Abusch, Girnus oder Holtzhauer lobend erwähnt.[35]

12.2 »Sozialistische Interpretationen« und Leistungsangebote im Klassik-Diskurs der literaturwissenschaftlichen Germanistik

Auch wenn die fachwissenschaftlichen Beiträge der Germanistik zur Klassik sich nicht in der Reproduktion kulturpolitischer Verlautbarungen erschöpfen, so wird der offiziöse Klassik-Kult doch durch eine glättende, harmonisierende Klassik-Darstellung in den literaturwissenschaftlichen Arbeiten »bedient«. Immer wieder lassen sich zudem Tendenzen feststellen, die Weimarer Klassik im Sinne gegenwärtiger kulturpolitischer Anforderungen zu deuten und zu vereinnahmen. Gerade hier zeigt sich, wie stark der Fachdiskurs der marxistisch-leninistischen Literaturwissenschaftler zunächst von politischen Logiken bestimmt wird. So vertritt beispielsweise Edith Braemer auf einer Tagung mit dem programmatischen Titel »Die nationale Verantwortung des Schriftstellers bei der Widerspiegelung des Schrittes vom Ich zum Wir« die These, Goethe sei – ganz im Sinne eines harmonisierenden Kollektivismus – ein Vertreter der Auffassung gewesen, »daß jedes Individuum im Grunde ein Kollektivwesen sei«.[36] Ursula Wertheim sieht in Goethes Theorie der Naturdichtung – die Parolen des »Bitterfelder Weges« im Blick – *»den Ansatz gegeben für die Erkenntnis, welche Rolle die Volksmassen als produktive Kraft und als Bildungsträger für die Kultur einer Nation spielen«*.[37] Goethe

---

35 Vgl. Otto 1970, 194. Otto bezieht sich auf einen Vortrag von Hans-Heinrich Reuter zum Thema »Goethes *Faust* im Spannungsfeld der Gegenwart. Kritik der Rezeption und der Interpretation in der DDR«. Siehe in diesem Zusammenhang auch P. Müller/Dahnke/Stellmacher 1966. Die Autoren setzen sich mit ungewöhnlicher Schärfe mit einem von Pädagogen verfassten Lehrbrief zur Literaturgeschichte auseinander, der ihnen als Versuch erscheint, den »revolutionären« Sturm und Drang von einer »kompromissbereiten« Klassik abzukoppeln. Erstens wird dadurch die Konstruktion einer kontinuierlichen Aufstiegsgeschichte der deutschen Nationalliteratur in Frage gestellt: »[E]s ist ein Widerspruch in sich, daß eine aus der Abbiegung einer revolutionären Literaturbewegung hervorgegangene unrevolutionär-kompromißlerische Literaturbewegung die Fragestellung dieser revolutionären Literatur fortsetzt« (ebd., 280). Und zweitens befürchten die Autoren, dass eine solche These »bei Lehrern und Schülern gegen die besten Repräsentanten unserer progressiven Literaturtraditionen im 18. Jahrhundert Ressentiments und Vorurteile weckt, indem sie sie in den Verdacht eines Versagens in den entscheidenden praktischen Kämpfen der deutschen Nation bringt. Auf diese Weise wird eine künstliche weltanschaulich-emotionale Barriere aufgebaut, die den Zugang erschwert und die Intensität der Aneignung der Werke dieser Periode herabsetzt« (ebd., 283). Dies ist freilich eine Argumentation nach dem Motto »Weil nicht sein kann, was nicht sein darf«, die das Bemühen zeigt, die klassische Nationalliteratur nach politischen Maßgaben zu vereinnahmen und Widersprüche auszublenden.

36 Braemer 1963, 378.

habe im ausübenden Dilettantismus, der seiner Meinung nach als erster Kontakt mit der Kunst dienen könne und Talente zu entdecken helfe, eine Voraussetzung dafür gesehen, »daß einmal die Bildungskluft als soziale Kluft überbrückt wird, ferner daß Künstler und Publikum ein nationales Bildungsideal verwirklichen helfen, nämlich den allseitig gebildeten, seine Fähigkeiten voll entfaltenden Menschen erziehen«.[38] Wertheim stilisiert Goethe so resonanzkalkulierend zu einer theoretischen Bezugsgröße der »Bewegung schreibender Arbeiter«. Seine Forderung »nach poetischer Positivität als ein ästhetisch-theoretisches Prinzip«, so Hans Richter, sei gerade heute »von unzweifelhafter Aktualität«,[39] womit Goethe als Verfechter eines grundlegenden Prinzips sozialistisch-realistischer Literatur vereinnahmt wird.

Als eine besonders publikumswirksame Festigung des Goethe-Kults und tradierter Deutungsmuster[40] bzw. als resonanzträchtige sozialistische »Aktualisierung« Goethes können die *Faust*-Gespräche von Gerhard Scholz gelten, die im Folgenden exemplarisch betrachtet werden sollen.[41] Scholz liest »seinen« *Faust* konsequent auf die »Forderungen des Tages« hin. Durch die Entwicklung des Wettsujets aus dem Seelenverkaufsmotiv habe Goethe eine »revolutionäre Umwertung« des Faust-Stoffes vorgenommen und es zu einem erkenntnistheoretisch-philosophischen und epochenkritisch-historischen Stück umgeformt.[42] Das Drama sei zur »Zeitalterdichtung« geworden; ihr Gegenstand sei »die Widerspiegelung der Stellung des Menschen im Wandel der gesellschaftlichen Formationen«.[43] Scholz betont den »historische[n] Optimismus« Fausts,[44] die Materialität des Erdgeistes,[45] die antifeudalistischen bzw. antikapitalistischen Aspekte

37 Wertheim 1964, 54. Hervorhebungen im Original.

38 Ebd., 53.

39 Hans Richter 1970, 18.

40 Vgl. Ehrlich 2002, 154.

41 Die *Faust*-Gespräche erscheinen im *Forum* 1964/65 unter der Losung »Faust und Du! Eine Generaldebatte, die jeden angeht. Keine Fachsimpelei!« (vgl. Püschel 1983, 293). Gerade als Popularisierungskampagne sind sie für die diskursgeschichtliche Untersuchung der Außendarstellung des Faches im Rahmen dieser Arbeit interessant. Scholz ist nicht, wie Mandelkow schreibt, ein »Kulturfunktionär« (Mandelkow 1989, 212), sondern spricht als Literaturwissenschaftler. Richtig ist jedoch, dass die Gespräche mit Scholz »als eines der wichtigsten Dokumente der ›Faust‹-Rezeption in der DDR« gelten können, sind sie doch »[d]ie einzige in der DDR bis 1970 erschienene Buchpublikation über Goethes ›Faust‹« (ebd., 212) und können sowohl innerhalb als auch außerhalb des Faches Resonanz erlangen (vgl. Püschel 1983). Im Zusammenhang mit den *Faust-Gesprächen* siehe auch das Gespräch, das Edith Braemer, Walter Dietze und Gerhard Scholz am 3.11.1965 auf Initiative der FDJ in Leipzig führen und das 1966 unter dem Titel »Über die nationalliterarische und weltliterarische Bedeutung von Goethes *Faust*« in den *Weimarer Beiträgen* erscheint. Zur Rolle des *Faust* in der DDR siehe auch Vietor-Engländer 1987; sowie Ehrlich 1996.

42 Es ist bezeichnend, dass Scholz dem *Urfaust* innerhalb der *Faust*-Gespräche kaum Beachtung schenkt, obwohl er doch gerade Vorstufen, Skizzen, unfertigen Werkteilen eine so große Bedeutung beimisst (siehe Kapitel 3.4.6). Solch eine Auseinandersetzung wäre jedoch im Rahmen einer Popularisierungskampagne – sowohl für Goethes Drama als auch für den trotz seiner Professur marginalisierten Scholz – kaum resonanzträchtig, gilt der *Urfaust* doch in der kulturräsonierenden Öffentlichkeit – wie bereits bei Lukács – lediglich als Durchgangsstadium zum vollendeten *Faust*.

43 Scholz 1983, 21.

44 Ebd., 139.

im Drama[46] oder die Faustische »Tatphilosophie« (»Am Anfang war die Tat«),[47] die in Zusammenhang stehe mit der 11. Feuerbach-These von Marx. Wichtig ist für Scholz auch der Gretchen-Teil als eine »Objektivierung der Probleme der Liebe als Vorgeschichte und Geschichte der Emanzipation der Frau [...], durch die er zu einem nicht mehr ersetzbaren Teil des weltanschaulichen Befreiungsdramas wurde«.[48] Für Goethe habe sich »der Gedanke revolutionärer Veränderung, Umwälzung, Erneuerung mit der Utopie des Tätigwerdens der Frau in der Gesellschaft [verbunden], die über die bürgerliche Frauenemanzipation hinausgeht«.[49]

Insgesamt zeige das Drama, so Scholz, »die Perspektive der Umwandlung des Menschen in einer neuen Gesellschaft«; insofern habe Goethe Marx »vorgearbeitet«.[50] Mephisto als »Widerspiegelung philosophisch gedachter Dialektik«[51] werde »zum Repräsentanten des geschichtlich Schlechten im historisch Gewordenen, unter anderem auch eine Konfiguration, welche poetisch die Aufhebbarkeit des Schlechten in der Geschichte ausdrückt«.[52] Fausts Gegner sei somit »ein Böses auf zeitlichen Abruf, dessen Termin bestimmbar ist durch die fortschrittliche Menschheit und ihre geschichtliche Aktivität, diese Welt umzugestalten«.[53] Nach Scholz hat Goethe Faust »zu einem überzeitlichen Typus, zu einer Art geschichtlichem Überwesen« gemacht, in dem das Vergangene, Gegenwärtige und Zukünftige vereinigt sei:

> Der Dichter erreicht jene Einheit über die Ausnutzung der Wettmetapher zur Gestaltung einer Alternative für die Überwindung der feudalen Klassengesellschaft und damit im Zusammenhang auch der Planung eines Aspekts von Ideologie, durch die schon die kapitalistischen Klassenverhältnisse angefochten werden.[54]

Faust wird bei Scholz so »zum potentiellen Vollzieher dessen, was, von den kommenden Klassen vollzogen, konkret-historisch wird«;[55] Goethes »anthropologischer Optimismus« habe »eine weit vorgeschobene Position für den sozialistischen Humanismus« erobert.[56]

Wie radikal Scholz versucht, Goethes Drama gemäß politischen Maßstäben zu vereinnahmen, zeigt seine Deutung der Philemon-und-Baucis- und der Landgewinnungs-Szene in *Faust II*. Als Antreiber der Lemuren[57] repräsentiere Faust eine »Zwingherrenfunktion«, in der »die Robustheit des Willens zur Gewalt für den historisch notwendigen Sieg widergespiegelt ist«, eine Robustheit, die die deutsche Bourgeoisie gegen die Feudalklasse nicht entwickelt habe.[58] Der Untergang der Hütte sei nicht als tragisch zu bezeichnen und von Goethe auch nicht so »gemeint« gewesen.[59] Abgesehen

---

45 Vgl. ebd., 44–58, 67–85.
46 Vgl. z.B. die Anmerkungen zum »Flohlied« (ebd., 26).
47 Vgl. ebd., 45 und 71.
48 Ebd., 65.
49 Ebd., 88.
50 Ebd., 15.
51 Ebd., 127.
52 Ebd., 57.
53 Ebd., 176.
54 Ebd., 60.
55 Ebd., 61.
56 Ebd., 146.

davon, dass Philemon und Baucis in den Augen von Scholz eine Mitschuld an der Katastrophe haben,[60] sieht Scholz im Tod des Wanderers einen »sinnlose[n] Opfergang bei der Verteidigung eines bäuerlichen Kleineigentums, das unter den gegebenen ökonomischen Entwicklungsbedingungen nicht zu konservieren ist. Es wurde damit von Fausts Perspektive eines freien Volkes ausgeschlossen«.[61] In dieser Lesart Scholz' wird der *Faust* letztlich zu einer Rechtfertigung all jener Opfer, die für das real existierende »freie Volk auf freiem Grund« – die DDR – gebracht werden mussten bzw. zu bringen sind. Bodenreform und Kollektivierung der Landwirtschaft klingen an.[62]

In einer fünfteiligen Reihe über Goethes *Faust* im *Neuen Deutschland* im Jahre 1971 wird die »Vereinnahmung« des Dramas im Sinne der sozialistischen Weltanschauung einmal mehr öffentlichkeitswirksam fortgeschrieben. Nach wie vor müsse der *Faust* in der gegenwärtigen sozialistischen Gesellschaft eine bedeutende Rolle spielen, habe doch bereits Ulbricht mit Recht darauf hingewiesen, »daß jede Arbeiterbildung und jede klassenmäßige Selbsterziehung mit dem ›Manifest der Kommunistischen Partei‹ und mit dem ›Faust‹ beginne«.[63] Resonanzkalkulierend wird die bewusstseinsbildende Funktion der Literaturwissenschaft bei der Vermittlung des Dramas herausgestellt:

> Wir Literaturwissenschaftler benutzen mit Freude die Gelegenheit, diese Bestrebungen zu unterstützen. Die Lösung unserer Aufgabe, das literarische Erbe aufzuschließen und die Frage zu beantworten, warum beispielsweise der ›Faust‹ nicht nur heute *noch*, sondern eigentlich *erst* heute zur Wirkung kommt, wird dringlich wie nie zuvor.[64]

Gerade die Verbreitung des Werkes bei den »Arbeitern« steht immer wieder im Mittelpunkt der Reihe.[65] In den Artikeln im *Neuen Deutschland* erscheint der *Faust* als eine »geistige Vorwegnahme« des sozialistischen Humanismus.[66] Goethes Werk habe »der Theorie und Praxis der Arbeiterbewegung, der revolutionären Tradition unserer Gesell-

57 Die Lemuren, dies zeigt ebenfalls die politisierten Aktualisierungsbemühungen Scholz', gleichen in seinen Augen »den Wuppertaler Webern zwischen 1828 und 1830. Sie sind die Erben der Leiber von Generationen bislang vergeblich kämpfender Proletariate. Sie sind über die ganze Erde verteilte Arbeitssklaven, ›operose‹, in Arbeit, in nichts weiter als schwere Erwerbsarbeit für ein nicht zureichendes Brot, für eine menschlichem Wohnen nicht zureichende Hütte ›versunkene‹ Arbeitssklaven« (ebd., 215).

58 Ebd., 64.

59 Ebd., 187.

60 Scholz stellt die vermeintliche Fürsorglichkeit des Faust gegen die »Verstocktheit« von Philemon und Baucis: »Leichtfertig haben sie eine Antwort an Faust versäumt, der angeboten hatte, die Alten in den Besitz eines anderen ›Gütchens‹ auf dem neuen Boden zu bringen«; sie hätten sich von dem Wanderer, dem »falsche[n] Bauernfreund«, beeinflussen lassen: »Es entstand offensichtlich eine altkonservative Parteienbildung, mit einer religiös-romantischen Spielart von Idylle verbrämt« (ebd., 187).

61 Ebd., 188.

62 Vgl. Mandelkow 1989, 214. Bezeichnenderweise wird gerade die Scholz'sche Interpretation der Philemon-und-Baucis-Szene im Weimarer *Faust*-Kolloquium im November 1969 lobend hervorgehoben (vgl. Otto 1970, 195).

63 Weimann/Weisbach 1971.

64 Ebd.

65 Siehe Thalheim/P. Weber 1971; Kaufmann/Münz-Koenen 1971; D. Schlenstedt/Kliche 1971.

66 Weimann/Weisbach 1971.

schaft unmittelbar vorgearbeitet«.[67] Gemäß der Ulbricht'schen Konstruktion einer direkten Linie vom *Faust* zum *Kommunistischen Manifest*[68] heißt es einmal mehr:

> Wir erkennen, daß Goethes ›Faust‹ nicht eine und das Kommunistische Manifest eine ganz andere Sache ist. Goethe steht unmittelbar in einer Entwicklungslinie der progressiven deutschen Philosophie und Literatur, die über Heine und die linken Hegel-Schüler führt und in den wissenschaftlichen Kommunismus einmündet.[69]

Denn Goethe habe die kapitalistische Entwicklung dialektisch erfasst und mit der Vision vom »freien Volk auf freiem Grund« auf eine künftige Gesellschaftsordnung jenseits kapitalistischer Verhältnisse hingewiesen.[70] Die Wette zwischen Mephisto und Faust wird als ein Ringen »um die große historische Alternative zur Klassengesellschaft« dargestellt;[71] die Absage an Mephistos Zauberei erscheint als »Absage an jene Gesellschaftsordnungen, in denen das schöpferische Handeln der Kontrolle der Menschen entzogen und ihnen als fremde Macht entgegengestellt wird«.[72] Im Gegensatz zu den meisten »bürgerlichen Schriftstellern« würden »[d]ie Widersprüche, die die kapitalistische Entwicklung aufreißt«, von Goethe nicht »als absolut und ewig hingestellt. Die gesellschaftliche Tätigkeit des Menschen produziert – in seiner Sicht – auch die realen Bedingungen ihrer Aufhebung«.[73] Indem Goethe dies erkannt habe, stehe er »auf einer der fortgeschrittensten Positionen der klassischen deutschen Philosophie, die bekanntlich eine der Quellen des wissenschaftlichen Kommunismus darstellt«.[74]

Durch die Aneignung und »Zurichtung« des klassischen Erbes gemäß den Anforderungen der offiziellen kulturpolitischen Linie können sich Literaturwissenschaftler öffentliche Aufmerksamkeit und Anerkennung versprechen. Immer wieder stellen sie dabei die bewusstseinsbildende Funktion des Faches öffentlichkeitswirksam heraus. So verweist etwa ein interdisziplinär besetztes »Autorenkollektiv« um den Romanisten Manfred Naumann in dem programmatischen Text »Die Funktion der Erbeaneignung bei der Entwicklung der sozialistischen Kultur« auf die Erziehungs- und Bildungswerte des klassischen Erbes, die der »Entfaltung, Festigung und Vertiefung des sozialistischen Geschichtsbewußtseins und des sozialistischen Menschenbildes« dienen[75] und »produktiv auf die Entfaltung der sozialistischen Gegenwartskunst zurückwirken« könnten.[76] Mit dieser Logik kann die Auseinandersetzung mit dem »humanistischen Erbe« zu einer politisch-ideologischen Frage ersten Ranges stilisiert werden:

> Eine Unterschätzung der unabdingbaren Notwendigkeit, die Beziehungen der sozialistischen Kultur und Kunst zum humanistischen Erbe immer weiter zu vertiefen, die große Kunst der Vergangenheit in unseren tatsächlichen Besitz zu nehmen und sie gegen alle Angriffe zu verteidigen, würde die Entwicklung der dem Sozialismus eigenen Kultur und

67 Thalheim/P. Weber 1971.
68 Vgl. Ulbricht 1964, 523.
69 Rosenberg/Wagner 1971.
70 Vgl. ebd.
71 Thalheim/P. Weber 1971.
72 Ebd.
73 Rosenberg/Wagner 1971.
74 Ebd.
75 Naumann u.a. 1970, 21.
76 Ebd., 23.

> Kunst ernstlich behindern. Unklarheiten in unserem Erbeverhältnis zeugen nicht nur von einem mangelhaften theoretischen Verständnis der dialektischen Beziehungen, die die sozialistische Kultur mit dem Kulturerbe der Menschheit verbindet; sie haben darüber hinaus auch schädliche Folgen für die Gestaltung unserer kulturellen und künstlerischen Praxis; sie hemmen die volle Ausnutzung der dem Sozialismus eigenen Gesetzmäßigkeiten auf kulturellem und künstlerischem Gebiet.[77]

Noch in den 80er Jahren, als die Weimarer Klassik in der kulturräsonierenden Öffentlichkeit erkennbar an Bedeutung verloren hat (s.u.), bemühen sich Literaturwissenschaftler, ihre Beschäftigung mit dem »klassischen Erbe« mit der bewusstseinsbildenden Funktion ihres Faches zu verknüpfen.

> Erklärtes Ziel des Kolloquiums [zum Goethe-Jahr 1982, J.S.] war es, ›dem Umgang mit dem klassischen Literaturerbe neue Impulse zu geben und es noch stärker in den kulturellen Alltag einzubeziehen‹, es ›fruchtbar zu machen für die Vertiefung von sozialistischem Geschichtsbewußtsein und Patriotismus, für die Entwicklung sozialistischer Persönlichkeiten sowie für die Ausbildung von Wertvorstellungen, die unserer Gesellschaft gemäß sind‹. Zugleich galt es, ›den humanistischen Gehalt dieses Erbes im Hinblick auf die weitere Annäherung der sozialistischen Nationalkulturen und auf den gegenwärtigen Kampf der Völker um Frieden, Verständigung und sozialen Fortschritt herauszuarbeiten‹ und ›dem antihumanistischen, reaktionären Gebrauch dieses Erbes durch bürgerliche Ideologie offensiv entgegenzuwirken‹. Ausgehend von der Überzeugung, daß das Goethesche Erbe in hervorragendem Maße geeignet ist, ›Einsichten zu erschließen, Gefühle zu wecken, Haltungen zu stärken und Antriebe zu erzeugen, die der Bewältigung heutiger Wirklichkeit in der sozialistischen Gesellschaft förderlich sind‹, sollten – ungeachtet der Sicht auf Goethes Werk in seiner Totalität – jene Lebens- und Schaffensphasen des Dichters im Vordergrund stehen, ›da sich bei ihm eine bewußt reflektierende Haltung herausgebildet hatte und da er das Spannungsfeld zwischen menschlich-emanzipatorischem Anspruch und geschichtlich-gesellschaftlicher Realität als eine stets aufs neue herausfordernde und stimulierende Bedingung schöpferischer Existenz begriff‹.[78]

Auch die Planungs- und Leitungsfunktion[79] sowie vor allem die Aneignungs- und Deutungsfunktion gegenüber dem Westen lassen sich in Bezug auf das »klassische Erbe« öffentlichkeitswirksam inszenieren: »[D]er Kampf um das humanistische und realistische Kunsterbe [liegt] keinesfalls an der Peripherie der Klassenkämpfe unserer Epoche [...], sondern [rückt] im Gegenteil immer stärker in das Zentrum der ideologischen Auseinandersetzung [...]«.[80] Die westliche Erbe-Rezeption laufe letztlich darauf hinaus, »die geschichts- und gesellschaftsbildenden Potenzen der vergangenen Kunst zu leugnen oder doch wenigstens zu neutralisieren«.[81] Insofern müsse der Literaturhistoriker »einen ständigen Kampf gegen die spätbürgerliche Manipulierung des Kunsterbes führen«.[82]

---

77 Ebd., 11f.
78 Goldammer 1982, 5f. Goldammer zitiert ohne Angabe der Quelle.
79 Siehe z.B. Naumann u.a. 1970, 35; sowie Haase 1970a, z.B. 207.
80 Naumann u.a. 1970, 18.
81 Ebd., 18.
82 Mittenzwei 1970, 13.

Doch auch gegen den Traditionsbruch »von links« wissen sich einige Literaturwissenschaftler geschickt zu positionieren. Gerade die in den 60er Jahren einsetzende Klassik-Kritik westdeutscher Linker und Neomarxisten bietet den germanistischen Literaturwissenschaftlern die Möglichkeit, ihre Aneignungs- und Deutungsfunktion resonanzträchtig herauszustellen. So kritisiert etwa Dieter Schiller die in der Westlinken ausgemachte

> Frontstellung gegen die großen geschichts-philosophischen und ästhetischen Entwürfe, gegen die realistischen Kunstleistungen der klassischen humanistischen Literatur und Philosophie, vor allem Goethes und Hegels. Ihre Hochschätzung durch die Begründer des Marxismus-Leninismus und die entfaltete sozialistische Kulturbewegung - die eine scharfsichtige Analyse ihrer geschichtlichen Bedingtheit und ihrer Widersprüche einschloß - wird von hier aus als konservativ, ja regressiv bewertet. So wird mit scheinbar ›linken‹ Argumenten letztlich ein Angriff gegen Theorie und Praxis der sozialistischen Kulturrevolution in der DDR geführt. [...] [D]er Kampf um das Erbe, das Ringen um eine reiche und vielfältige Erbeaneignung muß entschieden darauf gerichtet sein, solchen Versuchen offensiv zu begegnen, den untrennbaren Zusammenhang zwischen progressiver Tradition bürgerlichen Denkens und realistischen Gestaltens und der vom realen Humanismus der Arbeiterbewegung inspirierten Kunst und Literatur des sozialistischen Realismus zu verdunkeln oder zu zerreißen oder aber die sozialistische Kultur in eine bürgerliche Kulturkonzeption zu integrieren.[83]

12.3 Brüche mit dem tradierten Klassik-Bild

Trotz vieler den Klassik-Kult stützenden Interpretationsmuster deutet sich in den am Ende der Ära Ulbricht veröffentlichten Arbeiten zur Weimarer Klassik jedoch ein sich vorsichtig wandelndes Verständnis, ein differenzierterer und kritischerer Umgang mit klassischen Werken an, auch wenn eine offensive Auseinandersetzung mit den tradierten Deutungsmustern in der sozialistischen Gesellschaft erst nach dem Machtwechsel 1971 beginnt.

Bezeichnend ist bereits, dass die germanistischen Literaturwissenschaftler an der Akademie und an den Universitäten sowohl die 1964 von der NFG in Weimar organisierte Ausstellung »Arbeiterbewegung und Klassik« als auch die sie begleitende wissenschaftliche Konferenz meiden:[84] Dem hier propagierten musealen, antiquierten Klassik-Bild steht man zunehmend kritisch gegenüber. Entsprechend werden Ausstellung und Konferenz in den *Weimarer Beiträgen* ob ihrer Fehlinterpretationen, wissenschaftlichen Irrtümer sowie ihren vereinfachenden Betrachtungsweisen scharf verurteilt.[85] In einem Rundtischgespräch zu »Problemen der sozialistischen Rezeption des Erbes« im September 1969 warnt Claus Träger explizit vor einem »Klassikzentrismus«, der wesentlich auf Lukács zurückgehe und den es nun endlich, nach zwei Jahrzehnten, zu überwinden

83 Schiller 1973, 157.
84 Vgl. Gärtner 2000, 339.
85 Vgl. Friedrich/Schnuchel 1965.

gelte.[86] Nicht nur gehe es ihm darum, die *Vorgeschichte* der Klassik, besonders die Aufklärung, stärker in der Forschung zu berücksichtigen, als dies bisher getan worden sei,[87] sondern er spricht sich darüber hinaus unter Verweis auf die Systemkonkurrenz für eine grundsätzliche Erweiterung im Erbeverständnis aus. Auch jene Bereiche, »in denen das Realismusprinzip in sich gebrochen erscheint«, dürfe man »keineswegs dem Gegner überlassen, weder Kleist noch Grillparzer, weder Hebbel noch Sternheim«.[88] Anstatt die Erbeaneignung durch normative, statische Kriterien einzuschränken, plädiert Träger für eine größere Vielfalt in der Erbeaneignung.[89]

Anfang der 70er Jahre erteilt ein Großteil der Literaturwissenschaftler bei allen zu konstatierenden Differenzen im Detail dem musealen, harmonisch geglätteten Klassik-Bild der Ulbricht-Ära eine deutliche Absage und ist nicht mehr bereit, die Widersprüche in den Werken der Weimarer Klassiker zu verschweigen:

> Vielfach sind literarische Gegensätze eingeebnet, andere typologisch aufgebläht worden, ein Bild der Traditionsaufnahme ist entstanden, in dem das Ideal einer direkten Weitergabe die wirklichen Vorgänge von Korrekturen, Abstoßung, Rückgriffe auf ältere Erscheinungen und auf bisherige Nebenlinien usf. verdrängt und die ohnehin vorhandene Tendenz der Ersetzung von Literatur- durch Ideologiegeschichte verstärkt hat.[90]

Die Konstruktion einer einheitlichen Aufstiegslinie von Aufklärung, Sturm und Drang und Klassik zur sozialistisch-realistischen Literatur wird nun bisweilen gar mit dem perhorreszierten Begriff der »Geistesgeschichte« belegt.[91] Wo Geschichte dialektisch-widersprüchlich verlaufe, so Claus Träger, könne man »von deren literarischer Widerspiegelung keine glatte Linearität verlangen«.[92] Differenzierungen und Historisierungen verdrängen die »Vollstreckertheorie« der Ära Ulbricht, die nun als gänzlich »unmarxistisch« verworfen wird:

> Sie beschädigt nicht nur die ursprünglichen Ideale in ihrer historischen Bedingtheit, sie beschädigt auch die Ideale des Sozialismus, denn der Kern dieser Ideale enthält etwas, was die Klassiker nicht erträumten, weil es über ihre Vorstellungswelt hinausging. Das Begreifen der klassischen Ideale im Sinne des historischen Materialismus verlangt deshalb, das ursprüngliche, historische Moment in der ganzen Fremdheit zu uns, aber untrennbar verbunden damit, auch das zu uns und unserer Welt hinführende Moment herauszuarbeiten.[93]

---

86 »Probleme der sozialistischen Rezeption des Erbes« (1970), 46.

87 Vgl. ebd., 46; siehe auch Thomas Höhle: »Ich bin der Meinung, daß in manchen Arbeiten von Literaturwissenschaftlern bei uns eine gewisse Geringschätzung und Abwertung der Aufklärung zugunsten der später folgenden literarischen Epochen zu beobachten ist« (ebd., 45). In eine ähnliche Richtung zielt Hans-Georg Werners Kritik an Peter Müllers Arbeit über Goethes *Werther*. Müller werte die Leistungen der deutschen Aufklärung gegenüber der Klassik ab (vgl. Werner 1970, 199). Dies gelte auch für die Einschätzung Lessings, dessen Wert gegenüber den poetischen Leistungen des jungen Goethes »als zweitrangig« erscheine (ebd., 198).

88 »Probleme der sozialistischen Rezeption des Erbes« (1970), 27. Siehe dazu auch Kapitel 14.

89 Ebd., 27.

90 Hartung 1972, 178; Siehe z.B. auch Dahnke 1973; Dahnke 1973a; Ehrlich 1974; Kaufmann 1973; Mittenzwei 1973; Schiller 1973.

91 Hartung 1972, 178

92 »Probleme der sozialistischen Rezeption des Erbes« (1970), 14.

93 Mittenzwei 1973, 160. Siehe auch Schiller 1973, 156.

Die »Vollstreckertheorie«, so Dahnke, musste »in ihrer Pauschalität und Undifferenziertheit nicht nur in Widerspruch zur geschichtlichen Realität und zur materialistischen Geschichtsauffassung geraten«, sondern förderte auch die Tendenz, »die bürgerliche Klassik zum Marxismus avant la lettre zu machen«.[94] Bereits Engels, so die legitimationsheischende Argumentation Mittenzweis, habe sich gegen »unhistorische Beanspruchungen« gerichtet.[95]

In der nach dem Machtwechsel von Ulbricht zu Honecker in *Sinn und Form*, aber auch in den *Weimarer Beiträgen* oder in *Theater der Zeit* geführten Debatte über eine den Gegenwartsaufgaben entsprechende Klassik-Konzeption versuchen zwei Vertreter des überholten Klassik-Bildes der Ulbricht-Ära, NFG-Generaldirektor Helmut Holtzhauer und sein Weimarer Kollege Hans-Heinrich Reuter, ein letztes Mal verzweifelt, ihr »normatives, harmonisierendes, ahistorisches Klassikbild extremer Prägung«[96] zu re-etablieren.[97] Die Aggressivität und Polemik in ihren Attacken gegen eine kritische Neudeutung der Weimarer Klassik aus dem Geist von Brecht und Eisler[98] sind auch eine Reaktion auf die tiefe Resonanzkrise, in der sich die Praxis der NFG befindet und die auch ihrem Direktor bewusst ist.[99] In Holtzhauers gegen die von Reinhold Grimm und Jost Hermand herausgegebene *Klassik-Legende* gewandten Beitrag »Von sieben, die auszogen, die Klassik zu erlegen« finden sich einmal mehr die These vom sozialistischen Realismus als geradlinige Fortsetzung des klassischen Realismus, die Vorstellung von der Klassik als Höhepunkt einer einheitlichen Aufklärungsbewegung, die Gegenüberstellung von der »fortschrittlichen« Klassik gegenüber der »reaktionären« Romantik sowie die »Vollstreckertheorie«.[100] Auch Reuter knüpft an die Konzeption einer einheitlichen Aufstiegsbewegung an,[101] lobt den Kampf der Klassiker gegen ideologisch reaktionäre Strömungen wie die Romantik[102] oder hebt ihren »Realismus« und »klassischen Humanismus« hervor.[103]

Den um die Unantastbarkeit der Klassik besorgten »unkritische[n] Klassik-Apologeten«[104] Holtzhauer und Reuter wird in der Klassik-Debatte in *Sinn und Form* von Hans-Dietrich Dahnke, Hans Kaufmann und Lothar Ehrlich eine Absage erteilt. Deutlich ist der Versuch, die Beiträge Holtzhauers und Reuters als unwissenschaftlich und überholt zu brandmarken,[105] während man sich selbst als auf der Höhe der Klassik-Forschung stehend inszeniert. Vor allem das »ahistorisch[e], harmonisierend[e] und normativ[e], an der wirklichen Dialektik der Geschichte vorbeigehend[e]« Klassik-Bild Holtzhauers[106] wird einer geharnischten Kritik unterzogen. Es eliminiere

> die Widersprüche aus Goethe selbst und macht gleichsam nur die Epochenkonstellation und die Kontrahenten für vorhandene Widersprüche verantwortlich, und zweitens verkleinert es durch diese Harmonisierung von Goethes Position und Werk die wirklichen Resultate Goethescher Erkenntnis über die Epoche, über die Geschichte der Menschheit und über deren Gesetzmäßigkeit.[107]

---

94 Dahnke 1982, 80.

95 Mittenzwei 1973, 167.

96 Mittenzwei 1977, 82.

97 Der Verlauf dieser Debatte soll hier nicht ein weiteres Mal im Einzelnen rekonstruiert werden. Verwiesen sei auf Ehrlich 2001; Mittenzwei 1977, 81–99; Starke 1976.

Weder könne alle nicht-klassische Kunst und Literatur, vornehmlich die romantische, als reaktionär und feudalapologetisch disqualifiziert werden, noch könne man den sozialistischen Realismus wie Holtzhauer als geradlinige Fortsetzung des klassischen Realismus verstehen und klassische und realistische Kunst miteinander identifizieren.[108] Holtzhauers Versuch, die »Größe« der Weimarer Klassik zu bestimmen, sei voller Widersprüche. Statt sich jedoch unbequemen Fragen zu stellen, errichte er lediglich einen »Wall beschwörender, starker Worte« wie »Antike«, »Renaissance«, »Klassik«, »klassisch«, »normativ«.[109]

Holtzhauers musealer Klassik-Kult und sein Dogmatismus treiben ihn in die wissenschaftliche Isolation: Für seinen Versuch, »seine Version der klassischen deutschen Literatur und speziell der Weimarer Klassik und von Goethe in einem ›Wörterbuch der deutschen Klassik‹ entwerfen [zu] lassen«,[110] kann er keinen der führenden Germanis-

---

98 Holtzhauer wendet sich zwar in seinem Beitrag gegen die von Reinhold Grimm und Jost Hermand herausgegebene *Klassik-Legende,* speziell gegen Walter H. Sokels Aufsatz »Brechts marxistischer Weg zur Klassik« (Grimm/Hermand [Hg.] 1971, 176–199), doch gleichzeitig muss seine Kritik an Brechts Vorbildfunktion für ein sozialistisches Verhältnis zur Klassik auch als Kritik an Brecht-Sympathisanten wie Werner Mittenzwei, Ernst Schumacher, Manfred Wekwerth oder Lothar Ehrlich gelesen werden – dies umso mehr, als Mittenzweis Beitrag über »Brecht und die Probleme der deutschen Klassik« im gleichen Heft von *Sinn und Form* abgedruckt wird (vgl. Mittenzwei 1973). Die Vorstellung, Brecht könne »als Vorbild für ein richtiges Verhältnis zur Klassik« gelten (Holtzhauer 1973, 183) ist für die Weimarer »Goethepächter« vollkommen inakzeptabel. Niemals sei Brechts Verhältnis zu den Klassikern »über einen gewöhnlichen Utilitarismus hinausgelangt« (ebd., 186). Indem Holtzhauer Brecht lediglich einen »kruden historischen Materialismus« zugesteht (ebd., 186), wird dieser als marxistischer Theoretiker abgewertet. Auch Reuter bedient sich dieser Argumentationslogik, wenn er unter Verwendung einer ganzen Kette von diffamierenden Abwertungsbegriffen erklärt: »Vulgärmaterialistische Gedankengänge und ein anthropologisch oder soziologisch begründeter Determinismus verbinden sich mit individualistischen und idealistischen Auslegungen zu einem widerspruchsvollen Gebräu, in dem man lange nach echten Ansätzen zu einer produktiven Rezeption des klassischen Erbes suchen muß [...]. Ein Tropfen Pornographie hier, ein reichlicher Schuß Zynismus da verschafft den Hautgout, soll den Gaumen reizen [...]. Auch der snobistische Einschlag – Stigma noch jeder avantgardistischen Bewegung, die dazu neigt, destruktive Revolte mit konstruktiver Revolution zu verwechseln – fehlt nicht« (Reuter 1973, 813). Brecht ignoriere die Klassenposition und -situation der Weimarer Klassiker und ziehe »pseudomarxistische[ ] und vulgärsoziologische[ ] Schlüsse« (ebd., 820). Unter anderem deshalb kann Holtzhauer erklären, dass »Brecht als Lehrmeister für ein richtiges Klassik-Verständnis nicht geeignet ist« (Holtzhauer 1973, 187). Die Diffamierungen machen jedoch nicht bei Brecht halt, sondern treffen auch Mittenzwei: Diesem mangele es, so Reuter, genauso wie Brecht an einer »philosophischen und gedanklichen Schärfe« (Reuter 1973, 814); er lege eine »bestürzend ungeschichtliche[ ] Naivität« (ebd., 815) an den Tag. Mittenzwei belasse es auch dort bei einem mitgehenden Referieren der Positionen Brechts, wo dieser »metaphysisch« werde und seine Argumentation durchsetzt sei von »zynischer Verdächtigung« und »argwöhnischem Mißverstehen« (ebd., 820).

99 Vgl. Ehrlich 2001, 120, FN 49.

100 Vgl. Holtzhauer 1973.

101 Reuter 1973, 810.

102 Ebd., 811.

103 Ebd., 822.

104 Ehrlich 1974, 221.

ten der DDR mehr gewinnen. Das gesamte Projekt scheitert schließlich an dem Einspruch von Hans-Dietrich Dahnke, Thomas Höhle und Harald Olbrich sowie von Bernd Leistner, die in ihren Verlagsgutachten »die inzwischen völlig anachronistische Klassik-Doktrin Holtzhauers unisono ablehnten, so daß der Druck im Bibliographischen Institut Leipzig nicht mehr zustande kam«.[111] Erst nach dem Tode Holtzhauers 1973 öffnet man sich auch in Weimar neueren Forschungsergebnissen. So distanziert sich beispielsweise der neue Leiter der NFG, Walter Dietze, von dem verengten Klassik-Bild der Ära Holtzhauer und erweitert den Begriff der klassischen deutschen Nationalliteratur unter anderem um Teile der aufklärerischen, der romantischen, der bürgerlich-demokratischen sowie der jakobinischen Literatur.[112]

Die historische Widersprüchlichkeit der Klassiker wird nun innerhalb der literaturwissenschaftlichen Germanistik allgemein anerkannt. Deutlich distanziert man sich Anfang der 80er Jahre von der unhistorischen und undialektischen »Überaktualisierung« der Klassiker in den Nachkriegsjahren.[113]

Im Zusammenhang mit der Arbeit an der *GdL* werden auch jene Stimmen lauter, die für eine stärkere Beachtung des »ästhetischen Eigenwerts« der Literatur sowie ein kritisches, problemoffenes Herangehen an literarische Werke plädieren und davor warnen, Literatur lediglich unter dem Gesichtspunkt der Geschichtsillustration oder als Beleg für eine weltanschauliche Konzeption zu behandeln.[114] Publikationen wie ein von Hans-Dietrich Dahnke und Bernd Leistner verfasster Band mit Einzelinterpretationen von Schiller-Dramen orientieren sich verstärkt am Einzelwerk und versuchen so, die Defizite der marxistischen Literaturwissenschaft hinsichtlich textnaher Literaturanalysen aufzuarbeiten.[115] Ideologiegeschichtliche und politische Themen wie z. B. Schillers Jugendwerk, sein Wirken als Historiker oder sein Verhältnis zur Französischen Revolution rücken im letzten Jahrzehnt der DDR zunehmend in den Hintergrund.[116] Die Zeit einer Sakralisierung des klassischen Erbes ist in den 80er Jahren endgültig

105 Dem Holtzhauer-Adjutanten Reuter wirft Ehrlich vor, über einen Gegenstand zu schreiben, »den er offensichtlich nicht sehr detailliert erforscht hat. Er ergreift einfach Partei, und zwar im wesentlichen ohne wissenschaftliche Argumente, wenn es um Brecht geht« (ebd., 222). Zu seiner »mechanistischen Gegenposition« vermöge Reuter nicht »auch nur ansatzweise wissenschaftliche Belege zu erbringen. Die angekündigte Auseinandersetzung bleibt fern jeder wissenschaftlichen Argumentation und verliert sich in haltlosen und fragwürdigen Behauptungen« (ebd., 222). Reuter lässt nach Ehrlich allerdings nicht nur grundlegende fachwissenschaftliche Standards vermissen, sondern er wirft ihm auch eine fehlende Anwendung des Marxismus-Leninismus vor. Den auf Brecht gemünzten Vorwurf des »Vulgärmaterialismus« und »Pseudomarxismus« kontert Ehrlich mit der Feststellung, es seien nicht die Ausführungen des »materialistischen Dialektiker[s] Brecht« (ebd., 225), sondern vielmehr diejenigen Reuters, die »weitgehend dialektische Ansätze vermissen« ließen (ebd., 222). »Für Reuter scheint das kritiklose positive Verhältnis, das uneingeschränkte Bekenntnis zu Goethe unverzichtbarer Ausgangspunkt eines Marxisten zu sein, wenn er sich mit der deutschen Klassik beschäftigt« (ebd., 226).

106 Dahnke 1973a, 1106.

107 Ebd., 1106.

108 Ebd., 1106.

109 Kaufmann 1973, 49.

110 Ehrlich 2001, 120.

111 Ebd., FN 51.

vorbei.[117] Deutlich ist der Kontrast zwischen den noch immer emphatischen ministeriellen Festansprachen[118] und den nüchternen literaturwissenschaftlichen Plenarreferaten bei den Goethe-Schiller-Ehrungen 1982 und 1984.[119] Zunehmend setzt sich die Erkenntnis durch, dass eine wissenschaftliche Konzeption nur dann »lebens- und wir-

---

112 Siehe z.B. Dietze 1976; Walter Dietze 1978. Die grundsätzliche Verehrung der Klassiker wird in Weimar allerdings nicht aufgegeben. Dietzes Thesen zum Goethe-Jahr 1982 sind eine grenzenlose Huldigung des *Faust*-Dichters, dessen »Genie« (Dietze 1981a, 7), »Kreativität«, »aufklärerische Klarheit«, »entschiedener Rationalismus«, »einzigartige Universalität« (ebd., 8), »Sinn für das Primäre der Realität« (ebd., 10); »gesellschaftskritische Sichtweise« (ebd., 133) etc. hervorgehoben werden. Goethe sei eine »überragende[], bei aller Widersprüchlichkeit doch in sich einheitliche[] und unglaublich gefestigte[] Persönlichkeit« gewesen, »die in sich eine selten große Quantität seltener Qualitäten vereinigte. Eine ständig funktionierende Sensibilität ohnegleichen, eine überwältigende Breite und Tiefe unmittelbaren oder sofort reflektierten Erlebens, ein ungemein waches Bewußtsein oder Bewußtwerden der fortwährend und rasch sich wandelnden individuellen wie gesellschaftlichen Situation, ein dauernd sich schärfendes und epochal sich orientierendes Geschichtsverständnis, eine tendenziell sich immer weiter an die großen philosophischen Epochenleistungen angleichende, annähernde Theorie-Praxis-Auffassung, gespannte Aufnahmebereitschaft und ungehemmte Mitteilungsfähigkeit, ungeahnte Formen künstlerischer Aneignung von Welt und Leben, Meisterschaft der Sprache und Potenzierung der poetischen Mittel - dies alles meldet sich (mit einem Male oder nach und nach) in dieser Persönlichkeit zu Wort und bewirkt den Effekt, daß das Ganze mehr ist als die Addition seiner Teile« (ebd., 6f. Unterstreichungen im Original). Die bisweilen undifferenzierte Argumentation Dietzes und der stellenweise immer wieder sich zeigende »Klassikzentrismus« wird dann auch in den *Weimarer Beiträgen* kritisiert; siehe z.B. H. Hartmann 1982, 189. Zum Klassik-Bild der NFG unter Generaldirektor Dietze siehe auch Ehrlich 1991.

113 Vgl. z.B. Dahnke 1982, 79.

114 Siehe dazu Naumann u.a. 1970, 38: »Ein solches vulgärsoziologisches Verständnis erschwert nicht nur den produktiven Zugang zum Erbe, es befördert vor allem auch die Gefahr eines latenten Subjektivismus, der sich verhängnisvoll auf die Entwicklung der sozialistischen Kunst und Literatur selbst auswirken kann. Die Kunstwissenschaften und die erbevermittelnden Institutionen müssen mehr tun, um der Erkenntnis zum Durchbruch zu verhelfen, daß die literarischen und künstlerischen Werke gerade darum unersetzbar für die Erkenntnis von Geschichtsprozessen sind, weil die Kunst ein eigener Bereich der Vergegenständlichung menschlicher Wesenskräfte ist.«

115 Dahnke/Leistner (Hg.) 1982. Ausgangspunkt der Darstellungen von Dahnke und Leistner sind keine realgeschichtlichen Begebenheiten, sondern die poetische Gestalt des Textes. Die Verfasser sind, so der Rezensent des Bandes in der *Zeitschrift für Germanistik*, »um eine marxistische Deutung bemüht, die nicht die Idee an den Texten demonstriert, sondern Verallgemeinerungen aus den Texten zu gewinnen sucht« (Namowicz 1984, 357). Der Versuch, den Defiziten an dichtungsspezifischer Interpretationsarbeit zu begegnen, lässt sich auch an den beiden in Folge der Schiller-Konferenz 1984 in Jena entstandenen Sammelbänden ablesen: Brandt (Hg.) 1987; Wegner (Hg.) 1987. Siehe auch Leistner 1989, 5: »Zugearbeitet soll einem Dichtungsverständnis werden, das seine Kriterien nicht direkt aus realgeschichtlichen, geistesgeschichtlichen oder literaturgeschichtlichen Beziehungen und Verhältnissen ableitet, sondern bei dem das Werk in erster Linie als Selbstausdruck einer unverwechselbaren künstlerischen Individualität begriffen wird, genauer: als ästhetischer Reflex eines Ich-Welt-Verhältnisses, für das geschichtliche und geistesgeschichtliche Faktoren zwar wesentlich sind, dies jedoch immer nach den Maßgaben individueller Erfahrung und Disposition.«

116 Vgl. W. Albrecht 1991, 58.

117 Vgl. Rosenberg 2000a, 193.

118 Siehe etwa Hoffmann 1985.

kungsfähig [ist], wenn sie sich die Bereitschaft erhält, ihre methodischen Verfahren, ihre historischen und theoretischen Resultate immer wieder einer kritischen Überprüfung und einer - notfalls grundlegenden - Erneuerung auszusetzen«.[120]

Die zunehmende Ausrichtung an disziplinären Eigenlogiken bedeutet jedoch nicht, dass die prinzipielle Bedeutung und »Größe« der Weimarer Klassik in Frage gestellt würde. Ihre überragenden weltliterarischen Leistungen stehen nicht zur Debatte.[121] Bei aller offenen und verdeckten Kritik an der offiziellen Erbe-Doktrin der Nachkriegsjahrzehnte sowie der harmonischen Zurichtungen und Vereinnahmungen innerhalb des eigenen Faches ist stets das Bemühen spürbar, den Verdacht zu entkräften, es »würde einer Geringschätzung des Erbes das Wort geredet«.[122] Das Bestreben, »die volle Widersprüchlichkeit einer literarischen Erscheinung mit all ihren Vermittlungen, Wechselwirkungen und Begrenztheiten darzustellen«, so Lothar Ehrlich, bedeute »natürlich in keiner Weise eine Zurücknahme unserer gemeinsamen Grundposition, was die Beurteilung der deutschen Klassik im ganzen anbelangt, oder eine auch nur geringfügige Anzweiflung der Größe und Aktualität dieser Dichtung, die wir alle unserer Jugend nahebringen wollen«.[123] Immer wieder bemüht man sich, die Leistungen der Klassiker herauszustellen oder Tendenzen zurückzuweisen, mit Formeln wie Klassik-, Weimar- oder Goethe-Zentrismus und einer Kritik an einem ahistorisch-normativen Klassik-Bild die Bedeutung des »klassischen Erbes« an sich in Frage zu stellen.[124] Dabei lassen sich vereinzelt - etwa in den Texten von Hans Jürgen Geerdts - durchaus noch jene undifferenzierten Aktualisierungen und unkritisch-emphatischen Lobpreisungen der Klassiker finden, die in der Literaturwissenschaft der DDR insgesamt als weitgehend überwunden gelten können.[125] Auch gibt es nach wie vor Tendenzen, bestimmte Elemente im Denken der Weimarer Klassiker nur eingeschränkt oder umgedeutet zur Geltung zu bringen,[126] auch wenn der Klassik-Diskurs der 70er und 80er Jahre insgesamt von großer Sachlichkeit und differenzierter Argumentation geprägt ist. Eine allzu kritische Auseinandersetzung mit der Weimarer Klassik oder gar eine prinzipielle Infragestellung

119 Siehe dazu das 10. Heft des 28. Jahrgangs der *Weimarer Beiträge* (1982), das 11. Heft des 31. Jahrgangs der *Weimarer Beiträge* (1985); Brandt (Hg.) 1987; Magelett 1986; sowie Wegner (Hg.) 1987.

120 Dahnke 1981a, 27.

121 Vgl. Rosenberg 2000a, 193.

122 Kaufmann 1973, 43.

123 Ehrlich 1974, 226.

124 Vgl. z.B. Brandt 1985; Dahnke 1981a, 44ff.; Dahnke/Leistner 1989, 10f.; Geerdts 1981, Geerdts 1981a; Heise 1980.

125 Die harmonisierend-glättende Tendenz in den Geerdts'schen Beiträgen stößt dann auch innerhalb des Faches auf Widerspruch, siehe z.B. Stellmacher 1983, 558.

126 Vgl. Ehrlich 2002, 157. Ehrlich bezieht sich vor allem auf Goethes »evolutionäre, konservative Haltung gegenüber der gesellschaftlichen Entwicklung, seine kritische Beurteilung von Geschichte und Politik, sein ambivalentes Verhältnis zum ökonomischen und technischen Fortschritt, seine tiefe Skepsis gegenüber einer durch politischen Aktivismus beschleunigten modernen Entwicklung, sein Bekenntnis zur Notwendigkeit einer religiösen oder zumindest metaphysischen Fundierung individuellen und gemeinschaftlichen Seins, auf seine Abneigung gegenüber geschlossenen weltanschaulichen Konzepten oder gar Ideologien, die seinem konsequenten Empirismus widersprachen; kurz, auf ethische Grundwerte wie Humanität, Liberalität, Pluralität und Weltbürgerlichkeit« (ebd., 157).

ihrer »Größe« erscheint aufgrund der fachlichen Traditionen sowie aufgrund der fachexternen Resonanz- und Ressourcenkonstellation (s.u.) kaum möglich.

Insgesamt ist festzustellen, dass die Anzahl direkter Beiträge zur Klassik-Forschung in den 70er und 80er Jahren abnimmt.[127] Dagegen ist festzustellen, dass sich Literaturhistoriker neuen Themen und Gegenständen zuwenden, »die zwar die Klassik-Fragen nicht ausklammern, aber doch nur vermittelt einbeziehen, sei es der Romantik-Forschung, sei es der Rezeptions-Forschung in Hinsicht auf gegenwärtige sozialistische Literatur«.[128] Auch in den programmatischen Schriften literaturwissenschaftlicher Germanisten rückt die Klassik in den Hintergrund. So spielt beispielsweise die Pflege des »klassischen Erbes« in Claus Trägers Rede zur Gründung der Gesellschaft für Germanistik Ende der 80er Jahre kaum mehr eine Rolle.[129] Dies hat auch etwas mit der schwindenden Bedeutung der Klassik innerhalb der kulturräsonierenden Öffentlichkeit bzw. in der kulturpolitischen Administration zu tun (s.u.). Nüchtern stellt Hans-Dietrich Dahnke zu Beginn der 80er Jahre fest: »Die deutsche Klassik ist nicht mehr Lebenstatsache und Lebensmacht, sie hat ihre unbestrittene Gültigkeit verloren; man findet keine ungebrochene Akzeptierung und Identifikation mehr, sondern weit mehr eine Ermüdung am Klassischen.«[130] Von den »überzogenen Träume[n] von der Lebendigkeit des klassischen Erbes« in einem breiten Publikum müsse man sich verabschieden.[131] Der 7. Band der *GdL* findet lediglich geringe Resonanz in der kulturräsonierenden Öffentlichkeit.[132] Die Vorstellung von einer »gebildeten Nation, in der jeder Goethes *Faust* kennt«, habe sich inzwischen aufgelöst,

> sowohl unter dem Aspekt, daß die Erfahrung der Wirklichkeit eine tiefgreifende Diskongruenz zwischen solchen Zielbildern und der Realität gelehrt hat, als auch unter dem Aspekt, daß eine solche Koppelung von Bildungsniveau und Klassik-Kenntnis sich als unzulässig erwiesen hat.[133]

Selbst eine kritische Aneignung des »klassischen Erbes« verliert an öffentlicher Resonanz. So können etwa von einem Text wie Eislers »Johann Faustus« bei seiner Neuauflage in den 80er Jahren keine stimulierenden Impulse mehr für Wissenschaft und kulturelle Praxis ausgehen.[134] Zum einen haben sich die Grenzen des kulturpolitischen Klassik-Diskurses erweitert, zum anderen scheint auf Seiten der Kulturfunktionäre bisweilen der Wille oder die Kraft zur Kontrolle und Durchsetzung tradierter Normen zu

---

127 Vgl. Dahnke 1981a, 47.

128 Ebd., 47.

129 Träger 1988.

130 Dahnke 1981a, 38.

131 Vgl. ebd., 38f.

132 »Zu Problemen der Wertung in der Literaturgeschichtsschreibung« (1980), 91f.

133 Dahnke 1981a, 39.

134 Vgl. Münz-Koenen 1987, 257f.: »Noch Anfang der siebziger Jahre war es ein Wagnis, das anhaltende Schweigen um das Werkfragment zu brechen. [...] Heute, da der Anerkennung der dichterischen Qualität des Textes keine Hindernisse im Weg stehen, bleibt gerade diese aus. Die Neuauflage des Textbuches 1983 hat kein nennenswertes öffentliches Echo hervorgerufen, kein weiteres Theater in der DDR hat ›Johann Faustus‹ inszeniert, das ›Berliner Ensemble‹ hat die Vorstellungen auf ein Minimum reduziert, nachdem der Besuch deutlich nachgelassen hatte.«

fehlen (s.u.). Der kulturpolitische Rahmendiskurs wirkt mit seinen erstarrten Leerformeln weder orientierend noch provozierend. Während es den Literaturwissenschaftlern in den Erbe-Debatten zu Beginn der 70er Jahre noch darum ging, Spielräume zu erweitern und bestehende Dogmen aufzubrechen, scheint man sich nun mit den bestehenden Handlungsoptionen zufrieden zu geben. Umfassende programmatische Neuansätze werden kaum noch formuliert; stattdessen lässt sich die Tendenz ausmachen, dass Literaturwissenschaftler ihre älteren Beiträge zur Klassik in Sammelbänden zusammenfassen oder die bisherigen Debatten zur Klassik-Forschung in bilanzierenden Aufsätzen aufarbeiten.[135]

> Weitgehend einig war man sich bei der Rückschau, die der Neuorientierung der eigenen Forschung diente oder dienen sollte, daß 1) die Klassik ihre frühere kanonische und normative Geltung verloren habe, 2) auch ein kritischerer und distanzierterer Umgang mit dem ›klassischen Erbe‹, der zunehmend aus dem während der siebziger Jahre grundlegend gewandelten Erbeverständnis resultiere, ›produktiv‹ und ›innovativ‹ sein könne, 3) dafür allerdings prinzipiell ›die Dialektik von Historizität und Aktualität‹ ausgewogener angewandt werden müsse und 4) derartige Neuansätze der systematischen Entfaltung und Fortführung bedürften. Erste größere Möglichkeiten sowie Anregungen hierzu sollten das Goethe- und das Schiller-Jubiläum bieten.[136]

Größere Umbauten finden im Klassik-Bild bis zum Ende der 80er Jahre nicht mehr statt.

12.4 Fachinterne Logiken als Gründe für die Umbauten im Klassik-Bild

Die ab den späten 60er Jahren vorgenommenen Umbauten im Klassik-Bild haben erkennbar etwas mit den *fachinternen* Entwicklungen in der literaturwissenschaftlichen Germanistik zu tun. So zwingt die kollektive Arbeit an der *Geschichte der deutschen Literatur* zu umfangreichen Konzeptionsdebatten, in denen Widersprüche, Ungleichzeitigkeiten, »blinde Flecke« oder auch Fehleinschätzungen in der bisherigen Literaturgeschichtsschreibung angesprochen und mehr oder weniger ausführlich diskutiert werden.[137] Der Versuch, ein umfassendes marxistisch-leninistisches Literaturgeschichtsbild zu entwerfen, das vor der nationalen und internationalen Wissenschaftsgemeinschaft bestehen kann, lässt eine harmonisierend geglättete, normative Klassik-Konzeption nicht mehr zu. Die Rezeption der Klassik-kritischen Schriften Brechts[138] oder die Kritik linker und neomarxistischer Germanisten aus dem Westen eröffnen einen neuen Blick auf den musealen Charakter des tradierten Erbe-Bildes und auf die damit zusammenhängenden harmonischen Zurichtungen. Auch internationale marxistische Forschungen tragen dazu bei, dass »vulgärmaterialistische Simplifikationen« wie die Vorstellung

135 Siehe z.B. Dahnke 1981a; Dietze 1982; Dietze 1985; Geerdts 1982; Heise 1980.
136 W. Albrecht 1991, 55f.

einer mechanischen Abhängigkeit von Kunstfortschritt und ökonomischen Fortschritten oder gar politischen »Gegebenheiten« verabschiedet werden.[139] Der Aufbruch eines vom klassischen und kritischen Realismus hergeleiteten normativen, formfixierten Realismusverständnisses sowie einer die Realismus- und Widerspiegelungstheorie einseitig verabsolutierenden Werkästhetik relativiert die Werke der Klassik als uneingeschränkte Gipfelleistungen der deutschen Literaturgeschichte. Die lange Zeit zu beobachtenden Versuche, aus klassischen Mustern normative Kategorien für die sozialistische Bewußtseinsbildung direkt und unkritisch abzuleiten, müssen gerade auch vor dem Hintergrund der rezeptionstheoretischen Erkenntnisse als wissenschaftlich unzulänglich abgewertet werden.[140]

Das Bild einer linearen Aufstiegsbewegung der Literatur von der Aufklärung über den Sturm und Drang zur Klassik oder die pauschale Antithese Klassik-Romantik halten tiefergehenden Analysen nicht stand; stattdessen begreift man die Literatur des ausgehenden 18. und des frühen 19. Jahrhunderts als ein Neben- und Gegeneinander verschiedenartiger Strömungen oder Richtungen. Vor allem die Einbeziehung komparatistischer Fragestellungen sowie die Versuche, literarische Prozesse in ihrer ganzen Vielfalt, in ihrer Komplexität und Widersprüchlichkeit und in ihren Wechselbeziehungen zu erforschen, tragen dazu bei, dass die nationalliterarische Perspektive, starre Epocheneinteilungen, eindimensionale Kontinuitätskonstruktionen sowie die pauschale Entgegensetzung von Literaturströmungen wie Klassik und Romantik aufgelöst werden.[141] Ins Zentrum der Aufmerksamkeit rücken nun auch die Literatur der Spätaufklärung oder die sogenannte »Trivialliteratur«.[142] Mit Blick auf internationale Gesamtzusammenhänge muss der Begriff der Klassik historisch relativiert werden.[143] Auch die Hinwendung zu rezeptionstheoretischen und wirkungsästhetischen Fragestellungen bleibt nicht ohne Folgen für die Klassik-Konzeption der Literaturwissenschaft: Eine gleichsam »ewig gültige«, das »klassische Erbe« normativ verabsolutierende Klassik-Konzeption lässt sich nach der »Entdeckung« des Lesers nicht mehr aufrechterhalten.

137 Siehe dazu Haase 1970a, 215: »Bei keiner anderen Arbeit haben sich die Mängel in der bisherigen kunst- und literaturgeschichtlichen Forschung als so hinderlich herausgestellt, hat sich die Lösung der hier aufgeworfenen inhaltlichen Probleme als so dringlich erwiesen wie bei der Konzeption, Diskussion und Ausarbeitung dieses ersten großen Gemeinschaftsprojektes.« Siehe auch Haase 1970, 200f.: »Bei der Lösung dieser Aufgabe gab und gibt es immer noch erhebliche Schwierigkeiten. So galt es, die vorhandenen Unterschiede in den methodologischen und konzeptionellen Auffassungen der Mitarbeiter zu überwinden, wozu zahlreiche geduldig und prinzipiell geführte Diskussionen nötig waren. Und bei der konkreten Ausarbeitung tauchen natürlich immer wieder neue Fragen auf, deren Beantwortung in gemeinsamer Beratung auf der Grundkonzeption in Übereinstimmung gebracht werden muß. Die größte Schwierigkeit aber bestand und besteht heute noch darin, daß die von den Positionen des Marxismus-Leninismus ausgehende Erforschung der Literaturgeschichte wesentliche Bereiche noch nicht erfaßt hat [...].«

138 Vgl. u.a. Ehrlich 1974; Mittenzwei 1972; Mittenzwei 1973; Mittenzwei (Hg.) 1977, 337–360.

139 Vgl. z.B. Dietze 1978, 12.

140 Vgl. z.B. ebd., 11.

141 Siehe etwa Akademie für Weiterbildung (Hg.) 1976; Dahnke u.a. 1983; Kaufmann 1980; Klotz/Schröder/Weber (Hg.) 1977; Träger 1981; Träger 1981b; P. Weber u.a. 1982.

142 W. Albrecht 1991, 50f.

143 Vgl. z.B. Träger 1978, 49.

Zudem setzt sich im Zuge literatursoziologischer Studien zunehmend die Erkenntnis durch, dass selbst innerhalb einer bestimmten Phase der Klassenkampfentwicklung nicht länger pauschal von *der* Erbeaneignung gesprochen werden kann, sondern dass zwischen interpretierenden Künstlern wie Regisseuren und Schauspielern, schöpferischen Künstlern wie Schriftstellern, Malern und Komponisten sowie dem »konsumierenden« Publikum zu unterscheiden ist, wobei vor allem letzteres wiederum hinsichtlich des Bildungsstands oder der Herkunft differenzierter betrachtet werden muss.

12.5 Die Umbauten im Klassik-Bild im Kontext einer sich verändernden fachexternen Resonanz- und Ressourcenkonstellation

Die oben skizzierten Umbauten im Klassik-Bild sind jedoch nicht allein fachinternen Logiken geschuldet, sondern stehen auch im Kontext umfassender Veränderungen in der politischen und gesellschaftlichen Resonanzkonstellation. Diesem Ermöglichungszusammenhang gilt es im folgenden Kapitel nachzugehen.

12.5.1 Die sich verändernde Resonanz- und Ressourcenkonstellation ab den 60er Jahren

Ab den 60er Jahren lassen sich innerhalb der kulturräsonierenden Öffentlichkeit bzw. der kulturpolitischen Administration deutliche Veränderungen hinsichtlich der Stellung und Deutung des »klassischen Erbes« ausmachen. Mit dem Übergang zum »planmäßigen Aufbau der sozialistischen Gesellschaft« bzw. mit dem »Sieg der sozialistischen Produktionsverhältnisse« geht es primär darum, die Eigenständigkeit sozialer, weltanschaulicher und ästhetischer Wertsetzungen und die Existenz einer dem Sozialismus eigenen Kultur herauszuarbeiten. Die bündnisstrategischen Überlegungen der Nachkriegsjahre sind mittlerweile beinahe gänzlich überholt, zumal das »bildungsbürgerliche Revival« in Westdeutschland durch eine »kulturelle Westbindung« abgelöst wird, die eine Akzeptanz internationaler Höhen- und Massenkünste mit sich bringt.[144] Gesamtdeutsche Perspektiven werden nun vehement abgelehnt.[145] Entsprechend werden jetzt stärker als zuvor die proletarisch-revolutionären und antifaschistischen Kulturtraditionen, aber auch die kulturellen Leistungen der DDR als Fundament des humanistischen Menschenbildes der sozialistischen Gesellschaft sowie der sozialistischen Gegenwartskunst hervorgehoben.[146] Nach der Überwindung der »bürgerlichen Gesellschaftsordnung« gilt es nun, sich den Werken der Klassiker mit neuen Fragestellungen zu nähern. Mit der häufig beschworenen Formel von der »Einheit von Weimar und Bitterfeld« werden die Gegenwartsautoren zwar auf den Formenkanon des klassi-

144 Vgl. Bollenbeck 2002.
145 Vgl. H. Weber 1980, 127–129.

schen Realismus verpflichtet und »modernistische« Strömungen ausgegrenzt, doch betont man nun besonders das Moment einer »*kritischen* Aneignung« des »klassischen Erbes«. Dieses soll im sozialistischen Realismus dialektisch aufgehoben und hinsichtlich der gegenwärtigen Aufgaben weiterentwickelt werden, um es auch in Zeiten des NÖSPL und der »wissenschaftlich-technischen Revolution« als Hebel gesellschaftlichen Fortschritts nutzen zu können.

Die Konstruktion der Klassik als Höhepunkt deutscher Kunstentwicklung erscheint bei der Entwicklung einer eigenständigen sozialistischen Nationalliteratur und bei der Aufwertung proletarisch-revolutionärer, sozialistischer und sozialistisch-realistischer Literaturströmungen hinderlich, auch weil man der Gefahr zu erliegen droht, nach der Klassik nur noch Verfallsstufen auszumachen.[147] Der »Nimbus des Zeitlos-Gültigen«, mit dem man die Weimarer Klassik in den Nachkriegsjahren versehen hat, beginnt erste Risse zu zeigen.[148] Eine antiquierte, museale Klassik-Verehrung, wie sie beispielsweise in der Ausstellung »Arbeiterbewegung und Klassik« im Goethe- und Schiller-Archiv der NFG praktiziert wird, entspricht auch in den Augen der SED nicht mehr den »Forderungen des Tages«. Wenn die bürgerlich-klassische Kultur einseitig als Fundament der sozialistischen Gesellschaft bestimmt wird,[149] wenn Holtzhauer von einem *bruchlosen* Übergang von der Ethik des klassischen in die des sozialistischen Humanismus spricht,[150] so widerspricht dies dem propagierten Kurs in der Kulturpolitik der SED, eine *eigenständige* sozialistische Traditionslinie der Gesellschaftsentwicklung zu konstruieren.[151] Den Vorwurf eines »bürgerlichen« Traditionalismus, wie er von Intellektuellen wie Bertolt Brecht oder Volker Braun gegenüber den »Goethepächtern«[152] erhoben wird, versucht man zu entkräften. Entsprechend wird die Frage der Integration der »bürgerlichen Klassiker« in eine genuin sozialistische Kultur bzw. die Frage nach einer »dem Sozialismus gemäße[n] Rezeption des Erbes«[153] im Einklang mit dem Chef der Abteilung Wissenschaften beim ZK der SED, Hannes Hörnig, als wichtiger Forschungsschwerpunkt der Kultur- und Kunstwissenschaften formuliert.[154]

Die Resonanzverluste des »klassischen Erbes« sind schleichend, aber doch spürbar. Im Rahmen der »sozialistischen Bewusstseinsbildung« widmet man sich in Schulen und auf dem Theater neben der Pflege »progressiver« bürgerlicher Traditionen verstärkt

---

146 Vgl. Ulbricht 1972e, 1409. Die Eigenständigkeit der sozialistischen Nationalkultur und die Bedeutung der proletarisch-revolutionären Literaturströmungen werden auch im Zuge der Auseinandersetzungen mit der 68er-Bewegung in der Bundesrepublik noch einmal besonders betont, da man hier Versuche erkennt »die großen Traditionen der proletarisch-revolutionären deutschen und internationalen Kunst und Literatur« zu vereinnahmen (Hager 1972, 55).

147 Vgl. Bollenbeck 2005, 81.

148 Steinhorst 2000, 314.

149 Vgl. *Arbeiterbewegung und Klassik*, z.B. 10–15.

150 »Die Ethik des klassischen Humanismus geht ohne jeden Bruch in die des sozialistischen über, erweitert um die Forderung, den individualistischen Menschen zum sozialen umzuwandeln« (Holtzhauer 1965, 157).

151 Vgl. Gärtner 2000, 337. Gärtner weist nach, dass gerade die Vorstellung von einem »direkten« Weg von der Klassik zur sozialistischen Kultur auf massive Kritik von Seiten des ZK stößt.

152 Vgl. Braun 1990.

153 Hörnig 1970, 7.

154 Vgl. »Probleme der sozialistischen Rezeption des Erbes« (1970), 24.

Stoffen revolutionärer, proletarischer oder sozialistischer Autoren oder Werken über den sozialistischen Aufbau. Die Papierkontingente für die klassische Literatur werden verknappt, und an den Schulen werden klassische zugunsten unmittelbar praxisbezogener Unterrichtsinhalte gekürzt.[155] Kulturpolitische Verlautbarungen über die Klassik in den *Weimarer Beiträgen* gehen merklich zurück,[156] und auch gegenüber der Arbeit der NFG zeigt sich die Staats- und Parteiführung zunehmend desinteressiert.[157] Die »Goethepächter« müssen erkennen, dass Goethe, Schiller oder Herder für den sozialistischen Aufbau nicht die Rolle einnehmen können, die ihnen in den Nachkriegsjahren zugeschrieben wurde. Das »Kulturbringer«-Konzept der SED, die Idee, das »werktätige Volk« zu den »Höhen der Nationalkultur« emporzuheben, scheitert an den massenkulturellen Bedürfnislagen der vermeintlichen »Vollstrecker des Erbes«. Als unmittelbarer Orientierungspunkt für die sozialistische Gegenwart, so muss man nun erkennen, scheint sich die Weimarer Klassik nicht mehr zu eignen; entsprechend verliert die Pflege der Tradition ihre absolute kulturpolitische Dominanz, auch wenn sie ein wesentlicher und quantitativ bedeutender Faktor in der Kultur- und Wissenschaftspolitik der SED bleibt.[158]

Die SED-Führung entdeckt derweil die kompensatorischen und herrschaftsstabilisierenden Möglichkeiten gefälliger Freizeitunterhaltung und fordert die Kunstwissenschaftler auf, sich auch den Massenmedien wie Funk und Fernsehen zuzuwenden, die man nun als wesentliche Bestandteile der »sozialistischen Nationalkultur« akzeptiert.[159] Auch der Sozialismus schielt auf die »Quote«.[160] Der bislang vor allem die geistige Sphäre umfassende Kulturbegriff – dies zeigt sich besonders in den 70er Jahren an der Karriere des Begriffes der »sozialistischen Lebensweise«[161] – wird zunehmend hin zu Arbeitserfahrungen und Freizeitverhalten erweitert,[162] was nicht ohne Folgen bleibt für das normative Klassikbild, wie es lange Jahre von höchster Stelle aus verfochten wurde.[163]

---

155 Vgl. Gärtner 2000, 329f.

156 Vgl. Steinhorst 2000, 306.

157 Vgl. dazu Cleve 2000, 353 und 356. Der zunehmende Machtverlust der NFG lässt sich auch daran ablesen, dass die *Weimarer Beiträge* ab 1962 vom Institut für Literaturgeschichte der Deutschen Akademie der Wissenschaften zu Berlin herausgegeben werden (vgl. ebd., 354f.).

158 Vgl. Schlenker 1977, 159.

159 Vgl. Ulbricht 1972a, 987. Es ist bezeichnend, dass Unterhaltungsprogramme im Fernsehen oder ein »lustiger Schwank« auf der Bühne in den kulturpolitischen Reden der 2. Bitterfelder Konferenz nicht länger gegenüber den »hervorragenden Aufführungen der Künstler unserer führenden Theater« herabgestuft werden (ebd., 987). Beinahe emphatisch ist Walter Ulbrichts Bekenntnis zum Fernsehen: »Ist es nicht etwas Neues, Bewegendes in unserem Leben, wenn Hunderttausende über packende Fernsehinszenierungen sprechen? Kann sich der Künstler bessere Möglichkeiten seiner Wirksamkeit wünschen? Indem die Meisterschaft sozialistischer Künstler mit der modernen Fernsehtechnik verbunden und durch sie künstlerisch umgesetzt wird, erlangt sie Massenwirksamkeit in ungeahntem Maße und trägt wesentlich dazu bei, die wachsenden kulturellen Ansprüche der Werktätigen zu befriedigen und ruft zugleich neue Ansprüche hervor« (Ulbricht 1972e, 1412).

160 Vgl. z.B. Bentzien 1972.

161 Die Resonanz des Begriffs »sozialistische Lebensweise« lässt sich u.a. ablesen bei Haase 1976; Hanke 1978; Kühne 1978; Kunz 1978; G. Lehmann 1978; Venohr 1977.

162 Vgl. Cleve 2001, 247.

Einmal mehr tragen auch die Kunst- und Kulturschaffenden ab Mitte der 60er Jahre dazu bei, bestehende Verengungen aufzubrechen. Regisseure wie Adolf Dresen, Wolfgang Heinz, Manfred Karge oder Matthias Langhoff und Schriftsteller wie Volker Braun (*Hans Faust*, 1968), Karl Mickel (»Vier Studien zu Goethe«, 1968), Ulrich Plenzdorf (*Die neuen Leiden des jungen W.*, 1972), Rainer Kirsch (*Heinrich Schlaghands Höllenfahrt*, 1973) oder Peter Hacks (*Ein Gespräch im Hause Stein über den abwesenden Herrn von* Goethe, uraufgeführt 1976) setzen sich - oftmals inspiriert durch Brecht - produktiv mit dem »klassischen Erbe« auseinander, hinterfragen es kritisch nach seiner politischen Wirkung und versuchen, die ehrfürchtige, normierende Klassik-Verehrung durch das Aufzeigen von Widersprüchen und Diskontinuitäten zu durchbrechen.[164] Der klassischen »Größe« und »Harmonie« skeptisch gegenüberstehend, entwickelt man ein neues produktives Interesse an bisherigen »Randfiguren« wie Kafka oder Jean Paul.

Mit dem Machtwechsel von Ulbricht zu Honecker bekommen die Veränderungen im kulturpolitischen Klassik-Diskurs eine neue Dynamik. Das immer offensichtlicher werdende Missverhältnis zwischen der offiziellen Erbedoktrin auf der einen Seite und ihrer fehlenden Relevanz für den Alltag weiter Teile der Bevölkerung sowie der realen kulturellen Praxis auf der anderen führt dazu, dass selbst konservative Traditionalisten wie Kurt Hager dem verklärenden, idealisierenden Erbe-Verständnis der Ulbricht-Ära endgültig eine Absage erteilen. Auch verlangen die in den 60er Jahren eingeleiteten wissenschaftlich-technischen und ökonomisch-gesellschaftlichen Modernisierungsversuche der Partei einen veränderten Umgang mit der Literatur der Vergangenheit. Hinzu kommt der Umstand,

> daß angesichts verbreiteter, von atomaren oder ökologischen Krisenszenarien genäherter Weltbedrohungsängste [...] mit einem ins Prometheisch-Fortschrittliche, Weltverbesse-

---

163 Vgl. Ehrlich/Mai/Cleve 2001, 7. Die Folgen der Debatten um die »sozialistische Lebensweise« für den höhenkunstzentrierten Kulturbegriff fasst Dietrich Mühlberg zusammen: »Während in den sechziger Jahren die Idee einer ›einheitlichen sozialistischen Nationalkultur‹ bestimmend war, wurde nun den Differenzierungen (in sozialer Lage, Bedürfnisspektrum, kulturellen Eigenheiten, künstlerischen Präferenzen) mehr Aufmerksamkeit geschenkt. Unter ›sozialistischer Lebensweise‹ wurde mehrheitlich zwar immer noch ein bestimmtes vorbildliches Verhalten verstanden, doch für Kulturwissenschaftler und andere waren damit keine normativen Vorstellungen mehr verbunden. Sozialistische Lebensweise bezeichnete nun das empirisch vorfindbare Alltagsverhalten in sozialistischen Gesellschaften. Dem trug auch eine ›Ausweitung‹ des praktisch verwendeten Kulturbegriffs Rechnung. Durch Abbau der bildungsbürgerlich inspirierten Kunstzentriertheit verlor er viel von seiner normativen Kraft, die langsame Anerkennung unterschiedlicher Lebensweisen im Sozialismus relativierte ihn und öffnete ihn für ein plurales Kulturverständnis. Die empirische Orientierung auf das alltägliche Leben ließ kulturelle Praxen jenseits ästhetisch-künstlerischen Verhaltens gewichtiger werden. Der gesamte politische Kurs räumte den ›Bedürfnissen der Werktätigen‹ höchste Priorität ein« (Mühlberg 2001, 90).

164 Siehe dazu auch Petra Stuber, die von einem »Verschwinden des Vorbilds« und von der Durchsetzung von ausdrücklichen Gegenmodellen zum Theaterkonzept der SED ab Mitte der sechziger Jahre spricht (Stuber 2001, 144f.). Siehe auch Leistner 1978 sowie die sich mit der Klassik-Rezeption der »Kunstschaffenden« auseinandersetzenden Beiträge von Harald Gerlach, Ursula Heukenkamp, Bernd Leistner, Gunter Schandera sowie Dieter Wiedemann in Ehrlich/Mai/Cleve (Hg.) 2000 bzw. 2001.

rungsoptimistische, Harmoniegesättigt-Erhabene didaktisierten Paradigma von ›Klassik‹ buchstäblich kein Staat mehr zu machen war.[165]

Die »Vollstrecker«-Ideologie wird offiziell ad acta gelegt: »Man darf nicht die Tatsache verkennen, daß unser heutiger sozialistischer Weg mehr ist als die bloße Vollstreckung großer humanitärer Ideale und Utopien der Vergangenheit«.[166] Nun werden die Kulturschaffenden und Kunstwissenschaftler aufgefordert, »das literarische und künstlerische Erbe in seiner ganzen Vielfalt« zu berücksichtigen,[167] was als eine gleichsam »offizielle« Revision des »Klassikzentrismus« verstanden werden kann.

Bis zum Ende der 80er Jahre setzt sich der zunehmende Resonanzverlust der Klassik fort.[168] Die ideologischen Dogmen der Ära Ulbricht weichen einem pragmatischen Umgang mit dem »klassischen Erbe«; die Entkanonisierungsprozesse in Wissenschaft und kultureller Praxis werden hingenommen und führen nicht mehr zu flächendeckend durchgesetzten Sanktionen.[169] Die Klassik wird durch die Kulturtraditionen der Arbeiterbewegung und das in der DDR entstandene Kulturerbe zunehmend in den Hintergrund gedrängt.[170] Davon zeugt auch der Aufbau von »Forschungs- und Gedenkstätten der sozialistischen deutschen Literatur und Kunst«, die seit Beginn der Honecker-Ära vorbereitet und 1985 offiziell gegründet werden. Als »Aufbau- und Befreiungsideologie«, als »moralische Aufrüstung« und »idealistische Kompensation« nach der Befreiung vom Faschismus und den entbehrungsreichen Nachkriegsjahren sowie als bündnispolitisches Scharnier der »Volksfrontstrategie« hat die Weimarer Klassik ausgedient[171] und wird »mit zunehmender Dauer der DDR immer stärker auf ihren ›Gebrauchswert‹ im Rahmen einer endogenen Traditionsbildung reduziert«.[172] Bei der Aufzählung zentraler kulturpolitischer Orientierungspunkte spielt das »klassische Erbe« keine entscheidende Rolle mehr.[173] Die DDR erscheint nun in erster Linie als »Erbe und Erfüllung des mehr als hundertjährigen Kampfes der revolutionären deutschen Arbeiterbewegung«, nicht mehr als Erbe der humanistischen Traditionen der deutschen Klassik.[174]

In den 80er Jahren wird die Weimarer Klassik auch protokollarisch herabgestuft, was sich u.a. an der Abwesenheit Honeckers beim Festakt des ZK und des Ministerrates zur Goethe-Feier 1982 ablesen lässt. Eine sich bewusst von den tradierten Klassik-Mythen distanzierende Subkultur beginnt sich zu etablieren, die subversive Verständigungsprozesse jenseits vorgegebener Interpretationsmuster ermöglicht und häufig von den Herrschenden zumindest geduldet wird. Insgesamt vergrößern sich damit die Handlungsspielräume für Kulturschaffende und Wissenschaftler – Spielräume, deren Grenzen allerdings strikt überwacht werden. Denn trotz aller Enttabuisierungen gibt

165 Lehrke 2005, 87, FN 9.
166 Hager 1972c, 57.
167 Ebd., 57.
168 Zum Resonanzverlust der NFG siehe auch Lehrke 2005.
169 Vgl. Ehrlich/Mai/Cleve 2001, 11f.
170 Vgl. Mai 2001, 67.
171 Ebd., 68.
172 Ebd., 68.
173 Siehe z.B. Hager 1986, 8f.
174 Hoffmann 1984, 1008.

die politische Führung ihre Hochschätzung der Weimarer Klassik oder den Glauben an ihre machtstabilisierende Symbolfunktion nicht grundlegend auf. Eine »nihilistische Einstellung zum kulturellen Erbe« sowie eine »Entstellung und Herabwürdigung der großen Humanitätsideale« ist man nach wie vor nicht bereit zu dulden.[175] Wenn Kurt Hager das »humanistische Menschenbild« der »alten Kunst« der fortschreitenden »Dehumanisierung«, der »Entmenschlichung der Kunst« durch die »Moderne« entgegenstellt und in den »modernistischen« Kunstströmungen eine »Verneinung der Beziehungen der Kunst zur Wirklichkeit überhaupt« sieht,[176] so zeigt sich, dass die tradierte Gegenüberstellung von »humanistischer« Kunst und literarischer Moderne bzw. Avantgarde-Bewegungen auch in der Ära Honecker noch Bestand hat. Deutlich sind auch die Versuche, die »ultralinke«, »revisionistische« Klassikkritik der westdeutschen Linken und Neomarxisten zurückzuweisen, die eine eigenständige »materialistische« Literaturwissenschaft zu begründen versuchen und dabei die progressive bürgerlich-humanistische Literatur gegenüber proletarisch-revolutionären Literaturströmungen radikal abwerten.[177]

Der kulturpolitische Klassik-Diskurs ab den späten 60er Jahren ist damit als ein widersprüchliches Nebeneinander von zähem Aufbrechen des musealen »Klassik-Kults« sowie schwindender kulturpolitischer Dominanz der Klassik auf der einen Seite und der »Bewahrung« tradierter Interpretationsmuster auch mit den repressiven Mitteln der Erziehungsdiktatur auf der anderen zu charakterisieren. Noch Mitte der 80er Jahre gehen Liberalisierungsangebote einher mit der unverhohlenen Drohung, grundlegende Prämissen nicht in Frage zu stellen:

> Wir müssen, wie Lenin formulierte, mit dem Erbe arbeiten. Das schließt Bewegungsspielräume und Experimente ein; das gute alte Gold der Vorväter wird bisweilen zu ganz neuen Münzen geprägt, die als ›gültige Währung‹ angenommen und eingelöst werden, weil sie heutigen veränderten Bedingungen geistig-künstlerischer Kommunikation, aber auch neuartigen technischen Möglichkeiten der Reproduktion und Verbreitung in verschiedenen Medien entsprechen. [...] Nicht erlaubt dagegen ist Falschmünzerei. Billiges Blech und wertlose Spielmünzen, auch wenn sie noch so glitzern, werden als Äquivalent nicht anerkannt. Es muß schon einen Kern des beständigen Edelmetalls enthalten, was uns da an alten Werken in neuer Prägung geboten wird.[178]

---

175 Hager 1972c, 57.

176 Ebd., 34.

177 Zu diesen Tendenzen im Westen siehe Ehrlich 2001, 112f. Die Herausforderung durch die westdeutschen Linken und Neomarxisten bildet auch den Hintergrund der Klassik-Debatte in *Sinn und Form* in den Jahren 1973/74. *SuF*-Chefredakteur Wilhelm Girnus, ehemaliger Staatssekretär für Hoch- und Fachschulwesen und in engem persönlichen Kontakt mit dem für Wissenschaft und Kunst zuständigen Sekretär des ZK der SED stehend, initiiert die Debatte primär zu dem Zweck, die durch die künstlerischen Innovationen sowie die »revisionistische« und »ultralinke« Klassik-Kritik in Ost und West aufgeworfenen Fragen nach einem den Gegenwartsaufgaben im Sozialismus adäquaten Klassik-Bild im Sinne der SED zu klären (vgl. ebd., 111). »[D]ie mögliche Entstehung einer Koalition von westdeutschen wie ostdeutschen Kritikern der Weimarer Klassik und ihrer Inanspruchnahme stellte das Problem für die DDR-Kulturpolitik dar, dezidiert für Girnus, der eine Einschränkung der erzieherischen Wirkungspotenzen des Erbes in dem Maße befürchtete, wie moderne westliche Impulse in der DDR aufgegriffen würden und Verbreitung fänden« (ebd., 112).

178 Hager 1985, 451.

Diese Rhetorik ermöglicht Zugeständnisse, bietet der SED jedoch auch die Möglichkeiten zu willkürlichen Eingriffen in die künstlerische Praxis.[179] Die Deutungshoheit, was als »gültige Währung« angenommen und was als »[b]illiges Blech« zurückgewiesen wird, liegt weiterhin allein bei den Kulturfunktionären. Einige von ihnen halten dabei hartnäckig an bestehenden Einseitigkeiten fest, so etwa Margot Honecker, unter deren Einfluss »die Schule mit ihren ideologisch festgezurrten Lehrplänen und Erziehungszielen eine Bastion des Dogmatismus« bleibt.[180] Auch der Beitrag von Rudolf Dau von der Akademie für Gesellschaftswissenschaften beim ZK der SED zum Thema »Das literarische Erbe der deutschen Klassik« oder die unkritische Lobhudelei des Ministers für Kultur, Hans-Joachim Hoffmann, auf der Schiller-Feier 1984 sind ein Beleg dafür, dass die uneingeschränkte Hochschätzung der Weimarer Klassik, die Vorstellung ihrer erzieherischen Funktion oder die Konstruktion einer Kontinuitätslinie vom Kampf der Klassiker für den »sozialen Fortschritt« hin zur sozialistischen Gesellschaft der 80er Jahre keineswegs aus den Köpfen kulturpolitisch führender Akteure verschwunden ist.[181] Auf die Inszenierung und Vereinnahmung der Klassiker mag man bei aller verschwimmenden Eindeutigkeit der Aussagen nicht verzichten: Auf dem XI. Parteitag 1986 wiederholt man noch einmal die bekannten kulturpolitischen Floskeln, auch wenn das »klassische Erbe« gegenüber der »sozialistischen Erbeaneignung« weiter zurücktritt.[182] Nicht zuletzt die Systemkonkurrenz sorgt dafür, dass die Klassik bis zum Ende der DDR in den kulturpolitischen Strategien der SED eine gewichtige Rolle spielt, kann man doch durch die Pflege der klassischen Stätten in Weimar, das Goethe-Schiller-Archiv, die Schiller-Nationalausgabe oder die »Bibliothek deutscher Klassiker« Reputationsgewinne im Ausland verzeichnen.[183] Dass die Verlautbarungsrhetorik und die Beschwörung tradierter Normen nicht nur zu den Alltagsbedürfnissen der Bevölkerung und der kulturellen Praxis, sondern auch zum eigenen pragmatisch-funktionalen, »weiten« Kulturbegriff in Widerspruch stehen, ist nicht zu übersehen. Impulse für die Klassik-Forschung an Akademien und Hochschulen können von dem zu Leerformeln erstarrten kulturpolitischen Klassik-Diskurs der späten 70er und 80er Jahre nicht mehr ausgehen.

12.5.2 Die Leistungsangebote und Argumentationsfiguren der literaturwissenschaftlichen Germanistik im Kontext der disziplinären Umbauten des Klassik-Bildes und einer sich verändernden fachexternen Resonanz- und Ressourcenkonstellation

Die vielfältigen Bezüge auf die oben skizzierten fachexternen Veränderungen in den literaturwissenschaftlichen Beiträgen zur Klassik-Forschung machen deutlich, dass die

179 Repressionen, Publikationsverbote und Selbst-Zensur sind vor allem in der Provinz »an der Tagesordnung«, da sich hier tradierte Kunstauffassungen oftmals länger »halten« als in Berlin (vgl. Ehrlich/Mai/Cleve 2001, 12).

180 Ebd., 12.

181 Vgl. Dau 1980; Hoffmann 1985, 1765.

182 Vgl. Protokoll der Verhandlungen des XI. Parteitages der SED 1986.

183 Vgl. dazu Cleve 2001.

Umbauten im Klassik-Bild nicht nur fachinternen Logiken entsprechen, sondern *auch* fachexterne Dimensionen haben. Indem sich die Literaturwissenschaftler um eine den veränderten gesellschaftlichen Bedürfnissen der sozialistischen Gesellschaft entsprechende Klassik-Rezeption zu bemühen versprechen und ihre Auseinandersetzung mit der Klassik mit Leistungsangeboten an die sozialistische Gesellschaft verknüpfen, arbeiten sie den Forderungen und Förderungen der kulturpolitischen Administration entgegen.[184] So wird die Revision eines normativen, ahistorischen und harmonisierenden Klassik-Bildes vor allem deshalb als notwendig dargestellt, damit das »klassische Erbe« auf der erreichten Stufe gesellschaftlicher Entwicklung »produktiv« angeeignet, neu erschlossen sowie gesellschaftlich verfüg- und handhabbar gemacht werden könne.[185] Das Verhältnis zum »klassischen Erbe« müsse sich mit den gesellschaftlichen Veränderungsprozessen zwangsläufig wandeln;[186] allein so könne es seine bewusstseins- bzw. traditionsbildende Funktion auch in der Gegenwart erfüllen. Werde es nicht von den Gegenwartsaufgaben her gedacht und erstarre zu einem normativen Ideal, so Dieter Schiller, drohe es eines Tages ob seiner Unangemessenheit radikal verworfen zu werden.[187] Allein eine »kritische Aneignung« wird damit als Voraussetzung dafür gesehen, das »klassische Erbe« langfristig in seiner Bedeutung für die sozialistische Gesellschaft zu »retten« und als wirkmächtige Größe zu erhalten:

> Eine Darstellung der klassischen bürgerlichen Literatur, die - um das in dieser Hinsicht verführerischste Beispiel herauszugreifen - das Werk Goethes ausschließlich aus seinen inneren Entstehungsbedingungen heraus als geniale Leistung interpretiert und sich auf diesem Wege mit ihrem Gegenstand weltanschaulich identifiziert, wird schließlich - trotz aller gegensätzlichen Absichtserklärungen - das Werk Goethes zur Wirkungslosigkeit verdammen; denn sie beseitigt alle diejenigen Widersprüche, die weiterführende Gedanken und Aktionen auslösen können.[188]

Resonanzkalkulierend koppelt man sich an die kulturpolitischen Forderungen nach der Herausarbeitung eigenständiger sozialistischer Traditionen und nach einer kriti-

---

184 »Daß die Vorstöße in Richtung auf eine souveräne, kritische und globale Beschäftigung mit dem nationalen Erbe freilich mehr oder weniger der Prämisse verpflichtet blieben, die Auseinandersetzung stelle ein Instrument staatlich gelenkter Bewußtseinsbildung dar, mag heute auf Grund der Erfahrung einer pluralistischen Demokratie, die solche Eingriffe nicht kennt, abgelehnt werden, gehörte damals aber zum weitgehend akzeptierten Konsens, und zwar nicht nur der sozialistischen Erbepolitik, sondern auch in der wissenschaftlichen und kulturellen Praxis. Daher wurde von allen Kontrahenten, wenngleich mit divergierenden Intentionen, jeweils danach gefragt, welches Verhältnis zur Klassik denn wohl dem gesellschaftlichen Entwicklungsstand am ehesten entspräche und mit welchen Methoden die ›Notwendigkeit einer planmäßigen, geleiteten, nicht-spontanen Rezeption‹ (»Probleme der sozialistischen Rezeption des Erbes« [1970], 23) am besten zu verwirklichen wäre« (Ehrlich 2001, 122).

185 Schiller 1973, 151f.

186 »Probleme der sozialistischen Rezeption des Erbes« (1970), 11. Siehe auch ebd., 13.

187 Schiller 1973, 153.

188 Werner 1971, 175. Dass man bei der Zurücknahme einer uneingeschränkten Vorbildwirkung der Weimarer Klassik und der Forderung nach »kritischer Aneignung« zunehmend von den Bedürfnissen der Rezipienten ausgeht, zeigt sich auch in einem Beitrag von Hans-Dietrich Dahnke, der eine Ermüdung an der »Musterhaftigkeit« des »Klassisch-Objektiven« ausmacht (Dahnke 1978, 6). Siehe auch Werner 1971, 172.

schen Infragestellung der Restbestände eines »bürgerlichen« Bewusstseins in der sozialistischen Gesellschaft an. Es gelte, so Hans-Georg Werner, die Unterschiede im Menschenbild und Humanitätsideal im Sozialismus und in der klassisch-bürgerlichen Literatur herauszuarbeiten, könnten Bestandteile der bürgerlichen Humanitätskonzeption doch »zu Störfaktoren im sozialistischen Gesellschaftssystem« werden, wenn sie »unkritisch übernommen« würden.[189] Auch fordert man eine kritische Auseinandersetzung mit Goethes »problematische[m] Verhältnis zu den unmittelbar politischen und sozialen Kämpfen der Volksmassen nach der Französischen Revolution«, da es ansonsten nicht möglich sei, »die demokratisch kämpferischen Traditionen der deutschen Literatur in der notwendigen Weise herauszuarbeiten«.[190] Anders als in der Phase der »antifaschistisch-demokratischen Periode« bedürfe es nun der »Erarbeitung einer revolutionären Erbetheorie«.[191]

Vor allem unter Verweis auf die Arbeit der Kulturschaffenden fordern literaturwissenschaftliche Germanisten eine kritische Überprüfung der tradierten Klassik-Konzeptionen. Deutlich ist der Versuch, sich einmal mehr öffentlichkeitswirksam als Leitungswissenschaft für die kulturelle Praxis zu empfehlen. Eine Überwindung des normativen Klassizismus sowie die umfassende Auseinandersetzung mit den kritischen Aneignungsprozessen der Autoren und Regisseure sei die Voraussetzung, um die »Diskrepanz zwischen Kunstpraxis und Wissenschaft« zu überwinden[192] und den Kulturschaffenden zu einem »schöpferische[n] Verhältnis zur deutschen Klassik« zu verhelfen.[193] Gerade im Kampf gegen den »Klassik-Apologeten« Holtzhauer wird die mangelnde Produktivität der überholten Klassik-Konzeption für die Gegenwartsliteratur öffentlichkeitswirksam herausgestellt: »Holtzhauers Klassikbild kann für die heute entstehende sozialistische Literatur kaum einen positiven Nutzen stiften, sondern eher die schon ohnehin weit verbreitete Haltung von Distanz bestärken.«[194] »Eine Theoriebildung, die [...] mit klassizistischen Normen aufwartet, kann nur an der literarischen Gegenwart vorbeigehen.«[195]

Doch nicht nur durch das Versprechen, zu einer den gegenwärtigen Bedürfnissen der sozialistischen Gesellschaft »adäquaten« Klassik-Rezeption beizutragen, oder durch den Verweis auf die »kulturelle Praxis« bemühen sich Germanisten, Leistungsangebote zu formulieren. Öffentlichkeitswirksam versucht man sich auch an den Kampf der Kulturpolitiker gegen »nihilistische« Klassik-Interpretationen anzukoppeln. So warnt Hans-Dietrich Dahnke mit Blick auf die gesellschaftspolitischen Aufgaben davor, »auf die großen produktiven Wirkungen der Klassik auch für die gegenwärtige und künftige Literatur« zu verzichten.[196]

---

189 Vgl. Werner 1971, 180.
190 Ebd., 175.
191 Mittenzwei 1970, 19.
192 Ebd., 16. Vgl. auch Dahnke 1973a, 1084; Kaufmann 1979, 144f.; zur künstlerischen Erberezeption siehe Leistner 1978.
193 Vgl. Kaufmann 1973, 49.
194 Dahnke 1973a, 1107.
195 Ebd., 1107.
196 Ebd., 1107.

> [E]ine vom Kern des Weltanschaulichen und Ästhetischen losgelöste, die realen historischen Alternativen unzureichend ermessende und berücksichtigende politische Kritik, die in ihrer Endkonsequenz immer die Neigung hat, die Geschichte vom Moralischen her zu beurteilen, trägt nicht dazu bei, den literarischen Prozeß und die Leistungen der jeweiligen Autoren begreifbar und aneigenbar zu machen.[197]

Bei aller berechtigten Kritik an den Weimarer Klassikern dürfe man nicht in eine bloße Negationshaltung gegenüber dem »klassischen Erbe« verfallen. Diese Tendenzen macht Dahnke nicht nur bei den Neomarxisten im Westen aus, sondern auch bei Akteuren innerhalb des literaturwissenschaftlichen Feldes der DDR.[198] Adressat dieser »internen« Kritik ist vor allem Werner Mittenzwei, dem man - sicherlich nicht ganz zu Unrecht - eine Identifikation mit der Klassik-Rezeption Brechts unterstellt.[199] Diese sei jedoch allzu negativ gewesen: »Brecht hat ein einseitiges, verzerrtes Klassikbild gehabt, das zu unterstützen oder zu popularisieren es keinen Anlaß gibt.«[200] Wenn Mittenzwei sich daher in seinem Klassik-Bild auf Brecht berufe, so baue er seine Position »auf einem verzerrten Bild der Geschichte« auf und könne die Klassik für die Gegenwart nicht fruchtbar machen.[201]

Eine radikale Absage an die Weimarer Klassik muss als Gefahr erscheinen für das Leistungsprofil einer literaturwissenschaftlichen Germanistik, die in den vergangenen Jahrzehnten gerade durch die Beschäftigung mit dem »klassischen Erbe« Ressourcenelemente produzieren konnte. Doch Resonanzverluste drohen nicht nur durch »nihilistische« Klassik-Interpretationen. Auch die Versuche einer genaueren historischen Rekonstruktion der »Literaturverhältnisse« des 18. und frühen 19. Jahrhunderts oder die Konzentration auf das literarische Werk und seine spezifischen Gesetzmäßigkeiten drohen in den Augen einiger Literaturwissenschaftler einen Verlust an öffentlicher »Wirksamkeit« ihres Faches mit sich zu bringen. So erscheint es ihnen als höchst problematisch, wenn es einige Kollegen an dem Willen fehlen lassen, kulturpolitische Leitungsaufgaben zu übernehmen und »Werte und Maßstäbe« zu vermitteln.[202] Das Bestreben, »frühere Einseitigkeiten durch ein breiteres Spektrum literarischer und kultureller Beziehungen zu ersetzen«, so fürchtet beispielsweise Hans-Günther Thalheim, sei

> zugleich mit einer Abstinenz gegenüber literaturwissenschaftlichen Wertungen, mit der Vorstellung einer Gleichwertigkeit der Richtungen verbunden, die kaum Auskünfte für die Vermittlung der vergangenen Literatur an die gegenwärtige Gesellschaft verspricht und diese auch nicht bieten will. Diese Konstellation hat zur Folge, daß die Diskussionsteilnehmer keine ausreichende Orientierung über die Vielfalt der literarischen Positionen, Gruppen und Kreise um 1800 erhalten und ihre eigenen Wege gehen.[203]

---

197 Ebd., 1103.
198 Vgl. Dahnke 1973, 401.
199 Siehe in diesem Zusammenhang Mittenzwei 1972.
200 Dahnke 1973a, 1101.
201 Ebd., 1104.
202 Horst Haase in: »Zu Problemen der Wertung in der Literaturgeschichtsschreibung« (1980), 117ff.
203 Hans-Günther Thalheim in: Autorenkonferenz 30 Jahre *Weimarer Beiträge*, 598.

Die Distanzposition zur Klassikforschung der 50er und 60er Jahre begründe »ein gewisses Zurückschrecken vor der Bestimmung dessen, was wichtig und was nicht so wichtig ist«.[204] Durch solche Tendenzen sieht man letztlich das Postulat der »Parteilichkeit« der Wissenschaft in Frage gestellt, das ein zentrales Abgrenzungskriterium gegenüber der »bürgerlichen« Literaturwissenschaft darstellt. Die historische Rekonstruktion, so mahnt daher Siegfried Streller, habe »an und für sich keine Berechtigung [...], wenn nicht dahinter eine im weitesten Sinne wichtige aktuelle Fragestellung steht«.[205] Nicht zu rechtfertigen sei, so auch Wolfgang Stellmacher, der »geplante Verzicht darauf, die heutigen Aneignungs- und Wirkungsmöglichkeiten der großen Werke des Erbes zum Gegenstand wissenschaftlicher Arbeit zu machen«.[206] Um den Gegenwartsaufgaben gerecht zu werden, müsse es Ziel der Literaturwissenschaften sein,

> sich nicht auf die Erforschung dessen zu beschränken, was einmal gewesen ist, so grundlegend und unerläßlich dies auch ist, sondern gleichzeitig und darüber hinaus den in der Kontinuität des Geschichtsprozesses begründeten Reichtum zukunftsträchtiger Werte für die Entfaltung unserer eigenen Möglichkeiten zu verlebendigen.[207]

Die Angst vor einem weiteren Resonanz- und Legitimationsverlust der literaturwissenschaftlichen Klassik-Forschung ist deutlich spürbar.[208]

Auch wenn das Fach also bis in die 80er Jahre deutlich an Brechungsstärke gewinnt und fachinterne Logiken eine zunehmend größere Rolle spielen, so lässt sich eine völlige Abkopplung des disziplinären Klassikdiskurses von den gesellschaftspolitischen Forderungen und Förderungen bis zum Ende der DDR nicht ausmachen. Als marxistisch-leninistische Gesellschaftswissenschaftler sehen sich führende Germanisten weiterhin gezwungen, ihre Argumentationen auch auf die Erwartungen des »gesellschaftlichen Auftraggebers« zu beziehen und Strömungen innerhalb des Faches entgegenzuwirken, die eine Orientierung an fachexternen Logiken gänzlich vermissen lassen und/oder gar der kulturpolitischen Ausrichtung entgegenstehen.

---

204 Hans-Günther Thalheim in: ebd., 598.
205 Siegfried Streller in: ebd., 601.
206 Wolfgang Stellmacher in: ebd., 601.
207 Hans-Günther Thalheim in: ebd., 607.
208 Vgl. z.B. auch die Ausführungen Siegfried Strellers, der sich über die Stellung des Literaturhistorikers in der literarischen Öffentlichkeit Gedanken macht und fragt, wie die Forschungsergebnisse bei aller notwendigen Spezialisierung trotzdem öffentlichkeitswirksam präsentiert werden können (ebd., 614f.).

13. Der Romantik-Diskurs in der literaturwissenschaftlichen Germanistik der DDR

13.1 Das Romantik-Verdikt der Ära Ulbricht

Auch im Romantik-Bild der literaturwissenschaftlichen Germanistik der DDR sind bis zum Ende der 80er Jahre deutliche Differenzierungsprozesse auszumachen. Im Unterschied zur Klassik geht es jedoch hier nicht um ein Aufbrechen einer »Höhenkamm-Ideologie«, sondern um die allmähliche Aufwertung einer zunächst als »reaktionär« abgewerteten Literaturströmung. Dieses Romantik-Verdikt, das die literaturwissenschaftliche Germanistik bis in die 70er Jahre hinein prägt und das einen Bruch darstellt mit der positiven Bewertung der Romantik durch die »bürgerliche« Literaturwissenschaft, steht dabei im Einklang mit den kulturpolitischen Verlautbarungen. Die Argumentationsweisen, mit denen die Romantik abgewertet wird, lehnen sich dabei an die Traditionen »linker« Romantik-Kritik und vor allem an die Lukács'schen Deutungsmuster an. Rückblickend konstatiert Claus Träger:

> Es war [...] - darüber besteht Einigkeit - Georg Lukács, der die Vorstellung von der deutschen Romantik als eines kohärenten Reaktionswerks systematisch ausgebaut hat, während differenziertere Ansätze - wie etwa die Lunatscharskis - für Deutschland nicht zum Tragen gekommen sind [...]. Lukács' Konzeption, mit dem Gewicht einer hundertjährigen Tradition beladen, war in der DDR eine geradezu uneingeschränkte Wirkung beschieden.[1]

So steht die Romantik, die unter Berufung auf Lukács und unter Rückgriff auf antiromantische Urteile Goethes, Heines und Mehrings als »Zurücknahme der gesamten Aufklärungsbewegung, ja selbst der Renaissance und der Reformation« verdammt wird,[2] auch für die germanistische Literaturwissenschaft der DDR im Dienste des Imperialismus. Mit ihrer angeblichen Weltabgewandtheit, ihrem Obskurantismus, Mystizismus, Irrationalismus und Subjektivismus habe die »reaktionäre« Romantik

> jene Elemente der deutschen Gesellschaft [gestärkt], die einer freieren bürgerlich-kapitalistischen und demokratischen Entwicklung im Wege standen. In einer Periode, da alle Wege zum Kapitalismus führten [...], mußte die romantische Ideologie notwendigerweise zu einer Apologie des miserablen, antirevolutionären, antidemokratischen, deutschen Weges der Kapitalisierung werden.[3]

---

1 Träger 1984, 15f.

2 Geerdts (Hg.) 1965, 279. Siehe auch Werner u.a. 1964, 97: »Allen Romantikern gemeinsam ist die Feindschaft gegenüber wichtigen Tendenzen der Aufklärung.«

3 Kaufmann 1955, 27.

Vor allem Novalis erscheint mit seinem programmatischen Aufsatz »Die Christenheit oder Europa« als Inbegriff der Reaktion,[4] aber auch anderen romantischen Dichtern wie Friedrich Schlegel,[5] Joseph Görres oder Clemens von Brentano wirft man eine »ideologische[] Verklärung der Reaktion«[6] und ein Herabsinken der romantischen Theorie »zur katholischen Propaganda und zur Unterstützung Metternichs« vor.[7] Die Abwertung der Romantik gipfelt in dem auch von Lukács vorgebrachten Vorwurf, die Romantik habe »die Vernunft zerstört«[8] und damit letztlich gar den Faschismus begünstigt:

> Von reaktionären Philosophen wurde und wird ›das Romantische‹, Irrationalismus und Mythos, ›Innerlichkeit‹ und Apolitik, sprich: Antidemokratie, für das eigentliche Wesen unseres Volkes, für ›das Deutsche‹ ausgegeben, was uns vor anderen Völkern auszeichne. Befangen in solchen Anschauungen, wurden Generationen deutscher Intellektueller zu Verteidigern und Mitläufern einer militaristischen Gewaltpolitik schlimmster Art oder standen ihr zumindest wehrlos gegenüber. Die radikale, die Sache an der Wurzel fassende Kritik der deutschen Romantik ist darum ein wichtiger Abschnitt in der kritischen Sondierung unseres Erbes.[9]

In *Deutsche Literatur im Überblick* heißt es:

> [Die Romantik] hat Chauvinismus und ideologische Reaktion unterstützt und kann heute noch zur Rechtfertigung dekadenter Kunst herhalten. Die Neigung vieler Deutscher, vor der Notwendigkeit politischen Handelns in eine tiefsinnige Innerlichkeit zu flüchten, hat sie in unheilvoller Weise gefördert.[10]

In Beiträgen über die Klassiker gehört es daher gleichsam zum »Pflichtprogramm«, auf ihre grundlegende Opposition zur romantischen Bewegung zu verweisen. So werden etwa Goethes *Wahlverwandtschaften* als eine »antiromantische Dichtung« präsentiert,[11] als *»die erste deutsche poetische Polemik gegen jene Züge der Romantik, die wir als gefährliche Vorwegnahme späterer Dekadenz zu erkennen haben«*,[12] oder es wird daran erinnert, »wie scharf sich Schiller gegen das Aufkommen des romantischen Subjektivismus in der Kunst und Literatur ausgesprochen hatte«.[13] Desgleichen wird auch Heines Opposition zur Romantik stets lobend hervorgehoben.[14] Resonanzkalkulierend auf die Gegen-

---

4 Siehe Träger 1961a; siehe auch Werner u.a. 1964, 101.
5 Zur Schlegel-Rezeption in der literaturwissenschaftlichen Germanistik der DDR siehe vor allem Pötsch 1996.
6 Werner u.a. 1964, 100.
7 Ebd., 107.
8 Vgl. Lukács 1954.
9 Kaufmann 1955, 31f.
10 Werner u.a. 1964, 108.
11 Geerdts 1958, 20.
12 Ebd., 185. Hervorhebung im Original. Wie resonanzträchtig Geerdts' Herausarbeitung der Distanz Goethes zu den Romantikern ist, zeigt die Rezension Ursula Wertheims, die es als »Hauptverdienst« des Verfassers herausstellt, Goethes Verteidigung klassischer Positionen gegen die Romantik im Roman »ausführlich und überzeugend« demonstriert zu haben (Wertheim 1959, 109).
13 Geerdts 1958, 20.

wartsrelevanz der eigenen kritischen Auseinandersetzung mit der Romantik verweisend,[15] inszeniert man nicht nur den Bruch mit den »reaktionären« und »präfaschistischen« Tendenzen der Romantik, sondern auch mit den Traditionen der »bürgerlichen« Romantikforschung, die nach dem Ersten Weltkrieg verstärkt unter ideologischen Vorzeichen eingesetzt habe und zur Avantgarde einer faschistoiden Wissenschaft geworden sei.[16]

Positivere Bewertungen erfahren einzig und allein jene Dichter der Spätromantik, denen bereits Lukács ein größeres Maß an »Realismus« zugebilligt hatte und die dadurch von der »eigentlichen« Romantik abgehoben seien, nämlich Eichendorff und E.T.A. Hoffmann.[17] Letzterer habe beispielsweise in späten Werken wie dem *Meister Floh* oder dem *Kater Murr* »seine Märchenkunst zu satirischen Angriffen auf die feudale Kleinstaaterei und die Demagogenverfolgung [verwandt]«[18] und Satiren verfasst, die im 19. Jahrhundert viele Nachfolger gefunden hätten: »So beginnt in der Spätromantik eine spezifisch deutsche realistische Kunst der Erzählung [...].«[19] Eichendorff wird – ganz in der Tradition Lukács' und bisweilen mit direktem Bezug zu ihm – einem »romantischen Antikapitalismus« zugeschlagen, durch den er sich von »reaktionären« Romantikern wie Schlegel oder Novalis abgehoben habe.[20] Dies macht ihn durchaus zu einem legitimen, letztlich aber dennoch nicht besonders resonanzträchtigen Gegenstand wissenschaftlicher Forschungen.[21] Zudem würdigt man in der Tradition Heines die Leistungen einzelner Romantiker wie Clemens von Brentano oder Ludwig Achim von Arnim aufgrund ihrer Verbundenheit zur deutschen Volksliteratur und den »volkstümliche[n] Traditionen unserer Literatur«.[22] Auch wenn man vor den »sozial reaktionären Zügen« der entstehenden nationalen Volksbewegung warnt,[23] so gesteht man der Romantik doch zu, dass »von ihr bis heute wichtige Impulse ausgegangen [sind], vor allem dort, wo es um die Traditionen der Volkskunst ging.«[24] Diese »progressiven« Elemente innerhalb der romantischen Strömung sind auch der Grund dafür, dass bis zur Einführung des »sozialistischen Bildungssystems« 1965 vereinzelte Texte von Romantikern in den Lesebüchern der DDR-Schulen geduldet werden.[25]

---

14 Vgl. Kaufmann 1955a, 5.

15 So heißt es beispielsweise bei Hans Kaufmann: »Die Bedeutung des Kampfes, den Heine gegen die Romantik führte, geht über den Bereich des bloß literarhistorischen, speziell fachlichen Interesses weit hinaus. Seine Streitschrift gegen die romantische Schule ist ein wichtiger, höchst aktueller Beitrag zu einer umfassenden Demokratisierung aller Gebiete des gesellschaftlichen Lebens in Deutschland« (Kaufmann 1955, 31).

16 Siehe z.B. Hans Kaufmanns Kritik an der »reaktionäre[n] Literaturgeschichtsschreibung« und ihrer Romantik-Rezeption, die »eine wesentliche Rolle bei der Herausbildung einer gegenrevolutionären deutschen Ideologie gespielt hat und noch spielt« (ebd., 31). Vgl. auch Hoffmeister 1994, 190.

17 Von beiden Autoren erscheinen bereits in den 50er Jahren Werkausgaben, herausgegeben von Claus Träger (Eichendorff 1957) und Hans Mayer (E.T.A. Hoffmann 1958). 1955 erscheint *Joseph von Eichendorff - Ein Lesebuch für unsere Zeit*, hg. von Manfred Häckel (Eichendorff 1955). Zum 100. Geburtstag Eichendorffs im November 1957 werden eine Reihe von Würdigungen publiziert; der Aufbau-Verlag veröffentlicht 1962 eine dreibändige Werk-Ausgabe mit Einleitung und Kommentar von Manfred Häckel (Eichendorff 1962). Siehe auch Geerdts (Hg.) 1965, 305; sowie Werner u.a. 1964, 103 und 109. Zum »Realismus« E.T.A. Hoffmanns siehe exemplarisch Köpp 1966.

18 Werner u.a. 1964, 108f.

Die allgemeine Verurteilung der Romantik durch Lukács sowie seine historische Konzeption von der Romantik als »Wendung in der deutschen Literatur«[26] bzw. seine pauschale Gegenüberstellung von »progressiver Klassik« vs. »reaktionärer Romantik«[27] bleiben bis zum Ende der 60er Jahre, oftmals noch bis in die 70er Jahre hinein diskursiv hegemonial. Zwar deuten sich - ähnlich wie bei der Klassik - bereits am Ende der Ära Ulbricht vorsichtige Umwertungen im Romantik-Verständnis an, doch über weite Strecken dominiert das tradierte Urteil über die »im ganzen rückwärtsgewandt[e]« Ro-

---

19 Ebd., 109. Uneingeschränkte Würdigung kann jedoch auch Hoffmann in Zeiten der grundlegenden Romantik-Verurteilung nicht erfahren. So bemüht sich Hans-Georg Werner in seiner Arbeit über Hoffmann - übrigens die einzige Monographie in der Ära Ulbricht, die einem einzelnen Romantiker gewidmet ist -, nicht den Eindruck zu erwecken, die »Schattenseiten« der Romantik bzw. Hoffmanns zu verklären. Positive und negative Urteile halten sich in seinem weitgehend textnah und argumentativ verfassten Buch die Waage. So wird Hoffmann »künstlerische Größe« attestiert (Werner 1962, 54); er erscheint als »glänzender Satiriker« (ebd., 187) und bisweilen scharfer Gesellschaftskritiker (vgl. ebd., 186), der »[e]inzelne Elemente der Wirklichkeit [...] mit minutiöser Treue und einer gelegentlich geradezu überwältigenden Gabe, das Vorgestellte zu veranschaulichen«, gestaltet habe (ebd., 192). Vehement wird Hoffmann in Schutz genommen gegen die These Shdanows, der den Dichter einen der »Begründer der Dekadenz und des Mystizismus der aristokratischen Salons« nannte (Shdanow 1951, 22), dürfe man doch weder aus der Wirkungsgeschichte eines Werkes auf dessen Charakter schließen noch übersehen, dass Hoffmann auch russische revolutionäre Demokraten oder Balzac beeinflusst habe (vgl. Werner 1962, 191). Gleichzeitig zieht Werner jedoch gegen die positiven Urteile Lukács' und Mayers ins Feld. Keinesfalls sei Hoffmans Kritik am Philistertum gleichzusetzen mit der adäquaten Darstellung der »wesentlichen Entwicklungstendenzen der Periode«, wie Lukács dies behauptet habe (ebd., 191). Hoffmanns »dualistisches Weltbild, seine mythische Deutung des Geschichtsverlaufs, seine fatalistischen Anschauungen, sein gelegentlicher Irrationalismus« hätten einer realistischen Gestaltung menschlicher und gesellschaftlicher Schicksale entgegengewirkt (ebd., 192f.). Daher sei der Versuch, Hoffmann »bis zu einem gewissen Grade aus der Romantik herauszulösen«, zurückzuweisen (ebd., 27): »Zwar mehren sich während der letzten Lebensjahre Hoffmanns in seinen Dichtungen diejenigen Züge, die über die Romantik hinausweisen; doch mit gewissen Grundvorstellungen der Romantik hat er nie gebrochen« (ebd., 28).

20 Dieses Deutungsmuster findet sich z.B. bei Häckel 1955, z.B. 41–43. Die Anerkennung für die Leistungen Eichendorffs nimmt bisweilen gar die Züge pathetischer Verehrung an: »Wir lieben Eichendorff, weil er selbst die Menschen liebte, die Tiere, Blumen und Bäume, seine deutsche Heimat, die deutsche Kultur, weil er die Schönheit liebte und das Licht. Wir ehren ihn als den unermüdlichen Streiter gegen Enge, Dumpfheit, Borniertheit, gegen den deutschen Philister. Wir ehren seine Geradheit und Redlichkeit« (Friederici 1962, 100f.). Das für lange Zeit dominierende, von Lukács geprägte Eichendorff-Bild wird von Springer folgendermaßen umrissen: »Eichendorff ist demnach ein reaktionär bornierter Katholik, der aus seiner Religiosität allerdings eine ehrlich-anständige Charakterfestigkeit gewinnt, die ihn vor allen romantischen ›Exzessen‹ - übersteigerte Subjektivität, Auflösung der Kunst, ästhetische Sektiererei, übertriebene Ironie, Kult von Nacht und Tod, Dekadenz und Verherrlichung des Müßiggangs - bewahrt. Wenngleich die romantische Sehnsucht auch bei ihm zentral ist, so weiß er doch zwischen Traum und Lebenswirklichkeit zu unterscheiden. Das erlaubt ihm, mit dichterischer Distanz das romantische Sehnsuchtsmotiv in volkstümlich eingängiger Weise zu gestalten. Diese Distanz ist aber nicht die der romantischen Ironie. Um die Eichendorffsche Lyrik von dieser und anderen ästhetischen ›Spielereien‹ abzuheben, werden ihr immer wieder die Epitheta ›echt‹ und ›tief‹ zugesprochen. Die Dichtungen, in denen diese Gestaltungskraft vernommen werden kann, gehören auch weiterhin zum Bestand des kulturellen Erbes« (Springer 1995, 246).

mantik.[28] In den beiden Literaturgeschichten von 1965 finden sich die bekannten Abwertungsurteile gegenüber ihrem »gefährlichen Weg«:[29] »Feindschaft gegenüber wichtigen Tendenzen der Aufklärung«[30] bzw. »Zurücknahme der gesamten Aufklärungsbewegung«,[31] »Gegensatz zu Schiller und Goethe«,[32] Bruch mit der »fortschrittlichen« Literatur der Klassik,[33] unhistorische Verklärung der Vergangenheit,[34] »hohler Individualismus«,[35] »ideologische[] Verklärung der Reaktion«,[36] Stütze des Absolutismus,[37] »katholische[] Propaganda«,[38] »dürre Unterstützung des Feudalismus«,[39] Absage an den gesellschaftlichen Auftrag der Kunst,[40] Flucht in idealistisch-religiöse Gedanken[41] etc.

Gewiss, bereits zu Beginn der 60er Jahre gibt es Versuche, zu einer differenzierteren Romantik-Sicht zu gelangen. Das Institut für deutsche Literaturgeschichte an der Universität Leipzig veranstaltet im Juli 1962 eine wissenschaftliche Tagung über Fragen der Romantik-Forschung, auf der Hans Mayer und der Romanist Werner Krauss für eine Neubewertung romantischer Literaturströmungen eintreten.[42] Mayer kritisiert die Lukács'sche Verurteilung der Romantik als Zurücknahme der Aufklärungsbewegung scharf. Diese sei letztendlich »unmarxistisch«, denn Marx habe im Gegensatz zu Lukács nicht übersehen,

---

21 So stellt Martin Hollender fest: »Es erschien keine Biographie, keine Dissertation, die sich ausschließlich Eichendorff gewidmet hätte, die Aufsätze zu Eichendorff mit wissenschaftlichem Anspruch in germanistischen Fachzeitschriften machen, selbst über Jahrzehnte summiert, kein halbes Dutzend aus, der westdeutschen Forschung der schon vor dem Zweiten Weltkrieg begonnenen Historisch-Kritischen Ausgabe der Werke Eichendorffs wurde nicht, wie es etwa mit der Säkularausgabe der Werke Heines versucht wurde, aus Konkurrenzgründen eine kritische DDR-Edition gegenüber- bzw. entgegengestellt, die Laudationes zu Eichendorff-Gedenkjahren erfüllen nicht sehr viel mehr als ein Pflichtprogramm, sie wirken zumeist lustlos, fast gequält und handeln nebenher gerne noch andere Sujets ab, als dasjenige, dem sie sich doch verpflichtet hatten« (Hollender 1997, 315). Zur Eichendorff-Rezeption in der DDR siehe bes. Kapitel 7: Die Eichendorff-Vereinnahmung in der DDR, 309–339.

22 Kaufmann 1955, 23.

23 Werner u.a. 1964, 103.

24 Ebd., 108.

25 Klausnitzer 2002, 172.

26 Lukács 1947.

27 Vgl. ebd., 53.

28 Geerdts (Hg.) 1965, 284.

29 Werner u.a. 1964, 101.

30 Ebd., 97.

31 Geerdts (Hg.) 1965, 279.

32 Werner u.a. 1964, 97.

33 Vgl. Geerdts (Hg.) 1965, 279.

34 Vgl. ebd., 279.

35 Werner u.a. 1964, 99.

36 Ebd., 100.

37 Vgl. Geerdts (Hg.) 1965, 280.

38 Werner u.a. 1964, 107.

39 Ebd., 107.

40 Vgl. ebd., 98

41 Vgl. ebd., 98; Geerdts (Hg.) 1965, 282.

42 Siehe dazu auch Bachmann 1988, 207–212.

> daß die Romantiker gerade in der Entwicklung des historischen Denkens in Deutschland einen nicht unwesentlichen Fortschritt gegenüber den Aufklärungskategorien bedeutet haben, oder besser: *daß bestimmte wissenschaftliche Prinzipien der Aufklärung, und damit der bürgerlichen Emanzipation, nicht durch die deutsche Klassik, sondern durch die erste romantische Schule weitergeführt wurden.*[43]

Auch gebe es eine »relative geschichtliche Berechtigung bestimmter romantischer Grundpositionen gegenüber Goethe und auch gegenüber der bisherigen deutschen Aufklärung«,[44] die eine pauschale Verurteilung der Romantik nicht zulasse. Die schroffe Antithetik von »progressiver Klassik« und »reaktionärer Moderne«, die Mayer in den 50er Jahren selbst noch stützte,[45] müsse daher grundlegend infrage gestellt werden, auch wenn es gewiss »an sich« berechtigt sei, in Goethe den Höhepunkt bürgerlicher Dichtung zu sehen.[46] Die Bewegung der Romantiker sei in sich viel zu widersprüchlich gewesen, als dass man ein pauschales Urteil fällen könne.[47]

Auch der Romanist Werner Krauss kritisiert Lukács' pauschale Verurteilung der Romantik als Reaktionsbewegung. Gewiss habe Lukács' »grob antithetisches Verfahren« seine historische Berechtigung gehabt.[48] Um überhaupt den »Ariadnefaden in der deutschen Literaturentwicklung« finden zu können, um »dem Bedürfnis der ersten Stunden« gerecht zu werden, habe es der »Schwarz-Weiß-Malerei« bedurft:[49] »Es ist aber unumgänglich, daß wir uns von solchen Einseitigkeiten befreien und daß wir uns der Verpflichtung einer vertieften Verantwortung gegenüber dem kulturellen Erbe nicht entziehen.«[50] Eine Verbindung zwischen französischer Aufklärung und deutscher Romantik herstellend, sieht Krauss in der romantischen Bewegung ebenfalls progressive Momente.

Diesen Versuchen, die Romantik insgesamt differenzierter zu betrachten und die Lukács'sche Binäropposition »fortschrittliche Klassik« vs. »reaktionäre Romantik« zu durchbrechen, wird in den *Weimarer Beiträgen* vehement entgegengetreten, indem die angestrebte Aufwertung der Romantik im Bericht über die Romantik-Konferenz als »problematisch und undurchführbar« zurückgewiesen wird.[51] Die Autoren des Ta-

---

43 Mayer 1963, 293f. Hervorhebungen im Original. Darüber hinaus soll nicht nur Marx als »Absicherung« der Mayer'schen Thesen dienen, sondern als Autoritätsbeweis werden auch »[n]euere sowjetische Forschungen« angeführt, die »zu einer wesentlich differenzierteren und damit auch historisch gerechteren Beurteilung der romantischen Bestrebungen« gelangt seien (ebd., 295).

44 Ebd., 293.

45 Mayer 1957f, 180.

46 Mayer 1963, 293.

47 »Weil beides von Anbeginn an bei ihnen enthalten war, Weiterführung der bürgerlichen Emanzipationsbewegung *und* Protest gegen die Phase von Thermidor, Direktorium und Bonapartismus, war beides auch als Nachwirkung möglich: romantische Ästhetik als mächtige Anregerin national-literarischer Emanzipationen im Zeichen einer ›revolutionären Romantik‹ *und* romantische Restauration eines Chateaubriand, romantischer Pietismus des späten Friedrich Schlegel, romantische Ständestaatslehre Adam Müllers. Widersprüche über Widersprüche. Fragen über Fragen« (ebd., 305).

48 Krauss 1980, 178.

49 Ebd., 178.

50 Ebd., 178.

51 Hammer/Poschmann/Schnuchel 1963, 181.

gungsberichts bemühen sich, in Abgrenzung vor allem zu den Positionen Hans Mayers das Bild einer »reaktionären Romantik« nachhaltig zu festigen:

> Der Versuch Mayers, die Romantik einseitig von den positiven Aspekten her zu sehen, konnte nicht überzeugen. Die echte historische Durchdringung des Problems der Romantik hätte erfordert, den Nachweis des Reaktionären in dieser Bewegung schon in die Konzeption der Tagung einzubeziehen. Erst in der Schlußeinschätzung kam Mayer auch auf die negativen Tendenzen und Auswirkungen der Romantik zu sprechen: Zweifellos bedeutet die Romantik eine Zurücknahme der Positionen der Aufklärung und der Klassik (Aufgabe der materialistischen Position, Umbiegung der dialektischen Probleme in formaldialektische, Zurücknahme des klassischen Realismus). Ihre Folgen für die bürgerliche Ideologie waren unabsehbar: der Gegensatz zwischen Innenwelt und Außenwelt, Notwendigkeit und Freiheit, die Flucht in die innere Emigration, die Wendung auf den inneren Menschen, der Aristokratismus und Esoterismus, die Lehren eines klerikal-dynastischen Ständestandes (A. Müller) sind romantische Auswirkungen, die im historischen Zusammenhang untersucht werden müssen.[52]

Ein offener Meinungsaustausch über die Thesen von Mayer und Krauss wird von offizieller Seite verhindert: Ihre Texte bleiben in der DDR ungedruckt.[53]

13.2 Diskontinuitäten und Kontinuitäten im Romantik-Bild ab der zweiten Hälfte der 60er Jahre

Die pauschale Verunglimpfung der romantischen Bewegung führt in der DDR dazu, dass eine wissenschaftliche Beschäftigung mit diesem Thema zunächst kaum erfolgt. Erst in der zweiten Hälfte der 60er Jahre beginnt man im Rahmen der Arbeit an einer marxistischen Literaturgeschichte, diese Defizite aufzuarbeiten.[54] 1967 erscheint nach langer Vorarbeit der Romantik-Band der Reihe *Erläuterungen zur deutschen Literatur*, der »erstmalig versucht, diese widersprüchliche Epoche der deutschen Literatur vom marxistischen Standpunkt zu interpretieren«.[55] Ein solcher »marxistischer Standpunkt« ist allerdings auch bei wohlwollender Begutachtung des Bandes nicht zu entdecken: Biographisches, Literatursoziologisches, Geistesgeschichtliches und Interpretatorisches

---

52 Ebd., 181f.

53 Vgl. Klausnitzer 2002, 186.

54 Siehe in diesem Zusammenhang Haase 1970, 200f., wo die Romantik als ein Beispiel für eine Literaturepoche angeführt wird, die bislang von der marxistischen Literaturgeschichtsschreibung vernachlässigt worden und erst im Rahmen der Konzeption der *GdL* ins Blickfeld geraten sei. Siehe auch Träger 1968, 175: »Zwar sind wir im Besitz einer Fülle von Romantikinterpretationen, d.h. ideologischer Verwertungen, aber darum nur um so weniger im Besitz der Romantik selber. Sie ist, genau genommen, noch nicht wissenschaftlich angeeignet. Gemessen an der allgemeinen Verbindlichkeit und Anerkennung, die den Ergebnissen etwa der internationalen Aufklärungsforschung oder den Untersuchungen zur europäischen Vormärzliteratur anhaftet, ergeht sich die Forschung hier allerwärts noch auf weiterhin unsicherem Terrain.«

55 Kollektiv für Literaturgeschichte im volkseigenen Verlag Volk und Wissen (Hg.) 1967, 6.

scheint gänzlich unverbunden nebeneinander zu stehen.[56] Auch dem Anspruch, die romantische Strömung »so differenziert wie möglich zu analysieren, die historischen Gesetzmäßigkeiten herauszuarbeiten und die bleibenden Leistungen der Romantiker zu würdigen«,[57] können die Herausgeber nicht gerecht werden. Letztlich dominiert das Lukács'sche Urteil von der »reaktionären« Romantik als »Wendung in der deutschen Literaturgeschichte«, die den »progressiven« Literaturströmungen (vor allem der Klassik) entgegengesetzt wird,[58] und man ordnet die Romantik weiterhin in die »Vorgeschichte« der spätbürgerlich-dekadenten Literatur ein.[59] In Dahnkes Einleitung zur Frühromantik, die wie die Romantik überhaupt den Charakter einer »krisenhaft-regressiven Bewegung« zeige,[60] finden sich einmal mehr die bekannten Abwertungsstereotype: Praxisferne, Apolitismus/Ahistorismus, Eklektizismus, fehlende Verbindung zu bestimmten sozialen Schichten, Subjektivismus, geistiger Elitekult oder reaktionäre Geisteshaltung.[61]

Auch wenn der *Erläuterungen*-Band weiterhin an einer vorwiegend negativen Einschätzung der Romantik festhält und tradierte Abwertungsstereotype reproduziert, setzen im Rahmen der wissenschaftlichen Auseinandersetzung mit der Romantik ab der zweiten Hälfte der 60er Jahre doch deutliche Aufwertungsprozesse ein.[62] So distanziert sich Claus Träger in seinem deutlich von Werner Krauss beeinflussten Beitrag über die »Ideen der französischen Aufklärung in der deutschen Romantik« von jener sich von Heine und den Junghegelianern bis zu Lukács erstreckenden »linken« Romantikverfemung.[63] Entgegen seinem Beitrag von 1961[64] betont Träger jetzt die Verbindung von Aufklärung und Romantik, selbst bei Novalis, der sich in seiner Staatsphilosophie bemüht habe, »das von der Revolution erzeugte *moderne* Staatsbewußtsein mit den deutschen Verhältnissen auszusöhnen«.[65] Auch Hans-Dietrich Dahnke revidiert in ei-

---

56 Dieser Eindruck ist kaum verwunderlich, bedenkt man, dass das gesamte Buch aus Texten von mehr als zwanzig verschiedenen Autoren besteht, deren Beiträge von der Redaktion gleichsam zusammengeflickt wurden. So besteht beispielsweise das Eichendorff-Kapitel aus Texten von Manfred Häckel, Claus Träger, Horst Lammers, Gerhard Schneider sowie Ilse Nitsche. Selbst ein »bürgerlicher« Literaturwissenschaftler wie Leopold Magon ist unter den Autoren des Bandes, so dass ein durchgehaltener »marxistischer Standpunkt« kaum erwartet werden kann.

57 Kollektiv für Literaturgeschichte im volkseigenen Verlag Volk und Wissen (Hg.) 1967, 6.

58 »Die Romantik erwies sich [...] als unfähig, die Widersprüche des Lebens realistisch zu bewältigen; sie konnte nur subjektive Reaktionen auf empirisch erfaßte Erscheinungen widerspiegeln oder regressive Lösungen anbieten. Der Realist Goethe befand sich mit seinem Glauben an den Fortschritt der Menschheit und mit seiner Anschauung vom Verhältnis der Kunst zur Wirklichkeit auf diametral entgegengesetzten Positionen. In seinen künstlerischen Werken wird deutlich, daß für Goethe eine Fluchtreaktion nicht in Frage kam, daß er sich die Entfaltung des Individuums nur durch die schöpferische Tat innerhalb der Gesellschaft denken konnte und die Menschheit mit innerer Notwendigkeit zu immer höheren, vollkommeneren Stufen führt. Für Goethe blieb die Kunst ein Mittel, die objektive Gesetzmäßigkeit der menschlichen Entwicklung zu erfassen; in seinem künstlerischen Schaffen gab es keinen Raum für Agnostizismus und Subjektivismus [...]. Goethes Verteidigung und Weiterentwicklung der progressiven bürgerlichen Traditionen gegenüber der Romantik haben eine maßgebliche Bedeutung für die deutsche Nationalliteratur erlangt; sie halfen in hohem Maße bei der Überwindung der Romantik und boten die Gewähr dafür, daß die große realistisch-humanistische Traditionslinie unserer Literatur nicht abriß« (ebd., 241f.). Vgl. auch ebd., z.B. 5f. und 88.

59 Vgl. ebd., z.B. 6 und 88.

60 Ebd., 83.

nem Beitrag über August Wilhelm Schlegel seine fundamentale Romantik-Kritik des *Erläuterungen*-Bandes. Selbst wenn die grundlegende Überlegenheit der Weimarer Klassik von Dahnke nicht in Frage gestellt wird, so habe doch »eine pauschale Entgegensetzung von Klassik und Romantik bisher oftmals den Blick für Differenzierungen getrübt«.[66] Für die germanistische Literaturwissenschaft müsse es daher darum gehen, Klassik und Romantik »in ihrer intensiven Verknüpfung und Wechselwirkung« zu sehen: »Eine absolute Antinomik, eine unhistorische Alternative ist durchaus fehl am Platze, weil sie das Verständnis des wirklichen Prozesses nicht fördert, sondern hemmt.«[67]

Wie differenziert man bereits zu Beginn der 70er Jahre bisweilen mit der Romantik umgeht, zeigt der umfangreiche Beitrag Hans-Georg Werners zur »Erzählkunst im Umkreis der Romantik (1806–1815)«, der in zwei Teilen in den *Weimarer Beiträgen* erscheint.[68] Platte politische Verurteilungen der Romantik finden sich hier nicht mehr; bereits der Titel des Aufsatzes (Erzähl*kunst*) bezeugt die Wertschätzung, die den romantischen Autoren entgegengebracht wird. Auch wird sehr viel genauer zwischen unterschiedlichen Strömungen innerhalb der romantischen Bewegung oder ihrem jeweiligen Beitrag zur Entwicklung einzelner Gattungen unterschieden. Im Verlauf der 70er Jahre bekommt die Romantik-Forschung in der DDR schließlich einen deutlichen Schub, und es kommt zu weiteren Differenzierungs- und Aufwertungsprozessen. Die Lukács'sche Gegenüberstellung von Klassik und Romantik wird nun als »unhaltbar« dargestellt; sie halte »keiner etwas tieferdringenden Analyse stand«:[69]

---

61 Vgl. ebd., 82 und 89. Siehe auch Dahnke 1971, 63: Die Entwicklung der Frühromantik habe »immer tiefer in Widersprüche und Fehlleistungen hinein[geführt] und endete mit politisch und sozial, weltanschaulich und ästhetisch reaktionären Konsequenzen«. Vorgeworfen werden den Romantikern »prinzipielle[] Abwendung von der gesellschaftlichen Wirklichkeit schlechthin« (ebd., 63), »Feindschaft gegen die Wirklichkeit« (ebd., 63), »Antigesellschaftlichkeit« und »Antirealismus« (ebd., 63), »Apologie vorkapitalistischer, feudaler Verhältnisse« (ebd., 49f.) oder »feudalklerikale[] Parteinahme« (ebd., 64). Ähnlich deutlich erfolgt die Abwertung spätromantischer Strömungen im Abschnitt des *Erläuterungen*-Bandes über »Die deutsche Romantik zwischen dem Untergang des ›Heiligen römischen Reiches deutscher Nation‹ und der Gründung des ›Deutschen Bundes‹«: »Die spätromantische Literatur trug nicht nur durch ihre Tendenzen zum militanten Katholizismus und zum Irrationalismus dazu bei, die während der Befreiungskriege erwachten Volksmassen wieder geistig zu entmachten und von revolutionären Aktionen abzulenken; sie, die den bürgerlichen und werktätigen Menschen pauschal als Spießer oder Philister verachten zu können glaubte, leistete in Wirklichkeit ihren eigenen, nicht zu unterschätzenden Beitrag zur Entwicklung gerade des mit allem zufriedenen, sich auf sein enges Dasein beschränkenden, biederen Spießbürgers, der eine verhängnisvolle Rolle in unserer Geschichte gespielt hat« (Kollektiv für Literaturgeschichte im volkseigenen Verlag Volk und Wissen [Hg.] 1967, 239f.).

62 Dies sei gegenüber Klaus Peter bemerkt, der Veränderungen im Romantik-Bild erst Mitte der 70er Jahre ausmacht (Peter 1980, 26).

63 Vgl. Träger 1968a, 176.

64 Träger 1961a.

65 Träger 1968a, 177.

66 Dahnke 1968a, 787.

67 Ebd., 794.

68 Werner 1971a.

69 Werner 1977, 22.

> Wenn man auf die reaktionäre Rolle des alten Friedrich Schlegel, von Gentz und Adam Müller hinweist, darf man den politischen Konservatismus des alten Goethe ebenso wenig vergessen wie die Tatsache, daß von der Romantik auch viele Wege zur politischen Opposition des Vormärz führten, etwa über Chamisso, W. Müller, Heine, die Burschenschaftler.[70]

Deutlich distanziert man sich von der Konstruktion einer einseitigen Aufstiegslinie von der Aufklärung bis zum Vormärz, »die nicht nur die Romantik mehr oder weniger pauschal in das Lager der Reaktion und des Antirealismus verbannte, sondern die inneren Widersprüche in Aufklärung, Klassik und Vormärz zugunsten ihrer positiven Seiten verkleinerte oder glättete«.[71]

Wenn man sich mit der Romantik beschäftige, so Hans-Georg Werner, dürfe man nicht übersehen, dass von den Romantikern »weiterwirkende Impulse auf das geistige und literarische Leben des 19. und 20. Jahrhunderts«[72] ausgegangen seien:

> Sie forderten und stützten keineswegs nur reaktionäre Ideologie. Zum Beispiel hat die Romantik der literarischen Kapitalismus-Kritik ebenso neue Möglichkeiten erschlossen, wie sie in neue Bereiche der Individualpsychologie vorgestoßen ist und neue Seiten des Verhältnisses zwischen Individuum und Gesellschaft aufgedeckt hat. [...]
> Berücksichtigt man diese Tatsachen, erscheint es nötig, die deutsche Romantik als einen historisch-kulturell notwendigen Faktor in einem zutiefst widerspruchsvollen Geschichtsprozeß zu begreifen und sie nicht einfach als eine reaktionäre Verirrung abzutun.[73]

Hervorgehoben werden nun das »*Ringen um das Problem der nichtentfremdeten Arbeit und einer ungefährdeten Ausbildung der menschlichen Individualität*«, das das romantische Denken geprägt habe, oder »das echt *Utopische* der romantischen Entwürfe zu einem lebenswerten Leben«.[74] Keineswegs sei die Romantik zuvörderst Apologie oder Legitimismus gewesen, sondern Opposition – trotz aller »apologetischen Selbstdeformation«, die im Verlauf ihrer Entwicklungsgeschichte zu beobachten gewesen sei.[75] Die Romantik habe in »der Auseinandersetzung mit der neuen weltgeschichtlichen Konstellation« eine »Fülle von eigenwertigen, fruchtbaren Entdeckungen und Eroberungen vollzogen. Das bezieht sich auf die Wirklichkeit selbst wie auch auf Mittel und Instrumentarien der Auseinandersetzung mit ihr«.[76] Als Ganzes stelle sie – historisch-logisch betrachtet –

> das ebenso eigenständige wie geistig vermittelnde Bindeglied dar zwischen der *vorrevolutionären* Kunst, das heißt der Kunst derjenigen Epoche, in der sich das Bürgertum zur Klasse formierte, und der nachrevolutionären, das heißt der bürgerlichen Gesellschaft selbst. Sie ist es deshalb wert, weder übersehen noch überhört zu werden.[77]

70 Ebd., 23.
71 Dahnke 1978, 6.
72 Werner 1977, 23.
73 Ebd., 23.
74 Träger 1981c, 282. Hervorhebungen im Original.
75 Träger 1980, 312.
76 Dahnke 1978, 15.
77 Träger 1981c, 295f.

»[D]as Phänomen der Romantik an eine einzige, womöglich die feudale Klasse zu knüpfen« oder »gar mit der ausschließlichen Vorstellung von Reaktion, Passivität oder Verfall zu behaften«, sei deshalb »vollkommen verfehlt, weil undialektisch«.[78]

Mit lange vorherrschenden Vorurteilen gegenüber der Romantik wird nun in weiten Teilen der literaturwissenschaftlichen Germanistik der DDR gebrochen.[79] So hebt beispielsweise Hans-Georg Werner in seinem umfangreichen Essay »Über die Modernität der literarischen Romantik in Deutschland« den »revolutionären Radikalismus« der Frühromantiker hervor, den man durchaus »mit der gleichzeitigen politischen Gesinnung Hölderlins« zusammensehen könne.[80] Friedrich Schlegel wird nun als zeitweiliger Vertreter eines »demokratisch formierten Republikanismus« vorgestellt,[81] und auch Novalis wird gegenüber dem Vorwurf der »reaktionären Weltflucht« in Schutz genommen und als Schriftsteller präsentiert, der »weltverändernd denken« wollte und einen »Drang zum Praktischen« verspürte.[82] Zähle man alle Romantiker auf, so würde nach Werner

> kein Name eines Dichters fallen, von dem zu sagen wäre, daß er sich mit der gegebenen Lebenswirklichkeit in Deutschland abzufinden bereit war und daß seine Texte der Versöhnung des Publikums mit dieser Wirklichkeit dienen sollten - daß sie es indirekt manchmal taten, ist keine Besonderheit der romantischen Literatur.[83]

Ebenso gilt es sich Werners Meinung nach, von der undifferenzierten Vorstellung zu verabschieden, es habe sich bei der Romantik um eine stark religiös geprägte Literaturströmung gehandelt.[84] Auch wird die Romantik gegenüber dem »tief eingefressenen Vorurteil«,[85] das Mittelalter verklärt zu haben, in Schutz genommen.[86] Und Werners Hallenser Kollege Hartung wehrt sich in den 70er Jahren vehement gegen die pauschale

---

78 Träger 1980, 328.

79 Siehe in diesem Zusammenhang auch den Band »Arbeiten mit der Romantik heute« (Hess/Liebers 1978), in dem bedeutende Beiträge zur Romantik von Künstlern und Wissenschaftlern wie Hans-Georg Werner, Claus Träger, Werner Mittenzwei, Norbert Krenzlin, Wolfgang Heise, Kurt Batt oder Anna Seghers vereint sind, die sich um eine ernsthafte Auseinandersetzung mit der Romantik jenseits pauschalisierender Aburteilungen bemühen.

80 Werner 1989, 13.

81 Ebd., 16.

82 Ebd., 21. Anlässlich Novalis' 200. Geburtstages 1972 sowie seines 175. Todestages 1976 erscheinen im *Neuen Deutschland*, im *Sonntag* und im *Morgen* schließlich eine Reihe von Artikeln (u.a. von Hans-Dietrich Dahnke und Claus Träger), die ihn »einer breiten Leserschaft vor allem unter dem Aspekt der Würdigung vorstellen« (Wilhelm 1980, 55).

83 Werner 1989, 23.

84 Aus der Hoch-Zeit der deutschen Romantik gebe es »eigentlich keine bedeutenden Dichtungen [...], die der religiösen Literatur zuzurechnen sind« (ebd., 25). »Die romantische Dichtung war keine Erbauungsliteratur. Sie nutzte kirchliche Symbole und religiöse Vorstellungen zu ihrem Zweck, nämlich den Menschen einem Absoluten, das ihr nur als Metaphysisches greifbar wurde, auszusetzen. Ihre Strategie verband eine weltanschaulich-abstrakte und sozial-praktische Tendenz« (ebd., 26).

85 Ebd., 26.

86 »In den romantischen Dichtungen erschien das Mittelalter nicht als ein Vorbild, nach dem sich die Zukunft prägen läßt, sondern als ein Kontrastbild, das zeigte, was nach romantischer Ansicht noch aussteht, der Moderne mangelte: Stärke der Nation, Buntheit der Welt, Zusammenhang des Lebens, kräftige Charaktere und abenteuerliche Schicksale« (ebd., 27f.).

Behauptung, die Romantik habe durch die »Zerstörung der Vernunft« den Faschismus begünstigt.[87]

Die lange Zeit gleichsam formelhaft immer wieder auftauchende Gegenüberstellung Goethes von »kranker Romantik« und »gesunder Klassik« wird nun uminterpretiert: Goethe habe lediglich davor warnen wollen, dass die Kunst der Romantiker einer »krank« gewordenen Zeit anheimfallen könne.[88] Ja, Goethe wird sogar zum Vorläufer eines differenzierten Romantik-Bildes stilisiert: Schon Goethe habe die Zwiespältigkeit der Romantik bemerkt und sich mit öffentlicher Polemik lange Zeit zurückgehalten: »[N]icht zufällig hat Goethe dem ersten Bande der Sammlung *Des Knaben Wunderhorn* 1806 eine so eingehende und liebevoll-empfehlende Rezension gewidmet«.[89] Auch Marx und Lenin werden im Kontext einer Romantik-Aufwertung als Autoritäten herangezogen.[90] Nun wird die Romantik gar in den Ermöglichungszusammenhang der marxistisch-leninistischen Weltanschauung eingeordnet[91] und als »Vorleistung für den kritischen Realismus« betrachtet.[92]

All diese Aufwertungsprozesse führen dazu, dass das lange vorherrschende Romantik-kritische Bild Lukács' Ende der 70er Jahre allgemein als überholt gelten kann:

> Unsere marxistische Romantik-Forschung hat diesen Positionen gegenüber inzwischen gründliche Differenzierungen vorgenommen: Sie hat das politisch-progressive Engagement, vor allem der Früh- und Übergangsstufen, herausgearbeitet; sie hat die humanistischen Intentionen gekennzeichnet; anstelle des moralischen Verdiktes wegen Libertinage hat sie das Emanzipationsstreben freigelegt; gegenüber den klassizistisch-normativen Formregeln von Lukács hat sie Verständnis für die Innovationsleistung entwickelt.[93]

Die »Bibliothek deutscher Klassiker«, die 1973 eigentlich als abgeschlossen galt, wird kurz nach dem Amtsantritt Walter Dietzes als NFG-Direktor in Weimar 1975 um eine Reihe von Romantikern erweitert.[94] Im von Claus Träger herausgegebenen *Wörterbuch der Literaturwissenschaft* von 1986 lassen sich die tradierten Abwertungsstereotype schließlich überhaupt nicht mehr finden.[95]

---

87 »Gewiß lassen sich zahlreiche deutsch-faschistische Ideologeme auf romantische Schriftsteller zurückführen [...], aber problematisch bleibt es doch, wenn ein ganzer historischer Block, eben ›die deutsche Romantik‹, ohne Differenzierungen und sogar ohne Definition, was darunter zu verstehen sei, für eine moderne Staatsform des Imperialismus und deren Ideologie verantwortlich gemacht wird« (Hartung 1976, 169).

88 Vgl. Träger 1981c, 279.

89 Wertheim 1968, 7.

90 Siehe z.B. Heise 1981, 389; oder Werner 1971, 182.

91 Vgl. Heise 1981, 389; sowie Werner 1989, 34f.

92 Träger 1980, 314.

93 Dahnke 1978, 14. Siehe auch Materialien, Träger, 150: »Das Aufregendste sind und bleiben Widersprüche. Dann kommt es vor, daß man fühlt, wie eine Sache, zu Unrecht ad acta gelegt, plötzlich aktuell wird. So mußte sich herausstellen, daß das nahezu drei Jahrzehnte gültige Romantikbild von Lukács, mit dem meine Generation wissenschaftlich aufgewachsen war, im wesentlichen eine Umkehrung der geistesgeschichtlichen Auffassung war – Romantik im Grunde als ein *Versagen* des bürgerlichen Geistes. In den 70er Jahren war damit keine vernünftige Antwort mehr auf andrängende Fragen – in der literarischen Vergangenheit wie Gegenwart – zu geben.«

94 Vgl. Lehrke 2005, 114ff.

Genauso wie auch in der Klassik-Debatte können die Deutungsmuster der zurückliegenden Jahrzehnte jedoch nicht einfach als falsch verworfen werden. Einmal mehr geht es darum, die Wahrheit und Einheit des marxistisch-leninistischen Paradigmas zu bewahren. Ähnlich wie im Zusammenhang mit der Klassik führt der Wahrheitsanspruch des Marxismus-Leninismus dazu, dass die bisherigen »Einseitigkeiten« in der Beurteilung der Romantik aus der historischen Situation der Nachkriegsjahre heraus erklärt und legitimiert werden.

> Abrechnung mit reaktionären Ideologien der verschiedensten Spielart, in der die bourgeoise Romantik*verwertung* einen wesentlichen Anteil hatte, und Rückbesinnung auf das unmittelbar der geschichtlichen Vorwärtsbewegung und Bewußtseinsbildung dienliche klassisch-humanistische Erbe: das waren – im Verein mit der Propagierung der sozialistisch-realistischen Literatur – die Grundrichtungen, in denen sich die kultur-, kunst- und wissenschaftspolitische Arbeit vieler Jahre vollzog.[96]

Der politisch-ideologische Kampf der Arbeiterklasse habe notwendigerweise »eine Stufenfolge in der Betonung oder Vernachlässigung dieser oder jener Periode, Erscheinung, Persönlichkeit« gefordert, um »jene Traditionen oder Epochen, in denen der Gedanke des Fortschritts sich unvermittelt manifestiert, [...] zur Meisterung ihrer eigenen zukunftsträchtigen Aufgaben unmittelbar zu nutzen«.[97] Die »Ungerechtigkeit«, mit der eine neue Klasse unter bestimmten historischen Bedingungen – »ermächtigt von ihrem geschichtlichen Recht« – mit dem Vorausgegangenen umgehe und dieses »ihren gegenwärtigen und zukünftigen Bedürfnissen und Interessen« unterwerfe, wird dargestellt als »ein Element der materialistischen Dialektik der Geschichte«.[98] Die Umbauten im Romantik-Bild werden – ähnlich wie die Umwertungen im Klassik-Verständnis – vornehmlich mit der veränderten historischen Situation und den gesellschaftlichen Prozessen im »real existierenden Sozialismus« legitimiert. Aus der »Reife der sozialistischen Gesellschaft«, der »erreichten Höhe des historischen Bewußtseins«, dem »kritischen Vermögen« sowie der »historischen Urteilsfähigkeit ihrer Mitglieder« erwüchsen neue Bedürfnisse, die ein verändertes Erbe-Verständnis möglich und nötig machten.[99]

Trotz aller Differenzierungsprozesse kann von einer uneingeschränkten Aufwertung der Romantik allerdings keineswegs die Rede sein. Der germanistische Romantik-Dis-

---

95 Vgl. Träger/Rommel 1986.

96 Träger 1978, 50f. Hans Jürgen Geerdts geht scharf mit einem Literaturwissenschaftler wie Hartung ins Gericht, der die Romantikforschung der DDR ob ihres jahrzehntelangen Romantik-Verdikts kritisiert. Die Urteile der Literaturwissenschaftler seien im Zusammenhang zu sehen mit jener »Entscheidungsetappe des politischen und kulturpolitischen Kampfes« im Übergang zur sozialistischen Revolution auf deutschem Boden: »Ich meine, daß die antifaschistische Frontstellung gegen die ›Nachtseiten‹ bei aller Einseitigkeit, ja, bei manchem Mißverstehen und bei mancher geschichtlicher Ungerechtigkeit im Sinne der Abrechnung mit der bürgerlichen Ideologie und im Sinne einer Grundorientierung auf vordringliche Bewußtseinsprozesse historisch notwendig und berechtigt war. Das hat G. Hartung nicht tief genug begriffen« (Geerdts 1977, 152).

97 Träger 1980, 311.

98 Ebd., 311.

99 Siehe z.B. ebd., 311; Dahnke 1981, 71.

kurs ist geprägt durch die Argumentationsfigur des »Einerseits-Andererseits«. Denn, so eine verbreitete Argumentation, trotz mancher Verengungen innerhalb der Auseinandersetzung mit der Romantik habe man doch in der negativen Beurteilung bestimmter »Schattenseiten« durchaus Recht gehabt. Was die »zum Teil außerordentlich prekären, bis ins Reaktionäre gehenden Wendungen und Umbrüche[ ]« in der Romantik angehe, sei, so Hans-Dietrich Dahnke, »von einer unseren marxistischen Grundpositionen entsprechenden grundsätzlichen Kritik kein Jota abzustreichen«.[100] Gerade Traditionalisten wie Hans-Günther Thalheim, Hans Kaufmann oder Hans Jürgen Geerdts halten an der Überlegenheit der Klassik gegenüber der Romantik fest,[101] warnen vor »unkritischer Identifikation mit den Intentionen der Romantiker« und verlangen »eine kritische Wertung ihrer irrationalen und theosophischen Anschauungen, ihrer antirevolutionären Haltungen und restaurativen Beschwörungen des Vergangenen sowie ihrer späteren nationalistischen Positionen«.[102] Keineswegs könne man die Romantik einfach in das gewohnte Erbekonzept integrieren und von den erheblichen Unterschieden zwischen Klassik und Romantik absehen.[103] Kritisch geht Hans-Günther Thalheim mit Vorstellungen von »einer Gleichwertigkeit der Richtungen« ins Gericht und fordert klare Wertungen in der Literaturgeschichtsschreibung.[104] Gegenüber Tadeusz Namowicz (Warschau), Eugeniusz Klin (Toruń), Gerard Kozielek (Wroclaw) und Christine Träger (Leipzig), die in ihren Beiträgen auf einer Romantik-Konferenz in Frankfurt/Oder 1977 den im wesentlichen progressiven und humanistischen Charakter der deutschen Romantik herausstellen, halten Thomas Höhle (Halle), Günther Rudolph und Gerda Heinrich (beide Berlin) an der Auffassung fest, die deutsche Romantik habe den Bruch mit der Aufklärungstradition vollzogen.[105] Verschweigen dürfe man auch nicht, so der Hallenser Literaturwissenschaftler Hans-Georg Werner, die »Tendenzen zum Nationalismus, zur Verherrlichung des feudalen Ständestaats, zur Flucht vor den Aufgaben des Tages, zum Irrationalen und Religiösen«, die eine große, »in einzelnen Phasen sogar dominierende Rolle« in der Romantik gespielt hätten.[106] Keinesfalls könne es bei der Neubewertung der Romantik darum gehen, »eine pauschale Verurteilung durch ein pauschales Lob zu verdrängen«[107] oder »an die Stelle alter Einseitigkeiten und Ungerechtigkeiten neue, noch sachfremdere und ahistorischere Fehleinschätzungen zu setzen«.[108] Gefordert wird stattdessen eine die Ambivalenzen und inneren Widersprüche der romantischen Bewegung in sich aufnehmende Literaturgeschichtsschreibung,[109] die

100 Dahnke 1978, 15.

101 Vgl. Hans-Günther Thalheim in: Autorenkonferenz 30 Jahre *Weimarer Beiträge*, 597f.; Heise 1978, 25f.; Geerdts 1981a, 343.

102 Hans-Günther Thalheim in: Autorenkonferenz 30 Jahre *Weimarer Beiträge*, 597.

103 Kaufmann 1979, 162.

104 Hans-Günther Thalheim in: Autorenkonferenz 30 Jahre *Weimarer Beiträge*, 598.

105 Vgl. Reincke 1978, 147f. Ähnlich argumentieren an anderer Stelle W. Heise und H.-G. Thalheim: Heise 1978, 26; Hans-Günther Thalheim in: Autorenkonferenz 30 Jahre *Weimarer Beiträge*, 597.

106 Werner 1977, 23.

107 Hartung 1976, 175.

108 Dahnke 1978, 6. Siehe auch Heise 1978, 44: »Wir können heute Romantik nicht ohne ihre ambivalente und auch verhängnisvolle Rolle innerhalb der deutschen Geschichte sehen. Erinnerungsfeiern sind keine Feste der Kritiklosigkeit.«

weder ihre »reaktionären, subjektivistischen, irrationalen Elemente« übersehe noch ihre »großen künstlerischen und wissenschaftlichen Leistungen«.[110]

Die Beharrungsmacht tradierter Abwertungsstereotype belastet das Verhältnis der Fachwissenschaftler zur Romantik bis zum Untergang der DDR. Hannelore Scholz kritisiert zu Beginn der 80er Jahre, dass eine geschlossene Darstellung der deutschen Romantik, die sich von der einseitigen Rezeption vergangener Jahrzehnte gänzlich gelöst habe, noch immer nicht vorliege.[111] Auch auf dem Gebiet der kritischen Textausgaben romantischer Autoren lassen sich erhebliche Lücken ausmachen.[112] Noch Mitte der 80er Jahre bemerkt der Romanist Martin Fontius, »daß im Verhältnis unserer gegenwärtigen geistigen Entwicklung zur deutschen Romantik nach wie vor vieles offen ist, ja, daß wir den Punkt noch gar nicht gefunden haben, wo ohne Wenn und Aber von einer positiven Erbe-Beziehung gesprochen werden kann«.[113]

Die Kategorien zur Bewertung der Romantik, dies zeigen die oben angeführten Zitate, bleiben in den 70er Jahren vornehmlich politische. Allein die Vorzeichen ändern sich: Während die Romantiker bis weit in die 60er Jahre aufgrund ihrer vermeintlichen »Weltflucht« kritisiert und als Apologeten der »reaktionären Bourgeoisie«, des »Militarismus« oder des »Chauvinismus« diffamiert werden, so wird die Romantik nun aufgrund ihrer partiellen »antikapitalistischen«, »antifeudalistischen«, »humanistischen« oder »realistischen« Tendenzen aufgewertet. Es scheint, als ob die germanistische Literaturwissenschaft zunächst mit den sowohl im Fach als auch in der kulturräsonierenden Öffentlichkeit lange Jahre vorherrschenden politischen Vorurteilen brechen muss, um eine differenziertere literaturwissenschaftliche Auseinandersetzung mit der Romantik und ihre positivere Bewertung überhaupt legitimieren zu können. Auch zeigt sich in den Beiträgen zur Romantik-Forschung die Beharrungsmacht eines Deutungsmusters, das literaturgeschichtliche Prozesse vornehmlich danach beurteilt, inwieweit sie die im Sinne des Marxismus-Leninismus als »progressiv« bewerteten geschichtlichen Hauptlinien stützen und adäquat »widerspiegeln«. Entsprechend bleiben der »ästhetische Eigenwert« der romantischen Literatur, ihre Leistungen im Ästhetisch-Poetologischen und im Poetisch-Gestalterischen oder die Produktivität ihres ästhetischen Neuerertums in den meisten Beiträgen zur Romantikforschung der 70er Jahre unterbelichtet.[114]

Allerdings mehren sich ab der zweiten Hälfte der 70er Jahre auch im Romantik-Diskurs jene Stimmen, die eine umfassende Analyse des einzelnen Kunstwerkes fordern.[115] Verstärkte Quellenarbeit, die Vorbereitung von brauchbaren Texteditionen oder die Erarbeitung von wissenschaftlich differenzierten Forschungsberichten zu Einzelerscheinungen und zum Gesamtbild werden zu Schwerpunkten der Romantik-Forschung erklärt.[116] Auch im Zuge der Rezeptions- und Wirkungsforschung entwickelt

---

109 Vgl. z.B. Träger 1984, 12f.

110 Werner 1977, 24.

111 H. Scholz 1981, 165.

112 So kritisiert beispielsweise der Romanist Martin Fontius das Fehlen einer Studienausgabe der großen kritischen Schriften der Schlegels (Martin Fontius in: Autorenkonferenz 30 Jahre *Weimarer Beiträge*, 592).

113 Ebd., 591.

114 Vgl. auch Dahnke 1978, 14.

115 Vgl. Reincke 1978, 149.

man neue Perspektiven in der Romantikforschung,[117] genauso wie durch die Ausweitung der Forschung auf komparatistische und kulturgeschichtlich orientierte Fragestellungen. Mit Blick auf die europäische literarische Romantik fordert Hans-Georg Werner, die primär politische Bestimmung der Romantik aufzugeben und den Begriff des Romantischen zu differenzieren.[118] Auch die strikte Gegenüberstellung von Klassik und Romantik wird durch den Blick auf europäische Entwicklungen relativiert:

> Warum einige Nationen über die Romantik anders denken, hängt mit der Tatsache zusammen, daß das spätere Auftreten ihrer großen Autoren deren Verflechtung mit den nationalen und sozialen Bewegungen des 19. Jahrhunderts zur Folge hatte bzw. jene in sie hineinzog. Dies wiederum wirkte auf ihre Bewertung der romantischen Ursprünge in Europa, denen mehrere ost- und südosteuropäische Literaturen manches verdankten. Mehr noch: Indem diese Wirkung mit derjenigen von Herder, Goethe, Schiller, Schelling, Hegel und anderen sozusagen zusammenfloß, ist eine Differenzierung, wie wir sie zwischen dem Klassischen und dem Romantischen vorzunehmen pflegen, im Grunde nie zustande gekommen.
>
> Den deutschen Begriff der Klassik, der Sache nach ein Import aus der Romania, verstehen nur die Deutschen - wenn sie ihn verstehen. Eigensinn hilft hier wenig.[119]

Vor allem in den 80er Jahren wird der ideologische Duktus in den Beiträgen zur Romantik spürbar moderater. Mit Blick auf die Eichendorff-Forschung macht Martin Hollender eine Zunahme »unpolitischer« Beiträge von DDR-Wissenschaftlern aus, die sich von linksliberalen westdeutschen Beiträgen kaum mehr unterscheiden würden.[120] Ralf Klausnitzer bestätigt diese Beobachtung, wenn er in der Eichendorff-Forschung einen Rückgang ideologisch induzierter Wendungen wie »romantischer Antikapitalismus«, »Klassenkampf« oder »Klassenschranken« bzw. der damit verbundenen Argumentationslinien ausmacht.[121] Genauso wie im Klassik-Diskurs lässt sich damit auch im Romantik-Diskurs die Tendenz feststellen, den ästhetischen Eigenwert von Literatur bzw. die spezifisch ästhetischen »Gesetzmäßigkeiten« literarischer Produktion, Rezeption und Wirkung zu würdigen und eine Perspektive aufzubrechen, die literarische Prozesse auf ihre Abhängigkeit von »der Wirklichkeit« reduziert und den Wert der Literatur an dem »Wahrheitsgehalt« der künstlerischen »Widerspiegelung« bemisst.

---

116 Vgl. ebd., 151.

117 Siehe z.B. Werner 1978; Werner 1979.

118 Vgl. Werner 1977, 23f. Differenzierungen aus komparatistischer Perspektive finden sich beispielsweise auch bei Träger 1981b, 16f.

119 Träger 1984, 14.

120 Vgl. Hollender 1997, 338. Als Beispiele führt Hollender an: R. Hartmann 1986; Günzel 1988.

121 Klausnitzer 2002, 193.

13.3 Die Gründe für die Aufwertung der Romantik in der literaturwissenschaftlichen Germanistik der DDR ab den späten 60er Jahren

Fragt man nach den Gründen für die allmähliche Aufwertung der Romantik in der literaturwissenschaftlichen Germanistik ab der zweiten Hälfte der 60er Jahre, so ist festzustellen, dass es sich dabei *zunächst* keineswegs um eine resonanzstrategische Anpassungsleistung an einen veränderten bildungs-, kultur- oder wissenschaftspolitischen Romantik-Diskurs handelt. Während es bei den Umbauten im Klassik-Bild der DDR durchaus *auch* Impulse von Seiten politischer Funktionsträger gab, das normative, museale Klassik-Verständnis aufzubrechen, steht eine differenziertere Auseinandersetzung mit der Romantik nicht auf der politischen Agenda. In den Lehr- und Forschungsplänen für Schulen und Hochschulen spielt die romantische Literatur in den 70er Jahren praktisch keine Rolle mehr, während ihr in den 50er und 60er Jahren zumindest noch eine gattungsgeschichtliche Relevanz zugesprochen wurde.[122] Gewiss, die *prinzipiellen* Ressentiments gegenüber der Romantik schwinden auch in der politischen Führungselite. Das Ziel, das *gesamte* deutsche Kulturerbe anzueignen, lässt eine pauschale Abwertung ehemals als »reaktionär« oder »dekadent« verfemter Literaturströmungen wie der Romantik oder dem Expressionismus nicht mehr zu:

> Nichts ist uns dabei [bei der Aneignung des Erbes, J.S.] gleichgültig, kein Erbe irgendeiner Kulturepoche. Wir wahren und pflegen das großartige Erbe der deutschen Klassik und des bürgerlichen Humanismus ebenso wie die Denkmale des Barock und Rokoko, dessen schönste Bauten und Parke wir zum Eigentum des Volkes gemacht haben, wie die volksverbundenen Leistungen und Züge der deutschen Romantik.[123]

Auch erkennt man im Rahmen einer zunehmend pragmatisch ausgerichteten Kulturpolitik die Bedürfnisse der kulturräsonierenden Öffentlichkeit an, in der offensichtlich ein immer intensiver werdendes Bedürfnis nach Kenntnis der romantischen Strömungen besteht (s.u.).[124] Mitte der 80er Jahre erhält die romantische Literatur wieder Einzug in die Lehrpläne der Schulen.

Einen der Klassik oder der proletarisch-revolutionären bzw. sozialistischen Kunst vergleichbaren Rang erhält die Romantik innerhalb der offiziellen sozialistischen Erbeaneignung gleichwohl nicht. Im Rahmen einer zunehmend pragmatisch ausgerichteten Kulturpolitik wird sie als Zugeständnis an die Intellektuellen oder - in den 80er Jahren - als außenpolitisches Zeichen der Offenheit und Flexibilität in Zeiten eines sich aufgrund des neu entfachten Rüstungswettlaufs verschlechternden politischen Klimas lediglich geduldet. Die Beharrungsmacht tradierter Abwertungsstereotype, verbunden mit einem prinzipiellen Bedeutungsverlust der Literatur des 18. und 19. Jahrhunderts innerhalb der Kulturpolitik der SED, sorgen dafür, dass sich die Romantik als ein in der kultur- und wissenschaftspolitischen Öffentlichkeit resonanzträchtiger Forschungsgegenstand nicht etablieren kann. Dies zeigt sich auch an der kümmerlichen und erst sehr

---

122 Springer 1995, 240.
123 Hoffmann 1984, 1013.
124 Vgl. Haase u.a. 1986, 373.

spät eröffneten Romantiker-Gedenkstätte in Jena, die an Größe, Bedeutung und institutioneller Ausstattung gegenüber den Klassiker-Gedenkstätten in Weimar deutlich abfällt, auch wenn dies, so Martin Fontius, »in einem von der Wirkungsgeschichte her kaum zu rechtfertigenden Verhältnis« steht.[125]

Betrachtet man die einsetzenden Differenzierungsprozesse innerhalb des Faches ab der zweiten Hälfte der 60er Jahre, so handelt es sich dabei zunächst um eine primär disziplinspezifischen Maßgaben gehorchende Entwicklung. Die Argumentation der Germanisten ist zu diesem Zeitpunkt weitgehend fachinternen Logiken verpflichtet. In dem Augenblick, in dem im Zuge der Ausarbeitung eines umfassenden marxistischen Literaturgeschichtsbildes der »Klassikzentrismus« bzw. die Konzentration auf die »progressiven« Literaturströmungen aufbricht und eine umfassendere Beschäftigung mit bislang vernachlässigten Literaturtraditionen beginnt, werden die Grenzen der bislang vorherrschenden Pauschalurteile offenkundig. Nun entstehen eine Reihe von fachwissenschaftlichen Beiträgen, die Widersprüche und Verkürzungen im bisherigen Romantik-Bild aufdecken, zwischen unterschiedlichen Strömungen innerhalb der Romantik differenzieren und versuchen, dem ambivalenten Charakter dieser Epoche gerecht zu werden sowie den spezifischen Charakter romantischer Wirklichkeitsaneignung zu würdigen und historisch zu legitimieren. Diese fachinternen Differenzierungsprozesse erhalten während der 70er Jahre weitere Anstöße durch die neuen theoretischen und methodologischen Entwicklungen innerhalb des Faches, vor allem durch die Rezeptions- und Wirkungsforschung, die Komparatistik oder die werkzentrierten Strukturanalysen, die neue Perspektiven auf die Romantik eröffnen und die tradierten Bewertungskategorien (»Realismus«, »Wahrheit«, »Widerspiegelung« etc.) zurückdrängen. Auch die Relativierung der uneingeschränkten Klassik-Verehrung führt zu Veränderungen in der Bewertung der Romantik. Nun, da die Fixierung auf den klassischen und kritischen Realismus als Wertmaßstab zunehmend überwunden und die Musterhaftigkeit des Klassisch-Objektiven in Frage gestellt wird, kann der spezifische Charakter romantischer Wirklichkeitsaneignung anerkannt werden und wird nicht länger von einer schaffensmethodischen Seite als »un«- oder »antirealistisch« verurteilt. Kritisch konstatiert Claus Träger, sowohl die Erbe-Konzeption als auch der vom klassischen und kritischen Realismus hergeleitete Realismusbegriff seien »offenbar konzeptionell zu eng gefaßt [gewesen], um in ihnen das Romantische unterbringen oder zumindest von ihnen aus begreifen zu können; sie schlossen es aus.«[126]

Im Zusammenhang mit den fachinternen Aufwertungsprozessen sind auch die Entwicklungen in der internationalen Literaturwissenschaft zu nennen. »[S]eit geraumer Zeit« belebe sich die internationale Diskussion, »nicht nur über die verschiedenen romantischen Strömungen in den Literaturen Europas, über den ›Romantizismus‹ des 19. Jahrhunderts, sondern auch über die deutsche Romantik«.[127] Aufmerksam registriert man, »daß zum Beispiel unsere sowjetischen, polnischen, ungarischen, bulgarischen oder tschechischen Freunde« hinsichtlich der Romantik »eine völlig andere, ja oft diametrale Auffassung« vertreten[128] und auf die eklatanten Forschungslücken sowie

125 Martin Fontius in: Autorenkonferenz 30 Jahre *Weimarer Beiträge*, 592.
126 Träger 1978, 52. Siehe auch Träger 1984, 23ff.; sowie Werner 1989, 25.
127 Geerdts 1977, 151.
128 Träger 1978, 49. Siehe ebenso Geerdts 1977, 151.

die pauschale Abwertung der Romantik in der DDR-Literaturwissenschaft mit Unverständnis reagieren. Die Hinweise auf die Forschungen in den sozialistischen »Bruderländern« dienen keineswegs allein der Legitimation der vorgenommenen Umbauten im Literaturgeschichtsbild, sondern entsprechen auch der fachspezifischen Notwendigkeit, auf dem Stand der aktuellen Forschung befindliche Ergebnisse vorzulegen, um in der internatonalen *scientific community* anschlussfähig zu bleiben. Hier gebe es, so Günter Hartung, für die Literaturwissenschaft der DDR einigen Nachholbedarf.[129]

Die Tatsache, dass die vorsichtige Aufwertung der Romantik zunächst primär fachinternen Logiken verpflichtet ist, bedeutet jedoch nicht, dass die fachexterne Resonanz- und Ressourcenkonstellation für die Germanisten unerheblich wäre. So erweist sich einmal mehr die Systemkonkurrenz als eine zentrale Ressource, um eine umfassende Beschäftigung mit der Romantik zu legitimieren und die Aneignungs- und Deutungsfunktion des Faches herauszustellen:

> Nichts beleuchtet die Situation der bürgerlichen Romantikforschung, sich in einer Sackgasse zu befinden, deutlicher als der Verzicht auf eine umfassende, in sich geschlossene literarhistorische Darstellung eines für die Entwicklung der deutschen Nationalliteratur entscheidenden Kapitels. Über die Tatsache, daß Fragen der historischen Zuordnung, der Periodisierung, der Geschichtsrezeption u.ä. nicht gestellt und noch weniger beantwortet werden, kann auch die Fülle der detaillierten Einzeluntersuchungen nicht hinwegtäuschen. Welche Bedeutung darum einer Charakterisierung der deutschen Romantik aus marxistischer Sicht zukommt, dürfte ersichtlich geworden sein.[130]

Die Forderungen der Kulturpolitiker, das *gesamte* literarische »Erbe« der Vergangenheit anzueignen und gegen den westdeutschen »Imperialismus« in Stellung zu bringen, erweist sich als Ressource, an die sich die Literaturwissenschaftler anzukoppeln versuchen: »[N]icht eine Farbe, nicht einen Klang, nicht ein Wort«, so Hans-Dietrich Dahnke, dürfe man dem Gegner im Klassenkampf überlassen.[131] Dies sei aufgrund der »enge[n] Realismus- und klassizistische[n] Harmonie-Vorstellungen«[132] in der marxistischen Literaturwissenschaft jedoch geschehen. Die von der marxistischen Forschung negierten Traditionslinien seien in der Folge von der »bürgerlichen« Literaturwissenschaft in ihrem Sinne interpretiert und für ihre Klassenbedürfnisse nutzbar gemacht worden[133] – eine in den Augen marxistisch-leninistischer Literaturwissenschaftler unzulässige »Vereinnahmung«, die man nun durch eine gründlichere und überzeugendere Auseinandersetzung mit der Romantik zu korrigieren verspricht.

Unter Berufung auf die Aneignungs- und Deutungskonkurrenz zwischen marxistisch-leninistischer und »bürgerlicher« Literaturwissenschaft kann jedoch nicht nur eine Erweiterung des Gegenstandsbereichs des Faches gefordert und eine umfassende Auseinandersetzung mit der Romantik legitimiert werden. Sondern die Systemkonkurrenz, so etwa die legitimierende Argumentation Claus Trägers, verlange auch eine Revision bestimmter Stereotype im Romantik-Bild. Begreife man die Romantik nämlich weiter-

---

129 Hartung 1976, 167f. Vgl. auch Reincke 1978, 147.
130 Roisch 1970, 81.
131 Dahnke 1981, 40.
132 Dahnke 1978, 19.
133 Ebd., 19.

hin lediglich als Synonym für Weltflucht, politische Reaktion oder den Bruch mit der Aufklärung, so bestätige man damit letztlich die Deutungsmuster der »bürgerlichen Geschichtsideologie«: »Dann bliebe in der Tat die deutsche Romantik ›rechts‹ liegen und der Tyrannei geistesgeschichtlicher oder existenziologischer Meinungsbildung, also ideologisch der Botmäßigkeit des Kapitals unterworfen.«[134]

Zudem macht man in der »fortgeschrittene[n] bürgerliche[n] Literaturwissenschaft« ab der zweiten Hälfte der 60er Jahre eine »Neubesinnung« hinsichtlich der literarischen Romantik aus.[135] Diese bestehe in der »Überwindung der nationalliterarisch verengten Perspektive«, in der »Integration des Romantikproblems in die Problematik der ganzen Epoche, so daß beispielsweise Klassik und Romantik als zwei Seiten eines dialektischen Verhältnisses erscheinen«,[136] sowie im Bruch »mit den Lehrmeinungen ihrer Väter aus der Früh- und Hoch-Zeit des Imperialismus«.[137] In dem Augenblick, in dem die »bürgerliche« Literaturwissenschaft ihr Romantikbild revidiert und Anschluss findet »an die schon länger währenden *vernunftgemäßeren* Urteilsbildungen in der internationalen Romantik-Interpretation«,[138] ist auch die marxistische Literaturwissenschaft gezwungen, Pauschalurteile aufzubrechen und zu einem differenzierteren Romantik-Verständnis vorzudringen, will man der westdeutschen Germanistik ein überzeugendes Literaturgeschichtsbild auf Grundlage des Marxismus-Leninismus entgegenstellen und der Aneignungs- und Deutungsfunktion des Faches gerecht werden.

Die Tatsache, dass auch die Entwicklung der Romantikforschung in der DDR nicht nur eine fachinterne, sondern auch eine fachexterne Dimension hat, wird vor allem deutlich mit Blick auf die Entwicklungen in der kulturellen Praxis und der kulturräsonierenden Öffentlichkeit, scheint doch der auszumachende Schub in der Romantik-Forschung vor allem eine Reaktion auf die veränderten Bedürfnisse von Autoren und Rezipienten zu sein. Denn mit dem Beginn der 70er Jahre setzen sich Regisseure[139] sowie DDR-Schriftsteller wie Anna Seghers (*Sonderbare Begegnungen*), Günter Kunert (*Pamphlet für K.*), Christa Wolf (*Kein Ort. Nirgends*; *Der Schatten eines Traumes*) oder Franz Fühmann (*Fräulein Veronika Paulmann aus der Pirnaer Vorstadt oder Etwas über das Schauerliche bei E. T.A. Hoffmann*)[140] produktiv mit romantischen Traditionslinien, mit romantischen Motiven und Konstellationen auseinander. Diese Auseinandersetzung ist eine Reaktion auf die Krisenerfahrungen im »real existierenden Sozialismus«, auf das immer deutlicher werdende Auseinanderfallen zwischen Ideal und Wirklichkeit, zumal nach der Biermann-Ausbürgerung. »Nicht ohne Grund wurden dabei vor allem die Züge der Romantik rezipiert, die das Scheitern der emphatischen Aufklärungs- und Emanzipationsutopie reflektierten und dabei die Hoffnung auf ein ganzheitliches Glück nicht aufgaben«.[141] In romantischen Gestaltungsmustern wie dem Phantastischen, dem Grotesken oder dem Traumhaften oder in den gebrochenen Lebensläufen romantischer

---

134 Träger 1980, 311f. Siehe auch Träger 1984, 19.

135 Träger 1978, 66f.

136 Ebd., 67.

137 Ebd., 69.

138 Ebd., 69. Hervorhebung im Original.

139 1973 werden sowohl E.T.A. Hoffmanns *Elixiere des Teufels* als auch Eichendorffs *Aus dem Leben eines Taugenichts* verfilmt.

140 Siehe dazu auch Kohlhof 1988.

141 Vgl. Klausnitzer 2002, 193.

Akteure wie denen des wahnsinnig werdenden Hölderlin, der Selbstmörder Kleist und Günderrode oder der einzelgängerisch-kauzig lebenden Jean Paul und E.T.A. Hoffmann sehen die Künstler Möglichkeiten einer ästhetischen Bewältigung der Realität.[142]

Diese Entwicklungen in der Literatur gehen einher mit einem »mit unerwarteter Intensität« gewachsenen Bedürfnis nach Kenntnis der Romantik innerhalb der kulturräsonierenden Öffentlichkeit[143] - ein Prozess, dem die Verlage der DDR durch eine Publikationsoffensive entsprechen.[144] Bei dieser Romantik-Rezeption geht es, so die bemerkenswert offene Diagnose von Hans-Dietrich Dahnke,

> um Abbau und Korrektur undialektischer und illusionärer, idealistisch überzogener Erwartungen von gesellschaftlicher Harmonie und individuellen Entfaltungsmöglichkeiten, um die Konfrontation mit den sich immer wieder neu stellenden Widersprüchen gesellschaftlich-historischer Entwicklung und mit der Notwendigkeit, diese Widersprüche im Prozeß des Lebens immer wieder neu bewältigen zu lernen.
> Ebenso unverkennbar kommt in der Romantik-Rezeption eine polemische Auseinandersetzung mit Aspekten des Menschenbilds in unserer Theorie und Praxis zum Ausdruck, die als einseitig empfunden werden. Die Polemik richtet sich gegen Erscheinungen einer Disproportion zwischen Ökonomisch-Materiellem und Geistig-Kulturellem, zwischen Sein und Bewußtsein, Äußerem und Innerem des Menschen, gegen allzu einfache und durch die Realität dann widerlegte Vorstellungen von Modellierung und Lenkung des konkreten Menschen, gegen das Übergewicht einer wissenschaftlich-theoretischen Erklärung und Bestimmung von Mensch und Welt, die die Lücken ihrer Kenntnis und Durchdringung der Wirklichkeit nur allzu leicht durch normative Postulate zu füllen geneigt ist. Schließlich reflektieren sich in der Romantik-Rezeption auch unbewältigte Erfahrungen über das Verhältnis von Kunst und Wirklichkeit, über die Angemessenheit von Literaturbestimmungen und über die Wirkungsmöglichkeiten von Literatur: Mißtrauen und Absage gegenüber künstlerisch-literarischen Fragestellungen und Wirkungsmitteln, die der gegebenen Wirklichkeit und ihren Problemen gegenüber nicht produktiv erscheinen, Suche nach neuen erweiterten und vertieften Möglichkeiten poetischer Wirklichkeitsaneignung und -bewältigung. Gegenüber Normativen und Idealbildern wird immer wieder die Funktion der Poesie als Erfahrungsmodell unterstrichen und dabei nachdrücklich auf die romantische Poesie verwiesen.[145]

Eine Rolle bei der verstärkten Auseinandersetzung mit der Romantik spielen auch die Sorge um die ökologische Zerstörung der Welt, die eine Beschäftigung mit der romantischen Natur-Lyrik mit sich bringt, oder die fehlenden Möglichkeiten einer öffentlichen Verständigung über die Rolle des Individuums im »real existieren Sozialismus«, die zu einem Rückzug ins Private führt, welcher sich schließlich äußert in einer verstärkten Nachfrage nach jener Literatur, »die entsprechende Motive und Themen - Verhältnis von Individuum und Gesellschaft, Theorie und Praxis, Utopien und Wirklichkeit -« aufgreift.[146]

---

142 Vgl. ebd., 193.

143 Heise 1981, 412.

144 Vgl. H. Scholz 1982, 163. So erscheinen in den 80er Jahren beispielsweise Editionen und Quellenpublikationen zu Ludwig Achim von Arnim, Bettina von Arnim, E.T.A. Hoffmann oder Wilhelm Heinrich Wackenroder (vgl. W. Albrecht 1991, 60).

145 Dahnke 1978, 5f.

All diese Veränderungen in der fachexternen Resonanzkonstellation werden von der literaturwissenschaftlichen Germanistik aufmerksam verfolgt und reflektiert.[147] Um sich als eine den Gegenwartsaufgaben verpflichtete marxistisch-leninistische Gesellschaftswissenschaft präsentieren zu können, muss die literaturwissenschaftliche Germanistik der DDR auf die Bedürfnisse der kulturräsonierenden Öffentlichkeit reagieren und sich umfassender und differenzierter als zuvor mit der Romantik auseinandersetzen.[148] Gerade auch den »romantic turn« in der Gegenwartsliteratur gilt es nachzuvollziehen und wissenschaftlich zu begleiten, wollen die Literaturwissenschaftler von den Gegenwartsautoren als Gesprächspartner ernst genommen und ihrer ressourcenstrategisch wichtigen Rolle als »Vermittler« zwischen kulturräsonierender Öffentlichkeit und Schriftstellern gerecht werden. Die »Differenzierung und Vertiefung im Literarischen, die Suche nach neuen Traditionsbezügen« verlange »ein Mitwirken der Literaturwissenschaft, sie hat in diesem Prozeß eine besondere Verantwortung zu übernehmen«.[149] Wenn auch »die Intensivierung von Romantik-Forschung in den vergangenen Jahren zu Positionsveränderungen und Neuwertungen gegenüber den älteren Traditionen marxistischer Romantik-Interpretation geführt« habe, so sei es doch »unverkennbar«, dass die gegenwärtigen Schriftsteller die literaturwissenschaftlichen Arbeiten zur Romantik »weithin nicht nur als unbefriedigend empfinden, sondern auch, daß sie unseren Untersuchungen und Darstellungen in der aktuellen Wirklichkeits-, das heißt Gegenwartsbezogenheit voraus sind [...]«.[150] Die verstärkte Beschäftigung mit der Romantik in den 70er Jahren und die Revision einer Reihe tradierter Abwertungsstereotype erscheint daher auch als ein Versuch, öffentliche Positionsverluste auszugleichen, sich den Autoren und Lesern als kompetente »Gesprächspartner« zu empfehlen, den Bedürfnissen des »gesellschaftlichen Auftraggebers« zu entsprechen und sich als eine den Gegenwartsaufgaben verpflichtete marxistisch-leninistische Gesellschaftswissenschaft zu präsentieren: Die hinsichtlich der Stellung und Leistung der deutschen Romantik noch offenen Fragen zu beantworten, so beispielsweise Hans-Dietrich Dahnke, werde der literaturwissenschaftlichen Germanistik »in bezug auf die gegenwärtigen literarischen Debatten helfen« und »könnte über die Klärung der geschichtlichen Sachverhalte hinaus der Verstärkung offensiven, aktuellen Wirkens der Literaturgeschichtsarbeit dienlich sein«.[151] Auch die Geschichte der literaturwissenschaftlichen Romantik-Rezeption in der DDR lässt sich damit aus dem Zusammenspiel von disziplinärem Eigensinn und dem Streben nach fachexterner Resonanz erklären.

---

146 Springer 1995, 273.

147 Siehe z. B. Dahnke 1981, 71; Geerdts 1977, 151; Heise 1981, 411 f.; Kusche 1974; Reincke 1978, 156; Werner 1980a.

148 »Die geschichtliche Entwicklung, insbesondere die Erweiterung der materiellen Möglichkeiten und die Vertiefung und Differenzierung von Bewußtseinsvorgängen, auch neue Erfahrungen in Konfrontation mit der Welt von heute und morgen, hat erweiternde und vertiefte Bedürfnisse, gerade auch individuell und gruppenmäßig unterschiedliche Bedürfnisse, zur Folge. Daraus ergibt sich ein breiter gefächertes Interesse ebenso wie ein Zwang zur Überprüfung und Neusichtung bestimmter Teile des Erbes, die zunächst den eigenen Traditionslinien nicht nahe gelegen waren. Ein Beispiel ist die Romantik in ihren vielen Ausprägungen« (Dahnke 1981, 71).

149 Geerdts 1977, 151.

150 Dahnke 1978, 7.

151 Ebd., 18.

14. Umbauten im Moderne- und Avantgarde-Diskurs der literaturwissenschaftlichen Germanistik

14.1 Das Dekadenz-Verdikt der Nachkriegsjahre

Bei der Beurteilung der »spätbürgerlichen« Moderne und der Avantgarde-Bewegungen des 20. Jahrhunderts in den Arbeiten der jungen marxistisch-leninistischen Literaturwissenschaftler lässt sich zunächst ebenfalls ein Gleichklang mit den Verlautbarungen der kulturpolitischen Führung und ihrer »Formalismus«-Kampagne ausmachen. Während sich die westdeutsche Germanistik in den fünfziger Jahren der Literatur des 20. Jahrhunderts öffnet, halten sich die bildungsbürgerlichen Ressentiments gegenüber der literarischen Moderne in der DDR zu diesem Zeitpunkt noch hartnäckig.[1] Einmal mehr unterscheiden sich die Argumentationslinien der Germanisten bei der Beurteilung der »subjektiv-expressionistischen Literatur« oder der »spätbürgerlichen Verfallsliteratur« dabei zunächst kaum von denen Georg Lukács'. Selbst wenn sich im marxistisch-leninistischen Lager bereits früh Debatten daran entzünden, welche Autoren genau der »Dekadenz« zugerechnet werden können und man sich schon ab den frühen 60er Jahren immer häufiger um differenziertere Auseinandersetzungen mit der literarischen Moderne oder dem Expressionismus bemüht,[2] so wird der den aktuellen kulturpolitischen Forderungen entsprechende Dekadenz-, Formalismus- und Modernebegriff Lukács' von der Literaturwissenschaft doch nicht grundlegend infrage gestellt. Vielmehr wird es bei aller sonstigen Kritik an Lukács nach 1956 von einigen Germanisten als sein großes Verdienst hervorgehoben, sich dafür eingesetzt zu haben, »die fortschrittliche neue Literatur von den Einflüssen der Dekadenz, der sogenannten ›Moderne‹, zu befreien und sie auf die großen realistischen Vorbilder der Vergangenheit zu orientieren«.[3] Horst Haase lobt in einer Auseinandersetzung mit dem Expressionismus Lukács'

> Kritik der bürgerlich-imperialistischen politischen, philosophischen und ästhetischen Konzeption, die das Schaffen aller Schriftsteller dieser Richtung beeinflußte und bei nicht wenigen völlig bestimmte. Scheinradikalität in Form und Inhalt hemmte die Entwicklung subjektiv ehrlicher Künstler. Überspitzt idealistische und mystische Konstruktionen geronnen zu einer dem Realismus abträglichen und feindlichen Form.[4]

---

1 Vgl. Gärtner 1997, 68.

2 So würdigt man »die zwiespältigen Bemühungen einzelner Dekadenz und Kritik verschmelzender Dichter um moralische Integrität und künstlerische Ehrlichkeit (RILKE, KAFKA u.a.)« (Geerdts [Hg.] 1965, 467) und macht deutlich, dass Erscheinungen der literarischen Dekadenz durchaus als »emotional echt erfaßter Ausdruck von Krisensituationen, als hilfloser, aber noch humanistisch intendierter Protest« auftreten können (Autorenkollektiv 1964, 689).

3 Diersen 1958, 19.

4 Haase 1961, 168.

Und auch Hans Kaufmann gesteht bei aller Kritik an Lukács ein, dass dessen Auseinandersetzungen mit dem »Avantgardeismus« und »die Idealisierung des kritischen Realismus gegenüber der Dekadenz noch progressive Seiten« zeigen würden.[5] Entsprechend können die germanistischen Literaturwissenschaftler der Humboldt-Universität in ihrer Programmschrift aus dem Jahre 1962 den Kampf »gegen alle Erscheinungen der Dekadenz«[6] noch immer resonanzkalkulierend zu einer der Hauptaufgaben der literaturwissenschaftlichen Germanistik erklären.

Gemäß dem Modernismus-Verdikt liegt der Schwerpunkt in literaturgeschichtlichen Darstellungen oder Schriftsteller-Lexika weiterhin »selbstverständlich bei den progressiven, den humanistischen und sozialistischen Dichtern«, während die wenigen Vertreter der »bürgerlichen Dekadenz« lediglich als Beispiele für die »Enthumanisierung der Literatur« angeführt werden.[7] Kennzeichen der »Dekadenz«, die im »Zeitalter des Imperialismus« »zur bestimmenden apologetischen Kunst und Literatur im Dienste der herrschenden Ausbeuterklasse [wurde]«,[8] sind vor allem - hier zeigt sich noch einmal deutlich die kommunikative Langlebigkeit des bildungsbürgerlichen Kunstverständnisses auch bei der nachwachsenden Germanistengeneration! -

> [d]ie Flucht aus der Realität in subjektivistisch-phantastische Traumwelten; die Negierung der gesellschaftlichen Funktion der Literatur und die Verneinung jeglicher Verbundenheit mit Volk und Nation; der Verzicht auf die erzieherische, bildende Rolle der Literatur und auf jede soziale Mitteilung; die undialektische Trennung von Inhalt und Form; das Bevorzugen abstoßender, barbarischer, auch nichtssagender, bedeutungsloser Stoffe und Themen und die Deformierung des Menschenbildes; das Versinken in hohlem Ästhetizismus im Sinne eines abstrakten Schönheitsideals und - nicht zuletzt - das Leugnen der nationalen und internationalen humanistischen und realistischen Literaturtraditionen. Volksfeindlichkeit und ›Elite‹-Kult, Agnostizismus und Animalismus [...].[9]

Besonders die frühen Expressionisten stehen mit ihrem »nahezu schrankenlose[n] Subjektivismus«, ihrer »Maß- und Maßstablosigkeit«, ihrer »Verzweiflung«, »Isoliertheit« und »Richtungslosigkeit« in den Augen der marxistisch-leninistischen Literaturwissenschaftler für jene »bürgerlichen« Intellektuellen, »die den Grundwiderspruch des Imperialismus zwar erfühlten, aber nicht zu durchschauen vermochten«.[10] Ihr »humanistisches Wollen« sei in ihrer Dichtung immer wieder in Inhumanität umgeschlagen,

> weil sie mit der Ablehnung aller Traditionen auch das geschlossene Menschenbild preisgaben. [...] Die expressionistische Dichtung war im ganzen nicht in der Lage, die positiven Kräfte innerhalb des gesellschaftlichen Zerfallsprozesses lebendig und überzeugend zu gestalten. Damit aber wurde sie selbst ein Teil des allgemeinen Verfalls der imperialistischen Gesellschaft.[11]

---

5 Kaufmann 1977, 330.

6 Germanistisches Institut der HU Berlin 1962, 244.

7 G. Albrecht u.a. 1960, 7.

8 Geerdts (Hg.) 1965, 464. Siehe auch Werner u.a. 1964, 171: »Die künstlerische Dekadenz [...] war mit dem Eintritt des Kapitalismus in sein imperialistisches Stadium zu einer gesetzmäßigen und beherrschenden Erscheinung in der bürgerlichen Literatur geworden.«

9 Geerdts (Hg.) 1965, 464.

10 Werner u.a. 1964, 181.

Letztlich hätten die Expressionisten durch die »Ablehnung einer wirklichen Parteilichkeit« die Politik der »herrschenden Klasse« unterstützt, »denn nur eine mit der Ideologie und der Organisation des klassenbewußten Proletariats in Einklang stehende Parteilichkeit des Schriftstellers vermag einen wirklichen Beitrag zur Befreiung der Menschheit zu leisten«.[12] Entsprechend sei der Expressionismus, so der Brecht-Forscher Ernst Schumacher, von Lukács zu Recht als »Ablenkungsideologie« bezeichnet worden.[13]

14.2 Vorsichtiger Aufbruch des Dekadenz-Verdikts

Ähnlich wie bei der Klassik und der Romantik werden die Pauschalurteile hinsichtlich der literarischen Moderne und des Expressionismus ab den 60er Jahren zunehmend aufgebrochen. Das allmähliche Verschwinden gängiger Formalismus-Klischees bzw. die Relativierung des normativen Realismusverständnisses im Namen von »Weite und Vielfalt realistischer Schreibweisen« erlaubt nun einen neuen Blick nicht nur auf die proletarisch-revolutionäre Phase der sozialistischen Literatur oder die Gegenwartsliteratur, sondern auch auf den Expressionismus bzw. auf die gesamte literarische Moderne überhaupt.

14.2.1 Die Aufwertung »linker« Expressionisten

Betrachtet werden sollen zunächst die Debatten über den Expressionismus, der in den 50er Jahren als *der* exemplarische Fall von Dekadenz galt[14] und der auch Anfang der 60er Jahre in der fachexternen Öffentlichkeit weiterhin heftig umstritten ist.[15] Über das Bemühen von Forschern wie Gerhard Scholz oder Hans Kaufmann, sich über das für die sozialistische Kultur in Frage kommende »Erbe« und die literarischen Entwicklungen im eigenen Jahrhundert zu verständigen, setzt in der germanistischen Literaturwissenschaft eine allmähliche Neuaufarbeitung der expressionistischen Strömungen ein.[16]

---

11 Ebd., 181.

12 Schumacher 1955, 16.

13 Ebd., 18.

14 Vgl. S. Barck 1993, 336. Siehe dazu beispielsweise Hermsdorf 1961a, 299f.

15 »Daß nicht so viele deutsche Intellektuelle dem Nazismus zum Opfer gefallen wären, wenn sie nicht durch die Auflösung aller humanistischen Werte durch Leute wie Benn und den dekadenten Grundzug des ganzen Expressionismus geistig und moralisch entwaffnet worden wären, ist heute noch meine Überzeugung. Und man sehe sich einmal an, *wo* alle Expressionisten (mit Ausnahme derer, die aufhörten, es zu sein und sich zu neuen sozialistischen Positionen durchrangen) heute gelandet sind, *wem* ihr Werk heute dient!« (Kurella 1961, 7). Siehe in diesem Zusammenhang auch die Polemik von Kurella 1962a. Gudrun Klatt berichtet in ihrem Gespräch mit Inge Diersen, noch 1962 hätte man in der *Jungen Kunst* lesen können, der Expressionismus sei Wegbereiter des Faschismus gewesen (vgl. Materialien, Diersen, 293).

Während führende Kulturpolitiker im *radikalen Bruch* mit dem Expressionismus, der »in Deutschland verbreitetsten Spielart« der »Dekadenz«,[17] noch immer die entscheidende Voraussetzung dafür sehen, dass Dichter wie Johannes R. Becher, Leonhard Frank oder Franz Werfel »zu wirklich bedeutenden Repräsentanten, zu Mitschöpfern ihrer jeweiligen nationalen Kultur« werden konnten,[18] beginnt sich in der Literaturwissenschaft - fachinternen Logiken gemäß - zunehmend die Vorstellung von der *Kontinuität* der literarischen Moderne durchzusetzen.[19] So wird die Phase vom Ausgang des Naturalismus bis etwa 1910 in Hans Kaufmanns bedeutender Studie *Krisen und Wandlungen der deutschen Literatur von Wedekind bis Feuchtwanger* zur Vorgeschichte der modernen Literatur erklärt, während »das zweite Jahrzehnt unseres Jahrhunderts der Beginn ihrer eigentlichen und bis heute unabgeschlossenen Geschichte« sei.[20] Dies legitimiert die Auseinandersetzung auch mit dem Expressionismus, »so wenig er im ganzen noch der neuen Epoche gemäß erscheint«.[21] Denn bei der Beschäftigung mit dem Expressionismus geht es dieser Logik gemäß um eine Selbstverständigung über die Geschichte des eigenen literarischen Erbes. Geschickt rekurriert Kaufmann auf in der DDR anerkannte Schriftsteller wie Thomas und Heinrich Mann, Bertolt Brecht oder Johannes R. Becher, deren Entwicklung nachzuvollziehen ohne die Kenntnis des expressionistischen Zeitalters nicht möglich sei. So wäre Becher, »wie sehr er sich auch später vom Expressionismus entfernt hat, doch ohne sein äußerst produktives erstes Schaffensjahrzehnt nicht derselbe geworden«.[22] Auch gelte es die Wirkung des Expressionismus auf

16 Gudrun Klatt erwähnt in ihrem Interview mit Inge Diersen, dass »gerade Anfang der 60er Jahre die Beschäftigung mit dem Expressionismus am Germanistischen Institut in Berlin eine ziemliche Rolle gespielt [hat]. Ich erinnere mich, daß in der Zeit Scholz' Vorlesungen zum Expressionismus und parallel dazu auch einige Seminare gelaufen sind« (Materialien, Diersen, 294). Dass ausgerechnet Hans Kaufmann mit seiner Studie *Krisen und Wandlungen der deutschen Literatur von Wedekind bis Feuchtwanger* (Kaufmann 1966) zu einer Neubewertung des Expressionismus beiträgt, mag überraschen, tritt er doch noch Anfang der sechziger als einer der schärfsten Kritiker von Joachim Müllers Versuch einer differenzierteren Beurteilung expressionistischer Strömungen auf (s.o.). Dies mag zum einen etwas damit zu tun haben, dass es für den als »Weißwäscher« nach Jena geschickten Literaturwissenschaftler Mitte der sechziger Jahre - also nach seiner Ernennung zum Direktor der neuen Abteilung und seiner Berufung zum ordentlichen Professor - nicht länger darum geht, sich durch die resonanzträchtige Kritik an einem »bürgerlichen« Fachkollegen im akademischen Feld zu etablieren. Zum anderen kommt es gewiss auch dadurch zu Revisionen von bestehenden (Vor-)Urteilen, dass sich Kaufmann im Rahmen der kollektiven Arbeit an der *Geschichte der deutschen Literatur* intensiver als zuvor mit der Literatur des frühen 20. Jahrhunderts und mit den Debatten um die literarische Moderne auseinanderzusetzen und eine geschlossene Darstellung der literarischen Entwicklungen zu erarbeiten hat. Es mag als eine Art »ausgleichende Gerechtigkeit« erscheinen, dass Kaufmann durch die in *Krisen und Wandlungen* vorgenommenen Differenzierungen nun seinerseits in die Schusslinie politisch motivierter Kritik gerät (vgl. Boden 1997a, 214; Kaufmann 2002, 242-244; sowie Materialien, Kaufmann, 138).

17 Kurella 1962a, 115.

18 Ebd., 116.

19 Vgl. Kaufmann 1966, 364. Siehe z.B. auch M. Müller 1968, 5-24.

20 Kaufmann 1966, 17. Das Buch gilt als eine Art »Pilotstudie« für jene Bände der *Geschichte der deutschen Literatur*, die sich dem 20. Jahrhundert widmen (vgl. Materialien, Kaufmann, 138; vgl. auch Materialien, Thalheim, 273f.).

21 Kaufmann 1969, 476.

die nachfolgende Literatur anzuerkennen und näher zu erforschen: »Die expressionistische Literaturbewegung ist kein Zwischenspiel, nach dessen Ende wieder ›normale Zustände‹ in der Literatur einkehren«.[23] Auch diese Argumentationslinie kann sich - ähnlich wie die Forderung nach »Weite und Vielfalt« - auf Debatten in sozialistischen »Bruderländern« stützen, die in die DDR hineingetragen werden. Der Kampf gegen den »Personenkult« nach dem XX. und dem XXII. Parteitag der KPdSU regt eine Kritik auch an jenen Dogmatikern an, die über jeden »Ismus« das unerbittliche Urteil »Dekadenz!« fällen und dabei »die Tatsache ignorieren, daß viele hervorragende Vertreter des sozialistischen Realismus [...] in der Vergangenheit mit diesen Strömungen verbunden waren und mitunter auch heute noch nicht jegliche Verbindung mit ihnen verloren haben«.[24]

Innerhalb dieser nun beginnenden Auseinandersetzungen wird der Expressionismus insgesamt aufgewertet. Doch ähnlich wie bei der Romantik kann auch hier von einer uneingeschränkten Anerkennung nicht die Rede sein. Die Debatten über den Expressionismus sind ebenfalls geprägt von einem zögerlichen »Einerseits-Andererseits«. So warnen die sich mit dem Expressionismus auseinandersetzenden Literaturwissenschaftler stets davor, die »Schattenseiten« dieser literarischen Strömung zu übersehen, die in »Scheinradikalität in Form und Inhalt« oder »überspitzt idealistische[n] und mythische[n] Konstruktionen« zum Ausdruck kämen[25] und letztlich der Verdunkelung des gesellschaftlichen Kausalkomplexes gedient hätten. Gleichzeitig entdeckt man jedoch - ähnlich wie bei der Romantik - innerhalb einer einstmals pauschal als »reaktionär« verfemten Richtung »progressive« Elemente. Wie in der Auseinandersetzung mit der Romantik dominieren auch hier politische Wertungskriterien: So wird zugestanden, dass viele Expressionisten die Tendenz gehabt hätten, »den Menschen in der chaotischen Zeit vor und während des ersten Weltkrieges Leitbilder zu geben für das Leben«;[26] sie hätten ein »humanistische[s] Anliegen« artikuliert, »das auf Verwirklichung in einer realen Gesellschaft gerichtet« gewesen sei.[27] Ein ideologischer Vorbereiter des Faschismus sei der Expressionismus bei aller ihm innewohnenden Verschwommenheit und Irrationalität definitiv nicht gewesen.[28] Selbst das »reine Formexperiment« wird nun in gewissem Maße als »Bestreben, wirken, eingreifen, ändern zu wollen«, legitimiert.[29] Geschickt rechtfertigt man unter Verweis auf seine »humanistischen Intentionen« eine wissenschaftliche Auseinandersetzung mit dem Expressionismus und trägt gleichzeitig den kulturpolitischen Ressentiments Rechnung, indem die expressionistischen Schreibweisen als Maßstäbe und Orientierungsgrößen für die Gegenwarts-

22 Kaufmann 1966, 14.
23 Ebd., 188.
24 Fradkin 1962, 3.
25 Haase 1961, 168.
26 Kändler 1963, 625.
27 Ebd., 626.
28 Vgl. Mittenzwei 1968, 24. Wie lange sich das Vorurteil, der Expressionismus habe letztlich zum Faschismus geführt, in der kulturpolitischen Debatte zu halten scheint, zeigt der Beitrag von Dieter Schiller mit dem Titel »Die Expressionismusdebatte 1937–1939 aus der Sicht des Pariser Exils« (Schiller 1986), in dem er sich noch einmal dezidiert mit diese These auseinandersetzt und sie zu widerlegen sucht.
29 Kaufmann 1966, 180f.

schriftsteller zurückgewiesen werden: Ob der »humanistischen Wesenszüge« des Expressionismus, so Werner Mittenzwei, »zählen wir ihn zu den Traditionen, die wir achten, wenn wir auch bei unseren Bemühungen um eine neue, sozialistische Literatur keine direkten Anknüpfungsmöglichkeiten an diese Richtung sehen.«[30]

Die Würdigung der gesellschaftskritischen Elemente im Expressionismus lässt sich einmal mehr auch durch die Aneignungs- und Deutungskonkurrenz gegenüber dem Westen legitimieren und resonanzträchtig inszenieren. In der »spätbürgerlichen« Literaturwissenschaft dieser Tage gebe es »nicht wenige Versuche, die gesellschaftskritische Note des Expressionismus auszulöschen«,[31] den literarischen »Traditionsbruch« und jene vom Realismus wegführenden Gestaltungselemente zu feiern[32] sowie den gesellschaftsverändernden Charakter des Expressionismus abzuwerten[33] - angeblich Fehlurteile, die »ideologisch den antihumanen, reaktionären Kräften in Deutschland dienen«.[34] Damit wird die Aufwertung des Expressionismus - ähnlich wie die der Romantik - gleichsam als »Rettung« antikapitalistischer, revolutionärer oder gar sozialistischer Traditionen in der deutschen Literaturgeschichte vor den »Verfälschungen« des Westens präsentiert.[35]

Die Differenzierungen in der Betrachtung der expressionistischen Bewegung erlauben nun die resonanzträchtige Würdigung »linker« Expressionisten und ihrer pazifistischen, mehr oder weniger revolutionären Literatur. Sich ankoppelnd an die kulturpolitischen Forderungen nach einer Herausarbeitung eigenständiger sozialistischer Traditionslinien bemüht man sich, die »progressiven« Züge in den Werken von Becher, Werfel, Hasenclever usw. hervorzuheben.[36] Differenziert wird nun, so beispielsweise bei

30 Mittenzwei 1968, 26.

31 Ebd., 12.

32 Vgl. Haase 1961, 169.

33 Vgl. Kaufmann 1966, 13. Vgl. in diesem Zusammenhang auch S. Schlenstedt 1969; 658; Kändler 1963.

34 Kändler 1963, 628.

35 Die Argumentation von Kaufmann ist in diesem Zusammenhang besonders geschickt: Sämtliche Abwertungsstereotype, die auch bei den Kulturfunktionären der SED immer wieder auf die literarische Moderne appliziert werden - sie sei nicht assimilierbar, elitär, unverständlich, monoton, bar jeglicher Humanität etc. - werden als »bürgerliche Theorie des Modernismus« deklariert, mit der die literarischen Entwicklungen des 20. Jahrhunderts verfälscht würden. Nicht nur negiere man mit der »Theorie des Modernismus« die »vielfältigen Aussageweisen, die in der Lyrik von Rilke bis Maurer und Enzensberger tatsächlich zu beobachten sind (von der Elegie bis zum Spruch, vom Lied bis zur Hymne)«, um an ihre Stelle »›das‹ moderne Gedicht mit bestimmten obligatorischen Merkmalen« treten zu lassen (Kaufmann 1966, 11). Sondern man leugne den Aufstiegs- und Erneuerungsprozess der Literatur, der sich im 20. Jahrhundert auf der Grundlage des sozialen Fortschritts entwickelt habe und der eben nicht durch Monotonie und Verarmung, sondern durch Bereicherung und Vielfalt geprägt sei (vgl. ebd., 11). Zudem werde die »Theorie des Modernismus« gegen alle literarischen und literaturtheoretischen Bemühungen ins Feld geführt, »die Rolle der Kunst im Zusammenhang mit der praktisch-gesellschaftlichen und geistig-kulturellen Erneuerung, das heißt mit dem Übergang vom Kapitalismus zum Sozialismus zu sehen« (ebd., 13). Einer solchen Logik kann man von Seiten der Kulturfunktionäre argumentativ nichts entgegensetzen, will man sich nicht dem Vorwurf aussetzen, »bürgerliche« Strategien zu unterstützen oder den antagonistischen Gegensatz zwischen »bürgerlich-idealistischem« und »marxistischem« Denken zu verwischen.

36 Vgl. z.B. ebd., 163f.

Silvia Schlenstedt, zwischen einem Lyriker wie Benn, dessen »unhistorisches Absolutsetzen von Krankheit und Verfall« mit der »Flucht in ferne oder verinnerlichte südlich-archaische Rauschwelten korrespondiert«,[37] und Dichtern wie Heym oder Becher, die »im geschichtlichen Bereich selbst nach Gründen und Ursachen« suchen und »auf eine Überwindung und Lösung der geahnten gesellschaftlichen Spannungen in der Sphäre realer Aktivität [drängen]«.[38] Ein ehemals verfemter »Ismus« ist damit durch ein differenzierteres Herangehen zumindest partiell zu einem Bestandteil der Geschichte sozialistisch-realistischer Literaturentwicklung geworden. Infolge dessen können Anthologien mit Lyrik und Dramen des Expressionismus in der 2. Hälfte der 60er Jahre erstmals in größerem Umfang zugänglich gemacht werden.[39]

14.2.2 Die Debatten um Franz Kafka

Gegenstand differenzierterer Betrachtungen werden jedoch nicht nur diejenigen Autoren, die sich in die unmittelbare Vorgeschichte sozialistisch-realistischer Literatur und damit in die eigenen »progressiven« Traditionslinien einordnen lassen. Das den disziplinären Logiken entsprechende Bemühen der literaturwissenschaftlichen Germanisten, eine umfassende, fachwissenschaftlichen Ansprüchen genügende marxistische Konzeption der deutschen Literaturgeschichte zu erarbeiten, führt auch zu einer Beschäftigung mit solchen Autoren, die zunächst aus dem »offiziellen« sozialistischen Erbekanon ausgeschlossen werden.[40] Im Rahmen der Überwindung des Formalismus-Dogmas und eines formalistischen Dekadenzbegriffes kann es zu einer vorsichtigen Aufwertung von »spätbürgerlichen« Schriftstellern kommen, denen man trotz formaler Unzulänglichkeiten und weltanschaulicher »Grenzen« ein humanistisches Anliegen, antikapitalistische Tendenzen und eine auf den Menschen gerichtete Position nicht gänzlich absprechen kann. Diese zaghaften Umbauten im Literaturgeschichtsbild führen vor allem im Falle Kafkas zu heftigen Reaktionen von Seiten der kultur- und wissenschaftspolitischen Administration, die an tradierten Realismus- und Widerspiegelungskonzeptionen festhält, um die Schlagkraft des kulturpolitischen Kampfbegriffes »Dekadenz« bangt und gerade in der »Kafka-Mode« in Ost und West einen Angriff auf den Sozialismus sieht. Am Beispiel dieser brisanten Debatten um Franz Kafka sollen exemplarisch die –

---

37 S. Schlenstedt 1969, 629.

38 Ebd., 630.

39 Kändler (Hg.) 1967; Reso (Hg.) 1969; Pinthus (Hg.) 1968.

40 So hebt die Forschergruppe um Gunter Schandera hervor, dass bereits in den *Weimarer Beiträgen* des Jahres 1959 (besonders in den Heften 3 und 4) in mehreren ausführlichen Arbeiten das Schaffen Georg Kaisers, Heinrich von Kleists, Ernst Tollers oder Georg Trakls erörtert wird (vgl. Schandera u.a. 1997, 293) und es in den Jahren 1960/61 zu einer »Beschäftigung beispielsweise mit Autoren und Werken des Mittelalters und des Barock, mit Grillparzer oder auch Heines Spätschaffen« kommt (ebd., 302). Die ersten Monographien zu Kafka erscheinen (Hermsdorf 1961; Helmut Richter 1962), ebenso eine Reihe von Beiträgen in den renommierten Zeitschriften *Weimarer Beiträge* und *Sinn und Form*, die sich mit dem Prager Dichter beschäftigen (u.a. Hermsdorf 1957; Hermsdorf 1958; Reimann 1957; Helmut Richter 1959; Helmut Richter 1959a).

durchaus unterschiedlichen - Argumentationsweisen jener germanistischen Literaturwissenschaftler herausgearbeitet werden, die sich gegen den massiven Widerstand von Kulturpolitikern um eine vorsichtige Gegenstandserweiterung ihrer Disziplin und eine Aufwertung bestimmter »spätbürgerlicher« Autoren bemühen.

14.2.2.1 Die Legitimation einer Auseinandersetzung mit Kafka

Anders als die Auseinandersetzungen mit den Werken »linker« Expressionisten ist die ernsthafte und differenzierte Beschäftigung mit einem als »dekadent« verfemten Autor wie Kafka in höchstem Maße legitimationsbedürftig. Der Hinweis auf die Notwendigkeit, die Genesis sozialistischer Literatur im Dienste der gegenwärtigen kulturpolitischen Aufgaben nachzuvollziehen, kann hier nicht mehr genügen. Schließlich handelt es sich hier um einen Schriftsteller, der zu keiner Phase in die »progressiven Traditionslinien« einer »sozialistischen deutschen Nationalliteratur« eingeordnet werden kann, sondern der nach offizieller Lesart im Dienste des Imperialismus steht, dessen »Eindringen« in die sozialistische Gesellschaft mit allen Mitteln verhindert werden soll und der in der DDR nicht einmal publiziert wird (die ersten ausgewählten Werke Kafkas erscheinen erst Mitte der 60er Jahre - nach großem internationalen Druck). Entsprechend stehen die Literaturwissenschaftler, die sich mit einem Autor außerhalb des Kanons befassen, unter besonderer Beobachtung der politischen Administration und sind noch mehr als sonst gezwungen, ihre wissenschaftlichen Forschungen zu rechtfertigen und Leistungsangebote an die kulturräsonierende Öffentlichkeit zu adressieren.

Die öffentliche Forderung nach einem marxistisch-leninistischen Literaturgeschichtsbild, mit dem »bürgerliche« Wertungs- und Ordnungsschemata überwunden werden sollen, erweist sich gegen Ende der 50er, Anfang der 60er Jahre als die zentrale Ressource, um die Beschäftigung mit Kafka zu legitimieren. Unter Verweis auf die Systemkonkurrenz fordern germanistische Literaturwissenschaftler wie Thomas Höhle oder Claus Träger, Autoren wie Hebbel, Grabbe, Kleist oder Kafka »nicht den Apologeten des Imperialismus« zu überlassen.[41] Zu beobachten seien eine »Vereinnahmung« und ein »Missbrauch« Kafkas durch die »bürgerliche« Literaturwissenschaft. So behaupte beispielsweise Hermann Pongs, dass Kafkas »künstlerischer und historischer Wert vor allem darin bestehen soll, der Anwalt und Prophet eines faschistischen Führerstaates bzw. eines patriarchalischen Klerikalfaschismus zu sein«.[42] Die Beschäftigung mit Kafka drohe »hier in fast tragischer Weise zum Objekt eines zwar noch verhohlenen, aber gerade in seinem sozialen Auftrag unverkennbar nationalistischen und profaschistischen Obskurantentum zu werden«.[43] Gerade angesichts einer großen Popularität Kafkas in bestimmten Kreisen der »bürgerlichen« Intelligenz kann die Erarbeitung eines »realistischen« Kafka-Bildes öffentlichkeitswirksam zu einer wichtigen kulturpolitischen Aufgabe erklärt werden.[44]

---

41 »Probleme der sozialistischen Rezeption des Erbes« (1970), 35.

42 Helmut Richter 1961, 817.

43 Ebd., 818.

44 Helmut Richter 1962, 29.

Die bisherigen Ergebnisse der marxistisch-leninistischen Literaturwissenschaft, so die Argumentation, können diesem wichtigen politischen Auftrag allerdings nicht genügen:

> Dem vollständigen Fehlen einer eigenen, geschlossenen Kafka-Konzeption steht die - bei diesem Sachverhalt befremdende - Häufigkeit der Erwähnung Kafkas gegenüber, dessen Name oft in den Erklärungen auftaucht, die zum Kampf gegen die bürgerliche Dekadenz und für den Sieg des sozialistischen Realismus aufrufen. Allen diesen Erwähnungen ist gemeinsam der Thesencharakter und die Abstraktion vom Werk und von seiner historisch-sozialen Bedingtheit. Der Name Kafka ist weithin synonym geworden mit inhumanem Gehalt und unrealistischer Schreibweise.[45]

Entsprechend gelte es, ein »objektives Bild der Werke Kafkas« herauszuarbeiten, das einer wissenschaftlichen Betrachtung standhalte.[46] Dabei bedienen sich die Germanisten vornehmlich Argumentationsfiguren, die der disziplinären Eigenlogik verpflichtet sind und Kafka vor einer primär politisch-ideologischen »Zurichtung« »in Schutz« nehmen. Ein »klares, unvoreingenommenes Bild des Dichters und seines Werkes zu entwerfen«[47] sei nur möglich, so Helmut Richter, wenn Kafkas Werk »[n]ach einer langen Zeit der Verkennung als Thesen- und Beispielsammlung dichtungsfremder Systeme [...] in programmatischem Sinne als Kunstwerk analysiert und gewürdigt« werde.[48] Ziel sei »die Erarbeitung einer werkgetreuen Interpretation und die Analyse der besonderen künstlerischen Formen, deren sich der Autor bedient«.[49] Auch Richters Kollege Klaus Hermsdorf verlangt, den Gehalt der Kafka'schen Dichtungen »gesichert, beweis- und belegbar herauszuarbeiten«.[50] Trotz der Verwurzelung des Kunstwerkes in der gesellschaftlich-geschichtlichen Situation insistiert er auf der »literarisch-ästhetischen Eigenart« des Textes[51] und erklärt die Kafka-Interpretation damit zum alleinigen Zuständigkeitsbereich der germanistischen Literaturwissenschaft und ihrer kunstspezifischen Logiken.

14.2.2.2 Kafka zwischen »Dekadenz« und »Liebe und Zuneigung«

Das Bestreben, sich differenzierter und gemäß fachspezifischen Logiken mit Kafka zu beschäftigen, führt nun allerdings nicht unmittelbar dazu, dass damit auch tradierte Werturteile verabschiedet werden. Die relative Aufwertung eines »spätbürgerlichen« Autoren wie Kafka, die Überwindung des Formalismus-Verdikts oder Veränderungen im Verständnis von »Dekadenz« vollziehen sich nicht »über Nacht«, sondern erweisen sich als langsame, oftmals zähe und durchaus von Rückschlägen begleitete Prozesse.

45 Helmut Richter 1959, 575.
46 Helmut Richter 1962, 32.
47 Ebd., 32.
48 Helmut Richter 1959, 578.
49 Helmut Richter 1962, 287.
50 Hermsdorf 1961, 20.
51 Ebd., 20.

So bemüht sich Klaus Hermsdorf in seiner Kafka-Monographie beispielsweise um eine differenzierte Analyse des Kafka'schen Oeuvres und um die Klärung weitgehender biographischer, sozialhistorischer, formtheoretischer und ideologiegeschichtlicher Fragen, bleibt jedoch letztlich in seinem Gesamturteil dem Dekadenz-Verdikt verpflichtet. Daran ändern auch die zwischenzeitlichen Würdigungen nichts, die Hermsdorf Kafka zuteil werden lässt und denen einmal mehr politische Maßstäbe zugrunde liegen. So hebt er u.a. dessen Roman-Fragment *Der Verschollene* (später *Amerika*) aufgrund seines sozialkritischen Gehalts hervor und preist es als »Ansatz zum großen Gesellschaftsroman«, als »Versuch einer Epopöe der modernen Zeit, der noch im Mißlingen hochbedeutsam bleibt«.[52] Zudem habe Kafka wie kaum ein anderer bürgerlicher Autor jener Zeit den zentralen Konflikt der zeitgenössischen Gesellschaft erfasst und auch die unteren Gesellschaftsschichten in seine Darstellung einbezogen. Das »Zur-Maschine-Werden des Menschen«, die »überhetzte mechanisierte Arbeit«, die »unsichtbaren Organisationen der Bürokratie«, die Ausbeutung des Menschen »als billiges Material« sind für Kafka zentrale Kriterien des »moderne[n] Zeitalter[s] und seine[s] Wirtschaftsapparat[s]«.[53] Kafkas Werk sei Ausdruck einer »antikapitalistische[n] Haltung, die von der Gesellschaftskritik des Sozialismus beeinflußt ist«, auch wenn sie »auf der Stufe des Gefühlsmäßigen und Unmittelbaren« stehenbleibe und »weder zur wissenschaftlichen Vertiefung noch zum politischen Handeln« vordringe.[54] Auch die künstlerisch-ästhetischen Leistungen des Autors werden anerkannt, so z.B., wenn Hermsdorf Kafkas Fähigkeit herausstellt, die »Nachtseiten des menschlichen Daseins« mit besonderer Eindringlichkeit zu poetischem Leben zu erwecken: »Dies sind die Themen, die Erlebnisbereiche, die Kafka der Literatur erschlossen hat.«[55]

Trotz dieser durchaus positiven Werturteile ordnet Hermsdorf Kafka jedoch am Ende seiner Untersuchung der »spätbürgerlichen Dekadenz« zu. So wird Kafka »an die Grenzen der Literatur« verwiesen, an

> den Ort im Bereich der Formenwelt der Dichtkunst [...], wo das absolut Unklassische anzusiedeln ist, wo die absonderlichen und seltsamen Gebilde der Kunst ihren Platz haben, die in ihrer Art vollkommen, unerreichbar, unwiederholbar sind, nicht bar zu fruchtbarer Form gediehen sind, die nicht gesund und klassisch, sondern krank und romantisch sind. [...] Kafkas Roman ist der Roman der Dekadenz: eine seiner kühnsten, radikalsten, ehrlichsten, aber auch eine seiner ausweglosesten Spielarten.[56]

Deutlich zeigt sich in Hermsdorfs Text die Beharrungsmacht des verengten Realismusverständnisses der Lukács-Ära. So finden sich bei ihm all jene tradierten – und in Bezug auf die literarische Moderne noch immer anschlussfähigen – Argumentationsfiguren von Georg Lukács, der unter »Dekadenz« eine Verarmung des Inhalts, einen Abschied

---

52 Ebd., 58. Gegen diese »Ehrenrettung des Dichters, speziell aber dieses Fragments, vom Gesellschaftsroman des bürgerlichen Realismus her« polemisiert Kurt Batt, der an tradierten Werturteilen festhält und eine vorsichtige Aufwertung Kafkas nicht zulassen will: »Das erscheint mir [...] ebenso inkonsequent wie die Meinung jener Kunstkritiker, die Picassos naturalistische Vorstudien loben, die fertigen Gemälde aber ablehnen« (Batt 1962, 33).

53 Hermsdorf 1961, 84.

54 Ebd., 164.

55 Ebd., 242.

56 Ebd., 242.

von der kunstvoll-komplexen Einheit von Form und Inhalt sowie eine Unfähigkeit verstand, die »objektive Wirklichkeit« in ihrer »Totalität« widerzuspiegeln, zu gestalten und so begreifbar zu machen. Während der »klassische« bürgerliche Roman auch bei Hermsdorf als Kunstform erscheint, die die gesellschaftliche Wirklichkeit in ihrer ganzen Breite zu erfassen in der Lage gewesen sei, wird Kafka die »Reduzierung auf einen subjektivistischen, seiner gesellschaftlichen Voraussetzungen entkleideten autobiographischen Stoff« vorgeworfen.[57] Statt »Vielgestaltigkeit und Verschlungenheit der romanhaften Handlungsstruktur« oder »Vielfigurigkeit« und »liebevolle[] Gestaltung einer kleinen und großen Menschenwelt« finde sich bei Kafka nunmehr lediglich eine »arme[], einsträngige[] Fabel« und eine »gespensterhafte Ein-Figurigkeit«.[58] Während die »klassische« Romanstruktur Erkenntnisse über den Menschen, die Natur und die Gesellschaft ermögliche, »eine Form der Volkstümlichkeit« und eines »optimistischen Rationalismus« sei, stehe das Weltbild Kafkas, »sein wirklichkeitsferner, egozentrischer, antirationaler Subjektivismus [...] regelrecht im Widerspruch zum Geist, zum allgemeinen Formgehalt des Romans«.[59]

> [D]as gegliedert durchsichtige, einheitsvoll komponierte Werk ist zum bloßen Fragment zusammengebrochen. An die Stelle der Gestaltung einer ›Totalität der Objekte‹, jener künstlerischen Darstellung der wesentlichen Bestimmungen der konkreten gesellschaftlichen Wirklichkeit, die den Roman auszeichnet und die eigentliche Möglichkeit der großen epischen Form bildet, setzte Kafka die Gestaltung eines einzigen Objekts – des Subjekts: Eines Subjekts, das auch nicht in der Totalität seiner tatsächlichen Beziehungen zur Wirklichkeit erfaßt wurde, sondern nur in der Verabsolutierung einzelner isolierter Erfahrungskomplexe.[60]

Dass auf eine über weite Strecken differenzierte Auseinandersetzung mit einem nach offizieller Lesart nicht anerkannten Autor ein durchweg negatives Gesamturteil folgt, ist Ende der 50er, Anfang der 60er Jahre durchaus verbreitet.[61] Dies dürfte der Dominanz tradierter Werturteile in der kulturräsonierenden Öffentlichkeit und der politischen Administration geschuldet sein, die eine radikale Revision des »offiziellen« marxistisch-leninistischen Literaturgeschichtsbildes »von heute auf morgen« wenig resonanzträchtig, wenn nicht gar politisch schlicht unmöglich erscheinen lässt. In diesem Fall scheint die Abwertung Kafkas mit normativ aufgeladenen Begriffen wie »Dekadenz«, »Subjektivismus«, »Wirklichkeitsferne« etc. bei gleichzeitigem Gebrauch der Basissemantik der »offiziellen« marxistisch-leninistischen Ästhetik (z.B. »Totalität«, »Widerspiegelung«, »objektive Erkenntnis«, »objektive Wirklichkeit«, »Volkstümlichkeit« oder »Rationalismus«) die Voraussetzung dafür zu sein, sich überhaupt mit einem derart umstrittenen Autor auseinandersetzen und differenziertere Detailanalysen erstellen zu können. Allerdings sollte man auch die Beharrungsmacht tradierter Autoren- und Epochenbilder sowie des gnoseologischen Realismus- und Widerspiegelungskonzeptes in den Köpfen vieler Literaturwissenschaftler nicht unterschätzen. So lange der

57 Ebd., 238.
58 Ebd., 238.
59 Ebd., 239.
60 Ebd., 238.
61 Vgl. z.B. Adling 1959; S. Schlenstedt 1959; Streller 1959.

Grad der Einsicht eines Autors in den »objektiven« Geschichtsprozess als primärer Maßstab zur Bewertung eines literarischen Kunstwerks dient, rückt seine spezifische ästhetische Qualität zwangsläufig in den Hintergrund.

Die Wirkmächtigkeit der gnoseologischen Realismus- und Widerspiegelungstheorie lässt sich auch bei Helmut Richter beobachten, der sich um eine textnahe und nachvollziehbare Charakterisierung der Wirklichkeitskonzeption und Bildgestaltung Kafkas bemüht und, ähnlich wie Hermsdorf, das tief humane Anliegen des Prager Dichters und seinen Protest gegen die Verkümmerung des Menschen in der kapitalistischen Ordnung zu würdigen weiß.[62] Letztlich mag jedoch auch Richter auf eine negative Abschlusskritik nicht verzichten: »Kafka stößt nicht zu einer realistischen Gestaltung der Grundlagen seiner Zeit und ihrer bewegenden Kräfte vor.«[63] Seine künstlerische Gestaltung sei »sehr oft komplexer Ausdruck der unrealistischen Verabsolutierung einzelner Züge der kapitalistischen Gesellschaft und ihrer Auswirkung auf den einzelnen Menschen«.[64] In der Tradition der gnoseologischen Widerspiegelungstheorie kritisiert Richter Kafkas Gestaltung der ausweglosen Stimmung in abstrakten Bildern, »die nicht der Erhellung, sondern der Mystifizierung der Wirklichkeit dienen«.[65]

Trotz der negativen Gesamtwertung, die am Ende der beiden Arbeiten von Hermsdorf und Richter steht, sollten die Unterschiede in der Argumentation der beiden Literaturwissenschaftler nicht übersehen werden. Richters Kritik an Kafka erscheint sehr viel weniger radikal als diejenige Hermsdorfs. Dies liegt daran, dass er im Gegensatz zu Hermsdorf darauf verzichtet, Kafka am »klassischen« bürgerlichen Roman zu messen, die Form seiner Werke »krank« zu nennen und ihn aufgrund seiner Schreibweise pauschal der »Dekadenz« zuzuschlagen. Bezeichnenderweise polemisiert Richter in seinem Buch gegen die schematische Herangehensweise eines Georg Lukács im Umgang mit der modernen Literatur des 20. Jahrhunderts.[66] Für Richter scheint es keine per se »realistischen« und »dekadenten« Schreibweisen mehr zu geben. Explizit wird darauf hingewiesen, dass eine Kritik der Werke Kafkas »nicht primär von ihrer Form ausgehen« könne.[67] Im Sinne der Brecht'schen Argumentation plädiert auch Richter für »Weite und Vielfalt« in den Ausdrucksmitteln, »sofern sie der intensiven Darstellung wesentlicher realistischer Inhalte dienen«.[68]

In dem Augenblick, wo formale Wertungskriterien in den Hintergrund rücken, können auch in der Debatte um Kafka inhaltliche Betrachtungsaspekte an Bedeutung gewinnen. Das gesellschaftskritische Potential in den von Kafka veröffentlichten Schriften tritt jetzt nicht mehr hinter das vernichtende Urteil »Dekadenz«/»nicht-realistisch« zurück.[69] Durch diese differenziertere Einordnung wird es möglich, Kafkas »unsterbli-

---

62 Vgl. Helmut Richter 1962, z.B. 287–300. Armand Nivelle spricht in seinem Beitrag »Kafka und die marxistische Literaturkritik« davon, dass durch die Untersuchung der künstlerischen Aussage- und Überzeugungskraft Kafkas Wertmaßstäbe jenseits politischer Kategorien angewandt werden, die erstmals auch eine Diskussion mit »Nichtmarxisten« ermöglichen (vgl. Nivelle 1972, 337).

63 Helmut Richter 1962, 287.

64 Ebd., 298.

65 Ebd., 298.

66 Ebd., 25–28.

67 Ebd., 298.

68 Ebd., 298.

chem Werk« nicht nur mit wissenschaftlichem Interesse, sondern gar mit »Liebe und Zuneigung« zu begegnen,[70] selbst wenn man Kafka nach wie vor nicht auf eine Stufe mit den kritischen und sozialistischen Realisten stellen mag (s.u.). Auch Hermsdorf sieht sich in der zweiten Auflage seines Buches aus dem Jahre 1966 aufgrund fachinterner Logiken gezwungen, den Dekadenzbegriff zurückzunehmen. Bezeichnend für den Diskussionsstand in der literaturwissenschaftlichen Germanistik, die den Terminus »Dekadenz« als pauschalen Abwertungsbegriff für die gesamte literarische Moderne zunehmend weniger akzeptiert, ist, dass Hermsdorf den Eindruck zu erwecken sucht, er habe den Dekadenzbegriff in der ersten Auflage seines Kafka-Buches gleichsam »neutral« verwandt. So habe er deshalb in der 2. Auflage auf diesen Begriff verzichtet, weil dieser zu »vieldeutig« sei, »um nicht die Mißdeutung auszuschließen, er sei eine Art Schimpfwort«.[71] Jene Passagen, in denen Hermsdorf Kafkas Schreibweise gegenüber dem »klassischen« bürgerlichen Roman abwertet und den Prager Dichter an die »Grenzen der Literatur verweist«, sind in der Neuauflage des Buches ersatzlos gestrichen.

Die Tatsache, dass man sich nun primär mit dem »weltanschaulichen Gehalt« eines literarischen Werkes beschäftigt und formale Wertungskriterien in den Theoriedebatten der literaturwissenschaftlichen Germanisten nach der Anerkennung der »Weite und Vielfalt realistischer Schreibweisen« zunehmend in den Hintergrund treten, führt zu spürbaren Differenzierungen und Umbauten in den Autorenbildern. So fordert beispielsweise Hans Kaufmann, einen Dichter wie Rainer Maria Rilke grundlegend von einem Zeitgenossen wie Stefan George zu unterscheiden, mit dem er bislang »oft in einem Atem genannt wird«.[72] Während Rilke nach Kaufmann zu keiner Phase seines Lebens ein »typischer Exponent eines verantwortungslosen Ästhetizismus« war, sondern »überwiegend [...] der humanen Verpflichtung der Kunst gerecht zu werden [suchte]«[73] und »einer menschlicheren Zukunft zugewendet« geblieben sei,[74] werden Georges Verse als »[u]nverhüllt barbarisch und künstlerisch minderwertig«[75] verurteilt. Selbst die von Lukács als »dekadent« abgewerteten James Joyce, Marcel Proust oder Dos Passos werden nun aufgrund ihres »Humanismus« explizit rehabilitiert:[76]

---

69 Vgl. z.B. Kaufmann 1969, 472.

70 Mittenzwei 1963, 625.

71 Hermsdorf 1966, 5. Siehe in diesem Zusammenhang auch das Nachwort von Klaus Hermsdorf zur ersten Kafka-Publikation der DDR, in dem politisch-ideologische Wertmaßstäbe gegenüber künstlerisch-ästhetischen zurücktreten (Hermsdorf 1965).

72 Kaufmann 1966, 137. Siehe in diesem Zusammenhang den Artikel zu Rilke in G. Albrecht u.a. 1960, 459f.: Dort heißt es noch abwertend: »R. gehört zu den (oft überschätzten) dichterischen Repräsentanten des niedergehenden, dekadenten Bürgertums, dessen Gefühlen (Vereinsamung, Schwermut, ruhe- und hilfloses Sehnen und Grübeln) er in klangvollen, sprachmusikalischen Versen von großer Empfindungstiefe und in meisterhaft geformter Prosa künstlerischen Ausdruck verlieh. Sein Leben wie sein Werk sind symptomatisch für die Isolierung des Künstlers in der imperialistischen Ära. [...] [G]esellschaftlich-politische und soziale Probleme blieben ihm fremd, wie sein Leben und sein auf bürgerlich-ästhetizistischem Individualismus beruhendes Dichten eine einzige Flucht in die Isolierung, in die Einsamkeit darstellt« (ebd., 459).

73 Kaufmann 1966, 136.

74 Ebd., 127. So macht Kaufmann beispielsweise in Rilkes *Stundenbuch* »die Hoffnung des Dichters auf ein grundlegend umgestaltetes gesellschaftliches Leben«, eine »humanistische Gesellschaftsutopie« und ein Begreifen der Gegenwart als historischen Wendepunkt aus (ebd., 127).

75 Ebd., 150.

> Geht man nicht von der formalen, sondern inhaltlichen, gesellschaftlichen Bestimmung der Dekadenz aus, so rücken ganz andere Dichter in das Blickfeld als die, die Lukács mit seiner Dekadenzkonstellation erfaßt. Die wirkliche Dekadenz ist weit mehr in den Werken von Stefan George, Filippo Marinetti und Gottfried Benn zu finden.[77]

Aufwind bekommen diejenigen, die sich für eine differenziertere Betrachtung der literarischen Moderne sowie eine Erweiterung der Realismus- und Widerspiegelungskonzepte einsetzen, wiederum durch die intellektuellen Strömungen in anderen osteuropäischen Ländern und durch die Debatten westeuropäischer Marxisten. Nicht wenige Literaturwissenschaftler in der DDR beschleicht in den 60er Jahren das Gefühl, den Anschluss an die internationalen Theoriediskussionen zu verpassen, einer gleichsam anachronistischen Auslegung marxistischer Ästhetik anzuhängen und den Problemen der modernen »Literaturgesellschaft« methodisch und inhaltlich nicht gewachsen zu sein.[78]

14.2.2.3 Die Kafka-Konferenz im Mai 1963 in Liblice

Wie bereits ausgeführt, widersetzt sich die politische Führung den Versuchen, den Realismusbegriff zu erweitern und die literarische Moderne unter Verweis auf die »Weite und Vielfalt realistischer Schreibweisen« aufzuwerten.[79] Trotz dieser restriktiven kulturpolitischen Haltung revidieren die literaturwissenschaftlichen Germanisten ihre Forderungen nach einer Gegenstandserweiterung und nach einer differenzierteren Betrachtung der »spätbürgerlichen« Literatur des frühen 20. Jahrhunderts nicht und demonstrieren damit einen gewachsenen disziplinären Eigensinn. Allerdings zeigt die auffällige Zurückhaltung der Vertreter der DDR-Literaturwissenschaft auf der Prager Kafka-Konferenz hinsichtlich der von den Kollegen erhobenen Forderung, Kafkas Gesamtwerk ein »Heimatrecht« innerhalb des »geistigen Erbes« zu gewähren und ihm eine produktive Bedeutung für die gegenwärtigen sozialistischen Gesellschaften zuzubilligen, dass die kulturpolitische Resonanzkonstellation an der »Heimatfront« nicht gänzlich außer acht gelassen wird.[80] Die restriktive Haltung der Kulturfunktionäre der SED gegenüber den Erscheinungen literarischer »Dekadenz« und vor allem gegenüber Kafka ist den Germanisten kurz zuvor durch die Entlassungen von Peter Huchel als Chefredakteur der Zeitschrift *Sinn und Form* zum Ende des Jahres 1962 sowie von dem für künstlerische Offenheit plädierenden Stephan Hermlin als Sekretär der Sektion Dichtkunst und Sprachpflege der Deutschen Akademie der Künste im März 1963 noch einmal nachdrücklich verdeutlicht worden. Eine massive Kritik des stellvertretenden Ministerpräsidenten Alexander Abusch sowie des Politbüro-Mitglieds Kurt Hager an dem Lyriker

---

76 Mittenzwei 1967, 251.

77 Ebd., 251.

78 Vgl. Hohendahl 1976, 124.

79 Siehe dazu Kapitel 11.3.

80 Einen expliziten politischen »Auftrag« habe es nach Aussage von Mittenzwei zu diesem Zeitpunkt nicht gegeben: »Damals reiste man noch nicht in exakt vorbereiteten Delegationen zu internationalen Konferenzen, mit einem abgesprochenen Programm und konkreter Direktive. Ich wußte nicht einmal, wen ich dort treffen würde« (Mittenzwei 2000, 79).

Günter Kunert nur wenige Wochen vor der Konferenz verschärft die Diskussion nochmals. Kunert habe sich »zu einem Apologeten Franz Kafkas« entwickelt, von dem er »das Grauen des Tages, das stumme Schweigen, die Angst vor dem Leben und den Aasgeruch« übernehme und zum Inhalt seiner Dichtung mache.[81] Seine Gedichte enthielten angeblich »kaum noch versteckte Angriffe gegen unsere Republik« und drückten eine »nihilistische Auffassung vom Menschen« aus, »die der unsrigen völlig entgegensteht«,[82] wodurch sich die Kulturfunktionäre in ihrer Angst vor einem »zersetzenden« Einfluss »dekadenter« Schriftsteller auf die Gegenwartsautoren bzw. die Literatur des sozialistischen Realismus bestätigt sehen. Wenn die DDR-Literaturwissenschaftler vor diesem Hintergrund auf der Kafka-Konferenz einträchtig davor warnen, Kafka zum Vorbild für die Gegenwartsautoren zu stilisieren,[83] so kann ihnen die Zustimmung der SED sicher sein. Zwar plädieren auch die DDR-Germanisten für die Aufhebung eines pauschalen »Kafka-Verbotes« und für eine gerechte Würdigung seiner Leistungen,[84] doch sprechen sie sich gleichzeitig dagegen aus, seine Werke »in ihrer Totalität und in großen Auflagen zu veröffentlichen und ihn nicht nur bei der Jugend, sondern auch bei den Schriftstellern und den Funktionären des Staatsapparats als *das* Heilmittel gegen bestimmte Überreste der Vergangenheit zu verbreiten«,[85] »den Dichter und sein Werk unkritisch in den Himmel« zu heben[86] oder die vermeintlichen »Grenzen« seiner Methode zu übersehen.[87] Sich selbst als zuverlässige universitäre Leitungsdisziplin der DDR-Autoren inszenierend, preist man Thomas Mann, Anna Seghers oder Bertolt Brecht als die geeigneteren Orientierungsgrößen für junge Schriftsteller.[88] Die Aufgabe der Literaturwissenschaft läge daher »in der richtigen Kanalisierung des Einflusses« des Prager Dichters.[89]

Die Forderung Ernst Fischers nach einem »Dauervisum« für das Kafka'sche Gesamtwerk in allen sozialistischen Ländern wird von Helmut Richter als Einmischung in die Angelegenheiten der angesprochenen Länder abgetan.[90] Des weiteren wird die Kritik an der Editionspraxis der DDR mit dem Hinweis zurückgewiesen, dass »[d]as Problem Kafka [...] unter den Bedingungen des kalten Krieges in Deutschland nach wie vor eine politische Frage« sei, »in einem Maße, wie dies für kein anderes sozialistisches Land zutrifft«.[91] Die Literaturwissenschaftler artikulieren damit deutlich, dass sich literaturwissenschaftliche und ästhetische Fragen letztendlich immer dem Politisch-Ideologischen unterzuordnen haben.[92] Bestritten wird auch die von den Referenten aus Österreich oder der ČSSR aufgestellte These, die von Kafka dargestellte Entfremdung des

81 Abusch 1972d, 881.
82 Hager 1972d, 872.
83 Vgl. Mittenzwei 1963, 625.
84 Helmut Richter 1965, 186.
85 Ebd., 186.
86 Ebd., 184.
87 Vgl. Hermsdorf 1964, 410.
88 Vgl. Mittenzwei 1963, 624f.; Hermsdorf 1964, 410f. Als eine deutliche Provokation für die »Reformer« muss in diesem Zusammenhang das explizite Bekenntnis Hermsdorfs zur Lukács'schen Zuspitzung »Kafka oder Thomas Mann?« wirken.
89 Mittenzwei 1963, 625.
90 Vgl. Helmut Richter 1965, 185.
91 Ebd., 186f.

Menschen, seine Unterdrückung durch eine allmächtige und intransparente Bürokratie seien aufgrund von Dogmatismus und Personenkult auch im Sozialismus noch längst nicht aufgehoben, so dass Kafkas Werk noch heute Relevanz besitze und zur Lösung von aktuellen Problemen der sozialistischen Gesellschaft beitragen könne. So erklärt Werner Mittenzwei im Einklang mit der SED, der Sozialismus sei »durch den Prozeß der Aufhebung der Entfremdung charakterisiert.«[93] Diese Position teilen auch seine Kollegen Hermsdorf und Richter, womit letzterer hinter die Thesen seiner eigenen Dissertation zurückfällt, in der er die von Kafka diagnostizierte Entfremdung als Phänomen bestimmt, das »im grundsätzlichen« nicht auf eine bestimmte Gesellschaftsordnung beschränkt sei.[94] Allein der promovierte Germanist, Mayer-Schüler, Theaterwissenschaftler/-kritiker und Brecht-Forscher Ernst Schumacher verlässt die skizzierten Argumentationslinien, indem er als einziger Referent aus der DDR einräumt, dass die Entfremdung »auch noch im Sozialismus fortdauert und zeitweilig unmenschlichste Formen angenommen hat«.[95]

Zurück in der DDR, ernten die Germanisten das Lob der Kulturfunktionäre. Trotz aller Anfeindungen, so erklärt Alfred Kurella im *Sonntag* unmittelbar nach der Konferenz, hätten sie ihren Standpunkt gegen die »revisionistischen« Angriffe der anderen Tagungsteilnehmer verteidigt und so »ein gutes Beispiel für die Reife und Entschiedenheit des marxistischen Denkens in unserer Republik gegeben«.[96] Schumachers Beitrag wird derweil totgeschwiegen - anders als die Beiträge von Hermsdorf und Mittenzwei, die sich am kritischsten gegenüber Kafka geäußert haben, bleibt er in der DDR ungedruckt; Schumachers Anwesenheit auf der Konferenz wird gleichsam »unterschlagen«.[97] Gleich nach der Konferenz beginnen führende Kulturfunktionäre mit einer Polemik gegen jene, die im Kolloquium eine den Frühling ankündigende Schwalbe sehen wollen, und man versucht, die durch die Kafka-Konferenz ausgelöste Entfremdungsdiskussion einzudämmen sowie die Debatten um die produktive Aneignung »modernistischer« Schreibweisen zu unterdrücken.[98] Ganz sind diese Debatten allerdings nicht in den Griff zu bekommen. Als Kurt Hager im Dezember 1964 selbstzufrie-

92 Diese Tatsache wird in Werner Mittenzweis Erinnerungen letztlich unterschlagen. Die Kritik, die von anderen Konferenzteilnehmern an Hermsdorf, Richter oder Mittenzwei geübt wird, erscheint bei ihm beinahe als eine Art Missverständnis: »Daß wir Kafka als bedeutende Dichterpersönlichkeit des zwanzigsten Jahrhunderts schätzten und liebten, glaubten wir nicht besonders betonen zu müssen. [...] Auf dieser Konferenz wurde das Bekenntnis zu Kafka gewünscht. Das wäre uns nicht schwerer gefallen, aber darin sahen wir gar nicht unser Anliegen« (Mittenzwei 2000, 85).

93 Mittenzwei 1963, 625.

94 Vgl. Helmut Richter 1962, 290.

95 Schumacher 1965, 256. Zudem bekennt sich Schumacher beinahe emphatisch zu Kafka und seiner parabolischen Schreibweise, und unter dem legitimatorischen Verweis auf Brecht betont er deren Produktivität auch für die sozialistische Literatur. Die parabolische Schreibweise, so Schumachers gleichsam »blasphemische« Argumentation, sei »ungleich poetischer, verdichteter, dichterischer [...] als die des konventionellen Realismus« (ebd., 253). Allerdings räumt auch Schumacher ein - und in dieser Hinsicht entspricht auch er den kulturpolitischen Vorstellungen der SED -, dass Kafka für die Literaturschaffenden der Gegenwart keine Vorbildwirkung ausüben dürfe und eine Nachahmung seiner parabolischen Schreibweise bei der Bewältigung der *unmittelbaren* Gegenwartsaufgaben eher hinderlich sein könne (vgl. ebd., 253).

96 Kurella 1978, 382.

den feststellt, die Partei habe »alle Angriffe des Gegners und auch der Revisionisten zurückgewiesen, die uns unter der Flagge des Kampfes gegen die Auswirkungen des Personenkults zu einer Preisgabe der marxistisch-leninistischen Kulturpolitik und des sozialistischen Realismus veranlassen wollten«,[99] findet zeitgleich ein Schriftstellerkolloquium statt, auf der sich nicht nur die Vertreter der sozialistischen »Bruderländer« für eine offenere Auseinandersetzung mit der Moderne aussprechen, sondern auch Künstler der DDR das Wort erheben und für eine Erweiterung ihrer Ausdrucksmöglichkeiten plädieren.[100]

14.2.2.4 Jahre des »Kahlschlags«

Diesen Liberalisierungsbestrebungen sucht die SED Ende 1965 mit dem 11. Plenum, dem berüchtigten »Kahlschlag«-Plenum, ein Ende zu setzen. In den Tagungsbeiträgen wird die kulturelle Moderne noch einmal geballt mit jenen Abwertungs- und Ausgrenzungsbegriffen charakterisiert, die die Debatten um die »Unkultur«, um »Schmutz und Schund«, bereits seit dem Ende des 19. Jahrhunderts prägen: »Nihilismus«, »moralische Zersetzung der Jugend«, »Pornographie«, »Dekadenz«, »Anarchie«, »ewige Monotonie«, »sexuelle Enthemmung«, »Brutalität amerikanischer Lebensweise«, »Unmoral«, »Skeptizismus« usw.[101] In einem Rundumschlag wird mit Filmemachern oder mit Autoren wie Heiner Müller, Wolf Biermann oder Stefan Heym abgerechnet, die für die Entwicklungen von »Unmoral und einer dem Sozialismus fremden Lebensweise« in der DDR verantwortlich gemacht werden.[102] Kaum überraschend ist, dass auch hier einmal mehr der Einfluss Kafkas kritisiert wird.[103] Gleichzeitig ruft die SED zu einem »Mehrfronten-

---

97 In Alfred Kurellas Aufzählung der DDR-Vertreter fehlt Schumachers Name (vgl. ebd., 381). Warum Schumacher sich keiner öffentlichen Kritik unterziehen muss, bleibt unklar. Möglicherweise möchte die politische Führung die Kafka-Konferenz als revisionistischen Angriff »von außen« inszenieren. Es ist jedoch auch denkbar, dass man 1963 auf eine Schumacher-Kritik verzichten will, hat sich der Theaterkritiker und Journalist doch erst nach dem Mauerbau zu einer Übersiedlung in die DDR entschieden - eine Entscheidung mit hoher Symbolkraft, ging er doch 1961 »in die Richtung, aus der Tausende kamen« (Hörnigk 2003). Übrigens sind auch die Konferenz-Berichte im Westen vom »Kalten Kulturkrieg« geprägt. So bleibt Schumachers Beitrag beispielsweise bei Sigfrid Hoefert oder Hans-Dietrich Sander unerwähnt - vermutlich, weil er sich nicht mit dem von den beiden Autoren vermittelten Bild einer monolithischen, dogmatischen Literaturwissenschaft in der DDR vereinbaren lässt (vgl. Hoefert 1966; Sander 1964). Gleichzeitig erwähnt J.H. Reid ohne Belegstellen, dass es auch die Tendenz gegeben habe, dem Referat Schumachers ob seiner weniger »linientreuen« Ausrichtung ein besonders hohes Niveau zu bescheinigen (Reid 1985, 26).

98 Siehe z.B. Kurella 1978; Koch 1963; Koch 1972; Ulbricht 1972a.

99 Hager 1972e.

100 Siehe Hermlin 1972; Heym 1972.

101 Zum »Kahlschlag«-Plenum siehe Agde (Hg.) 2000; sowie die Beiträge in Schubbe (Hg.) 1972, 1076–1117.

102 Vgl. Bericht des Politbüros an das 11. Plenum des ZK der SED, Dezember 1965, 1077.

103 So macht Kurt Hager 1965 in solchen angeblich höchst kritikwürdigen Filmen wie *Das Kaninchen bin ich* oder *Der Frühling braucht Zeit* eine »auf der Nachahmung Kafkas beruhende Grundsituation« aus (Hager 1972, 1115).

krieg« auf. Nicht nur gegenüber dem Westen sowie »gegenüber alten und neuen liberalistischen und revisionistischen Tendenzen« im eigenen Land gelte es sich abzugrenzen, sondern auch »gegenüber massiven revisionistischen Tendenzen bei unseren Bundesgenossen im sozialistischen und kommunistischen Lager«.[104]

Durch den »Prager Frühling« sehen sich diejenigen Genossen in ihrem restriktiven Kurs bestätigt, die in den Liberalisierungsforderungen nichts anderes sehen als »ideologische Koexistenz« und eine Unterwanderung der »gesicherten Positionen« des Sozialismus durch das »westliche Monopolkapital«.[105] Die Kafka-Konferenz wird zum zentralen Ausgangspunkt der »konterrevolutionären« Entwicklungen in der ČSSR erklärt: »Mit ihr begann eine [...] ›Internationalisierung‹ eines antisozialistischen Vorgehens auf gemeinsamen Grundlagen eines ›abgerüsteten‹ Marxismus, sprich Revisionismus.«[106] »Rechte Revisionisten« hätten versucht, Kafka als »Rammbock gegen den sozialistischen Realismus« zu gebrauchen und »die künstlerische Intelligenz in den sozialistischen Staaten aufzuweichen«.[107] In der DDR seien diese schädlichen Debatten durch einen konsequenten »Klärungsprozess« grundlegend bekämpft worden, den es weiter zu intensivieren gelte.[108] Nach wie vor wird daher betont, es dürfe »keine Konzessionen an die Dekadenz des Spätkapitalismus geben«.[109]

Nach dieser fundamentalen Kritik an den Liberalisierungstendenzen im In- und Ausland erweist sich die kulturpolitische Resonanzkonstellation für weitere Differenzierungen im wissenschaftlichen Umgang mit der literarischen Moderne und vor allem mit Kafka in den nächsten eineinhalb Dekaden als äußerst ungünstig. Darüber kann auch die Tatsache nicht hinwegtäuschen, dass sich die Kulturfunktionäre 1965 erstmals zu einer Veröffentlichung ausgewählter Werke Kafkas durchringen, um den Kritikern aus dem In- und Ausland einen symbolträchtigen Angriffspunkt zu nehmen.[110] Klaus Hermsdorfs nüchternes Nachwort ist aufgrund fehlender Kritik an Kafka mehrfach Gegenstand heftiger Angriffe und wird als »Rückfall« hinter sein bereits diskutiertes Buch von 1961 angesehen, das Kafka noch der literarischen Dekadenz zuschlug.[111] Ein Ende der 60er Jahre von den Berliner Germanisten an der Humboldt-Universität sowie der Akademie der Wissenschaften geplantes Projekt mit Analysen deutschsprachiger Romane des 20. Jahrhunderts, das gedacht ist als »Vorstoß zur Öffnung unserer Realismusauffassungen oder überhaupt zur Öffnung unserer literarischen Wertauffassungen über Moderne bzw. zu dem, was als modernistisch abqualifiziert wurde«,[112] und bei

104 Kurella 1972a, 1100.
105 Vgl. Ulbricht 1972f, 1395.
106 Gysi 1972a, 1401.
107 Ulbricht 1972g, 1583.
108 Vgl. Gysi 1972a, 1402.
109 Ulbricht 1972e, 1411.
110 Vgl. Langermann 1993, 358. Die Auflagenhöhe des Kafka-Bandes beträgt allerdings lediglich 5000 Bände, bei einer Vorbestellungshöhe, die das 10fache umfasst (ebd., 356). Günter Kunert erinnert sich zudem, dass die an Bibliotheken ausgelieferten Kafka-Bände bald wieder entfernt wurden und nicht mehr ausgeliehen werden durften (»Die Zeit der Schurken.« Günter Kunert im Gespräch mit Günter Netzeband. In: Sonntag 1990, Nr. 36, 3. Zit. nach Erbe 1993, 105, FN 281).
111 Vgl. Langermann 1995.
112 Materialien, Diersen, 295.

dem es auch um Kafka gehen soll, scheitert. Das von Silvia Schlenstedt verantwortete Kafka-Kapitel im 9. Band der *GdL* führt interpretatorisch nicht über die Positionen von Hermsdorf und Richter aus den frühen 60er Jahren hinaus und bleibt damit hinter dem internationalen Forschungsstand zurück. Die bei Kafka thematisierte Entfremdungsproblematik wird ausschließlich auf kapitalistische Gesellschaften bezogen. Da Kafka aber gleichzeitig die historische Bestimmtheit der kapitalistischen Gesellschaft

> in der Widerspiegelung aufhob und zu einer mythisierten entfremdeten Welt verallgemeinerte, der gegenüber Hilflosigkeit, Ohnmacht, Verzweiflung am Platz zu sein schienen, wurde diese Literatur im bürgerlichen Bewußtsein mehr und mehr zu einem allgemeinen Ausdruck der Zeit.[113]

Deutlich wird die Beharrungsmacht eines tradierten gnoseologischen Realismusverständnisses, wenn Kafkas Werk »Subjektivismus« und »Intuitionismus« oder eine »Reduktion der in ihm erfaßten Realität bis zur Weltlosigkeit« vorgeworfen werden.[114] Aufgrund seiner mangelnden Einsicht in die »objektiven« gesellschaftlichen Bewegungsgesetze führe Kafkas Vorstellung vom Kapitalismus

> mit Notwendigkeit zu nihilistischen, ironisch-absurden oder idealistisch-religiösen Konsequenzen, wenn aus Gründen der Bindung an bürgerliche Positionen der Anschluß an die wirklich zukunftsbildenden Kräfte der Demokratie und des Sozialismus nicht gefunden, die abgelehnte Gesellschaft nicht in ihren sozialen Antagonismen und in ihrer historischen Überfälligkeit erkannt, ihr Bild vielmehr von den wirklichen Widersprüchen, vom Klassenkampf ›gereinigt‹ wird.[115]

In ihren ideologischen Akzentsetzungen ist das von Schlenstedt dargelegte Kafka-Bild damit der Abwehrstrategie der SED nach der Kafka-Konferenz in Liblice und dem »Kahlschlag«-Plenum verpflichtet.[116]

14.3 Die literarische Moderne und die Avantgarde-Bewegungen in den 70er und 80er Jahren

14.3.1 Entwicklungen in der Kulturpolitik und der literarischen Praxis

Für die 70er und 80er Jahre ist ein deutliches Nachlassen des »Affekts gegen die Moderne« in der Kulturpolitik der SED nachgewiesen worden.[117] Dies zeigt sich auch an der Publikation von bis dato in der DDR ungedruckten »Klassikern der Moderne«.

---

113 Kaufmann/S. Schlenstedt u.a. 1974, 451.
114 Ebd., 456.
115 Ebd., 456.
116 Vgl. auch Erbe 1993, 107.
117 Vgl. ebd., 111ff.

Prousts *Auf der Suche nach der verlorenen Zeit*, Musils *Mann ohne Eigenschaften* oder Werke von Baudelaire, Rimbaud, Valéry, Eliot, Woolf, ja selbst von ideologisch höchst »bedenklichen« Autoren wie Pound, Benn oder Genet werden in den 70er Jahren veröffentlicht; 1980 erscheint schließlich auch der *Ulysses* von Joyce.[118] 1986 veranstaltet die Nationalgalerie der DDR eine große Ausstellung mit dem Thema »Expressionisten. Die Avantgarde in Deutschland 1905–1920«, an der sich ablesen lässt, dass die Autoren und Werke des Expressionismus »in den Staats-Kanon der als Erbe anerkannten Kunst« aufgenommen worden sind.[119] Anlässlich der Errichtung der »Nationalen Forschungs- und Gedenkstätten für deutsche Kunst und Literatur des 20. Jahrhunderts« und des 35. Jahrestages der Akademie der Künste im März 1985 wird die fundamentale Verurteilung der »spätbürgerlichen« Moderne von Seiten der kulturpolitischen Führung offiziell zurückgenommen. Die prinzipielle Unterscheidung von »fortschrittlicher« und »reaktionärer« Kunst wird dabei zwar aufrechterhalten,[120] doch wird eingeräumt, dass sich »die Mehrheit der bürgerlichen humanistischen Kräfte unter den Kultur- und Kunstschaffenden von der Apologie des Imperialismus« abgewandt habe.[121] Ihre humanistischen Intentionen werden den »bürgerlich-modernistischen« Künstlern nicht länger abgesprochen:

> Unser Hauptaugenmerk gilt der Literatur und Kunst des sozialistischen Realismus, aber wir verschließen unsere Augen nicht vor dem Wertvollen, das in anderen humanistisch fundierten künstlerischen Richtungen entstanden ist. Pauschale Aburteilungen etwa expressionistischer und avantgardistischer Werke als ›dekadent‹ oder ›formalistisch‹ haben sich, wie bekannt, nicht als förderlich für das Verständnis dieser Richtungen und die Intentionen der Schriftsteller und Künstler erwiesen.[122]

Allerdings findet sich auch in Hagers Argumentation das zögerliche »Einerseits-Andererseits«. So dürfen seiner Meinung nach »die politisch-weltanschaulichen Begrenztheiten und die ästhetisch-künstlerischen Irrwege«[123] »spätbürgerlicher« Autoren nicht übersehen werden. Keineswegs soll einer unkritischen, pauschalen Aufwertung der

---

118 Vgl. ebd., 117.

119 D. Schlenstedt 2000, 34.

120 »Für eine Wertung der verschiedenen Erscheinungen in der Literatur und Kunst des 20. Jahrhunderts ist es wesentlich, daß sie als zutiefst widersprüchlich erkannt werden. Das schließt die Tatsache ein, daß es in der bürgerlichen Literatur und Kunst des Jahrhunderts durchgängig eine reaktionäre Linie gibt, die, ob elitär-formvollendet oder massenwirksam-trivial, stets eine Bemäntelung und Verteidigung imperialistischer Politik gewesen ist und bis heute verhängnisvolle Wirkungen ausübt« (Hager 1985, 450).

121 Hager 1985, 450.

122 Ebd., 449. Siehe dazu auch D. Schlenstedt 2000, 88f.: Mit der Floskel »wie bekannt« kann Hager »die in seiner Rede sich abspielende sozusagen amtliche Zurücknahme früherer Thesen kaschieren. Das Eingeständnis von politischen Fehlern, die Bekundung der Notwendigkeit ihrer Korrektur waren bei der DDR-Offizialität nach den Erfahrungen von 1953 allgemein nicht üblich, es sollte immer der Schein eines ungebrochenen Fortgangs erzeugt werden. Der Redner übersteigerte das Verfahren noch, indem er so sprach, als gehörten alle Äußerungen seiner Partei, vor allem die seit der Einsetzung Honeckers, zu dieser Kontinuität. Sie wurden als ein fortgeschriebenes heiliges Buch behandelt, das auf jeder Seite Gültiges zu lesen geben sollte.«

123 Hager 1985, 450.

einstmals verfemten Literaturströmungen das Wort geredet werden; entscheidendes Kriterium sei, inwiefern bestimmte Traditionen »zur Lösung von Gegenwartsproblemen beitragen und den Blick in die Zukunft ermöglichen«.[124]

Die Gründe für die partiellen Liberalisierungen im Umgang mit der literarischen Moderne sind vielfältig und im einzelnen schwerlich rekonstruierbar. Eine Rolle spielen gewiss die bündnisstrategischen Überlegungen in Zeiten eines sich verschlechternden politischen Klimas in den Ost-West-Beziehungen ab den frühen 80er Jahren,[125] die Reformprozesse in der Sowjetunion sowie eine zunehmende ideologische »Erschöpfung« auf Seiten der Machthaber. Auch die Entwicklungen in der kulturellen Praxis oder die Aufweichung des Realismus- und Widerspiegelungsbegriffs sowie des pauschalisierenden Moderne-Verdikts in den Literaturwissenschaften zwingen die Funktionsträger, ihre Programmatik zumindest in begrenztem Maße an den gegenwärtigen Diskussionsstand anzupassen, will man nicht gänzlich an Glaubwürdigkeit und Einflussmöglichkeiten verlieren. Bedeutsam ist in diesem Zusammenhang auch der zunehmende Pragmatismus in der Kulturpolitik, die auf Bedürfnisbefriedigung auch der (künstlerischen) Intelligenz setzt und damit zu Zugeständnissen und vorsichtigen Liberalisierungen bereit ist. Hinter der Publikation von »Klassikern der Moderne« verbirgt sich wohl auch die Annahme, dass von diesen komplexen, nur von einem verhältnismäßig kleinen Publikum zu rezipierenden Werken »bürgerlich-modernistischer« Autoren kaum eine Gefahr ausgehen würde - zumindest eine weitaus geringere, als von den auf Massenwirksamkeit zielenden Texten von Gegenwartsautoren wie Stefan Heym oder Wolf Biermann.[126]

Alle rhetorischen Liberalisierungsangebote können jedoch nicht darüber hinwegtäuschen, dass sich die Antwort auf die Frage, was konkret zu den aneignenswerten Traditionen zu zählen hat, letztlich weiterhin die Partei vorbehält, die in ihren kulturpolitischen Verlautbarungen an den tradierten Losungen des sozialistischen Realismus festhält und weiterhin auf »unveräußerliche Prinzipien«[127] wie »Parteilichkeit«, »Volksverbundenheit«, »Aktivismus«, »Optimismus« oder »sozialistischen Ideengehalt« pocht.[128] Zu einem vorbehaltlosen Bekenntnis der kulturpolitischen Führung zur »spätbürgerlichen« Literatur oder zum Expressionismus kommt es bis zum Ende der DDR nicht. In den kulturpolitischen Verlautbarungen selbst der späten 70er Jahre finden sich, wenn überhaupt, nur sehr vereinzelt Bezüge zu avantgardistischen Literaturströmungen oder zu Autoren wie Proust, Joyce oder Kafka.[129] Nicht selten reagieren

124 Ebd., 447.

125 Vgl. Erbe 1993, 119.

126 Vgl. ebd., 118. Diese Haltung erweist sich allerdings als falsch, denn indem die Kulturpolitik sich der Moderne und der Avantgarde öffnet, wird »zugleich die Entwicklung hin zu einer kritischen, in Inhalt und Form nicht mehr von außen gelenkten Literatur weiter beschleunigt. Was als Konzession an die kulturellen Bedürfnisse der Intelligenz und als Demonstration der Weltoffenheit der DDR gemeint [ist], [trägt] dazu bei, die Maßstäbe für das literarisch-künstlerische Schaffen im eigenen Land zu verändern und vergrößert[ ] die Kluft zwischen der von den Kulturfunktionären gewünschten und der tatsächlich geschriebenen Literatur« (ebd., 121). Gerade jüngere Schriftsteller zeigen sich den Traditionen der europäischen Moderne in besonderem Maße verpflichtet (vgl. ebd., 117).

127 Hager 1985, 448.

128 Siehe Kapitel 11.3 sowie 11.9.

politische Funktionsträger zudem hinter den Formeln der Öffnung auf den Verlust ideologischer Deutungshoheit mit kulturpolitischer Hysterie, Willkür und Repressionen.[130] Orthodoxe Kulturfunktionäre wie etwa Hans Koch halten an der prinzipiellen Unvereinbarkeit von »sozialistisch-realistischer« und »bürgerlich-modernistischer« Kunst fest. Eine »bildende Funktion« wird der »spätbürgerlichen« Literatur von Koch weiterhin nicht zugestanden, wie sich an dem Band *Literatur und Persönlichkeit* ablesen lässt.[131] Das Festhalten an einem gnoseologisch-didaktischen Realismusbegriff sorgt dafür, dass man sich im Zusammenhang mit der sozialistischen Persönlichkeits-, Geschichts- und Traditionsbildung beinahe ausschließlich auf die Werke des klassischen, des kritischen oder des sozialistischen Realismus bezieht. In der 2. Auflage des *Kulturpolitischen Wörterbuches* von 1978, für das u.a. Hans Koch verantwortlich zeichnet und das einen offiziösen Charakter trägt, findet sich noch immer die tradierte Frontstellung gegenüber »Dekadenz«, »Modernismus« und »Formalismus«. Das modernistische »Streben nach neuartigen Gestaltungsmitteln um jeden Preis«, das als entscheidendes »Kennzeichen der spätbürgerlichen Kunst« erscheint, bedeute eine Absage an »das humanistische, auf die Erkenntnis und die ästhetische Wertung [...] der gesellschaftlichen Wirklichkeit gerichtete Wesen der Kunst« und damit »die Absage an die von der *Renaissance* ausgehende Tradition der humanistischen realistischen Kunst«:[132]

> An die Stelle des humanistischen Erkenntnisgehaltes der Kunst tritt in der ›Moderne‹ ein sich bis zum Solipsismus steigernder Subjektivismus. Die sich selbst als ›Moderne‹ bezeichnenden Kunstströmungen sind nur ein Zweig der dekadenten Entwicklung in der spätbürgerlichen Kunst. Den anderen bilden direkte Vertreter chauvinistischer, nationalistischer und anderer reaktionärer Ideologien mit pseudorealistischen Methoden.[133]

Als Bestandteil der »spätbürgerlichen Dekadenz« erscheint auch weiterhin der »Formalismus«, dessen weltanschauliche Wurzeln im Subjektivismus lägen und der im »spätbürgerlichen Avantgardismus« eine besondere Rolle gespielt habe.[134] Vorgeworfen wird ihm u.a. die Reduktion des Kunstwerks auf seine formale Seite, die Absage an die Widerspiegelungsfunktion der Kunst oder die »Entideologisierung von Kunst und Kunsttheorie«.[135] Nach wie vor sei daher »[d]er Kampf gegen das Eindringen formalistischer Tendenzen in die sozialistische Kunst eine wichtige Aufgabe der Kulturpolitik der Partei der Arbeiterklasse und ein Bestandteil des Kampfes gegen das Eindringen der bürgerlichen Ideologie«.[136]

---

129 Siehe das Personen- und Sachverzeichnis in Lübbe (Hg.) 1984.
130 Vgl. K. Barck 1993, 227.
131 Siehe Kapitel 11.9.
132 Berger u.a. (Hg.) 1978, 497.
133 Ebd., 497.
134 Ebd., 207.
135 Ebd., 207f.
136 Ebd., 208.

14.3.2 Der Moderne- und Avantgarde-Diskurs in der germanistischen Literaturwissenschaft in den 70er und 80er Jahren

In den 70er und 80er Jahren kommt es in der germanistischen Literaturwissenschaft trotz der Skepsis der Partei zu einer weiteren Aufwertung und Rehabilitierung der »spätbürgerlichen« Moderne und der Avantgarde-Bewegungen und zu einem differenzierteren wissenschaftlichen Umgang mit diesen Literaturströmungen. Das Nachlassen des »Affekts gegen die Moderne« in der kulturpolitischen Führung sowie der offensive Umgang mit den Traditionen der europäischen Moderne durch die Schriftsteller der DDR eröffnen neue Spielräume im Umgang mit den einstmals verfemten Literaturströmungen, auch wenn ein vorbehaltloses Bekenntnis aufgrund der oben skizzierten fachexternen Resonanzkonstellation weiterhin unmöglich erscheint und die Beschäftigung mit der Moderne nach wie vor einer besonderen Legitimation bedarf.

Ein Dokument dieser veränderten Auseinandersetzung mit dem Problemfeld Avantgarde ist der 1979 von Karlheinz Barck, Dieter Schlenstedt und Wolfang Thierse herausgegebene Band *Künstlerische Avantgarde*.[137] Bei diesem Thema handele es sich, so die Herausgeber, um »ein offenes Problem«, und sie versprechen, »einige Voraussetzungen und Anregungen für die weitere, zunächst geschichtliche Aufarbeitung zu vermitteln«.[138] Ähnlich wie in der Realismus- und Widerspiegelungsdebatte versuchen die Literaturwissenschaftler dabei, »endgültige« Lösungsvorschläge oder vorschnelle Generalisierungen zu vermeiden. Weder sei es Ziel und Anspruch des Bandes gewesen, eine Theorie der Avantgarde zu liefern, noch sei es darum gegangen, einen eindeutigen Begriff von Avantgarde zu formulieren.[139] Vielmehr soll es gemäß den Herausgebern darum gehen, »die Produktivität differierender Ansatzpunkte und methodischer Verfahren zu prüfen und zu diskutieren«.[140] Dazu gehört für die Herausgeber sowie die unterschiedlichen Autoren des Bandes eine differenzierte, fachspezifischen Logiken gehorchende Auseinandersetzung mit unterschiedlichen avantgardistischen Strömungen wie dem französischen Surrealismus, dem Expressionismus oder dem sowjetischen Konstruktivismus, eine Differenzierung zwischen Moderne und Avantgarde, die Einbeziehung epochengeschichtlicher Zusammenhänge, der Aufbruch einer nationalliterarischen Perspektive sowie die Einbeziehung der bildenden Kunst oder der Musik.

Die Antinomie »Modernismus« – »(sozialistischer) Realismus«, die die Avantgarde-Rezeption lange Jahre bestimmt hat, ist im Avantgarde-Band weitgehend aufgehoben.[141] Auch wird der Avantgardebegriff von dem Dekadenzbegriff abgekoppelt. Als Kampfbegriffe spielen »Modernismus«, »Formalismus«, »Avantgarde« oder »Dekadenz« keine Rolle mehr. In der zweiten Hälfte der 80er Jahre kann Siegfried Streller offen von der »verheerende[n] Wirkung« sprechen, die der Dekadenz-Vorwurf gegen den Expressionismus und andere Avantgarde-Konzepte »weit über die Jahre hinaus, in denen er

137 Ein ähnliches Beispiel ist Klatt 1984.

138 K. Barck/D. Schlenstedt/Thierse 1979, 8.

139 Ebd., 8.

140 Ebd., 8.

141 Siehe für die 80er Jahre auch Hirdina 1986, 1482: »Avantgarde der Kunst – dies jedenfalls ergibt der historische Befund – war mehr als Formerneuerung, anderes als ein militantes Kunstprogramm unter anderen, anderes auch als bloßer Gegensatz zum Realismus.«

ein kultur- und literaturpolitisches Gewicht besaß«, gehabt habe.[142] Selbstkritisch setzt man sich nun mit der »einschränkend-selektiven Traditionswahl« sowie »der Abwehr bzw. der Unkenntnis von Avantgarde-Konzepten« in der ästhetischen Theorie sozialistischer Länder auseinander,[143] die im wesentlichen auf die verengte Realismuskonzeption von Georg Lukács zurückgeführt wird.[144] Wenn die Herausgeber des Avantgarde-Bandes im Folgenden anmerken, dass die Konzepte Lukács' nach wie vor »mehr oder weniger die Theorie und Programmatik des sozialistischen Realismus, die Vorstellung von Bündnismöglichkeiten und vom Erbe« prägen,[145] so darf dies als vorsichtige Kritik an den verengten Realismusvorstellungen und der überkommenen Antinomie von »Moderne/Avantgarde« und »Realismus« verstanden werden, die die kulturpolitischen Verlautbarungen trotz aller Liberalisierungsrhetorik nach wie vor prägen.

Wie »heikel« die wissenschaftliche Auseinandersetzung mit dem Problemfeld Avantgarde auch Ende der 70er Jahre noch ist, zeigt sich an dem diskursiven »Aufwand«, mit dem die Beschäftigung mit diesem Forschungsgegenstand legitimiert und mit Leistungsangeboten an die kulturräsonierende Öffentlichkeit sowie die politische Administration verknüpft wird. Wie in den Debatten um den Expressionismus in den 60er Jahren muss die Aufarbeitung avantgardistischer Strömungen primär als eine Auseinandersetzung mit der Geschichte sozialistischer Kunst und Literatur und somit als ein Beitrag zur sozialistischen Bewusstseins- und Traditionsbildung dargestellt werden:

> Es ist zunächst unser Anliegen, auf die Breite der Tradition demokratischer und sozialistischer Kunst, die Widersprüchlichkeit und Komplexität der Traditionsbildung und der Wechselbeziehung der verschiedenen Traditionslinien aufmerksam zu machen und jene bisher vernachlässigten Traditionen, wie sie von den Avantgarde-Bewegungen vertreten werden, stärker ins Bewußtsein der Forschung und der Meinungsbildung über sozialistische Kunst zu rücken.[146]

Gerade die Entwicklung von Protagonisten avantgardistischer Bewegungen wie Brecht, Eisler, Majakowski, Heartfield, Aragon, Becher oder Seghers hätten gezeigt, dass die künstlerische Avantgarde nicht einfach als ein Produkt der Epoche des Niedergangs der bürgerlichen Kunst oder als Manifestation des Formalismus und Antirealismus abgewertet werden könne. Durch solche Pauschalurteile sei eine differenzierte Erklärung von unterschiedlichen Stadien der internationalen sozialistischen Kunst unmöglich gemacht worden.[147] Doch auch »die nie ganz unterbrochene Rezeption von Konzepten, Verfahren, Mitteln aus der Avantgarde bürgerlicher oder sozialistischer Prägung« zwinge zu einer Überprüfung der überlieferten Avantgarde-Konzeption.[148] Der Wirkungsraum der historischen Avantgarden reiche über die 40er und 50er Jahre bis in die Gegenwart.

142 Siegfried Streller in: Autorenkonferenz 30 Jahre *Weimarer Beiträge*, 614.
143 Vgl. K. Barck/D. Schlenstedt/Thierse 1979, 14.
144 Vgl. ebd., 17.
145 Ebd., 17.
146 Ebd., 17.
147 Ebd., 15.
148 Ebd., 15.

Die Gründe für diese Wirkungsmacht der Avantgarden sehen die Herausgeber vor allem auch in ihrem gesellschaftskritischen Potential. Damit werden die Avantgarde-Bewegungen - ähnlich wie die Romantik - vor allem politisch »rehabilitiert«.[149] Da die Herausarbeitung »antibürgerlicher Tendenzen« innerhalb der Kunst des 20. Jahrhunderts durchaus auf der »Agenda« der kulturpolitischen Führung steht, können sich die Literaturwissenschaftler durch eine solche Argumentation öffentliche Zustimmung erhoffen. Rechtfertigen lässt sich die differenziertere Aufarbeitung der Avantgarde-Bewegungen zudem einmal mehr durch die »neuere Forschung sozialistischer Länder«:[150]

> Hier hat sich - vor allem durch ungarische und tschechoslowakische Wissenschaftler, aber auch bei sowjetischen, polnischen, jugoslawischen und rumänischen Wissenschaftlern - die Einsicht durchgesetzt, daß die Entwicklung der revolutionären, der sozialistischen Literatur und Kunst ohne die Berücksichtigung der als Avantgarde (oder links-avantgardistische bzw. linke Strömungen) bezeichneten Richtungen und Gruppierungen nicht erfaßt und verstanden werden kann.[151]

Gerade die Tatsache, dass diese These nicht neu ist - die Argumentation der Herausgeber des *Avantgarde*-Bandes findet sich, wie oben dargelegt, bereits in den 60er Jahren im Zusammenhang mit dem Expressionismus -, zeigt, dass es bei der Berufung auf die Forschungen sozialistischer »Bruderländer« vor allem um eine legitimatorische Absicherung des eigenen Ansatzes geht.

Legitimiert wird die Auseinandersetzung mit den Avantgarden jedoch nicht nur als Beitrag zu den »Klärungsprozessen innerhalb der ästhetischen Theorie sozialistischer Länder«.[152] Unter Verweis auf die Aneignungs- und Deutungskonkurrenz gegenüber dem Westen versteht sich der Avantgarde-Band auch als Ergänzung zu der durch Peter Bürgers *Theorie der Avantgarde* ausgelösten Diskussion innerhalb der Bundesrepublik. Öffentlichkeitswirksam kann man sich so der im Westen formulierten Herausforderung stellen und die Leistungsfähigkeit des eigenen Ansatzes gegenüber den Thesen von Bürger und anderen herausstellen.[153] Darüber hinaus wird die »politische und weltanschaulich-ästhetische Aktualität« der Avantgarde-Bewegungen für die »oppositionelle künstlerische Intelligenz in den kapitalistischen Ländern in der Gegenwart« herausgestellt.[154] Durch die Beschäftigung mit avantgardistischen Strömungen könnten

149 Vgl. ebd., 11. Inge Diersen hebt an anderer Stelle hervor, zu den Merkmalen der Moderne, wie sie sich im Zeitraum zwischen 1890 und 1910 herausgebildet habe, gehöre vor allem die »kritisch-oppositionelle Grundhaltung« (Diersen 1983, 115). Klaus Krippendorf betont die »kritische Distanz«, die der Avantgardismus zur bürgerlichen Gesellschaft behalten habe (Krippendorf 1979, 180). Und Dieter Schlenstedt hebt hervor, das Erbe des Expressionismus führe »den Dichter zu einem ethisch begründeten antifaschistischen Engagement« (Schiller 1986, 427).

150 K. Barck/D. Schlenstedt/Thierse 1979, 17.

151 Ebd., 17f.

152 Ebd., 14.

153 Insbesondere wendet man sich gegen Bürgers These von der »gescheiterten Avantgarde«. Noch in den 80er Jahren dient Bürgers These als Angriffspunkt marxistisch-leninistischer Kunstwissenschaftler, siehe z.B. das Kapitel »Zweite Frage: Die gescheiterte Avantgarde?« in: Pracht u.a. 1987, 210–214.

154 K. Barck/D. Schlenstedt/Thierse 1979, 19.

historische Erfahrungen gewonnen werden, »die in die Erörterung der Beziehungen von antibürgerlicher künstlerisch-literarischer und sozialistischer, speziell marxistisch-leninistischer politischer Bewegung heute eingehen« könnten.[155]

Auch die Anleitungsfunktion der Literaturwissenschaften gegenüber der literarischen Praxis wird angeführt, um die Beschäftigung mit den Avantgarden zu legitimieren und öffentlichkeitswirksam zu inszenieren. Resonanzkalkulierend verweist man auf die folgenreiche »Auseinandersetzung mit den sogenannten Künstlerästhetiken, den Programmen und Konzepten der sozialistisch-avantgardistischen Künstler«, von denen »entscheidende Impulse für die kritische Weiterführung der marxistischen Theorie« ausgegangen seien.[156] Die dabei aufgekommenen Fragestellungen seien keineswegs rein »akademisch«, sondern hätten unmittelbare *praktische* Relevanz:

> Sie deuten eine Richtung des Nachdenkens an, die für die sozialistische Kunstarbeit heute fruchtbar sein könnte; ihre Beantwortung hat mit der Verpflichtung der marxistischen Theorie auf Praxis zu tun. Und mehr: Auch die allgemeine Art des avantgardistischen Impulses kann Anregung sein für eine sozialistische Kunst heute, die nach vorn will. Gerade weil die neue Gesellschaft neue Wirklichkeiten und neue Möglichkeiten gesellschaftlichen Zusammenlebens schuf, steht es sozialistischen Künstlern an, scheinbar Selbstverständliches im Begriff des Ästhetischen, im Umgang mit Kunst immer wieder kritisch zu prüfen; unproduktiv Gewordenes zu verwerfen; nach Wegen zu suchen, Kunst und Leben zu verbinden; die Aktivität aller in der ästhetischen Aktion freizusetzen; Arbeiten abzuliefern, welche wirksam in den Gesellschaftsprozeß eingreifen; die Strategien dafür bewußt zu entwickeln; den Zusammenhang des Produzierens und Wirkens konkret zu bedenken.[157]

Allerdings bemühen sich die Literaturwissenschaftler - auch diese Argumentation ist bereits aus den Debatten um den Expressionismus oder um Kafka aus den 60er Jahren bekannt -, den Verdacht zu entkräften, es werde einer »Vorbildwirkung« der Avantgarden für die gegenwärtige sozialistische Kunst das Wort geredet. Selbst wenn die Rückfrage nach der Avantgarde mithelfen könne, »Antworten für Fragen zu finden, die der aktuelle Kunstprozeß, die Entwicklung unserer Kunsttheorie aufwirft«, so könne es doch nicht darum gehen, »Konzepte und Entwürfe der historischen Avantgarde-Bewegungen ungeschichtlich auf die Gegenwart zu übertragen, sie als Lösung gegenwärtiger Probleme anzubieten«.[158] Damit trägt man den noch immer vorhandenen Ressentiments in der kulturpolitischen Führung Rechnung, die den »Gedanke[n] an eine unmittelbare Wiedererweckung alter Ideen und Praktiken« wohl kaum tolerieren würde und weiterhin von einer an tradierten Realismuskonzepten orientierten Gegenwartsliteratur träumt: Gerade »das Bewußtsein der Geschichtlichkeit der Avantgarde ist Voraussetzung für ihre mögliche Aktualität«.[159]

Wie sehr sich die Germanistik Mitte der 80er Jahre von den Pauschalverurteilungen früherer Jahre gelöst hat, lässt sich an dem von Claus Träger herausgegebenen *Wörterbuch der Literaturwissenschaft* ablesen. Das Stichwort »Formalismus« taucht hier im Ge-

---

155 Ebd., 19f.
156 Ebd., 20.
157 Ebd., 20f.
158 Ebd., 18.
159 Ebd., 18.

gensatz zur 2. Auflage des *Kulturpolitischen Wörterbuch* von 1978 nicht mehr auf. Auch der vom Herausgeber verfasste Artikel zum Stichwort »modern/Moderne/modernistisch« steht in deutlichem Kontrast zu jenen Auffassungen, die sich im *Kulturpolitischen Wörterbuch* unter dem Begriff »Modernismus« finden lassen. Der sachliche begriffsgeschichtliche Abriss Trägers endet mit einer deutlichen Absage an die lange Jahre gültige Praxis, »Modernismus« oder »Moderne« als Abwertungsbegriffe und als Gegenbegriffe zu einer sozialistisch-realistischen Kunst zu verwenden:

> Angesichts der mit historisch so bedeutenden Inhalten verbundenen Begriffsgeschichte scheint es sinnvoll, ›modern‹ und ›Moderne‹ weder auf die Bewegungen seit Décadence und Symbolismus einzugrenzen noch gar, dieser Modernität einen pejorativen Sinn zu unterlegen, der, rein sprachlich durch die wertende Verwendung von Suffixen hergestellt (modernistisch < Modernismus), den Begriff dann in die Nähe ähnl. Bildungen rückt (individualistisch, chauvinistisch etc.) und in der Konfrontation mit solchen wie realistisch, materialistisch usw. verwirrende Antinomien konstruiert, die ideologie-, literatur- und sprachgeschichtlich weithin ungestützt sind. Mit den in jüngster Zeit in der internationalen marxist. Literaturwissenschaft unternommenen Versuchen zur genaueren, histor.-funktionalen Neubestimmung der künstl. Avantgarden des 20. Jh. ist ein wesentl. Schritt zur Klärung dieser terminolog. Problematik getan worden.[160]

Als Kampfbegriffe im »ideologischen Klassenkampf zwischen sozialistischer und bürgerlicher, sozialistischer und imperialistischer Ideologie«[161] haben sich die Begriffe »Moderne/Modernismus« damit auch hier aufgelöst. Ähnliches gilt für den Kampfbegriff »Dekadenz«. Unter diesem Stichwort findet sich im *Wörterbuch der Literaturwissenschaft* über weite Strecken ein historischer Abriss über den Dekadenzbegriff in der französischen Literatur des 19. Jahrhunderts, während der pejorative Dekadenzbegriff der marxistisch-leninistischen Kulturwissenschaften auf wenigen Zeilen abgehandelt wird. Eine Gleichsetzung mit oder eine Beziehung zu den Stichworten »Modernismus«, »Avantgarde« oder »Formalismus« sucht man auch hier vergeblich.[162]

Der literaturwissenschaftliche Moderne/Avantgarde-Diskurs ist damit ab den späten 70er Jahren von Nüchternheit, differenzierter, fachinternen Logiken verpflichteter Argumentation, dem Aufbruch haltloser Pauschalurteile und der Auflösung kulturpolitischer Kampfbegriffe geprägt. Gerade an der Gegenüberstellung des *Kulturpolitischen Wörterbuches* und des *Wörterbuchs der Literaturwissenschaft* wird der Paradigmenwechsel offenkundig, der sich in den Literaturwissenschaften bis Mitte der 80er Jahre vollzogen hat.[163] Darüber hinaus lässt sich bei einem Vergleich der beiden Wörterbücher »auf eine beträchtliche Diskrepanz zwischen Literaturwissenschaftlern und Kulturfunktionären in der Bewertung der Moderne« schließen.[164] Auch der Moderne/Avantgarde-Diskurs zeigt damit, dass die germanistische Literaturwissenschaft der DDR zunehmend an Brechungsstärke und disziplinärem Eigensinn gewinnen kann.

---

160 Träger 1986, 347.

161 Hochmuth/Große 1974, 853.

162 Vgl. Hocke 1986.

163 Vgl. Neuhoff 2001, 38. Auch in anderen Philologien lassen sich diese Differenzierungsprozesse feststellen, so z.B. bei Naumann (Hg.) 1987; Starke (Hg.) 1984.

164 Erbe 1993, 131.

Die Kafka-Forschung bekommt in den späten 70er Jahren ebenfalls neuen Auftrieb. Der Disput um die Frage, ob Kafkas Kritik an Entfremdungserscheinungen der bürgerlichen Gesellschaft auch für den Menschen im »real existierenden Sozialismus« eine Aktualität beanspruchen könne, ist am Ende dieses Jahrzehnts entschieden, auch weil eine Reihe von DDR-Autoren sich der Krisenerscheinungen in der DDR annehmen und somit die »ideologische Brisanz der Werke Kafkas« gleichsam »einholen«.[165] Nun kann zugestanden werden, dass die durch Arbeitsteilung hervorgerufenen und von Kafka beschriebenen Entfremdungserscheinungen in der Arbeitswelt jener Punkt sind, »wo Kafkas Denken mit marxistischem konvergiert«.[166] Rechtfertigen lässt sich eine neuerliche Hinwendung zu Kafka auch durch seinen Einfluss bei einer Reihe von sozialistischen Autoren.[167] Die Zeiten rein ideologischer Exegese scheinen vorbei. Nach einer Zeit der Stagnation in der Kafka-Forschung geht man nun verstärkt daran, sich mit philologischer Akribie den Texten Kafkas zu widmen,[168] auch wenn die Frage nach der Wirklichkeitsbeziehung Kafkas und seiner Gesellschaftskritik noch immer eine bedeutende Perspektive auf sein Werk darstellt.[169] Eine Reihe von Verlagen publiziert Werke und Arbeiten von und über Kafka;[170] das ZIL veranstaltet 1983 in Kooperation mit Wissenschaftlern der Universitäten aus Anlass des 100. Geburtstags Kafkas eine Arbeitskonferenz zum Thema »Franz Kafka – Werk und Wirkung«, die der Kafka-Forschung neue Impulse zu geben vermag (u.a. werden Vorträge zur Rolle Kafkas im öffentlichen Leben oder zu den literaturgeschichtlichen Traditionsbezügen des Dichters gehalten).[171] In zahlreichen Feuilletons finden sich zum Jubiläum kurze Würdigungen Kafkas, der nun als »bedeutender Humanist« gefeiert werden kann.[172] Die auf der Kafka-Konferenz umstrittene Forderung, Kafka ein »Dauervisum« in sozialistischen Ländern zu erteilen, ist damit 20 Jahre später endgültig erfüllt. Allerdings kann letztlich auch im Falle Kafkas von einem gänzlich vorbehaltlosen Umgang mit dem Prager Schriftsteller nicht die Rede sein. Die Kafka-Forschung der 80er Jahre ist geprägt durch Historisierung, begrenzte Aktualisierung, philologische Einzeluntersuchungen oder biographische Dokumentationen.[173] Als Teil des »humanistischen Erbes« wird Kafka der Musealisierung überantwortet und damit gleichsam ideologisch »entschärft«.[174] Die kulturpolitische Führung setzt dem Umgang mit Avantgarden und Moderne weiterhin Grenzen: Wer »unmittelbar literarisch auf Kafka oder die Avantgarde zurückgreift, sie künstlerisch aktualisiert, bleibt weiter der Zensur unterworfen«.[175]

Die Ressentiments in der Kulturpolitik, die zwischen Permissivität und Repressivität schwankt, sind wohl auch dafür verantwortlich, dass Avantgarde und Moderne in der literaturwissenschaftlichen Germanistik bis zum Untergang der DDR niemals den

165 Vgl. ebd., 142f.
166 Hermsdorf 1983.
167 Vgl. Hermsdorf 1978; vgl. auch Bock 1984.
168 Vgl. Middell 1984, 319; Hermsdorf 1983.
169 Vgl. Middell 1984, 320; siehe z.B. auch Middell 1984a.
170 So erscheint 1984 eine erstmalige Edition der amtlichen Schriften von Kafka.
171 Middell 1984, 320.
172 Vgl. Fingerhut 1985, 328.
173 Vgl. Erbe 1993, 146.
174 Vgl. ebd., 146.
175 Ebd., 146.

Rang einnehmen können, den etwa die Literatur des klassischen, des kritischen oder des sozialistischen Realismus innehaben. So verrät ein Blick in die *Weimarer Beiträge*, dass beispielsweise die Rezeption expressionistischer Literatur bis 1990 lediglich ein Randthema bleibt. Zwischen 1959 und 1990 erscheinen gerade einmal 19 Abhandlungen, wobei ungefähr die Hälfte aus Rezensionen und Anmerkungen zu westlichen Publikationen besteht.[176] Zwar kann die neue Wertschätzung dieser Literaturströmungen entgegen dem Wunsch mancher Kulturfunktionäre nicht mehr rückgängig gemacht werden, doch größere Resonanz verspricht der Umgang mit Moderne und Avantgarde offenbar nicht.

176 Vgl. Begrich 2001, 171.

15. Schlussbemerkungen

In dieser Arbeit konnte gezeigt werden, dass mit dem politischen Systemwechsel 1945 in der SBZ/DDR zunächst kein umfassender Umbau des literaturwissenschaftlichen Feldes im Zeichen des Marxismus-Leninismus einhergeht. Aufgrund der angespannten Personalsituation an den Universitäten ist die politische Führung auf das wissenschaftliche Kapital »bürgerlicher« Literaturwissenschaftler angewiesen. Die macht- und bündnisstrategischen Überlegungen der KPD/SED sowie vor allem die fachexterne Resonanz einer tradierten bildungsbürgerlichen Kunstsemantik garantieren den »bürgerlichen« Eliten vorerst Freiräume und schützen sie vor Sanktionen. Parallel dazu konnte jedoch vor allem am Beispiel Hermann August Korffs gezeigt werden, wie sich auch »bürgerliche« Literaturwissenschaftler durch moderate Umbauten auf die veränderte Resonanz- und Ressourcenkonstellation in der SBZ/DDR einzustellen wissen.

Aufgrund des Personalnotstandes an den Universitäten und/oder aufgrund ihres politischen Kapitals erhalten in den Nachkriegsjahren auch disziplinäre Außenseiter wie Hans Mayer, Alfred Kantorowicz, Gerhard Scholz oder Joachim Müller Zutritt zum literaturwissenschaftlichen Feld. Indem sie sich der Basissemantik des sozialistischen Gesellschaftssystems bedienen, den vor allem von Lukács geprägten ästhetischen Deutungsmustern der sozialistischen Führungselite »entgegenarbeiten« und/oder sich explizit bereit erklären, beim Aufbau einer genuin marxistisch-leninistischen Literaturwissenschaft mitzuwirken, können sie Leistungsangebote an die politische Öffentlichkeit adressieren und öffentliche Resonanzgewinne verbuchen. Doch auch die Karrieresprünge der sich zum Marxismus bekennenden Außenseiter bedeuten keinen »Ausverkauf« fachwissenschaftlicher Standards. Vor allem am Beispiel Alfred Kantorowiczs wurde deutlich, dass der Ausweis ausreichender fachwissenschaftlicher Kompetenz nach wie vor die Voraussetzung für eine (zumindest vorübergehend) erfolgreiche Positionierung innerhalb des literaturwissenschaftlichen Feldes ist. Aufgrund ihres von »bürgerlichen« Lehrern geprägten Handlungsbewusstseins sowie ihres »undogmatischen« Verständnisses des Marxismus-Leninismus bleiben auch die Feldnovizen dem disziplinären Eigensinn des Faches verpflichtet und sind nicht bereit, sich dem Deutungsanspruch fachexterner Stichwortgeber zu unterwerfen.

Das literaturwissenschaftliche Feld der SBZ/DDR, dies hat der erste Teil dieser Arbeit gezeigt, ist damit bis in die 50er Jahre hinein geprägt von einer »geduldeten Mehrstimmigkeit«. Im zweiten Teil dieser Arbeit konnte anschließend nachgewiesen werden, dass es mit der im Zuge der »ideologischen Offensive« der SED erfolgenden Marginalisierung, Verdrängung und Vertreibung »bürgerlicher« oder »politisch unzuverlässiger« Wissenschaftler bzw. mit der »Übernahme« der Lehrstühle durch eine junge marxistisch-leninistische Nachwuchselite zu einer vorübergehenden »Homogenisierung« oder »Einsinnigkeit« innerhalb der Fachdebatten kommt, die nun geprägt sind von dem massiven Einsatz der Basissemantik des sozialistischen Gesellschaftssystems, von einer Orientierung an den Deutungsmustern der »offiziellen« sozialistischen Ästhetik sowie von einer Reihe gleichsam »rituell« eingesetzter Diskursmerkmale (Bekenntnisse zur »Wahrheit« der marxistisch-leninistischen Weltanschauung oder zur »Einheit von Politik und Wissenschaft«, »Pathos der Moral«, Neigung zum konsensuellen Bezug aufeinander etc.). Deutlich gemacht werden konnte auch das Bestreben der Nachwuchswissenschaftler, sich durch die Formulierung von Leistungsangeboten an die sozialistische Öffentlichkeit (bewusstseinsbildende Funktion, Aneignungs- und Deutungsfunktion, Planungs- und Leitungsfunktion, Ausbildungsfunktion) als genuin-marxistisch leninistische Gesellschaftswissenschaftler zu präsentieren. Gleichzeitig konnte allerdings nachgewiesen werden, dass sich die Junggermanisten bei aller politischen Bekenntnisrhetorik prinzipiell bemühen, disziplinspezifische Maßgaben einzuhalten und nicht zu einer bloßen »Verlautbarungswissenschaft« zu verkommen.

Der dritte Teil dieser Arbeit hat schließlich gezeigt, dass bald nach der erfolgreichen Etablierung der marxistisch-leninistischen Wissenschaftselite an den Universitäten eine Reihe von Modernisierungs-, Entdogmatisierungs- und Ausdifferenzierungsprozessen innerhalb des Faches einsetzen. Der Fachdiskurs wird in weitaus stärkerem Maße selbstreferentiell; das Literaturgeschichtsbild wird nach primär fachinternen Maßstäben umgebaut und das Spektrum »legitimer« Forschungsgegenstände erheblich erweitert, auch wenn der kulturpolitische Rahmendiskurs dem Fachdiskurs nach wie vor Grenzen setzt. Der allmähliche Aufbruch des normativen, gnoseologisch fixierten Realismus- und Widerspiegelungsbegriffes und die Anerkennung der historischen Vielfalt realistischer Literatur führen zu einer spürbar belebten Diskussion um Grundsätze der marxistischen Literatur- und Kunstkonzeption. Tradierte Hochwertbegriffe wie »Parteilichkeit«, »Optimismus«, »Volkstümlichkeit«, »Realismus«, »Widerspiegelung« oder »sozialistische Perspektive« werden als Leitbegriffe nach fachspezifischen Logiken umgebaut, rücken als oberste Wertungskategorien in den Hintergrund oder werden gar aufgelöst. Die nationalliterarische Perspektive wird erweitert, die dominierende methodologische Orientierung auf die Erforschung der gesellschaftlichen Determiniertheit der Literatur wird überwunden, starre Periodisierungen der Literaturgeschichte nach den Epochen oder Daten der politischen Geschichte werden mit Blick auf die widersprüchlichen Entwicklungen in der Literaturgeschichte in Frage gestellt, und es werden in interdisziplinärer Arbeit eine Vielzahl von Ansätzen entwickelt und einbezogen, die ein multiperspektivisches Herangehen an Literatur ermöglichen. Ein verstärkter internationaler Austausch mit Wissenschaftlern aus den sozialistischen »Bruderländern« und vor allem mit den »bürgerlichen« Fachkollegen in der Bundesrepublik sowie die Auseinandersetzungen mit »linken« und »neomarxistischen« Ansätzen im Westen führen zu einem Anschluss an internationale Fachentwicklungen sowie zu einer »produktiven Aneignung« »bürgerlicher« Theorien und setzen eine kritische Überprüfung eigener wissenschaftstheoretischer Prämissen in Gang.

Mit der zumindest partiellen Anerkennung der Subjektivität von Rezeptionsprozessen und einem gewandelten Funktionsverständnis von literarischen Texten kommt es zu einer Absage an ein Literaturverständnis, das Literatur allein als Gegenstand der »Erkenntnis«, der »Erziehung« oder der »Belehrung« versteht. Die rein ideologiegeschichtliche bzw. abstrakt ästhetisch-normative Betrachtungsweise weicht verstärkt literaturgeschichtlichen Fragestellungen unter historisch-funktionalem Aspekt; auf einfache Aktualisierungen und »Vereinnahmungen« wird nun zunehmend zugunsten einer entschiedenen Historisierung des Gegenstandes verzichtet. Verstärkt konzentriert man sich auf die literarischen Quellen und die ästhetischen »Eigengesetzlichkeiten« der

Literatur, welche nicht mehr lediglich als Attribut gesellschaftlich-geschichtlicher Entwicklungen verstanden wird. Die normative Unterteilung zwischen Hoch- und Populärkultur wird - wenn auch zögerlich - aufgebrochen; es kommt darüber hinaus zur Entwicklung kulturwissenschaftlicher Ansätze in der Literaturwissenschaft, die nun auch Alltagskultur und Massenmedien wie Fernsehen, Hörspiel und Film oder Gegenstände außerhalb der traditionellen Poetik wie Berichte, Essays oder Tonbandprotokolle in ihre Betrachtungen einbeziehen. Bei der Literaturgeschichtsschreibung oder bei der Interpretation von Werken werden unterschiedliche theoretische und methodische Herangehensweisen entwickelt, die nicht nur der gnoseologisch-didaktischen Realismus- und Widerspiegelungstheorie à la Lukács eine Absage erteilen, sondern auch dem historisch-funktionalen, kulturgeschichtlich weit gefassten Literaturbegriff der »Krauss-Schule« oder Rainer Rosenbergs. Die kontroversen literaturtheoretischen Debatten der zwanziger und dreißiger Jahre werden aufgearbeitet und eine Vielzahl konkurrierender Theorien auf Grundlage der marxistisch-leninistischen Weltanschauung rezipiert, diskutiert und akzeptiert.

Ähnlich wie im Westen hat sich damit auch die Germanistik in der DDR »- aus systemtheoretischer Sicht - trotz unterschiedlichster Bedingungen zu einer modernen Wissenschaft ausdifferenziert«.[1] Zunehmend setzt sich die Überzeugung durch, »daß auch eine Literaturwissenschaft, die sich als marxistisch versteht, nicht nur *eine* Methode hervorbringt, sondern Methodenvielfalt verträgt und braucht«.[2] Eine Verständigung zwischen den unterschiedlichen Ansätzen innerhalb des Faches scheint in den 80er Jahren kaum mehr möglich, auch wenn es im letzten Jahrzehnt der DDR wieder verstärkt zu Homogenisierungen, Entdifferenzierungen und einer »Rephilologisierung« kommt. Trotz verschärfter ordnungspolitischer Maßnahmen einer verunsicherten kultur- und wissenschaftspolitischen Administration lässt sich der in den 70er Jahren erreichte Differenzierungsgrad nicht wieder zurückschrauben oder der Eigensinn der Akteure »brechen«.

Bei aller zu beobachtenden Mehrstimmigkeit, Ausdifferenzierung und Modernisierung innerhalb des Faches konnte gleichzeitig gezeigt werden, dass politische und gesellschaftliche Logiken und Bedürfnisse und mitunter auch alte Dogmatismen in den Fachdebatten bzw. in der Fachentwicklung nach wie vor eine Rolle spielen. Bis zuletzt ist der Fachdiskurs geprägt von einem ambivalenten Nebeneinander von innovativen kognitiven Leistungen und der Beharrungsmacht eines tradierten Denkstils bzw. politisch-ideologischer Prämissen und Vorbehalte. Diese Einheit von Kontinuität und Diskontinuität ist Ausdruck eines prinzipiellen »Dilemmas« der fachlichen Akteure: Einerseits fühlt man sich als Wissenschaftler den eigenen hohen disziplinären Ansprüchen und der Eigenlogik des literaturwissenschaftlichen Gegenstandes verpflichtet, andererseits gilt es aus weltanschaulicher oder zumindest resonanzstrategischer Sicht, den Bedürfnissen des »gesellschaftlichen Auftraggebers« gerecht zu werden. Zudem zwingen die erziehungsdiktatorischen Bedingungen des sozialistischen Wissenschaftssystems zu Anpassungsleistungen. Als marxistisch-leninistische Gesellschaftswissenschaft kann oder will sich die literaturwissenschaftliche Germanistik daher bestimmten politisch-ideologischen Vorgaben nicht gänzlich entziehen, auch wenn die (oftmals widersprüch-

1 Boden 1997b, 271.
2 Münz-Koenen 1991, 43.

liche) kulturpolitische »Programmatik« eine zunehmend geringere Rolle spielt, das Fach sich von den Verlautbarungen der Partei bis zu einem gewissen Grad emanzipieren kann und man sich bemüht, innerhalb der vorgegebenen Grenzen hinsichtlich der Gegenstände, Theorieansätze und Methoden eine größtmögliche Vielfalt innerhalb des Faches zu erreichen. Das Handlungsbewusstsein der sich als Marxisten verstehenden Fachvertreter, die resonanz- und/oder legitimationsstrategische Notwendigkeit, Fachdiskurs und kulturpolitischen Diskurs nicht gänzlich zu entkoppeln, oder die politischen Zwänge einer repressionsbereiten Administration sorgen damit dafür, dass bei allen Differenzierungs- und Modernisierungsprozessen von einem »pluralistischen« Fachdiskurs bis zum Untergang der DDR nicht die Rede sein kann.

Teil IV

Anhang

16. Literaturverzeichnis

ABUSCH, Alexander, 1946: *Der Irrweg der Nation. Ein Beitrag zum Verständnis der deutschen Geschichte*. Berlin (Ost).

— 1949: Das Goethe-Jahr und die Aufgaben der SED. In: *Neues Deutschland*, 16.03.1949.

— 1955: Sinn und Aufgaben des Schiller-Jahres. Gespräch mit dem Stellvertreter des Ministers für Kultur. In: *Sonntag*, Jg. 10, Nr. 7, S. 5.

— 1955a: Für eine gesamtdeutsche Schillerfeier 1955. In: *Neues Deutschland*, 06.02.1955.

— 1955b: *Schiller - Größe und Tragik eines deutschen Genius*. Berlin (Ost).

— 1955c: Schillers Genius leuchtet allen Völkern. Zum 196. Geburtstag Schillers. In: *Sonntag*, Jg. 10, Nr. 46, S. 9.

— 1955d: ohne Titel. In: *Georg Lukács zum siebzigsten Geburtstag*, S. 5-6.

— 1965: Über die gegenwärtigen Aufgaben einer literaturwissenschaftlichen Zeitschrift. In: *Weimarer Beiträge* 11, H. 1, S. 3-8.

— 1967: *Kulturelle Probleme des sozialistischen Humanismus. Beiträge zur deutschen Kulturpolitik 1946-1967*. Berlin (Ost)/Weimar.

— 1969: Faust - Held oder Renegat in der deutschen Nationalliteratur? [1953] In: RADDATZ (Hg.) 1969, Bd. 3, S. 123-135.

— 1972: Dichter der Freiheit - Dichter der Nation. Beitrag zur Deutschen Schiller-Ehrung 1955 und zum 150. Todestag am 9. Mai, Gedenktag der Weltfriedensbewegung, 8. Mai 1955. In: SCHUBBE (Hg.) 1972, S. 359-364.

— 1972a: Demokratisierung der Kultur. Rede auf der Sitzung des Präsidialrates des Kulturbundes zur demokratischen Erneuerung Deutschlands am 22. Februar 1957. Auszug. In: SCHUBBE (Hg.) 1972, S. 455-460.

— 1972b: Die Aufgaben des Deutschen Kulturbundes im entwickelten gesellschaftlichen System des Sozialismus. Rede auf dem VII. Bundeskongreß des Deutschen Kulturbundes, 5. bis 7. April 1968. In: SCHUBBE (Hg.) 1972, S. 1325-1343.

— 1972c: Mit der Schöpferkraft des Volkes zu einem sozialistischen Kulturleben. Erklärung zur »Entwicklung der sozialistischen Kulturpolitik seit der Kulturkonferenz der SED« vom 23. April 1958. Auszug. In: SCHUBBE (Hg.) 1972, S. 521-523.

— 1972d: Zur nationalen Rolle unserer Republik und ihrer Kunst. Diskussionsbeitrag auf der Beratung des Politbüros des ZK der SED und des Präsidiums des Ministerrats mit Schriftstellern und Künstlern, 25. und 26. März 1963. Auszug. In: SCHUBBE (Hg.) 1972, S. 879-882.

— 1972e: Absage an die Einheit der deutschen Kultur. Rede vor dem Präsidialrat des Deutschen Kulturbundes, Dezember 1961. Auszug. In: SCHUBBE (Hg.) 1972, S. 745-746.

ACKERMANN, Anton, 1946: Unsere kulturpolitische Sendung. Rede des Mitglieds des Zentralkomitees der Kommunistischen Partei Deutschlands. In: Wilhelm PIECK/Anton ACKERMANN: *Unsere kulturpolitische Sendung. Reden auf der Ersten Zentralen Kulturtagung der Kommunistischen Partei Deutschlands vom 3. bis 5. Februar 1946*. Berlin (Ost), S. 27-47.

— 1983: Marxistische Kulturpolitik. Rede auf dem Ersten Kulturtag der SED in Berlin. 7. Mai 1948. In: DIETRICH (Hg.) 1983, S. 266-301.

ADAM, Wolfgang/DAINAT, Holger/SCHANDERA, Gunter (Hg.), 2003: *Wissenschaft und Systemveränderung. Rezeptionsforschung in Ost und West - eine konvergente Entwicklung?* Heidelberg.

ADLING, Wilfried, 1959: Georg Kaisers Drama »Von Morgens bis Mitternacht« und die Zersetzung des dramatischen Stils. In: *Weimarer Beiträge* 5, H. 3, S. 369-386.

AGDE, Günter (Hg.), 2000: *Kahlschlag. Das 11. Plenum des ZK der SED 1965. Studien und Dokumente.* 2., erw. Aufl. Berlin.

AKADEMIE FÜR WEITERBILDUNG (Hg.), 1976: *Das kulturelle Erbe in unserer sozialistischen Gesellschaft. Wissenschaftliches Kolloquium 21.-23. Oktober 1975 in Weimar.* Berlin (Ost).

ALBRECHT, Friedrich u.a., 1960: Zur Geschichte der sozialistischen Literatur in Deutschland zwischen 1917 und 1933. In: *Weimarer Beiträge* 6, H. 4, S. 780-816.

ALBRECHT, Günter u.a., 1960: *Deutsches Schriftstellerlexikon von den Anfängen bis zur Gegenwart.* Weimar.

ALBRECHT, Wolfgang, 1983: »Kunstperiode« als Epochenbegriff? In: *Weimarer Beiträge* 29, H. 11, S. 1998-2002.

— 1991: Erforschung der deutschen Literatur des späten 18. und frühen 19. Jahrhunderts in der DDR seit 1980. Resultate, Methoden, Desiderate. In: DREWS/LEHMANN (Hg.) 1991, S. 50-73.

AMMER, Thomas, 1990: *Universität zwischen Demokratie und Diktatur. Ein Beitrag zur Nachkriegsgeschichte der Universität Rostock.* Köln. [Reprint v. 1969].

Antworten auf eine Umfrage der Redaktion »Zum Verhältnis von Kybernetik und Literaturwissenschaft«. In: *Weimarer Beiträge* 14 (1968), Teil 1: H. 3, S. 543-554; Teil 2: H. 4, S. 708-714.

Anweisung über die Gründung des Zentralinstituts für Literaturgeschichte vom 15. August 1969. In: BODEN/BÖCK (Hg.) 2004, S. 347f.

Arbeiterbewegung und Klassik. Ausstellung im Goethe- und Schiller-Archiv der Nationalen Forschungs- und Gedenkstätten der klassischen deutschen Literatur in Weimar 1964-1966. Weimar 1964.

ARNOLD, Heinz Ludwig (Hg.), 1991: *Literatur in der DDR. Rückblicke.* München.

Artikel »Kybernetik«. In: *DDR-Handbuch.* Hg. vom BUNDESMINISTERIUM FÜR INNERDEUTSCHE BEZIEHUNGEN. 3., überarb. u. erw. Aufl. Köln 1985, S. 779-780.

Artikel »Relativismus«. In: Manfred BUHR/Alfred KOSING: *Kleines Wörterbuch der marxistisch-leninistischen Philosophie.* 3. Aufl. Berlin (Ost), S. 245.

ASH, Mitchell G., 1995: Verordnete Umbrüche - Konstruierte Kontinuitäten. Zur Entnazifizierung von Wissenschaftlern und Wissenschaften nach 1945. In: *Zeitschrift für Geschichtswissenschaft* 43, H. 10, S. 903-923.

— 2002: Wissenschaft und Politik als Ressourcen für einander. In: Rüdiger VOM BRUCH/ Brigitte KADERAS (Hg.): *Wissenschaft und Wissenschaftspolitik. Bestandsaufnahmen zu Formationen, Brüchen und Kontinuitäten im Deutschland des 20. Jahrhunderts.* Wiesbaden, S. 32-51.

AUER, Annemarie, 1977: *Erleben - erfahren - schreiben. Werkprozeß und Kunstverstand.* Halle (Saale).

Aufruf des ZK der SED vom 11. Juni 1945: »Schaffendes Volk in Stadt und Land! Männer und Frauen! Deutsche Jugend!« In: DIETRICH (Hg.) 1983, S. 50-54.

»Aussprache über den sozialistischen Realismus«. Bericht über das Kolloquium zu Problemen des sozialistischen Realismus am 4./5. April 1967 in Berlin. In: *Weimarer Beiträge* 13 (1967), H. 4, S. 531-620.

AUTORENKOLLEKTIV, 1964: Skizze zur Geschichte der deutschen Nationalliteratur von den Anfängen der deutschen Arbeiterbewegung bis zur Gegenwart. In: *Weimarer Beiträge* 10, H. 5, S. 644-812.

AUTORENKONFERENZ 30 Jahre *Weimarer Beiträge*: Bürgerlich-humanistisches und sozialistisches Erbe. In: *Weimarer Beiträge* 32 (1986), H. 4, S. 588-621.

B.K., 1958: »Ein Erfolg? - Ein Erfolg!« Bericht über die Theoretische Konferenz zu Problemen des sozialistischen Realismus in der Literatur. In: *Sonntag*, 15.06.1958, S. 5.

BACHMANN, Monika, 1988: Zu einigen Fragen der Romantikforschung in der Literaturwissenschaft der DDR. In: Zbigniew SWIATOWSKI (Hg.): *Z problemów rozwoju literatury NRD w latach siedemdziesiüatych.* Rzeszów, S. 207-227.

BARCK, Karlheinz/NAUMANN, Manfred/SCHRÖDER, Winfried, 1971: Literatur und Gesellschaft. Zur literaturwissenschaftlichen Position von Werner Krauss. In: MITTENZWEI (Hg.) 1971, S. 555-605.
— 1975: Zur Kritik des Rezeptionsproblems in bürgerlichen Literaturauffassungen. In: NAUMANN u.a. 1975, S. 101-178.
— 1976: Rezension zu MITENZWEI (Hg.) 1975. In: *Weimarer Beiträge* 22, H. 5, S. 179-189.
— /SCHLENSTEDT, Dieter/THIERSE, Wolfgang, 1979: Einleitung. In: Dies. (Hg.): *Künstlerische Avantgarde. Annäherungen an ein unabgeschlossenes Kapitel*. Berlin (Ost), S. 7-21.
— 1985: Rezeptionsästhetik und soziale Funktion der Literatur. In: *Weimarer Beiträge* 31, H. 7, S. 1131-1149.
— /FONTIUS, Martin/THIERSE, Wolfgang (Hg.), 1990: *Ästhetische Grundbegriffe. Studien zu einem historischen Wörterbuch*. Berlin (Ost).
— 1993: Literaturwissenschaft(en) in der DDR. Ein Rückblick. In: Burkhart STEINWACHS (Hg.): *Geisteswissenschaften in der ehemaligen DDR*. Band 1: Berichte. Konstanz, S. 213-229.
— 2001: Zeitzeugenbericht. Mandy Funke im Gespräch mit Karlheinz Barck. In: HENCKMANN/SCHANDERA (Hg.) 2001, S. 190-196.
— 2003: Rezeptionsästhetik im Rückblick. In: ADAM/DAINAT/SCHANDERA (Hg.) 2003, S. 69-77.
BARCK, Simone/EXNER, Anne, 1971: Bericht über das Kolloquium »Literaturgeschichte heute«. In: *Weimarer Beiträge* 17, H. 9, S. 169-174.
— 1993: Das Dekadenz-Verdikt. Zur Konjunktur eines kulturpolitischen »Kampfkonzeptes« Ende der 1950er bis Mitte der 1960er Jahre. In: KOCKA (Hg.) 1993, S. 327-344.
— 1997: Literaturkritik zwischen Parteiauftrag und Professionalität in der DDR der sechziger Jahre. In: BODEN/ROSENBERG (Hg.) 1997, S. 339-343.
— /MÜNZ-KOENEN, Inge (Hg.), 2002: *Im Dialog mit Werner Mittenzwei. Beiträge und Materialien zu einer Kulturgeschichte der DDR*. Berlin.
BARNER, Wilfried/KÖNIG, Christoph (Hg.), 1996: *Zeitenwechsel - Germanistische Literaturwissenschaft vor und nach 1945*. Frankfurt a.M.
BASKE, Siegfried/ENGELBERT, Martha (Hg.), 1966: *Zwei Jahrzehnte Bildungspolitik in der Sowjetzone Deutschlands. Dokumente*. Erster Teil: 1945-1958. Berlin (West).
— (Hg.), 1979: *Bildungspolitik in der DDR 1963-1976. Dokumente*. Berlin (West).
— 1979: Einleitung. In: Ders. (Hg.) 1979, S. 15-43.
— 1998: Das Hochschulwesen. In: Christoph FÜHR/Carl-Ludwig FURCK (Hg.): *Handbuch der deutschen Bildungsgeschichte*. Bd. 6/2: 1945 bis zur Gegenwart. Deutsche Demokratische Republik und neue Bundesländer. München, S. 202-228.
BATT, Kurt, 1962: Neue Literatur zum Werk Franz Kafkas. In: *Neue Deutsche Literatur* 10, H. 12, S. 29-35.
— 1975: Erlebnis des Umbruchs und harmonische Gestalt. In: Mittenzwei (Hg.) 1975, S. 204-248.
BAUER, Markus, 2003: Hermann August Korff. In: *Internationales Germanistenlexikon*, S. 987-989.
BECHER, Johannes R., 1955: G.L. In: *Georg Lukács zum siebzigsten Geburtstag*, S. 8.
— 1972: Diskussionsbeitrag auf dem III. Parteitag der SED. 20. bis 24. Juli 1950. In: SCHUBBE (Hg.) 1972, S. 151-153.
— 1974: Das große Bündnis. In: SCHMITT/SCHRAMM (Hg.) 1974, S. 245-258.
— 1978: *Gesammelte Werke*. Bd. 16: Publizistik II. 1939-1945. Berlin (Ost)/Weimar.
— 1979: Der Befreier. In: Ders.: *Gesammelte Werke*. Bd. 17: Publizistik III. 1946-1951. Berlin/Weimar, S. 223-263.
— 1990: Brief an das Politbüro des ZK der SED am 10. September 1957. In: *Sinn und Form* 42, H. 2, S. 332-340.

BEGRICH, Pascal, 2001: Die Rezeption expressionistischer Lyrik in den *Weimarer Beiträgen*. In: HENCKMANN/SCHANDERA (Hg.) 2001, S. 169-177.

Beiträge zur Geschichte der Wilhelm-Pieck-Universität Rostock. Heft 5: 125 Jahre Germanistik an der Universität Rostock. 1858-1983. Rostock 1983.

BEITZ, Willi, 1986: Artikel »Sozialistischer Realismus«. In: TRÄGER (Hg.) 1986, S. 481-483.

BENTZIEN, Hans, 1972: Die Ergebnisse und weiteren Aufgaben bei der Entwicklung der sozialistischen Nationalkultur in der Deutschen Demokratischen Republik. Rede des Kulturministers auf der II. Bitterfelder Konferenz, 24. und 25. April 1964. Auszug. In: SCHUBBE (Hg.) 1972, S. 953-955.

BERGER, Manfred u.a. (Hg.), 1978: *Kulturpolitisches Wörterbuch*. 2. Aufl. Berlin (Ost).

Bericht des Politbüros an das 11. Plenum des ZK der SED, vorgetragen von Erich Honecker, 16. bis 18. Dezember 1965. Auszug. In: SCHUBBE (Hg.) 1972, S. 1076-1081.

BERNHARD, Hans Joachim, 1972: Provokation für die Literaturwissenschaft. In: *Weimarer Beiträge* 18, H. 5, S. 143-147.

Beschluß des Staatsrates der Deutschen Demokratischen Republik: Die Weiterführung der 3. Hochschulreform und die Entwicklung des Hochschulwesens bis 1975 vom 3. April 1969. Auszug. In: BASKE (Hg.) 1979, S. 250-259.

BEYER, Waltraud, 1983: Rezension zu WEBER u.a. 1982. In: *Weimarer Beiträge* 29, H. 3, S. 545-551.

BISCHOFF, Karl, 1954/55: Ferdinand Josef Schneider †. In: *Wirkendes Wort* 5, H. 2, S. 126-127.

— 1956: Ferdinand Josef Schneider. In: Ders. (Hg.): *Gedenkschrift für Ferdinand Josef Schneider (1879-1954)*. Weimar, S. 1-5.

BOCK, Sigrid, 1984: Anna Seghers liest Kafka. In: *Weimarer Beiträge* 30, H. 6, S. 900-915.

BODEN, Petra, 1993: Fachentwicklung und Selbstreflexion in der literaturwissenschaftlichen Germanistik in der DDR in den 80er Jahren. In: Johannes JANOTA (Hg.): *Kultureller Wandel und die Germanistik in der Bundesrepublik. Vorträge des Augsburger Germanistentags 1991*. Bd. II. Tübingen, S. 198-206.

— 1995: Ornamente und Tabus. Antifaschismus als Herrschaftsdiskurs. In: *Weimarer Beiträge* 41, H. 1, S. 104-119.

— /DAINAT, Holger (Hg.), 1997: *Atta Troll tanzt noch. Selbstbesichtigungen der literaturwissenschaftlichen Germanistik im 20. Jahrhundert*. Berlin.

— /ROSENBERG, Rainer (Hg.), 1997: *Deutsche Literaturwissenschaft 1945-1965. Fallstudien zu Institutionen, Diskursen, Personen*. Berlin.

— 1997: Universitätsgermanistik in der SBZ/DDR. Personalpolitik und struktureller Wandel 1945-1958. In: BODEN/ROSENBERG (Hg.) 1997, S. 119-159.

— 1997a: Lesen aus Leidenschaft: Joachim Müller. In: BODEN/DAINAT (Hg.) 1997, S. 193-217.

— 1997b: »Es geht ums Ganze!«. Vergleichende Beobachtungen zur germanistischen Literaturwissenschaft in beiden deutschen Staaten 1945-1989. In: *Euphorion* 91, S. 247-275.

— 2002: Choreographie einer Institutsgründung. Das Zentralinstitut für Literaturgeschichte (ZIL). In: BARCK/MÜNZ-KOENEN (Hg.) 2002, S. 57-63.

— 2003: Experimente mit Differenzen. Modelle interphilologischer Literaturwissenschaft in Ost und West. In: Ewald MENGEL/Hans-Jörg SCHMID/Michael STEPPAT (Hg.): *Anglistentag 2002 Bayreuth. Proceedings*. Trier, S. 155-171.

— /BÖCK, Dorothea (Hg.), 2004: *Modernisierung ohne Moderne. Das Zentralinstitut für Literaturgeschichte an der Akademie der Wissenschaften der DDR (1969-1991). Literaturforschung im Experiment*. Heidelberg.

— /BÖCK, Dorothea, 2004: Literaturforschung an der Berliner Akademie der Wissenschaften. In: Dies. (Hg.) 2004, S. 13-50.

— /BÖCK, Dorothea, 2004a: Epilog. In: Dies. (Hg.) 2004, S. 285-297.

— 2004: Grenzschritte. Remigranten in der literaturwissenschaftlichen Germanistik an deutschen Universitäten nach 1945. In: *Euphorion* 98, H. 4, S. 425-463.

— o.J.: Literaturwissenschaftliche Theoriearbeit unter den Bedingungen internationaler Kommunikation. Vortragsmanuskript.

BÖCK, Dorothea, 1990: Jean Paul als »geheimer Lehrer«. Aspekte und Probleme der Jean-Paul-Rezeption in der DDR. In: *Weimarer Beiträge* 36, H. 1, S. 52-73.

— 2003: Hundsposttage mit Jean Paul oder das Theorie-Empirie-Dilemma. In: ADAM/DAINAT/SCHANDERA (Hg.) 2003, S. 93-118.

BOECKH, Joachim, 1956: Literaturforschung vor neuen Aufgaben. In: *Neue Deutsche Literatur* 8, S. 125-132.

BÖHM, Hans, 1956: Rezension zu *Wieland. Vier Biberacher Vorträge 1953, gehalten von Friedrich Beißner, Emil Staiger, Friedrich Sengle, Hans Werner Seifert*. Wiesbaden 1954. In: *Weimarer Beiträge* 2, S. 406-409.

BOGDAL, Klaus-Michael/MÜLLER, Oliver (Hg.), 2005: *Innovation und Modernisierung. Germanistik von 1965 bis 1980*. Heidelberg (=Studien zur Wissenschafts- und Universitätsgeschichte. 8).

BOLLENBECK, Georg, 1996: *Bildung und Kultur. Glanz und Elend eines deutschen Deutungsmusters*. Frankfurt a.M./Leipzig.

— 1999: *Tradition, Avantgarde, Reaktion. Deutsche Kontroversen um die kulturelle Moderne. 1880-1945*. Frankfurt a.M.

— /KAISER, Gerhard (Hg.), 2000: *Die janusköpfigen 50er Jahre*. Wiesbaden (=Kulturelle Moderne und bildungsbürgerliche Semantik. III).

— 2000: Die fünfziger Jahre und die Künste: Kontinuität und Diskontinuität. In: BOLLENBECK/KAISER (Hg.) 2000, S. 190-213.

— /KNOBLOCH, Clemens (Hg.), 2001: *Semantischer Umbau in den Geisteswissenschaften nach 1933 und 1945*. Heidelberg.

— /KNOBLOCH, Clemens, 2001: Vorwort. In: Dies. (Hg.) 2001, S. 5-6.

— 2001: Das neue Interesse an der Wissenschaftshistoriographie und das Forschungsprojekt »semantischer Umbau der Geisteswissenschaften«. In: BOLLENBECK/KNOBLOCH (Hg.) 2001, S. 9-40.

— 2002: Kulturelle Westbindung. Fünf Thesen. In: Sigrid HOFER (Hg.): *Entfesselte Form. Fünfzig Jahre Frankfurter Quadriga*. Frankfurt, S. 23-32.

— /LA PRESTI, Thomas (Hg.), 2002: *Traditionsanspruch und Traditionsbruch. Die deutsche Kunst und ihre diktatorischen Sachwalter*. Wiesbaden (=Kulturelle Moderne und bildungsbürgerliche Semantik. II).

— /LA PRESTI, Thomas, 2002: Einleitung. In: Dies. (Hg.) 2002, S. 7-20.

— /KNOBLOCH, Clemens (Hg.), 2004: *Resonanzkonstellationen. Die illusionäre Autonomie der Kulturwissenschaften*. Heidelberg (=Studien zur Wissenschafts- und Universitätsgeschichte. 5).

— /KNOBLOCH, Clemens, 2004: Einleitung: »Öffentlichkeit« als Ressource. In: Dies. (Hg.) 2004, S. 7-13.

— 2005: Programmatische Hypotheken. Die bildungsbürgerliche Kunstsemantik und die ambivalente Bilanz der NFG. In: EHRLICH (Hg.) 2005, S. 69-84.

BOURDIEU, Pierre, 1998: *Vom Gebrauch der Wissenschaft. Für eine klinische Soziologie des wissenschaftlichen Feldes*. Konstanz.

BRAEMER, Edith/VOEGT, Hedwig, 1949: *Die Forderung des Tages. Ein Goethe-Bild für den deutschen Werktätigen*. Weimar.

— 1955: Rezension zu Emil Staiger: *Goethe 1749-1786*. Zürich/Freiburg i. Br. 1952. In: *Weimarer Beiträge* 1, S. 156-166.

— 1959: *Goethes Prometheus und die Grundpositionen des Sturm und Drang*. Weimar.

— /WERTHEIM, Ursula, 1960: *Studien zur deutschen Klassik*. Berlin (Ost).
— 1963: Zur Beziehung zwischen Persönlichkeit und Gesellschaft in der bürgerlichen deutschen Klassik. In: *Deutschunterricht* XVI, H. 7, S. 363-379.
— 1966: Volksverbundenheit und Parteilichkeit. In: *Forum* 15/16, S. 16-19.
BRANDENBURGER VEREIN FÜR POLITISCHE BILDUNG »ROSA LUXEMBURG« E.V. (Hg.), 1996: *Prof. Dr. Ernst Hadermann - Ein deutscher Humanist. Zu seinem 100. Geburtstag am 22. Mai 1996*. Potsdam.
BRANDT, Helmut, 1985: Der bleibende Schiller. In: *Weimarer Beiträge* 31, H. 11, S. 1774-1792.
— (Hg.), 1987: *Friedrich Schiller - Angebot und Diskurs. Zugänge, Dichtung, Zeitgenossenschaft*. Berlin (Ost)/Weimar.
BRAUN, Volker, 1990: Die Goethepächter. In: Ders.: *Texte in zeitlicher Folge*. Bd. 2. Halle/Leipzig, S. 248.
BRECHT, Bertolt, 1954: Weite und Vielfalt der realistischen Schreibweise [1938]. In: Ders.: *Versuche*. H. 13. Berlin (West), S. 97-107.
BRUCH, Rüdiger vom, 1993: Autonomie der deutschen Universität - Gelegentliche Bemerkungen zu einem Grundproblem deutscher Universitätsgeschichte. In: Hannelore BERNHARDT (Red.): *Über Autonomie der Universität und akademische Freiheit* (=Beiträge zur Geschichte der Humboldt-Universität zu Berlin. 31), S. 7-38.
BÜHL, Harald u.a. (Hg.), 1970: *Kulturpolitisches Wörterbuch*. Berlin (Ost).
BUNGE, Hans (Hg.), 1991: *Die Debatte um Hanns Eislers »Johann Faustus«. Eine Dokumentation*. Berlin.
BURRICHTER, Clemens/DIESENER, Gerald (Hg.), 2002: *Auf dem Weg zur »Produktivkraft Wissenschaft«*. Leipzig.
CHIARINI, Paolo/DIETZE, Walter (Hg.), 1981: *Deutsche Klassik und Revolution. Texte eines literaturwissenschaftlichen Kolloquiums*. Rom.
CHIHAIA, Matei, 2001: Die Theorie der ästhetischen Aneignung 1961-1979. In: HENCKMANN/SCHANDERA (Hg.) 2001, S. 99-110.
CLEVE, Ingeborg, 1999: Der Goethe-Pakt: das Goethejubiläum und die Formierung der Kulturöffentlichkeit im Staatsgründungsprozeß der DDR 1949. In: *Archiv für Sozialgeschichte* 39, S. 423-443.
— 2000: Zwischen Ideal und Wirklichkeit. Klassik in Weimar in der Ära Holtzhauer (1954-1973). In: EHRLICH/MAI/CLEVE (Hg.) 2000, S. 343-358.
— 2001: Klassik vor Ort - Präsentationsformen und Aneignungsweisen. In: EHRLICH/MAI/CLEVE (Hg.) 2001, S. 233-265.
CONNELLY, John, 2000: *Captive University. The Sovietization of East German, Czech, and Polish Higher Education, 1945-1956*. Chapel Hill/London.
— /GRÜTTNER, Michael (Hg.), 2003: *Zwischen Autonomie und Anpassung: Universitäten in den Diktaturen des 20. Jahrhunderts*. Paderborn u.a.
CONRADY, Karl Otto, 1990: *Völkisch-nationale Germanistik in Köln. Eine unfestliche Erinnerung*. Schernfeld.
CZECH, Gabriele, 2001: Kunst und Erziehung. Kontinuität und Wandel im Funktionsverständnis. In: HENCKMANN/SCHANDERA (Hg.) 2001, S. 139-156.
DAHLKE, Birgit/LANGERMANN, Martina/TATERKA, Thomas (Hg.), 2000: *LiteraturGesellschaft DDR. Kanonkämpfe und ihre Geschichte(n)*. Stuttgart/Weimar.
DAHNKE, Hans-Dietrich, 1960: Gedanken zur Schiller-Ehrung 1959. In: *Weimarer Beiträge* 6, H. 2, S. 324-336.
— 1968: Literaturgeschichte. Bd. 7.2. Feinkonzeption der Phase II (1794/98). In: *Weimarer Beiträge* 14, H. 6, S. 1125-1170.
— 1968a: A.W. Schlegels Berliner und Wiener Vorlesungen und die romantische Literatur. In: *Weimarer Beiträge* 14, H. 4, S. 782-796.

— 1971: Literarische Prozesse in der Periode von 1789 bis 1806. In: *Weimarer Beiträge* 17, H. 11, S. 46–71.

— /DAU, Rudolf/WRUCK, Peter, 1971: Probleme der literaturwissenschaftlichen Ausbildung von Deutschlehrern. In: *Weimarer Beiträge* 17, H. 10, S. 47–65.

— 1973: Zu einigen Problemen gegenwärtiger Erbeaneignung und Traditionsbildung. In: *Deutschunterricht*, H. 7/8, S. 388–403.

— 1973a: Sozialismus und deutsche Klassik. In: *Sinn und Form* 25, H. 5, S. 1083-1107.

— 1978: Zur Stellung und Leistung der deutschen romantischen Literatur. Ergebnisse und Probleme ihrer Erforschung. In: *Weimarer Beiträge* 24, H. 4, S. 5–20.

— 1981: *Erbe und Tradition in der Literatur*. 2. Aufl. Berlin (Ost).

— 1981a: Zur Situation der Klassik-Forschung in der DDR. In: CHIARINI/DIETZE (Hg.) 1981, S. 15–50.

— 1982: Humanität und Geschichtsperspektive. Zu den Goethe-Ehrungen 1932, 1949 und 1982. In: *Weimarer Beiträge* 28, H. 10, S. 66–89.

— /LEISTNER, Bernd (Hg.), 1982: *Schiller: Das dramatische Werk in Einzelinterpretationen*. Leipzig.

— u.a., 1983: *Parallelen und Kontraste. Studien zu literarischen Wechselbeziehungen in Europa zwischen 1750 und 1850*. Berlin (Ost)/Weimar.

— /LEISTNER, Bernd (Hg.), 1989: *Debatten und Kontroversen. Literarische Auseinandersetzungen in Deutschland am Ende des 18. Jahrhunderts*. 2 Bde. Berlin (Ost)/Weimar.

— /LEISTNER, Bernd, 1989: Vorbemerkung. In: Dies. (Hg.) 1989, Bd. 1, S. 9–12.

DAINAT, Holger, 1993: Vom Nutzen und Nachteil, eine Geisteswissenschaft zu sein. Zur Karriere der Unterscheidung von Natur- und Geisteswissenschaften. In: Peter J. BRENNER (Hg.): *Geist, Geld und Wissenschaft. Arbeits- und Darstellungsformen von Literaturwissenschaft*. Frankfurt a.M., S. 66–98.

— /VOSSKAMP, Wilhelm (Hg.), 1999: *Aufklärungsforschung in Deutschland*. Heidelberg.

— 2002: Germanistische Literaturwissenschaft. In: Frank-Rutger HAUSMANN (Hg.): *Die Rolle der Geisteswissenschaften im Dritten Reich 1933-1945*. München, S. 63–86.

DANNEBERG, Lutz/SCHERNUS, Wilhelm/SCHÖNERT, Jörg, 1995: Die Rezeption der Rezeptionsästhetik in der DDR. Wissenschaftswandel unter den Bedingungen des sozialistischen Systems. In: Gerhard P. KNAPP/Gerd LABROISSE (Hg.): *1945-1995. Fünfzig Jahre deutschsprachige Literatur in Aspekten*. Amsterdam/Atlanta (=Amsterdamer Beiträge zur neueren Germanistik. 38/39), S. 643–702.

Das Goethe-Jahr 1949. In: *Die Aussprache* 1949, H. 2, S. 3–4.

DAU, Rudolf, 1980: Das literarische Erbe der deutschen Klassik. In: *Einheit*, H. 9, S. 913–920.

DAUTEL, Klaus, 1980: *Zur Theorie des literarischen Erbes in der »entwickelten sozialistischen Gesellschaft« der DDR. Rezeptionsvorgabe und Identitätsangebot*. Stuttgart.

»Denkschrift über die Bedeutung der Kybernetik für Wissenschaft, Technik und Wirtschaft in der Deutschen Demokratischen Republik« (in ihrer Endfassung vom 23.10.1962). In: LIEBSCHER 1995, S. 155–170.

DEUTSCHE AKADEMIE DER KÜNSTE ZU BERLIN (Hg.), 1962: *Zur Tradition der sozialistischen Literatur in Deutschland. Eine Auswahl von Dokumenten*. Berlin (Ost)/Weimar.

DIERSEN, Inge, 1955: Thomas Manns Faust-Konzeption und ihr Verhältnis zur Faust-Tradition. In: *Weimarer Beiträge* 1, H. 3, S. 313–330.

— 1957: Thomas Manns *Buddenbrooks*. In: *Weimarer Beiträge* 3, H. 1, S. 58–86.

— 1958: Zu Georg Lukács' Konzeption der deutschen Literatur im Zeitalter des Imperialismus. In: *Weimarer Beiträge* 4, SH, S. 18–25.

— u.a. (Hg.), 1963: *Lexikon sozialistischer deutscher Literatur. Von den Anfängen bis 1945. Monographisch-biographische Darstellungen*. Berlin (Ost).

— 1965: Offener Brief an Annemarie Auer. In: *Neue Deutsche Literatur* 13, H. 10, S. 111–119.

— 1967: Darbietungsformen des Erzählens. In: *Weimarer Beiträge* 13, H. 4, S. 630–660.

— 1974: Rezension Geschichte der deutschen Literatur. Band 10: Von 1917 bis 1945. In: *Weimarer Beiträge* 20, H. 3, S. 177-185.

— 1983: Deutsche Literatur der Jahrhundertwende und das Moderne-Problem. In: Antal MÁDL/Miklós SALYÁMOSY (Hg.): *Welt und Roman. Visegráder Beiträge zur deutschen Prosa zwischen 1900 und 1933*. Budapest, S. 103-115.

DIETRICH, Gerd (Hg.), 1983: *Um die Erneuerung der deutschen Kultur. Dokumente zur Kulturpolitik 1945-1949*. Berlin (Ost).

— 2000: »Die Goethepächter«. Klassikmythos in der Politik der SED. In: EHRLICH/MAI/ CLEVE (Hg.) 2000, S. 151-174.

— 2002: Kulturbund. In: Gerd-Rüdiger STEPHAN (Hg.): *Die Parteien und Organisationen der DDR. Ein Handbuch*. Berlin, S. 530-559.

DIETZE, Walter/NEUBERT, Wolfgang, 1963: »Kunst ohne Parteilichkeit?«. Bemerkungen zu einem Aufsatz über Boris Pasternaks »Dr. Schiwago«. In: *Universitätszeitung* (Leipzig), 16.05.1963, S. 4.

— 1976: Aufgaben und Probleme der Aneignung des bürgerlich-humanistischen Kunst- und Kulturerbes (unter besonderer Berücksichtigung der deutschen Aufklärung, Klassik und Romantik). In: AKADEMIE FÜR WEITERBILDUNG (Hg.) 1976, S. 72-99.

— 1978: Klassisches literarisches Erbe und sozialistisches Traditionsverständnis. In: *Impulse. Aufsätze, Quellen, Berichte zur deutschen Klassik und Romantik*, Folge 1, S. 9-43.

— 1981: *Junges Deutschland und deutsche Klassik*. 4. Aufl. Berlin (Ost) [[1]1957].

— 1981a: *Johann Wolfgang Goethe. Thesen zur Diskussion 1982*. Berlin (Ost).

— 1982: *Große Welt, kleine Welt. Aufsätze über Goethe*. Berlin (Ost)/Weimar.

— 1985: *Poesie der Humanität. Anspruch und Leistung im lyrischen Werk Johann Wolfgang Goethes*. Berlin (Ost)/Weimar.

Diskussion: »Theorie und Methoden der Interpretation literarischer Werke«. In: *Zeitschrift für Germanistik* 6 (1985), H. 4, S. 415-457.

DOKUMENTE DER SOZIALISTISCHEN EINHEITSPARTEI DEUTSCHLANDS, 1950: Beschlüsse und Erklärungen des Parteivorstandes, des Zentralkomitees sowie seines Politbüros und seines Sekretariats. Bd. 2. Berlin (Ost).

DORNHOF, Dorothea, 1997: Von der »Gelehrtenrepublik« zur marxistischen Forschungsgemeinschaft an der Deutschen Akademie der Wissenschaften. Das Institut für Deutsche Sprache und Literatur. In: BODEN/ROSENBERG (Hg.) 1997, S. 173-201.

DREHER, Ingmar, 1962: Gedanken zu einer Neukonzeption der Germanistik. In: *Weimarer Beiträge* 8, H. 4, S. 752-758.

DREWS, Jörg/LEHMANN, Christian (Hg.), 1991: *Dialog ohne Grenzen. Beiträge zum Bielefelder Kolloquium zur Lage von Linguistik und Literaturwissenschaft in der ehemaligen DDR*. Bielefeld.

DWARS, Jens-Fietje, 1998: *Abgrund des Widerspruchs. Das Leben des Johannes R. Becher*. Berlin.

DYMSCHITZ, Alexander, 1963: Der Modernismus, Feind künstlerischen Schaffens. In: *Kunst und Literatur* 11, H. 9, S. 938-956.

ECKERT, Horst, 1958: Zur Bedeutung der proletarisch-revolutionären Literatur in Deutschland in den Jahren 1927-1933. In: *Weimarer Beiträge*, SH, S. 9-17.

EHRLICH, Lothar, 1974: Bertolt Brecht und die deutsche Klassik. In: *Sinn und Form* 26, H. 1, S. 221-227.

— 1991: Aspekte des Klassik-Diskurses in Weimar seit dem Goethe-Jahr 1949. In: Thomas METSCHER/Christian MARZAHN (Hg.): *Kulturelles Erbe zwischen Tradition und Avantgarde*. Köln/Weimar/Berlin, S. 393-409.

— 1996: *Faust* im Sozialismus. In: Frank MÖBUS/Friederike SCHMIDT-MÖBUS/Gerd UNVERFEHRT (Hg.): *»Faust«: Annäherungen an einen Mythos*. 2. Aufl. Göttingen, S. 332-342.

— /MAI, Gunther/CLEVE, Ingeborg (Hg.), 2000: *Weimarer Klassik in der Ära Ulbricht*. Köln/ Weimar/Wien.

— /MAI, Gunther/CLEVE, Ingeborg, 2000: Weimarer Klassik in der Ära Ulbricht. In: Dies. (Hg.) 2000, S. 7-31.

— 2000: Die Goethe-Gesellschaft im Spannungsfeld der Deutschland- und Kulturpolitik der SED. In: EHRLICH/MAI/CLEVE (Hg.) 2000, S. 251-281.

— /MAI, Gunther/CLEVE, Ingeborg (Hg.), 2001: *Weimarer Klassik in der Ära Honecker*. Köln/ Weimar/Wien.

— /MAI, Gunther/CLEVE, Ingeborg, 2001: Weimarer Klassik in der Ära Honecker. In: Dies. (Hg.) 2001, S. 7-28.

— 2001: Die Klassik-Debatte in *Sinn und Form* 1973/1974. In: EHRLICH/MAI/CLEVE (Hg.) 2001, S. 109-126.

— 2002: Die »gesellschaftliche Aneignung« der Weimarer Klassik in der DDR. In: BOLLENBECK/LA PRESTI (Hg.) 2002, S. 143-160.

— (Hg.), 2005: *»Forschen und Bilden«. Die Nationalen Forschungs- und Gedenkstätten der klassischen deutschen Literatur in Weimar 1953-1991*. Köln/Weimar/Wien.

EICHENDORFF, Joseph von, 1955: *Ein Lesebuch für unsere Zeit*. Hg. v. Manfred HÄCKEL. Weimar.

— 1957: *Werke in zwei Bänden*. Hg. von Claus TRÄGER. Leipzig.

— 1962: *Gesammelte Werke*. 3 Bde. Hg. v. Manfred HÄCKEL. Berlin (Ost).

ELSBERG, J., 1977: Die falschen Ansichten von Georg Lukács. In: KOCH (Hg.) 1977, S. 289-302.

EMMEL, Hildegard, 1957: *Weltklage und Bild der Welt in der Dichtung Goethes*. Weimar.

— 1991: *Die Freiheit hat noch nicht begonnen. Zeitgeschichtliche Erfahrungen seit 1933. Bilder eines Lebens in Frankfurt, Rostock und Greifswald, Holland, Norwegen, USA, Ankara, Jerusalem und anderswo*. Rostock.

EMMERICH, Karl, 1958: Es geht um den sozialistischen Realismus. Bericht über die »Theoretische Konferenz des Germanistischen Instituts der Humboldt-Universität«. In: *Sonntag*, Nr. 21, S. 9.

EMMERICH, Wolfgang, 1997: *Kleine Literaturgeschichte der DDR*. Erw. Neuausgabe. Leipzig.

ENDE, Dagmar/FUNKE, Mandy, 2000: Zum Verhältnis von Kontinuität und Diskontinuität in der Literaturwissenschaft der DDR in den 1980er Jahren. Das Beispiel des Kolloquiums »Theorie und Methoden der Interpretation literarischer Werke« (1986). In: SCHÖNERT (Hg.) 2000, S. 399-429.

— 2005: Zur Neuprofilierung der *Weimarer Beiträge* Anfang der siebziger Jahre (bis 1989). In: *Weimarer Beiträge* 51, H. 1, S. 5-43.

ENDLER, Adolf, 1971: Im Zeichen der Inkonsequenz. Über Hans Richters Aufsatzsammlung *Verse - Dichter - Wirklichkeiten*. In: *Sinn und Form* 23, H. 6, S. 1358-1366.

ENDLER, Dietmar, 1970: Bericht über die Arbeit der Sektion Kulturwissenschaften und Germanistik an der Karl-Marx-Universität Leipzig. In: *Weimarer Beiträge* 16, H. 4, S. 209-216.

ENGELS, Friedrich, 1964: Zur Wohnungsfrage. In: Karl MARX/Friedrich ENGELS: *Werke*. Bd. 18. Berlin (Ost), S. 213-287.

Entschließung zur Kulturpolitik vom 7. Mai 1948. Angenommen vom Ersten Kulturtag der SED in Berlin. In: DIETRICH (Hg.) 1983, S. 302-308.

Entschließung des ZK der SED, 1953: »Der neue Kurs und die Aufgaben der Partei auf dem Gebiete der Kultur«. In: *Deutschunterricht* 6, H. 9, S. 449.

Entschließung des ZK der SED, 1972: »Der Kampf gegen den Formalismus in Kunst und Literatur, für eine fortschrittliche deutsche Kultur«. 17. März 1951. In: SCHUBBE (Hg.) 1972, S. 178-186.

EPPING, Walter, 1960: Rezension zu Joachim MÜLLER: *Das Edle in der Freiheit. Schillerstudien*. Leipzig 1959. In: *Weimarer Beiträge* 6, H. 4, S. 831-835.

ERBE, Günter, 1993: *Die verfemte Moderne. Die Auseinandersetzung mit dem »Modernismus« in Kulturpolitik, Literaturwissenschaft und Literatur der DDR*. Opladen.

ERNST, Sabine, 1993: Erbe und Hypothek. (Alltags-)kulturelle Leitbilder in der SBZ/DDR 1945-1961. In: STIFTUNG MITTELDEUTSCHER KULTURRAT (Hg.): *Kultur und Kulturträger in der DDR. Analysen*. Berlin, S. 9-72.

ERPENBECK, John (Hg.), 1979: *Was kann Kunst?* Halle/Leipzig.

»Es gibt keine ideologische Koexistenz«. Stellungnahme der *Einheit*, Februar 1963, H. 2. In: SCHUBBE (Hg.) 1972, S. 822-824.

Falschmünzer der Literatur. Zur Kritik bürgerlicher und revisionistischer Literaturanschauungen. Übersetzt aus dem Russischen. Berlin (Ost) 1962.

FARRELLY, Daniel J., 1998: *Goethe in East Germany, 1949-1989. Toward a history of Goethe reception in the GDR*. Columbia (USA).

FEIGE, Hans-Uwe, 1991: Vor dem Abzug: Brain drain. Die Zwangsevakuierung von Angehörigen der Universität Leipzig durch die U.S.-Army im Juni 1945 und ihre Folgen. In: *Deutschland-Archiv* 24, S. 1302-1313.

— 1992: Aspekte der Hochschulpolitik der Sowjetischen Militäradministration in Deutschland (1945-1948). In: *Deutschland-Archiv* 25, S. 1169-1180.

— 1994: Zur Entnazifizierung des Lehrkörpers an der Universität Leipzig. In: *Zeitschrift für Geschichtswissenschaft* 42, S. 795-808.

— 1995: Die SED und der »bürgerliche Objektivismus« 1949/50. In: *Deutschland-Archiv* 28, S. 1074-1083.

— 1997: Zwischen Duldung und Verbot. Nonkonforme Lehrmeinungen von Hochschullehrern in der DDR (1949-1961). In: Karin WEISEMANN/Peter KRÖNER/Richard TOELLNER (Hg.): *Wissenschaft und Politik - Genetik und Humangenetik in der DDR (1949-1989). Dokumentation zum Arbeitssymposium in Münster, 15.-18.3.1995*. Münster, S. 157-166.

FELT, Ulrike/NOWOTNY, Helga/TASCHWER, Klaus, 1995: *Wissenschaftsforschung. Eine Einführung*. Frankfurt a.M./New York.

FINGERHUT, Karlheinz, 1985: Produktive Kafka-Rezeption in der DDR. In: Wilhelm EMRICH/ Bernd GOLDMANN (Hg.): *Franz Kafka. Symposium 1983*. Mainz, S. 277-328.

FISCHER, Ernst, 1958: Das Problem der Wirklichkeit in der modernen Kunst. In: *Sinn und Form* 10, H. 3, S. 461-483.

FISCHER, Gabriele/VÖLKERLING, Klaus, 1970: Bericht über die Arbeit der Sektion Literatur- und Kunstwissenschaft der Friedrich-Schiller-Universität Jena. In: *Weimarer Beiträge* 16, H. 7, S. 147-154.

FLECK, Ludwik, 1980: *Entstehung und Entwicklung einer wissenschaftlichen Tatsache. Einführung in die Lehre vom Denkstil und Denkkollektiv*. Mit einer Einleitung hg. von Lothar SCHÄFER/ Thomas SCHNELLE. Frankfurt a.M.

FOHRMANN, Jürgen/VOSSKAMP, Wilhelm (Hg.), 1991: *Wissenschaft und Nation. Studien zur Entstehungsgeschichte der deutschen Literaturwissenschaft*. München.

— 1991: Organisation, Wissen, Leistung. Konzeptuelle Überlegungen zu einer Wissenschaftsgeschichte der Germanistik. In: *Internationales Archiv für Sozialgeschichte der deutschen Literatur* 16, S. 110-125.

— /VOSSKAMP, Wilhelm (Hg.), 1994: *Wissenschaftsgeschichte der Germanistik im 19. Jahrhundert*. Stuttgart/Weimar.

FOUCAULT, Michel, 1981: *Archäologie des Wissens*. Frankfurt a.M.

FRADKIN, Ilja, 1962: Vor neuen Aufgaben. In: *Kunst und Literatur* 10, H. 1, S. 1-5.

FRANZ, Michael, 1968: Literarische Zeichensituation und poetologischer Bildbegriff. In: *Weimarer Beiträge* 14, H. 4, S. 715-753.

— 1979: »Du mußt dein Leben ändern«. Gedanken zur künstlerischen Abbildbeziehung. In: *Weimarer Beiträge* 25, H. 1, S. 150-166.

— 1983: Literarische Widerspiegelung und historische Sinnstruktur. In: *Weimarer Beiträge* 29, H. 6, S. 1119-1139

— /RÖSSLER, Detlef, 1989: Formstrukturen und Sinnstrukturen. Künstlerischer Gehalt und soziale Funktion im Methodenbewußtsein und in der Forschungspraxis der Kunstwissenschaften. Interdisziplinäres Kolloquium vom 6. bis 8. Februar 1989 an der Humboldt-Universität zu Berlin. In: *Weimarer Beiträge* 35, H. 8, S. 1388-1393.

Frau Prof. Dr. Emmel und die sozialistische Hochschule. In: *Ostsee-Zeitung*, 7. Jg. (1958), Nr. 118, Wochenendbeilage, 24.05.1958.

FRIEDERICI, Hans, 1962: Untersuchungen zur Lyrik Joseph von Eichendorffs. In: *Weimarer Beiträge* 8, S. 85-107.

FRIEDRICH, Wolfgang/SCHNUCHEL, Hans-Ulrich, 1965: Arbeiterbewegung und Klassik. Wissenschaftliche Konferenz der Nationalen Forschungs- und Gedenkstätten der klassischen deutschen Literatur in Weimar vom 10. bis 13. November 1964. In: *Weimarer Beiträge* 11, H. 2, S. 263-269.

FRINGS, Theodor, 1964: Brief an den Minister für Kultur. In: KOHN (Hg.) 1964, S. 56-57.

FRÖLICH, Jürgen (Hg.), 1995: *»Bürgerliche« Parteien in der SBZ/DDR. Zur Geschichte von CDU, LDP(D), DBD und NDPD 1945 bis 1954*. Köln.

FRÖSCHNER, Günter, 1965: *Die Herausbildung und Entwicklung der geschichtsphilosophischen Anschauungen von Georg Lukács. Kritik revisionistischer Entstellungen des Marxismus-Leninismus*. Diss. am IfG. Berlin (Ost).

»Für eine sozialistische Kultur - Die Entwicklung der sozialistischen Kultur in der Zeit des zweiten Fünfjahresplanes«. Thesen der Kulturkonferenz der SED, 23. und 24. Oktober 1957. Auszug. In: SCHUBBE (Hg.) 1972, S. 496-507.

FUNKE, Mandy, 2001: Glanz und Elend des Werkbegriffs. Versuch einer diskursgeschichtlichen Betrachtung. In: HENCKMANN/SCHANDERA (Hg.) 2001, S. 125-138.

— 2003: Das Abenteuer der Fragebögen. Aspekte zur empirischen Wirkungsforschung in der DDR. In: ADAM/DAINAT/SCHANDERA (Hg.) 2003, S. 119-134.

— 2004: *Rezeptionstheorie - Rezeptionsästhetik. Betrachtungen eines deutsch-deutschen Diskurses*. Bielefeld.

GABLER, Wolfgang, 1987: Thesen zu »Objektivität« und »Subjektivität« der literaturwissenschaftlichen Interpretation. In: »Theorie und Methodologie der Interpretation literarischer Werke«, S. 17-20.

GÄRTNER, Marcus, 1997: *Kontinuität und Wandel in der neueren deutschen Literaturwissenschaft nach 1945*. Bielefeld.

— 2000: Weimar und Bitterfeld: Vom Umgang mit kulturellen Traditionen im technischen Zeitalter. In: EHRLICH/MAI/CLEVE (Hg.) 2000, S. 319-341.

— 2001: »Bibliothek deutscher Klassiker«. Die Klassiker im Leseland. In: EHRLICH/MAI/CLEVE (Hg.) 2001, S. 193-218.

GALLAS, Helga, 1971: *Marxistische Literaturtheorie. Kontroversen im Bund proletarisch-revolutionärer Schriftsteller*. Neuwied.

GALLÉE, Caroline, 1996: *Georg Lukács. Seine Stellung und Bedeutung im literarischen Leben der SBZ/DDR 1945-1985*. Tübingen.

GAST, Gabriele, 1997: Bio-bibliographische Angaben. In: BODEN/ROSENBERG (Hg.) 1997, S. 347- 449.

GEERDTS, Hans Jürgen, 1957: Rezension zu Georg LUKÁCS: *Der historische Roman*. Berlin (Ost) 1955. In: *Weimarer Beiträge* 3, S. 629-636.

— 1958: *Goethes Roman »Die Wahlverwandtschaften«. Eine Analyse seiner künstlerischen Struktur, seiner historischen Bezogenheiten und seines Ideengehaltes*. Weimar.

— 1960: Friedrich Maximilian Klingers »Faust«-Roman in seiner historisch-ästhetischen Problematik. In: *Weimarer Beiträge* 6, S. 58-75.

— 1961: *Literatur in unserer Zeit*. Rudolfstadt.

— 1963: Gedanken zur Diskussion über die sozialistische Nationalliteratur nach 1945. In:

Weimarer Beiträge 9, H. 1, S. 100-122.
— 1964: Bemerkungen zur Gestaltung des Menschenbildes in der neuen sozialistischen Epik. In: *Weimarer Beiträge* 10, H. 1, S. 105-120.
— (Hg.), 1965: *Deutsche Literaturgeschichte in einem Band*. Berlin (Ost).
— 1967: Volkswirksamkeit, Volkstümlichkeit und literarisches Neuerertum. Zu einigen Problemen des Realismus im Roman. In: *Weimarer Beiträge* 13, H. 1, S. 3-19.
— 1969: Zum Humanismus-Problem in unserer Literatur. In: *Weimarer Beiträge* 15, H. 6, S. 1151-1165.
— 1977: Romantik und Romantikforschung in der Diskussion. In: *Weimarer Beiträge* 23, H. 2, S. 151-153.
— 1981: Zur Widerspiegelung der Revolutionsproblematik in Goethes *Faust II*. In: CHIARINI/DIETZE (Hg.) 1981, S. 287-297.
— 1981a: 1789-1830. In: Kurt BÖTTCHER u.a.: *Kurze Geschichte der deutschen Literatur*. Berlin (Ost), S. 271-348.
— 1982: *Zu Goethe und anderen*. Leipzig.
GEISSLER, Klaus, 1984: Es geht auch um den Realismus. In: *Weimarer Beiträge* 30, H. 1, S. 144-146.
Georg Lukács zum siebzigsten Geburtstag. Festschrift. Berlin (Ost) 1955.
GERBER, Hans, 1965: *Das Recht der wissenschaftlichen Hochschulen in der jüngsten Rechtsentwicklung*. 2 Bde. Tübingen.
Gerhard Scholz und sein Kreis. Zum 100. Geburtstag des Mitbegründers der Literaturwissenschaft in der DDR. Berlin 2004.
GERMANISTISCHES INSTITUT DER HU BERLIN (Hg.), 1961: *Frieden - Krieg - Militarismus im kritischen und sozialistischen Realismus. Sechs Aufsätze*. Berlin (Ost).
— 1962: Aktuelle Aufgaben der Germanistik nach dem XXII. Parteitag der KPdSU und dem 14. Plenum des ZK der SED. In: *Weimarer Beiträge* 8, S. 241-263.
GIRNUS, Wilhelm, 1953: Goethe. Der größte Realist deutscher Sprache. Versuch einer kritischen Darstellung seiner ästhetischen Auffassungen. In: Johann Wolfgang GOETHE: *Über Kunst und Literatur. Eine Auswahl*. Herausgegeben und eingeleitet von Wilhelm GIRNUS. Berlin (Ost), S. 7-197.
— 1957: Zur Idee der sozialistischen Hochschule. In: *Das Hochschulwesen* 5, H. 7/8, S. 289-307.
— 1957a: Perspektiven der Germanistik. In: *Sonntag*, Nr. 42, S. 4.
— 1972: Wo stehen die Feinde der deutschen Kunst? In: SCHUBBE (Hg.) 1972, S. 170-177 [ursprünglich im *Neuen Deutschland*, 13./18.02.1951].
— 1972a: Kulturfragen sind Machtfragen. Diskussionsbeitrag für die Kulturkonferenz des ZK der SED, 23./24. Oktober 1957. In: SCHUBBE (Hg.) 1972, S. 508-511.
GLÄSER, Jochen/MESKE, Werner, 1996: *Anwendungsorientierung von Grundlagenforschung? Erfahrungen der Akademie der Wissenschaften der DDR*. Frankfurt a.M./New York.
GLOWKA, Detlef, 1968: *Georg Lukács im Spiegel der Kritik. Die Interpretation des Lukács'schen Denkens in Deutschland 1945-1965*. Berlin (West).
GOETHE-AUSSCHUSS (Hg.), 1949: Leitgedanken für das Goethe-Jahr. In: *Die Aussprache*, H. 1, S. 4-6.
GOETHE-AUSSCHUSS DES LANDES THÜRINGEN (Hg.), 1950: *Das Goethejahr 1949 in Weimar. Unsere Leistungen und Veranstaltungen in Weimar*. Weimar.
GOLDAMMER, Peter, 1982: Zu diesem Heft. In: *Weimarer Beiträge* 28, H. 10, S. 5-7.
GOLDSTÜCKER, Eduard u.a. (Hg.), 1965: *Franz Kafka aus Prager Sicht*. Prag.
GOLZ, Jochen, 1982: Die Diskussionen in den Arbeitsgruppen und Rundtischgesprächen. In: *Weimarer Beiträge* 28, H. 10, S. 160-174.
GOTTBERG, Bernd, 1995: Die Gründung und die ersten Jahre der NDPD 1948-1954. In: FRÖLICH (Hg.) 1995, S. 73-87.

GOTTWALD, Herbert, 1996: Die Hochschulreform unter besonderer Berücksichtigung der Entwicklung an der Universität Jena. In: STROBEL/SCHMIRBER (Hg.) 1996, S. 161-169.

GRIMM, Reinhold/HERMAND, Jost (Hg.), 1971: *Die Klassik-Legende. Second Wisconsin Workshop*. Frankfurt a.M.

GROSSE, Rudolf, 2003: Theodor Frings. In: *Internationales Germanistenlexikon*, S. 528-531.

GROTEWOHL, Otto, 1953: Eine Nation - eine Kultur. In: *Deutschunterricht* 6, H. 7, S. 337.

— 1954: Amboß oder Hammer? Rede auf der Goethefeier der Freien Deutschen Jugend am 22. März 1949. In: Ders.: *Im Kampf um die einige Deutsche Demokratische Republik. Reden und Aufsätze. Auswahl aus den Jahren 1945-1953*. Bd. I: 1945-1949. Berlin (Ost), S. 397-427.

— 1955: »Wir sind ein Volk«. Rede an die deutsche Jugend, anläßlich der Schillerehrung in Weimar. In: *Junge Welt*, Nr. 81, 05.04.1955, S. 3-5.

— 1972: Die Kunst im Kampf für Deutschlands Zukunft. Rede zur Berufung der Staatlichen Kommission für Kunstangelegenheiten am 31. August 1951. Auszug. In: SCHUBBE (Hg.) 1972, S. 205-209.

GÜNTHER, Siegfried, 1959: Bibliographie über Franz Mehring. In: *Weimarer Beiträge* 5, H. 1, S. 139-142.

GÜNZEL, Klaus, 1988: Im Lied das Leid. Joseph von Eichendorff. In: Ders.: *Romantikerschicksale. Gestalten einer Epoche*. München, S. 217-240.

GYSI, Klaus, 1972: Weg und Zukunft des Deutschen Kulturbundes. Festansprache zum 25. Jahrestag der Gründung des Deutschen Kulturbundes, 25. Juni 1970. Wortlaut des im *Sonntag* veröffentlichten Auszugs. In: SCHUBBE (Hg.) 1972, S. 1738-1744.

— 1972a: Die Kunst im Kampf für die sozialistische Gemeinschaft. Rede auf der 13. Sitzung des Staatsrates, 18. Oktober 1968. Wortlaut des im *Neuen Deutschland* veröffentlichten Auszugs. In: SCHUBBE (Hg.) 1972, S. 1396-1406.

HAASE, Horst, 1958: Bertolt Brechts »Erziehung der Hirse« und Fragen der Perspektive. In: *Weimarer Beiträge* 4, SH, S. 65-73.

— 1961: War das der Expressionismus? In: *Neue Deutsche Literatur* 9, H. 6, S. 168-171.

— 1966: Lyrik und Klassenkampf. In: *Forum* 15/16, S. 14f.

— 1970: Zum Erbe in Wissenschaft und Praxis. Interview. In: *Weimarer Beiträge* 16, H. 10, S. 197-210.

— 1970a: Das humanistische Erbe im Sozialismus. Zu einigen Problemen der weiteren wissenschaftlichen Forschung auf diesem Gebiet. In: *Weimarer Beiträge* 16, H. 3, S. 207-216.

— 1976: Sozialistische Lebensweise und kulturelles Erbe. In: AKADEMIE FÜR WEITERBILDUNG (Hg.) 1976, S. 100-113.

— u.a., 1984: DDR-Literaturentwicklung in der Diskussion. In: *Weimarer Beiträge* 30, H. 10, S. 1589-1616.

— u.a., 1986: *Die SED und das kulturelle Erbe. Orientierungen, Errungenschaften, Probleme*. Berlin (Ost).

— 2004: Gerhard Scholz und die deutsche Literatur des ausgehenden 19. und 20. Jahrhunderts. In: *Gerhard Scholz und sein Kreis*, S. 49-51.

HÄCKEL, Manfred, 1955: Einleitung. In: EICHENDORFF 1955, S. 3-57.

HÄNTZSCHEL, Günter/STOLTE-BATTA, Renate, 2003: Art. Heinz Stolte. In: *Internationales Germanistenlexikon*, S. 1818-1820.

HAGER, Kurt, 1953: Unsere Wissenschaft im Dienste des Aufbaus des Sozialismus. In: *Einheit* 8, H. 1, S. 84-88.

— 1960: Der Kampf für die weitere sozialistische Umgestaltung der Universitäten und Hochschulen der DDR. Referat auf der III. Hochschulkonferenz der SED vom 28. Februar bis 2. März 1958 in Berlin. In: LANGE (Hg.) 1960, S. 280-314.

— 1960a: Für eine sozialistische deutsche Kultur. Die Entwicklung der sozialistischen Kultur in der Zeit des zweiten Fünfjahresplans. Aus den Thesen der Kulturkonferenz der Soziali-

stischen Einheitspartei Deutschlands am 23./24. Oktober 1957 in Berlin. In: LANGE (Hg.) 1960, S. 246-249.
— 1964: Probleme und Aufgaben der Gesellschaftswissenschaften nach dem 5. Plenum des ZK. In: *Einheit* 19, H. 4, S. 43-80.
— 1968: *Die Aufgaben der Gesellschaftswissenschaften in unserer Zeit.* Berlin (Ost).
— 1971: Die entwickelte sozialistische Gesellschaft. Aufgaben der Gesellschaftswissenschaften nach dem VIII. Parteitag der SED. In: *Einheit* 26, H. 11, S. 1203-1242.
— 1972: Die Kunst ist immer Waffe im Klassenkampf. Diskussionsbeitrag auf dem 11. Plenum des ZK der SED, 16. bis 18. Dezember 1965. Auszug. In: SCHUBBE (Hg.) 1972, S. 1114-1117.
— 1972a: Sozialistische Orientierung im Kulturbund. Rede auf dem 32. Plenum des ZK der SED, 10.-12. Juli 1957. Auszug. In: SCHUBBE (Hg.) 1972, S. 478-483.
— 1972b: Die Planung und Leitung geist-kultureller Prozesse. Referat zu »Grundfragen des geistigen Lebens im Sozialismus« vor dem 10. Plenum des ZK der SED, 28. und 29. April 1969. Auszug. In: SCHUBBE (Hg.) 1972, S. 1451-1456.
— 1972c: *Zu Fragen der Kulturpolitik der SED. 6. Tagung des ZK am 6./7. Juli 1972.* Berlin (Ost).
— 1972d: Parteilichkeit und Volksverbundenheit unserer Literatur und Kunst. Rede auf der Beratung des Politbüros des ZK und des Präsidiums des Ministerrates mit Schriftstellern und Künstlern, 25. März 1963. In: SCHUBBE (Hg.) 1972, S. 859-879.
— 1972e: Die Weite und Vielfalt der sozialistischen Kunst. Bericht des Politbüros an das 7. Plenum des ZK der SED, 2. bis 5. Dezember 1964. Auszug. In: SCHUBBE (Hg.) 1972, S. 1012-1013.
— 1976: Die Arbeiterklasse und ihre Bündnispolitik. Referat auf der Tagung der Gesellschaftswissenschaftler. 14. Oktober 1971. Auszug. In: Gisela RÜSS (Hg.): *Dokumente zur Kunst-, Literatur- und Kulturpolitik der SED 1971-1974.* Stuttgart, S. 258-263.
— 1985: Tradition und Fortschritt. In: *Sinn und Form* 37, H. 3, S. 437-456.
— 1986: Probleme der Kulturpolitik vor dem XI. Parteitag der SED. Rede im Vorstand des Schriftstellerverbandes der DDR, 26. September 1985. In: *Neue Deutsche Literatur* 34, H. 1, S. 5-27.
HAMMER, Klaus/POSCHMANN, Henri/SCHNUCHEL, Hans-Ulrich, 1963: Fragen der Romantikforschung. In: *Weimarer Beiträge* 9, H. 1, S. 173-182.
HANKE, Helmut, 1978: Zu Fragen der sozialistischen Lebensweise und Kultur. In: *Weimarer Beiträge* 24, H. 8, S. 5-26.
HARICH, Wolfgang, 2001: *Ahnenpass. Versuch einer Autobiographie.* Hg. von Thomas GRIMM. Berlin.
HARTMANN, Horst/MARNETTE, Hans, 1967: Rezension zu GEERDTS (Hg.) 1965 und WERNER u.a. (Hg.) 1965. In: *Weimarer Beiträge* 13, H. 1, S. 134-148.
— 1982: Rezension zu DIETZE 1982. In: *Weimarer Beiträge* 28, H. 10, S. 187-190.
— 1987: Zur methodischen Praxis der Werkinterpretation - Standpunkte und Beobachtungen. In: »Theorie und Methodologie der Interpretation literarischer Werke«, S. 27-30.
HARTMANN, Regina, 1986: Eichendorffs Novelle *Das Schloß Dürande.* Eine gescheiterte Kommunikation. In: *Weimarer Beiträge* 32, H. 11, S. 1850-1867.
HARTUNG, Günter, 1972: Zum Verhältnis von Literaturwissenschaft und Literatur. In: *Weimarer Beiträge* 18, H. 12, S. 171-183.
— 1976: Zum Bild der deutschen Romantik in der Literaturwissenschaft der DDR. In: *Weimarer Beiträge* 22, H. 11, S. 167-176.
HASS, Ulrike/KÖNIG, Christoph (Hg.), 2003: *Literaturwissenschaft und Linguistik von 1960 bis heute.* Göttingen.
HAUSER, Oskar, 1948: Intelligenz und Arbeiterbewegung. In: *Einheit* 3, H. 3, S. 247-253.
HAUSMANN, Frank-Rutger, 2004: Lesetipp für Bildungspolitiker. Es gab eine kreative Literatur-

wissenschaft in der DDR - durch falsche staatliche Steuerung wurde sie lahmgelegt. Rez. zu BODEN/BÖCK (Hg.) 2004. In: *Süddeutsche Zeitung*, 03.09.2004, S. 16.

HECHT, Werner, 1962: *Brechts Weg zum epischen Theater*. Berlin (Ost).

HECHT, Wolfgang, 1956: Rezension zu Karl BISCHOFF (Hg.): *Gedenkschrift für Ferdinand Josef Schneider (1879 bis 1954)*. Weimar 1956. In: *Weimarer Beiträge* 2, S. 399–406.

HEIDER, Magdalena, 1993: *Politik - Kultur - Kulturbund. Zur Gründungs- und Frühgeschichte des Kulturbundes zur demokratischen Erneuerung Deutschlands 1945-1954 in der SBZ/DDR*. Köln.

HEINE, Heinrich, 1955: *Die Romantische Schule*. Hg. vom MINISTERIUM FÜR KULTUR. Dresden.

HEINEMANN, Manfred (Hg.), 2000: *Hochschuloffiziere und Wiederaufbau des Hochschulwesens in Deutschland 1945-1949. Die Sowjetische Besatzungszone*. Berlin.

HEISE, Wolfgang, 1958: Zur ideologisch-theoretischen Konzeption von Georg Lukács. In: *Weimarer Beiträge*, SH, S. 26–41.

— 1978: Weltanschauliche Aspekte der Frühromantik. In: *Weimarer Beiträge* 24, H. 4, S. 21–46.

— 1980: »Der Tag ist angebrochen ...«. Gedanken über unser Verhältnis zur Klassik. In: *Sinn und Form*, H. 2, S. 419-442.

— 1981: Probleme deutscher Frühromantik. In: Helmut BRANDT/Manfred BEYER (Hg.): *Ansichten der deutschen Klassik*. Berlin (Ost)/Weimar, S. 382–412.

— u.a., 1984: Literarische Widerspiegelung. Dokumentation eines Gesprächs. In: *Weimarer Beiträge* 30, H. 1, S. 111-140.

HEJZLAR, Hans/KOCH, Hans, 1971: Nach dem Parteitag. In: *Weimarer Beiträge* 17, H. 10, S. 7–9.

HENCKMANN, Wolfhart/SCHANDERA, Gunter (Hg.), 2001: *Ästhetische Theorie in der DDR 1949-1990. Beiträge zu ihrer Geschichte*. Berlin.

HERMAND, Jost, 1994: *Geschichte der Germanistik*. Reinbek bei Hamburg.

HERMLIN, Stephan, 1972: Rede auf dem internationalen Schriftstellerkolloquium über die »Literatur in beiden deutschen Staaten« in Ost-Berlin. 1. bis 5. Dezember 1964. Auszug. In: SCHUBBE (Hg.) 1972, S. 1011.

HERMSDORF, Klaus, 1957: Zu den Briefen Franz Kafkas. In: *Sinn und Form* 9, H. 4, S. 653-662.

— 1958: Hinweis auf einen Aufsatz von Franz Kafka. In: *Weimarer Beiträge* 4, H. 4, S. 545-556.

— 1961: *Kafka. Weltbild und Roman*. 1. Aufl. Berlin (Ost).

— 1961a: Die nationale Bedeutung der zeitgenössischen sozialistischen Literatur. In: *Weimarer Beiträge* 7, H. 2, S. 290–315.

— 1964: Künstler und Kunst bei Franz Kafka. In: *Weimarer Beiträge* 10, H. 3, S. 404-412.

— 1965: Nachwort. In: Franz KAFKA: *Erzählungen. Der Prozeß. Das Schloß*. Berlin (Ost), S. 775–820.

— 1966: *Kafka. Weltbild und Roman*. 2. Aufl. Berlin (Ost).

— 1978: Anfänge der Kafka-Rezeption in der sozialistischen deutschen Literatur. In: *Weimarer Beiträge* 24, H. 9, S. 45–69.

— 1983: Das Doppelleben des Franz Kafka. In: *Sonntag*, Nr. 29, S. 10.

— 1995: Anfänge der Germanistik an der Humboldt-Universität (1950–1957). In: *Zeitschrift für Germanistik* 5, S. 572–586.

HESS, Heide/LIEBERS, Peter (Hg.), 1978: *Arbeiten mit der Romantik heute*. Berlin (Ost).

HEUKENKAMP, Ursula, 1982: Theorie der Interpretation statt »Kunst der Interpretation«. In: *Weimarer Beiträge* 28, H. 4, S. 150-157.

— 1985: Gibt es richtige und falsche Interpretationen? Thesen. In: *Zeitschrift für Germanistik* 6, H. 4, S. 415-422.

— 1990: Der Fehler war es, der uns reut. Über die Selbsttäuschung einer »vermittelnden« Literaturwissenschaft. In: Siegfried RÖNISCH (Hg.): *DDR-Literatur '89 im Gespräch*. Berlin/Weimar, S. 8–20.

HEXELSCHNEIDER, Erhard, 1967: Aktuelle Probleme des sozialistischen Realismus. Bericht über die Moskauer November-Konferenz des Gorki-Instituts 1966. In: *Weimarer Beiträge* 13, H. 2, S. 315-325.

HEYM, Stefan, 1972: Rede auf dem internationalen Schriftstellerkolloquium, 1. bis 5. Dezember 1964. Auszug. In: SCHUBBE (Hg.) 1972, S. 1010.

HIRDINA, Karin, 1984: Realismus in der Diskussion. In: *Weimarer Beiträge* 30, H. 3, S. 401-415.

— 1986: Der Kunstbegriff der Avantgarde. In: *Weimarer Beiträge* 32, H. 9, S. 1460-1485.

— /PRACHT, Erwin/HEISE, Wolfgang, 1987: Kunst, Wirklichkeit, Realismus. In: PRACHT u.a. 1987, S. 389-522.

HOCHMUTH, Arno/GROSSE, Anneliese, 1974: Die Auseinandersetzung mit der spätbürgerlichen Kunst. In: INSTITUT FÜR GESELLSCHAFTSWISSENSCHAFTEN BEIM ZK DER SED (Hg.) 1974, S. 853-865.

— 1979: Was vermag Literatur? In: *Temperamente* 3, S. 2-17.

HOCKE, B., 1986: Dekadenz. In: TRÄGER (Hg.) 1986, S. 99-101.

HOEFERT, Sigfrid, 1966: Kafka in der DDR: Ein Bericht. In: *Seminar. A Journal of Germanic Studies*. Bd. II, Nr. 2, S. 43-52.

HÖHLE, Thomas, 1966: Probleme einer marxistischen Literatursoziologie. In: *Wissenschaftliche Zeitschrift der Martin-Luther-Universität Halle-Wittenberg. Gesellschafts- und sprachwissenschaftliche Reihe* 15, H. 4, S. 477-488.

HÖPPNER, Wolfgang, 1995: Mehrfachperspektivierung vs. Ideologiekritik. Ein Diskussionsbeitrag zur Methodik der Wissenschaftsgeschichtsschreibung. In: *Zeitschrift für Germanistik* N.F. V/3, S. 624-633.

HÖRNIG, Hannes, 1958: Eine neue Etappe der Entwicklung unserer Universitäten und Hochschulen. Zu einigen Problemen nach der III. Hochschulkonferenz der SED. In: *Einheit* 13, H. 4, S. 494-502.

— 1970: Unser Standpunkt. In: *Weimarer Beiträge* 16, H. 2, S. 5-9.

— 1980: Humanistische, fortschrittsfördernde Hochschulbildung. In: *Einheit* 35, H. 7/8, S. 734-741.

HÖRNIGK, Frank, 2003: In die Richtung, aus der Tausende kamen ... Über die Mauer von West nach Ost. Laudatio auf den Brechtforscher, Theaterkritiker und -wissenschaftler Ernst Schumacher. In: *Freitag* 48.

HÖRNIGK, Therese, 1980: Die erste Bitterfelder Konferenz. Programm und Praxis der sozialistischen Kulturrevolution am Ende der Übergangsperiode. In: MÜNZ-KOENEN u.a. 1980, S. 196-243.

HOFFMANN, E.T.A., 1958: *Poetische Werke in sechs Bänden*. Hg. von Hans MAYER. Berlin (Ost).

HOFFMANN, Hans-Joachim, 1984: Aufgaben und Arbeitsweise des Nationalen Rates der DDR zur Pflege und Verbreitung des deutschen Kulturerbes. In: LÜBBE (Hg.) 1984, S. 1006-1018.

— 1985: Zum 225. Geburtstag Friedrich Schillers. Rede des Ministers für Kultur auf der Festveranstaltung am 10. November 1984 in Weimar. In: *Weimarer Beiträge* 31, H. 11, S. 1765-1773.

HOFFMEISTER, Gerhart, 1994: Forschungsgeschichte. In: Helmut SCHANZE (Hg.): *Romantik-Handbuch*. Tübingen, S. 177-206.

HOHENDAHL, Peter Uwe/HERMINGHOUSE, Patricia (Hg.), 1976: *Literatur und Literaturtheorie in der DDR*. Frankfurt a.M.

— 1976: Ästhetik und Sozialismus. Zur neueren Literaturtheorie der DDR. In: HOHENDAHL/HERMINGHOUSE (Hg.) 1976, S. 100-162.

HOHMANN, Walter, 1965: Es geht um die Erforschung der literarischen Wirkung. Mit einer Vorbemerkung von Walter Schierlich. In: *der bibliothekar* 19, H. 5, S. 505-515.

HOLLENDER, Martin, 1997: *Die politische und ideologische Vereinnahmung Joseph von Eichendorffs. Einhundert Jahre Rezeptionsgeschichte in der Publizistik (1888-1988)*. Frankfurt a.M. u.a.

HOLTZHAUER, Helmut, 1958: Aufgaben der Literaturwissenschaft. In: *Neues Deutschland*, 19.02.1958, S. 4.

— 1965: Was ist Klassik und was bedeutet sie uns heute? In: NATIONALE FORSCHUNGS- UND GEDENKSTÄTTEN DER KLASSISCHEN DEUTSCHEN LITERATUR IN WEIMAR (Hg.): *Internationale Konferenz über Arbeiterbewegung und Klassik. Probleme der Rezeption des klassischen Erbes*. Weimar, S. 153-159.

— 1968: Die Nationalen Forschungs- und Gedenkstätten der klassischen deutschen Literatur in Weimar. In: *Neue Zürcher Zeitung*, 28.04.1968, S. 51-52.

— 1972: Die neue Kunst wächst nicht ohne Kampf heran. Referat des Vorsitzenden der Staatlichen Kommission für Kunstangelegenheiten, November 1951. Auszug aus *Neues Deutschland*, 6.11.1951. In: SCHUBBE (Hg.) 1972, S. 215.

— 1973: Von sieben, die auszogen, die Klassik zu erlegen. In: *Sinn und Form* 25, H. 1, S. 169-188.

HONECKER, Erich, 1986: Bericht des Zentralkomitees der Sozialistischen Einheitspartei Deutschlands an den XI. Parteitag der SED. In: *Protokoll der Verhandlungen des XI. Parteitages der Sozialistischen Einheitspartei Deutschlands im Palast der Republik, 17.-21. April 1986*, S. 31-101.

IGNASIAK, Detlef, 1986: Ein reiches Gelehrtenleben hat sich vollendet. Zum Tode von Prof. Dr. Joachim Müller. In: *Thüringische Landeszeitung*, 16.04.1986.

INSTITUT FÜR GESELLSCHAFTSWISSENSCHAFTEN BEIM ZK DER SED (Hg.), 1974: *Zur Theorie des sozialistischen Realismus*. Berlin (Ost).

INSTITUT FÜR MARXISMUS-LENINISMUS BEIM ZK DER SED, 1963: *Grundriß der Geschichte der deutschen Arbeiterbewegung*. Berlin (Ost).

— 1966: *Geschichte der deutschen Arbeiterbewegung*. 8 Bde. Berlin (Ost).

Internationales Germanistenlexikon 1800-1950. 3 Bde. Hg. und eingel. von Christoph KÖNIG. Berlin/New York 2003 [auch als CD-ROM].

JÄGER, Manfred, 1976: Die Gegenwartsreportage in der DDR als literarisch-publizistische Gebrauchsform. In: Raoul HÜBNER/Erhard SCHÜTZ (Hg.): *Literatur als Praxis? Aktualität und Tradition operativen Schreibens*. Opladen, S. 96-122.

— 1994: *Kultur und Politik in der DDR. 1945-1990*. Köln.

— 2000: Kulturrevolution von oben - Plan und Praxis. In: EHRLICH/MAI/CLEVE (Hg.) 2000, S. 97-112.

JARMATZ, Klaus, 1966: Literatursoziologische Aspekte der Realismustheorie. In: *Einheit*, H. 12, S. 1616-1625.

— 1968: Literaturpolitische Probleme der 2. Bitterfelder Konferenz. Anlässlich des 75. Geburtstags Walter Ulbrichts. In: *Weimarer Beiträge* 14, H. 3, S. 453-473.

JAUSS, Hans Robert, 1970: Literaturgeschichte als Provokation der Literaturwissenschaft. In: Ders.: *Literaturgeschichte als Provokation*. Frankfurt a.M., S. 144-207.

— 1993: Werner Krauss - wiedergelesen. In: *lendemains* 18, H. 69/70, S. 192-210.

JEHSER, Werner, 1986: Die besonderen Wirkungsmöglichkeiten von Literatur. In: KOCH u.a. 1986, S. 81-105.

JELENSKI, Manfred, 1948: Germanistische Fachkonferenz in Leipzig. In: *Forum* 2, S. 405-406.

JENS, Inge (Hg.), 1977: *Über Hans Mayer*. Frankfurt a.M.

JENS, Walter, 1977: Ein kurzweiliger Gelehrter. Bürgerlicher Realismus - dekadenter Formalismus. In: I. JENS (Hg.) 1977, S. 83-87.

JESSEN, Ralph, 1994: Professoren im Sozialismus. Aspekte des Strukturwandels der Hochschullehrerschaft in der Ulbricht-Ära. In: Hartmut KAELBLE/Jürgen KOCKA/Hartmut ZWAHR (Hg.): *Sozialgeschichte der DDR*. Stuttgart, S. 217-253.

— 1996: Vom Ordinarius zum sozialistischen Professor. Die Neukonstruktion des Hochschullehrerberufs in der SBZ/DDR, 1945-1969. In: Richard BESSEL/Ralph JESSEN (Hg.): *Die Grenzen der Diktatur. Staat und Gesellschaft in der DDR*. Göttingen, S. 76-107.

— 1999: *Akademische Elite und kommunistische Diktatur. Die ostdeutsche Hochschullehrerschaft in der Ulbricht-Ära*. Göttingen.

— 2000: »Bildungsbürger«, »Experten«, »Intelligenz«. Kontinuität und Wandel der ostdeutschen Bildungsschichten in der Ulbricht-Ära. In: EHRLICH/MAI/CLEVE (Hg.) 2000, S. 113-134.

— 2003: Zwischen diktatorischer Kontrolle und Kollaboration: Die Universitäten in der SBZ/DDR. In: CONNELLY/GRÜTTNER (Hg.) 2003, S. 229-263.

JOHN, Jürgen/WAHL, Volker/ARNOLD, Leni (Hg.), 1998: *Die Wiedereröffnung der Friedrich-Schiller-Universität Jena 1945. Dokumente und Festschrift*. Rudolfstadt/Jena.

— 1998: Die Jenaer Universität im Jahre 1945. In: JOHN/WAHL/ARNOLD (Hg.) 1998, S. 12-74.

JOHO, Wolfgang, 1965: Notwendiges Streitgespräch. Bemerkungen zu einem internationalen Kolloquium. In: *Neue Deutsche Literatur*, H. 3, S. 88-97.

JORDAN, Carlo, 2001: *Kaderschmiede Humboldt-Universität zu Berlin. Aufbegehren, Säuberungen und Militarisierung 1949-1989*. Berlin.

JUNG, Werner, 1989: *Georg Lukács*. Stuttgart.

KÄNDLER, Klaus, 1963: Rezensionen zu Walter H. SOKEL: *Der literarische Expressionismus* sowie zu Walter MUSCHG: *Von Trakl zu Benn*. In: *Weimarer Beiträge* 9, H. 3, S. 623-628.

— (Hg.), 1967: *Expressionismus. Dramen*. Berlin (Ost).

KAIM, Lore, 1949: Man war sich durchaus nicht einig. [Über die Germanistische Fachkonferenz in Leipzig im November 1948]. In: *Forum* 3, H. 3, S. 105.

— 1949a: Bert Brecht. Entwicklung und Bedeutung eines revolutionären Dichters. In: *Deutschunterricht* 2, H. 6, S. 5-20.

— (Hg.), 1949: *Goethe. Gedichte. Eine Auswahl. In Zusammenarbeit mit einer studentischen Arbeitsgruppe der Universität Berlin* [Anmerkungen Edith BRAEMER]. Berlin (Ost)/Leipzig.

KAISER, Bruno/HÄCKEL, Manfred/MÜNCHOW, Ursula (Hg.), 1963 ff.: *Textausgaben zur frühen sozialistischen Literatur in Deutschland*. Berlin (Ost).

KAISER, Gerhard/KRELL, Matthias, 2002: Ausblenden, versachlichen, überschreiben. Diskursives Vergangenheitsmanagement in der Sprach- und Literaturwissenschaft in Deutschland nach 1945. In: Bernd WEISBROD (Hg.): *Akademische Vergangenheitspolitik. Beiträge zur Wissenschaftskultur der Nachkriegszeit*. Göttingen, S. 190-214.

— /KRELL, Matthias (Hg.), 2005: *Zwischen Resonanz und Eigensinn. Studien zur Geschichte der Sprach- und Literaturwissenschaften im 20. Jahrhundert*. Heidelberg (= Studien zur Wissenschafts- und Universitätsgeschichte. 7).

— /KRELL, Matthias, 2005: Einleitung. In: Dies. (Hg.) 2005, S. VII-XIX.

— 2005: Zwischen Eigensinn und Resonanz. Anmerkungen zum literaturwissenschaftlichen Feld am Beispiel der »Rasse«-Semantik nach 1933 und 1945. In: KAISER/KRELL (Hg.) 2005, S. 1-29.

— 2007: *Neuere deutsche Literaturwissenschaft 1933-1945*. Erscheint 2007.

KAISER, Helmut, 1959: Was versprechen unsere Verlage für 1959? In: *Neue Deutsche Literatur* 2, S. 117-121.

KANTOROWICZ, Alfred, 1924: *Die völkerrechtlichen Grundlagen des nationaljüdischen Heims in Palästina*. Erlangen.

— 1947: Deutsche Schriftsteller im Exil. In: *Ost und West*, S. 42-51.

— 1949: Fortsetzung des Briefes an Herrn v. F. In: *Ost und West*, H. 2, S. 81-86.

— 1949a: Besinnliche Huldigung. In: *Ost und West*, H. 8., o.S. [Vorwort].

— 1950: Thomas Mann und die Sowjetunion. Aus seinen Reden und Aufsätzen. In: *Die neue Gesellschaft* 4, S. 101-103.

— 1951: Das Vermächtnis Heinrich Manns. In: DEUTSCHE AKADEMIE DER KÜNSTE (Hg.): *Gedenkausstellung. Aus dem Lebenswerk des Dichters Heinrich Mann zu seinem 80. Geburtstag*. Berlin (Ost), S. 9-32.

— 1952: Der Einfluß der Oktoberrevolution auf Heinrich Manns Entwicklung. (Eine Zusammenstellung). In: *Neue Deutsche Literatur*, SH November, S. 149–162.

— 1955: Heinrich Manns Essay über Zola als Brennpunkt der weltanschaulichen Beziehungen zwischen Heinrich und Thomas Mann. In: *Neue Deutsche Literatur* 3, H. 3, S. 42–55; H. 4, S. 96–109.

— 1978/79: *Deutsches Tagebuch*. 2 Bde. Berlin (West).

KAUFMANN, Hans, 1955: Einleitung. In: Heine 1955, S. 7–32.

— 1955a: Vorbemerkung. In: HEINE 1955, S. 5f.

— 1957: Über aktuelle Probleme der Literaturwissenschaft. Bemerkungen zu einigen Publikationen Prof. J. Müllers. In: *Forum*, Wissenschaftliche Beilage, 11. Jg., Teil 1: H. 20, S. 1–4; Teil 2: H. 21, S. 1–4; Teil 3: H. 22, S. 1–4.

— 1957a: Gestaltungsprobleme in Heines Wintermärchen. In: *Weimarer Beiträge* 3, H. 2, S. 244–266.

— 1958: Politisches Gedicht und klassische Dichtung. Heinrich Heine: *Deutschland. Ein Wintermärchen*. Berlin (Ost).

— 1958a: »Moderne« Goethe-Interpretationen [Rez. zu EMMEL 1957]. In: *Neues Deutschland*, 26.04.1958.

— 1958b: Bemerkungen über Realismus und Weltanschauung. In: *Weimarer Beiträge*, SH, S. 42–50.

— 1962: Zwei gegensätzliche Literaturkonzeptionen. In: *Sozialistische Universität* 5, H. 19, 26.10.1962.

— 1966: *Krisen und Wandlungen der deutschen Literatur von Wedekind bis Feuchtwanger. Fünfzehn Vorlesungen*. Berlin (Ost)/Weimar.

— 1967: *Heinrich Heine. Geistige Entwicklung und künstlerisches Werk*. Berlin (Ost)/Weimar.

— 1969: Literaturgeschichte, Band 10. In: *Weimarer Beiträge* 15, H. 3, S. 453–478.

— 1970: Noch einmal zu Konzeptionsfragen des Bandes 9. In: *Weimarer Beiträge* 16, H. 5, S. 163–172.

— /MÜNZ-KOENEN, Ingeborg, 1971: Gedanken zu Goethes *Faust* (3): »Ja, wäre nur ein Zaubermantel mein«. In: *Neues Deutschland*, 06.03.1971.

— 1973: Zehn Anmerkungen über das Erbe, die Kunst und die Kunst des Erbens. In: *Weimarer Beiträge* 19, H. 10 S. 34–53.

— /SCHLENSTEDT, Silvia u.a., 1974: *Geschichte der deutschen Literatur von den Anfängen bis zur Gegenwart*. Bd. 9: Vom Ausgang des 19. Jahrhunderts bis 1917. Berlin (Ost).

— 1977: Lukács' Konzeption eines »dritten Weges«. In: KOCH (Hg.) 1977, S. 322–339.

— 1979: Erben als Aneignungsprozeß. In: *Weimarer Beiträge* 25, H. 9, S. 141–172.

— 1980: *Versuch über das Erbe*. Leipzig.

— 1986: Die Dimension des Kritikers. Volker Braun fragt Hans Kaufmann. In: Ders.: *Über DDR-Literatur. Beiträge aus 25 Jahren*. Berlin (Ost)/Weimar, S. 241–262.

— 2002: Arbeitsstationen. Gespräch mit Petra Boden und Dorothea Böck [Auszug]. In: Ders.: *Der Januskopf des Utopischen. Texte, Gespräche, Erinnerungen*. Hg. von Ingrid Pergande-Kaufmann. Berlin, S. 227–248.

— 2004: Interview. In: BODEN/BÖCK (Hg.) 2004, S. 133–173.

KAUFMANN, Ulrich, 2003: Joachim Müller. In: *Internationales Germanistenlexikon*, S. 1278–1280.

KAYSER, Karl, 1972: Ideologie und Kunst sind gegenwärtig Hauptfeld des Klassenkampfes. Rede auf dem 9. Plenum des ZK der SED, 22. bis 25. Oktober 1968. Auszug. In: SCHUBBE (Hg.) 1972, S. 1413–1416.

KLATT, Gudrun, 1980: Proletarisch-revolutionäres Erbe als Angebot. Vom Umgang mit Erfahrungen proletarisch-revolutionärer Kunst während der Übergangsperiode. In: MÜNZ-KOENEN u.a. 1980, S. 244–292.

— 1984: *Vom Umgang mit der Moderne. Ästhetische Konzepte der dreißiger Jahre. Lifschitz, Lukács,*

Lunatscharski, Bloch, Benjamin. Berlin (Ost).

KLAUS, Georg, 1964: *Kybernetik und Gesellschaft*. Berlin (Ost).

KLAUSNITZER, Ralf, 1999: *Blaue Blume unterm Hakenkreuz. Die Rezeption der deutschen literarischen Romantik im Dritten Reich*. Paderborn u.a.

— 2002: *Taugenichts* im real existierenden Sozialismus. Aspekte der Eichendorff-Rezeption in der DDR. In: *Aurora* 62, S. 171-195.

KLEIN, Alfred, 1976: Tradition und Gegenwart. Zur Aktualität des sozialistischen Kunst- und Kulturerbes. In: AKADEMIE FÜR WEITERBILDUNG (Hg.) 1976, S. 47-71.

— 1997: *Unästhetische Feldzüge. Der siebenjährige Krieg gegen Hans Mayer (1956-1963)*. Leipzig.

KLEIN, Wolfgang/BODEN, Petra, 1990: »Realismus«. Vom Weltanschauungsbegriff zum Kunstbegriff - und zurück? In: BARCK/FONTIUS/THIERSE (Hg.) 1990, S. 243-280.

KLICHE, Dieter, 1975: Parteilichkeit als Wirkungsbezug. In: D. SCHLENSTEDT u.a. (Hg.) 1975, S. 167-175.

— 1975a: Sozialistische Kultur und Literaturrezeption. In: NAUMANN u.a. 1975, S. 237-298.

KLOTZ, Günther/SCHRÖDER, Winfried/WEBER, Peter, 1977: *Literatur im Epochenumbruch. Funktionen europäischer Literaturen im 18. und beginnenden 19. Jahrhundert*. Berlin (Ost)/ Weimar.

KLUGE, Alexander, 1958: *Die Universitäts-Selbstverwaltung. Ihre Geschichte und ihre gegenwärtige Rechtsform*. Frankfurt a.M.

KLUGE, Gerhard, 1984: Die Lyrikdebatte im *Forum* (1966). Vermittlung als ideologisches und ästhetisches Problem. In: Lothar JORDAN/Axel MARQUARDT/Winfried WOESLER (Hg.): *Lyrik - Blick über die Grenzen. Gedichte und Aufsätze des zweiten Lyrikertreffens in Münster*. Frankfurt a.M., S. 164-181.

— 1985: Hans Mayer in Hörsaal 40. In: Hans ESTER/Guillaume VAN GEMERT (Hg.): *Annäherungen. Studien zur deutschen Literatur und Literaturwissenschaft im zwanzigsten Jahrhundert*. Amsterdam, S. 195-208.

KNOBLOCH, Clemens, 2001: Über die Schulung des fachgeschichtlichen Blickes: Methodenprobleme bei der Analyse der »semantischen Umbauten«. In: BOLLENBECK/KNOBLOCH (Hg.) 2001, S. 203-235.

KOCH, Hans, 1959: *Franz Mehrings Beitrag zur marxistischen Literaturtheorie*. Berlin (Ost).

— 1959a: Georg Lukács - Banner des Feindes. Teil I: Seine Rolle in der ungarischen Konterrevolution. In: *Sonntag*, Nr. 1, S. 7; Teil II: Das System revisionistischer Anschauungen. In: *Sonntag*, Nr. 2, S. 8; Teil III: Mißbrauch der Begriffe. In: *Sonntag*, Nr. 3, S. 8.

— 1960: Aufgaben der marxistisch-leninistischen Literaturwissenschaft im Siebenjahresplan. In: *Einheit* 15, H. 1, S. 104-121.

— 1961: *Marxismus und Ästhetik. Zur ästhetischen Theorie von Karl Marx, Friedrich Engels und Wladimir Iljitsch Lenin*. Hg. vom INSTITUT FÜR GESELLSCHAFTSWISSENSCHAFTEN BEIM ZK DER SED. Berlin (Ost).

— 1961a: Gegenstand der Kunst und des ästhetischen Empfindens. In: *Neue Deutsche Literatur*, H. 11, S. 67-86.

— 1963: Freude an jedem gelungenen Werk. In: *Neue Deutsche Literatur* 11, H. 8, S. 61-72.

— 1966: Haltungen, Richtungen, Formen. In: *Forum* 15/16, S. 5-12, 22-23.

— 1972: Fünf Jahre nach Bitterfeld (April 1964). In: SCHUBBE (Hg.) 1972, S. 941-950.

— 1974: Ein neuer Abschnitt der Kunstentwicklung. In: INSTITUT FÜR GESELLSCHAFTSWISSENSCHAFTEN BEIM ZK DER SED (Hg.) 1974, S. 251-365.

— (Hg.), 1977: *Georg Lukács und der Revisionismus*. Berlin (West). [1Berlin (Ost) 1960].

— 1977: Politik, Literaturwissenschaft und die Position von Georg Lukács. In: KOCH (Hg.) 1977, S. 79-102.

— 1977a: Vorbemerkung. In: KOCH (Hg.) 1977, S. 5-8.

— 1977b: Theorie und Politik bei Georg Lukács. In: KOCH (Hg.) 1977, S. 103-136.

— 1984: Wortmeldungen zum IX. Parteitag der SED. Prinzipien des sozialistischen Realismus und ideologischer Kampf. In: LÜBBE (Hg.) 1984, S. 168–171.

— u.a. 1986: *Literatur und Persönlichkeit.* Berlin (Ost).

— 1986: Wirkungsmöglichkeiten von Literatur. In: KOCH u.a. 1986, S. 9–40.

KOCKA, Jürgen, 1977: Parteilichkeit in der DDR-marxistischen Geschichtswissenschaft. Einige Thesen. In: Reinhart KOSELLECK/Wolfgang J. MOMMSEN/Jörn RÜSEN (Hg.): *Objektivität und Parteilichkeit in der Geschichtswissenschaft.* München, S. 263–269.

— (Hg.), 1993: *Historische DDR-Forschung. Aufsätze und Studien.* Berlin.

— 1998: Wissenschaft und Politik in der DDR. In: Jürgen KOCKA/Renate MAYNTZ (Hg.): *Wissenschaft und Wiedervereinigung. Disziplinen im Umbruch.* Berlin, S. 435–459.

KÖPP, Claus Friedrich, 1966: Realismus in E.T.A. Hofffmanns Erzählung »Prinzessin Brambilla«. In: *Weimarer Beiträge* 12, H. 1, S. 57–80.

KÖSTLER, Erhard, 1991: Entwicklung und Stand der Literaturpsychologie in der DDR. In: DREWS/LEHMANN (Hg.) 1991, S. 74–89.

KOHLHOF, Sigrid, 1988: *Franz Fühmann und E.T.A. Hoffmann. Romantikrezeption und Kulturkritik in der DDR.* Frankfurt a.M. u.a.

KOHN, Erwin (Hg.), 1964: *In eigener Sache. Briefe von Künstlern und Schriftstellern.* Halle (Saale).

KOLLEKTIV FÜR LITERATURGESCHICHTE IM VOLKSEIGENEN VERLAG VOLK UND WISSEN (Hg.), 1967: *Erläuterungen zur deutschen Literatur: Romantik.* Berlin (Ost).

KONRÁD, György/SZELÉNYI, Iván, 1978: *Die Intelligenz auf dem Weg zur Klassenmacht.* Frankfurt a.M.

KOPP, Detlev, 1986: Christian Dietrich Grabbe in der Germanistik des Dritten Reichs. In: Werner BROER/Detlev KOPP (Hg.): *Grabbe im Dritten Reich. Zum nationalsozialistischen Grabbe-Kult.* Bielefeld, S. 9–44.

KORFF, Hermann August, 1923: *Geist der Goethezeit. Bd. 1: Sturm und Drang.* 1. Aufl. Leipzig.

— 1933: Die Forderung des Tages. In: *Zeitschrift für Deutschkunde* 47, S. 341–345.

— 1934: Schiller, ein Wahrzeichen deutscher Art. In: *Illustrirte [sic] Zeitung*, 08.11.1934.

— 1940: *Geist der Goethezeit. Bd. 3: Frühromantik.* 1. Aufl. Leipzig.

— 1949: Goethe. Ein Festvortrag. In: *Jahrbuch der Goethe-Gesellschaft* N.F. 11, S. 6–30.

— 1949a: *Geist der Goethezeit. Bd. 3: Frühromantik.* 2. Aufl. Leipzig.

— 1953: *Geist der Goethezeit. Bd. 4: Hochromantik.* 1. Aufl. Leipzig.

— 1954: *Geist der Goethezeit. Bd. 1: Sturm und Drang.* 2. Aufl. Leipzig.

— 1955: *Geist der Goethezeit. Bd. 4: Hochromantik.* 2. Aufl. Leipzig.

— 1956: *Geist der Goethezeit. Bd. 3: Frühromantik.* 3. Aufl. Leipzig.

— 1958: Ferdinand Josef Schneider. 6.12.1879–4.11.1954. In: *Jahrbuch 1954-1956 der Sächsischen Akademie der Wissenschaften Leipzig.* Leipzig, S. 247–252.

KOWALCZUK, Ilko-Sascha, 2003: *Geist im Dienste der Macht. Hochschulpolitik in der SBZ/DDR 1945-1961.* Berlin.

KRAUSS, Werner, 1980: Französische Aufklärung und deutsche Romantik. In: PETER (Hg.) 1980, S. 168–179.

KRENZLIN, Leonore, 2000: Gerhard Scholz und sein Kreis. Bemerkungen zu einem unkonventionellen Entwurf von wirkender Literatur und Literaturwissenschaft. In: EHRLICH/MAI/CLEVE (Hg.) 2000, S. 195–217.

— 2003: *Faust* im Produktionseinsatz? DDR-Variationen im Umgang mit der Klassik. In: Herbert MAYER u.a. (Hg.): *Goethe in der DDR. Konzepte, Streitpunkte und neue Sichtweisen. Konferenzbeiträge.* Berlin, S. 47–55.

KRENZLIN, Norbert, 1963: Bemerkungen zu Hans Kochs Buch *Marxismus und Ästhetik.* [Berlin (Ost) 1961]. In: *Weimarer Beiträge* 9, H. 1, S. 123–140.

— 1964: Für die Erforschung der formalen Seite in der Schönen Literatur. In: *Deutsche Zeitschrift für Philosophie* 12, S. 1116–1127.

— /KRENZLIN, Leonore, 1964: Bitterfeld, *Ole Bienkopp* und einige Fragen der Literaturtheorie. In: *Weimarer Beiträge* 10, H. 6, S. 872-888.
— 1968: Untersuchungen zur phänomenologischen Ästhetik. In: *Weimarer Beiträge* 14, H. 6, S. 1236-1284.
— 1978: Widerspiegelung und »Gegenstand« der Kunst. Eine Problemskizze. In: *Weimarer Beiträge* 24, H. 3, S. 5-35.
— 1979: *Das Werk »rein für sich«. Zur Geschichte des Verhältnisses von Phänomenologie, Ästhetik und Literaturwissenschaft.* Berlin (Ost).
— 1989: Über Sinn und Unsinn der Sinnfrage. In: *Weimarer Beiträge* 35, H. 12, S. 2064-2074.
KRIPPENDORF, Klaus, 1979: Rez. zu S. SCHLENSTEDT: *Wegscheiden.* Berlin 1976. In: *Weimarer Beiträge* 25, H. 7, S. 174-181.
KROLIKOWSKI, Werner, 1958: Die Philosophische Fakultät in Greifswald soll sozialistisch werden. In: *Ostsee-Zeitung,* 7. Jg., Nr. 118, Wochenendbeilage, 24. Mai 1958.
KÜHNE, Lothar, 1978: Zum Begriff und zur Methode der Erforschung der Lebensweise. In: *Weimarer Beiträge* 24, H. 8, S. 27-56.
KUNERT, Günter, 1990: Die Zeit der Schurken. Günter Kunert im Gespräch mit Günter Netzeband. In: *Sonntag,* Nr. 36, S. 3.
KUNISCH, Hermann, 1948: Vorrang der Wahrheit. In: *Der Tag,* Berlin, Nr. 46, 20.05.1948.
KUNZ, Heidrun, 1978: Kolloquium zu »Kunst und sozialistische Lebensweise«. In: *Weimarer Beiträge* 24, H. 8, S. 165-170.
KURELLA, Alfred, 1961: *Zwischendurch. Verstreute Essays 1934-1940.* Berlin (Ost).
— 1961a: Der Sozialismus und die bürgerliche Kultur. In: *Einheit,* H. 4, S. 619-636.
— 1962: Wir schaffen die sozialistische Kultur für die ganze Nation. In: *Neues Deutschland,* 18.10.1962, S. 5.
— 1962a: Den Blick nach vorn, auf das Neue richten! In: *Kunst und Literatur,* H. 2, S. 111-118.
— 1969: Kunstwerk als Eigenwert. In: *Sinn und Form* 21, H. 1, S. 742-747.
— 1972: Einflüsse der Dekadenz. Diskussionsrede auf dem Ausspracheabend des Kulturbundes in Leipzig, Juli 1957. Wortlaut des im *Sonntag* veröffentlichten Auszugs. In: SCHUBBE (Hg.) 1972, S. 469-472.
— 1972a: Kultur ist keine Sache von Spezialisten. Diskussionsbeitrag auf dem 11. Plenum des ZK der SED, 16. bis 18. Dezember 1965. In: SCHUBBE (Hg.) 1972, S. 1100-1101.
— 1978: Der Frühling, die Schwalben und Franz Kafka. In: Klaus JARMATZ u.a. (Hg.): *Kritik in der Zeit. Literaturkritik der DDR 1945-1975. Erster Band 1945-1965.* 2. Aufl. Halle/Leipzig, S. 380-392 [ursprünglich in: *Sonntag* 1963, Nr. 31].
KUSCHE, Walter, 1974: Die »blaue Blume« und das »wirkliche Blau«. Zur Romantik-Rezeption im Spätwerk von Anna Seghers. In: *Weimarer Beiträge* 20, H. 7, S. 58-79.
LÄMMERT, Eberhard u.a., 1968: *Germanistik - eine deutsche Wissenschaft.* 3. Aufl. Frankfurt a.M.
LAITKO, Hubert, 1997: Wissenschaftspolitik. In: Andreas HERBST/Gerd-Rüdiger STEPHAN/Jürgen WINKLER (Hg.): *Die SED. Geschichte - Organisation - Politik. Ein Handbuch.* Berlin, S. 405-420.
— 2002: Wissenschaftspolitik und Wissenschaftsverständnis in der DDR - Façetten der fünfziger Jahre. In: BURRICHTER/DIESENER (Hg.) 2002, S. 107-139.
LANGE, Marianne, 1958: Stand und Aufgaben unserer Literaturkritik. In: *Neue Deutsche Literatur* 6, H. 7, S. 113-120.
— 1958a: Der lesende Arbeiter im Blickpunkt unserer Literaturkritik. In: *Sonntag,* Jg. 13, 04.05.1958, S. 8.
— (Hg.), 1960: *Zur sozialistischen Kulturrevolution. Dokumente. Bd. 2: 1957-1959.* Berlin (Ost).
— 1966: Die nationale Bedeutung der marxistischen Literaturwissenschaft in der Deutschen Demokratischen Republik. In: *Weimarer Beiträge* 12, H. 2, S. 179-185.

LANGERMANN, Martina, 1993: Zur Geschichte der Edition und Adaption Franz Kafkas in der DDR (1962-1966). In: KOCKA (Hg.) 1993, S. 345-359.

— 1995: Anmerkungen zum Streit um den »DDR-Kafka«. In: FRIEDRICH-EBERT-STIFTUNG (Büro Leipzig) (Hg.): *»Es genügt nicht die einfache Wahrheit«. DDR-Literatur der sechziger Jahre in der Diskussion*. Leipzig, S. 174-183.

LAPP, Peter Joachim, 1988: *Die »befreundeten Parteien« der SED. DDR-Blockparteien heute*. Köln.

LA PRESTI, Thomas, 2000: Bildungsbürgerliche Kontinuitäten und diktatorische Praxis. Zur Kulturpolitik in der DDR der 50er-Jahre. In: BOLLENBECK/KAISER (Hg.) 2000, S. 30-52.

— 2002: Verhinderte Moderne und bildungsbürgerliche Semantik in der Debatte um Eislers *Johann Faustus*. In: BOLLENBECK/LA PRESTI (Hg.) 2002, S. 174-184.

LATOUR, Bruno, 2000: *Die Hoffnung der Pandora. Untersuchungen zur Wirklichkeit der Wissenschaft*. Frankfurt a.M.

LEHMANN, Günther K., 1965: Grundfragen einer marxistischen Soziologie der Kunst. In: *Deutsche Zeitschrift für Philosophie* 13, H. 7, S. 933-947.

— 1965a: Zu einigen informationstheoretischen Aspekten in der Ästhetik. In: *Deutsche Zeitschrift für Philosophie* 13, H. 10, S. 1227-1244.

— 1966: Von den Möglichkeiten und Grenzen einer Soziologie der Kunst. In: *Deutsche Zeitschrift für Philosophie* 14, H. 11, S. 1389-1404.

— 1978: Sozialistische Lebensweise und ästhetische Kultur. In: *Weimarer Beiträge* 24, H. 5, S. 106-131.

LEHMANN, Joachim, 1995: *Die blinde Wissenschaft. Realismus und Realität in der Literaturtheorie der DDR*. Würzburg.

LEHRKE, Wilfried, 2005: Die NFG in den Jahren 1975-1981. Das Direktorat von Walter Dietze. In: EHRLICH (Hg.) 2005, S. 85-124.

LEISTNER, Bernd, 1978: *Unruhe um einen Klassiker. Zum Goethe-Bezug in der neueren DDR-Literatur*. Leipzig.

— 1980: Vom Umgang mit dem poetischen Werk. Kritische Anmerkungen zum 7. Band der *Geschichte der deutschen Literatur*. In: *Weimarer Beiträge* 26, H. 6, S. 148-159.

— 1989: *Spielraum des Poetischen. Goethe, Schiller, Kleist, Heine*. Berlin (Ost)/Weimar.

Leitsätze des Kulturbundes zur demokratischen Erneuerung Deutschlands vom 3. Juli 1945. Beschlossen von der Gründungskundgebung des Kulturbundes zur demokratischen Erneuerung Deutschlands. In: Matthias JUDT (Hg.): *DDR-Geschichte in Dokumenten*. Bonn 1998, S. 315 (erstmals in: *Aufbau* 2/1945, S. 200).

LENIN, Wladimir Iljitsch, 1972: Die Aufgabe der Jugendverbände. Rede auf dem III. Gesamtrussischen Kongreß des Kommunistischen Jugendverbandes Rußlands, 2. Oktober 1920. In: Ders.: *Werke*. Bd. 31. 5. Aufl. Berlin (Ost), S. 272-290.

— 1977: Ursprünglicher Entwurf des Artikels »Die nächsten Aufgaben der Sowjetmacht« [1918]. In: Ders.: *Über Wissenschaft und Hochschulen*. Berlin (Ost), S. 122-126.

LIEBSCHER, Heinz, 1995: *Fremd- oder Selbstregulation? Systemisches Denken in der DDR zwischen Wissenschaft und Ideologie*. Münster.

»Literaturunterricht und Interpretation«. Rundtischgespräch zwischen Wilfried BÜTOW (Ltg.), Kurt FRITZE, Horst HARTMANN, Werner HERDEN, Dieter SCHILLER, Barbara SEIDEL. In: *Weimarer Beiträge* 27 (1981), H. 8, S. 6-30.

LITERATURSOZIOLOGISCHE ARBEITSGEMEINSCHAFT AN DER UNIVERSITÄT BERLIN, 1949: Reform der Germanistik. In: *Forum* 3, H. 10, S. 360-362.

»Literaturwissenschaftlicher Werkbegriff und Interpretationspraxis«. Beiträge des Kolloquiums »Theorie und Methoden der Interpretation literarischer Werke«. Kühlungsborn, 4. bis 7. März 1986. In: *Rostocker Forschungen zur Sprach- und Literaturwissenschaft* 1987, H. 3.

LÖFFLER, Dietrich, 1975: Literarische Interessen der Arbeiterklasse in der DDR. Empirische Daten und theoretische Fragestellungen. In: *Weimarer Beiträge* 21, H. 6, S. 48-70.

LOKATIS, Siegfried, 2003: *Der rote Faden. Kommunistische Parteigeschichte und Zensur unter Walter Ulbricht*. Köln/Weimar/Wien.

LUDZ, Peter Christian (Hg.), 1972: *Soziologie und Marxismus in der Deutschen Demokratischen Republik*. 2 Bde. Neuwied/Berlin (West).

— 1972: Einleitung: Soziologie und Marxismus in der DDR. In: LUDZ (Hg.) 1972, Bd. 1, S. XI-XXXII.

LÜBBE, Peter (Hg.), 1984: *Dokumente zur Kunst-, Literatur- und Kulturpolitik der SED 1975-1980*. Stuttgart.

LUKÁCS, Georg, 1947: Die Romantik als Wendung in der deutschen Literatur. In: Ders.: *Fortschritt und Reaktion in der deutschen Literatur*. Berlin (Ost), S. 51-73.

— 1947a: *Goethe und seine Zeit*. 1. Aufl. Bern.

— 1951: Eichendorff. In: Ders.: *Deutsche Realisten des 19. Jahrhunderts*. Bern, S. 49-65.

— 1954: *Die Zerstörung der Vernunft*. Berlin (Ost).

— 1955: Festrede, gehalten am 31. August 1949 in Berlin im »Kulturbund zur demokratischen Erneuerung Deutschlands«. In: Ders.: *Goethe und seine Zeit*. 3. Aufl. Berlin (Ost), S. 15-39.

— 1955a: Deutsche Literatur im Zeitalter des Imperialismus. In: Ders.: *Skizze einer Geschichte der neueren deutschen Literatur*. Berlin (Ost), S. 91-153.

— 1956: Zur Ästhetik Schillers. In: Ders.: *Beiträge zur Geschichte der Ästhetik*. Berlin (Ost), S. 11-96.

— 1956a: Das Problem der Perspektive. Rede, 11. Januar 1956. In: DEUTSCHER SCHRIFTSTELLERVERBAND (Hg.): *IV. Deutscher Schriftstellerkongreß Januar 1956. Protokoll 1. Teil*. Berlin (Ost), S. 77-82.

— 1964: *Skizze einer Geschichte der neueren deutschen Literatur*. Neuwied/Berlin (West).

— 1972: Der höchste Grad des Realismus. Rede, gehalten im Juni 1949. Wortlaut des im *Neuen Deutschland* veröffentlichten Auszugs. In: SCHUBBE (Hg.) 1972, S. 117-119.

— 1973: Es geht um den Realismus. In: SCHMITT (Hg.) 1973, S. 192-230.

— 1977: Kunst und objektive Wahrheit (1934): In: Ders.: *Kunst und objektive Wahrheit. Essays zur Literaturtheorie und -geschichte*. Hg. von Werner MITTENZWEI. Leipzig, S. 63-112.

MAAS, Utz, 1988: Die Entwicklung der deutschsprachigen Sprachwissenschaft von 1900 bis 1950: Zwischen Professionalisierung und Politisierung. In: *Zeitschrift für germanistische Linguistik* 16, S. 253-290.

MAGELETT, Annemarie, 1986: Schiller im revolutionären Gang der Welt. Internationale wissenschaftliche Konferenz vom 7. bis 9. November 1984 in Jena. In: *Zeitschrift für Germanistik* 7, H. 2, S. 211-214.

MAGON, Leopold, 1944: Ernst Moritz Arndt als Wegbereiter deutscher Wehrerziehung. In: Paul Hermann RUTH (Hg.): *Ernst Moritz Arndt. Ursprung, Wesen, Wirkung. Drei Greifswalder Vorträge*. Greifswald, S. 32-47.

MAI, Gunther, 2000: Staatsgründungsprozeß und nationale Frage als konstitutive Elemente der Kulturpolitik der SED. In: EHRLICH/MAI/CLEVE (Hg.) 2000, S. 33-60.

— 2001: Sozialistische Nation und Nationalkultur. In: EHRLICH/MAI/CLEVE (Hg.) 2001, S. 29-76.

MALYCHA, Andreas, 2002: »Produktivkraft Wissenschaft« - Eine dokumentierte Geschichte des Verhältnisses von Wissenschaft und Politik in der SBZ/DDR 1945-1990. In: BURRICHTER/DIESENER (Hg.) 2002, S. 39-105.

MANDELKOW, Karl Robert, 1974: Rezeptionsästhetik und marxistische Literaturtheorie. In: Walter MÜLLER-SEIDEL in Verb. mit Hans FROMM und Karl RICHTER (Hg.): *Historizität in Sprach- und Literaturwissenschaft. Vorträge und Berichte der Stuttgarter Germanistentagung 1972*. München, S. 379-388.

— 1989: *Goethe in Deutschland. Rezeptionsgeschichte eines Klassikers. Bd. II: 1919-1982*. München.

Manifest des Kulturbundes zur demokratischen Erneuerung Deutschlands. Aufruf zur Gründung des Kulturbundes zur demokratischen Erneuerung Deutschlands. Juni 1945. In: DIETRICH (Hg.) 1983, S. 62-67.
MARQUARDT, Matthias, 1996: *Georg Lukács in der DDR. Muster und Entwicklung seiner Rezeption. Der Grundriß eines Paradigmas*. Diss. Berlin.
— 2000: Dialog und Kontroverse mit Georg Lukács in der DDR-Literaturwissenschaft? Konturen einer Diskursgeschichte. In: DAHLKE/LANGERMANN/TATERKA (Hg.) 2000, S. 366-392.
MARX, Karl/ENGELS, Friedrich/LASSALLE, Ferdinand, 1969: Die Sickingen-Debatte [1859]. In: RADDATZ (Hg.) 1969, Bd. 1, S. 53-97.
— /ENGELS, Friedrich, 1972: Manifest der Kommunistischen Partei. In: Dies.: *Werke*. Bd. 4. Hg. vom INSTITUT FÜR MARXISMUS-LENINISMUS BEIM ZK DER SED. Berlin (Ost), S. 459-493.
— 1974: Einleitung zur Kritik der Politischen Ökonomie. In: WERKE. Bd. 13. Hg. vom INSTITUT FÜR MARXISMUS-LENINISMUS BEIM ZK DER SED. Berlin (Ost), S. 615-642.
— /ENGELS, Friedrich/LENIN, Wladimir Iljitsch: *Über Kultur, Ästhetik, Literatur. Ausgewählte Texte*. Hg. von Hans KOCH. 6. Aufl. Leipzig 1987.
Materialien zur Geschichte der marxistischen germanistischen Literaturwissenschaft in der DDR.
Gespräch mit Ursula Wertheim. In: *Zeitschrift für Germanistik* 3 (1982), S. 7-19.
Gespräch mit Hans Kaufmann. In: *Zeitschrift für Germanistik* 3 (1982), S. 158-171.
Gespräch mit Hans-Günther Thalheim. In: *Zeitschrift für Germanistik* 3 (1982), S. 261-277.
Gespräch mit Hans Jürgen Geerdts. In: *Zeitschrift für Germanistik* 4 (1983), S. 41-52.
Gespräch mit Claus Träger. In: *Zeitschrift für Germanistik* 4 (1983), S. 142-155.
Gespräch mit Inge Diersen. In: *Zeitschrift für Germanistik* 4 (1983), S. 290-298
Gespräch mit Alfred Klein. In: *Zeitschrift für Germanistik* 4 (1983), S. 389-404.
Gespräch mit Siegfried Streller. In: *Zeitschrift für Germanistik* 5 (1984), S. 5-18
Gespräch mit Hans Richter. In: *Zeitschrift für Germanistik* 5 (1984), S. 297-308.
Gespräch mit Horst Haase. In: *Zeitschrift für Germanistik* 6 (1985), S. 5-17.
Gespräch mit Hans-Georg Werner. In: *Zeitschrift für Germanistik* 6 (1985), S. 275-288.
MATERN, Hermann, 1965: Aus dem Bericht des Politbüros an das 8. Plenum des ZK. In: *Neues Deutschland*, 14.02.1965, S. 3 u. 5.
MATKE, Fritz, 1949: Reform der Germanistik? Betrachtungen zur Methode der neueren deutschen Literaturgeschichte. In: *Forum* 3, H. 3, S. 104-105.
MAYER, Hans, 1946: *Georg Büchner und seine Zeit*. Wiesbaden.
— 1947: Vom goldenen Überfluß und vom Papier. Zur Frage der Neuausgabe deutscher Klassiker. In: *Neue Zeitung* (München), 24.02.1947, S. 7.
— 1949: *Unendliche Kette. Goethestudien*. Dresden.
— 1949a: Goethes Erbschaft in der deutschen Literatur. In: *Deutschunterricht* 2, H. 3, S. 31-38.
— 1949b: Dank an Georg Lukács. In: Ders.: *Literatur der Übergangszeit. Essays*. Berlin (Ost), S. 218-224.
— 1951: Anmerkung zu einem Gedicht von Heinrich Heine. In: *Sinn und Form* 4, S. 177-184.
— 1954: *Studien zur deutschen Literaturgeschichte*. Berlin (Ost).
— 1954a: Hermann Hesse und das »feuilletonistische Zeitalter«. In: MAYER 1954, S. 225-240.
— 1954b: Schiller und die Nation. In: MAYER 1954, S. 79-122.
— 1955: Über Georg Lukács. In: *Georg Lukács zum siebzigsten Geburtstag*, S. 160-172.
— 1957: *Deutsche Literatur und Weltliteratur. Reden und Aufsätze*. Berlin (Ost).
— 1957a: Das Ideal und das Leben. Eine Schiller-Rede. In: MAYER 1957, S. 47-74.
— 1957b: Leiden und Größe Thomas Manns. In: MAYER 1957, S. 114-149.
— 1957c: Die deutsche Literatur und der Scheiterhaufen. In: MAYER 1957, S. 194-205.
— 1957d: Schillers Vorreden zu den »Räubern«. In: MAYER 1957, S. 414-431.

— 1957e: Deutsche Literatur und Sowjetliteratur. In: MAYER 1957, S. 206–239.
— 1957f: Deutsche Literatur und Weltliteratur. In: MAYER 1957, S. 169–193.
— 1961: Dem Wahren, Guten, Schönen. Epilog zur Schiller-Feier 1959. In: DEUTSCHE SCHILLERGESELLSCHAFT (Hg.): *Schiller. Reden im Gedenkjahr 1959*. Stuttgart, S. 159–169.
— 1962: *Ansichten. Zur Literatur der Zeit*. Hamburg.
— 1963: Fragen der Romantikforschung. In: Ders.: *Zur deutschen Klassik und Romantik*. Pfullingen, S. 263–305.
— 1972: Rede auf der Konferenz der Literaturwissenschaftler in Berlin. 31. Mai 1956. In: SCHUBBE (Hg.) 1972, S. 437–438.
— 1977: Zur Gegenwartslage unserer Literatur. In: I. JENS (Hg.) 1977, S. 65–74.
— 1988: *Ein Deutscher auf Widerruf. Erinnerungen*. 2 Bde. Frankfurt a.M.
MAYNTZ, Renate, 2000: Autonomie oder Abhängigkeit: Externe Einflüsse auf Gehalt und Entwicklung wissenschaftlichen Wissens. In: SCHÖNERT (Hg.) 2000, S. XXVII–XLII.
MEHLIG, Johannes, 1996: Die Hochschulreform in der DDR - Realität und Folgen. In: STROBEL/SCHMIRBER (Hg.) 1996, S. 143–160.
MEHRING, Franz, 1896/97: Kunst und Proletariat. In: *Die Neue Zeit*, Jg. 15, Bd. 1, Nr. 5, S. 129–133.
— 1905: *Schiller. Ein Lebensbild für deutsche Arbeiter*. Leipzig.
— 1960–1967: *Gesammelte Schriften*. Hg. von Thomas HÖHLE/Hans KOCH/Josef SCHLEIFSTEIN. 8 Bde. Berlin (Ost).
MENDE, Georg, 1962: Yvan Goll. Prototyp eines Expressionisten. In: *Sozialistische Universität* 5, H. 19, 26.10.1962.
MEUSCHEL, Sigrid, 1992: *Legitimation und Parteiherrschaft in der DDR. Zum Paradox von Stabilität und Revolution in der DDR 1945-1989*. Frankfurt a.M.
MEYER, Hans-Joachim, 1995: Hochschulpolitik in der DDR. In: *Materialien der Enquete-Kommission »Aufarbeitung von Geschichte und Folgen der SED-Diktatur in Deutschland« (12. Wahlperiode des Deutschen Bundestages)*. Bd. III/1: Rolle und Bedeutung der Ideologie, integrativer Faktoren und disziplinierender Praktiken in Staat und Gesellschaft der DDR. Hg. vom DEUTSCHEN BUNDESTAG. Baden-Baden/Frankfurt a.M., S. 374–381.
MIDDELL, Eike, 1984: Franz Kafka - Werk und Wirkung. Konferenz in Berlin am 28. Juni 1983. In: *Zeitschrift für Germanistik* 5, H. 3, S. 319–321.
— 1984a: Rezension zu Ludwig DIETZ: *Franz Kafka - Die Veröffentlichungen zu seinen Lebzeiten (1908-1924)*. In: *Weimarer Beiträge* 30, H. 6, S. 1039–1041.
MITGLIEDER DER SED AM GERMANISTISCHEN INSTITUT DER HUB, 1958: Thesen zum sozialistischen Realismus. In: *Neue Deutsche Literatur* 6, H. 3, S. 120–132.
MITTENZWEI, Werner, 1962: *Bertolt Brecht - Von der »Maßnahme« zu »Leben des Galilei«*. Berlin (Ost).
— 1963: Brecht und Kafka. In: *Sinn und Form* 15, S. 618–625.
— 1967: Die Brecht-Lukács-Debatte. In: *Sinn und Form* 19, S. 234–269.
— 1968: Der Expressionismus. Aufbruch und Zusammenbruch einer Illusion. In: PINTHUS (Hg.) 1968, S. 5–26.
— 1970: Aufgaben und Auftrag des Zentralinstituts für Literaturgeschichte. In: *Weimarer Beiträge* 16, H. 5, S. 10–30.
— (Hg.), 1971: *Positionen. Beiträge zur marxistischen Literaturtheorie in der DDR*. 2. Aufl. [[1]1969]. Leipzig.
— 1971: Erprobung einer neuen Methode. Zur ästhetischen Position Bertolt Brechts. In: MITTENZWEI (Hg.) 1971, S. 59–100.
— 1972: *Brechts Verhältnis zur Tradition*. Berlin (Ost).
— 1973: Brecht und die Probleme der deutschen Klassik. In: *Sinn und Form* 25, H. 1, S. 135–168.
— (Hg.), 1975: *Dialog und Kontroverse mit Georg Lukács*. Leipzig.

— (Hg.), 1977: *Wer war Brecht? Wandlung und Entwicklung der Ansichten über Brecht.* Berlin (West).
— 1977: Der Realismus-Streit um Brecht. Grundriß zu einer Brecht-Rezeption der DDR 1945-1975. In: MITTENZWEI (Hg.) 1977, S. 7-114.
— 1997: *Das Leben des Bertolt Brecht oder Der Umgang mit den Welträtseln.* 2 Bde. Berlin.
— 2000: Zur Kafka-Konferenz 1963. In: AGDE (Hg.) 2000, S. 79-87.
— 2001: *Die Intellektuellen. Literatur und Politik in Ostdeutschland 1945-2000.* Leipzig.
— 2004: Interview. In: BODEN/BÖCK (Hg.) 2004, S. 53-77.
MITTER, Armin/WOLLE, Stefan, 1994: Aufruf zur Bildung einer Arbeitsgruppe unabhängiger Historiker in der DDR. In: Rainer ECKERT/Ilko-Sascha KOWALCZUK/Isolde STARK (Hg.): *Hure oder Muse? Klio in der DDR. Dokumente und Materialien des Unabhängigen Historiker-Verbandes.* Berlin, S. 22-23.
MÜHLBERG, Dietrich u.a., 1983: *Literatur und proletarische Kultur. Beiträge zur Kulturgeschichte der deutschen Arbeiterklasse im 19. Jahrhundert.* Berlin (Ost).
— 2001: Ostdeutsche Kulturwissenschaft und Weimarer Klassik. In: EHRLICH/MAI/CLEVE (Hg.) 2001, S. 77-108.
MÜLLER, Heiner, 1990: Fernsehen. In: *Temperamente. Blätter für junge Literatur,* H. 1, S. 31.
MÜLLER, Joachim, 1934: *Grillparzers Menschenauffassung.* Weimar.
— 1939: Rez. zu Josef NADLER: *Literaturgeschichte des Deutschen Volkes.* In: *Zeitschrift für Deutschkunde* 53, S. 208.
— 1939a: Literaturwissenschaft und Dichtungsgeschichte. In: *Zeitschrift für Deutschkunde* 53, S. 321-329.
— 1941: *Goethes »Faust«.* Berlin.
— 1941a: *Schillers »Wallenstein«.* 2. Aufl. Berlin.
— 1947: Klassische Dichtung - aktuell. In: *Freie Volksbildung* 1, S. 599-607.
— 1948: *Die völkerverbindende Aufgabe der Weltliteratur/Die klassische Humanitätsidee. 2 Vorträge.* Leipzig.
— 1953: *Marx und Heine. Vortrag, gehalten im Kulturbund Jena und Dresden.* Berlin (Ost).
— 1954: Adalbert Stifters *Witiko* und das Problem des historischen Romans. In: *Wissenschaftliche Annalen* 3, S. 230-270.
— 1955: Der sentimentalische Dichter. Zum Gedenken an den 150. Todestag Friedrich Schillers. In: *Wissenschaftliche Annalen* 4, H. 5, S. 257-263.
— 1955a: Bürgerfreiheit - Nationalbewußtsein - Menschenwürde in Schillers Werk. In: SCHILLER-KOMITEE (Hg.): *Schiller in unserer Zeit. Beiträge zum Schillerjahr 1955.* Weimar, S. 339-355.
— 1955b: *Wirklichkeit und Klassik. Beiträge zur deutschen Literaturgeschichte von Lessing bis Heine.* Berlin (Ost).
— 1955c: *Das Weltbild Friedrich Hebbels.* Halle (Saale).
— 1956: Zum Verständnis von Kleists *Prinz Friedrich von Homburg.* In: *Weimarer Beiträge* 2, S. 413-416.
— 1956a: *Adalbert Stifter. Weltbild und Dichtung.* Halle/Saale.
— 1957: Zur Entwicklung der deutschen Literatur im 20. Jahrhundert. Hans Mayer zum 50. Geburtstag. In: *Wissenschaftliche Zeitschrift der Friedrich-Schiller-Universität Jena* 6, H. 3/4, S. 281-292.
— 1957a: Laudatio. In: Ders. (Hg.): *Gestaltung. Umgestaltung. Festschrift zum 75. Geburtstag von Hermann August Korff.* Leipzig, S. 9-12.
— 1957/58: Literaturgeschichte und Gesellschaftsproblematik. Eine Stellungnahme. In: *Wissenschaftliche Zeitschrift der Friedrich-Schiller-Universität Jena* 7, S. 173-179.
— 1960/61: Begrüßungsansprache zum Gedenken des 70. Geburtstages Johannes R. Bechers. In: *Wissenschaftliche Zeitschrift der Friedrich-Schiller-Universität Jena* 10, H. 3, o.S.

— 1962: Yvan Goll im deutschen Expressionismus. In: *Sitzungsberichte der Sächsischen Akademie der Wissenschaften zu Leipzig. Philologisch-historische Klasse*, Bd. 107, H. 2, Berlin (Ost).

MÜLLER, Manfred, 1968: Weltuntergang und Jüngstes Gericht. Zur Motivik in der Lyrik Johannes R. Bechers 1911-1924 (anläßlich seines 10. Todestages). In: *Weimarer Beiträge* 14, SH. 2, S. 5-24.

MÜLLER, Marianne/MÜLLER, Egon Erwin, 1994: *»... stürmt die Festung Wissenschaft!« Die Sowjetisierung der mitteldeutschen Universitäten seit 1945*. Berlin [Reprint der Ausgabe v. 1954].

MÜLLER, Oliver, 2001: »Sozialistischer Realismus« - allmähliche Auflösung eines Leitbegriffs? In: HENCKMANN/SCHANDERA (Hg.) 2001, S. 111-124.

MÜLLER, Peter/DAHNKE, Hans-Dietrich/STELLMACHER, Wolfgang, 1966: Kritische Bemerkungen zum Lehrbrief »Geschichte der deutschen Literatur von 1770 bis 1789«. In: *Weimarer Beiträge* 12, H. 2, S. 273-293.

MÜNZ-KOENEN, Ingeborg u.a., 1980: *Literarisches Leben in der DDR 1945-1960. Literaturkonzepte und Leseprogramme*. 2. Aufl. Berlin (Ost).

— (Hg.), 1987: *Werke und Wirkungen. DDR-Literatur in der Diskussion*. Leipzig.

— 1987: *Johann Faustus* - ein Werk, das Fragment blieb und eine Debatte, die Legende wurde. In: MÜNZ-KOENEN (Hg.) 1987, S. 256-305.

— 1991: Die Literaturwissenschaft der DDR in einem institutionalisierten Diskurssystem. In: *Jahrbuch für internationale Germanistik* 23, S. 34-48.

MÜSKE, Eberhard/RITTER, Heidi, 1989: Strukturuntersuchung und Interpretation künstlerischer Texte. Interdisziplinäres Kolloquium an der Sektion Germanistik und Kunstwissenschaften der Martin-Luther-Universität Halle-Wittenberg. In: *Weimarer Beiträge* 35, H. 11, S. 1898-1902.

NAHKE, Eva-Maria, 2003: Art. Gerhard Scholz. In: *Internationales Germanistenlexikon*, S. 1649-1651.

— 2004: Was ein wissenschaftlicher Terminus unerwartet auslöste. In: *Gerhard Scholz und sein Kreis*, S. 27-30.

NAMOWICZ, Tadeusz, 1984: Rez. zu DAHNKE/LEISTNER (Hg.) 1982. In: *Zeitschrift für Germanistik* 5, H. 3, S. 355-359.

Nationalpreisträger 1955: Hans Mayer. In: *Deutschunterricht* 12, S. 681.

NAUMANN, Manfred, 1970: Literatur und Leser. In: *Weimarer Beiträge* 16, H. 5, S. 92-116.

— u.a., 1970: Die Funktion der Erbeaneignung bei der Entwicklung der sozialistischen Kultur. In: *Weimarer Beiträge* 16, H. 9, S. 10-41.

— 1971: Autor - Adressat - Leser. In: *Weimarer Beiträge* 17, H. 11, S. 163-169.

— 1974: Literatur und Probleme ihrer Rezeption. In: Peter Uwe HOHENDAHL (Hg.): *Sozialgeschichte und Wirkungsästhetik. Dokumente zur empirischen und marxistischen Rezeptionsforschung*. Frankfurt a.M., S. 215-237.

— u.a., 1975: *Gesellschaft - Literatur - Lesen. Literaturrezeption in theoretischer Sicht*. 2. Aufl. Berlin (Ost)/Weimar. [11973].

— 1975: Einführung in die theoretischen und methodischen Hauptprobleme. In: NAUMANN u.a. 1975, S. 17-97.

— 1975a: Einleitung. In: NAUMANN u.a. 1975, S. 5-13.

— 1975b: Probleme geschichtlichen Funktionswandels der Literatur. In: D. SCHLENSTEDT u.a. (Hg.) 1975, S. 19-39.

— 1975c: Zum Problem der »Wirkungsästhetik« in der Literaturtheorie. In: *Sitzungsberichte der Akademie der Wissenschaften der DDR*, Jg. 1974, Nr. 11, S. 3-20.

— 1977: Das Dilemma der »Rezeptionsästhetik«. In: *Weimarer Beiträge* 23, H. 1, S. 5-21.

— 1986: Art. »Rezeptionsästhetik«. In: TRÄGER (Hg.) 1986, S. 437.

— (Hg.), 1987: *Lexikon der französischen Literatur*. Leipzig.

— 1992: Literaturgeschichte oder Politästhetik? Erinnerungen an die Literaturwissenschaft nach 1945 in der Ostzone. In: Walter H. PEHLE/Peter SILLEM (Hg.): *Wissenschaft im geteilten Deutschland. Restauration oder Neubeginn nach 1945?* Franfurt a.M., S. 164-176.

— 1993: Ein aufgeklärter Gelehrter in Deutschland: Werner Krauss. In: *lendemains* 18, H. 69/70, S. 211-224.

— 2003: Zur Genese der Rezeptionsästhetik in der DDR. In: ADAM/DAINAT/SCHANDERA (Hg.) 2003, S. 45-55.

— 2004: Interview. In: BODEN/BÖCK (Hg.) 2004, S. 78-91.

— 2004a: »Die marxistische Literaturtheorie war in einer Sackgasse gelandet«. Interview. In: FUNKE 2004, S. 136-149.

NEUHAUS, Manfred/SEIDEL, Helmut (Hg.), 2002: *Universität im Aufbruch - Leipzig 1945-1956. Beiträge des siebenten Walter-Markov-Kolloquiums.* Leipzig.

NEUHOFF, Bernhard, 2001: Von der Modernismus-Debatte zur Avantgarde-Forschung. Ästhetische Theorie im ideologischen Klassenkampf. In: HENCKMANN/SCHANDERA (Hg.) 2001, S. 37-56.

NIVELLE, Armand, 1972: Kafka und die marxistische Literaturkritik. In: *Beiträge zur vergleichenden Literaturgeschichte. Festschrift für Kurt Wais zum 65. Geburtstag.* Hg. von Johannes HÖSLE. Tübingen, S. 330-354.

NÖTZOLD, Peter, 1997: Der Weg zur »sozialistischen Forschungsakademie«. In: Dieter HOFFMANN/Kristie MACRAKIS (Hg.): *Naturwissenschaft und Technik in der DDR.* Berlin, S. 125-146.

NOWOTNY, Helga/SCOTT, Peter/GIBBONS, Michael, 2001: *Re-Thinking Science. Knowledge and the Public in an Age of Uncertainty.* Cambridge.

ORLOW, N. [Wladimir S. SEMJONOW], 1972: Wege und Irrwege der modernen Kunst. In: SCHUBBE (Hg.) 1972, S. 159-170 [ursprünglich in *Tägliche Rundschau,* 20./21.01.1951].

OSWALD, Horst, 1969: *Literatur, Kritik und Leser. Eine literatursoziologische Untersuchung.* Berlin (Ost).

OTTO, Regine, 1970: Kolloquium über Goethes Faust. In: *Weimarer Beiträge* 16, H. 2, S. 193-196.

PARTEIVORSTAND DER SED, 1950: Manifest zur Goethe-Feier der deutschen Nation. In: DOKUMENTE DER SOZIALISTISCHEN EINHEITSPARTEI DEUTSCHLANDS 1950, S. 332-334.

PASTERNACK, Peer, 1999: *Hochschule und Wissenschaft in SBZ/DDR/Ostdeutschland 1945-1995. Annotierte Bibliografie für den Erscheinungszeitraum 1990-1998. Studien des Instituts für Hochschulforschung Wittenberg an der Martin-Luther-Universität Halle-Wittenberg.* Weinheim.

— (Hg.), 2001: *DDR-bezogene Hochschulforschung. Eine thematische Eröffnungsbilanz aus dem HoF Wittenberg.* Weinheim/Basel.

PESCHKEN, Bernd, 1972: *Versuch einer germanistischen Ideologiekritik. Goethe, Lessing, Novalis, Tieck, Hölderlin, Heine in Wilhelm Diltheys und Julian Schmidts Vorstellungen.* Stuttgart.

PETER, Klaus (Hg.), 1980: *Romantikforschung seit 1945.* Königstein/Ts.

— 1980: Einleitung. In: PETER (Hg.) 1980, S. 1-39.

PETERS, Brigitte, 1986: Stand, Probleme und Perspektive der Germanistik in der DDR. In: *Jahrbuch für internationale Germanistik* 18, H. 2, S. 125-140.

PICK, Erika, 1958: Anfänge sozialistischer Literatur in den siebziger Jahren des 19. Jahrhunderts. In: *Weimarer Beiträge,* SH, S. 51-58.

PIECK, Wilhelm, 1960: Vorwort. In: *Franz Mehring: Gesammelte Schriften. Bd. 1: Geschichte der deutschen Sozialdemokratie. Teil 1: Von der Julirevolution bis zum preußischen Verfassungsstreite 1830-1863.* Berlin (Ost), S. 5-16.

PILGER, Andreas, 2004: *Germanistik an der Universität Münster. Von den Anfängen um 1800 bis in die Zeit der frühen Bundesrepublik.* Heidelberg (=Studien zur Wissenschafts- und Universitätsgeschichte. 3).

PINTHUS, Kurt (Hg.), 1968: *Menschheitsdämmerung. Ein Dokument des Expressionismus.* Leipzig.

PLAVIUS, Heinz, 1964: Realismus in Entwicklung. In: *Weimarer Beiträge* 10, H. 2, S. 265-285.

PLESSKE, Gabriele, 2003: Albert Malte Wagner: In: *Internationales Germanistenlexikon*, S. 1969-1971.

PÖTSCH, Margret, 1996: *Zur Rezeption Friedrich Schlegels in der Literaturwissenschaft der DDR*. Frankfurt a.M. u.a.

POLITBÜRO DES ZK DER SED, 1977: Aufgaben der Literatur- und Kunstkritik. In: *Sonntag*, Nr. 48, S. 2-3.

PONGS, Ulrich, 1996: H.A. Korff über Heinrich Heine. Zur Lyrik der »Deutsch-Romantik«. In: *Heine-Jahrbuch* 35, S. 128-151.

POSDZECH, Dieter, 1985: Die Ermittlung der Sinn-Komponenten als integrative Aufgabe literaturwissenschaftlicher Interpretationsmethoden. In: *Zeitschrift für Germanistik* 6, H. 4, S. 422-432.

POSER, Hans, 1997: Mein Leipzig lob' ich mir ...? Erinnerungen an das Studium der Germanistik in Leipzig 1946-1951. In: *Euphorion* 91, S. 235-245.

PRACHT, Erwin, 1958/59: Irrweg der Literaturwissenschaft. In: *Wissenschaftliche Zeitschrift der Humboldt-Universität zu Berlin. Gesellschafts- und sprachwissenschaftliche Reihe* 8, H. 2/3, S. 229-234.

— 1966: Sozialistischer Realismus und ästhetische Maßstäbe. In: *Deutsche Zeitschrift für Philosophie* 14, S. 5-21.

— u.a., 1967: Zur Theorie des sozialistischen Realismus. In: *Weimarer Beiträge* 13, H. 4, S. 536-575.

— 1970: Versuch einer Gegenstandsbestimmung der Theorie des sozialistischen Realismus. Ein Beitrag zur Diskussion. In: *Weimarer Beiträge* 16, H. 7, S. 26-47.

— u.a., 1987: *Ästhetik der Kunst*. Berlin (Ost).

— 1987: Revolutionäre Arbeiterbewegung und Funktionsbestimmungen klasseneigener Kunst. In: PRACHT u.a. 1987, S. 523-613.

»Prinzipien zur weiteren Entwicklung der Lehre und Forschung an den Hochschulen der Deutschen Demokratischen Republik« vom Oktober 1966. In: BASKE (Hg.) 1979, S. 150-157.

»Probleme des sozialistischen Realismus. Rundtischgespräch«. In: *Weimarer Beiträge* 15 (1969), H. 3, S. 479-519.

»Probleme der sozialistischen Rezeption des Erbes«. Rundtischgespräch vom 17.09.1969. In: *Weimarer Beiträge* 16 (1970), H. 2, S. 10-51.

»Programmerklärung des Ministerium für Kultur der Deutschen Demokratischen Republik zur Verteidigung der Einheit der deutschen Kultur«. In: *Neues Deutschland*, 25.03.1954, S. 4.

PROKOP, Siegfried, 1990: Aspekte der Periodisierung der Geschichte der Intelligenz der DDR im Zeitraum der Übergangsperiode. In: *Wissenschaftliche Zeitschrift der Humboldt-Universität zu Berlin. Reihe Gesellschaftswissenschaften* 39, H. 6, S. 621-626.

Protokoll der Verhandlungen des XI. Parteitages der Sozialistischen Einheitspartei Deutschlands im Palast der Republik, 17.-21. April 1986. Berlin (Ost).

Protokoll über die Fakultätssitzung der Philosophischen Fakultät der Ernst-Moritz-Arndt-Universität Greifswald am 12.03.1958. In: BODEN/ROSENBERG (Hg.) 1997, S. 150-159.

PÜSCHEL, Ursula, 1983: Eine Zeitung, ein Autor, ein Buch. In: SCHOLZ 1983, S. 291-319.

— 2004: Gerhard Scholz und die Faust-Gespräche - ein wissenschaftliches und politisches Vermächtnis. In: *Gerhard Scholz und sein Kreis*, S. 52-59.

RADDATZ, Fritz J. (Hg.), 1969: *Marxismus und Literatur. Eine Dokumentation in drei Bänden*. Reinbek bei Hamburg.

RASCHKE, Barbara, 1991: Zur Diskussion um Schulen in der DDR-Historiographie deutscher Literatur. In: DREWS/LEHMANN (Hg.) 1991, S. 36-49.

REDAKTION, 2003: Art. Hermann Karl Kunisch. In: *Internationales Germanistenlexikon*, 1035-1038.

REDAKTIONSKOLLEGIUM *Weimarer Beiträge*, 1958: Über die Aufgaben der Zeitschrift für deut-

sche Literaturgeschichte. In: *Weimarer Beiträge* 4, H. 2, S. 133-137.
— 1959: Franz Mehring zum Gedenken. In: *Weimarer Beiträge* 5, H. 1, S. 1.
— 1972: Zu den Aufgaben der Kultur- und Kunstwissenschaften nach dem VIII. Parteitag der SED. In: *Weimarer Beiträge* 18, H. 1, S. 5-30.
REDAKTIONSKOLLEGIUM *Zeitschrift für Germanistik*, 1982: Interpretationen und Interpretationsmethoden. In: *Zeitschrift für Germanistik* 3, H. 2, S. 172f.
REDEKER, Horst, 1966: Marxistische Ästhetik und empirische Soziologie. In: *Deutsche Zeitschrift für Philosophie* 14, H. 2, S. 207-222.
— 1966a: *Abbild(ung) und Aktion. Versuch über die Dialektik des Realismus*. Halle/Saale.
— 1978: Zur Systematik von Abbildung, Erkenntnis und Wahrheit in der Kunst. In: *Weimarer Beiträge* 24, H. 1, S. 5-41.
— 1979: Zum Problem von Abbildung und Wahrheit in der Spezifik der Kunst. In: *Weimarer Beiträge* 25, H. 1, S. 100-125.
REHBERG, Karl-Siegbert, 1998: Vom Kulturfeudalismus zum Markt-Chaos? Funktionswandel der bildenden Kunst nach dem Zusammenbruch des Staatssozialismus. In: Jürgen SCHWEINEBRADEN VON WICHMANN-EICHHORN (Hg.): *Blick zurück im Zorn? Die Gegenwart der Vergangenheit*. Bd.1. Niedenstein, S. 196-223.
REID, J.H., 1985: Another Turn in the Road: Kafka in the GDR. In: *GDR Monitor* 13, Summer, S. 21-38.
REIMANN, Paul, 1957: Die gesellschaftliche Problematik in Kafkas Romanen. In: *Weimarer Beiträge* 3, S. 598-618.
REINCKE, Olaf, 1978: Romantik-Konferenz in Frankfurt/Oder. In: *Weimarer Beiträge* 24, H. 7, S. 147-157.
REISS, Gunter (Hg.), 1973: *Materialien zur Ideologiegeschichte der deutschen Literaturwissenschaft. Von Wilhelm Scherer bis 1945*. 2 Bde. Tübingen.
REKTOR DER UNIVERSITÄT ROSTOCK (Hg.), 1994: *575 Jahre Universität Rostock. Mögen viele Lehrmeinungen um die eine Wahrheit ringen*. Rostock.
RESO, Martin (Hg.), 1969: *Expressionismus. Lyrik*. Berlin (Ost)/Weimar.
REUTER, Hans Heinrich, 1956: Vom Wesen der Dichtung. Rez. zu MÜLLER 1955b. In: *Neue Deutsche Literatur* 4, H. 8, S. 133-137.
— 1957: Das Weltbild eines Gestaltdenkers. Rez. zu MÜLLER 1955c. In: *Neue Deutsche Literatur* 5, H. 1, S. 132-137.
— 1973: Die deutsche Klassik und das Problem Brecht. Zwanzig Sätze der Entgegnung auf Werner Mittenzwei. In: *Sinn und Form* 18, H. 4, S. 809-824.
RICHTER, Hans, 1962: Im Widerspruch zu unserem Erziehungsziel? In: *Sozialistische Universität* 5, H. 19, 26.10.1962.
— 1965: Rezension zu DIERSEN u.a. (Hg.) 1963. In: *Weimarer Beiträge* 11, H. 3, S. 458-463.
— 1970: Goethes Worte für junge Dichter. [Für den Druck bearbeitete Fassung des im Oktober 1964 gehaltenen Habilitationsvortrages]. In: Ders.: *Verse, Dichter, Wirklichkeiten. Aufsätze zur Lyrik*. Berlin (Ost)/Weimar, S. 5-19.
— 1972: Literaturwissenschaft - Volksbildung - Schriftsteller. In: *Weimarer Beiträge* 18, H. 9, S. 175-180.
— 1973: Möglichkeiten und Ziele der Erforschung von Traditionsbeziehungen sozialistisch-realistischer Literatur. In: *Weimarer Beiträge* 19, H. 3, S. 154-171.
— 1974: Zu aktuellen Ereignissen und Problemen der literarischen Entwicklung in der DDR. In: *Wissenschaftliche Zeitschrift der Friedrich-Schiller-Universität Jena* 23, H. 4, S. 499-509.
RICHTER, Helmut, 1959: Zu einigen neueren Publikationen über Franz Kafka. In: *Weimarer Beiträge* 5, S. 568-578.
— 1959a: Im Maßstab der Klassik. Zu einigen Prosastücken Franz Kafkas. In: *Sinn und Form* 11, H. 5/6, S. 837-871.

— 1961: Rezension zu PONGS: *Franz Kafka. Dichter des Labyrinths*; STRELKA: *Kafka, Musil, Broch und die Entwicklung des modernen Romans*; FRYNTA/LUKAS: *Franz Kafka lebte in Prag.* In: *Weimarer Beiträge* 7, H. 4, S. 815-819.
— 1962: *Franz Kafka. Werk und Entwurf.* Berlin (Ost).
— 1963: Wege zu Jean Paul. In: *Sinn und Form* 15, H. 2/3, S. 462-481.
— 1965: Zur Nachfolge Kafkas in der westdeutschen Literatur. In: GOLDSTÜCKER u.a. (Hg.) 1965, S. 181-197.
Richtlinien für die Arbeiter- und Bauernfakultäten (bisher Vorstudienabteilungen) an den Universitäten und Hochschulen der sowjetischen Besatzungszone Deutschlands. Hg. vom Präsidenten der Deutschen Verwaltung für Volksbildung, in Kraft getreten am 21. Mai 1949. In: BASKE/ENGELBERT (Hg.) 1966, S. 114-115.
RIESE, Utz, 1996: Poststrukturalismus/Postmoderne und das Nahen der Wende in der DDR. In: Lutz DANNEBERG/Friedrich VOLLHARDT in Zusammenarbeit mit Hartmut BÖHME und Jörg SCHÖNERT (Hg.): *Wie international ist die Literaturwissenschaft? Methoden- und Theoriediskussion in den Literaturwissenschaften: kulturelle Besonderheiten und interkultureller Austausch am Beispiel des Interpretationsproblems (1950-1990).* Stuttgart/Weimar, S. 425-439.
RÖSSLER, Ruth-Kristin (Hg.), 1994: *Die Entnazifizierungspolitik der KPD/SED 1945-1948. Dokumente und Materialien.* Goldbach.
ROISCH, Ursula, 1970: Analyse einiger Tendenzen der westdeutschen bürgerlichen Romantikforschung seit 1945. In: *Weimarer Beiträge* 16, H. 2, S. 52-81.
ROSENBERG, Rainer/WAGNER, Frank, 1971: Gedanken zu Goethes *Faust* (4): »Arbeiter schaffe Meng auf Menge«. In: *Neues Deutschland*, 13.03.1971.
— 1975: *Literaturverhältnisse im Vormärz.* Berlin (Ost).
— 1975a: Revisionismus in der Literaturtheorie. In: *Weimarer Beiträge* 21, H. 4, S. 178-184.
— 1991: Zur Geschichte der Literaturwissenschaft in der DDR. In: DREWS/LEHMANN (Hg.) 1991, S. 11-35.
— 1993: Der ritualisierte Diskurs. Das Modell der offiziellen sowjetischen Literaturtheorie der 50er Jahre. In: *Zeitschrift für Germanistik*, N.F. III, H. 1, S. 99-109.
— 1995: Literaturwissenschaftliche Germanistik in der DDR. In: Christoph KÖNIG (Hg.): *Germanistik in Mittel- und Osteuropa 1945-1992.* Berlin/New York, S. 41-50.
— 1997: Zur Begründung der marxistischen Literaturwissenschaft in der DDR. In: BODEN/ROSENBERG (Hg.) 1997, S. 203-240.
— /MÜNZ-KOENEN, Ingeborg/BODEN, Petra (Hg.), 2000: *Der Geist der Unruhe. 1968 im Vergleich. Wissenschaft - Literatur - Medien.* Berlin.
— 2000: Die sechziger Jahre als Zäsur in der deutschen Literaturwissenschaft. Theoriegeschichtlich. In: ROSENBERG/MÜNZ-KOENEN/BODEN (Hg.) 2000, S. 153-179.
— 2000a: Das klassische Erbe in der Literaturgeschichtsschreibung der DDR. In: EHRLICH/MAI/CLEVE (Hg.) 2000, S. 185-194.
— 2000b: Die deutsche Literaturwissenschaft in den siebziger Jahren. Ansätze zu einem theoriegeschichtlichen Ost-West-Vergleich. In: VIETTA/KEMPER (Hg.) 2000, S. 83-100.
— 2001: Die Semantik der »Szientifizierung«. Die Paradigmen der Sozialgeschichte und des linguistischen Strukturalismus als Modernisierungsangebote an die deutsche Literaturwissenschaft. In: BOLLENBECK/KNOBLOCH (Hg.) 2001, S. 122-131.
— 2003: Georg Weerth in der Literaturgeschichtsschreibung. In: Ders.: *Verhandlungen des Literaturbegriffs. Studien zu Geschichte und Theorie der Literaturwissenschaft.* Berlin, S. 325-333.
ROSHNOWSKI, Stanislaw, 1959: Für eine marxistisch-leninistische Darstellung der Rolle der Volksmassen in der Literatur. Kritische Gedanken zu den kritischen Bemerkungen Hans-Günther Thalheims. In: *Weimarer Beiträge* 5, H. 2, S. 237-251.
Rundtischgespräch über Interpretationen zu Lessings »Emilia Galotti«. In: *Zeitschrift für Germanistik* 5 (1984), H. 2, S. 193-209.

SABROW, Martin, 2001: *Das Diktat des Konsenses. Geschichtswissenschaft in der DDR 1949-1969.* München.

SANDER, Hans-Dietrich, 1964: Der Streit um den Dichter Kafka. Es ist ein weiter Weg von Prag nach Ostberlin. In: *SBZ-Archiv* 15, H. 14, S. 215-220.

SCHADE, Dieter, 2001: »Wir waren keine ideologische, keine Parteizeitschrift«. Interview mit dem ehemaligen Redaktionssekretär der *Weimarer Beiträge*, Hans-Ulrich Schnuchel. In: *Weimarer Beiträge* 47, H. 3, S. 447-460.

SCHANDERA, Gunter u.a., 1997: Die *Weimarer Beiträge* zwischen 1955 und 1961. Eine Zeitschrift auf dem Weg zum »zentralen Organ der marxistischen Literaturwissenschaft in der DDR«? In: BODEN/ROSENBERG (Hg.) 1997, S. 261-330.

— 2000: Klassik als Bildungskonzept. In: EHRLICH/MAI/CLEVE (Hg.) 2000, S. 219-231.

— 2001: Aspekte der Rezeptionsästhetik in der DDR. Zum Problem der Beschreibung des Verhältnisses von Wissenschaft und politischer Diktatur. In: HENCKMANN/SCHANDERA (Hg.) 2001, S. 25-36.

— 2002: Zur Resistenz bildungsbürgerlicher Semantik in der DDR der fünfziger und sechziger Jahre. In: BOLLENBECK/LA PRESTI (Hg.) 2002, S. 161-173.

SCHARFSCHWERDT, Jürgen, 1975: Die Klassik-Ideologie in der Kultur-, Wissenschafts- und Literaturpolitik. In: Hans-Jürgen SCHMITT (Hg.): *Einführung in Theorie, Geschichte und Funktion der DDR-Literatur.* Stuttgart, S. 109-163.

— 1977: *Grundprobleme der Literatursoziologie. Ein wissenschaftsgeschichtlicher Überblick.* Stuttgart.

— 1982: *Literatur und Literaturwissenschaft in der DDR. Eine historisch-kritische Einführung.* Stuttgart u.a.

SCHELER, Werner, 2000: *Von der Deutschen Akademie der Wissenschaften zu Berlin zur Akademie der Wissenschaften der DDR. Abriss zur Genese und Transformation der Akademie.* Berlin.

SCHERF, Eva-Maria, 1969: Sozial bedingte Zusammenhänge zwischen Rezeptionsgelegenheiten und Lesedauer. In: *Wissenschaftliche Zeitschrift der Martin-Luther-Universität Halle-Wittenberg. Gesellschafts- und sprachwissenschaftliche Reihe* 18, H. 2, S. 237-239.

SCHICHTEL, Alexandra, 1998: *Zwischen Zwang und Freiwilligkeit. Das Phänomen Anpassung in der Prosaliteratur der DDR.* Opladen/Wiesbaden.

SCHILLER, Dieter, 1958: Kuba, Wiens. Über einige Probleme der neuesten deutschen Lyrik. In: *Weimarer Beiträge*, SH, S. 75-94.

— 1965: Rezension zu Hermann August KORFF: *Goethe im Bildwandel seiner Lyrik.* In: *Weimarer Beiträge* 11, H. 6, S. 1007-1014.

— 1966: Über Verständlichkeit von Gedichten. In: *Forum* 12, S. 20-23.

— 1970: Methodische Überlegungen zum neuen Arbeitsprojekt »Sozialistische Literatur - Nationalliteratur«. In: *Weimarer Beiträge* 16, H. 5, S. 117-138.

— 1973: Unser Traditionsverständnis und das klassische Erbe. Vortrag auf der Jahreskonferenz des Deutschlektorats im Kultur- und Informationszentrum der DDR in Warszawa, 25. April 1972. In: *Weimarer Beiträge* 19, H. 6, S. 151-165.

— 1986: Die Expressionismusdebatte 1937-1939 aus der Sicht des Pariser Exils. In: *Weimarer Beiträge* 32, H. 3, S. 420-429.

— 1996: Zur Exilliteraturforschung in der DDR. Ein Rückblick aus persönlicher Sicht. In: Claus-Dieter KROHN u.a. (Hg.): *Rückblick und Perspektiven.* München (=Exilforschung. Ein internationales Jahrbuch. 14), S. 95-118.

— 1997: *Disziplinierung der Intelligenz. Die Kulturkonferenz der SED vom Oktober 1957.* Berlin (=hefte zur ddr-geschichte. 44).

— 2004: »Faszinierender als eine geschriebene Literaturgeschichte«. Anmerkungen zu zwei museologischen Manuskripten von Gerhard Scholz. In: *Gerhard Scholz und sein Kreis*, S. 31-38.

SCHIVELBUSCH, Wolfgang, 1995: *Vor dem Vorhang. Das geistige Berlin 1945-1948.* München/ Wien.

SCHLENKER, Wolfram, 1977: *Das »Kulturelle Erbe« in der DDR. Gesellschaftliche Entwicklung und Kulturpolitik 1945-1965.* Stuttgart.

SCHLENSTEDT, Dieter [im Namen der Redaktion der *Weimarer Beiträge*], 1964: II. Bitterfelder Konferenz und Literaturwissenschaft. In: *Weimarer Beiträge* 10, H. 4, S. 483-494.

— 1966: Analyse. In: *Forum* 12, S. 18-19.

— 1966a: III. Internationaler Germanisten-Kongreß vom 22. bis 28.08.1965 in Amsterdam. In: *Weimarer Beiträge* 12, H. 2, S. 303-313.

— /KLICHE, Dieter, 1971: Gedanken zu Goethes *Faust* (5 und Schluß): »Im Weiterschreiten find' er Qual und Glück«. In: *Neues Deutschland*, 27.03.1971.

— 1975: Das Werk als Rezeptionsvorgabe und Probleme seiner Aneignung. In: NAUMANN u.a. 1975, S. 301-436.

— /LENZER, Rosemarie, 1975: Produktive Funktionen der Literatur. In: NAUMANN u.a. 1975, S. 439-493.

— u.a. (Hg.), 1975: *Funktion der Literatur. Aspekte - Probleme - Aufgaben.* Berlin (Ost).

— u.a., 1975: Vorbemerkung. In: D. SCHLENSTEDT u.a. (Hg.) 1975, S. 11-16.

— 1975a: Funktion der Literatur - Relationen ihrer Bestimmung. In: D. SCHLENSTEDT u.a. (Hg.) 1975, S. 40-61.

— 1979: *Wirkungsästhetische Analysen. Poetologie und Prosa in der neueren DDR-Literatur.* Berlin (Ost).

— u.a., 1981: *Literarische Widerspiegelung.* Berlin (Ost)/Weimar.

— 1981: Einleitung zum Widerspiegelungsband. In: D. SCHLENSTEDT u.a. 1981, S. 5-14.

— 1981a: Problemfeld Widerspiegelung. In: D. SCHLENSTEDT u.a. 1981, S. 15-188.

— 1987: Literarisches Werk? Zu Rahmenbestimmungen eines Begriffsfeldes. In: »Literaturwissenschaftlicher Werkbegriff und Interpretationspraxis«, S. 6-21.

— 2000: Doktrin und Dichtung im Widerstreit. Expressionismus im Literaturkanon der DDR. In: DAHLKE/LANGERMANN/TATERKA (Hg.) 2000, S. 33-103.

— 2000a: Zeitzeugen im Gespräch. In: ROSENBERG/MÜNZ-KOENEN/BODEN (Hg.) 2000, S. 303-333.

— 2003: Das Bündel der Motive für rezeptionstheoretische Ansätze in der DDR nach 1968. Bericht eines Beteiligten. In: ADAM/DAINAT/SCHANDERA (Hg.) 2003, S. 79-92.

— 2004: Beispiele für Anstöße. Beitrag zur Diskussion über meinen Lehrer. In: *Gerhard Scholz und sein Kreis*, S. 60-64.

— /SCHLENSTEDT, Silvia, 2004: Interview. In: BODEN/BÖCK (Hg.) 2004, S. 174-226.

SCHLENSTEDT, Silvia, 1958: Brechts Übergang zum sozialistischen Realismus in der Lyrik. In: *Weimarer Beiträge*, SH, S. 59-64.

— 1959: Georg Trakl. In: *Weimarer Beiträge* 5, H. 4, S. 513-526.

— 1969: Nachwort. In: RESO (Hg.) 1969, S. 617-658.

SCHMIDT, Siegfried J., 2005: Interdisziplinarität - Empirisierung - Medienorientierung. Stationen eines glücklichen Scheiterns. In: BOGDAL/MÜLLER (Hg.) 2005, S. 53-64.

SCHMITT, Hans-Jürgen (Hg.), 1973: *Die Expressionismusdebatte. Materialien zu einer marxistischen Realismuskonzeption.* Frankfurt a.M.

— /SCHRAMM, Godehard (Hg.), 1974: *Sozialistische Realismuskonzeptionen. Dokumente zum 1. Allunionskongreß der Sowjetschriftsteller.* Frankfurt a.M.

SCHNEIDER, Ferdinand Josef, 1934: *Christian Dietrich Grabbe. Persönlichkeit und Werk.* München.

— 1948: *Die deutsche Dichtung der Aufklärungszeit.* 2., durchges. Aufl. Stuttgart.

— 1952: *Die deutsche Dichtung der Geniezeit.* Stuttgart.

SCHNEIDER, Gerhard, 1962: *Studien zur deutschen Romantik.* Leipzig.

SCHOBER, Rita, 1968: *Im Banne der Sprache. Strukturalismus in der Nouvelle Critique, speziell bei Roland Barthes.* Halle/Saale.

— 1971: Das literarische Kunstwerk - Symbol oder Modell? In: *Weimarer Beiträge* 17, H. 11, S. 155-162.

— 1982: Rezeption und Realismus. In: *Weimarer Beiträge* 28, H. 1, S. 5-48.

— 1982a: *Abbild - Sinnbild - Wertung. Aufsätze zur Theorie und Praxis literarischer Kommunikation*. Berlin (Ost)/Weimar.

— 1986: Wirklichkeitseffekt oder Realismus? In: *Weimarer Beiträge* 32, H. 10, S. 1589-1617.

— u.a., 1990: Manfred Naumann zum 65. Geburtstag. In: *Weimarer Beiträge* 36, H. 10, S. 1541-1553.

SCHÖNERT, Jörg (Hg.), 2000: *Literaturwissenschaft und Wissenschaftsforschung*. Stuttgart/Weimar.

SCHÖTTKER, Detlev, 2000: Politisierung eines Klassikers. Brecht-Forschung zwischen Widerspiegelungstheorie und Avantgardismus. In: VIETTA/KEMPER (Hg.) 2000, S. 269-291.

SCHOLZ, Gerhard, 1949: Zur Lage der akademischen Goethe-Rezeption in Deutschland. In: *Forum* 3, H. 8/9, S. 284-287.

— 1949a: Zwischen zwei Goethejahren. In: *Einheit* 4, H. 4, S. 380-382.

— 1949b: Gesellschaft und Kultur der Goethezeit. In: *Schöpferische Gegenwart. Kulturpolitische Monatszeitschrift Thüringens*, H. 8/9, S. 517-527.

— 1955: Zur Charakteristik des Komischen. In: *Beiträge zur deutschen Gegenwartsliteratur* 9, S. 39-46.

— 1957: *Der Dramenstil des »Sturm und Drang« wie der werdenden klassischen Periode im Lichte der dramaturgischen Arbeiten des jungen Schiller: Stuttgarter Aufsatz von 1782 und Mannheimer Rede 1784. Interpretation unter Berücksichtigung der frühen Dramen der sogenannten »klassischen Periode«*. Diss. Rostock.

— 1957a: Modernismus als ästhetische und theoretische Restauration. In: *Junge Kunst* 1, H. 2, S. 24-28.

— 1983: *Faust-Gespräche*. Wissenschaftliche Mitarbeit Ursula Püschel. Leipzig. [1Berlin (Ost) 1967].

SCHOLZ, Hannelore, 1981: Rezension zu N.J. BERKOWSKI: *Die Romantik in Deutschland*. Leipzig 1979. In: *Weimarer Beiträge* 27, H. 2, S. 164-176.

— 1982: Romantik-Konferenz des Kulturbundes. In: *Weimarer Beiträge* 28, H. 8, S. 163-166.

SCHOOR, Uwe, 1991: Ein beharrlich verteidigtes Konzept. Die Zeitschrift *Sinn und Form* unter der Chefredaktion von Peter Huchel. In: ARNOLD (Hg.) 1991, S. 53-62.

SCHRÖDER, Rüdiger, 1995: SED und Akademie der Wissenschaften. Zur Durchsetzung der führenden Rolle der Partei in den fünfziger Jahren. In: *Deutschland-Archiv* 28, S. 1264-1278.

SCHRÖTER, Kathleen, 2006: Kunst zwischen den Systemen. Die »Allgemeine Deutsche Kunstausstellung« 1946 in Dresden. In: Nikola DOLL u.a. (Hg.): *Kunstgeschichte nach 1945. Kontinuität und Neubeginn in Deutschland*. Köln/Weimar/Wien (=ATLAS. Bonner Beiträge zur Kunstgeschichte. 3), S. 209-237.

SCHUBBE, Elimar (Hg.), 1972: *Dokumente zur Kunst-, Literatur- und Kulturpolitik der SED*. Stuttgart.

SCHULMEISTER, Karl-Heinz, 1977: *Auf dem Wege zu einer neuen Kultur. Der Kulturbund in den Jahren 1945-1949*. Berlin (Ost).

SCHULZ, Ekkehard/STOYE-BALK, Elisabeth/WEISSFINGER, Manfred, 1980: Zum gesellschaftlichen Auftrag der Germanisten in den Kämpfen unserer Zeit. In: *Das Hochschulwesen* 28, H. 9, S. 291-293.

SCHUMACHER, Ernst, 1955: *Die dramatischen Versuche Bertolt Brechts. 1918-1933*. Berlin (Ost).

— 1965: Kafka vor der neuen Welt. In: GOLDSTÜCKER u.a. (Hg.) 1965, S. 245-256.

SEIDEL, Gerdi, 2005: *Vom Leben und Überleben eines ›Luxusfachs‹. Die Anfangsjahre der Romanistik in der DDR*. Heidelberg (=Studien zur Wissenschafts- und Universitätsgeschichte. 10).

SHDANOW, Andrej, 1951: Über Kunst und Wissenschaft. Berlin (Ost).

— 1974: Die Sowjetliteratur, die ideenreichste und fortschrittlichste Literatur der Welt. In: SCHMITT/SCHRAMM (Hg.) 1974, S. 43-50.

SIMONS, Elisabeth, 1963: Die Bedeutung des »Grundrisses der Geschichte der deutschen Arbeiterbewegung« für die Literaturgeschichtsschreibung in der DDR. In: *Weimarer Beiträge* 9, H. 1, S. 1-26.

— 1968: Ästhetische Wirkungsforschung und sozialistische Realismustheorie. In: *Einheit*, H. 9, S. 1164-1173.

SOMMER, Dietrich, 1966: Entwicklungstendenzen der bürgerlichen Literatursoziologie. In: *Wissenschaftliche Zeitschrift der Martin-Luther-Universität Halle-Wittenberg* 15, H. 4, S. 463-476.

— 1969: Die Funktion der Pilotstudie im literatursoziologischen Forschungsprogramm. In: *Wissenschaftliche Zeitschrift der Martin-Luther-Universität Halle-Wittenberg* 18, H. 2, S. 291-295.

— /LÖFFLER, Dietrich, 1970: Soziologische Probleme der literarischen Wirkungsforschung. In: *Weimarer Beiträge* 16, H. 8, S. 51-76.

— 1971: Aspekte der bewußtseins- und persönlichkeitsbildenden Kunstwirkung. In: *Weimarer Beiträge* 17, H. 9, S. 10-22.

— /WALTER, Achim, 1971: Versuch über den gesellschaftlichen Charakter ästhetischer Bedürfnisse. In: *Weimarer Beiträge* 17, H. 2, S. 14-28.

— 1972: Soziale Resonanz der Künste. In: LUDZ (Hg.) 1972, Bd. 1, S. 21f.

— 1975: Über die gesellschaftliche Funktion und Wirkung von Kunst in der entwickelten sozialistischen Gesellschaft. In: *Weimarer Beiträge* 21, H. 6, S. 5-24.

— u.a., 1978: *Funktion und Wirkung. Soziologische Untersuchungen zur Literatur und Kunst.* Berlin (Ost)/Weimar.

— u.a. (Hg.), 1983: *Leseerfahrung, Lebenserfahrung. Literatursoziologische Untersuchungen.* Berlin (Ost)/Weimar.

SPIES, Bernhard, 1991: Georg Lukács und der Sozialistische Realismus in der DDR. In: ARNOLD (Hg.) 1991, S. 34-44.

SPRINGER, Bernd, 1995: Eichendorff und der Dornröschenschlaf der Romantik in der DDR. In: Wilhelm GÖSSMANN/Christoph HOLLENDER (Hg.): *Joseph von Eichendorff. Seine literarische und kulturelle Bedeutung.* Paderborn u.a., S. 233-281.

STÄDTKE, Klaus, 1968: Mimesis oder poetisches Regelsystem. Zur Frage des Strukturalismus in der Literaturwissenschaft. In: *Weimarer Beiträge* 14, H. 3, S. 555-586.

— 2004: Interview. In: BODEN/BÖCK (Hg.) 2004, S. 252-282.

STARKE, Manfred, 1976: Chronik und Bibliographie zur Erbe Debatte 1970-1974. In: Manfred NÖSSIG (Hg.): *Die Schauspieltheater der DDR und das Erbe (1970-1974). Positionen - Debatten - Kritiken. Mit einer Einleitung von Manfred Nössig.* Berlin (Ost), S. 235-255.

— (Hg.), 1984: *Der Untergang der romantischen Sonne.* 2. Aufl. Leipzig/Weimar.

STASZAK, Heinz-Jürgen, 1985: Thesen zur Methodologie der literaturwissenschaftlichen Interpretation. Voraussetzungen - Probleme - Hypothesen. In: *Zeitschrift für Germanistik* 6, H. 4, S. 432-441.

STEINHORST, Heike, 2000: Zur Klassikdebatte in den *Weimarer Beiträgen*. In: EHRLICH/MAI/CLEVE (Hg.) 2000, S. 303-317.

STELLMACHER, Wolfgang, 1983: Rez. zu CHIARINI/DIETZE (Hg.) 1981. In: *Weimarer Beiträge* 29, H. 3, S. 555-559.

STÖBER, Stefan, 2001: Ideologie und Ästhetik: Zum diskursiven und systematischen Verhältnis zweier Wissenschaftsparadigmen in der DDR. In: HENCKMANN/SCHANDERA (Hg.) 2001, S. 12-24.

STOLPE, Heinz, 1956: Der I. Kongreß der »Internationalen Vereinigung für Germanische Sprach- und Literaturwissenschaft« (IVG) in Rom. In: *Weimarer Beiträge* 2, S. 89-98.

— 1958: Die Tagung der deutschen Hochschul-Germanisten in Marburg. In: *Weimarer Beiträge* 4, H. 1, S. 93-96.

STOLTE, Heinz, 1947: *Kultur und Dichtung. Vier Reden*. Iserlohn.

STOYE-BALK, Elisabeth, 1987: Antifaschistisch-demokratische Umgestaltung am Germanischen Seminar. In: *Wissenschaftliche Zeitschrift der Humboldt-Universität zu Berlin. Gesellschafts- und sprachwissenschaftliche Reihe* 36, S. 848-854.

STRELLER, Siegfried, 1955: Rez. zu Marietta SCHAGINJAN: *Goethe*. Berlin 1954. In: *Weimarer Beiträge* 1, S. 333-338.

— 1957: Rezension zu MÜLLER 1955c. In: *Weimarer Beiträge* 3, H. 4, S. 624-629.

— 1959: Zur Problematik von Kleists *Penthesilea*. In: *Weimarer Beiträge* 5, H. 4, S. 496-512.

— 1960: Entwurf und Gestaltung in Schillers *Wallenstein*. Wandlungen in Schillers Wallensteinbild. In: *Weimarer Beiträge* 6, H. 2, S. 221-239.

— 1964: Brief an den Minister für Kultur. In: KOHN (Hg.) 1964, S. 208-213.

— 1967: Bildet die Fachwissenschaft Lehrer aus? Probleme der Deutschlehrerausbildung. In: *Weimarer Beiträge* 13, H. 1, S. 120-133.

STROBEL, Karl/SCHMIRBER, Gisela (Hg.), 1996: *Drei Jahrzehnte Umbruch der deutschen Universitäten. Die Folgen von Revolte und Reform 1968-1974*. Vierow bei Greifswald.

STUBER, Petra, 2001: Klassik als Symptom. DDR-Theater zwischen 1970 und 1990. In: EHRLICH/MAI/CLEVE (Hg.) 2001, S. 137-156.

SWIATLOWSKI, Zbigniew, 1982: *Die theoretischen Positionen der Literaturwissenschaft in der DDR nach 1965*. Reszow.

SZIGETI, Jósef, 1977: Noch einmal zur Lukács-Frage. In: KOCH (Hg.) 1977, S. 137-212.

TANDLER, Agnes Charlotte, 2000: *Geplante Zukunft. Wissenschaftler und Wissenschaftspolitik in der DDR 1955-1971*. Freiberg.

TAUCH, Heike, 1988: *Zur Geschichte der Greifswalder Germanistik in der Zeit von 1933-1945*. Diplomarbeit (masch.), Universität Greifswald.

THALHEIM, Hans-Günther, 1955: Schillers »Demetrius« als klassische Tragödie. In: *Weimarer Beiträge* 1, S. 22-86.

— 1956: Rez. zu: Goethe. N.F. des *Jahrbuchs der Goethe-Gesellschaft*. Bd. XVII (1955). In: *Weimarer Beiträge* 2, S. 259-272.

— 1957: Kritische Bemerkungen zu den Literaturauffassungen Georg Lukács' und Hans Mayers. Zur Frage der Unterschätzung der Rolle der Volksmassen in der Literatur. In: *Weimarer Beiträge* 3, S. 138-171.

— 1958: Gedanken über die gegenwärtigen Forschungsaufgaben der literaturwissenschaftlichen Germanistik (in Thesenform). In: *Weimarer Beiträge* 4, H. 1, S. 88-92.

— 1958a: Zur Eröffnung. In: *Weimarer Beiträge*, SH, S. 5-7.

— 1964: Brief an den Minister für Kultur. In: KOHN (Hg.) 1964, S. 202-205.

— 1965: Kleists *Prinz Friedrich von Homburg*. In: *Weimarer Beiträge* 11, H. 4, S. 484-550.

— /SCHILLER, Dieter, 1966: Diskussion zu aktuellen Aufgaben der Literaturwissenschaft. Verantwortung zu schöpferischem Denken. In: *Weimarer Beiträge* 12, H. 1, S. 3-9.

— 1969: *Zur Literatur der Goethezeit*. Berlin (Ost).

— /WEBER, Peter, 1971: Gedanken zu Goethes *Faust* (2): »Da wär's der Mühe wert, ein Mensch zu sein«. In: *Neues Deutschland*, 28.02.1971, S. 4.

»Theorie und Methodologie der Interpretation literarischer Werke«. Beiträge des Kolloquiums »Theorie und Methoden der Interpretation literarischer Werke«. Kühlungsborn, 4.-7. März 1986. In: *Rostocker Forschungen zur Sprach- und Literaturwissenschaft* 1987, H. 4.

THIERSE, Wolfgang/KLICHE, Dieter, 1985: DDR-Literaturwissenschaft in den siebziger Jahren. Bemerkungen zur Entwicklung ihrer Positionen und Methoden. In: *Weimarer Beiträge* 31, H. 1, S. 267-308.

— 1985: Thesen zur Problemgeschichte des Werk-Begriffs. In: *Zeitschrift für Germanistik* 6, H. 4, S. 441-449.

— 1990: »Das Ganze aber ist das, was Anfang, Mitte und Ende hat«. Problemgeschichtliche

Beobachtungen zur Geschichte des Werkbegriffs. In: BARCK/FONTIUS/THIERSE (Hg.) 1990, S. 378-414.

»Traditionsbeziehungen unserer Schriftsteller«. Antworten auf eine Umfrage der Redaktion. In: *Weimarer Beiträge* 17 (1971), H. 12, S. 89-103.

TRÄGER, Claus, 1961: Kritik der Stilkritik. Emil Staigers »klassisches« Goethebild. In: *Weimarer Beiträge* 7, H. 2, S. 212-254.

— 1961a: Novalis und die ideologische Restauration. In: *Sinn und Form* 13, H. 4, S. 613-660.

— 1968: Zur Stellung des Realismusgedankens bei Marx und Engels. In: *Weimarer Beiträge* 14, H. 2, S. 229-276.

— 1968a: Ideen der französischen Aufklärung in der deutschen Romantik. Referat auf dem AILC-Kongress in Belgrad 1967. In: *Weimarer Beiträge* 14, H. 1, S. 175-186.

— 1969: Zum Gegenstand und Integrationsbereich der Allgemeinen und Vergleichenden Literaturwissenschaft. In: *Weimarer Beiträge* 15, H. 1, S. 90-102.

— /MIETH, Günther, 1969: In memoriam Edith Braemer. In: *Weimarer Beiträge* 15, H. 5, S. 901-907.

— 1970: Der Leninismus und die Kulturwissenschaften als Leitungswissenschaften. In: *Weimarer Beiträge* 16, H. 4, S. 10-47.

— 1972: *Studien zur Realismustheorie und Methodologie der Literaturwissenschaft.* Frankfurt a.M.

— 1972a: Zur Kritik der bürgerlichen Literaturwissenschaft. In: *Weimarer Beiträge* 18, H. 2, S. 10-42; H. 3, S. 10-36.

— u.a., 1974: Der künstlerische Schaffensprozeß. In: INSTITUT FÜR GESELLSCHAFTSWISSENSCHAFTEN BEIM ZK DER SED (Hg.) 1974, S. 582-668.

— 1978: Historische Dialektik der Romantik und Romantikforschung. Vortrag in Frankfurt/Oder. In: *Weimarer Beiträge* 24, H. 4, S. 47-73.

— 1980: Ursprünge und Stellung der Romantik. In: PETER (Hg.) 1980, S. 304-334. Erstmals abgedruckt in: *Weimarer Beiträge* 21 (1975), H. 2, S. 37-73.

— 1981: *Studien zur Erbetheorie und Erbeaneignung.* Leipzig 1981.

— 1981a: Weltgeschichte - Nationalliteratur, Nationalgeschichte - Weltliteratur. In: TRÄGER 1981, S. 228-246.

— 1981b: Aufklärung - Sturm und Drang - Klassik - Romantik. Epochendialektik oder *Geist der Goethezeit*? In: *Impulse. Aufsätze, Quellen, Berichte zur deutschen Klassik und Romantik*, Folge 3, S. 9-40.

— 1981c: Geschichtlichkeit und Erbe der Romantik. Als Einleitungsvortrag gehalten auf dem Wissenschaftlichen Kolloquium über Carl Maria v. Weber am 4. Juni 1976 in Dresden. In: TRÄGER 1981, S. 272-296.

— 1983: Hermann August Korff (1882-1963). In: *Namhafte Hochschullehrer der Karl-Marx-Universität Leipzig*, Bd. 3. Leipzig, S. 84-95.

— 1984: Erbe-Aneignung und Romantik-Rezeption. In: Ders.: *Geschichte und Romantik.* Frankfurt a.M., S. 7-25.

— (Hg.), 1986: *Wörterbuch der Literaturwissenschaft.* Leipzig.

— 1986: Modern/Moderne/modernistisch. In: Ders. (Hg.) 1986, S. 344-347.

— /ROMMEL, G., 1986: Romantik. In: Ders. (Hg.) 1986, S. 446-450.

— 1987: Literarische Produktion und Literaturgeschichte. Zum Literaturcharakter des literarischen Werkes. In: *Zeitschrift für Germanistik* 8, H. 2, S. 133-140.

— 1988: Zur Stellung und Funktion der Germanistik in den Bewegungen unserer Zeit. Vortrag auf der Gründungsveranstaltung der Gesellschaft für Germanistik der DDR am 09.12.1987 in Leipzig. In: *Zeitschrift für Germanistik* 9, H. 4, S. 389-403.

TROMMLER, Frank, 1976: Die Kulturpolitik der DDR und die kulturelle Tradition des deutschen Sozialismus. In: HOHENDAHL/HERMINGHOUSE (Hg.) 1976, S. 13-72.

»Über die nationalliterarische und weltliterarische Bedeutung von Goethes *Faust*«. In: *Weimarer Beiträge* 12 (1966), H. 2, S. 237-260.

ULBRICHT, Walter, 1964: Die Gemeinschaft des Volkes schafft Wohlstand und Glück im Sozialismus. Aus dem Schlußwort auf dem III. Kongreß des Nationalrats der Nationalen Front des demokratischen Deutschland vom 20. bis 22. September 1958. 22. September 1958. In: Ders.: Zur *Geschichte der deutschen Arbeiterbewegung. Aus Reden und Aufsätzen.* Bd. VII. 1957-1959. Berlin (Ost), S. 512-527.

— 1966: An alle Bürger der Deutschen Demokratischen Republik! An die ganze Nation! Rede auf der 11. Tagung des Nationalrates der Nationalen Front des demokratischen Deutschland in Berlin, 25. März 1962. In: Ders.: *Zur Geschichte der deutschen Arbeiterbewegung*. Bd. X. Berlin (Ost), S. 424-457.

— 1968: *Zur Geschichte der deutschen Arbeiterbewegung. Aus Reden und Aufsätzen*. Bd. II: 1933-1946. Zusatzband 2. Berlin (Ost).

— 1972: Zur Durchführung der Parteitagsbeschlüsse auf dem Gebiet der Kunst. Schlußwort auf der Beratung des Politbüros des ZK und des Präsidiums des Ministerrates mit Schriftstellern und Künstlern, 25. und 26. März 1963. Auszug. In: SCHUBBE (Hg.) 1972, S. 884-901.

— 1972a: Über die Entwicklung einer volksverbundenen sozialistischen Nationalkultur. Rede auf der II. Bitterfelder Konferenz, 24. und 25. April 1964. In: SCHUBBE (Hg.) 1972, S. 956-991.

— 1972b: Probleme des Perspektivplans bis 1970. Referat auf dem 11. Plenum des ZK der SED, 16. bis 18. Dezember 1965. Auszug. In: SCHUBBE (Hg.) 1972, S. 1081-1088.

— 1972c: Die nationale Mission der Deutschen Demokratischen Republik und das geistige Schaffen in unserem Staat. Referat auf dem 9. Plenum des ZK der SED, 26. bis 28. April 1965. In: SCHUBBE (Hg.) 1972, S. 1029-1035.

— 1972d: Probleme der Ideologie und Kultur. Referat »Die Vorbereitungen des VI. Parteitags der Sozialistischen Einheitspartei Deutschlands« auf dem 17. Plenum des ZK der SED, 3. bis 5. Oktober 1962. Auszug. In: SCHUBBE (Hg.) 1972, S. 777-780.

— 1972e: Die aktive gesellschaftliche Funktion der sozialistischen Kultur voll wirksam machen. Referat »Die weitere Gestaltung des gesellschaftlichen Systems des Sozialismus« auf dem 9. Plenum des ZK der SED, 22. bis 25. Oktober 1968. Auszug. In: SCHUBBE (Hg.) 1972, S. 1409-1412.

— 1972f: Die sozialistische Nationalkultur ist unser gemeinsames Werk. Rede auf der 13. Sitzung des Staatsrates, 18. Oktober 1968. In: SCHUBBE (Hg.) 1972, S. 1394-1396.

— 1972g: Die Entwicklung der sozialistischen Kultur in der Deutschen Demokratischen Republik. Aufsatz, November 1969. In: SCHUBBE (Hg.) 1972, S. 1576-1589.

ULRICH, Roland, 1988: »Die Kunst zu erben«. Probleme der *Faust*-Rezeption in der DDR bis 1955. In: *Weimarer Beiträge* 34, H. 2, S. 230-250.

»Unsere Aufgaben im Goethe-Jahr«. In: DOKUMENTE DER SOZIALISTISCHEN EINHEITSPARTEI DEUTSCHLANDS 1950, S. 230-232.

VENOHR, Klaus-Dieter, 1977: Sozialistische Lebensweise. Theoretische Positionen und Tendenzen der Forschung. In: *Weimarer Beiträge* 23, H. 7, S. 163-182.

»Verantwortung des Literaturwissenschaftlers - Ein wissenschaftliches Streitgespräch im Jenaer Klub«. In: *Sozialistische Universität* 5, H. 19, 26.10.1962.

»Verordnung über die weitere sozialistische Umgestaltung des Hoch- und Fachschulwesens in der Deutschen Demokratischen Republik« vom 13.2.1958. In: BASKE/ENGELBERT (Hg.) 1966, S. 353-358.

VERNER, Paul: Die Wahrheit unseres Lebens in der Kunst gestalten. Bericht des Politbüros an das 15. Plenum des ZK der SED, 21. bis 23. März 1962. Auszug. In: SCHUBBE (Hg.) 1972, S. 762-763.

VIETTA, Silvio/KEMPER, Dirk (Hg.), 2000: *Germanistik der siebziger Jahre. Zwischen Innovation und Ideologie*. München.

VIETOR-ENGLÄNDER, Deborah, 1987: Faust in der DDR. Frankfurt a.M. u.a.

VISSER, Anthonya, 1994: Die Lyrikdiskussionen der Jahre 1966 und 1971/72 in ihren literarisch-kommunikativen Zusammenhängen. In: Dies.: *»Blumen ins Eis«. Lyrische und literaturkritische Innovationen in der DDR. Zum kommunikativen Spannungsfeld ab Mitte der 60er Jahre*. Amsterdam/Atlanta, S. 27-86.

VOEGT, Hedwig, 1949: Genügen marxistische Termini? In: *Forum* 3, H. 5, S. 30-31.

— 1955: *Die deutsche jakobinische Literatur und Publizistik 1789 bis 1800*. Berlin (Ost).

VOLLNHALS, Clemens (Hg.), 1991: *Entnazifizierung. Politische Säuberung und Rehabilitierung in den vier Besatzungszonen 1945-1949*. München.

»Vorläufige Arbeitsordnung der Universitäten und wissenschaftlichen Hochschulen der sowjetischen Besatzungszone Deutschlands« vom 23. Mai 1949. Hg. vom Präsidenten der Deutschen Verwaltung für Volksbildung. In: BASKE/ENGELBERT (Hg.) 1966, S. 115-122.

VOSSKAMP, Wilhelm, 1985: Kontinuität und Diskontinuität. Zur deutschen Literaturwissenschaft im Dritten Reich. In: Peter LUNDGREEN (Hg.): *Wissenschaft im Dritten Reich*. Frankfurt a.M., S. 140-162.

— 1990: Literaturwissenschaft als Geisteswissenschaft. Thesen zur Geschichte der deutschen Literaturwissenschaft nach dem Zweiten Weltkrieg. In: Wolfgang PRINZ/Peter WEINGART (Hg.): *Die sogenannten Geisteswissenschaften. Innenansichten*. Frankfurt a.M., S. 240-247.

WALTER, Achim, 1975: Literarisch-ästhetische Bedürfnisse als Wirkungsfaktoren. Ergebnisse und methodische Probleme einer literatursoziologischen Untersuchung. In: *Weimarer Beiträge* 21, H. 6, S. 25-47.

— 1986: Artikel »Literatursoziologie«. In: TRÄGER (Hg.) 1986, S. 311-312.

WALTHER, Peter Th., 1997: Denkraster- und Kaderpolitik der SED in der Deutschen Akademie der Wissenschaften zu (Ost-)Berlin. In: BODEN/ROSENBERG (Hg.) 1997, S. 161-171.

— 2002: Die Akademiereform als Rahmenhandlung. In: BARCK/MÜNZ-KOENEN (Hg.) 2002, S. 53-56.

WEBER, Hermann, 1980: *Kleine Geschichte der DDR*. Köln.

WEBER, Peter, 1981: Rez. der *Geschichte der deutschen Literatur*. Bd. 6. In: *Weimarer Beiträge* 27, H. 2, S. 154-163.

— u.a., 1982: *Kunstperiode. Studien zur deutschen Literatur des ausgehenden 18. Jahrhunderts*. Berlin (Ost).

WEGNER, Irene (Hg.), 1987: *Friedrich Schiller im Kontext*. Jena.

WEHNER, Jens, 1992: *Kulturpolitik und Volksfront. Ein Beitrag zur Geschichte der Sowjetischen Besatzungszone Deutschlands 1945-1949*. 2 Bde. Frankfurt a.M.

WEIMANN, Robert, 1970: Gegenwart und Vergangenheit in der Literaturgeschichte. Ein ideologiegeschichtlicher und methodologischer Versuch. In: *Weimarer Beiträge* 16, H. 5, S. 31-57.

— /WEISBACH, Reinhard, 1971: Gedanken zu Goethes *Faust* (1): »Fürchte mich weder vor Hölle noch Teufel«. In: *Neues Deutschland*, 21.02.1971, S. 4.

— 1973: »Rezeptionsästhetik« und die Krise der Literaturgeschichte. Zur Kritik einer neuen Strömung in der bürgerlichen Literaturwissenschaft. In: *Weimarer Beiträge* 19, H. 8, S. 5-33.

— 2004: Interview. In: BODEN/BÖCK (Hg.) 2004, S. 92-132.

WEINGART, Peter, 2001: *Die Stunde der Wahrheit? Zum Verhältnis der Wissenschaft zu Politik, Wirtschaft und Medien in der Wissensgesellschaft*. Weilerswist.

WEISBROD, Peter, 1980: *Literarischer Wandel in der DDR. Untersuchungen zur Entwicklung der Erzählliteratur in den siebziger Jahren*. Heidelberg.

WERNER, Hans-Georg, 1962: *E.T.A. Hoffmann. Darstellung und Deutung der Wirklichkeit*. Berlin (Ost)/Weimar.

— u.a. 1964: *Deutsche Literatur im Überblick*. Leipzig.

— 1970: Rezension zu Peter MÜLLER: *Zeitkritik und Utopie in Goethes »Werther«*. In: *Weimarer Beiträge* 16, H. 7, S. 193-199.
— 1971: Zum Erbe in Wissenschaft und Praxis. In: *Weimarer Beiträge* 17, H. 2, S. 171-182.
— 1971a: Die Erzählkunst im Umkreis der Romantik (1806-1815). In: *Weimarer Beiträge* 17, Teil 1: H. 8, S. 11-38; Teil 2: H. 9, S. 82-111.
— 1973: Zur Wirkung von Heines literarischem Werk. In: *Weimarer Beiträge* 19, H. 9, S. 35-73.
— /LERCHNER, Gotthard, 1975: Probleme der semantischen Analyse eines poetischen Textes. In: *Weimarer Beiträge* 21, H. 10, S. 100-136.
— 1977: Zum Romantikproblem aus germanistischer Sicht. Ein Diskussionsbeitrag. In: *Wissenschaftliche Zeitschrift der Universität Greifswald*, SH Caspar David Friedrich, S. 22-24.
— 1978: Der romantische Schriftsteller und sein Philister-Publikum. Zur Wirkungsfunktion von Erzählungen E.T.A. Hoffmanns. In: *Weimarer Beiträge* 24, H. 4, S. 85-114.
— 1979: Zur Wirkungsfunktion des Phantastischen in Erzählungen Ludwig Achim von Arnims. In: *Weimarer Beiträge* 25, H. 1, S. 22-40.
— 1980: Subjektive Aneignung - objektive Wertung. In: *Weimarer Beiträge* 26, H. 10, S. 55-67.
— 1980a: Romantische Traditionen in neueren Werken der DDR-Literatur. In: *Zeitschrift für Germanistik* 1, H. 4, S. 398-416.
— /LERCHNER, Gotthard, 1981: Diskussion zur integrativen Analyse poetischer Texte. Thesen. In: *Zeitschrift für Germanistik* 2, H. 3, S. 334-337.
— 1984: *Text und Dichtung - Analyse und Interpretation. Zur Methodologie literaturwissenschaftlicher Untersuchungen*. Berlin (Ost)/Weimar.
— 1984a: *Bausteine zu einer Wirkungsgeschichte: Gotthold Ephraim Lessing*. Berlin (Ost)/Weimar.
— 1986: Über die Wahrheit in der Dichtung und ihre Ansprüche an die Literaturkritik. In: *Weimarer Beiträge* 32, H. 4, S. 570-587.
— 1989: *Über die Modernität der literarischen Romantik in Deutschland*. Berlin (Ost) (=Sitzungsberichte der Sächsischen Akademie der Wissenschaften zu Leipzig. Philologisch-historische Klasse, Bd. 129, H. 6).
WERTHEIM, Ursula, 1958/59: Schillers Auseinandersetzung mit den Ereignissen der Französischen Revolution. In: *Wissenschaftliche Zeitschrift der Friedrich-Schiller-Universität Jena* 8. *Gesellschafts- und sprachwissenschaftliche Reihe*, H. 4/5, S. 429-449.
— 1959: Rezension zu GEERDTS 1958. In: *Weimarer Beiträge* 5, H. 1, S. 108-115.
— 1964: Das poetische Volkstalent in Goethes Ästhetik. In: *Weimarer Beiträge* 10, S. 31-54.
— 1968: *Goethe-Studien*. Berlin (Ost).
— 1971: Die marxistische Rezeption des klassischen Erbes. Zur literaturtheoretischen Position von Gerhard Scholz. In: MITTENZWEI (Hg.) 1971, S. 473-527; 660-673.
WICHNER, Ernst/WIESNER, Herbert, 1991: *Zensur in der DDR. Geschichte, Praxis und »Ästhetik« der Behinderung von Literatur. Ausstellungsbuch*. Berlin.
WIESE, Benno von, 1982: *Ich erzähle mein Leben. Erinnerungen*. Frankfurt a.M.
WILHELM, Karl-Heinz, 1980: Das Novalis-Bild in der Literaturwissenschaft der DDR. In: Horst HARTMANN (Hg.): *Zu einigen Positionen der Romantik-Forschung in der DDR und zur Rezeption der Romantik in der DDR-Literatur. Materialien einer Konferenz des Wissenschaftsbereiches Literaturwissenschaft der Sektion Germanistik/Geschichte/Musikerziehung der Pädagogischen Hochschule »Karl Liebknecht« Potsdam*. Potsdam, S. 49-60.
WILLE, Manfred, 1993: *Entnazifizierung in der Sowjetischen Besatzungszone Deutschlands (1945-1948)*. Magdeburg.
ZACHARIAS, Ute, 1992: *Die Aufnahme der literaturtheoretischen und literaturgeschichtlichen Auffassungen von Georg Lukács in der sowjetischen Besatzungszone Deutschlands 1945-1949*. Diss. Erfurt/Mühlhausen.
ZETKIN, Clara, 1960: Die Intellektuellenfrage. Aus dem Referat auf dem V. Kongreß der Kommunistischen Internationale. 7. Juli 1924. In: Dies.: *Ausgewählte Reden und Schriften.*

Bd. 3: Auswahl aus den Jahren 1924-1933. Berlin (Ost), S. 9-56.

— 1988: Friedrich Schiller. In: Gisela JONAS (Hg.): *Schiller-Debatte 1905. Dokumente zur Literaturtheorie und Literaturkritik der revolutionären deutschen Sozialdemokratie*. Berlin (Ost), S. 245-261.

ZIEGLER, Bernhard [Alfred KURELLA], 1973: Nun ist dies Erbe zuende ... In: SCHMITT (Hg.) 1973, S. 50-60.

ZK DER SED, 1952: Die nächsten Aufgaben in den Universitäten und Hochschulen. Entschließung des ZK vom 19. Januar 1951 (4. Tagung). In: DOKUMENTE DER SOZIALISTISCHEN EINHEITSPARTEI DEUTSCHLANDS. Bd. 3. Berlin (Ost), S. 353-362.

ZK DER SED, 1972: Die Entwicklung der kulturellen Arbeit nach dem V. Parteitag. Bericht an den VI. Parteitag der SED, 15. bis 21. Januar 1963. Auszug. In: SCHUBBE (Hg.) 1972, S. 804-810.

»Zu Problemen der Wertung in der Literaturgeschichtsschreibung. Dokumentation eines Arbeitsgesprächs«. In: *Weimarer Beiträge* 26 (1980), H. 10, S. 91-119.

17. Namenregister

C

D

E

H

M

N

S

Z

18. Summary

This study is dedicated to the systematic analysis of the field of tension between the socio-political logics and the logic inherent in the discipline of German Studies in the Soviet Occupation Zone/German Democratic Republic. One of the most important questions in this context revolves around the relationship between the subject and its socio-political environment: whether the topics, theories, methods, and argumentations of the discipline were influenced by official politics and ideology as well as, e.g., by the needs of the agents within the literary and educational subsystems or common patterns of thought, to which extent this was the case, and how the influence came to fruition. An outline is given of the difficult and lengthy reconstruction of a specialist field of study under the banner of Marxism-Leninism and of the processes involved in its growth in professionalism, decrease in dogmatism, and increase in diversification. German Studies, according to the findings of this study, was everything but the ever ready ›handmaid of politics‹ who would willingly obey state and society - neither was the subject exclusively committed to its inherent logic: modernisation efforts were always affected by the juxtaposition of innovative cognitive achievements on the one hand, and the insistent manner of traditional schools of thought or political-ideological premises on the other hand. The analyses centre around texts from the field of German Studies by prominent academics like Hans Mayer, Gerhard Scholz, Hans-Günther Thalheim, and Claus Träger.